Das Christentum in der Religionsgeschichte

Festschrift für
Hans Waldenfels SJ

Studien zur christlichen Religions- und Kulturgeschichte

Herausgegeben von
Mariano Delgado | Universität Freiburg Schweiz
und Volker Leppin | Universität Tübingen

Band 16

Das Christentum in der Religionsgeschichte

Festschrift
für Hans Waldenfels SJ

Herausgegeben von
Mariano Delgado | Gregor Maria Hoff | Günter Riße

Academic Press Fribourg
W. Kohlhammer Verlag GmbH Stuttgart

Bibliografische Information
Der Deutschen Bibliothek

Die Deutsche Bibliothek verzeichnet
diese Publikation
in der Deutschen Nationalbibliografie;
detaillierte bibliografische Daten
sind im Internet über
http://dnb.d-nb.de abrufbar.

Veröffentlicht mit Unterstützung
des Verbandes der Diözesen Deutschlands
der Stiftung Promotio Humana
der Görres-Gesellschaft
des Bistums Köln
des Bistums Aachen
des Bistums Essen
des Hochschulrates Freiburg (Schweiz)

Abb. Umschlag
Francisco de Zurbarán | 1598-1664
›Agnus Dei‹ | um 1636-40
Öl auf Canvas | 35,6 x 52 cm
San Diego Museum of Art California

Umschlag | Layout | Satz
GraphicDesign Sievernich & Rose

ISBN 978-3-7278-1698-7
Academic Press Fribourg
ISBN 978-3-17-022031-7
Kohlhammer

Inhaltsverzeichnis

II
Mission und Identität
Inkulturation
Kontextuelle Theologien

III
Löscht den Geist nicht aus: Kirche in den Zeichen der Zeit

Anhang

Vorwort

In den nächsten Jahren wird der Themenschwerpunkt in Theologie und Kirche das von Papst Johannes XXIII. einberufene und von ihm und seinem Nachfolger Papst Paul VI. geleitete II. Vatikanische Konzil sein. In dem Sinne, dass Geschichte niemals nur Vergangenheit ist, sondern auch immer wieder Gegenwart und Zukunft, wird der Blick zurückgehen in die Ankündigungs- und Vorbereitungszeit des Konzils der Jahre 1959 bis 1962. Man wird dann an die feierliche Eröffnung des Konzils am 11. Oktober 1962 und an den Beginn der Konzilsarbeiten wie den Verlauf der vier Sitzungsperioden mit ihren Ergebnissen erinnern, die in den Erklärungen, Dekreten und Konstitutionen approbiert wurden. Unvergessen für die Zeitzeugen bleibt der Abschlussgottesdienst des Konzils auf dem Petersplatz am 8. Dezember 1965. Die Nachgeschichte des Konzils mit den Umsetzungen der Konzilsbeschlüsse bestimmt unser Heute und wird auch das Morgen beeinflussen.

In der Pastoralkonstitution *Gaudium et spes* hat das Konzil prospektiv zum Ausdruck gebracht, dass die Kirche die »Freude und Hoffnung, Trauer und Angst der Menschen von heute teilt« (GS 1) und die Aufgabe verpflichtend annimmt, »nach den Zeichen der Zeit zu forschen und sie im Licht des Evangeliums zu deuten« (GS 4), um so die Botschaft des christlichen Glaubens in den unterschiedlichen Kulturen immer neu zu kommunizieren und ihr Gestalt zu geben.

»Die Zeichen der Zeit erkennen und sie im Licht des Evangeliums deuten«: Dieser Satz aus *Gaudium et spes* ist einer der beiden Ellipsenpunkte im wissenschaftlichen Werk von Hans Waldenfels, den seine Freunde und Schüler mit dieser Festschrift zu seinem 80. Geburtstag ehren möchten. Den anderen Ellipsenpunkt bildet die Magna Charta der Fundamentaltheologie aus dem ersten Petrusbrief: »Seid stets bereit, jedem Rede und Antwort zu stehen, der nach der Hoffnung fragt, die euch erfüllt« (1 Petr 3,15). Diese Aussage erkennt an, dass das Christentum von Anfang an hineingestellt ist in das Konzert der Religionen und Sinnangebote und der Anfrage nach dem »proprium christianum«. Hans Waldenfels hat eine theologische und bekennende Antwort in seinem Standardwerk *Kontextuelle Fundamentaltheologie* gegeben.

Im Nachfolgevers (16) des hier zuvor zitierten Petrusbriefes heißt es sodann: »aber antwortet bescheiden und ehrfürchtig«. Bescheidenheit und Ehrfurcht sind wesentliche Elemente des interreligiösen Dialogs und einer christlichen Theologie der Religionen, die an die Konzilserklärung des II. Vatikanischen Konzils *Nostra aetate* rückgebunden sind. Es ist vor allem diese Erklärung und dieses Konzil, das die Notwendigkeit und Bedeutung von Dialog und Verkündigung, von Verständigung und Begegnung verstärkt und neu in den Blickpunkt genommen hat. Mit der Konzilserklärung zu den nichtchristlichen Religionen und ihrer Wirkungsgeschichte, an der Hans Waldenfels mit seinen Arbeiten zur Missions- und Religionswissenschaft einen nicht unerheblichen Anteil hatte und hat, wandelte sich die kritische, zurückhaltende Sicht auf die Weltreligionen in eine annehmende und wertschätzende Haltung.

Gottes Wirken in verschiedenen Religionen und Kulturen erspüren, den dreieinen Gott zur Sprache bringen und christliche Theologie treiben im heutigen religiösen wie im ethnisch-kulturellen Pluralismus, ist ohne Kenntnis der Religionen der Welt nicht mehr möglich. Darauf macht Hans Waldenfels nachdrücklich aufmerksam, wie er immer auch darauf verweist, dass die Begegnung der Religionen in einer globalen Welt und pluralen Gesellschaft mit Sensibilität und Respekt vor jedem einzelnen geführt werden muss. Begegnung ist keine Einbahnstraße. Und so wie der Andere das jeweilige Proprium seines Glaubens in den Dialog einbringt, so muss der Christ immer von der Person und Botschaft Jesu Christi Zeugnis ablegen.

Drei Arbeitsbereiche loten den Werkstattraum des Jubilars in dieser Festschrift aus: Der erste Bereich »Theologie der Religionen / Interreligiöser Dialog« bedenkt – vor allem aus religionsgeschichtlicher und religionswissenschaftlicher Perspektive – Fragen zur Begegnung der Religionen mit ihrer bedeutsamen geistig-geistlichen Dimension. Mit »Mission und Identität / Inkulturation / Kontextuelle Theologien« eröffnet sich ein zweiter Bereich, der, bei aller Spezifizierung der Themen, das weite Feld Inkulturation, Mission und Dialog bis hin zur Offenbarungstheologie abdeckt. 2008 veröffentlichte Hans Waldenfels das Buch *Löscht den Geist nicht aus! Gegen die Geistvergessenheit in Kirche und Gesellschaft*. Der dritte Arbeitsbereich »Löscht den Geist nicht aus: Kirche in den Zeichen der Zeit« trägt diesem prophetischen Anliegen Rechnung.

Hans Waldenfels hat in mehr als fünf Jahrzehnten mit seinem wissenschaftlichen Œuvre Theologie getrieben und mitgeschrieben. Seine kontextuell-dialogischen Studien zur Theologie der Kulturen und Religionen sind eine bleibende Herausforderung im Fortschreiben der Missions- und Religionsforschung, der Begegnung der Religionen wie auch der theologischen Auseinandersetzung im fundamentaltheologischen und religionsphilosophischen Diskurs.

Die Herausgeber haben vielfach zu danken:

- zunächst den Autoren für die Freundlichkeit und Zuverlässigkeit, mit denen sie unserer Einladung zur Mitarbeit an der Festschrift gefolgt sind,
- den Sponsoren für die spontane Großzügigkeit, mit der sie dieses Projekt unterstützt haben (dem Verband der Diözesen Deutschlands, der Stiftung »Promotio Humana«, der Görres-Gesellschaft, dem Erzbistum Köln, den Bistümern Aachen und Essen, dem Hochschulrat der Universität Fribourg),
- ferner dem Atelier GraphicDesign Sievernich & Rose für die schöne Gestaltung der Druckvorlage,
- den Verlagen Academic Press Fribourg und Kohlhammer Stuttgart sowie den Herausgebern der Reihe »Studien zur christlichen Religions- und Kulturgeschichte« für die Aufnahme des Bandes in ihr Programm,
- nicht zuletzt Dr. David Neuhold, Wissenschaftlichem Mitarbeiter am Lehrstuhl für Mittlere und Neuere Kirchengeschichte an der Universität Fribourg, für die redaktionelle Mitarbeit.

Fribourg / Salzburg / Bonn,
am Fest des Hl. Johannes d. Täufers 2011

Mariano Delgado
Gregor Maria Hoff
Günter Riße

Das Christentum
in der Religionsgeschichte

I

Theologie der Religionen

Interreligiöser Dialog

Das Christentum in der Religionsgeschichte

Unterwegs zu einem aufgeklärten Inklusivismus

von Mariano Delgado

Wie kaum ein anderer deutschsprachiger katholischer Theologe hat Hans Waldenfels verstanden, dass heutige Fundamentaltheologie sich nicht nur mit den klassischen Fragen der philosophischen Vernunft oder der *religio naturalis* im Religionstraktat auseinander zu setzen hat, sondern auch und vor allem mit den Fragen, die sich aus der Faktizität der Religionsgeschichte und ihrer ungebrochenen Dynamik in der Gegenwart ergeben. Wie er geschrieben hat, wird das Christentum heute als »eine Weltreligion in der Welt der Religionen«[1] bzw. als »eine Religion unter anderen« wahrgenommen, und dies gilt »nicht nur in einer theoretisch-wissenschaftlichen Betrachtung der Phänomene, sondern ist Teil des Erlebnishorizontes der meisten Menschen«.[2] Im 21. Jahrhundert wir dies zu noch ungeahnten Fragen führen. Der rote Faden des imposanten Werkes des Jubilars ist die Begründung der »Einzigkeit« des Christentums, seines eigenen Wegs und *locus standi*, angesichts der Konkurrenz, des Streites, der Anfechtungen, Spannungen, Konvergenzen und Divergenzen der Religionen. Er gehört damit zu den Pionieren einer Theologie, welche die kritischen Anfragen der konkreten Religionen im Bewusstsein dessen ernst nimmt, dass die Christen sie noch kaum beantwortet haben.[3] Vorliegende Erwägungen, mit denen ich an eine frühere Arbeit anschließen möchte,[4] verdanken seinem Werk wichtige Impulse.

1 Vgl. u. a. *Hans Waldenfels*, Phänomen Christentum. Eine Weltreligion in der Welt der Religionen (Begegnung: Kontextuell-dialogische Studien zur Theologie der Kulturen und Religionen 10), Bonn 2002 (Erstauflage: Freiburg 1994).
2 *Hans Waldenfels*, Das Christentum im Streit der Religionen um die Wahrheit, in: *Walter Kern/Hermann Josef Pottmeyer/Max Seckler* (Hg.), Handbuch der Fundamentaltheologie, Bd. 2: Traktat Offenbarung, Freiburg 1985, 241-265, hier 241.
3 Vgl. *Waldenfels*, Christentum im Streit (Anm. 2), 257.
4 Vgl. *Mariano Delgado*, Theologie angesichts religiöser Vielheit. Die theologische Hauptaufgabe im Umgang mit nachchristlicher Religiosität, in: Zeitschrift für Missionswissenschaft und Religionswissenschaft 77 (1993) 183-201.

1 Die Signatur der Zeit

Es besteht ein gewisser Konsens darüber, dass die »Einswerdung der Welt«, von der das II. Vatikanum spricht,[5] eine indirekte Frucht christlicher Missionsgeschichte und westlicher Expansion ist,[6] auch wenn der Beitrag des Islams nicht verkannt werden darf. Die »Einheit der Menschheitsfamilie«,[7] um einen anderen Begriff des Konzils zu verwenden, wird aber heute unter anderen Vorzeichen als im Entdeckungszeitalter gefördert.

Damals ging es um den westeuropäischen, kolonialen Zugriff zur außereuropäischen Welt im Geiste eines expandierenden Christentums, das beim Konzil von Florenz (1442) seinen Exklusivismus im engen Sinne der heilsnotwendigen Taufzugehörigkeit zur Kirche (»Extra ecclesiam nulla salus«) dogmatisierte.[8] In den anderen Religionen sah es nur teuflischen Götzendienst und Aberglauben bzw. die Masse in der Finsternis, die durch christliche Mission gerettet werden sollte. Die Expansion geschah ebenso im Geiste eines Eurozentrismus, der sich berufen fühlte, fremde Völker zu »zivilisieren« bzw. zu guten, christlichen Sitten zu erziehen, wie es in der Konzessionsbulle Papst Alexanders VI. vom 4. Mai 1493 heißt.[9] Wir können dies im Anschluss an den Humanisten, der bei der berühmten Kontroverse von Valladolid (1550-1551) sich um eine religiöse und anthropologische Rechtfertigung der europäischen Expansion bemühte, die »Sepúlveda-Doktrin« nennen. Und diese blieb bis Ende des 2. Weltkriegs maßgebend.

Heute hingegen gilt der Heilsinklusivismus, der vom II. Vatikanum und dem jüngsten Lehramt vielfach befürwortet wurde. Es genüge hier, *Lumen gentium*

5 Vgl. u. a. Gaudium et spes 55.
6 Vgl. u. a. *Ernst Benz*, Ideen zu einer Theologie der Religionsgeschichte, in: Akademie der Wissenschaften und der Literatur (Abhandlungen der geistes- und sozialwissenschaftlichen Klasse, Jahrgang 1960, Nr. 5), Wiesbaden 1961, 63, 64; *Wolfhart Pannenberg*, Erwägungen zu einer Theologie der Religionsgeschichte, in: *ders.*, Grundfragen systematischer Theologie. Gesammelte Aufsätze, Göttingen ²1971, 252-295; *Joseph Ratzinger*, Der christliche Glaube und die Weltreligionen, in: Gott in Welt. Festgabe für Karl Rahner, hg. v. *Johann Baptist Metz/Walter Kern/Adolf Darlapp/Herbert Vorgrimler*, Bd. 2, Freiburg 1964, 287-305.
7 Es handelt sich um eines der Schlüsselkonzepte von Gaudium et spes; vgl. u. a. auch Apostolicam actuositatem 27.
8 Vgl. *Heinrich Denzinger*, Kompendium der Glaubensbekenntnisse und kirchlichen Lehrentscheidungen (Lat.-dt.), hg. von *Peter Hünermann*, Freiburg ⁴²2009, Nr. 1351.
9 *Klaus Koschorke/Frieder Ludwig/Mariano Delgado*, Außereuropäische Christentumsgeschichte: Asien, Afrika, Lateinamerika 1450-1990, Neukirchen-Vluyn ³2010, 220f. (lateinischer Originalwortlaut in: America pontificia primi saeculi evangelizationis 1493-1592, ed. *Josef Metzler*, Vatikanstadt 1991, Bd. 1, 79-83).
10 *Walter Kern*, Außerhalb der Kirche kein Heil?, Freiburg 1979, 57.
11 *Internationale Theologenkommission*, Das Christentum und die Religionen, hg. vom *Sekretariat der Deutschen Bischofskonferenz* (Arbeitshilfen 136), Bonn 1996, Nr. 1 (S. 7).
12 So Joseph Ratzinger in: *Jürgen Habermas/Joseph Ratzinger*, Dialektik der Säkularisierung. Über Vernunft und Religion. Mit einem Vorwort hg. v. *Florian Schuller*, Freiburg 2006, 54.
13 *Waldenfels*, Phänomen Christentum (Anm. 1), 9.
14 Vgl. *Romano Guardini*, Das Ende der Neuzeit. Ein Versuch zur Orientierung, Würzburg 1950 (Erstauflage).
15 *Bartolomé de Las Casas*, Obras completas, ed. *Paulino Castañeda Delgado*, vol. 9: Apologia, ed. *Angel Losada*, Madrid 1988, Obras completas, 14 vols., ed. *Paulino Castañeda*, Madrid 1988-1998, 604.

16 zu zitieren: »Wer nämlich das Evangelium Christi und seine Kirche ohne Schuld nicht kennt, Gott aber aus ehrlichem Herzen sucht, seinen im Anruf des Gewissens erkannten Willen unter dem Einfluß der Gnade in der Tat zu erfüllen trachtet, kann das ewige Heil erlangen. Die göttliche Vorsehung verweigert auch denen das zum Heil Notwendige nicht, die ohne Schuld noch nicht zur ausdrücklichen Anerkennung Gottes gekommen sind, jedoch, nicht ohne die göttliche Gnade, ein rechtes Leben zu führen sich bemühen. Was sich nämlich an Gutem und Wahrem bei ihnen findet, wird von der Kirche als Vorbereitung für die Frohbotschaft und als Gabe dessen geschätzt, der jeden Menschen erleuchtet, damit er schließlich das Leben habe.«

Walter Kern hat nicht ohne Ironie dazu vermerkt: »All jenen Personengruppen, denen das Konzil von Florenz 1442 die Heilsmöglichkeit ausdrücklich abgesprochen hat, wurde – in verschiedenem Frage- und Antworthorizont – vom Zweiten Vatikanischen Konzil 1964/65 die Heilsmöglichkeit ausdrücklich zugesprochen: den Schismatikern und Häretikern – den ›getrennten Brüdern‹ –, den Juden und den Muslimen und den anderen an Gott Glaubenden oder Göttliches verehrenden Menschen, schließlich denen, die das Glaubensbekenntnis für die Jakobiten nicht kannten oder schon gar nicht in Erwägung zogen, denen, die Gott und das Göttliche verkennen und verneinen.«[10]

Zu der Signatur der Zeit gehört auch, dass die Einswerdung der Welt zu einer wachsenden »Interdependenz zwischen den verschiedenen Religionen« geführt hat.[11] Zudem werden wir mit einer Pluralität von Kulturkreisen konfrontiert, in denen die rationale Säkularität des Westens seit der Aufklärung die religiöse Matrix nicht verdrängen konnte; im globalen Maßstab erweist sich vielmehr die europäische Säkularität mit ihrem Beerbungsanspruch gegenüber dem religiösen Zeitalter (Auguste Comte) als »Sonderweg«.[12] Mehr noch: durch die Einwanderung von Menschen, für die eine Religionszugehörigkeit selbstverständlich ist, sind unsere Gesellschaften weniger säkular und mehr »interreligiös« geworden. In ihnen verdichtet sich heute die Spannung zwischen »Säkularität und Religiosität«.[13]

Schließlich ist auch eine selbstkritische Ernüchterung im Westen zu beobachten. Bekanntlich sprach Romano Guardini in einem viel rezipierten Essay vom »Ende der Neuzeit«.[14] Nach dem 2. Weltkrieg meinte er damit das Ende des Fortschrittsoptimismus. Er hoffte auf eine erneute Hinwendung des auf seine Grenzen zurückgewiesenen Menschen zu Gott. Ich möchte hier auch für ein Ende der Neuzeit in religionshistorischer Hinsicht plädieren. Dieses bestünde einerseits darin, dass die neuzeitliche Verquickung von Mission und Kolonialismus um die Mitte des 20. Jahrhunderts an ihr Ende gekommen ist. Seit dem macht sich eine Haltung breit, wie sie im 16. Jahrhundert Bartolomé de Las Casas einklagte: Wir haben gelernt, die christliche Missionsgeschichte sowie die Leidensgeschichte der Menschheit so zu betrachten, wie »wenn wir Indianer wären«,[15] also aus der Perspektive der Opfer. Wir sind sensibel geworden angesichts der Tatsache, dass die Kirche der Versuchung zur Intoleranz, »zur Aufrichtung einer heillosen innerweltlichen Absolutheit, die den anderen für Zeit und Ewigkeit in Frage stellt«,[16] nicht zu widerstehen vermochte. Mit Ernst Benz, der die Kirchengeschichte selbst für »das stärkste Argument gegen den exklusiven Absolutheitsanspruch des Christentums« hält, kann man es auch drastischer ausdrücken: »Weder der Islam noch der Buddhismus noch der Hinduismus haben auch nur entfernt so viele Menschen um ihres Glaubens willen getötet wie die christlichen Kirchen.«[17] Das Christentum, das nicht mit einem Revolutionär, sondern mit einem »Märtyrer« begann,[18] hat seine religionshistorische Unschuld längst verloren. Daher spricht Hans Waldenfels von der »gebrochenen Identität« des abendländischen Christentums.[19]

Andererseits bestünde das religionshistorische Ende der Neuzeit im Bewusstsein dessen, dass der um 1500 erträumte historische Siegeszug des Christentums nicht eingetreten ist. Dachte man damals, man lebe »in der elften Stunde der Welt« (Mt 20,6), und die missionarische Eroberung der ganzen Welt stehe bevor (»Aber dieses Evangelium vom Reich wird auf der ganzen Welt verkündet werden, damit alle Völker es hören; dann aber kommt das Ende«: Mt 24,14), so stellt man heute fest, dass die Religionsgeschichte auch »nach Christus« eine ungebrochene Dynamik hat, ja, dass selbst das missionierende Christentum zur Entstehung von neuen Synkretismen und Religionsformen geführt hat.

Heutige Theologie muss dem Rechnung tragen sowie davon ausgehen, »daß es in der Welt nicht nur die westliche, die abendländische, die philosophische Tradition, sondern auch die außerchristliche gibt, die sich ihrer selbst immer mehr bewußt wird«. Wurde bisher nur die abendländische philosophische Tradition in den Hintergrund systematisch-theologischer christlicher Aussagen gestellt, so wird man künftig auch »die Religionsgeschichte« berücksichtigen müssen.[20]

16 *Joseph Ratzinger*, Das Problem der Absolutheit des christlichen Heilsweges, in: *ders.*, Das neue Volk Gottes. Entwürfe zur Ekklesiologie, Düsseldorf 1969, 363-375, hier 372.
17 *Benz*, Ideen (Anm. 6), 63, 64.
18 *Joseph Kardinal Ratzinger*, Kirche, Ökumene und Politik. Neue Versuche zur Ekklesiologie, Einsiedeln 1987, 161.
19 *Hans Waldenfels*, Zur gebrochenen Identität des abendländischen Christentums, in: *ders.*, Auf den Spuren von Gottes Wort. Theologische Versuche III (Begegnung. Kontextuell-dialogische Studien zur Theologie der Kulturen und Religionen 13), Bonn 2004, 192-209 (ursprünglich 1999 erschienen).
20 Vgl. *Carsten Colpe*, Die Funktion religionsgeschichtlicher Studien in der evangelischen Theologie, in: *ders.*, Theologie, Ideologie, Religionswissenschaft. Demonstrationen ihrer Unterscheidung, München 1980, 47f.

2 Nachdenklichkeit

Die Bibel enthält eine eigene Deutung der Menschheits- und Religionsgeschichte. Sie beginnt mit einer Art Urbund Gottes mit der ganzen Schöpfung, besonders mit dem Menschen »als unser Abbild, uns ähnlich« (Gen 1,26). Der »Sündenfall« stellt einen Bruch dieses Urbundes durch den Menschen dar, da die von Gott auferlegte Bedingung (»vom Baum der Erkenntnis von Gut und Böse darfst du nicht essen«: Gen 2,17) nicht eingehalten wurde. Mit dem Noach-Bund (»Steht der Bogen in den Wolken, so werde ich auf ihn sehen und des ewigen Bundes gedenken zwischen Gott und allen lebenden Wesen«: Gen 9,16) wurde der universale Schöpfungsbund erneuert, während der Abraham-Bund den Nachkommen Abrahams gilt: »Deinen Nachkommen gebe ich dieses Land vom Grenzbach Ägyptens bis zum großen Strom, dem Eufrat, (das Land) der Keniter, der Kenasiter, der Kadmoniter, der Hetiter, der Perisiter, der Rafaïter, der Amoriter, der Kanaaniter, der Girgaschiter, der Hiwiter und der Jebusiter« (Gen 15,18-21). Das Alte Testament steht so in der Spannung von Universalität und Partikularität: nach dem Noach-Bund wird die ganze Menschheit in die Heilsgeschichte einbezogen, nach dem Abraham-Bund wird Israel als Höhepunkt und Abschluss der Offenbarung betrachtet, als »Licht der Völker« – und Zion als den Berg, zu dem die Völker kommen sollen.

Das Christentum – das ist ein roter Faden im Neuen Testament – hat die Nachkommenschaft Abrahams auf die Heidenwelt ausgedehnt, indem es jene geistig, durch das Bekenntnis zum Heil in Jesus Christus, und nicht dem Blut nach versteht: »Allen aber, die ihn aufnahmen, gab er die Macht, Kinder Gottes zu werden, allen, die an seinen Namen glauben, die nicht aus dem Blut, nicht aus dem Willen des Fleisches, nicht aus dem Willen des Mannes, sondern aus Gott geboren sind« (Joh 1,12-13). Das ist auch der Grundtenor in anderen Stellen des Neuen Testamentes wie etwa in 1 Petr 2,10 (»Einst wart ihr nicht sein Volk. Jetzt aber seid ihr Gottes Volk; einst gab es für euch kein Erbarmen, jetzt aber habt ihr Erbarmen gefunden«) oder Eph 2,19 (»Ihr seid also jetzt nicht mehr Fremde ohne Bürgerrecht, sondern Mitbürger der Heiligen und Hausgenossen Gottes«). So wie das Judentum versteht sich das Christentum auch als Abschluss der Offenbarung, aber es hat die Kommt-her-Denkform zur Geht-hin-Denkform umgewandelt – zur universalen Sendung der Jünger Christi als Licht der Welt. Hans Waldenfels beschreibt dieses biblische Selbstverständnis so: »Vorchristlich ist die Geschichte als eine Zeit immer größerer Konkretion der göttlichen Offenbarung bis zur Menschwerdung Gottes in Jesus Christus als der Höchstgestalt göttlicher Selbstentäußerung und -mitteilung hin zu beschreiben. Der Weg zu Christus ist ein Weg der Sammlung und Konzentration. Nachchristlich verläuft der Prozess umgekehrt. Wir befinden uns auf einem Weg der Sendung und Universalisierung: Das Konkreteste wird das

Allgemeinste.«[21] Mit Theologumena wie »Vorbereitung auf das Evangelium«, »Ecclesia ab Abel« oder »Samen des Wortes« haben sich die Kirchenväter bemüht, die Religionsgeschichte »vor Christus« positiv zu deuten und zu integrieren. Aber in der Missionsgeschichte ist es bekanntlich nicht bei diesem Ansatz geblieben, obwohl – wie Joseph Ratzinger in einer bemerkenswerten Studie aufgezeigt hat – die »Heilsausschließlichkeit der Kirche« im Neuen Testament »nirgends« ausgesprochen wird.[22]

Ausgehend von Texten wie Mk 16,16 (»Wer glaubt und sich taufen lässt, wird gerettet; wer aber nicht glaubt, wird verdammt werden«) und Apg 4,12 (»Und in keinem anderen ist das Heil zu finden«) haben Ignatius von Antiochien und Irenäus über die »Heilsausschließlichkeit der Kirche« nachgedacht, bevor im 3. Jahrhundert »fast gleichzeitig in Ost und West« bei Origenes und Cyprian das Axiom »Kein Heil außerhalb der Kirche« deutlich formuliert wurde. Doch der Kontext bei Origenes ist eine »Paränese an die Juden, denen er zuruft: Täuscht euch nicht, ihr glaubt, ihr hättet das Alte Testament und das genüge. In Wirklichkeit braucht auch ihr das Blut Christi.«[23] Auch bei Cyprian handelt es sich um eine Paränese, diesmal an diejenigen gerichtet, die innerhalb der Kirche für Spaltungen und Schismen sorgen.

Selbst bei Augustinus, aus dessen Schule die dogmatische Formulierung des Konzils von Florenz stammt, ist die Heilsausschließlichkeit »kontextuell« zu verstehen, d.h. vor dem Hintergrund des antiken Weltbildes und der damaligen Situation der Christenheit. Selbstverständlich setzen Augustinus und seine Schule die Idee der »Ecclesia ab Abel« voraus. Aber sie identifizieren die Welt mit dem Römischen Reich und meinen, dass allen die Möglichkeit zur Bekehrung deutlich bekannt sei. Daher staunen sie über diejenigen, die weiterhin nach Wundern verlangen, um sich dem Christentum anschließen zu können: »Magnum est ipse prodigium, qui mundo credente non credit.«[24] Das Axiom »Extra ecclesiam nulla salus« wäre dann so zu verstehen: »Wer außerhalb der Kirche steht, will es selbst so, steht aus eigener Entscheidung außerhalb.«[25]

21 So u.a. in: *Hans Waldenfels*, Kontextuelle Fundamentaltheologie, Paderborn ⁴2005, 192.
22 *Joseph Ratzinger*, Kein Heil außerhalb der Kirche?, in: *ders.*, Das neue Volk Gottes (Anm. 16), 339-375, 341.
23 Ebd., 343.
24 *Augustinus*, De Civitate Dei, XXII, Kap. 8: CCL 48/815 (frei übersetzt: »Wer immer noch Wunder braucht, um sich zum Glauben zu entschließen, ist selber eine gar wunderliche Erscheinung, da er nicht glaubt, wo alle Welt zum Glauben gefunden hat«).
25 *Ratzinger*, Kein Heil (Anm. 22), 347.
26 Vgl. ebd., 354f.
27 Ebd., 359.
28 Ebd., 361.
29 Vor allem in: *Internationale Theologenkommission*, Das Christentum (Anm. 11), Nr. 70 (S. 35).
30 *Hans Waldenfels*, Dominus Iesus und das Heil in den Religionen, in: *ders.*, Spuren (Anm. 19), 409-428, hier 427f. Ähnliches gibt auch Elmar Klinger zu verstehen, wenn er feststellt, dass in der Erklärung »Dominus Iesus« Gaudium et spes – »die allgemeine Grundlage und der umfassendste Horizont aller Offenbarung des Willens Gottes in der heutigen Welt und Mission der Kirche« – beiläufig zitiert, aber thematisch nie erwähnt wird. *Elmar Klinger*, Jesus und das Gespräch der Religionen. Das Projekt des Pluralismus, Würzburg 2006, 25.

Der erwähnte Aufsatz Ratzingers ist voller klugen Überlegungen über den weiteren Verlauf der Rezeptionsgeschichte dieses Axioms. Er suggeriert, dass es sich bei der Dogmatisierung durch das Konzil von Florenz um eine verhängnisvolle Blickverengung handelt, weil der erwähnte paränetische Kontext vergessen wurde. Ebenso vergessen wurde in der Missionsgeschichte die neutestamentliche Spannung zwischen dem Tun der Liebe (vgl. u. a. Mt 22,35-40, Mt 25,31-46, Mt 7,21) als Weg zum Heil und der Heilsnotwendigkeit der Taufe (vgl. u. a. Mk 16,16),[26] eine Spannung, die nicht einseitig zugunsten des Letzteren aufgelöst werden sollte. Der Aufsatz, geschrieben 1965 inmitten des konziliaren Frühlings, endet mit nachdenklichen Betrachtungen über die Kirche und die Mission angesichts der Minderheitssituation der Christen in der Religionsgeschichte. Die Kirche müsse sich nicht äußerlich mit allen decken, um ein Heilsakrament für die Rettung aller sein zu können: »Ihr Wesen ist es vielmehr, in der Nachfolge des einen, der die ganze Menschheit auf die Schultern genommen hat, die Schar der wenigen darzustellen, durch die Gott die vielen retten will. Kirche ist nicht alles, aber sie steht für alle.«[27] Darin liegt die Bedeutung der Christen als »Licht der Welt«. Die Mission wird verstanden als »Ausdruck der göttlichen Gastfreundschaft; sie ist das Ausziehen der Boten, die in die Welt hinein die Einladung zum göttlichen Hochzeitsmahl tragen.«[28]

Betrachtet man diesen Aufsatz, so ist die Blickverengung erstaunlich, die in römischen Texten wie *Dominus Iesus* (2000) oder *Das Christentum und die Religionen* (1996) zu beobachten ist. Gewiss, sie legen das »Extra ecclesiam nulla salus« nunmehr im Sinne des »Extra Christum nulla salus« inklusiv aus;[29] und angesichts der Gefahren in den zeitgenössischen Entwürfen einer Theologie der Religionen betonen sie die Einzigkeit und die universale Mittlerschaft Christi sowie die notwendige Aufgabe der Kirche im göttlichen Heilsplan. Aber *Dominus Iesus* geht mit dem Schriftbefund sehr selektiv um. Verweise auf jene Stellen, die für die universale Rettung durch das Tun der Liebe und für den Vorrang der Gerechten in anderen Religionen vor den schlechten Christen stehen (etwa Mt 7,21-22, Mt 8,11-12, Lk 13,29-30 oder Mt 25,31-46) fehlen gänzlich. Nicht zuletzt aus diesem Grund stellt Hans Waldenfels nach der Auseinandersetzung mit *Dominus Iesus* diese Frage: »Ist das Schiff Petri ein anderes Boot als das, in dem wir alle sitzen? Da aber beginnt das Gespräch von neuem, die Frage nach dem, was uns alle rettet, auch nach dem, was wir alle zur Rettung beitragen können, und schließlich, ob nicht am Ende doch Gott selbst schon mitten im Boot sitzt und das Heil aller besorgt.«[30]

Auch der zweite Text wird den heutigen Aufgaben einer christlichen Theologie der Religionen nicht ganz gerecht, wenn es darin heißt: »Angesichts dieser Lage hat eine christliche Theologie der Religionen verschiedene Aufgaben wahrzunehmen. Zuallererst wird das Christentum versuchen müssen, sich selbst im Kontext einer Pluralität von Religionen zu verstehen und zu bewerten; konkret wird es über die Wahrheit und die Universalität nachdenken müssen, die es beansprucht. An zweiter Stelle wird es den Sinn, die Funktion und den Eigenwert der Religionen in der Gesamtheit der Heilsgeschichte zu suchen haben. Die christliche Theologie wird schließlich die konkreten Religionen mit ihren genau definierten Inhalten zu studieren und zu prüfen haben, die dann mit den Inhalten des christlichen Glaubens konfrontiert werden müssen. Hierzu ist es notwendig, Kriterien aufzustellen, die eine kritische Diskussion dieses Materials und eine Hermeneutik ermöglichen, die dieses Material deutet.«[31] Wer soll aber den Eigenwert und die Inhalte der anderen Religionen definieren? Nur die christliche Theologie? In einer solchen Aufgabenteilung fehlt etwas Wesentliches für eine nachdenklich gewordene christliche Theologie der Religionen, nämlich das Ernstnehmen des Selbstverständnisses und der Geltungsansprüche der anderen.

In den genannten Texten werden die anderen Religionen lediglich im Sinne einer »praeparatio evangelica« betrachtet und funktionalisiert, unter deutlicher Betonung des Unterschieds zum Alten Testament.[32] Zu krass, quasi Barthianisch, ist darin auch die Unterscheidung zwischen dem christlichen »Glauben« als Antwort auf das Wort Gottes zum Menschen und der inneren »Überzeugung« in den anderen Religionen als »jene Gesamtheit an Erfahrungen und Einsichten, welche die menschlichen Schätze der Weisheit und Religiosität ausmachen, die der Mensch auf seiner Suche nach der Wahrheit in seiner Beziehung zum Göttlichen und Absoluten ersonnen und verwirklicht hat«.[33]

Genauso hat man den Eindruck, dass die menschlichen Grundfragen im Proömium von *Nostra aetate* »ihre abendländische Gebundenheit doch nicht verleugnen können«.[34] Wie wird man in 100 Jahren über diese Texte urteilen?

31 *Internationale Theologenkommission*, Das Christentum (Anm. 11), Nr. 7 (S. 10).
32 Vgl. z. B. deutlich in diesem Sinne *Internationale Theologenkommission*, Das Christentum (Anm. 11), Nr. 85 (S. 41).
33 *Kongregation für die Glaubenslehre*, Erklärung Dominus Iesus über die Einzigkeit und die Heilsuniversalität Jesu Christi und der Kirche, hg. vom *Sekretariat der Deutschen Bischofskonferenz* (Verlautbarungen des Apostolischen Stuhls 148), Bonn 2008, Nr. 7 (S. 14f); vgl. *Internationale Theologenkommission*, Das Christentum (Anm. 11), Nr. 103 (S. 48f).
34 *Colpe*, Drängt die Religionsgeschichte nach einer Summe?, in: *ders.*, Theologie (Anm. 20), 251-277, hier 275.
35 *Colpe*, Die Funktion religionsgeschichtlicher Studien in der evangelischen Theologie, in: *ders.*, Theologie (Anm. 20), 40-52, 46.
36 *Kongregation für die Glaubenslehre*, Erklärung Dominus Iesus (Anm. 33), Nr. 14 (S. 26).
37 *Hans Waldenfels*, Theologie der nichtchristlichen Religionen. Konsequenzen aus »Nostra aetate«, in: Glaube im Prozess. Christsein nach dem II. Vatikanum. Für Karl Rahner, hg. von *Elmar Klinger/Klaus Wittstadt*, Freiburg 1984, 757-775, hier 765.
38 *Benz*, Ideen (Anm. 6), 53.
39 Enzyklika Redemptoris Missio Seiner Heiligkeit Papst *Johannes Paul II.* über die fortdauernde Gültigkeit des missionarischen Auftrages, hg. vom *Sekretariat der Deutschen Bischofskonferenz* (Verlautbarungen des Apostolischen Stuhls 100), Bonn 1990, Nr. 6; vgl. auch Gaudium et spes 45.
40 *Colpe*, Nicht »Theologie der Religionsgeschichte«, sondern »Formalisierung religionsgeschichtlicher Kategorien zur Verwendung für theologische Aussagen«, in: *ders.*, Theologie (Anm. 20), 278-288, hier 287.
41 *Hans Waldenfels*, Die Spannungen ehrlich aushalten. Christliche Identität im Pluralismus der Religionen, in: Herder Korrespondenz 47 (1993) 30-34.
42 »Warum, Gott, zum Heil die fürchterlichen Umwege, das Leid der Unschuldigen, die Schuld?« *Eugen Biser*, Interpretation und Veränderung, Paderborn 1979, 133.

3 Aufgeklärter Inklusivismus

Das Problem des Verhältnisses des Christentums zu den anderen Religionen ist heute das »Kardinalproblem«[35] der christlichen Theologie. Die Katholische Kirche bezeichnet es als »ein weites Feld« für die theologische Forschung und – gemäß ihrem Selbstverständnis – reklamiert hierfür die »Führung des Lehramtes«.[36] Sie äußert sich nicht nur warnend und bremsend angesichts der Gefahren, sondern sie versucht auch, einige Wege zu skizzieren. Dazu gehört die erwähnte Befürwortung des Heilsinklusivismus in der Form des »Extra Christum nulla salus«. Bei der Erklärung dieses Axioms angesichts der Religionen ist allerdings noch viel zu tun, denn wir können uns nicht »mit der Bestimmung der Funktion der anderen Religionen in der vom Christentum her gedachten Heilsgeschichte begnügen«.[37] Ich möchte hier – wie ich glaube im Sinne Hans Waldenfels' (und Karl Rahners) – für einen »aufgeklärten Inklusivismus« plädieren, der die Religionsgeschichte – einschließlich der Geschichte des Christentums mit ihren verheerenden Fehlentwicklungen – ernst nimmt.

1 Im faktischen Verlauf der Religionsgeschichte ist eine evolutionistische oder teleologische Ausrichtung der Religionen auf Christus hin nicht erkennbar. Vielmehr ist die Tatsache festzustellen, »daß die Religionsgeschichte auch nach Christus und bis heute mit einem ungemein schöpferischen Elan weitergeht«.[38] Christliche Theologie muss daher die Glaubensaussagen, dass Christus »Alpha und Omega« (Offb 22,13), »Mitte und Ziel der Geschichte«[39] ist, mit dem dauerhaften Fortbestehen der Religionsgeschichte nach Christus zusammen zu denken versuchen, vor allem aber mit dem »Ärgernis« der Entstehung nachchristlicher Religionen und Synkretismen – nicht zuletzt als Folge der christlichen Mission selbst. Ebenso muss sie bedenken, dass Christen in der Religionsgeschichte eine Minderheit sind und wahrscheinlich bleiben werden.

2 Christliche Theologie bedarf des Studiums der Religionsgeschichte und der konkreten Religionen. Den Nutzen religionsgeschichtlicher Studien für die Theologie sieht Colpe in der »Formalisierung religionsgeschichtlicher Kategorien und Axiomatisierung religiöser Aussagen«, aber auch im Aufweisen einer Reihe von Konvergenzen und Divergenzen zwischen dem Christentum und den anderen Religionen.[40] Die Auseinandersetzung mit diesen Religionen stellt immer einen Lernprozess dar, der Christen nicht zuletzt zur Explizitmachung und Klärung der eigenen Offenbarungstradition verhelfen kann. Man muss dabei dem Problem der »Metamorphosen«, des Wandels als Folge der Begegnung des Christentums mit den Religionen, eine besondere Aufmerksamkeit schenken. Der aufgeklärte Inklusivismus wird Konvergenzen suchen sowie Divergenzen und Spannungen »ehrlich aushalten«.[41] Ebenso wird er – dem Beispiel des sterbenden Romano Guardini mit der Theodizeefrage folgend[42] – viele Rückfragen der Religionen an das Christentum im

Raum stehen lassen, ohne sie dogmatisch stillzulegen: Warum fand die Menschwerdung Jesu als Selbstmitteilung Gottes erst vor 2000 Jahren statt, während die Religionsgeschichte viel älter ist? Warum geschah jene zudem in der Dialektik von Enthüllung und Verhüllung, so dass sie den Menschen nicht unmittelbar einleuchtet? Warum haben viele Völker Jahrhunderte lang keine Kenntnis von der Offenbarungsgeschichte im Alten und im Neuen Testament gehabt? Warum sind Christen in der Welt der Religionen bis heute eine Minderheit geblieben? Warum entstehen auch »nach Christus« neue Religionen? Welche Heilsrelevanz kommt den anderen Religionen wirklich zu, wenn man die Texte des II. Vatikanums und des jüngsten Lehramts berücksichtigt? Gibt es nur in den anderen Religionen »Ambiguität«, während im Christentum alles klar ist? Warum ist die Religionsgeschichte des Christentums von vielen Pervertierungen und Depravationen nicht frei, die in der allgemeinen Religionsgeschichte vorkommen – wenn es auch wahr ist, dass Christen unter Rückbesinnung auf die normative Kraft des Evangeliums jene immer wieder in Frage stellten und überwanden?

3 Der aufgeklärte Inklusivismus wird sich auf die noch lebenden Religionen konzentrieren, die das eigentliche Problem für das Christentum darstellen. Dabei wird kritisch zu fragen sein, ob für die Begegnung mit diesen Religionen »dieselben Divergenzverhältnisse« zum Modell genommen werden sollen, »wie sie sich bei der Entstehung des Christentums ergaben«.[43] Nach den verheerenden Fehlern bei der Verkennung des paränetischen Charakters des antiken »Extra ecclesiam nulla salus« sollte man sich fragen, ob bei der Übertragung anderer Aspekte der neutestamentlichen oder patristischen Theologie der Religionen auf die heutige Situation ähnliche Fehler vermieden werden könnten.

4 Der aufgeklärte Inklusivismus wird mit einer differenzierteren Typologie und Theologie der Religionen als *Nostra aetate* arbeiten. Das rabbinische Judentum kann als Weiterleben des alten Israels verstanden werden, aber auch als eine *nebenchristliche* Religion, sofern es mit dem Christentum um die richtige Interpretation der Tora und der Propheten konkurriert. Nun, wo die Geschichtstatsachen, »die als christliche Macht und jüdische Ohnmacht so lange zwischen ihnen gestanden haben«,[44] endlich weggefallen sind, könnte das Gespräch

43 *Colpe*, Theologie der Religionsgeschichte (Anm. 40), 283.

44 *Hans Joachim Schoeps*, Jüdisch-christliches Religionsgespräch in neunzehn Jahrhunderten. Mit einem Nachwort von *Edna Brocke*, Königstein/Ts. 1984, 196.

45 Ebd., 199.

46 Zum Begriff »ponderable Religionen« vgl. *Heinrich Scholz*, Religionsphilosophie, Berlin ²1922. Als ponderabel oder wägenswert betrachtet Scholz jene außerchristlichen Religionen, die nicht zuletzt für das philosophische Nachdenken relevant sind: »Die ponderablen Religionen sagen religiöse Spezifika aus, die unverwechselbar religiös sind und sonst gar nichts. Der Fehler, der in der christlichen Theologie gemacht wird, ist der, dass immer sofort nach der Wahrheit gefragt wird. Da wiegen diese Ponderabilien nichts und können nur falsch sein. Aber sie haben ein spezifisches Gewicht und können unser Leben gültig bestimmen.« *Carsten Colpe*, Die Zukunft der Kirche und die Zukunft der Welt, in: *ders.*, Theologie (Anm. 20), 54-66, hier 64.

47 *Waldenfels*, Phänomen (Anm. 1), 88.

zwischen Juden und Christen eine qualitativ neue Phase erreichen. Dabei wären Christen gut beraten, wenn sie nicht, wie so oft, vom Anti- in Philojudaismus übergehen, sondern den Mut haben, die Konvergenzen zu betonen, ohne die Divergenzen zu verschweigen. Keine Frage, die Sehnsucht nach dem messianischen Reich von Freiheit und Gerechtigkeit, Wahrheit und Frieden ist das gemeinsame Band zwischen Juden und Christen: »Beide eint die ›eine‹ gemeinsame Erwartung, daß das Eigentliche, das wir nicht kennen, das wir nur ahnen können, erst noch ›kommen wird‹, in jener Stunde, da sich der Anfang verschlingt in das Ende. Hier aber endet auch ›alles‹ jüdisch-christliche Gespräch: Nämlich in der alten Vaterunser-Bitte ›Zu uns komme Dein Reich‹.«[45] Doch abgesehen davon, scheint es, dass Juden und Christen einander kaum mehr als ein gegenseitiges »Ärgernis« sein können. Die Christen den Juden, weil wir, paulinisch gesprochen, einen gekreuzigten Juden für den Messias halten, für das fleischgewordene Wort Gottes und den hermeneutischen Schlüssel zur Rezeption der Tora und der Propheten; die Juden den Christen, weil sie daran festhalten, dass dieser Jesus von Nazaret nichts als ein Zwischenfall in der tausendjährigen Geschichte Israels mit seinem Gott war und sie ohne die Vermittlung durch ihn zu ihrem und unserem Gott beten.

Der Islam als Paradigma einer *nachchristlichen* Religion mit einem Beerbungsanspruch gegenüber dem Christentum stellt die Letztgültigkeit der christlichen Offenbarung und ihres Gottesverständnisses radikal in Frage, verhält sich also deutlich »divergent« zum Christentum. Aber er weist auch in seiner Theozentrik, Eschatologie und Ethik wichtige Konvergenzen auf. Wie alle nachchristlichen Religionen betreibt er eine Christentumskritik, die als Fremdprophetie zu verstehen ist. Die ursprüngliche Wahrnehmung des Islam als »christliche Häresie« muss heute der nachdenklichen Frage nach dem weichen, was uns Gott mit dem Islam sagen möchte. Ähnliches gilt für die Bahai-Religion und andere Formen nachchristlicher Religiosität (etwa für die indianischen und afroamerikanischen Synkretismen sowie die Cargo-Kulte), die als indirekte Folge christlicher Mission entstanden sind.

Asiatische, afrikanische oder indianische Religionen sind als *außerchristliche* Religionen zu verstehen, die erst durch das missionierende Christentum mit der biblischen Offenbarungstradition in Berührung kamen, auch wenn sie zeitlich »vor Christus« entstanden sind. Sie machen uns darauf aufmerksam, dass es für weite Teile der Menschheit »ponderable« Alternativen zum Christentum gibt,[46] die ihre Faszination nicht verloren haben. Bezogen auf die asiatischen Religionen hat Hans Waldenfels geschrieben: »Das Christentum kann aufgrund der Begegnung mit Asien einmal einen Prozess der Wiederentdeckung von Verlorenem und Vergessenem einleiten, sodann aber auch im Hinblick auf Asien neue Facetten des eigenen Christusglaubens entdecken; die Stichworte ›kenotische Christologie‹ und ›kosmischer Christus‹ markieren zwei zu vertiefende Reflexionsprozesse.«[47]

5 Der aufgeklärte Inklusivismus wird die Hoffnung Karl Rahners im Hinblick auf eine östlich-asiatische Theologie teilen, die das geschichtliche Denken der westlichen Theologie überwindet und deren Vorordnung der Christologie vor der Pneumatologie umkehrt: »Vielleicht wird sie eine Pneumatologie, eine Lehre von der innersten, vergöttlichenden Begnadigung aller Menschen (als Angebot an ihre Freiheit) wegen des allgemeinen Heilswillens und wegen des legitimen Respektes vor allen großen Weltreligionen auch außerhalb des Christentums zum fundamentalen Ausgangspunkt ihrer gesamten Theologie machen und von da aus – vielleicht gar nicht ohne erhebliche Anstrengungen – ein wirkliches und radikales Verständnis der Christologie zu gewinnen suchen. Einer solchen Theologie wird vielleicht ein Wort wie Joh 7,39 (Der Geist war noch nicht gegeben, weil Jesus noch nicht verherrlicht war) weniger naheliegen und verständlich sein als Sätze in der Schrift, die den allgemeinen Heilswillen Gottes rühmen, den Geist durch alle Propheten reden lassen und ihn ausgegossen wissen über alles Fleisch.«[48] Eine ähnliche Hoffnung auf einen fernöstlichen Weg der Theologie, bei dem uns Abendländern »zunächst und noch lange Hören und Sehen« vergingen, hegte Gottlieb Söhngen und teilt Hans Waldenfels.[49]

6 Der aufgeklärte Inklusivismus wird schließlich die mystische Tradition der Kirche für eine christliche Theologie der Religionen fruchtbar zu machen versuchen. »Richte deine Augen allein auf ihn«, lässt Johannes vom Kreuz Gott-Vater im Bezug auf seinen Sohn zu uns sagen, »denn in ihm habe ich dir alles gesagt und geoffenbart«.[50] Christus ist für Christen das letzte Wort Gottes, in dem »alle Schätze von Gottes Weisheit und Wissen« verborgen sind (Kol 2,3)[51] wie in einem überreichen Bergwerk »mit vielen Gängen«. Daher findet man niemals für sie »einen Schluss- und Endpunkt, mag man sich noch so sehr in sie vertiefen, im Gegenteil, in jedem Gang findet man neue Adern mit neuen Reichtümern.« Johannes vom Kreuz war davon überzeugt, »daß für die heiligen Gelehrten und heiligen Menschen das Allermeiste noch zu sagen und zu verstehen aussteht, wie viele Geheimnisse und Wunder sie auch aufgedeckt oder

48 *Karl Rahner*, Aspekte europäischer Theologie, in: *ders.*, Schriften zur Theologie, Bd. XV, Zürich 1983, 84-103, hier 102f.

49 *Gottlieb Söhngen*, Der Weg der abendländischen Theologie. Grundgedanken zu einer Theologie des »Weges«, München 1959, 25; von *Hans Waldenfels* vielfach zitiert, so z. B. Unterwegs zu einer christlichen Theologie des religiösen Pluralismus, in: *ders.*, Spuren (Anm. 19), 578-593, hier 593.

50 *Johannes vom Kreuz*, Aufstieg auf den Berg Karmel, hg. v. *Ulrich Dobhan/Elisabeth Hense/Elisabeth Peeters* (Gesammelte Werke 4), Freiburg 1999, 2 S 22,5 (S. 262).

51 Ebd., 2 S 22,6 (S. 264).

52 *Johannes vom Kreuz*, Geistlicher Gesang (Cántico A), hg. v. *Ulrich Dobhan/Elisabeth Hense/Elisabeth Peeters* (Gesammelte Werke 3), Freiburg 1997, 36,3 (S. 226).

in diesem Leben verstanden haben«.[52] Die Abgeschlossenheit der Offenbarung in Christus schließt nicht aus, dass wir deren Gehalt erst im Gang durch die Menschheits- und Religionsgeschichte nach Christus in der Kraft des Geistes verstehen lernen.

4 Und die Mission?

Inklusivistische Ansätze standen immer im Verdacht, missionarischen Defätismus hervorzurufen. Aus dem Entdeckungszeitalter, als im Windschatten der engen Auslegung des »Extra ecclesiam nulla salus« Scharen von eifrigen Missionaren bereit waren, die geliebte Scholle zu verlassen, um die Völker der Neuen Welt aus der Finsternis zu holen und für Christus und die katholische Kirche zu gewinnen, haben wir hierfür ein gutes Beispiel. Der Jesuit José de Acosta, einer der besten Missionstheoretiker der Frühen Neuzeit, schreibt Ende des 16. Jahrhunderts über das Genügen eines *votum implicitum* nach den Scholastikern Salamancas Folgendes: »Ich komme aus dem Staunen nicht heraus, wenn ich bedenke, was manchen Lehrmeistern der Scholastik unserer Tage, im übrigen Männer von großer Lehrautorität, eingefallen ist. Sie behaupten mit Nachdruck, dass selbst in unseren Tagen – nachdem so viel Zeit verstrichen ist, seit Christus sich offenbart hat – einige Menschen ohne ausdrückliche Kenntnis Christi das ewige Heil erlangen können. […] Diese Lehre ist erfunden worden aufgrund von manchen menschenfreundlichen Vorurteilen bezüglich der unendlichen Menschenmenge, die in dieser Neuen Welt während so langer Zeit des Lichtes des Evangeliums ermangelte. […] Solcherart argumentieren diese Autoren. Ihre eigene Logik hat manche unter ihnen zur Annahme geführt, dass diese Ungläubigen das Heil ohne ausdrücklichen Glauben erlangen können, lediglich aufgrund einer ausschließlich natürlichen Vernunft also. […] Zu gerne würde ich die Apologie teilen, die diese Autoren zugunsten der Rettung der Indios anstellen, da ich mich der Sache der Indios besonders verbunden fühle. Aber mich hindert daran die Tatsache, dass niemand zum Vater kommt außer durch Christus [Joh 14,6], und dass es keinen anderen Weg und keine andere Tür gibt, um in das ewige Leben zu gelangen [Joh 6,37-40.44f]. Und dazu käme noch dieser gewiss wahre Sachverhalt: Wenn ohne von Christus Kenntnis zu haben, Rettung oder Rechtfertigung erlangt werden kann, dann lohnt es nicht, Christus zu verkünden und Apostel in die ganze Welt auszusenden noch ihnen aufzutragen: ›Wer glaubt und sich taufen lässt, wird gerettet‹ [Mk 16,16]. Sie antworten darauf: Christus zu verkünden erübrigt sich nicht, denn so erlangen die Rettung mehr Personen, und dies leichter und vollkommener. Aber ich habe immer daran geglaubt, dass die Verkündigung Christi, d. i. des Evangeliums, nicht so sehr notwendig ist, damit mehr Personen und leichter gerettet werden, sondern damit die Menschen überhaupt gerettet werden können. [...] Du wirst sagen, dass dies streng und hart ist. [...] Aber wir diskutieren hier nicht darüber, ob dies streng und hart, gültig und liberal, sondern ob es wahr sei.«[53]

Missionarischer Defätismus wurde auch Karl Rahner vorgeworfen,[54] der die Gnadenlehre der Spätscholastik sehr gut kannte und ähnlich wie die von Acosta gescholtenen Theologen die Mission begründete. Auf den missionarischen Defätismus infolge der ersten katholischen Entwürfe zu einer Theologie der Religionen ging Paul VI. in seinem Apostolischen Schreiben *Evangelii nuntiandi* vom 8. Dezember 1975 ein, nicht zufällig am 10. Jahrestag des feierlichen Abschlusses des Konzils: »Im übrigen, so fügt man hinzu, wozu überhaupt das Evangelium verkünden, wo doch die Menschen durch die Rechtschaffenheit des Herzens zum Heil gelangen können. Außerdem weiß man doch, daß die Welt und die Geschichte erfüllt sind von ›semina Verbi‹: wäre es da nicht eine Illusion zu behaupten, das Evangelium dorthin zu bringen, wo es schon immer in diesen Samenkörnern anwesend ist, die der Herr selbst dort gesät hat? Wer sich einmal die Mühe macht, in den Konzilsdokumenten den Fragen auf den Grund zu gehen, welche diese ›Alibis‹ hier allzu oberflächlich verwerten, der findet dort eine völlig andere Sicht der Dinge.« *Evangelii nuntiandi* bekräftigt dann die Pflicht zur Mission auf der Grundlage des Konzils, d. h. eingedenk der Religionsfreiheit »und in absolutem Respekt vor den freien Entscheidungen, die das Gewissen trifft« (vgl. Dignitatis humanae 4). Gewiss könne Gott das Heil bei wem er will auf außerordentlichen Wegen, »die er weiß« (Ad gentes 7), wirken. Doch sein Sohn sei gerade dazu gekommen, »um uns durch sein Wort und sein Leben die ordentlichen Heilswege zu offenbaren«. Anschließend gibt Paul VI. zu verstehen, dass die Evangelisierung

53 *José de Acosta*, De procuranda indorum salute, 2 Bde. (Corpus Hispanorum de Pace 23 und 24), Madrid 1984-1987, hier Bd. 2, Buch V, Kap. 3 (S. 186-197). Über die Lehre der Theologen Salamancas vgl. *Teófilo Urdanoz*, La necesidad de la fe explícita para salvarse según los teólogos de al Escuela de Salamanca, in: Ciencia Tomista 59 (1940) 398-414 und 529-553; 60 (1941) 109-132; 61 (1941) 83-107.

54 Vgl. Belege in *Nikolaus Schwerdtfeger*, Gnade und Welt. Zum Grundgefüge von Karl Rahner Theorie der »anonymen Christen« (Freiburger Theologische Studien 123), Freiburg 1982, 23-43.

55 Apostolisches Schreiben »Evangelii nuntiandi« seiner Heiligkeit *Paul VI.* ... über die Evangelisierung in der Welt von heute, Nr. 80, in: Nachkonziliare Texte zu Katechese und Religionsunterricht, hg. v. *Sekretariat der Deutschen Bischofskonferenz* (Arbeitshilfen 66), Bonn 1989.

56 Zu diesem Begriff vgl. *Michael Sievernich*, Die christliche Mission. Geschichte und Gegenwart, Darmstadt 2009, 48.

57 Evangelii nuntiandi (Anm. 54), Nr. 41.

58 So jüngst *Walter Kardinal Kasper*, Katholische Kirche. Wesen, Wirklichkeit, Sendung, Freiburg i. Br. 2011, 179.

59 *Adolf von Harnack*, Die Mission und Ausbreitung des Christentums in den ersten drei Jahrhunderten, Leipzig 1924 (Nachdruck Wiesbaden 1984), 528.

60 Vgl. *Carsten Colpe*, Das Phänomen der nachchristlichen Religion in Mythos und Messianisnus, in: Neue Zeitschrift für Systematische Theologie und Religionsphilosophie 9 (1967) 42-87, hier 87.

nicht so sehr zum Heil der anderen unerlässlich ist, sondern zu unserer eigenen Rettung: »Es wäre sicher nicht ohne Nutzen, wenn jeder Christ und jeder Verkündiger folgenden Gedankengang im Gebet vertiefte: Die Menschen können durch die Barmherzigkeit Gottes auf anderen Wegen gerettet werden, auch wenn wir ihnen das Evangelium nicht verkünden; wie aber können wir uns retten, wenn wir aus Nachlässigkeit, Angst, Scham – was der hl. Paulus ›sich des Evangeliums schämen‹ (Röm 1,16) nennt – oder infolge falscher Ideen es unterlassen, dieses zu verkünden? Denn das heißt, Gottes Anruf zu verraten, der durch die Stimme der Diener des Evangeliums den Samen wachsen lassen will; es hängt von uns ab, ob dieser zu einem Baum heranwachsen und reiche Frucht bringen kann.«[55] Hier bekommt das paulinische »Weh mir, wenn ich das Evangelium nicht verkünde!« (1 Kor 9,16) eine Pointe, die dem aufgeklärten Inklusivismus entspricht: Wenn wir Christus vor den Menschen verleugnen, so wird auch er uns vor seinem Vater verleugnen (Mt 10,33; Lk 12,9). Ebenso gehört zu diesem Inklusivismus, dass Paul VI. die so genannte »kapillare Mission«,[56] also die überzeugend gelebte Einheit von Gottes- und Nächstenliebe, als den ersten Weg der Evangelisierung betont, da der heutige Mensch »lieber auf Zeugen als auf Gelehrte« hört, »und wenn er auf Gelehrte hört, dann deshalb, weil sie Zeugen sind«.[57]

Aber ein aufgeklärter Inklusivismus muss in der Begründung der Mission ein wenig weiter gehen. Die in vielen lehramtlichen und theologischen Texten vorhandene Dialektik zwischen der Fülle des Heils, der Gnade und der Wahrheit in der Kirche einerseits und der defizitären Lage in anderen Religionen andererseits, so dass die Evangelisierung nötig sei, um die dortigen Schattenseiten mit dem Licht des Glaubens »prophetisch« zu reinigen,[58] muss um folgende Perspektive erweitert werden: dass uns unser Glaube und unsere Hoffnung nur im Angesicht der Anfechtungen und Standpunkte, ja, der »Fremdprophetie« der anderen richtig bewusst werden können (vgl. z. B. Gaudium et spes 44). Das gehört auch zum kenotischen, inkarnatorischen Weg der Kirche durch die Geschichte. Dabei wird jedoch für die Christen von heute dasselbe gelten wie für die Urchristen: dass sie »gegenüber allem Polytheismus und Götzendienst«[59] exklusiv zu bleiben haben.

Ein Christentum, das die Religions- und Menschheitsgeschichte als den Ort der Explizitmachung seiner eigenen Offenbarungstradition durch das Wahrnehmen der in den anderen Religionen enthaltenen »Fremdprophetie« begreift, wird stets Wandlungen unterworfen sein, die seine Identität synkretistisch gefährden,[60] aber es auch zu neuen Ufern führen könnten. Dazu beizutragen, dass diese Metamorphosen auch gelingen – man nennt sie dann in der Sprache heutiger Theologie »Inkulturationen« – sollte eine der vorrangigen Aufgaben christlicher Theologie sein.

5 Vergewisserung

Wenn nicht alles täuscht, haben wir ein religionsfreudiges Jahrhundert vor uns, in dem die Einswerdung der Welt einen großen Schub erfahren wird, und Menschen verschiedener Religionen als gleichberechtigte Bürger in interreligiös geprägten Gesellschaften leben werden. Global gesehen werden Christen in einer radikalen Minderheitssituation sein. Sie verlangt gewiss »nicht Konservierung, sondern missionarische Existenz«.[61] Manche sehen darin eine religionsgeschichtliche Ähnlichkeit mit jener Situation, »der Paulus bei seiner Verkündigung in Athen gegenüberstand«.[62] Aber durch die – nicht aufzuhaltende – weltweite Durchsetzung des Prinzips der Religionsfreiheit werden wir qualitativ neue Bedingungen für die Religionsbegegnung, für die Mission und den interreligiösen Dialog erleben.[63] In einer solchen Welt wird die freie Religionswahl immer selbstverständlicher werden.[64] Daher ist es wichtig, dass Christen wissen, was sie trägt, was sie an Jesus Christus haben.

Sein kleines Buch *Phänomen Christentum. Eine Weltreligion in der Welt der Religionen* schließt Hans Waldenfels mit einem bemerkenswerten, persönlichen Bekenntnis ab. Darin beschreibt er die christliche Prägung seiner Herkunft durch Elternhaus, Pfarrgemeinde und überzeugende Christenmenschen. Durch vielerlei »Erfahrungen in Kirche und Welt« ist sein Kinderglauben »zu einem Erwachsenen Glauben« geworden: »Doch die Grundoption für eine Religion, in deren Mitte der Gottmensch steht, dem ich mich zugesellt weiß, ist durch alle Widrigkeiten hindurch unerschüttert geblieben. Ich habe mich – vielleicht mehr als mancher andere – sehr viel mit anderen Wegen befasst und befassen müssen, religiösen wie nichtreligiösen Wegen. Ich bin auf Menschen gestoßen, die nicht verstehen können, dass man sich vom Christentum abwenden kann, aber noch mehr auf Menschen, die den Mut verloren haben, Christ zu sein. Am Ende stehe ich selbst dennoch immer noch vor der Antwort, die Petrus im Namen seiner Gefährten Jesus gab, als er sie fragte: ›Wollt auch ihr weggehen?‹: Herr, zu wem sollen wir gehen? Du hast Worte des ewigen Lebens. Wir sind zum Glauben gekommen und haben erkannt: Du bist der Heilige Gottes (Joh 6,68f).«[65] Vor dieser Antwort steht heute jeder Christ, der auf andere Religionen mit aufrichtigem theologischem Ernst zugeht und sich in unserer interreligiösen Situation auf die existentielle Begegnung mit deren Anhängern einlässt.

61 *Joseph Ratzinger*, Weltoffene Kirche?, in: *ders.*, Volk Gottes (Anm. 16), 282-301, hier 300.
62 *Günter Lanczkowski*, Begegnung und Wandel der Religionen, Düsseldorf 1971, 11.
63 Vgl. *Mariano Delgado*, Vierzig Jahre »Dignitatis humanae« oder Die Religionsfreiheit als Bedingung für Mission und interreligiösen Dialog, in: Zeitschrift für Missionswissenschaft und Religionswissenschaft 89 (2005) 297-310.
64 Vgl. *Peter L. Berger*, Der Zwang zur Häresie. Religion in der pluralistischen Gesellschaft, Freiburg 1992.
65 *Waldenfel*s, Phänomen (Anm. 1), 117f.

Zusammenfassung

Der Beitrag geht davon aus, dass christliche Theologie jene Fragen, die sich aus der Faktizität der Religionsgeschichte und ihrer ungebrochenen Dynamik in der Gegenwart ergeben, ernst nehmen muss. Der Anspruch des Christentums muss angesichts der Konkurrenz, des Streites, der Anfechtungen, Spannungen, Konvergenzen und Divergenzen mit den Religionen begründet werden. Zunächst werden die Merkmale der heutigen Signatur der Zeit vorgestellt. Danach wird für eine neue Nachdenklichkeit angesichts der Fehlentwicklungen des Christentums im Umgang mit anderen Religionen sowie für einen »aufgeklärten Inklusivismus« plädiert. Überlegungen über die christliche Mission heute schließen den Beitrag ab.

Abstract

The contribution starts from the assumption that Christian theology must take those questions seriously which result from the factuality of the history of religions and its undiminished dynamism in the world of today. The claim of Christianity must be substantiated in the face of the competition, the controversy, the challenges, the tensions, the convergences and the divergences among the religions. First of all the article presents the characteristics of today's signature of the times. Then it advocates a new reflectiveness in light of the mistakes made by Christianity in its dealings with other religions and argues for an »enlightened inclusivism.« The presentation closes with reflections on Christian mission today.

Der interreligiöse Dialog Eine Herausforderung des Christentums durch Religion

von Peter Antes

1977 wurde Hans Waldenfels, dem dieser Beitrag in freundschaftlicher Verbundenheit gewidmet ist, als Professor für Fundamentaltheologie, Theologie der Religionen und Religionsphilosophie an die Katholisch-Theologische Fakultät der Universität Bonn berufen. Er trat dort die Nachfolge von Heinrich Moritz (Heimo) Dolch an, der seit 1963 bis zu seiner Emeritierung 1977 Professor für Fundamentaltheologie, Religionsphilosophie und Grenzfragen zwischen Theologie und Naturwissenschaft gewesen war. Die Umwidmung im Aufgabenfeld von den »Grenzfragen zwischen Theologie und Naturwissenschaft« zur »Theologie der Religionen« stellte einen Paradigmenwechsel dar, dessen Tragweite erst langsam deutlich wird und – wie ich meine – nachhaltige Folgen für die Theologie und den interreligiösen Dialog haben wird. Deshalb soll nachfolgend zuerst etwas zur Theologie vor diesem Umbruch gesagt und danach angedeutet werden, in welche Richtung die Neuorientierung der Theologie angesichts des interreligiösen Dialoges gehen sollte. Ein kurzes Fazit wird die wesentlichen Gesichtspunkte diesbezüglich zusammenfassen.

1 Theologie als Wissenschaft

Gustavo Gutiérrez, der gemeinhin als Vater der südamerikanischen »Theologie der Befreiung« gilt, sagt in einem Interview der spanischen Zeitschrift *Vida Nueva*, dass Theologie immer von ihrem jeweiligen Sitz im Leben her verstanden werden müsse, und er führt dazu aus, dass die neuzeitliche europäische Theologie im Kontext von Atheismus und Humanismus verortet sei. Deshalb gehe es ihr darum, den Atheisten und den Humanisten glaubhaft zu vermitteln, dass es nicht unsinnig sei, an Gott zu glauben. Im Gegensatz dazu sei es das Anliegen der Theologie der Befreiung, den Menschen in Lateinamerika, die sich tagtäglich als Nicht-Menschen am Rande der Gesellschaft erleben, nicht nur durch die liturgische Formel zu sagen, sondern durch die Predigt glaubhaft zu vermitteln, dass sie Kinder Gottes sind.[1]

Zentrale Themen der europäischen katholischen Fundamentaltheologie waren dementsprechend die Frage nach der Erkennbarkeit Gottes mittels der Vernunft, nach der Welt als Schöpfung, nach dem Wirken Gottes in der Welt, vornehmlich in außergewöhnlicher Weise durch Wunder, und nach der Möglichkeit einer Offenbarung Gottes an die Menschen sowie die Fragen nach der Begründbarkeit der Ethik aus der Seinsordnung, d. h. der Ableitung des Sollens aus dem Sein. Mit alledem galt es, die christliche Theologie als Wissenschaft im Kontext des neuzeitlichen Universitätssystems zu etablieren. Dass dieses Bemühen nicht auf die katholische Theologie beschränkt ist, sondern insbesondere auch die protestantische Auslegung des Glaubens betraf, zeigt, dass es sich bei dieser Auseinandersetzung in der Tat um den neuzeitlich-europäischen Kontext insgesamt handelt. Der Blick auf den Protestantismus legt darüber hinaus das ganze Spannungsfeld offen, in dem die Positionen verankert sein müssen. Neuzeitliche Wissenschaft duldet nämlich keinen Rückgriff auf Metaphysisches als Erklärungsmodell. Nur die Erklärung kann als »wissenschaftlich« akzeptiert werden, die logisch und einfach ist und dabei ohne Rekurs auf Gott, Engel oder den Teufel als Verursacher von Phänomenen auskommt. Damit sind Wunder als »des Glaubens liebstes Kind«, wie Goethe den Faust sagen lässt, von vornherein ausgeschlossen.[2] Gottes Schöpfung wird auf den Big Bang, die Entwicklung der Welt auf eine Sequenz von Zufällen ohne rationale Planung, die Entstehung des Menschen auf ein zufälliges Produkt einer spielerisch vielfältigen Evolution reduziert. Naturwunder werden motivgeschichtlich eingeordnet, Heilungswunder in den Bereich psychosomatischer Wirkungen verwiesen. Eine Theologie, die sich wie die liberale protestantische Theologie in Deutschland und Amerika in ihrer Auslegung des Glaubens den Prämissen der neuzeitlichen Wissenschaft unterordnet, weckt den Verdacht, den Glauben um der Wissenschaft willen zu verraten, wie es

1 Vida Nueva Nr. 992 vom 26.7. bis 2.8.1975, 31

2 Auch im täglichen Leben wird Unwahrscheinliches meist verdrängt und durch Wahrscheinlicheres ersetzt. Als besonders markantes Beispiel hierfür will ich berichten, wie mein erster Kontakt in Lancaster mit den britischen Religionswissenschaftlern Ninian Smart (später in Santa Barabara, USA) und Eric John Sharpe (später in Sydney, Australien) zustande kam.
1972 war ich zu einem Sprachkurs in London und fuhr dafür täglich mit der Untergrundbahn von Aldgate East zum Piccadilly Circus. In der letzten Woche fuhr ich am Mittwoch wieder diese Strecke und setzte mich in der gut besetzten Bahn auf den einzig freien Platz. Meine Nachbarin, die bereits einige Leute angesprochen hatte, nahm dies zum Anlass, um mich zu fragen, woher ich komme und was ich beruflich mache. Als ich ihr sagte, ich sei Religionswissenschaftler an einer deutschen Universität, leuchteten ihre Augen vor Freude und sie sagte mir, Gott habe mich auf ihren Weg geführt, denn just am nächsten Tag sei in dem Krankenhaus, in dem sie lebe, eine Konferenz zum Thema Weltreligionen im Krankenhaus und dazu brauche man noch einen Spezialisten. Sie bat mich zu kommen, und ich willigte ein. Frau Dr. Wild, so hieß die Dame, empfing mich am Eingang des Whitechapel Hospital und führte mich mehrere Stockwerke hoch zur Türe eines Mansardenzimmers. Sie klopfte an, die Tür ging auf, und ein freundlicher Hausgeistlicher namens Michael Stevens begrüßte uns und bat uns, Platz zu nehmen. Das folgende Gespräch zwischen ihm und ihr drehte sich nicht um die besagte Konferenz und auch sonst ließ nichts auf den Anlass meines Kommens schließen. Nach einer Viertel Stunde bat der Geistliche Frau Dr. Wild wieder zu gehen und als ich Anstalten machte, ebenfalls zu gehen, bat er mich noch ein wenig zu bleiben. Wir verabschiedeten uns von Frau Dr. Wild, der ich nie wieder im Leben begegnet bin. Er lud mich daraufhin ein, mit in seine Wohnung im Krankenhaus zu kommen, dort bot er mir einen Tee an und begann zu erklären, dass Frau Dr. Wild früher einmal als Ärztin in diesem Krankenhaus gearbeitet hatte und jetzt dort als Patientin stationär untergebracht sei. Zu ihrem Krankheitsbild gehörte, täglich eine Konferenz ein-

der protestantische Fundamentalismus in den USA im ausgehenden 19. und beginnenden 20. Jahrhundert der liberalen protestantischen Theologie vorgeworfen hat. Richtig ist, dass die religionsgeschichtliche Schule exegetische Studien wie historisch-literarische Textauslegungen orientalischer und hellenistischer Texte konzipierte, dass Kirchengeschichte sich von Profangeschichte nicht methodologisch, sondern nur noch hinsichtlich ihrer Themenauswahl unterschied und dass systematische Theologie weitestgehend zu Dogmengeschichte wurde, deren Entscheidungen ausschließlich wegen ihrer geschichtlichen Relevanz Bedeutung erlangten, weshalb man *mainstream*-Richtungen und Abweichler kennt, aber nicht mehr von rechtgläubigen (orthodoxen) und häretischen Auslegungen des Glaubens spricht. Die antimodernistischen Entscheidungen Roms haben eine Polarisierung der Richtungen, wie sie im Kontext der protestantischen Theologie entstanden, verhindert, ganz gefehlt haben sie in der römisch-katholischen Kirche aber auch nicht. Die Aussöhnung zwischen beiden Positionen erfolgte bekanntlich durch das II. Vatikanische Konzil zu einer Zeit, als extremistische Übertreibungen in beide Richtungen weitgehend abgeklungen waren.

Zutreffend beschreibt diese Entwicklung Hans Waldenfels, wenn er sagt:

»Der neuzeitliche Atheismus trifft das Christentum in seiner Wurzel, weil er in seiner vollen Ausprägung insofern den radikalsten Einspruch des Menschen gegen Gott und Göttliches darstellt, als er Gott und Göttliches nicht nur leugnet und für nicht-existent erklärt, sondern den Anspruch erhebt, Gott getötet und vernichtet zu haben. In dieser Radikalität war der Atheismus nur nachchristlich möglich. Denn nirgendwo sonst als im jüdisch-christlichen Raum treten Gott und Welt als Schöpfer und Schöpfung, Gott und Nicht-Gott so deutlich auseinander und stehen Gott und Mensch so entschieden gegenüber. Gewiß macht es einerseits die Würde des Menschen aus, daß er als *von* Gott Angesprochener *mit* Gott reden und ihm Antwort geben kann. Andererseits versetzt ihn das zugleich in die Situation, *gegen* Gott reden zu können, so daß die Würde des Menschen, Gottes Partner zu sein und in seinem Namen in und an der Welt

berufen zu wollen, weshalb sie ihn immer neu aufsuchte, ihm die jeweiligen Konferenzthemen nannte und ihn bat, Spezialisten dazu einzuladen. Regelmäßig sagte er, er kenne keine Spezialisten für diese Thematik, wenn sie aber einen kennte, so könne sie ihn mitbringen. An dem erwähnten Mittwoch nun war der Themenvorschlag der für die Weltreligionen im Krankenhaus und gegen 13 Uhr klopfte Frau Dr. Wild erneut an seiner Türe, um mitzuteilen, sie kenne nun einen Spezialisten, einen deutschen Religionswissenschaftler, der am nächsten Morgen kommen werde. Herrn Stevens war deutlich anzumerken, wie peinlich ihm das Ganze war. Um der Sache etwas die Peinlichkeit zu nehmen, bat ich ihn, mir etwas über die Religionswissenschaft in Großbritannien zu erzählen. Er berichtete, dass dafür eigens eine neue Fakultät in Lancaster gegründet worden sei und er sogar einen Freund habe – Robert Morgan (später in Oxford) –, der dort Professor ist. Ich bat ihn, mir seine Adresse zu geben, damit ich – nach Deutschland zurückgekehrt – mit ihm einmal Kontakt aufnehmen könne. Er bat mich um etwas Geduld, verließ den Raum und kam erst nach einer relativ langen Abwesenheit wieder zu mir zurück, um mir zu sagen, er habe gerade mit ihm telefoniert. Prof. Morgan schlüge vor, dass wenn ich am folgenden Tag nach Lancaster führe, er mich am Bahnhof abholen und mich mit Ninian Smart und Eric Sharpe bekannt machen würde, ich könne dann die Nacht im Hause von Robert und Peggy Morgan verbringen, am nächsten Tag nach London zurückkehren und am darauf handeln zu können, ihm zugleich zur Einladung und zur Versuchung wird, den eigenen Anspruch an die Stelle des göttlichen Anspruchs, somit auch an die Stelle Gottes zu setzen.

Die neuzeitliche Geschichte ist nicht nur die imposante Geschichte der Entdeckung der Welt, sondern zugleich die Geschichte der Entdeckung und Entfaltung der eigenen Fähigkeiten und Möglichkeiten des Menschen. Das Ergebnis war die Ersetzung der Theozentrik durch eine radikale Anthropozentrik, der Theonomie, der Bindung an das göttliche Gesetz, durch eine radikale Autonomie, der Theologie durch Anthropologie. Der Mensch wurde sich selbst zum Maßstab der Dinge, zum Gesetz und zur Erklärung.«[3]

Eine Theologie, die sich als Wissenschaft auf Augenhöhe mit anderen Wissenschaften messen will, muss vornehmlich von den Naturwissenschaften und den Humanwissenschaften ernst genommen werden. Auch wenn dieses Ziel vielleicht noch nicht vollständig erreicht ist, hat diese Herausforderung in jedem Falle bewirkt, dass die Zielvorgabe »Theologie als Wissenschaft« verinnerlicht worden ist und damit auch der christliche Glaube und das Christentum sich als Wissenschaft etabliert haben. Ein solch wissenschaftlich konzipiertes Christentum aber – so scheint es – kann die Erwartungen der Anderen im interreligiösen Dialog nicht befriedigen. Sie wollen das Christentum und seine Theologie als Religion.

2 Theologie als Religion

Der hiermit angedeutete Paradigmenwechsel setzt eine intensive Beschäftigung mit den anderen Religionen in Bezug auf den interreligiösen Dialog voraus. Er macht zudem einen neuen Stil der Darstellung christlicher Glaubensinhalte notwendig und verlangt schließlich nach einer bislang wenig geübten Elementarisierung für die Erläuterung des Lebensvollzuges im Lichte des christlichen Glaubens.

folgenden Tag mein Flugzeug nach Deutschland besteigen. Ich nahm das Angebot an, verabschiedete mich von Michael Stevens, den ich nie wieder getroffen habe, fuhr nach Lancaster, lernte so die beiden Fachkollegen kennen und blieb mit ihnen bis zu ihrem Tod in Kontakt.
Ich gebe zu, dass die erzählte Geschichte recht unwahrscheinlich klingt. Von daher ist es nicht verwunderlich, dass sie anders memoriert wurde. Als ich nämlich 1975 zum Internationalen Kongress der »International Association for the History of Religions« (IAHR) ein weiteres Mal nach Lancaster kam und dort Robert Morgan fragte, ob er wisse, warum ich drei Jahre zuvor nach Lancaster gekommen war, erzählte er mir eine viel einleuchtendere Version dieses Besuches, indem er sagte, ich sei Patient im Whitechapel Hospital gewesen und habe auf diese Weise Michael Stevens kennen gelernt, der dann den Kontakt nach Lancaster hergestellt habe.
Als Religionswissenschaftler ist man mit vielen wundervollen Berichten konfrontiert und dann meist geneigt, der einleuchtenderen Version den Vorzug zu geben. Mit Bezug auf die hier erzählte Begebenheit meines ersten Kontaktes mit britischen Religionswissenschaftlern muss ich jedoch sagen, dass die unwahrscheinlichere Version die historisch richtige ist.

3 *Hans Waldenfels*, Kontextuelle Fundamentaltheologie, Paderborn/München/Wien/Zürich 1985, 41.

4 Vgl. dazu *Waldenfels*, Fundamentaltheologie (Anm. 3), 36f.

2.1 Intensive Beschäftigung mit den anderen Religionen

Es ist sicherlich nicht übertrieben, das Lebenswerk von Hans Waldenfels als einen entscheidenden Meilenstein für eine intensive Beschäftigung mit den anderen Religionen aus religionswissenschaftlicher und theologischer Sicht zu bezeichnen. Grundprinzip dafür ist das genaue Hinhören auf die Anderen und deren Selbstaussagen ernst zu nehmen. Vor dem Nachdenken über sie muss daher die Bereitschaft stehen, die Anderen so sein zu lassen, wie sie sich selbst sehen, und nicht wie Jürgen Habermas in seiner Rede zur Verleihung des Friedenspreises des deutschen Buchhandels 2001, die Terroranschläge vom 11. September desselben Jahres zum Anlass für sein Nachdenken über Glaube und Vernunft zu nehmen und dann Gedanken zu entwickeln, die nichts mit irgendeiner Facette des heute real existierenden Islam zu tun haben. Anders Waldenfels in seiner »Kontextuelle(n) Fundamentaltheologie«, wie die Aussagen über Hinduismus und Buddhismus zeigen:

Der Hinduismus, so stellt Waldenfels zu Recht fest[4], greift »mit seinen Weltdeutungen, seinen Heilsangeboten, seinen psycho-physischen, therapeutischen und meditativen Praktiken« auf Europa über und stellt mit seinen vielfältigen Gottesvorstellungen[5] – bis hin zum apersonalen Urgrund des Seins – das christliche Gottesbild in Frage. Hinsichtlich des Menschenbildes bietet der Hinduismus eine nicht zu unterschätzende Alternative zur christlichen Lehre vom Menschen. »Die Einmaligkeit menschlicher Existenz, die Einzigartigkeit der einzelnen menschlichen Person tritt hinter der Eingebundenheit in den natürlichen Kreislauf des Werdens und Vergehens zurück.« Und Waldenfels fügt hinzu: »Der Reinkarnationsglaube läßt sich nur schwerlich mit dem Glauben an die Auferstehung versöhnen.« Schließlich gilt doch: »Die Welt ist für den Hindu nicht Schöpfung. So, wie sie uns erscheint, ist sie auch nicht die wahre Wirklichkeit. Wie aber kommt der Mensch zur wahren Wirklichkeit, indem er sich *in* der Welt verwirklicht oder *von* der Welt auf der Flucht befreit?« All dies sind »Fragen zu einer Alternative zum Christentum. Ob sie als solche gültig ist, bleibt zu prüfen.«

5 Vgl. dazu *Peter Antes*, Monotheismus – Polytheismus – eine Scheinalternative?, in: *Hamid Reza Yousefi/Hans Waldenfels/Wolfgang Gantke* (Hg.), Wege zur Religion. Aspekte, Grundprobleme, ergänzende Perspektiven, Nordhausen 2010, 23-38.

6 Vgl. dazu *Waldenfels*, Fundamentaltheologie (Anm. 3), 117f.

7 Vgl. dazu *Perry Schmidt-Leukel*, Transformation by Integration. How Inter-Faith Encounter Changes Christianity, London 2009, 122f: »There is no doubt that Buddhism is non-theistic in the sense that it does not affirm transcendent reality as a ›personal God‹. But it does affirm a transcendent reality! […] it affirms transcendent reality precisely as the precondition of salvation. Thus I would prefer to say that Buddhism is non-theistic, but it is not atheistic in the sense of materialism or naturalism.«

8 *Hans Waldenfels*, Absolutes Nichts. Zur Grundlegung des Dialogs zwischen Buddhismus und Christentum. Mit einem Geleitwort von *Keiji Nishitani*, Freiburg/Basel/Wien 1976, 307.

Zum Buddhismus[6] betont Waldenfels, dass der historische Buddha »kein Atheist« war, auch wenn die durch ihn verkündete Lehre nicht selten als »Religion ohne Gott« bezeichnet wird. Deshalb ist im Dialog mit dem Buddhismus heute zu fragen »wie das letzte, unaussprechliche Ziel – das Kleine Fahrzeug spricht eher negativ von *nirvana* = Erlöschen, Verwehen, das Große Fahrzeug eher positiv von Erleuchtung, Befreiung – sich zu einem christlichen Gottesverständnis verhält. Ist das, was am Ende als das nicht mehr sagbare, Seiendes und Nichtseiendes übersteigende ›absolute Nichts‹ – skt. *śūnyata* = Leere, jap. *kū* = Weite und Leere, Leersein, Offenheit – angesprochen wird, Gott in seiner Unsagbarkeit«? Unzweifelhaft ist doch zum einen, dass das buddhistische Nichts nicht mit einem nihilistischen Nichts zu verwechseln ist[7], und unstrittig ist zum anderen, dass das buddhistische Nichts ein schweigendes Nichts und schon deshalb unaussprechbar und unansprechbar ist. In Anlehnung an die Philosophie der buddhistischen Kyoto-Schule lässt sich für den christlichen Theologen Hans Waldenfels der Blick von der Gottesfrage auf die Anthropologie und Christologie hin ausweiten, wenn er schreibt:

»Seit der Erleuchtung des Buddha ist für den Buddhisten die Erleuchtung das Maß aller Dinge. Der Buddhist ist ein Mensch, der zur Selbstverwirklichung in seinem Leben strebt und dabei weiß, daß er sie nicht ohne radikale Loslösung gewinnen kann. Die wahre Erleuchtung aber ruft ihn zurück in ein Engagement des Mitleidens und der Barmherzigkeit.

Seit dem Kreuzestod Christi ist für den Christen die Liebe das maßlose Maß seines Verhaltens. Der Christ ist ein Mensch, der zur Selbstverwirklichung strebt, indem er sich in radikalem Einsatz für die anderen verzehrt. Die wahre Liebe weiß sich getrieben von der Erleuchtung durch den Geist Christi.

Erleuchtung, die Liebe ausstrahlt, und Liebe, die erleuchtet ist und ergreifend, bedingen einander. Hier aber fragt sich:

Begegnen sich in der neuen Kommunikation der Tiefe, wo in Armut, Tod und absolutem Nichts erst das wahre Selbst aufersteht, nicht doch *das Lächeln des erleuchteten Buddha* und *das leidgeprüfte Antlitz des gekreuzigten Jesus?*«[8]

Der philosophische Höhenflug der Kyoto-Schule verleiht dem buddhistisch-christlichen Dialog ein Reflexionsniveau, dessen Fragestellungen im besonderen kulturellen Umfeld der Adressaten ihren Sitz im Leben haben. Dementsprechend wird der Dialog anders mit Hindus als mit Buddhisten und wieder anders mit Muslimen oder Juden verlaufen. Für all diese Adressaten scheint die bisherige neuzeitliche Theologie in Europa wenig geeignet zu sein. Andererseits zeigt das Beispiel der Kyoto-Schule, dass je nach Adressat die Argumentationsebene so abstrakt werden kann, dass ihre Gespräche für die Mehrheit der Anhänger dieser Religionen nicht mehr von Belang sind, ja ihnen gar nicht vermittelt werden können. Um deren Bedürfnisse zu befriedigen, braucht es einen neuen Stil für die Darstellung der christlichen Glaubensinhalte.

2.2 Ein neuer Stil für Glaubensinhalte

Ein neuer Stil für die Darstellung christlicher Glaubensinhalte wurde m. E. von Joseph Ratzinger-Benedikt XVI. in seinem Buch *Jesus von Nazareth* grundgelegt. Es ist dieses Neue, das den Vertretern der Theologie als Wissenschaft Probleme bereitet und bewirkt, dass die Reaktionen von Exegeten, Kirchengeschichtlern und Dogmatikern auf dieses Buch höchst ambivalent ausfallen und sicher noch weit schärfer ausfielen, wäre der Autor dieses Buches weniger prominent und nicht ein hochrangiger Kardinal der katholischen Kirche, ja ihr Papst. Das Provozierende dieses Buches liegt darin, dass sein Autor ohne Umschweife ein persönliches Bekenntnis zu seinem Glauben ablegt und dieses dann expliziert. Ohne wenn und aber heißt es darin:

»Da steht nun freilich die große Frage auf, die uns durch dieses ganze Buch hindurch begleiten wird: Aber was hat Jesus dann eigentlich gebracht, wenn er nicht den Weltfrieden, nicht den Wohlstand für alle, nicht die bessere Welt gebracht hat? Was hat er gebracht?

Die Antwort lautet ganz einfach: Gott. Er hat Gott gebracht. Er hat den Gott, dessen Antlitz zuvor sich von Abraham über Mose und die Propheten bis zur Weisheitsliteratur langsam enthüllt hatte – den Gott, der nur in Israel sein Gesicht gezeigt hatte und der unter vielfältigen Verschattungen freilich in der Völkerwelt geehrt worden war –, diesen Gott, den Gott Abrahams, Isaaks und Jakobs, den wahren Gott, hat er zu den Völkern der Erde gebracht.

Er hat Gott gebracht. Nun kennen wir sein Antlitz, nun können wir ihn anrufen. Nun kennen wir den Weg, den wir als Menschen in dieser Welt zu nehmen haben. Jesus hat Gott gebracht und damit die Wahrheit über unser Wohin und Woher; den Glauben, die Hoffnung und die Liebe. Nur unserer Herzenshärte wegen meinen wir, das sei wenig. Ja, Gottes Macht ist leise in dieser Welt, aber es die wahre, die bleibende Macht.«[9]

Ein derart simples, unkompliziertes Bekenntnis zum Glauben musste in der Zunft Unruhe auslösen. Es weicht von all den gewohnten Problematisierungen ab, es lässt viele heftig diskutierte Sachfragen offen und unterstreicht den Hypothesencharakter exegetischer Forschungsergebnisse:

»Ich hoffe, dass den Lesern aber deutlich wird, dass dieses Buch nicht gegen die moderne Exegese geschrieben ist, sondern in großer Dankbarkeit für das viele, das sie uns geschenkt hat und schenkt. Sie hat uns eine Fülle von Material und von Einsichten erschlossen, durch die uns die Gestalt Jesu in einer

9 *Joseph Ratzinger-Benedikt XVI.*, Jesus von Nazareth. Erster Teil: von der Taufe im Jordan bis zur Verklärung, Freiburg/Basel/Wien ²2007, 73f.
10 Ebd., 22.
11 Ebd., 12.
12 Zitiert ebd., 12.

Lebendigkeit und Tiefe gegenwärtig werden kann, die wir uns vor wenigen Jahrzehnten noch gar nicht vorzustellen vermochten. Ich habe lediglich versucht, über die bloß historisch-kritische Auslegung hinaus die neuen methodischen Einsichten anzuwenden, die uns eine eigentlich theologische Interpretation der Bibel gestatten und so freilich den Glauben einfordern, aber den historischen Ernst ganz und gar nicht aufgeben wollen und dürfen.«[10]

Ratzinger-Benedikt XVI. macht den Glauben zum »Konstruktionspunkt«[11] seines Buches. Er zitiert den berühmten Exegeten Schnackenburg, der als wirklich historische Einsicht nach Jahrzehnten exegetischer Forschung die Gottbezogenheit und Gottverbundenheit Jesu herausstellt und schreibt: »Ohne Verankerung in Gott bleibt die Person Jesu schemenhaft, unwirklich und unerklärlich.«[12]

Damit entspricht Ratzinger-Benedikt XVI. dem Wunsch vieler Dialogpartner, die nicht über Theorien in den Religionen, sondern über den Glauben reden wollen. Direkt hat es einmal bei einer christlich-buddhistischen Dialogveranstaltung ein buddhistischer Mönch seinem christlichen Gesprächspartner gegenüber so gesagt: »Ich habe nun viel über die Lehre des Christentums von Ihnen gehört. Interessieren würde mich, wenn Sie mir jetzt an einem einzigen der von Ihnen formelhaft zitierten Sätze zeigen könnten, wo und wie dieser in Ihrem Leben relevant wird und dadurch Ihr Leben von meinem unterscheidet.«

Die Erfahrung zeigt – und Hans Waldenfels wird dies bestätigen können –, dass ein solcher Nachweis der Relevanz von Glaubensaussagen für die Lebensführung gewünscht ist. Das Bekenntnis zum Glauben im Sinne Ratzingers-Benedikts XVI. ist dafür unabdingbar, eine entsprechende Elementarisierung für die Erläuterung des Lebensvollzuges im Lichte des christlichen Glaubens zudem notwendig.

2.3 Die Elementarisierung der Erläuterung des Lebensvollzuges

Ein Feld, in dem die Elementarisierung bereits erfolgt ist, ist der pastorale Umgang mit Brautleuten aus anderen Religionen bzw. Weltanschauungen. So erläutert die »[p]astorale Einführung der Bischöfe des deutschen Sprachgebietes« das katholische Eheverständnis mit folgenden Worten:

»Der dreieinige Gott, der die Fülle des Lebens in den Beziehungen der drei Personen entfaltet, ›schuf den Menschen als sein Abbild‹ (Gen 1,27). Deswegen ist der Mensch von seinem Wesen her auf Beziehungen angelegt. ›Als Mann und Frau schuf er sie‹ (Gen 1,27). Der Mensch ist deshalb auch durch seine Geschlechtlichkeit geprägt. Diese Beziehungen betreffen nicht nur das Verhältnis von Mann und Frau, sondern auch die Belange der Mitmenschen, und es bedarf einer Ordnung in diesem Bereich menschlichen Zusammenlebens. [...]

Die Christen sehen von Anfang an in der ehelichen Gemeinschaft von Mann und Frau ein Abbild der liebenden Hingabe Christi für seine Braut, die Kirche (vgl. Eph 5,25). In der Kreuzeshingabe Christi stiftet Gott einen neuen Bund mit den Menschen. Die eheliche Liebe von Mann und Frau ist daher Teilhabe an der ein für allemal geschenkten Liebe und Treue Gottes, die in Jesus Christus unter den Menschen erschienen und in seiner Kirche bleibend gegenwärtig ist.«[13]

Man ist versucht, weit mehr aus diesem Text zu zitieren, doch sollen diese wenigen Sätze aus der Einführung genügen und nur noch gesagt werden, dass die Bischöfe dort zusätzlich die Pfarrer ermahnen, auf die Gefühle der jeweiligen Partner anderer religiöser wie nicht-religiöser Überzeugungen Rücksicht zu nehmen. Deshalb heißt es zum Beispiel bei der Eheschließung mit einem Partner, der nicht an Gott glaubt:

»Die vom nichtglaubenden Partner zu sprechenden Texte sind so gehalten, daß sie den Glauben an Gott nicht voraussetzen.«[14]

Bezeichnend für dieses Büchlein *Die Feier der Trauung* ist, dass die Textauswahl anders ausfällt, wenn es um eine Trauung mit einem Katholiken ostkirchlicher Riten oder mit einem Christen aus einer orthodoxen oder altorientalischen Kirche geht und wieder anders, wenn es sich um eine Trauung mit einem konfessionsverschiedenen Partner anderer Kirchen, mit einem Taufbewerber, mit einem nichtgetauften Partner, der an Gott glaubt, oder mit einem Partner, der nicht an Gott glaubt, handelt. Schließlich wird im Text noch zusätzlich beim Partner, der an Gott glaubt, differenziert zwischen einem jüdischen Partner, einem muslimischen Partner und einem Partner aus einer nicht-monotheistischen Religion.

Die beeindruckende Vielfalt der möglichen Adressaten ist m. W. bislang in den theologischen Entwürfen der Darstellung des christlichen Glaubens im Kontext des interreligiösen Dialogs noch ohne Entsprechung. Der pastorale Umgang mit dem religiösen und weltanschaulichen Pluralismus, der durch die Feier der Trauung dokumentiert wird, zeigt, dass dieser Dialog eine große Herausforderung an die Auskunftsfähigkeit[15] des Christentums ist und jeweils spezifische Erläuterungen für den Lebensvollzug notwendig macht.

13 Die Feier der Trauung. Ausgabe für Brautleute und Gemeinde, hg. von den *Liturgischen Instituten Salzburg, Trier und Zürich*, Freiburg/Basel/Wien [7]2002, 8, Nr. 2 und 10, Nr. 10.

14 Ebd., 19, Nr. 42.

15 Die Forderung an das Christentum, auskunftsfähig zu werden, ist angelehnt an *Joachim Wanke*, Auskunftsfähiges Christentum. Überlegungen zu einer missionarischen Präsenz der Kirche in Deutschland, in: Zeitschrift für Missionswissenschaft und Religionswissenschaft 88 (2004) 174-181.

16 Beide Texte in Die Feier der Trauung (Anm. 13), 52.

17 Diesbezüglich sei hier nur auf zwei Beispiele aus den Länderberichten in der Zeitschrift *Pro Dialogo* des Pontificium Consilium pro Dialogo inter Religiones in Rom Bulletin 129 (2008/3) verwiesen, wo es zu Thailand heißt: »Parish priests provide proper instructions for mixed marriages especially between Catholics and Buddhists. These marriages very often offer an opportunity for effective and practical interreligious dialogue and the ways to live together harmoniously.« (367) Oder für Indien: »In the present day world where mixed marriages are on the increase, care should be taken to give proper catechesis to couples desiring to contract a mixed marriage. A suitable pastoral guidance too must be given, from time to time, to those already living in mixed marriages. The Catholic partners should be helped to live and be a witness of Christian faith to their spouses. A more meaningful and intelligible marriage ritual too could be developed.« (375)

Wie dies für eine Trauung mit einem muslimischen Partner konkret aussieht, zeigen die beiden Textvorschläge für das Eröffnungsgebet, das der Zelebrant spricht:

»Allmächtiger Gott, schon in der Schöpfung hast du die Gemeinschaft zwischen Mann und Frau grundgelegt und ihnen die Sorge für das Leben anvertraut. Sieh in unserer Mitte N. und N., die sich gefunden und füreinander entschieden haben. Verbinde du sie zu einem Leben in gemeinsamer Liebe und Treue, halte deine Hand schützend über diesen Bund und laß sie darin deine Liebe erfahren. (Darum bitten wir durch Christus, unseren Herrn.)«

oder

»Gütiger Gott. Laß dein Angesicht leuchten über N. und N., die sich heute vermählen. Leite sie durch dein Wort. Segne sie durch deinen Geist. Birg ihr Leben in deiner Liebe. Dir sei die Ehre in Ewigkeit.«[16]

Die Anrede »Gott« lässt die alte Debatte, ob man Allah durch »Gott« ersetzen darf, beiseite und entscheidet sich für eine gemeinsame Anrede, die Muslime wie Christen – und übrigens auch Juden – ganz selbstverständlich im Vorderen Orient im Arabischen praktizieren. Die Gebetsinhalte lassen sich des weiteren problemlos durch Texte aus den jeweiligen Heiligen Schriften wie den je spezifischen religiösen Traditionen belegen. Und das Angebot, den Bezug auf Christus, je nach Bedarf einzufügen oder auszuschließen, trägt dem Bedürfnis nach möglichst großer Harmonie trotz aller bestehenden Unterschiede im Glauben der beiden Brautleute Rechnung.

Der Versuch, akzeptable Texte für Brautleute aus verschiedenen religiösen Traditionen zu formulieren und entsprechende Textauswahlen aus der Heiligen Schrift zur Verfügung zu stellen, ist nicht auf die Bischöfe des deutschen Sprachgebietes beschränkt. Ähnliches wird auch aus anderen Ländern berichtet.[17] Es scheint, dass in diesem zweifellos immer wichtiger werdenden Feld von Mischehen, deren Zahl – allen Warnungen religiöser Führer aus unterschiedlichen religiösen Traditionen zum Trotz – ständig zunimmt, die Notwendigkeit zu nachvollziehbaren Riten und verständlichen Texten besonders vorangeschritten ist. Wünschenswert aber wäre, dass auch andere Bereiche der so genannten »rites de passage« folgten, so dass bald aus der *lex orandi* eine zukunftsweisende *lex credendi* abgeleitet werden kann.

3 Fazit

Die hier vorgetragenen Überlegungen haben gezeigt, dass die Adressatenbezogenheit bei der christlichen Botschaft neue Akzentsetzungen in der Theologie erforderlich macht, weil die Erwartungen im interreligiösen Dialog andere sind als in der bisherigen neuzeitlichen Theologie in Europa. War bislang das Anliegen der Theologie sich im Kontext von Atheismus und Humanismus als

Wissenschaft zu etablieren, so lautet nun das Gebot der Stunde, die Herausforderung des interreligiösen Dialoges anzunehmen und das Christentum als Religion neu zu entdecken. Dies setzt ein genaues Hinhören auf die Anderen voraus, um auf ihre Erwartungen adäquat eingehen zu können. Deshalb ist es wichtig, die Religionen gründlich zu studieren und daraus Folgerungen für die theologische Aufarbeitung dieses Wissens zu ziehen, wie es Hans Waldenfels wegweisend getan hat und noch immer tut. Es setzt aber auch voraus, einen neuen Darstellungsstil zu wählen und wie Ratzinger-Benedikt XVI. den Glauben zum »Konstruktionspunkt« für die eigene Auskunftsbereitschaft und -fähigkeit zu machen. Am Weitesten ist bei derartigen Erläuterungen des Lebensvollzugs die Pastoral mit liturgischen Vorschlägen für Trauungen mit Partnern aus anderen Religionen und Weltanschauungen. Wenn diese *lex orandi* zur *lex credendi* wird, haben Kirche und Theologie ungeahnte neue Chancen, nämlich[18] in der Kraft ihrer kasusorientierten Riten der Lebenswenden, an den (familialen) Lebenswenden und – religionsträchtigen – Lebensübergängen, in den kritischen Lebensereignissen, in den individuellen und kollektiven Unterbrechungen des Lebens, im immer noch engen Verweisungszusammenhang von Sterben und Tod, wenn sie den Eigensinn des Christlichen herausstellen, wenn sie aus ihren »vorgestanzten« Sprachmustern und Sinnschablonen ausbrechen, auch als Gemeinschaft der Suchenden und Fragenden, wenn sie beim Anderen beginnen, also nicht allein in der Zielgruppen-, sondern in der Adressatenorientierung, wenn sie vermitteln, Mensch zu werden.[19]

18 Die folgenden Aussagen sind weitgehend wörtliche Zitate der Thesen 7, 8, 9, 10, 11, 15, 21, 24, 34 und 50 aus *Michael N. Ebertz*, Aufbruch in der Kirche. Anstöße für ein zukunftsfähiges Christentum, Freiburg/Basel/Wien 2003, 188-191.

19 Vgl. dazu *Peter Antes*, Mach's wie Gott, werde Mensch. Das Christentum (Weltreligionen), Düsseldorf 1999, Taschenbuchausgabe: Das Christentum. Eine Einführung (dtv 34076), München 2004.

Zusammenfassung
Europäische neuzeitliche Theologie ist im Kontext von Humanismus und Atheismus verortet – es geht ihr darum, zu vermitteln, dass es nicht unsinnig ist, an Gott zu glauben. Ein wissenschaftlich konzipiertes Christentum kann aber die Erwartungen im interreligiösen Dialog nicht befriedigen. Für eben diesen Austausch braucht es eine intensive Beschäftigung mit den anderen Religionen, sowie einen neuen Stil für die eigenen Glaubensinhalte bzw. eine Elementarisierung der Erläuterung des christlichen Lebensvollzug (Stichwort: Auskunftsfähigkeit). Dies ist bereits exemplarisch und vorbildlich in der »Einführung der Bischöfe des deutschen Sprachgebietes« für das katholische Eheverständnis geschehen.

Abstract
Modern European theology is situated in the context of humanism and atheism – it is concerned with conveying that it is not unreasonable to believe in God. A scholarly conceived Christianity cannot, however, satisfy the expectations in interreligious dialogue. Precisely for this exchange Christianity requires an in-depth treatment of the other religions as well as a new style for its own beliefs, i.e. an »elementarization« of its explanation of the Christian conduct of life (key phrase: ability to provide information). This »elementarization« has already occurred in an exemplary and commendable fashion in the »Introduction of the Bishops of German-speaking Countries« on the topic of the Catholic understanding of marriage.

Religionswissenschaft – interkulturell als Beitrag zum interreligiösen Dialog[1]

von Hamid Reza Yousefi

1 Ein Wort zuvor

Mit der Frage »Was ist Religionswissenschaft?« beginnt jedes Seminar und jede Vorlesung zur Einführung in die Religionswissenschaft. Behandelt werden in solchen und ähnlichen Veranstaltungen Geschichte, Gegenwart, Struktur, Gegenstand sowie Aufgaben dieser Disziplin. Angesichts der Tatsache, dass auch unsere Gesellschaft hinsichtlich ihrer öffentlichen Institutionen zwar säkular erscheint, ist die Präsenz der Religionen unübersehbar. Diese Tatsache wirft die Frage auf: »Wozu überhaupt Religionswissenschaft?«

Die Antworten sind bisweilen kontradiktorisch; sie reichen von theologisch geprägten Erklärungsversuchen bis zu rein rationalistischen und bloß analytischen Denkweisen. Die Verwundbarkeit und Krisenanfälligkeit einer kulturwissenschaftlichen Disziplin wie der Religionswissenschaft hängt nicht nur von der Auswahl ihrer Methode und Selbstwahrnehmung bzw. Selbsteinschätzung ab, sondern auch von ihren Antworten auf die gewandelte Verfassung kultureller Kontexte, in denen sie tätig ist.

Im Allgemeinen lassen sich zwei Traditionslinien innerhalb der bestehenden Religionswissenschaft ausmachen, die zwei grundsätzlich verschiedene Antworten auf die Frage geben, was Religionswissenschaft ist bzw. nicht ist. Eine phänomenologische und eine philologische Richtung. Während Religionsphänomenologen die Kategorie des Heiligen nicht preisgeben und

1 Zum Thema »Interkulturalität« vgl. *Hamid Reza Yousefi/Ina Braun*, Interkulturalität. Eine interdisziplinäre Einführung, Darmstadt 2011.

2 An anderer Stelle habe ich diese Ansätze eingehend diskutiert. Vgl. *Hamid Reza Yousefi*, Grundlagen der interkulturellen Religionswissenschaft, Nordhausen 2006, 53-87 und Wege zur Religionswissenschaft. Eine interkulturelle Orientierung, hg. v. *Hamid Reza Yousefi* u. a., Nordhausen 2007.

3 Vgl. *Richard Friedli*, Angewandte Religionswissenschaft, in: Wege zur Religionswissenschaft (Anm. 2), 79-94.

4 Vgl. *Peter Antes*, Religionswissenschaft – Wozu?, in: Wege zur Religionswissenschaft (Anm. 2), 135-144.

5 Vgl. *Udo Tworuschka*, Aufgaben Praktischer Religionswissenschaft, in: Wege zur Religionswissenschaft (Anm. 2), 95-118.

6 Vgl. *Wolfgang Gantke*, Hat die Religionsphänomenologie angesichts des veränderten interkulturellen Kontextes noch eine Zukunft? Zur engagierten Religionswissenschaft, in: Wege zur Religionswissenschaft (Anm. 2), 135-144.

7 Vgl. *Wolfgang Gantke*, Religion im Rahmen der Kulturwissenschaft, in: ZMR 89 (2005) 83-96.

faktisch eine Religionswissenschaft des Verstehens betreiben, distanzieren sich philologisch ausgerichtete Religionswissenschaftler von dieser methodischen Tätigkeitsform und halten an der Religionswissenschaft als einer »reinen« Wissenschaft fest.

Hier in diesem Zusammenhang möchte ich in gebotener Kürze auf einige Theorien eingehen, die neue Perspektiven der Religionswissenschaft formulieren und alle Aufgabenbereiche der traditionellen Religionswissenschaft insbesondere wegen der neuen Herausforderungen im Weltkontext erweitern.[2] Zu erwähnen sind vor allem Richard Friedli, Peter Antes, Wolfgang Gantke und Udo Tworuschka. Jede will die traditionelle Religionswissenschaft auf seine Weise aus der Krise führen.

Friedli entwirft das Konzept einer »Angewandten Religionswissenschaft«, die interdisziplinär ausgerichtet ist. Damit fügt er die herkömmliche Religionswissenschaft angesichts der sich globalisierenden Welt einem neuen gesellschaftlichen Mehrwert zu. Entscheidend ist es für Friedli, dass wissenschaftliche Persönlichkeiten gefördert werden sollten, die zum einen religionsgeschichtlich und religionssoziologisch kompetent ausgebildet sind und zum anderen risikobereit und interdisziplinär vernetzt arbeiten können.[3]

Antes weist ebenfalls auf dieses Desiderat hin. Für ihn ist die Religionswissenschaft eine Art interdisziplinäre Dachdisziplin, die das erarbeitete Wissen in eine Gesamtschau aus den Einzeldisziplinen wie Altorientalistik, Ägyptologie, Judaistik, Theologie, Islamwissenschaft, Hinduismusforschung oder Buddhismuskunde einordnet. Ihm geht es um die Strukturierung von Material durch Überblicke, Deutungszusammenhänge, Vergleiche und in Anfragen an die Theoriebildung.[4]

In den Ansätzen von Gantke und Tworuschka wird die Frage nach den Aufgaben der Religionswissenschaft ähnlich gesehen, aber anders begründet. Gantke geht von einer »Engagierten« und Tworuschka von einer »Praktischen« Religionswissenschaft aus.

Tworuschka sieht die Aufgabe der Praktischen Religionswissenschaft angesichts des religiösen Pluralismus darin, ihren Beitrag zur Entschlüsselung, Entscheidungsfindung, Planung und Umsetzung bei problematischen Sachfragen zu leisten. Wichtig sind für ihn vor allem die Mediation, Religionskritik und Religionsdialog.[5]

Gantke versucht eine Verbindung zwischen den philologischen und phänomenologischen Ansätzen herbeizuführen, wobei der Phänomenologie und der Kategorie des Heiligen mehr Gewicht zugemessen wird. Hierbei wird die Rolle des Heiligen deutlich hervorgehoben.[6]

Die interkulturell erweiterte Frageperspektive dieser vier Ansätze verbindet sie mit dem Entwurf interkultureller Religionswissenschaft, die von völlig neuen Voraussetzungen ausgeht, denn es geht um ihr Überleben als Kulturwissenschaft.[7]

Das folgende Schaubild zeigt die vermittelnde und vor allem offene Zwischenposition interkultureller Religionswissenschaft:

Interkulturelle Orientierung schafft verschiedene Zugänge, auf die im Zeitalter der Globalisierung, in der alles interdependenter wird, nicht verzichtet werden kann. Diese Zugänge ermöglichen die Entfaltung von Fragen auf variierenden methodischen Wegen und bieten Lösungsansätze an. Streng wissenschaftlich oder an praktischen Problemen orientiert, distanziert oder engagiert, prinzipientreu oder skeptisch, vermitteln sie Orientierungsmuster mannigfacher Art.

Die Interkulturalität der Religionswissenschaft ergibt sich aus den begrifflichen Kontexten der Kulturen und Religionen. Sie bedeutet folglich, unterschiedliche Traditionen mit ihren jeweils eigenen Fragestellungen und Lösungsansätzen als gleichberechtigte Diskursbeiträge von ihren verschiedenen Positionen her zur Sprache kommen zu lassen, um gemeinsame Perspektiven entwickeln zu können.

Interkulturelle Religionswissenschaft vernachlässigt weder die Kategorie des Heiligen, die in allen Religionen – Richtungen wie die buddhistischen ausgenommen – je nach Form und Inhalt das konstitutive Element bildet noch die philologisch ausgerichtete Orientierung, die ebenfalls von Bedeutung ist.[8] Sie besagt, dass Religionen und Kulturen in einer über weite Strecken gemeinsamen »Lebenswelt« verwurzelt sind, die sie miteinander verbindet: Nicht nur Gemeinsamkeiten, sondern auch erhellende Differenzen gibt es zwischen ihnen.

2 Kultur im Kontext interkultureller Religionswissenschaft

Die Thematisierung der Religionswissenschaft im Kontext des Interkulturellen setzt die Bestimmung eines flexiblen, jedoch überlappend verbindlichen Kulturbegriffs voraus. Kulturen sind dynamisch-veränderbare Sinn- und Orientierungssysteme; sie sind wie die Fäden eines Gewebes, die auf vielfältige Weise miteinander verbunden sind. Sarvepalli Radhakrishnan (1888-1975)

8 Vgl. hierzu *Hamid Reza Yousefi/Hans Waldenfels* (Hg.), Wege zur Religion. Aspekte – Grundprobleme – Ergänzende Perspektiven, Nordhausen 2010.

9 *Sarvepalli Radhakrishnan*, Die Gemeinschaft des Geistes. Östliche Religionen und westliches Denken, Darmstadt 1952, 366.

bezeichnet die verschiedenen Kulturen als »Dialekte einer einzigen Sprache der Seele. Die Unterschiede sind solche des Akzents, der geschichtlichen Umstände.«[9] Kulturen sind im Kontext interkultureller Religionswissenschaft in unterschiedlicher Weise und in unterschiedlichem Ausmaß in Partialkulturen differenzierte Netzwerke mit lokal unterschiedlichen Dichtegraden.

Das folgende Schaubild demonstriert das Kulturverständnis im Modell der Interkulturalität, nach dem Kulturen heterogene Einheiten darstellen, die sich in reziproker Beziehung mit allen anderen Kulturen befinden:

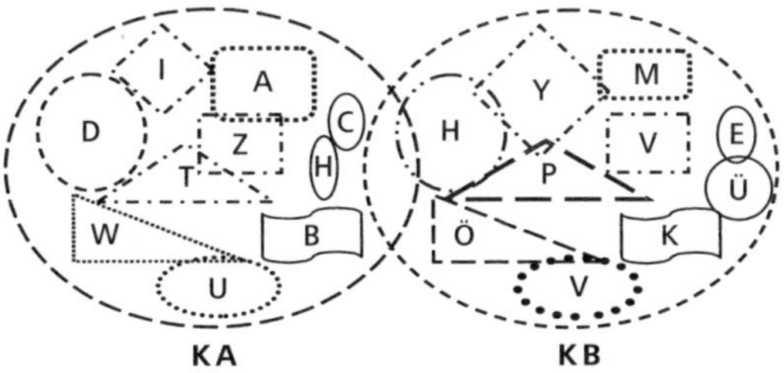

Es gibt zwar Bereiche wie E, Ü, K oder C, H und U, die sich innerhalb der offenen Großraumkultur A und B von den übrigen Subkulturen abgrenzen, eine Selbständigkeit oder Reinheit behaupten und dennoch unter sich Gemeinsamkeiten aufweisen. Besonders trifft dies auf die extremistischen Richtungen im Vergleich und Verständnis der Kulturen zu.

Mit einem solchen Kulturverständnis nehme ich Abstand von *multi*kulturellen und *trans*kulturellen Ansätzen, nicht, weil sie Kulturen als »separate Einheiten« oder »grenzenlose Sphären« auffassen. Dabei soll betont werden, dass die hier bevorzugte Kulturauffassung nicht die traditionellen Theorien paradigmatisch ablösen, sondern sie korrigieren, ergänzen und erweitern will.

3 Struktur und Aufgaben interkultureller Religionswissenschaft

Auf der Basis dieses offenen Kulturbegriffs ist die interkulturelle Religionswissenschaft dem argumentativen polyphonen Dialog zwischen und innerhalb der Religionen verpflichtet und hat stets eine Aufklärungsfunktion zu erfüllen. Es geht letzten Endes um den gesellschaftlichen Auftrag der Religionswissenschaft. Hier wird die oft gestellte Frage beantwortet, wozu diese Art von Religionswissenschaft überhaupt notwendig ist. Dementsprechend liegt eine Aufgabe der interkulturell-religionswissenschaftlichen Aufklärung darin, den selbsterhobenen Universalitätsanspruch der Religionsgeschichte in europäisch-westlichen Hemisphären nicht nur ideengeschichtlich, sondern auch entwicklungsgeschichtlich interreligiös neu zu durchdenken, damit ein argumentativer, polyphoner Dialog zwischen den Religionen und Kulturen auf gleicher Augenhöhe einen soliden Boden erhält. Religionswissenschaft essentialistisch aufzufassen oder sie nur unter bestimmten Bedingungen und Kontexten, innerhalb oder außerhalb der europäisch-westlichen Hemisphären, als relevant erklären zu wollen, widerspricht dem Kern religionswissenschaftlicher Reflexion selbst.[10]

Interkulturelle Religionswissenschaft ist als ein human- und kulturwissenschaftliches Programm zum einen bemüht, geisteswissenschaftliche Begriffe zu entkolonialisieren, die geschichtlich stufentheoretisch gebildet worden sind, und zum anderen die europäisch-westliche Religionswissenschaft zu säkularisieren, die in vielerlei Hinsicht intern dialogisch und extern konservativ und monologisch agiert. Damit verfolgt die interkulturelle Religionswissenschaft das Ziel, ein neues Selbstverständnis der Interreligiosität zu entwickeln.

Interkulturelle Religionswissenschaft beschränkt sich als eine dialogisch offene Systematik nicht auf die Analyse der religiösen Quellen unter literarischen Gesichtspunkten; sie hat auch einen undogmatisch, rein historisch erforschten Bezug zu Religionen der Menschheit. Sie distanziert sich von jeglicher Art von Absolutheitsansprüchen. Interkulturelle bzw. interreligiöse Kompetenz spielt im Rahmen dieses Konzepts eine Schlüsselrolle.[11] Ihre Notwendigkeit ist im Prozess der Globalisierung eine zukunftsgerichtete Neugestaltung der interreligiösen Gegenwartskultur.

Interkulturelle Religionswissenschaft wirft eine Reihe von Problemen auf, die eine interreligiös neue durchdachte Religionsgeschichte erfordern. Zu ihren wesentlichen Aufgaben gehört vor allem die Überwindung einer Denkart, die einen zentristischen Ausgangspunkt im Vorfeld festlegt. Sie nimmt religiöse Identitäten wahr und räumt dem *sensus numinis*, der für Milliarden von Menschen unterschiedlich zentral ist, den ihm gebührenden Platz ein.

Interkulturelle Religionswissenschaft zur Gestaltung des Weltfriedens bei, ohne Gebote oder Verbote auszusprechen. Sie untersucht die Erscheinungsformen, vergleicht sie, klärt die Ursachen von Diskrepanzen und zeigt Wege zur Lösung der Probleme auf. In ihrem Zentrum steht ein rationales und ein ethisches Bewusstsein, welches dem generellen und essentiellen Religionsver-

10 Vgl. *Klaus Hock*, Einführung in die Interkulturelle Theologie, Darmstadt 2011.

11 An anderer Stelle habe ich diese Fragestellung eingehend untersucht. Vgl. *Yousefi/Braun*, Interkulturalität (Anm. 1).

12 *Gustav Mensching*, Das religiöse Urteil. Ein Beitrag zur Wesensfrage, in: Sozialistische Monatshefte 28 (1922), Bd. 58, 520-521, 521.

13 Zur Kategorie des Heiligen in der Religion, Philosophie und Religionswissenschaft vgl. *Wolfgang Gantke*, Der umstrittene Begriff des Heiligen. Eine problemorientierte religionswissenschaftliche Untersuchung, Marburg 1998 und *Hamid Reza Yousefi*, Der Toleranzbegriff im Denken Gustav Menschings. Eine interkulturelle philosophische Orientierung, Nordhausen 2004, 27-41.

14 *Hans Jonas*, Das Prinzip Verantwortung. Versuch einer Kritik für die technologische Zivilisation, Frankfurt a. M. 1989, 57.

15 *William James*, Die Vielfalt religiöser Erfahrungen. Eine Studie über die menschliche Natur, Frankfurt a. M. 1997, 447.

ständnis vorausgeht. Wahrheits- und Wesensfrage werden nicht miteinander vermengt. Sonst »treten tatsächlich religiöse Denkurteile auf mit erschlichenen Prämissen gegen echte Denkurteile des wissenschaftlichen Denkens.«[12]

Für die interkulturelle Religionswissenschaft ist, wie erwähnt, die Kategorie des Heiligen konstitutiv[13]: »Es ist die Frage«, stellt Hans Jonas (1903-1993) fest, »ob wir ohne die Wiederherstellung der Kategorie des Heiligen, die am gründlichsten durch die wissenschaftliche Aufklärung zerstört wurde, eine Ethik haben können, die die extremen Kräfte zügeln kann, die wir heute besitzen und dauernd hinzuerwerben und auszuüben beinahe gezwungen sind.«[14]

William James (1842-1910) argumentiert in dieselbe Richtung und kritisiert darüber hinaus eine rein philologisch ausgerichtete Religionswissenschaft. Wir müssen uns nach James mit der Tatsache abfinden, »daß der Versuch, auf dem Wege der reinen Vernunft die Echtheit religiöser Befreiungserlebnisse zu demonstrieren, absolut hoffnungslos ist.«[15]

Eine interreligiöse und interkulturelle Orientierung sieht in dem Heiligen das verbindende Glied unter den Religionen, das für den Dialog unerlässlich ist. Damit trägt sie dazu bei, durch den argumentativen Dialog zu besseren Einsichten über das Eigene und das Andere zu verhelfen und ein besseres Miteinander in Gang zu bringen. Überlieferte Unterscheidungen, voreilige Identifizierungen und Unterscheidungen, die häufig zu Polarisierungen führen, werden nicht mehr kritiklos akzeptiert.

Im Kontext des Interkulturellen gilt es die Frage zu beantworten, ob es Sinn macht, eine »Superkultur« bzw. »Superreligion« zu fördern, die den Anspruch erhebt, bestehende kulturelle bzw. religiöse Vorstellungen und Handlungsweisen zu ersetzen. Diese Frage ist kurz und deutlich mit nein zu beantworten.

Interkulturelle Religionswissenschaft schafft einen integrativen Rahmen zur Zusammenstellung der Ursachen von Vorurteilen und praktiziert eine parallele Heranziehung der kulturspezifischen und kulturübergreifenden Themen. Um Religionen zu verstehen, genügt es nicht, eine rein textuelle und philologische Orientierung zu pflegen. Das war die traditionelle Form der Religionswissenschaft. Im Kontext des Interkulturellen bzw. Interreligiösen geht es vielmehr darum, die religionsgeschichtliche Entstehung, die Gesamtheit der Lehre samt ihrer Soziologie und verbunden mit ihrer sozialen Struktur, das Fundament sakraler Vorstellungen, subjektiver Erfahrungen und das religiöse Verhalten in den Religionen in den Blick zu nehmen und diese mit denselben Aspekten anderer Religionen in Beziehung zu setzen. Diese dialogorientierte Begegnung der Religionen nimmt fremdkulturelle Muster wahr, ohne darauf gerichtet zu sein, sie negativ oder positiv zu bewerten, da eine dauernde negative Bewertung eine kulturspezifische Relevanzverletzung darstellt.

Interkulturelle Religionswissenschaft plädiert für friedensorientierte Medien, die erstens wahrheitsorientiert und demzufolge konfliktorientiert sind, zweitens menschlichorientiert und demzufolge lösungsorientiert sind.

Im Rahmen interkultureller Religionswissenschaft gilt es unter anderem die bereits von dem rumänischen Religionswissenschaftler Mircea Eliade (1907-1986) gestellte Frage zu beantworten, warum außereuropäische Kulturen im europäischen Raum in ihrer Vollständigkeit unbekannt geblieben sind. Jenen gelang es nicht, breiten Eingang in die Kultur zu finden, wie dies in der »ersten Renaissance« der gräkolateinischen Kultur gelungen war. Eliade geht davon aus, dass die Entdeckung des Avesta, des Sanskrit, der Upanischaden und des Buddhismus Ende des 18. und im 19. Jahrhundert in Europa zu sehr auf den Bereich der Philologie beschränkt blieb und dadurch die Etablierung des asiatischen Geistes als eine »zweite Renaissance« verhindert wurde.[16]

Ein zentrales Anliegen interkultureller Religionswissenschaft besteht darin, eine »dritte Renaissance« zu vollziehen, um unterschiedliche Traditionen nicht nur mit ihren je eigenen Frage- und Problemstellungen, sondern, wie erwähnt, auch mit ihren je eigenen Lösungsansätzen als gleichberechtigte Diskursbeiträge zusammenzubringen. Hier treffen sich die vier umrissenen Ansätze von Friedli, Antes, Gantke und Tworuschka.

An dieser Stelle setzt auch Helmuth Plessner (1892-1985) an und geht von dem »Prinzip der offenen Frage« aus. Dabei warnt er vor dem kategorischen Anspruch auf Absolutheit, apriorischen Kategoriensystemen und dem Versuch, Kulturen stufentheoretisch zu behandeln. Aus dem Geist dieser religionswissenschaftlichen Praxis entwickelten sich Diskursformen, die bislang die Möglichkeit einer interkulturellen bzw. interreligiösen Kommunikation und Verständigung im Keim erstickten:

- der apologetische Diskurs, in dem die eigene Religion verteidigt wird und immer wieder auf Trennendes zu anderen Religionen verwiesen wird, die als etwas Unheimlich-Unverstandenes dargestellt werden,
- der Romantisierungsdiskurs, in dem schwärmerisch-exotische Vorstellungen im Mittelpunkt stehen. Hier spielt die Geographie des Denkens eine Rolle: Vernunftbezogenes, begrifflich stringentes und sachlich ausdifferenziertes Denken wird als westliches Attribut vereinnahmt, während irrationales und exotisch-schwärmerisches, unberechenbar-tyrannisches Dasein als fremd gilt. Mit diesem Diskurs geht die Degradierung des Fremden zum Projektionsobjekt Hand in Hand,
- der Mitleidsdiskurs, der von der Darstellung von Chaos, Rückständigkeit, Hilflosigkeit, Krankheit, Armut, Gewalt oder allgemeiner Unfähigkeit zu effektivem ökonomischen Handeln usw. geprägt ist,
- der paternalistische Bevormundungsdiskurs, welcher der Einschätzung folgt, die Fremdgruppe bedürfe der notwendigen Hilfe von außen. Dieser Dis-

16 Vgl. *Mircea Eliade*, Die Sehnsucht nach dem Ursprung. Von den Quellen der Humanität, Wien 1973, 76.

17 *Helmuth Plessner*, Zwischen Philosophie und Gesellschaft, Frankfurt a. M. 1979, 299.

18 *William James*, Die Vielfalt religiöser Erfahrung, Frankfurt a. M. 1997, 447.

kurs enthält insbesondere die Strategien der Entsubjektivierung, des Nicht-Anhörens und Nicht-Ernstnehmens und beinhaltet für die eigene Gruppe ein privilegiertes Rederecht.

Die Praxis solcher Diskurse zeigt, dass keine Kultur bzw. Religion ganz frei von Reduktionismus, Fanatismus und Gewaltbereitschaft ist oder sich davon freisprechen kann.

Im Geist interkultureller Religionswissenschaft lässt sich mit Plessner argumentieren: »In dem Verzicht auf die Vormachtstellung des europäischen Wert- und Kategoriensystems gibt sich der europäische Geist erst den Horizont auf die ursprüngliche Mannigfaltigkeit der geschichtlich gewordenen Kulturen und ihrer Weltaspekte frei. In dem Verzicht auf die Absolutheit der Voraussetzungen, welche diese Freilegung selbst erst möglich machen, werden diese Voraussetzungen zum Siege geführt. Europa siegt, indem es entbindet.«[17]

4 Methoden interkultureller Religionswissenschaft

Interkulturelle Religionswissenschaft setzt methodisch bei der Enge kulturalistischer Tendenzen an, die das *tertium comparationis*, den Vergleichsmaßstab auf allen fachwissenschaftlichen Gebieten von vornherein für alle Vergleiche und für alle Kommunikationen festlegen. Hierauf beruhen Theorien und Lehren, in deren Namen Gewalt ausgeübt wurde: Kolonialismus, Imperialismus und Expansionismus. Das eigentliche Defizit vieler vergleichender Studien war, dass sie den Maßstab des Vergleichs *ausschließlich* in einer bestimmten Tradition fixierten. Eigene kulturelle Handlungsweisen werden als Messlatte hypostasiert, verabsolutiert und mit fremden Handlungsweisen beliebig verglichen. Einer der Gründe, warum vergleichende Studien der letzten Jahrhunderte uns eher enttäuschen und nicht zum erhofften Erfolg geführt haben, mag hierin zu suchen sein. James plädiert zu Recht für die Konzeption einer »unparteiischen Religionswissenschaft«[18], die das *tertium comparationis nicht* in einer bestimmten religiösen Tradition fixiert.

Zu den Praktiken interkultureller Religionswissenschaft gehört methodisch die Berücksichtigung der religiös-spirituellen Dimension, die seit der Aufklärung vernachlässigt worden ist. Die Aufklärung setzte an die Stelle der religiösen und politischen Autorität die Vernunft, obwohl die Aufklärer selbst wussten, dass das Überrationale in erheblichem Maße die menschlichen Entscheidungen und »vernünftigen« Einstellungen mitprägt. Die Aufklärung ist für die bessere, vernünftigere, humanere und menschlich weiterentwickelte Epoche gehalten worden, blieb aber einem theoretischen Rahmen verhaftet. Beide Dimensionen sind zu berücksichtigen aufgrund der Erkenntnis, dass eine Ausklammerung des Religiösen eine Denkart abstrakt macht, eine Vernachlässigung der Vernunft sie blind werden und bleiben lässt.

Die interkulturelle Religionswissenschaft arbeitet mit Methoden, die auch anderen Einzeldisziplinen eigen sind. Sie beschäftigt sich sowohl mit Fakten als auch mit Wegen und Problemen und ist weder ethnisch noch konfessionell gebunden.

Die geistige Einheit der Religionen angesichts der Vielfalt und die Forderung nach ihrer Zusammenarbeit im friedlichen Wirken ist das methodische Ziel interkultureller Religionswissenschaft. Insofern ist ihre Methode pluralistisch, aus den unterschiedlichen aufgeführten Komponenten zusammengesetzt. Die folgende Abbildung demonstriert diese Komposition:

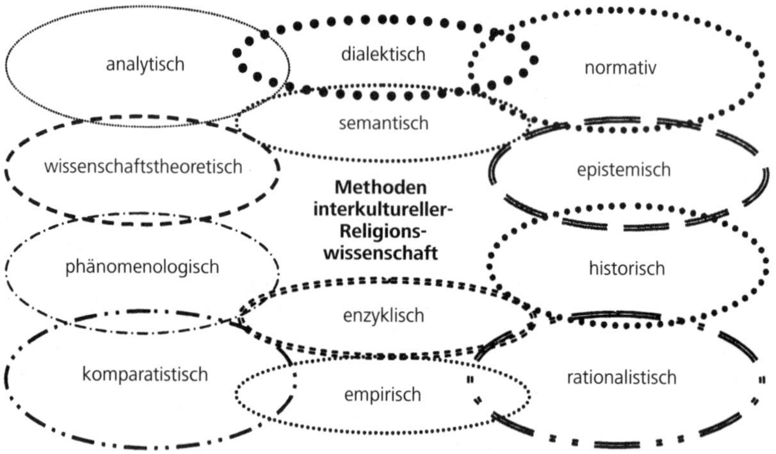

Diese ergänzbare Methodenkomposition lässt sich wie folgt zusammenfassen:

- *Analytisch vorgehen* bedeutet, das Untersuchungsobjekt gedanklich in seine Bestandteile zu zerlegen, um es zu verstehen.
- *Historisch vorgehen* bedeutet, das Untersuchungsobjekt in einen historischen Zusammenhang zu stellen und es aus dieser Perspektive heraus zu erfassen.
- *Phänomenologisch vorgehen* bedeutet, unterschiedliche Formen der Selbstwahrnehmung und der Wahrnehmung des Anderen zu beschreiben, um dadurch dialogische Aspekte zu gewinnen.
- *Komparatistisch vorgehen* bedeutet, unterschiedliche Modelle miteinander in Beziehung zu setzen, Übereinstimmungen und Unterschiede zu konstatieren, ohne diese gegenseitig aufeinander zu reduzieren oder gegeneinander auszuspielen.
- *Semantisch vorgehen* heißt, Begriffsbedeutungen einzelner sprachlicher Äußerungen zu klären und miteinander in einen reziproken Zusammenhang zu setzen.
- *Enzyklisch vorgehen* bedeutet, das Untersuchungsobjekt umfassend in den Blick zu nehmen und verstehend zu begreifen.

- *Empirisch vorgehen* bedeutet, von Erfahrungen auszugehen, dabei Wertungen zu vermeiden und bemüht zu sein, gewonnene Erfahrungen systematisch zu erfassen und auszuwerten.
- *Wissenschaftstheoretisch vorgehen* bedeutet, den Fragen nach Theoriebildung, der Bestimmung von Begriffsapparaten und der Explikation von Voranahmen nachzugehen.
- *Normativ vorgehen* bedeutet, den Untersuchungsgegenstand vor dem Hintergrund der Wertvorstellungen zu untersuchen, auf denen er beruht.
- *Epistemisch vorgehen* bedeutet, das Untersuchungsobjekt auf eine erkenntnistheoretische Grundlage zu heben und logische Strukturen herauszuarbeiten.
- *Rationalistisch vorgehen* bedeutet, die Fähigkeiten der Vernunft zu benutzen und zu beachten, welche unterschiedlichen Argumentationsformen diese im Vergleich und Verständnis der Kulturen hervorbringen.
- *Dialektisch vorgehen* bedeutet, die internen Gegensätze in einem Untersuchungsobjekt aufzuspüren und die darin enthaltene Dynamik im Rahmen eines umfassenden Ganzen herauszustellen.

Zusammenfassend lässt sich festhalten, dass die interkulturelle Religionswissenschaft pluralistisch ausgerichtet ist und als ein anthropologisches Programm, von der Annahme ausgeht, dass es eine *reine* eigene Religion ebenso wenig gibt wie eine *reine* andere Religion; Sie ist bemüht, eine konzeptuelle Antwort auf die Frage zu formulieren, wozu Religionswissenschaft zu betreiben ist. Bezeichnend ist, dass sie a) die Kategorie des Heiligen ernst nimmt und allen Formen der Exklusivität ablehnend gegenüber steht, dass sie b) Zentren anerkennt, aber den Zentrismus zurückweist, dass sie c) keinen Konsens, sondern stets den Kompromiss sucht und dass sie d) eine echte und ernstzunehmende Toleranzkultur verlangt, welche die Grundlage eines umfassenden polyphonen Dialogs bilden.

5 Interreligiöser Dialog als ein Ziel interkultureller Religionswissenschaft

Ziel eines solchen polyphonen Dialogs ist nicht der Sieg des Einzelnen, sondern die Lösung der entstandenen bzw. bestehenden Konflikte oder Differenzen auf der Grundlage von gemeinsamer Bereitschaft und reziprokem Verstehen. Wenn aber eine Seite entschlossen ist, ihren Standpunkt unter allen Bedingungen durchzusetzen, dann bleibt der anderen zwangsläufig die Wahl, sich entweder zu unterwerfen oder Widerstand zu leisten.

Interreligiöser Dialog ist von einer dialogischen Komplementarität geleitet, die alle Gesprächspartner als gleichberechtigt ansieht und ihnen einen gleichen Freiheitsspielraum zubilligt. Sie ermöglicht mehrere aufeinander abgestimmte und ineinander verflochtene Kommunikationsmöglichkeiten.

Für den Umgang mit Andersdenkenden und Anderserzogenen kann es keine allgemeingültige Regeln geben. Zu komplex sind die jeweiligen Situationen, zu singulär die jeweils handelnden Personen und zu unterschiedlich die kulturellen und traditionellen Kontexten. Deshalb sind vor allem drei Momente für die theoretische und praktische Ausrichtung des Dialogs wesentlich:

- Situationsgebundenheit des Dialogs, die danach fragt, wo und in welcher Situation sich die Partner befinden,
- Kontextgebundenheit des Dialogs, die danach fragt, in welchem Kontext, bspw. religiösem, politischem usw., Dialog erforderlich wird,
- Individualitätsbezogenheit des Dialogs, die danach fragt, wer in dieser Situation und in diesem Kontext spricht und argumentiert.

Diese ineinander greifende Zusammenhangsstruktur lässt sich wie folgt visualisieren:

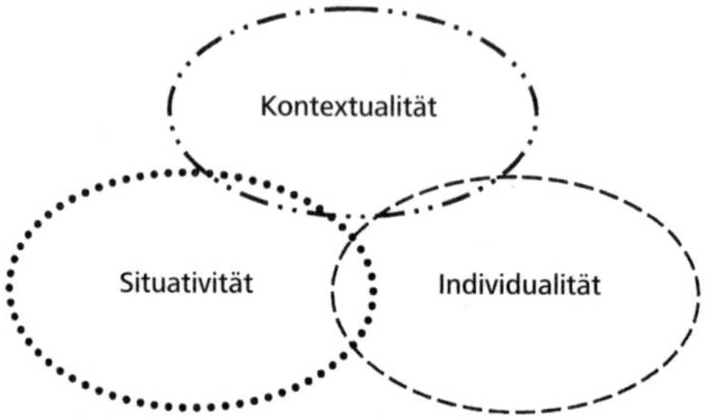

Ein grundsätzliches Problem der Kommunikation ist hierbei, wie erwähnt, der Absolutheitsanspruch. Denn hier wird in der Regel die eigene Religion für die *ausschließliche* Wahrheit gehalten. Liegt dieser Tatbestand vor, so wird nicht mehr gesagt: das ist meine oder eine Religion mit der ich mich identifiziere, sondern: das ist die die *eigentliche* Religion. Dass derartige Einstellungen zur strukturellen Gewalt führen können, liegt in der Natur der Sache.

Um einen polyphonen Dialog zu ermöglichen, wird im Rahmen interkultureller Religionswissenschaft von einer »Einheit aus der Vielfalt« ausgegangen. Einheitlichkeit ist hingegen stets gewaltgeladen. Dieses Spannungsfeld macht deutlich, dass es eine konfliktfreie Interaktionsform nicht gibt und auch nicht geben kann, weil der Mensch oft bewusst oder unbewusst konfliktiv denkt und handelt.

Die Beachtung der Semantik spielt bei diesem polyphonen Dialog ebenfalls eine wichtige Rolle, weil sie häufig ein Missverständnispotential nach sich zieht. Dies hängt damit zusammen, dass die Gesprächspartner im Dialog die Wörter so verwenden, wie sie diese im Laufe ihrer Sozialisation in spezifischen

19 *Hans Waldenfels*, Phänomen Christentum. Eine Weltreligion in der Welt der Religionen, Freiburg i. Br. 1994, 54.
20 Ebd., 54.

kulturellen Kontexten erlernt haben. Dabei können semantisch bedingte Störungen, Missverständnisse oder Konflikte entstehen.

Verständigung ist im Geiste interkultureller Religionswissenschaft möglich, wenn a) alle Beteiligten ein Gespräch suchen und das »eigene Erleben in der Sprache des Anderen und dessen Erleben in der Sprache des Eigenen« identifizieren, wenn wir b) die Eigendynamik der Situativität, Kontextualität und Individualität immer neu zu erfassen bemüht sind, wenn wir c) danach fragen, *aus* welcher Motivation heraus unser Gesprächspartner handelt und *wie* er seine Handlungen begründet und, wenn wir d) ebenfalls danach fragen, *wie* wir verstehen und vergleichen, *welche* Methoden wir benutzen, *welche* Ziele wir verfolgen und *wo* wir unseren Vergleichsmaßstab verankern.

6 Ein Wort zum Abschluss

Ich möchte meine Überlegungen mit der Würdigung des Dialogansatzes von Hans Waldenfels abschließen, weil er Zeit seines akademischen Lebens einen »echten Dialog« mit dem religiös Anderserzogenen und kulturell Andersdenkenden sucht. Waldenfels unterscheidet zwischen Dialog zwischen den »Vertretern« der Religionen und »Menschen«, die sich mit unterschiedlichen Religionen identifizieren. Dies hängt damit zusammen, dass Dialog für ihn eine ausschließlich anthropologische Verankerung kennt. Denn es sind nicht Systeme, die miteinander kommunizieren, sondern Menschen.

Der erste Grundsatz des Dialogs ist für Waldenfels die »echte Bereitschaft« Dialoge tatkräftig zu suchen. Dazu gehört freilich auch »ein ehrlicher und ernsthafter Dialog im Binnenraum einer Religion.«[19] Die prinzipielle Offenheit und der Wille zum Dialog bedeutet für Waldenfels freilich nicht die Preisgabe der eigenen jüdischen, christlichen oder islamischen Überzeugung. Noch weniger heißt dies, Irrtümer gut zu heißen, Fehler zu dulden oder offensichtlich falsche und unwürdige Ansichten oder Absichten unwidersprochen zu lassen.

In diesem Sinne können wir im Geiste der interkulturellen Religionswissenschaft, unter Berücksichtigung der Situativität, Kontextualität – von der Waldenfels spricht – und Individualität miteinander verkehren und bei der Wahrheitssuche in guten Werken miteinander wetteifern. Dies setzt, wie Waldenfels vortrefflich formuliert, »einen eigenen Standpunkt und die Bemühung um die Kenntnis und das Verständnis des Fremden Standpunkts voraus.«[20]

Zusammenfassung
Der Beitrag geht der Frage nach, ob und inwieweit die bestehende Religionswissenschaft der gewandelten Verfassung kultureller Kontexte Rechnung tragen kann. Die Frage: Wozu Religionswissenschaft? beantwortet er mit dem interdisziplinären Entwurf eines interkulturellen Konzepts der Religionswissenschaft, wobei er ähnliche Theorien diskutiert. Auf der Basis eines offenen Kulturbegriffs führt Yousefi in Struktur, Gegenstand und Aufgaben interkultureller Religionswissenschaft ein, um die Vorzüge der philologischen mit der phänomenologischen Religionswissenschaft für einen interreligiösen Dialog fruchtbar zu machen. Dies bedeutet, die Kategorie des Heiligen erneut aufzunehmen und unterschiedliche Fragestellungen und Lösungsansätzen als gleichberechtigte Diskursbeiträge von ihren verschiedenen Positionen her zur Sprache kommen zu lassen, um gemeinsame Perspektiven entwickeln zu können.

Abstract
The article investigates the question of whether and to what degree religious studies as they now exist take the altered state of cultural contexts into account. It answers the question »what are religious studies for?« with the interdisciplinary sketch of an intercultural concept of religious studies and discusses similar theories in the process. On the basis of an open concept of culture, the author provides an introduction to the structure, subject and tasks of intercultural religious studies in order to use the advantages of philological and phenomenological religious studies for the benefit of interreligious dialogue. This means that the category of the sacred is taken up once again and that various questions and approaches to solutions come up for discussion as equally valid contributions to the discourse so that common perspectives can be developed.

Die Bedeutung der Kontextuellen Fundamentaltheologie von Hans Waldenfels für eine problemorientierte Religionswissenschaft

von Wolfgang Gantke

1 Zur Fragestellung

In diesem Beitrag werde ich zu zeigen versuchen, dass es zwischen der interkulturell orientierten *Kontextuellen Fundamentaltheologie*[1] von Hans Waldenfels und einer ebenfalls interkulturell ausgerichteten, problemorientierten Religionswissenschaft so starke Berührungspunkte gibt, dass sich aufgrund der fließenden Übergänge die beliebte scharfe Entgegensetzung von theologischer Innen- und religionswissenschaftlicher Außenperspektive als zu einfach erweist. Hans Waldenfels gehört deshalb zu den besonders kontextsensitiven Theologen, weil er in der Lage ist, sich von einer gut begründeten fundamentaltheologischen Ausgangsposition her so in fremde Denk- und Erfahrungswelten hineinzuversetzen, dass er die eigene Position, ohne sie voreilig preiszugeben, gleichsam immer auch »mit fremden Augen« wahrzunehmen vermag.[2] Dies gilt dann auch im Hinblick auf den »fremden«, objektivierenden Blick der Religionswissenschaft auf die Theologie. Es war diese von Berührungsängsten freie, erstaunliche Offenheit für fremde religiöse und nicht-religiöse Positionen, die mich während meines Bonner Studiums in den Vorlesungen und Seminaren von Hans Waldenfels und in dem von ihm initiierten, seinerzeit wegweisenden Graduiertenkolleg über »Interkulturelle religiöse bzw. religionsgeschichtliche Studien« immer wieder von neuem begeistert hat. Besonders gerne erinnere ich mich an das

1 *Hans Waldenfels*, Kontextuelle Fundamentaltheologie, Paderborn u. a. 1985.

2 *Hans Waldenfels*, Unterwegs zu einer Ethnologie des Christentums, in: *Gregor Maria Hoff / Hans Waldenfels*, Die ethnologische Konstruktion des Christentums. Fremdperspektiven auf eine bekannte Religion, Stuttgart 2008, 149-166. Waldenfels vermag zwar in bestimmten Kontexten durchaus wie ein bekenntnisneutraler Ethnologe oder Religionswissenschaftler zu argumentieren, lässt aber keinen Zweifel daran, dass für den christlichen Theologen das identifikatorische Verhältnis zur eigenen Religion, mithin auch die Kirchlichkeit, eine unaufgebbare Grundvoraussetzung ist.

für mich vorbildhafte Oberseminar, in dem die religiösen Grundfragen der Zeit von ganz unterschiedlichen Positionen her auf höchstem Niveau von den stets vorzüglich informierten Teilnehmern (René Buchholz, Heinz-Theo Hohmann, Gregor Maria Hoff, Paul Petzel, Günter Riße, Markus Roentgen, Thomas Ruster, Heino Sonnemans, Helmut Zander u. a.) diskutiert wurden. Diese Diskussionen werde ich auch deshalb in guter Erinnerung behalten, weil sie die bei weitem lehrreichsten und spannendsten während meines Bonner Studiums waren, was sicherlich auch an der offenen, angstfreien Gesprächsatmosphäre dieses Oberseminars lag, in dem nicht nur binnentheologisch argumentiert wurde, sondern in dem in der Regel auch die Auffassungen nichtchristlicher Religionen und ideologie- bzw. religionskritische Positionen vorurteilsfrei und fair vorgestellt und diskutiert wurden.

Im Unterschied zu vielen tendenziell paradigmenimmanent gestalteten Seminaren zeichnete sich dieses Oberseminar dadurch aus, dass in ihm die heute angesichts der gegenwärtigen historischen Weltlage für alle mit Religion befassten Wissenschaftler so notwendige problemorientierte Pluralitätsfähigkeit erworben werden konnte, ohne dass dabei einem seichten, postmodernen Beliebigkeitsrelativismus das Wort geredet wurde. Vor dem Hintergrund der bereichernden Horizonterweiterung, die ich als einer der wohl treuesten Hörer seiner frühen Bonner Vorlesungen Hans Waldenfels verdanke, war es mir fortan nicht möglich, die religionswissenschaftliche gegen die theologische Betrachtungsweise in polemischer Weise auszuspielen, wie dies zu meinem Bedauern zum gegenseitigen Schaden beider Disziplinen nach wie vor geschieht. Es ist insbesondere die in der *Kontextuellen Fundamentaltheologie* entwickelte dialogische Betrachtungsweise, die m. E. im Zeitalter der Begegnung der Kulturen auch in einer interkulturell- problemorientierten

3 Vgl. bes. *Waldenfels*, Fundamentaltheologie (Anm. 1), 71ff.

4 Vgl. bes. *Hans Waldenfels*, Unfähigkeit und Bedürfnis zu glauben. Versuch einer Diagnose unserer Zeit, Zürich u. a. 1972.

5 Vgl. *Hans Waldenfels*, Begegnung der Religionen. Theologische Versuche I, Bonn 1990, 250ff, 336ff.

6 *Burkhard Gladigow*, Europäische Religionsgeschichte, in: *Hans G. Kippenberg/Brigitte Luchesi* (Hg.), Lokale Religionsgeschichte, Marburg 1995, 21-42; *Helmut Zander*, Geschichtswissenschaften und Religionsgeschichte. Systematische Überlegungen zur Deutungskonkurrenz zwischen allgemeiner Geschichte, Kirchengeschichte und Religionswissenschaft, in: *Hoff/Waldenfels* (Hg.), Konstruktion (Anm. 2), 23-43; *Helmut Zander*, Geschichte der Seelenwanderung in Europa. Alternative religiöse Traditionen von der Antike bis heute, Darmstadt 1999; *Karl Baier*, Meditation und Moderne, 2 Bde, Würzburg 2009.

7 Zur interkulturellen Religionswissenschaft vgl.: *Wolfgang Gantke*, Grundfragen einer interkulturellen Religionswissenschaft, in: *Adelheid Herrmann-Pfand* (Hg.), Moderne Religionsgeschichte im Gespräch. Festschrift für Christoph Elsas. Interreligiös, Interkulturell, Interdisziplinär, Berlin 2010, 261-275; *Hamid Reza Yousefi*, Grundlagen der interkulturellen Religionswissenschaft, Nordhausen 2006.

8 Vgl. *Hans Waldenfels*, Absolutes Nichts. Zur Grundlegung des Dialogs zwischen Buddhismus und Christentum. Mit einem Geleitwort von *Keiji Nishitani*, Freiburg i. Br. u. a. 1976. Der Religionswissenschaftler Gustav Mensching hat dieses Grundlagenwerk in seinem letzten Buch gewürdigt. Vgl. *Gustav Mensching*, Buddha und Christus. Ein Vergleich, Stuttgart 1978.

Religionswissenschaft, die sich ihre geschichtliche Bedingtheit eingesteht, eine stärkere Beachtung verdient.[3] Gerade auch im Hinblick auf seine vorzüglichen Diagnosen der sich verändernden religiösen Situation der Gegenwart konnte ich als ein zunächst in einem fremden Kontext angesiedelter Religionswissenschaftler von Hans Waldenfels und seinen umfassenden interkulturellen Erfahrungen sehr viel lernen.[4] Dass die Erkenntnisinteressen von Theologie und Religionswissenschaft nicht identisch sind, bleibt davon völlig unberührt. Während die Theologie den Schwerpunkt vermutlich auch in Zukunft vor allem auf die (nicht mehr nur) europäische Kirchen- und Christentumsgeschichte legen wird, wird im Rahmen einer (nicht mehr nur) an fremden, nichtabendländischen Religionen interessierten Religionswissenschaft zwangsläufig das Interesse an der Europäischen Religionsgeschichte und ihren nichtchristlichen, aber dennoch religiösen Schattentraditionen (von den traditionellen gnostisch-esoterischen Strömungen bis hin zu modernen neureligiös- heidnischen Bewegungen) wachsen. Diese nicht-christlichen, aber dennoch religiösen europäischen Traditionen sind in der Theologie, die ihren Blick fast ausschließlich auf das Christentum richtete, lange Zeit sträflich vernachlässigt, in der kontextuellen Betrachtungsweise von Waldenfels aber stets in gebührender Weise mitberücksichtigt worden.[5]

Dass die Religionswissenschaft hier dennoch notwendige Ergänzungsarbeit leisten kann, dürfte unbestreitbar sein.[6]

Vielleicht ist die Zeit sogar reif dafür, dass die Religionswissenschaft auch die Geschichte der Fundamentaltheologie als einen interessanten Forschungsgegenstand entdeckt. Eine religionswissenschaftliche Studie zu den unterschiedlichen Paradigmen und Entwicklungen der Fundamentaltheologie aus der Außenperspektive wäre ein zwar ungewöhnlicher, aber durchaus spannender paradigmenexterner Beitrag zum Thema »Christentum in der Religionsgeschichte«.

Ein solcher Beitrag war bisher aus Gründen der traditionellen Arbeitsteilung schwer vorstellbar, könnte in Zukunft aber durchaus in beiden Disziplinen auf ein größeres Interesse stoßen.

In diesem Zusammenhang wäre dann beachtenswert, dass die »Kontextuelle Fundamentaltheologie« gerade bei interkulturellen Fragestellungen einer religionswissenschaftlichen Betrachtungsweise so weit entgegenkommt, dass wiederum von fließenden Übergängen zwischen einer interkulturellen Theologie und einer interkulturellen Religionswissenschaft gesprochen werden kann.[7] Insbesondere die Beiträge von Waldenfels zu den nichtchristlichen Religionen, und hier wäre vor allem der Buddhismus hervorzuheben, sind auch für die Religionswissenschaft ausgesprochen ergiebig.[8]

Die Offenheit von Hans Waldenfels für eine religionswissenschaftliche Betrachtungsweise zeigt sich u.a. auch in der Würdigung des religionsphänomenologischen Ansatzes von Gustav Mensching, der ebenso wie Waldenfels viel über das Verhältnis von Christentum und Buddhismus nachgedacht hat.[9] Theologie und Religionswissenschaft können sich also fruchtbar ergänzen, wenn beide Seiten bereit sind, etwaige Vorurteile zu überwinden und trotz bleibender Differenzen vom Anderen zu lernen.

Was für den Dialog der Religionen gilt, das gilt in ähnlicher Weise für den Dialog der mit Religion befassten Disziplinen, in dem die exklusivistischen Ab- und Ausgrenzungsstrategien im Hinblick auf die schwierigen Zukunftsprobleme im interkulturellen religiösen Feld kaum hilfreich sein dürften, sondern wohl eher problemverschärfend wirken.

Eine zur Selbstrelativierung fähige Religionswissenschaft wird sich beispielsweise von einer theologischen Position her fragen lassen müssen, ob nicht auch mit dem von ihr bevorzugten »methodischen Agnostizismus« Erkenntnisbarrieren verbunden sind, die erst in einem erweiterten interkulturellen Kontext sichtbar werden.

Im Zeitalter der nicht immer freundlichen Begegnungen der unterschiedlichen religiösen und nichtreligiösen Traditionen wäre es sicherlich unsinnig, weiterhin an einer dekontextualisierten, metaparadigmatischen Position unverrückbar festzuhalten, die nicht darauf achten zu müssen glaubt, wie in völlig anderen Kontexten über die religiöse Frage gedacht wird. Es kann in diesem Zusammenhang grundsätzlich gefragt werden, ob nicht einem »methodischen Agnostizismus«, wenn er im Rahmen einer interkulturellen Religionswissenschaft keine anderen Betrachtungsweisen neben sich gelten lassen will, die Gefahr einer Verabsolutierung einer kulturbedingten Teilwahrheit innewohnt.

9 *Hans Waldenfels*, Gustav Mensching und die katholische Theologie, in: *Wolfgang Gantke/Karl Hoheisel/Wilhelm-Peter Schneemelcher* (Hg.), Religionswissenschaft im historischen Kontext. Beiträge zum 100. Geburtstag von Gustav Mensching, Marburg 2003, 183-199.

10 Vgl. dazu die ausgesprochen problembewussten Überlegungen zu »Leben und Überleben« in der Kontextuellen Fundamentaltheologie. *Waldenfels*, Fundamentaltheologie (Anm. 1), 399f. »Die Herauslösung der Ökonomie aus dem moralisch-politischen Kontext hatte zusammen mit der Geburt des Glaubens an die Allmacht des Menschen in der Neuzeit zur Folge, daß dieser in seiner expandierenden Herrschaft über die Natur mit Hilfe der Wissenschaft, Technik und Ökonomie eine Gottesebenbildlichkeit zu begründen und sich selbst zur Gottähnlichkeit oder gar Gottgleichheit zu führen suchte. Der Zusammenbruch dieses Herrschaftsdenkens und Machtmißbrauchs ist heute offenkundig. Die Bedrohung des ökologischen Gleichgewichts infolge des einseitigen Abbaus der natürlichen Ressourcen, das rücksichtslose Streben nach expansivem ökonomischem Wachstum, die Maßlosigkeit der Lebensansprüche in den reichen Ländern auf der einen und der verzweifelte Kampf ums Überleben in Armut, Hunger und Krankheit auf der anderen Seite, die Ausweitung der Schere von Arm und Reich in der Welt, das Spiel mit dem Leben und die Manipulation des Lebendigen, während anderswo Menschen gegen den Tod kämpfen – all das sind Momente eines Lebensprozesses, der nach neuer Orientierung ruft.« Dieses längere Zitat scheint mir vor dem Hintergrund der jüngsten Krisen- und Grenzerfahrungen nichts von seiner Aktualität verloren zu haben. Im 3. Jahrtausend stellt sich für die Menschheit die Gattungsfrage, denn der Mensch ist in der Spätmoderne erstmals in der Menschengeschichte zur Weltzerstörung als Menschenwerk in der Lage. In seinem befreiungstheologischen Ansatz hat Waldenfels auch das nichtmenschliche Leben, die Natur, im Blick. Was das heute so notwendige Naturbewahrungswissen anbetrifft, so sollten auch in diesem Kontext die Theologie und eine engagierte Religionswissenschaft, die immerhin auf eine Fülle von praktisch anwendbarer Weisheitsliteratur aus unterschiedlichen Religionen zurückgreifen kann, enger zusammenarbeiten.

Es sind die starken Spezialisierungs- und Fragmentierungstendenzen in der heutigen Religionswissenschaft, die die Gefahr von dekontextualisierenden Verabsolutierungen von Teilwahrheiten erhöhen.

Eine Relativierung des »methodischen Agnostizismus« muss keineswegs einen Zustimmungszwang für bestimmte religiöse Positionen implizieren, aber immerhin könnte dadurch eine größere Offenheit für die Pluralität unterschiedlicher (religiöser und nichtreligiöser) Menschenbilder und damit eine Ermöglichungsgrundlage für das Ernstnehmenkönnen transzendenzoffener Betrachtungsweisen auch in der Religionswissenschaft erzielt werden.

Wenn die Religionswissenschaft unbefragt einen »methodischen Agnostizismus« voraussetzt, dann hat sie immer schon eine Vorentscheidung zugunsten eines transzendenzverschlossenen, anthropozentrischen Wirklichkeitsverständnisses getroffen, in dem so geforscht wird, als ob es Gott bzw. eine numinose Wirklichkeitsdimension nicht gäbe. Hier liegt meines Erachtens eine entscheidende Differenz zwischen der transzendenzverschlossenen Religionswissenschaft und der Theologie, die mir aber nicht unüberwindbar scheint.

Eine problemorientierte Religionswissenschaft wird daher bereits bei dieser methodischen Ausgangsposition ansetzen und fragen, ob der anthropozentrische Standpunkt angesichts des Unbehagens in der fortgeschrittenen Moderne und angesichts neuer Widerstands- und Grenzerfahrungen, auf die Hans Waldenfels bereits sehr früh hingewiesen hat, nicht doch überdacht und wieder mit einer wie auch immer benannten Macht oder Kraft »gerechnet« werden muss, die größer und stärker als der Mensch ist.

In früheren Zeiten hat man diese Macht auch außerhalb der Theologie Gott zu nennen gewagt und in der heutigen Zeit versucht man sich in der Religionswissenschaft in der Regel um diese unverfügbare und unergründliche Wirklichkeitsdimension herumzuwinden, und doch gibt es immer wieder die alle Menschenpläne grundsätzlich in Frage stellenden Ereignisse und Zeichen, die darauf hindeuten, dass der Mensch auch in Zukunft nicht das alleinige Maß aller Dinge sein kann.[10]

Was das für das heutige ökonomistisch dominierte Menschenbild bedeutet, sollte in einer problemorientierten Religionswissenschaft gründlicher bedacht werden, auch wenn es für einen für die religiöse Dimension der Wirklichkeit offenen Religionswissenschaftler natürlich nicht mehr möglich ist, nach Auschwitz und den jüngsten Katastrophen des 3. Jahrtausends in den USA (11. 9. 2001), Südostasien (Tsunami) und Japan (Erdbeben, Tsunami und Atomkatastrophe) in naiver Weise von Gott oder vom Heiligen sprechen. Dass es eine »letzte Wirklichkeit« gibt, die jenseits all unserer Weltbeherrschungsversuche auf der im weitesten Sinne methodischen Grundlage der vom Menschen selbst konstruierten technischen Gestellwahrheiten anzusiedeln ist, sollte in einer die Realitätsfrage nicht in vordergründige Symbol-, Zeichen- und Diskurswelten auflösenden Religionswissenschaft wieder ernstgenommen werden, auch wenn diese alle Menschenpläne transzendierende Realität nicht von vornherein eindeutig bestimmt werden kann.

Dass auch die im Rahmen des modernen wissenschaftlichen Realitätsverständnisses gerne in den Bereich des Irrationalen abgedrängten und sträflich vernachlässigten Größen Unvorhersehbarkeit, Unergründlichkeit und Unverfügbarkeit durchaus realitätshaltig sein können, hat der die Zukunft berechnen- und beherrschenwollende moderne Mensch durch die ungewollt über ihn hereinbrechenden erdgeschichtlichen Ereignisse im frühen 21. Jahrhundert wieder schmerzhaft lernen müssen.

Wir erleben gegenwärtig einen drastischen Wandel des Realitätsverständnisses, der sich wohl am deutlichsten im allgemeinen Zukunftsgewissheitsschwund (Hermann Lübbe) ausdrückt und gerade im ökologischen Kontext überholt geglaubte romantisch-lebensphilosophische Sichtweisen (von Ludwig Klages bis Albert Schweitzer) zu rehabilitieren scheint.

Auch die Religionswissenschaft wird als Kind des aufklärerischen, modernen Bewusstseins stärker über die Grenzen einer »humanegoistischen Anthropozentrik« (Klaus Michael Meyer-Abich) nachdenken müssen und insofern der transzendenzbezogenen, diese »Krise der Immanenz« erstaunlich früh wahrnehmenden *Kontextuellen Fundamentaltheologie* etwas entgegenkommen, ohne dabei den nahezu alle religiösen Traditionen trotz fundamentalistischer Kompensationsversuche erfassenden gegenwärtigen Heilsgewissheitsschwund ignorieren zu dürfen.

Die innerhalb kürzester Zeit sich schlagartig verändernde historische Situation mit ihren an die Grenzen der menschlichen Fassungskraft erinnernden Herausforderungen scheint mir jedenfalls für eine »neue Offenheit« für die religiöse Frage in der Religionswissenschaft zu sprechen. Nicht nur bei den Interpretationsversuchen der grundsätzlichen Sinn- und Realitätsfrage sollten die Theologie und die Religionswissenschaft enger kooperieren, auch

11 *Wolfgang Gantke*, Dialog der Religionen. Eine Illusion?, in: *Tobias Müller/Karsten Schmidt/Sebastian Schüler* (Hg.), Religion im Dialog. Interdisziplinäre Perspektiven-Probleme-Lösungsansätze, Göttingen 2009, 177-204.

12 *Hans Waldenfels*, Die Verantwortung der Religionen für den Frieden in der Welt, in: *ders.*, Begegnung (Anm. 5), 352-359. Dieser schöne Text sei all jenen empfohlen, die behaupten, unsere Welt wäre friedlicher, wenn es keine Religionen gäbe.

13 Vgl. *Richard Dawkins*, Der Gotteswahn, Berlin 2007. Einen ausgezeichneten, kritischen Überblick über die neuen Atheismen bietet Gregor Hoff. *Gregor Maria Hoff*, Die neuen Atheismen. Eine notwendige Provokation. Regensburg 2009.

14 Vgl. aber die inzwischen erschienenen gelungenen religionswissenschaftlichen Einführungen von Peter Antes und Monika/Udo Tworuschka: *Peter Antes*, Das Christentum. Eine Einführung, München 2004; *Monika u. Udo Tworuschka*, Die Welt der Religionen – Christentum, Gütersloh 2007. Es sind dies zwei ausgewählte Beiträge zum Christentum in der Religionsgeschichte aus der Außenperspektive, die das im Jahre 1990 von Waldenfels beklagte Defizit beheben.

15 Vgl. dazu auch *Wolfgang Gantke*, Die Religionswissenschaft und ihr verleugnetes christliches Erbe, in: *Mariano Delgado / Hans Waldenfels* (Hg.), Evangelium und Kultur. Begegnungen und Brüche. Festschrift für Michael Sievernich, Fribourg/Stuttgart 2010, 365-396.

im Hinblick auf Zukunftsfragen wie den Dialog der Religionen[11] und die sich verschärfende Friedensproblematik[12] könnten beide Disziplinen im Sinne des gemeinsamen Bemühens um ein Weltbewahrungswissen stärker als bisher zusammenarbeiten.

Hans Waldenfels hat bereits im Jahre 1990 auf die kommenden Herausforderungen für beide Disziplinen hingewiesen, die seinerzeit zu wenig beachtet wurden und an die ich daher im Folgenden ausdrücklich erinnern will, weil sie meines Erachtens nichts von ihrer Aktualität verloren haben.

2 Theologie und Religionswissenschaft

Bereits lange vor dem gegenwärtigen Streit um die Religion, der in Europa vor allem zwischen Christen und kämpferischen Atheisten wie Dawkins[13] ausgetragen wird, hat Hans Waldenfels in seinen zeitdiagnostischen Überlegungen darauf hingewiesen, dass die neuen Entwicklungen im weltanschaulichen Bereich, in dem die Verbindung von religionskritischen, »fremdreligiösen« und esoterischen Strömungen eine neue, unübersichtliche religiöse Gesamtlage erzeugt, auf der Grundlage der traditionellen Betrachtungsweisen kaum mehr durchschaubar sind. In diesem pluralistischen Kontext erweise sich die scharfe Trennung von theologischer und religionswissenschaftlicher Betrachtungsweise als kontraproduktiv. Es gäbe zwar zahlreiche religionswissenschaftliche Einführungen in die so genannten Fremdreligionen, aber aufgrund der traditionellen Arbeitsteilung fehlten religionswissenschaftliche Einführungen in das Christentum.[14]

In der weltanschaulich immer pluralistischer und multikultureller werdenden Gesellschaft wird es aber sowohl für »religiös unmusikalische« als auch für dezidiert religionskritische Menschen immer wichtiger, dass sie in nichttheologischer Weise über das im interkulturellen Kontext nach wie vor bedeutsame Phänomen der Religion im allgemeinen und insbesondere über die teilweise schon fremdgewordenen religiösen Grundlagen der eigenen Kultur im Besonderen aufgeklärt werden. Diese Aufklärung wäre dann die Aufgabe einer Religionswissenschaft, die sich nicht mehr nur den fremden Religionen zuwendet, sondern auch Beiträge zum Christentum in der Religionsgeschichte und zu den Herausforderungen des Christentums in der Gegenwart leistet.[15] In einer Zeit, in der zwar einerseits weltweit von der »Wiederkehr der Religion« gesprochen wird, in der sich aber andererseits in Europa ein religiöses Analphabetentum auszubreiten droht und ein Schwinden der Grundkenntnisse über das eigene religiöse und kulturelle Erbe zu konstatieren ist, werden unverdächtige religionswissenschaftliche Einführungen in das Christentum ohne Missionierungsabsichten auch aus sozial- kulturellen Identitätsbewahrungsgründen immer bedeutsamer. Es geht hier um nicht weniger als um die Rolle, die das Christentum in der Religions- und Weltgeschichte gespielt hat und in der heutigen multikulturellen Weltgesellschaft weiterhin spielen kann.[16] Die Frage nach der Bedeutung des Christentums in Geschichte und Gegenwart muss heute auch die Gebildeten unter den Verächtern der Religion, die bemerkenswerterweise in der Religionswissenschaft recht zahlreich vertreten sind, interessieren, weil das Christentum der entscheidende Faktor der abendländischen Kultur war und trotz aller Pluralisierungstendenzen auch in Zukunft bleiben wird. Es geht also auch um die Frage nach der Identität und der Zukunft Europas in einer sich durch den Globalisierungsdruck ständig verändernden Welt.

»Eine nüchterne Diagnose unserer Zeit und unseres Kulturraumes kann aber die Tatsache nicht fortdisputieren, daß wir uns auf eine multikulturelle Gesellschaft zubewegen, ob wir wollen oder nicht. Die emotionalen Reaktionen, die unter dem Schlagwort eines neuen ›Fundamentalismus‹ politisch wie religiös eingeordnet werden, leiden in der Regel unter zwei fundamentalen Fehlern: Einmal sind sie nicht bereit, Entwicklungen wie die neuen Völkerwanderungen und die modernen Vermischungsprozesse zur Kenntnis zu nehmen und anzuerkennen. Sodann aber sind sie gerade deshalb auch nicht in der Lage, in einer pluralistischen Gesellschaft solche Maßnahmen zu ergreifen, die sowohl zur Ausbildung einer eigenen Identität als auch zugleich aus dieser heraus zu wahrer Begegnung und zu einem allen Seiten gerecht werdenden Umgang mit dem und den Fremden zu befähigen. Die These, daß das Christentum wesentlicher Bestandteil des abendländischen Erbes und damit der abendländischen Kultur ist, hat somit keineswegs nur einen spekulativ-theoretischen, sondern durchaus einen pragmatisch-praktischen Charakter. Wer nicht weiß, woraus er stammt, ist im Grunde nicht dialogfähig, weil er in den vielbeschworenen Dialog der Völker nichts einzubringen hat außer Oberflächlichkeiten.«[17]

Wenn dies aber so ist, dann ist eine wissenschaftliche Beschäftigung mit dem Christentums in Geschichte und Gegenwart nicht mehr nur die Aufgabe der Theologie, sondern auch eine Aufgabe der Gesellschafts- und Kulturwissenschaften, insbesondere natürlich auch die Aufgabe einer Religionswissenschaft, die über ihre eigenen Herkunftsbedingungen nachdenkt.

Waldenfels weist den naheliegenden Einwand, diese Aufgabe könne doch auch allein von der Theologie wahrgenommen werden, mit dem Hinweis auf die kirchliche Gebundenheit der Glaubenswissenschaft zurück.

16 Zu einer knappen Charakterisierung des Christentums in Geschichte und Gegenwart vgl.: *Hans Waldenfels*, Das Christentum, in: *Hamid Reza Yousefi/Hans Waldenfels/Wolfgang Gantke* (Hg.), Wege zur Religion. Aspekte – Grundprobleme – Ergänzende Perspektiven, Nordhausen 2010, 237-266.

17 *Waldenfels*, Begegnung (Anm. 5), 94f.

18 *Waldenfels*, Begegnung (Anm. 5), 95.

19 *Waldenfels*, Begegnung (Anm. 5), 96.

20 *Waldenfels*, Begegnung (Anm. 5), 337.

»Dennoch darf nicht übersehen werden, daß die Theologie – so wie sie sich selbst versteht – bei aller Betonung der Wissenschaftlichkeit und der Raum-Zeit-Orientiertheit ihrer Reflexion einer eindeutigen Identität mit der jeweiligen christlichen Kirche entstammt und in der Kirchlichkeit folglich auch einen wesentlichen Orientierungspunkt besitzt. In diesem Sinne bleibt die Theologie auch insofern wesentlich von der Religionswissenschaft unterschieden, als diese eine solche Identität mit den behandelten Religionen weder voraussetzt noch anzielt. Die in den beiden Wissenschaften jeweils angestrebten Urteile und Bewertungen weisen folglich zwar Berührungspunkte auf, dürfen aber aufgrund der unterschiedlichen Interessenlage nicht einfachhin gleichgesetzt werden.«[18]

Wenn im Rahmen der Theologie religionswissenschaftliche Einführungen in die fremden Religionen angeboten werden, geht es nach Waldenfels in der Regel nicht um das Fremde um seiner selbst willen, sondern in erster Linie um das Eigene. Dieses Eigene ist freilich heute vielen Menschen in Europa so fremd geworden, dass es immer wieder von neuem in Erinnerung gerufen werden muss. Es gilt also, auch im Konzert der nichttheologischen Wissenschaften den Sinn für die kulturprägende Kraft der Religion und des Christentums wieder zu schärfen, weshalb Waldenfels für eine »Religionswissenschaft des Christentums«[19] plädiert, die nicht identisch ist mit der christlichen Theologie. Diese Wissenschaft kann dann ein solides bekenntnisneutrales Grund- und Faktenwissen über das Christentum in der europäischen Religionsgeschichte vermitteln, das im heutigen Streit der Religionen und Weltanschauungen, insbesondere in der öffentlichen Diskussion um den Islam und den Atheismus, unverzichtbar ist. Die religionswissenschaftlichen Grundkenntnisse des Christentums müssen also nicht zwangsläufig eine Zustimmung zum eigenen religiösen Erbe implizieren, aber selbst im Falle einer bewussten Distanzierung von der eigenen christlichen Tradition sollte man diese im Zeitalter der Begegnung der Kulturen und der »postchristlichen Moderne« zumindest kennen, wenn man im gegenwärtigen Streit um die Religion in begründeter Weise Stellung nehmen zu müssen glaubt.

Nach Waldenfels wird uns seit dem Zweiten Weltkrieg in immer stärkerem Maße bewusst, dass wir in einer »kulturell polyzentrischen« (J. B. Metz) Welt und in einer »postchristlichen Moderne« leben.

»Postchristliche Moderne besagt in diesem Sinne: Wir leben in einer Zeit und Welt, in der das Christentum angesichts des vielschichtigen Pluralismus aufgehört hat, positiv oder negativ als die umfassende Norminstanz angesehen zu werden, und stattdessen – konkurrierend mit anderen Normgebern – zu einer Instanz unter anderen geworden ist.«[20]

Ich stimme dieser nüchternen Zeitdiagnose ausdrücklich zu und vor dem Hintergrund dieser veränderten pluralistischen Ausgangslage scheinen mir die traditionellen Auseinandersetzungen zwischen der Theologie und Religionswissenschaft trotz der unbestreitbaren institutionellen Konkurrenzsituation obsolet. Dagegen scheint mir das entschiedene Plädoyer von Hans Waldenfels »für ein konzertiertes Studium der Religionen an unseren Universitäten«[21] wegweisend, wobei er ausdrücklich betont, dass es ihm bei diesem Plädoyer keineswegs um eine Ersetzung der Theologie durch ein allgemeines Studium der Religionen geht.

»Vielmehr geht es um eine grundlegende und unaufschiebbare Erweiterung der Beschäftigung mit dem Problem der Religion, die aus dem Umgang mit dem Pluralismus unserer Zeit resultiert und uns, weil wir den Pluralismus zugleich in der einen Welt leben, nötigt, auf vielen Gebieten die Einheit in versöhnter Verschiedenheit zu finden. Es gibt aber keine versöhnende Einheit, wenn nicht das Fremde als Fremdes uns bewußt begegnen kann und wir keine Wege finden, unsererseits aktiv auf das Fremde und die Fremden zuzugehen und beides zu verstehen. Auch wenn heute vielfach die gemeinsame Praxis als Weg zum Verstehen propagiert wird, darf doch nicht übersehen werden, daß der intellektuell-wissenschaftlichen Reflexion auch im Verstehen der Religionen ihr eigener bleibender Rang zukommt.«[22]

Ich denke, dass diese kreativen Überlegungen für alle an den Universitäten im deutschsprachigen Kontext mit Religion befassten Disziplinen, insbesondere natürlich für Theologie, Religionswissenschaft und Religionsphilosophie, neue Zukunftsperspektiven eröffnen könnten.

3 Ausblick

In seiner *Kontextuellen Fundamentaltheologie* hat Hans Waldenfels gegen rein binnentheologische Betrachtungsweisen die Notwendigkeit einer stärkeren Berücksichtigung der fremden Kontexte in überzeugender Weise aufgezeigt. Er weist darauf hin, dass sich der »Anspruch des Christentums« in einer veränderten Zeit in ganz unterschiedlichen Kontexten Gehör verschaffen muss und von verschiedenen Seiten her (fremde Religionen/Atheismus) auch mit

21 *Waldenfels*, Begegnung (Anm.5), 99.
22 *Waldenfels*, Begegnung (Anm. 5), 101.
23 Vgl. *Waldenfels*, Fundamentaltheologie (Anm. 1), 21ff. Zum Widerspruch S. 33ff.
24 *Waldenfels*, Fundamentaltheologie (Anm. 1), 28.
25 Vgl. *Wolfgang Gantke*, Der umstrittene Begriff des Heiligen. Eine problemorientierte religionswissenschaftliche Untersuchung, Marburg 1998.
26 Vgl. *Hans Waldenfels*, An den Grenzen des Denkbaren. Meditation – Ost und West, München 1988; *Hans Waldenfels*, Gott. Auf der Suche nach dem Lebensgrund, Leipzig 1997. Dieses warme, sehr persönlich geschriebene Buch ist m. E. ein schönes Beispiel für eine Berührungshermeneutik, die die Distanz zu ihrem schwierigen Gegenstand gerade dadurch zu überwinden vermag, dass sie sich von unpersönlich-abstrakten Vorgaben emanzipiert. *Wolfgang Gantke*, Die Gottesfrage im religionswissenschaftlichen Diskurs, in: Lebendiges Zeugnis 2/49 (1994) 86-104.
27 *Wolfgang Gantke*, Grundfragen einer problemorientierten Religionswissenschaft, in: *Günter Riße/Heino Sonnemans/Burkhard Theß* (Hg.), Wege der Theologie: an der Schwelle zum dritten Jahrtausend. Festschrift für Hans Waldenfels, Paderborn 1996, 295-311, hier bes. 299, Anm. 5.

Widerspruch zu rechnen hat.[23] Um das Eigentümlich-Christliche im religiösen Feld zu charakterisieren, geht Waldenfels von dem Grundsatz aus: »Gott hat sich uns in Jesus Christus geoffenbart.«[24] Auch in der Religionswissenschaft wird heute die Bedeutung des Kontextuellen immer stärker gesehen und es wird auch bereits von einer »Kontextuellen Religionsphänomenologie« (Udo Tworuschka) gesprochen. Das Problem einer kontextuellen Religionswissenschaft liegt freilich darin, dass sie im Unterschied zur *Kontextuellen Fundamentaltheologie* von keinem gleichsam ein festes Fundament bietenden Grundsatz ausgehen und auch keinen heiligen Text zugrunde legen kann, der dann im Zentrum der verschiedenen Kontexte angesiedelt ist. Das vielbeklagte ungelöste Norm-, Profil- und Identitätsproblem der Religionswissenschaft hängt sicherlich damit zusammen, dass man sich bisher in dieser Disziplin auf kein Vorverständnis von Religionswissenschaft einigen konnte, dem alle Religionswissenschaftler uneingeschränkt zustimmen können. Kann beispielsweise die beliebte Berufung auf Objektivität vor dem Hintergrund der unbestreitbar unaufhaltsam wachsenden Naturzerstörungen auf der Grundlage eines vorgeblich unbezweifelbar sicheren, objektivierenden Denkens wirklich noch überzeugen oder wird sie nicht in immer stärkerem Maße verdächtigt, eine Form von teils naiver, teils aber auch interessengeleiteter Wissenschaftsgläubigkeit zu sein? Muss die Religionswissenschaft angesichts der immer offenkundiger werdenden Grenzen des menschlichen Weltbeherrschungswissens nicht (natur-)wissenschaftskritischer werden? Nun ist aber gerade den Vertretern der klassischen Religionsphänomenologie von ihren wissenschaftszentrierten Kollegen immer wieder ihre Unwissenschaftlichkeit attestiert worden, weil sie eine transempirische Wirklichkeitsdimension anerkannten, die sie zumeist mit dem umstrittenen Begriff des Heiligen bezeichneten. Ein naiver Ausgang vom Phänomen des Heiligen ist nach dem Durchgang durch Aufklärung und Religionskritik in der Religionswissenschaft sicherlich nicht mehr möglich. Daher ist nicht zu erwarten, dass es nach der kulturwissenschaftlichen Wende in der Religionswissenschaft wieder zu einer Rehabilitierung des Heiligen im Sinne von Rudolf Otto und Mircea Eliade kommen könnte.[25]

Bedeutet dies aber, dass in der Religionswissenschaft über die Grenzen des Wiss- und Denkbaren und die Unvermeidbarkeit der Anerkennung einer real existierenden unverfügbar- unergründlichen Wirklichkeitsdimension, die als Gott zu bezeichnen als unmodern gilt, nicht mehr nachgedacht werden darf?[26] An diesem Punkt scheinen mir wieder große Berührungspunkte zwischen der *Kontextuellen Fundamentaltheologie* und einer transzendenzoffenen Religionswissenschaft zu bestehen. Dass ich in meinem Denken gerade im Hinblick auf diese Grund- und Grenzfragen stark von Hans Waldenfels beeinflusst wurde, habe ich in verschiedenen Veröffentlichungen hervorgehoben.[27] Auch im Hinblick auf die hellsichtigen Zeitdiagnosen und die Rolle des

Christentums in der Religionsgeschichte verdanke ich Hans Waldenfels sehr viele ausgesprochen ergiebige Einsichten. Insbesondere halte ich die Kritik von Waldenfels an der vorgeblichen Wertneutralität der Religionswissenschaft für stichhaltig.

Die Rede von der Wert- und Kulturneutralität der Religionswissenschaft hat in den letzten Jahren im veränderten interkulturellen Kontext, in dem sich inzwischen auch islamische, buddhistische und hinduistische Forscher mit religionswissenschaftlichen Grundfragen auseinandersetzen, in der Tat viel von ihrer Glaubwürdigkeit verloren. Das unvermeidliche Verstricktsein in kulturbedingte Konzeptionen, mithin die unüberwindbare Vorverständnisgebundenheit, wird zu einer Herausforderung für eine Religionswissenschaft, die sich unreflektiert auf empirische Forschungen beschränken will. Genau an diesem Punkt kann eine Kontextuelle Religionswissenschaft von der *Kontextuellen Fundamentaltheologie* lernen, da diese ihr Vorverständnis in bewundernswerter Weise offenlegt, und dann, von diesem Vorverständnis ausgehend, sich um Offenheit für das Fremde bemüht.

Auch in der Religionswissenschaft muss es um eine möglichst klare und deutliche, kritisierbare Offenlegung des immer schon mitgebrachten Vorverständnisses gehen. In unserer pluralistischen Gesellschaft kann es freilich in der Religionswissenschaft durchaus unterschiedliche Vorverständnisse geben, weshalb diese Disziplin dialogischer werden muss und ganz darauf verzichten sollte, alle Religionswissenschaftler gleichermaßen auf ein verbindliches Vorverständnis festlegen zu wollen. Hier liegt dann freilich wieder eine bleibende Differenz zur *Kontextuellen Fundamentaltheologie*, in der der Grundsatz, dass Gott sich den Menschen in Jesus Christus geoffenbart hat, eben nicht zur Disposition gestellt werden kann. Der Denkrahmen einer transzendenzoffenen, aber bekenntnisneutralen Religionswissenschaft erlaubt weder den Ausgang von der Christozentrik noch den Ausgang von einem bestimmten nichtchristlichen Offenbarungsverständnis. Noch einmal: Dieser Verzicht auf bekenntnisgebundene Vorgaben muss noch nicht den prinzipiellen Verzicht auf die Anerkennung einer nicht-profanen Wirklichkeitsdimension in einer von einem offenen Vorverständnis ausgehenden, problemorientierten Religionswissenschaft implizieren.

Die Transzendenzoffenheit ist allerdings die Ermöglichungsgrundlage für das Ernstnehmenkönnen der religiösen Frage und auf diese Weise kommt eine transzendenzoffene Religionswissenschaft den unterschiedlichen Religionstheologien und auch der *Kontextuellen Fundamentaltheologie* durchaus entgegen. Sie kann dann eine vermittelnde Position zwischen der christlichen Religionstheologie und einer von einem »methodischen Atheismus/Agnostizismus« ausgehenden szientistisch orientierten Religionswissenschaft einnehmen, weil sie nach beiden Seiten hin offen und ernsthaft an einem interdisziplinär-interkulturellen Dialog interessiert ist. Es ist zu vermuten, dass die religiösen Probleme der teilweise unter Schmerzen zusammenwachsenden multikulturellen Weltgesellschaft leichter gelöst werden können, wenn die Theologie und die Religionswissenschaft in Zukunft enger kooperieren.

Durch diese engere Zusammenarbeit könnte dann auch ein Innen- und Außenperspektive verbindender und in »versöhnter Verschiedenheit« Einseitigkeiten vermeidender, neuer Blick auf das Christentum in der Religionsgeschichte geworfen werden. Die starken Ab- und Ausgrenzungstendenzen der Vergangenheit dürften beiden Disziplinen eher geschadet als genutzt haben, denn in der Theologie wurden einerseits die nichtchristlichen Weltreligionen und religionskritischen Strömungen lange Zeit sträflich vernachlässigt, und hier hat die Kontextuelle Fundamentaltheologie ohne Zweifel Türen geöffnet, und andererseits drohte eine Religionswissenschaft ohne ernsthafte Auseinandersetzung mit der interkulturell weiterhin hochbrisanten religiösen Frage ihren Gegenstand zu verlieren, und auch hier kann eine problemorientierte Religionswissenschaft nach wie vor viel von Hans Waldenfels und seinem zeitdiagnostischen Blick profitieren. Ein letztes Mal: Die zahlreichen Berührungspunkte zwischen der *Kontextuellen Fundamentaltheologie* und der problemorientierten Religionswissenschaft, auf die in diesem Beitrag in verschiedenen Kontexten hingewiesen wurde, deuten darauf hin, dass es etwas gibt, dass beide Disziplinen trotz unterschiedlicher Vorverständnisse verbindet: Die vor der menschlichen Vernunft verantwortbare Suche nach einer kulturübergreifenden Wahrheit, die größer ist als alles, was der Mensch aus eigener Kraft zu konstruieren vermag. Hans Waldenfels hat immer das Gespräch mit der Religionswissenschaft und den einzelnen Religionswissenschaftlern, auch im Bonner Graduiertenkolleg, gesucht. Weil er sich immer auch dafür interessierte, wie in »fremden« Kontexten über das Christentum gedacht wurde, hat er nicht nur ein Grundlagenwerk für einen gelingenden Dialog mit dem Buddhismus verfasst, sondern auch immer wieder die Türen für ein gelingendes Gespräch mit der Religionswissenschaft zu öffnen versucht. Auch dieser nicht immer einfache Dialog ist ein Ort der kulturübergreifenden Wahrheit und muss daher m. E. im Interesse beider Disziplinen weitergeführt werden.

Hans Waldenfels gehört jedenfalls zu den bedeutenden zeitgenössischen Brückenbauern zwischen den Religionen und den mit Religion befassten Disziplinen. Zum Abschluss dieser Überlegungen sei noch ein persönliches Wort gestattet: Als ein in vielerlei Hinsicht von der *Kontextuellen Fundamentaltheologie* beeinflusster Religionswissenschaftler verneige ich mich mit Bewunderung und Dankbarkeit vor dem großen Theologen Hans Waldenfels, bei dem ich in meinen Bonner Studienjahren nicht nur viele Einsichten in das Christentum, sondern auch viele Erkenntnisse über die »fremden« Religionen, insbesondere über den Buddhismus, in Geschichte und Gegenwart gewinnen durfte.

Zusammenfassung

Ausgangspunkt dieses Beitrags bildet Hans Waldenfels' Kontextuelle Fundamentaltheologie, die starke Berührungspukte zwischen Religionswissenschaft und Theologie liefert; paradigmatisch dafür, dass im Kontext eines allgemeinen »Zukunftsgewissheitsschwundes« (Hermann Lübbe) und der »Wiederkehr der Religion« in unserer pluralistischen Gesellschaft die traditionelle Auseinandersetzung zwischen der Theologie und Religionswissenschaft trotz der unbestreitbaren institutionellen Konkurrenzsituation zunehmend obsolet wird.

Abstract

The starting point of this contribution is the contextual fundamental theology of Hans Waldenfels which provides potent points of contact between religious studies and theology. Paradigmatic for this is the fact that, in spite of the indisputable situation of their institutional rivalry, the traditional dispute between theology and religious studies is progressively becoming obsolete in the context of a general »Zukunftsgewissheitsschwund« (a »dwindling of certainty about the future,« Hermann Lübbe) and the »return of religion« in our pluralistic society.

Der Talmud – locus theologicus oder: jenseits der Balken in Texten und Augen

von Paul Petzel

»Auf Moses Stuhl haben sich die Schriftgelehrten und Pharisäer gesetzt. Alles nun, was sie euch sagen, tut und befolgt!« (Mt 23,1-3)

Mit Esra ist ein dynamischer auf Aktualisierung abhebender Umgang mit der schriftlich niedergelegten Tora im Judentum etabliert worden. Diese Umgangsweise gewinnt die Anerkennung einer autoritativen Größe: Sie gilt als mündliche Tora, also als Gestalt von Offenbarung. Der matthäische Jesus scheint diese problemlos anzuerkennen, wenn er seine Anhänger auffordert: »Alles nun, was sie euch sagen, tut und befolgt!« Marquardt hält das für »eines der uns bisher am wenigsten bewusst gewordenen Worte Jesu, und noch weniger haben Christen es je befolgt.« Denn meist wurde es subsumiert unter der auf diese Verse folgenden Pharisäerkritik, in der es widerstandslos untergegangen zu sein scheint. Dagegen ist es auch ganz anders hörbar: »ohne Unterton, nur feststellend«.[1] Dann aber »bittet« Jesus »seine Jüngerinnen und Jünger, bei Schriftgelehrten und Pharisäern, also nicht nur bei den Lehrern der Schrift, sondern auch bei den Lehrern der mündlichen Tora in die Schule zu gehen […].« Doch das ist eine Schule, die über den Bruch, den das Jahr 70 darstellt, in der rabbinischen Tradition fortgeführt und eben diesen Bruch hat bewältigen lassen. Mischna und Gemara, zusammen also der Talmud, stellen ihren epochalen Niederschlag dar. Darf oder muss die jesuanische Aufforderung – ebenfalls in einer auf dynamische Aktualisierung setzenden Hermeneutik – nicht auf dieses Opus bezogen werden? Wenn ja, wird man mit Marquardt konstatieren, ergibt sich eine »(g)roße Verlegenheit für die Christen«[2].

Denn Talmudstudien gehören im Allgemeinen nicht zum Theologiestudium. Professuren für rabbinische Theologie bzw. Talmud sind für eine theologische

1 *Friedrich-Wilhelm Marquardt*, Auf einem Weg ins Lehrhaus. Leben und Denken in Israel, Aufsätze, hg. v. *Martin Stöhr*, Frankfurt 2009, 212.
2 Ebd., 213.

Fakultät nicht vorgesehen. Instituta iudaica, wie sie sich bspw. in Münster und Tübingen finden, verdanken sich ehemals judenmissionarischen Absichten oder glücklich zu nennenden Konstellationen und Interessen Einzelner, auch wenn sie heute als wertvolle Ansatzpunkte einer zumindest denkbaren Institutionalisierung christlich-jüdischer Verständigungsbemühungen in der akademischen Theologie gelten dürfen. Was für rabbinische Theologie allgemein gilt, gilt zugespitzt für den Talmud: Er ist in der Theologie, wie mir scheint, als Thema wie Referenzgröße weithin abwesend. Die große Mehrzahl der Studenten und Studentinnen, die die Universität verlassen, dürfte einen Talmud nicht einmal in der Hand gehalten haben, da Exemplare von ihm nicht zur Grundausstattung der theologischen Bibliotheken gehören. Und selbst wo sich in Fakultät oder Fachbereich ein Talmud bzw. seine deutsche Übersetzung findet, dürfte es an Dozenten oder Dozentinnen gefehlt haben, die in die Lektüre dieses so komplexen und auch schwierigen Opus hätten kompetent einführen können.[3] Seine Kenntnis bleibt bislang judaistischen Spezialisten vorbehalten; wenige interessierte Dilettanten befassen sich, wie anders denn dilettantisch, in außeruniversitären Zirkeln damit.[4] So fremd der Talmud den allermeisten christlichen Theologen und Theologinnen bis heute bleibt, so abwesend bleibt dieses Opus in den Praxisfeldern Gemeinde, Erwachsenenbildung und Schule: weithin ein Buch mit sieben Siegeln, vielleicht von einer Aura des Mysteriösen umgeben, die jedoch leicht in eine des Verdächtigen changieren kann.

Gewiss, diese Skizze steht unter dem Vorbehalt, dass eine eingehende Studie zu einer etwaigen aktuellen christlich-theologischen Bezugnahme auf rabbinische Theologie und insbesondere auf den Talmud für die Zeit nach der Shoah m. W. aussteht.[5] Doch wenn diese Bemerkungen auch nur in groben Zügen zutreffen, wird schon ein eigentümlicher Gegensatz zur judaistischen »Szene« dieser Jahrzehnte erkennbar. Denn »(j)üdische und nichtjüdische Forscher sind heute in einem Ausmaß an der Arbeit«, konstatiert Stemberger, »wie es wohl auch in der Blütezeit der Wissenschaft des Judentums nicht der Fall war, in einem gemeinsamen Bemühen, zu einem kritischen Talmudtext

3 Vgl. *Siegfried v. Kortzfleisch*, Nachwort: Wende-Zeit. Wir müssen neu beginnen, in: *ders./Wolfgang Grünberg/Tim Schramm* (Hg.), Wende-Zeit im Verhältnis von Juden und Christen, Berlin 2009, 364-366 mit einer skeptischen Bilanz des christlich-jüdischen Dialogs und seiner Resonanz in der Theologie.

4 Zu Letzteren zählt sich der Schreiber dieser Zeilen. Hinzuweisen ist in diesem Zusammenhang auf das niederländische Projekt *Tenachon*: eine Folge von Heften, die entlang der synagogalen Sabbatlesungen rabbinisches Denken erschließen bzw. die Toraabschnitte durch dieses. Tenachon, hg. v. der *B. Folkertsma Stichting voor Talmudica*, Hilversum 1998, wurde im Auftrag der evangelischen Kirche im Rheinland durch Gernot Jonas bearbeitet und ins Deutsche übersetzt. Es wird vor allem auf Gemeindeebene in entsprechend interessierten »Zirkeln« des christlich-jüdischen Dialogs rezipiert.

5 Als Vorläufer darf Marquardt gelten, der als systematischer Theologe seit dem ersten Band seiner Dogmatik (Von Elend und Heimsuchung der Theologie, München 1988) bis zum letzten (Eia, wärn wir da. Eine theologische Utopie, Gütersloh 1997) zunehmend den Talmud als Referenz aufsucht und die Belege entsprechend im Register ausweist.

6 *Günter Stemberger*, Der Talmud. Einführung – Texte – Erläuterungen, München ³1994.

7 Vgl. *Stemberger*, Talmud (Anm. 6), 298/9.

zu kommen, seine Literatur- und Geistesgeschichte zu erarbeiten.«[6] Umso deutlicher wird, was man m. E. Talmudvergessenheit der christlichen Theologie bezeichnen darf. Ihr ist nachzudenken.

Auf diesem Hintergrund mag sich die hier vertretene These, den Talmud als *locus theologicus* im durchaus strikten, nicht etwa weitläufigen »uneigentlichen« Sinn anzudenken, befremdlich, unverständlich, wenn nicht anstößig ausnehmen. Diese Befremdlichkeiten, ggf. auch Widerstände aber verstehen sich nicht von selbst. Denn es gab historisch durchaus christliche Bezugnahmen auf den Talmud und darunter auch solche, die ihn geradezu als einen *locus theologicus* aufgesucht haben. Insofern trifft die Bezeichnung *Vergessenheit* und provoziert zu fragen, was denn die Vergesslichkeit bewirkt hat.

Ein Blick auf die Geschichte des Talmud im christlichen Kontext dürfte die aktuelle Absenz im kirchlich-theologischen Bewusstsein einigermaßen erklären.

Die vornehmlich negative Bilanz bisheriger christlicher Bezugnahmen auf dieses *opus magnum* des Judentums legt nahe, in einem zweiten Schritt nach seiner Bedeutung für das Judentum zu fragen, wie sie einige jüdische Autoren unserer Epoche zum Ausdruck bringen. Dies mag ahnen lassen, *was* mit dem Talmud bisher weitgehend übersehen wurde. Auf diesem Hintergrund sollte dann in einem dritten Schritt die These des Talmud als *locus theologicus* christlicher Theologie als naheliegende, wenn nicht geradezu »zwingende« Implikation der bisher erreichten Einsichten »in Sachen« Israeltheologie deutlich zu machen sein.

1 Balken im Text – Balken im Auge

Die christlichen Vorbehalte gegenüber dem Talmud sind alt und groß. Nahmen auch Hieronymus und Origenes Bezug auf rabbinische Autoren, blieben die Mischna und später der Talmud als solche doch lange außerhalb des christlichen Blickfelds. Der zum christlichen Glauben konvertierte Petrus Alphonsi, Arzt und Astronom, dürfte der erste gewesen sein, der den Talmud geißelte. Sein Weltbild genüge dem eigenen naturwissenschaftlichen nicht; die anthropomorphe Gottesrede gilt Alphonsi – es wird ein Topos christlicher Talmudkritik bleiben – als anstößig. Auffallend ist, dass die Bezeichnung Talmud für einen lateinischen Autor erst im 12. Jahrhundert belegt ist. Noch im 13. Jahrhundert scheint der Begriff unsicher; in einer Urkunde Friedrichs II. wird er als *Talmillot* verballhornt. Dem Abt von Cluny, Petrus Venerabilis, gilt er als Werk des Antichrist. Petrus Venerabilis beansprucht, von Christus selbst darüber instruiert worden zu sein, dass der Talmud über die Juden als Strafe verhängt sei, auf dass sie vom Alten Testament abgelenkt würden. Auch die problematische, ja sündhafte Relation des Talmud zur Bibel wird sich in der christlichen Kritik fortschreiben.[7]

Wieder ist es ein Konvertit, Donin von La Rochelle, mit christlichem Namen Nikolaus, der den Anstoß gibt, den Papst Gregor IX. aufgreift. Eine von Donin verfasste »Anklageschrift« gegen den Talmud veranlasst Gregor dazu, den Bischof von Paris wie etliche Könige christlicher Länder dazu aufzufordern, dieses Werk zu konfiszieren. Jetzt gilt der Talmud als Dokument der Unbescheidenheit, ja Vermessenheit der Juden. Sie seien mit dem Alten Testament, »das Gott durch Mose schriftlich gegeben« habe, unzufrieden, übergingen es und behaupteten, »Gott habe auch ein anderes Gesetz gegeben und dem Mose mündlich überliefert, welches Talmud, d.h. die Lehre, genannt« werde. Voller »Schändlichkeiten« lasse der die Juden »in ihrem Unglauben verhärtet« sein.[8] Diese »Begründung« stellt sich als christliche Lesart eines Midrasch dar, der seinerseits auf die Konkurrenz im Anspruch auf die Heilige Schrift und damit verbunden auf den Titel »Israel« reagiert. In einer rabbinischen Auseinandersetzung darüber, ob auch die *mündliche* Tradition verschriftlicht werden dürfe (der Talmud *ist* verschriftliche mündliche Tradition), heißt es: »Rabbi Jehuda bar Schalom sagte: Mose wollte, dass auch die Mischna (die mündliche Tradition) aufgeschrieben werde. Aber der Heilige, Er sei gesegnet, sah voraus, daß die anderen Völker in Zukunft die Tora übersetzen und sie in Griechisch lesen und sagen würden: Sie (die Juden) sind nicht Israel. Darum sprach der Heilige, Er sei gesegnet: In der Zukunft werden die Völker sagen: Wir sind (das wahre) Israel, wir sind die Kinder Gottes. Und dann verstummen die Stimmen. Aber der Heilige, Er sei gesegnet, wird dann zu den Völkern sagen: Wieso behauptet ihr meine Kinder zu sein? Ich erkenne nur die an, die Mein Geheimnis in Händen haben. Dann werden sie sagen: Was ist denn das Geheimnis von Dir, das sie in Händen haben? Und dann wird er sagen: Es ist die mündliche Tora«.[9]

Der Talmud als Niederschlag der mündlichen Tradition – ein Paradox, das rabbinisch nicht unproblematisiert blieb, – wird demnach zum entscheidenden »identity marker« des rabbinischen Judentums. Das blieb, wenn auch ganz anders gewendet, Papst Gregor offenbar nicht verborgen. Inhaltlich beanstandet er wieder den Anthropomorphismus, eine faktische oder vermeintliche Jesus-Polemik[10] und Verunglimpfungen des Christentums, Vorwürfe, die für ihn gewiss eine Enteignung des Talmud rechtfertigten. Ludwig der Fromme reklamiert aber zuvor eine Prüfung der Vorwürfe. In der dazu angesetzten Disputation zwischen Nikolaus Donin und R. Jechiel (und anderen Rabbinen) bestreiten Letztere nicht entsprechende Zitate, allerdings ihre Interpretation. Als Ergebnis werden 1240 in Paris 24 Wagenladungen von Talmudim verbannt.[11]

8 Ebd., 299/300.
9 Pesikta Rabbati 5., zit. in Tenachon 1, 14f.
10 Dies ist ein brisantes Thema, das zwischen J. Maier (der den Standpunkt einer »vermeintlichen« Jesuspolemik vertritt) und P. Schäfer kontrovers verhandelt wurde. Vgl. *Peter Schäfer*, Jesus im Talmud, Tübingen 2007, in dem er sich gegen *Maiers* Jesus von Nazareth in der talmudischen Überlieferung von 1978 positioniert.
11 Vgl. *Stemberger*, Talmud (Anm. 6), 300/1.
12 *Adin Steinsaltz*, Talmud für jedermann, Basel ²1998, 110.
13 Vgl. *Stemberger*, Talmud (Anm. 6), 302.
14 *Steinsaltz*, Talmud (Anm. 12), 111.

R. Jechiel verfasst daraufhin ein Klagegebet, das bis heute zu den Texten des Trauertags 9. Aw. gehört, an dem der Zerstörung des Tempels gedacht wird.[12] Innozenz IV. fordert schon vier Jahre später erneut Verbrennungen. Wenn es dazu auch nicht kam, verbrennen im 14. Jahrhundert in Europa Talmudim auf kirchlich geschürten Scheiterhaufen: in Paris 1309, in Toulouse 1319, in Rom 1322 und in anderen Städten zu anderen Zeiten …

Neben dieser Politik von Verbot, Enteignung und Vernichtung steht eine andere, die den Talmud nicht von vornherein »verteufelt«. Auf der berühmt berüchtigten Disputation von 1263 in Barcelona, von König Jakob I. angeordnet, dient der Talmud dem christlichen Vertreter Pablo Christiani als *locus theologicus*: Aus seinen Traktaten sucht er den Nachweis für Jesu Gott- und Menschsein, das Ende von Zeremonial- und Ritualgesetz wie die einer bereits erfolgten Ankunft des Messias zu erbringen. Zu Letzterem dient ihm der Traktat Sanh. 97b, wo ausführlich über die Umstände des Kommens des Messias – mit insgesamt messianisch skeptischer Tendenz – disputiert wird. Aus dem Votum »(i)n der Schule des Elijahu wird gelehrt: Sechstausend Jahre die Welt bestehen: zweitausend der Wirrsal, zweitausend der Tora, und zweitausend die Tage des Messias …« schlussfolgert er, dass die Rabbinen selbst um das Gekommensein des Messias wissen bzw. wissen könnten. Die Disputation endet für die Juden »glimpflich«. Ihr großer Vertreter Nachmanides wird allerdings aus Aragon verbannt. Innerkirchlich forciert man in der Folge Sprachstudien, um besser unter Juden als auch Mauren missionieren zu können. Das erhöht die Sprachkompetenz, für die etwa Raimundus Lullus steht, nicht aber das Verständnis des Talmud. Dem Missionsinteresse dient auch die Sammlung entsprechender Talmudzitate, die einen Teil des Buches ausmachen, das bezeichnenderweise den Titel *Pugio Fidei*, Glaubensdolch, trägt. Auch auf der dritten großen Disputation in Tortosa 1413-1414 werden gegen den Talmud die üblichen Vorwürfe erhoben. Während langen 69 Sitzungen, die große Teile der Rabbiner von ihren Gemeinden abziehen, wird gleichzeitig missioniert. Eine Bulle von 1415 ordnet die Abgabe aller Talmudim binnen Monatsfrist an.[13]

Im Zeitalter der Reformation scheinen sich interkonfessionelle Spannungen auch auf den Umgang mit dem Talmud ausgewirkt zu haben. So dürfte eine verschärfte Zensurpolitik als Kompensation von Kontrollverlusten in Gebieten der Reformation deutbar sein. Unter die generelle Vorzensur aller Druckwerke, die Leo X. verfügt, fällt auch der Talmud. Das Trienter Konzil veranlasst, dass künftig alle inkriminierten Stellen in neuen Auflagen ungedruckt bleiben. Das bedeutet eine gewisse Toleranz, die Julius III. allerdings nicht davon abhält, 1553 sämtliche Talmudim Roms – ausgerechnet am jüdischen Neujahrfest – öffentlich dem Feuer zu übergeben. Wahrscheinlich wurden »zehntausende Talmudbände vernichtet.«[14] Die Inquisitionsbehörde verlangt das gleiche Vorgehen von den Herrschern aller katholischer Länder. Juden haben unter Androhung der Einziehung ihres Vermögens Talmudbände innerhalb von drei Tagen abzuliefern; Christen droht die Exkommunikation, sollten sie behilflich sein, Exemplare zu verbergen. Angesichts einer solchen Politik verwundert es nicht mehr, wenn auf dem ersten Index von 1559 nicht nur der Talmud zu finden ist, sondern auch sämtliche Auslegungen. Eine Bulle von 1592 verbietet jedes Studium. Aus heutiger Sicht nehmen sich die Vorgänge im Zusammenhang des Trienter Konzils geradezu bizarr und beschämend aus. Die Juden, die ein Totalverbot des Talmud befürchten, bitten das Konzil, nur auf einer zensierten Ausgabe zu bestehen und erklären sich bereit, für anfallende Kosten einer solchen Zensur selber aufzukommen. Als Pius IV. dieser Bitte nach dem Konzil nachkommt, helfen Juden an der Erstellung eines Index Expurgatorium. Die Basler Ausgabe des Talmud basiert darauf. Sie stellt einen stark verstümmelten Text dar. Unter Inkaufnahme auch absurder Missverständnisse wurden alle nur »irgendwie« missfälligen Worte ersetzt, Passagen gestrichen und sogar der gesamte Traktat *Avoda zara*.[15] Steinsaltz resümiert: »Natürlich war der Talmud nicht das einzige Buch, das den verheerenden Eingriffen der Zensur zum Opfer fiel. Doch wegen seiner großen Ausbreitung und der tausenden und abertausenden Veränderungen, denen er in den langen Jahrhunderten der Zensur ausgesetzt war, ist es nicht einmal in Auflagen, die nicht der Zensur unterworfen waren, gelungen, alle Fehler, die sich im Laufe der Jahrhunderte angesammelt haben, auszumerzen. [...] Erst in unseren Tagen wird in den letzten modernen Talmudausgaben der ernsthafte Versuch unternommen, den Talmud in seiner ursprünglichen Lesart wiederherzustellen, der Lesart, die er vor Eingriffen der Zensur hatte.«[16]

Im Bereich der reformierten Kirchen sind Bezugnahmen auf den Talmud ebenfalls stark missionarisch motiviert, dienen daneben auch NT-hermeneutischen Interessen oder sprachlich-humanistischen. In England, wo unter Heinrich VIII. Lehrstühle für Hebräisch in Oxford und Cambridge eingerichtet wurden, hält ein John B. Lightfoot im 17. Jahrhundert Vorlesungen, die den Talmud im Titel tragen,[17] mit dem Ziel, die NT-Exegese zu fördern. Dissertationen, die ein Traktat der Mischna übersetzten und ggf. kommentierten, waren beliebt. Auf dieser Linie liegt das auch fünfbändige Werk *Aus Talmud und Midrasch* von Strack-Billerbeck, 1961 abgeschlossen.

Dabei gibt A. Fürst zu beachten, dass das »Einbeziehen jüdischer Überlieferungen ›in die christliche Bibelübersetzung und -auslegung‹ engstens mit antijüdischer Polemik verbunden sein kann.«[18] Auch der Autor des über-

15 Vgl. *Stemberger*, Talmud (Anm. 6), 304/5.
16 *Steinsaltz*, Talmud (Anm. 12), 114.
17 Horae Hebraicae et Talmudicae
18 *Alfons Fürst*, Jüdisch-christliche Gemeinsamkeiten im Kontext der Antike. Zur Hermeneutik der patristischen Theologie, in: *Peter Hünermann/Thomas Söding* (Hg.), Methodische Erneuerung der Theologie. Konsequenzen der wiederentdeckten jüdisch-christlichen Gemeinsamkeiten, Freiburg i. Br. 2003, 84.
19 Vgl. *Stemberger*, Talmud (Anm. 6), 306.
20 Ebd., 303.
21 Vgl. *Hans-Joachim Iwand*, Briefe, Vorträge, Predigtmeditationen. Eine Auswahl, hg. von *P. P. Sänger*, Berlin 1979, 132,
22 *Marquardt*, Weg ins Lehrhaus (Anm. 1), 216.

aus wirkungsstarken sehr feindseligen Buches *Entdecktes Judentum*, Andreas Eisenmenger, war talmudkundig. Über Jahre hin hatte er, Konversionsinteresse vortäuschend, bei Rabbinen studiert. Und auch August Rohling, ein Prager Alttestamentler, kann als Talmudkundiger gelten. Sein 17 Auflagen erlebendes Werk *Der Talmudjude* befeuerte den Antisemitismus der christlich-sozialen Partei Österreichs. In die Gegenwart akademischer Theologie reicht das Werk von Gerhard Kittel. Begründer des »Jahrhundertwerkes« *Theologisches Wörterbuch zum Neuen Testament* (10 Bände Stuttgart 1933/79) war er zugleich Talmudkenner und aufgrund dieser Kompetenz als engagierter Nationalsozialist Mitarbeiter in den »Forschungen zur Judenfrage«.[19]

Gewiss gab es auch christliche Liebhaber und Verteidiger des Talmud, allen voran Johannes Reuchlin. Doch trösten solche Einzelfälle nur wenig. Sie bleiben, aufs Ganze besehen, wirkungslos, wenn ihnen nicht wie Reuchlin, von gleich fünf Fakultäten verurteilt, der Prozess gemacht wurde.[20]

Die hier nur sehr facettenhafte Skizzierung von kirchlich-theologischen Bezugnahmen auf den Talmud kann hilflos zurücklassen, zumal wenn das so stark inkriminierte Werk als ein möglicher *locus theologicus* in den Blick genommen wird. Um eine solche Perspektive zu eröffnen, bedarf es schon eines »Denkens aus der Umkehr«, wie es ein Hans Iwand früh, 1959, für die Christen *coram Iudaeis* gefordert hat.[21] Angesichts des Talmud ist es zu konkretisieren als eine Hermeneutik von Texten und Vorgängen, die sich auf ein Verfahren »ex negativo« versteht, eine Lektüre, die sich gleichsam dialektisch durch die kirchlichen Verwerfungen des Talmud »durchliest« zu noch weithin Unentdecktem.

Im Interesse, dieses christlich weithin unbekannte und verstellte *opus* als *locus* überhaupt ahnbar zu machen, sind hier nur drei Momente herauszustellen. Sie umkreisen, wie sich zeigen wird, den selben Kern.

1.1 Balken im Text – Balken im Auge

Der eingangs festgestellte Gegensatz von aktuell forcierter judaistischer Talmudforschung und einer Abwesenheit im theologischen Diskurs erscheint nicht mehr als rätselhaft oder rein zufällig. Die judaistische Anstrengung, die sich vor allem auch auf eine Textrekonstruktion richtet, ergibt sich aus einer so lange währenden kirchlichen Zensurpolitik. Innertheologisch aber dürfte sie Scham bewirken, und es fragt sich, ob diese, wenn ich recht sehe, theologisch kaum reflektierte Talmudpolitik aufgrund der »Schamhypotheken«, die sie bereithält, nicht Hemmnis, Befangenheit und dann Ignoranz bewirkt hat. Spiegeln sich also die Zensurbalken im Text in den Augen der Theologie (vgl. Mt 7,3)? Und umgekehrt: Bewirkte der Balken im eigenen kirchlichen und theologischen Auge, also der Umstand, dass »man in der Existenz und Geschichte des jüdischen Volkes schon lange keinen theologischen Sinn mehr sah«[22], die

Zensurbalken im Text des Talmud? Besteht dann, um im Bild des jesuanischen Wortes zu bleiben, die Chance, mit der Entfernung der Zensurbalken, also der Überwindung der Inkriminierung des Talmud, auch den Balken im eigenen Auge zu verlieren, bzw., vice versa, mit der Erkenntnis des Balkens im eigenen Auge die Balken im Text, Ausdruck von dessen Verdächtigung und Geringschätzung, zu entfernen? Ein dialektischer Prozess der Selbstaufklärung deutet sich an: Je offener und genauer ein theologisches Bewusstsein für die Qualitäten und die Bedeutsamkeit des Talmud geworden ist, umso deutlicher dürften blinde Flecken im eigenen Blick bewusst werden, die über den Talmud als solchen hinausreichen. Als Frage formuliert: Wird der theologische und kirchliche Blick im selben Akt frei, in dem die Balken aus dem Text »zurück ins eigene Auge genommen« werden?

1.2 »Talmudjude«

Befangenheiten und Hemmnisse wird man auch an dem Umstand ablesen dürfen, dass innerchristlich das Wort Talmud lange Zeit nicht einmal in den Mund genommen worden ist. In die Gegenwart hinein reicht die Hemmnis, das Wort »Talmudjude« anders als, wie auch hier, in Anführungszeichen gleichsam als problematische Fracht markiert, zu gebrauchen. Der Bann der Diffamierung ist eben noch nicht gebrochen. Dabei ist Judesein in hohem Maße vom Talmud bestimmt. Es ist bekanntlich die rabbinische Tradition gewesen, die das Judentum nach der identitäts- und existenzbedrohenden Zerstörung des zweiten Tempels und der verheerenden Niederlage des zweiten römisch-jüdischen Krieges am Leben hielt, ihm eine »Matrix« bereitstellte, Judesein ohne Tempel und Zugang zu Jerusalem zu ermöglichen. Nichts anderes als die dieses Überleben ermöglichende Tradition bzw. religionsgesetzliche Diskussion und narrative Theologie aber bildet den Kern des Talmud, die Mischna. »Die Bibel ist der Grundstein des Judentums, der Talmud ist sein Eckpfeiler. Er erhebt sich über dem Fundament und trägt das ganze jüdische Geistesgebäude. [...] Das Volk Israel betrachtete sein Weiterbestehen und seine Entwicklung immer als vom Talmudstudium abhängig [...]«[23]

Pointiert formuliert: Solange also christlich nicht freimütig auch vom »Talmudjuden« gesprochen werden kann, dürfte Zentrales, Wesentliches vom Judentum verborgen bleiben.

23 Ebd., 15.
24 Ebd., 109.
25 *George Steiner*, Von realer Gegenwart, München/Wien 1990, 61f.
26 Die Weisheit des Talmud. Geschichten und Portraits, Freiburg i. Br. 1995.
27 Ebd., 12.

1.3 »der vornehmliche Grund, der die Juden in ihrem Unglauben verhärtet sein läßt …«

Diese Einschätzung, die Gregor IX. an den Bischof von Paris mitteilt, wird – gewiss in ganz anderer Wertung – aus jüdischer Sicht bestätigt. Steinsaltz konstatiert: »Die Auffassung, dass die mündliche Tradition die geistige Festung des jüdischen Volkes ist, wird auch in der nichtjüdischen Umwelt vertreten, insbesondere bei den Christen.« Gerade sie zeichnet, wie der oben zitierte Midrasch klärt, das »authentische Judentum« aus und stellt sein »Faustpfand« dar.[24] Und in der Tat, die identitätsbildende und -wahrende Funktion des Talmud und seines Studiums kann schwerlich überschätzt werden. Das Judentum ist, so G. Steiner, »ohne endlos fortgesetzten Kommentar und Kommentar zum Kommentar nicht denkbar. Die Exegese des Talmud entfaltet sich in ununterbrochenen Talmudstudien und -kommentaren. […] Dieses Lesen ohne Ende stellt die wichtigste Garantie jüdischer Identität dar. Unbeirrbares minuziöses Thorastudium geht als Gebot allen anderen Riten und Pflichten vor. Der Dialog mit dem letztlich, aber nur letztlich, unergründlichen Text ist der Atem jüdischer Geschichte und jüdischen Seins. Er hat sich als das Werkzeug zu einem wenig wahrscheinlichen Überleben erwiesen.«[25]

2 Aktuelle jüdische Stimmen

Um nach der Darstellung, dass »in Sachen« Talmud durch Balken Verstelltes anzunehmen ist, zumindest anfanghaft erkennbar zu machen, *was* hier verborgen bleibt, sei die Bedeutung des Talmud bei drei Autoren unserer Epoche ausschnitthaft beleuchtet.

2.1 Elie Wiesel: Die »Liebe« zum »Meisterwerk des jüdischen Gedächtnisses«

Wiesel, der sich als »Romancier« und »Erzähler«, nicht als »Forscher« mit dem Talmud befasst, macht aus seiner »Voreingenommenheit«, seiner Bewunderung, ja seiner Liebe zum Talmud von der ersten Seite seines umfangreichen Bandes *Die Weishheit des Talmud*[26] an keinen Hehl. »Mein Hauptziel«, vermerkt er im Rückblick, »war es, von meiner Liebe zum Talmud zu erzählen und von meiner Leidenschaft für seine Lehre«. Die sieht er entscheidend »in seinen sagenhaften Gestalten verkörpert«.[27] Und in der Tat: der Talmud kennt allein 3000 Weise mit Namen.

Wiesel entwickelt narrative Porträts und porträtiert durch diese das Werk. Dabei ist ihm bewusst, dass der Talmud seinerseits kein biografisches Interesse verfolgt. Abgesehen davon, dass Wiesel die eigene empathische Fiktion, die von den spärlichen Vermerken des Talmud ausgeht, als solche immer bewusst hält; der biografische Zugang bringt durchaus Züge der talmudischen Matrix zum Vorschein. Als »Projekt« unaufhörlichen diskursiven-disputierenden Lernens verlangt er ein Lernen in chawrut, Genossenschaft, also nie allein. Zudem konstituiert er eine spezifische Lehr- und Lernsituation, sofern ihm Meister zu seiner Erschließung als unverzichtbar gelten.[28] Für Wiesel schlägt sich das konzeptionell darin nieder, dass er jeweils Paare von talmudischen Weisen im Kreis ihrer Schüler vorstellt. So wird ihm möglich, die hier unternommenen Suchgänge nach »Wahrheit und Gerechtigkeit« »als einen logischen Prozeß« in Form von »Rede und Gegenrede und Deduktion«[29] sichtbar zu machen. Diese Diskurse sind dissenztolerant. Die »Welt des Talmud« ist »ein Ort, wo Konflikte und Widersprüche aufeinanderprallen [...], ohne gelöst zu werden.[30] «Im Dialog und in der Konfrontation bekommt der Talmud seinen ganzen Sinn, eher als in einsamer Selbstbeobachtung."[31]

Indem bestimmte Diskussionen ihrerseits wieder diskutiert resp. kommentiert werden, verschränken sich Diskurse ganz unterschiedlicher Regionen und Zeiten. In diesem Prozess wird Vergangenes gegenwärtig. Die Diskurse werden synchronisiert. Bezeichnenderweise ist das durchgängige Tempus des Talmud das Präsens: »Rabbi Akiba sagt, Rabbi Ischmael antwortet [...] Talmud bedeutet auch Gespräch mit den Lebenden und mit denen, die gelebt haben. Alle sind für uns Gesprächspartner, Begleiter, Führer. Sie greifen in unsere Angelegenheiten ein, wie sie in die ihrer Zeitgenossen eingegriffen haben. Alles geht sie an, nichts läßt sie kalt.«[32] Und das macht den Talmud zum *work in progress.* »Die Tora hat keinen Anfang, der Talmud hingegen kein Ende.« In religiös-emphatischem wie theologischem Verständnis ist er kein abgeschlossenes Opus; er wird fortgesetzt. »Es vergeht kein Tag, kaum eine Woche, daß nicht irgendwo ein Meister durch ein Werk seinen Beitrag dazu leistet.«[33]

In dieser Sicht, die ihm Offenbarungsqualität zuspricht, ihn näherhin als Realisierung einer sich dynamisch in ihren Zeiten und Kontexten erschließenden Offenbarung qualifiziert, kann zugleich gelten: »Der Talmud ist ein Ganzes.« Das »Ganze« bezieht sich dabei nicht nur auf die Vielfalt der literarischen Gattungen und Formen und seine stilistische Bandbreite oder seine

28 Wiesels und auch Levinas' Hinweise auf Personen mit dieser Funktion scheinen mir weit über Akte gebotener Reverenz hinaus eben daran zu erinnern. Beide treffen sich übrigens im hohen Lob des geradezu mysteriös anmutenden »Phänomens« Chouchani. Vgl. *Elie Wiesel*, Alle Flüsse fließen ins Meer. Autobiographie, Hamburg 1995, 156, 161-166, 170/1, 397, 560. Vgl. zu Lévinas: *Salomon Malka*, Emmanuel Lévinas. Eine Biographie, München 2003, 120, 122, 134.

29 *Wiesel*, Weisheit (Anm. 26), 226.

30 Ebd., 271.

31 Ebd., 272.

32 Ebd., 9.

33 Ebd.

34 Ebd., 10/1.

35 Ebd., 345.

36 Ebd., 7.

37 Ebd., 8.

38 Ebd., 10/1.

39 Ebd., 143; vgl. a. 158/9.

40 Ebd., 359.

Themenfülle[34], seine Wahrhaftigkeit, sofern »uns alles ohne Beschönigung erzählt […], nichts verheimlicht, nichts verschwiegen« wird; sie meint alle Dimensionen des Lebens, auch die geheimen, göttlichen und bezieht sich vor allem existenziell und sozial auf das »Ganze« des menschlichen Lebens. Wiesel stimmt das hohe Lied auf ihn an, wenn er ihn preist als »ein herrliche[s] Ganze[s], dessen Schönheit und Gerechtigkeit uns bewegt«[35]. Als mündliche Tora gilt auch für ihn: »Wende sie ›die Worte der Tora‹ hin und wende sie her, denn alles ist darin enthalten.« (m Avot 5,26)

Wiesel feiert den Talmud als »Gesang […] aus meiner Kindheit«.[36] Der Ton, der hier widerhallt, ist sanft, friedlich, harmonisierend. Und doch ist mit dieser biographischen Adresse die jüdische Existenz nach der Shoah indirekt angesprochen. Mindestens in zwei Zügen schlägt sich das in Wiesels Talmudbuch nieder. Er charakterisiert ihn als das Werk, das den Juden im Exil und in Situationen der Verfolgung »Trost und Hoffnung« gab und gibt, dessen Studium »Hilfe [war], dadurch ihrer Zeit die Stirn zu bieten, indem sie die Gegenwart, in der sie lebten, ins Zeitlose überhöhten«[37]. Er war den Juden wie »ein geheimnisvoller Schutzschild«, »Symbol für den Triumph eines Volkes gegenüber einer Unzahl von Feinden«.[38] Inhaltlich zeigt sich die Wieselsche Zeichnung durch das grausame Mal der Shoah darin, dass er den Weisen, denen er sich so lernwillig, empathisch und respektvoll nähert, widerspricht, wenn es um Opfer, zumal das der Märtyrer geht. Rabbi Akiba, wohl *der* Märtyrer der Tora schlechthin, wurde von den Römern in verhöhnender und sadistischer Absicht in eine Torarolle gewickelt, auf dass sich sein Sterben auf dem Scheiterhaufen verlängere. Von seinen Schülern gefragt, warum er trotz des so verlängerten Sterbens noch lache, antwortete er: »Was fragt ihr? Ein ganzes Leben lang habe ich darauf gewartet, das Gebot ›Du sollst den Herrn von ganzem Herzen, aus ganzer Seele und mit deinem ganzen Vermögen lieben‹ voll und ganz zu erfüllen […] Nun ist der Augenblick da. Wie sollte ich mich über diese Gelegenheit nicht freuen?« Dazu Wiesel: »Ich muß allerdings gestehen, daß mir diese Antwort nicht behagt. Nachdem ich andere, von einer Flammennacht verschlungene Märtyrer gesehen habe, ist es mir nicht mehr möglich, Antworten, deren Träger der Tod ist, zu akzeptieren.«[39] Nicht zuletzt solcher Widerspruch stellt allerdings auch eine Fortschrift des Talmud dar und verhindert für Wiesel keineswegs, diesen insgesamt als das bedeutendste Medium des Erinnerns, als Inspiration zur und Vollzug der Anamnese zu begreifen, die dem Tod zutiefst entgegengesetzt ist. »Raw Aschi starb im Alter von zweiundneunzig Jahren. Einen Monat zuvor entdeckte er den Todesengel, der gekommen war, um ihn der Welt der Lebenden zu entreißen. ›Gib mir dreißig Tage, damit ich wiederholen kann, was ich gelernt habe‹, bat er ihn. Und, so heißt es, der Engel des Todes trat beiseite.« Wiesel kommentiert: »Studieren heißt, sich dem Todesengel entgegenstellen […] und dem, was schlimmer ist als der Tod: dem Vergessen.«[40]

2.2 George Steiner: »unser Heimatland: der Text«

Für den Komparatisten Steiner, der sich als Agnostiker versteht, ist die Frage jüdischer Identität ein zentrales Thema seines essayistischen Œuvres. Sein Essay *Unser Heimatland: der Text* ist einer über Text und Textualität und *als solcher* zugleich einer über den »Judaismus«. Souverän die Landschaften von Literatur, Hermeneutik und Philosophie, Sprachwissenschaft, Strukturalismus und Dekonstruktivismus, Theologie und Ethik durchstreifend, das Gespräch mit Sokrates, Spinoza, Hegel, Kafka und Mandelstam aufnehmend, handelt er auch und keinesfalls nur peripher vom Talmud. Wie auch in anderen Essays erscheint der immer als Zwilling der Tora: als Paar, unterscheidbar, doch untrennbar Seite an Seite. Die Bedeutung dieser Textcorpora ist für das Judentum so groß, dass jüdische Identität insgesamt als »textuell« zu begreifen ist. Spannungsvoll wird diese Textualität vom ersten Satz an – und das heißt hier nicht nur *ab initio*, sondern *prinzipiell* – mit der Mündlichkeit verschränkt, der *mikra* als mündlicher Offenbarung im Unterschied zur schriftlichen. »Die Torah und den Talmud als *mikra* zu erfahren, diese Texte in ihrer kognitiven und emotionalen Fülle zu erfassen heißt, eine Aufforderung zu hören und anzunehmen. Es heißt, sich selbst und die (von einem untrennbare) Gemeinde an einem Ort der Berufung zu sammeln.«[41] Es sind Texte, die sich allerdings einem Objektstatus entziehen. Sie verlangen, gehört zu werden; sie fordern auf zu »responsablem Respons, zur Verantwortlichkeit im strengen intellektuellen und ethischen Sinn«. In diesem Sinn lassen die »Vorstellungen und Assoziationen, die sich mit *mikra* verbinden, […] für den Juden aus dem Lesen des Kanons und seinen Kommentaren den wörtlich-spirtuellen *locus* seiner Selbsterkenntnis und seiner kommunalen Identifikation werden.«[42]

Nicht nur bei Steiner lässt sich beobachten, wie sich im Zusammenhang des Talmud Metaphern des Textuellen mit solchen des Topographischen verbinden.

41 Unser Heimatland: der Text, in: *George Steiner*, Der Garten des Archimedes. Essays, Hamburg 1997, 246.
42 Ebd., 246/7.
43 Ebd., 247. Ganz parallel *Emmanuel Lévinas*, Außer sich. Meditationen über Religion und Philosophie, München 1991, 176: »Die Bibel – ein dickes Buch, einem Volke Heimstätte geworden.«
44 Ebd., 269. In ähnlicher Tendenz identifizieren andere Autoren den Talmud vom topographischen Erscheinungsbild als Denk- und Schriftform des Exils. Exilsbezogen oder messianisch ausgestreckt, die entscheidende Referenz, worauf sich Texte und jüdische Existenz beziehen, fehlt. Vgl. *Paul Petzel*, Christsein im Angesicht der Juden, Münster 2008, 219-221.
45 *Steiner*, Heimatland (Anm. 41), 251.
46 Ebd., 248.
47 Ebd., 251.
48 Ebd., 271.
49 Vgl. ebd., 265.
50 Vgl. ebd., 255-259.
51 Ebd., 259.
52 Ebd., 260. Was christlich m. E. unmöglich so zu formulieren wäre, reicht für Steiner ins Innerste jüdischer Identität. So spricht er vom »›präskribierten‹ Mysterium […] und der präskribierten Existenz des Judaismus«. (276). Aus bibeltheologischer Sicht ist allerdings zu fragen, ob davon zu sprechen ist, dass die »Propheten ›etwas‹ als unabänderlich vorhergesehen haben« (257), trägt doch selbst die entschiedenste Ansage von Unheil noch die Hoffnung auf Abwendung aufgrund erfolgter Umkehr in sich.
53 Ebd., 255.
54 Ebd., 256/7.

»Der Wohnort, der dem Volk Israel zugewiesen, zugeschrieben wurde, ist das Haus des Buches.«[43] Diese Heimat aber ist eine transitorische, das Heimatland ist ein »portatives«, wie Heine vermerkte. Als solche trägt sie ins Selbstverständnis des Judentums einen eschatologischen Vorbehalt ein. Denn der »Judaismus definiert sich selbst als ein Visum für das messianische ›andere‹ Land«.[44]

Die Funktion des Talmud als Ensemble von Kommentaren, die immer weitere Kommentierungen evozieren, ist es dabei, je und je den Weg zur Schrift anzubahnen. »Der Text ist das Zuhause, jeder Kommentar eine Heimkehr.«[45] Diese unaufhörlichen Bewegungen »nach Hause« waren und sind – hierin treffen sich ein Wiesel, Steiner, Lévinas und andere – »ein Instrument des Überlebens«[46] und Matrix jüdischer Identität. »Die Torah ist der Angelpunkt, um den herum sich Bezüge, Erläuterungen und hermeneutische Debatten weben und miteinander verweben, die das tägliche und das historische Leben der Gemeinde organisieren, organisch füllen. [...] Die Gemara, der Kommentar zur Mischna, die Sammlung mündlicher Gesetze und Vorschriften, welche den Talmud bildet, die (sic!) Midrasch, welcher jener Teil des Kommentars ist, der insbesondere die Interpretation der kanonischen Schriften betrifft, bringen das Kontinuum jüdischen Seins zum Ausdruck und regen es an.«[47] Diese textuelle jüdische Seinsweise charakterisiert Steiner näherhin als eine des *prae*, *pro-* und *postscriptum*. Von *prae*-scriptum ist zu sprechen wegen des elementar dialogisch-appellativen Charkters der Schriften: Wer zur Torahlesung aufgerufen wird, wird »zum Dienst an der Wahrheit, zur Suche nach der Wahrheit« verpflichtet.[48] Als *pro*-scriptiv versteht Steiner diese Identität, sofern jüdisches Leben – von den Propheten bis zu einem Kafka[49] – in irritierend bedrückender Weise geradezu »vorformuliert« wurde: Angesichts von Verfolgungen, die ihrerseits in nahezu buchstäblicher Weise prophetische resp. literarische Texte zu ratifizieren scheinen, verliert die Metapher »Buch des Lebens« ihren Charakter als Metapher.[50] Sowohl im Blick auf die Shoah als auch auf die Gründung des Staates Israel gilt für Steiner: »Die Schrift ist «ausgeführt» worden [...]«[51] Steiner ist sich dabei der Aporien einer gleichsam textuell reformulierten Prädestinationslinie bewusst. »Die Vorstellung, daß die düsteren Vorahnungen des Juden irgendwie, auf geheime Weise die vorhergesehenen Torturen herbeigeführt haben, ist irrational, läßt einen aber dennoch nicht los.«[52] Die Möglichkeit von jüdischer Identität als einem *post*-scriptum zu sprechen ergibt sich fast zwingend aus diesem textuellen Charakter. »Die kontraktuelle, promissorische Grundlage des Judaismus«[53], die Prae- und Proscription einschließen und diese im Gründungsakt ausmachen, lassen sein Schicksal eben auch als »Nachschrift zu den Strafklauseln in dem Vertrag Gottes« verstehen[54] bzw. fragen: »Folgt das Faktum ›des Lebens‹ demütig, aber auch todbringend dem gebieterischen Wort?« Umgekehrt gilt allerdings ebenso: »Das Geschriebene ist immer ein dem Faktum folgender Schatten, ein Postskriptum im wahrsten Sinn des Wortes. Sein Abfall gegenüber dem primären Moment des Bedeutens wird, dunkel, durch die Zerstörung der Gesetzestafeln auf dem

Berg Sinai, durch die Anfertigung eines zweiten Satzes oder eines Faksimiles exemplifiziert.«[55] Das Textuelle wird hier nochmals an das Mündliche zurückgebunden. Steiner verweist auf Ex 3,14, wo Gott »*sprach*«.[56] Alles Schriftliche ist und bleibt von daher sekundär. Nicht zuletzt das hält – paradox genug – der Talmud bewusst: als schriftgewordene mündliche Tora, die weitere Kommentierung und Verlautbarung erheischt.

2.3 Emmanuel Lévinas: »wie die Saiten auf dem Holz einer Violine«

Nach eigenem Bekunden fand Lévinas erst spät, in mittleren Jahren, zum intensiveren Talmudstudium. Obwohl er herausragende Lehrer und Mentoren hatte, betrachtet er sich als »Sonntagstalmudist«.[57] Seine 23 Talmudstudien, die mittlerweile fünf Bände füllen, stellen dennoch ohne Zweifel einen markanten Teil seines Werkes dar, und »für die jüdische Seite seines Denkens«, schätzt sein Biograph Malka ein, »sind diese Lektionen absolut zentral«.[58] Sie haben einen präzis angebbaren »Sitz im Leben«. Seit 1957 fanden sich jüdische Intellektuelle in Frankreich jährlich zu Kolloquien zusammen, die mit einer Bibel-Lektion des hoch angesehenen André Neher eröffnet und mit einer Talmud-Lektion, seit 1960 bis 1989 mit wenigen Unterbrechungen von Lévinas gehalten, beschlossen wurden. Nach Malka sind sie entscheidend wichtig geworden für die »Renaissance des Talmud« unter jüngeren Intellektuellen in Frankreich.[59] Nur wenige Züge dieser Lektionen, die auch auf christlich-theologisches Interesse gestoßen sind, sind hier hervorzuheben.

Ähnlich wie Steiner, ganz »unoriginell«, weil allgemeinem jüdischen Bewusstsein entsprechend, gilt auch Lévinas der Talmud zusammen mit der Tora (und in gleichsam systematischer Sicht, was die »Gattungen« angeht, mit Halacha und Haggada) als »Kardinalpunkt« jüdischer Identität.[60] Steht die Tora für die schriftliche, so der Talmud für die mündliche Offenbarung. »Wir haben also neben der geschriebenen Tora eine mündliche Tora, die mindestens die

55 Ebd., 253.
56 Ebd.
57 Anspruchsvolles Judentum. Talmudische Diskurse, Frankfurt 1996, 46.
58 *Malka*, Lévinas (Anm. 28), 126.
59 Vgl. Ebd., 135.
60 Vgl. Anspruchsvolles Judentum (Anm. 57), 82.
61 Ebd., 76.
62 Ebd., 79. Vgl. dazu etwa Traktat Berachot 64 a: »Raw Chija bar Aschi sagte im Namen Ravs: ›Die Gelehrten finden weder in dieser Welt noch in der anderen Welt Frieden, denn es heißt (Ps 84,8): Sie gehen mit stets wachsender Kraft, um vor Gott in Zion zu erscheinen.‹«
63 *Malka*, Lévinas (Anm. 28), 124.
64 Saiten und Holz. Zur jüdischen Leseweise der Bibel, in: *ders.*, Außer sich, München 1991, 173.
65 Ebd., 176.
66 Vier Talmudlesungen, Frankfurt 1993, 14.
67 Ebd., 15.
68 Ebd., 10.
69 Ebd., 15. Diese Sicht bringt gewiss auch die betont rationalistische Tradition speziell des litauischen Judentums ein, der sich Lévinas zuordnet. Den Hinweis auf die quasi systematische Struktur des Talmud, einem auch, wenn nicht vor allem bei Christen verbreiteten Vorurteil seines kompilativ-collagenhaften Charakters entgegenstehend, geben allerdings auch Wiesel und insbesondere *Steinsaltz*, Talmud (Anm. 12), 86/7.

gleiche Autorität besitzt.« »Sie darf Prinzipien verkünden und Informationen vermitteln, die im geschriebenen Text fehlen oder verschwiegen wurden. Die Tannaiten, die ältesten Talmudgelehrten, deren Zeit mit dem Ende des zweiten nachchristlichen Jahrhunderts zu Ende geht, sprechen souverän.«[61] Als mündliche Offenbarung weist sich der Talmud durch einen besonderen Stil aus. Er ist durch und durch Diskussion, bestimmt von den Praktiken und Verhältnissen des Lehrhauses, also u. a. von Relationen der Meister zu ihren Schülern und einer diskursiv hochentwickelten Kultur, die letztlich auch von irreduziblen pluralen Positionen ausgeht. Diese diskursiven Prozesse, die sich im Talmud niedergeschlagen haben und das Talmudstudium bestimmen sollten, sind offen auch für die Leser der Gegenwart: »Dergestalt, dass die talmudischen Texte, bis in die physiognomische Gestalt ihrer Typographie hinein, von Kommentaren und Kommentaren zu Kommentaren und Diskussionen dieser Kommentare begleitet werden.« Diese via Kommentar realisierte Offenheit wird vom Talmud selbst bis in messianische Zeiten hinein gedacht![62]

Den zu wahrenden mündlichen Charakter des Talmud unterstreicht Lévinas, wenn er in seinen Lektionen den Teilnehmern zwar die Kopie eines Talmudtextes aushändigte, sie aber aufforderte, diese nach der Durcharbeitung nicht mitzunehmen. Denn »(s)obald die Stimme des Exegeten verstummt ist – und wer wäre so anmaßend zu glauben, daß sie noch lange in den Ohren der Zuhörer nachhallen würde –, fällt der Text in seine Reglosigkeit zurück, in der er wieder rätselhaft fremd und oft sogar lächerlich archaisch anmutet«.[63] Aus dem spezifisch mündlichen Charakter des Schriftcorpus Talmud zieht Lévinas weitreichende hermeneutisch-exegetische Schlüsse. In erstaunlich scharfer Weise kritisiert er die historisch-kritische Methode als unangemessene Weise, mit dem biblischen Text umzugehen. Sie objektiviere den Text und separiere ihn von seinen Lesern bzw. Trägern, die allein ihn doch erst zu Gehör bringen. Verkannt wird dabei, dass »[d]er Text« der Schrift »auf eine Tradition aufgespannt ist wie die Saiten auf dem Holz einer Violine.«[64] Von daher ist der Talmud Resonanzkörper der Schrift. Seine Leser und Leserinnen, die Kommentatoren, die ihn mündlich im Lehrhaus erörtern, sind kein austauschbares additum, sondern für sie gilt: »Einem Buch angehören, wie man einer Geschichte angehört!«[65] Dabei ist für Lévinas klar, dass der Talmud »keine bloße Fortsetzung der Bibel« ist.[66] Er greift diese vielmehr in sehr freier Weise »(k)ritisch, mit vollem Bewußtsein [...] in einem vernunftbetonten Geist wieder auf«. Der Weise des Talmud ist kein Prophet, sondern praktiziert eine geradezu »vernünftelnde, dialektische Redeweise, die den biblischen ›Mythos‹ [...] aufgreift und dabei durch Beigabe eines ironischen und provokativen unbestimmten Etwas schärfer fasst.«[67] Lévinas grenzt den Talmud sowohl deutlich von jeder Art von »erbauliche[r] Literatur«[68] als auch von Vorstellungen eines archaischen Denkens ab, das als »wilde[s] Denken« bzw. bricolage beschreibbar wäre.[69] Ganz im Gegenteil: »Er greift nicht auf Bruchstücke zurück, [...] sondern auf eine konkrete Ganzheit«.[70] Diese aber wird geradezu mikrologisch, Buchstabe für Buchstabe durchdrungen, weil unterstellt wird, dass jedes Teilchen des Textes Trägerin von Bedeutung ist. Es ist die Voraussetzung für die spezifisch rabbinische Weise, sich vor der Suggestion des Ideologisch-Totalen zu schützen. Diese Buchstaben-»Mikrologie«, religionsgesetzlich gewendet, ist Kasuistik. »Die große Stärke der talmudischen Kasuistik liegt darin, diejenige Spezialdisziplin zu sein, die im Besonderen nach dem genauen Moment forscht, wo das allgemeine Prinzip Gefahr läuft, in sein Gegenteil verkehrt zu werden; die das Allgemeine durch das Besondere kontrolliert.«[71] Zugleich setzt diese »mikrologische« Hermeneutik eine große Kraft zur Aktualisierung frei. »Das Wirken des Talmud gehört [...] – paradoxerweise – trotz seines Alters, und zwar eben wegen des nie unterbrochenen Talmudstudiums zur modernen jüdischen Geschichte. Mit ihm kann man direkt in Dialog treten. Zweifellos besteht hierin die Originalität des Judentums: in der Existenz einer ununterbrochenen Tradition, eben durch die Weitergabe und Kommentierung der Talmudtexte, wobei ein Kommentar auf den Schultern anderer Kommentare sitzt.«[72] In dieser offenen Vermittlungsleistung kann dann auch der gesamte Talmud – gewiss im weiten Sinn des Wortes – als Kommentar zur Bibel gesehen werden. Er eröffnet »eine unaufhörliche Bewegung des Kommens und Gehens.«[73]

Lévinas' Talmudlektionen zielen ganz explizit auf die Verstrickung mit Problemen der Gegenwart.[74] Es sind Suchgänge »nach Problemen und Wahrheiten«[75] und sie wollen zugleich über das Judentum hinaus verstehbar sein – ganz Lévinas' Verständnis gemäß, Athen und Jerusalem miteinander ins Gespräch zu bringen.[76] Denn auch wenn der Talmud gewiss keine Philosophie ist und sein will, er bearbeitet eine »Fülle von Erfahrungen, die das Material der Philosophie sind«[77]. Den »talmudischen Positionen« kann durchaus »eine philosophische Option« entnommen werden.[78] In dieser Perspektive charakterisiert er das Denken des Talmud als »konkrete(n) Universalismus«[79] (in Absetzung von einem fragwürdig abstrakten) wie als bestimmt durch »eine extreme Aufmerksamkeit für das Reale«[80]. Denn wenn bspw. gefragt wird, ob es erlaubt sei, »›ein am Freitag gelegtes Ei‹ zu essen« oder welche Entschädigung bei einer Verwüstung, die ein wildgewordener Ochse angerichtet hat, zu leisten»

70 *Lévinas*, Talmudlesungen (Anm. 66), 15/6.
71 Ebd., 117.
72 Ebd., 14.
73 Ebd., 17.
74 Ebd., 7.
75 Ebd., 19.
76 Athen resp. der Hellenismus wird explizit Thema auch in den Talmudlektionen. Vgl. die dritte Lektion Das Modell des Westens, in: *Emmanuel Lévinas*, Jenseits des Buchstabens, Frankfurt 1996, 21-49.
77 Talmudlesungen (Anm. 66), 10.
78 Anspruchsvolles Judentum (Anm.57), 47.
79 Talmudlesungen (Anm. 66), 13.
80 Ebd., 10.
81 Talmudlesungen (Anm. 66), 9.
82 Ebd., 21
83 Ebd., 20/1.
84 So etwa in der Kunst des amerikanisch-jüdischen Malers R. B.Kitaj. *Martin R. Deppner*, Jewish School und London Diaspora, in: Babylon 12 (1993) 37-57.
85 Talmud (Anm. 26), 10.

sei, geht es nicht nur um Kasuistik, sondern immer zugleich auch um sehr grundsätzliche Fragen[81], eben «eine große Lehre […], deren moderne Fassung noch völlig fehlt.“[82]

Die Bedeutung des Talmud für das Judentum resümiert er im Abschluss seines Vorwortes im Band *Vier Talmudlesungen.* »Es handelt sich um eine spirituelle Welt von unendlich größerer Komplexität und Raffinesse als unsere ungelenken Analysen es begreiflich machen können. Das Judentum lebt in ihr seit Jahrhunderten, obgleich es nun beginnt, seine Grundlagen zu vergessen.« Für die hier gestellte Frage nach der Bedeutung des Talmud für christliche Theologie lässt die Fortsetzung aufhorchen, weil sie die Fremdheit des Talmud, die Verborgenheit seiner Bedeutung unter vorschnell-unverbindlichen Wahrnehmungen mit dem Fremdheitsstatus seiner Tradenten verbindet: »Eine ungeahnte Welt für die an ihr vorbeigehende bindungslose Gesellschaft, die sich, was sie betrifft, mit ein paar globalen Vorstellungen darüber zufrieden gab. Diese Vorstellungen entbanden sie von der Frage nach dem Geheimnis jener Menschen, die man nur zu Fremden erklären mußte, um schon von ihrer Fremdheit überzeugt zu sein.«[83]

3 Locus theologicus: alienus oder proprius?

Auch wenn diese drei Stimmen, die hier nur ausschnitthaft wiedergegeben wurden, nicht »zusammenzufassen« sind, lässt sich doch soviel festhalten: Der Talmud ist ein »Existential« des jüdischen Volkes; er gab und gibt ihm Halt und Gehalt und dies nicht nur in historischer Perspektive, sondern bis in die Gegenwart. Auch wenn sich Effekte der Säkularisierung im Judentum nicht weniger stark als im Christentum zeigen, die Beschäftigung mit dem Talmud ist bleibend bedeutsam und seine Matrix nachweisbar auch bis in Gefilde der Kultur, die kaum an Religion denken lassen.[84] Der Talmud als identy marker und »Lebensmittel« ist gleichermaßen Ausdruck jüdischer Lebens- und Denkform, wie er an deren Ausprägung hohen Anteil hatte. Als Medium der mündlichen Tradition, das im Zustand seiner Fortschrift bis heute begriffen werden kann, führt er zu den Juden und dem Judentum der Gegenwart bzw. diese leiten direkt oder indirekt zu diesem *opus magnum.* »Wer die Juden haßt, muß den Talmud verachten«, meint Wiesel[85]; die positive Wendung dürfte ebenso gelten.

Wenn die Kirchen nach Auschwitz ihre Israeltheologie einer gründlichen Revision unterziehen – ein Prozess, der noch im Gang ist, nicht ohne Rückschläge verläuft und als prekär aufzufassen bleibt –, und dabei einen positiv qualifizierten heilsgeschichtlichen Status des Judentums *post Christum* anerkennen, also Israel von einem treuen Gott im Bund gehalten sehen; wenn die päpstliche Bibelkommission von zwei legitimen Ausgängen der hebräischen

Bibel[86] und zwei Lesarten der Bibel spricht, deren jüdische »sich organisch aus der jüdischen heiligen Schrift der Zeit des zweiten Tempels ergibt«[87]; wenn die jüdische Messiashoffnung als nicht »gegenstandslos« gilt[88] und schließlich nach einem breit rezipierten Wort Johannes Pauls II. das Gespräch der beiden Testamente sein Echo im Dialog von Christen und Juden heute findet[89]; wenn all das als unwiderrufliche basale Aussagen eines Glaubensbewusstseins gilt, dann kann theologisch nicht ignoriert werden, was zu den »Essentials« dieses Judentums gehört bzw. seine Matrix bestimmt. Also, kurz formuliert: Das nachbiblische und »nebenkirchliche« Judentum anerkennen verlangt auch die Anerkennung *des* opus, dessen essentielle Bedeutung für dieses Judentum angedeutet wurde.

Die in der Tradition partiell anerkannte *veritas hebraica* im Sinn einer Sprach- und hermeneutischen Kompetenz der Juden, die zu befragen die eigene erhöhen sollte – nicht weniger als ein großes »Programm«, das bei weitem nicht ausgeführt ist! –, bleibt zukünftig fortzuschreiben als eine *veritas iudaica*. Der Rekurs auf jüdisch-rabbinische Quellen, allen voran und hier stellvertretend der Talmud, wäre dann nicht nur ein Lerngang im Interesse, die eigene Kompetenz für den Umgang mit der Schrift des NT, ggf. auch des AT zu steigern. Er würde aufgesucht als *locus* möglicher jüdischer Gotteserfahrung. Der Talmud wird dann nicht (nur) angenommen als Quelle etwaiger historischer Hinweise auf die Zeit Jesu und der ersten Gemeinden, in denen die neutestamentlichen Schriften entstehen; er wird nicht nur hinsichtlich seiner rhetorischen und stilistischen Mittel befragt, um etwa die Gleichnisse Jesu sachgemäßer zu verstehen oder aber im Spiegel seiner spezifischen Struktur und Form wie der Pragmatik seiner »Theologie« die eigene präziser zu erkennen; nicht um im Gegenüber zu einem Bewusstsein, das sich in Halacha und Haggada artikuliert, die eigene Glaubens- und Denkweise zu profilieren. All das und Ähnliches mag Sinn machen und bedarf noch weithin der Realisierung. Solche Bezugnahmen »ratifizieren« aber noch nicht die Anerkennung des nachbiblischen Judentums als heilsgeschichtliches Subjekt, Zeugen bzw. als Trägerin eines spezifischen, authentischen Gotteswissens. Die genannten Weisen der Ortsbegehung bringen in unserer Zeit gewiss (doch nicht per se schon, wie die

86 Vgl. *Päpstliche Bibelkommission*, Das jüdische Volk und seine Heilige Schrift in der christlichen Bibel, Bonn 2001, Nr. 8-11/23-28.

87 Ebd., Nr. 22/44

88 *Bibelkommission*, Nr. 21/43; vgl. dazu *Hans Hermann Henrix*, Die jüdische Messiashoffnung ist nicht vergeblich, in: *Christoph Dohmen* (Hg.), In Gottes Volk eingebunden, Stuttgart 2003, 51-62,

89 »Die Begegnung zwischen dem Gottesvolk des von Gott nie gekündigten (vgl. Röm 11,29) Alten Bundes und dem des Neuen Bundes ist zugleich ein Dialog innerhalb unserer Kirche, gleichsam zwischen dem ersten und dem zweiten Teil ihrer Bibel«. (Verlautbarungen des Apostolischen Stuhls 25A, 104).

90 Vgl. dazu aus jüngster Zeit *Schäfer*, Jesus (Anm. 10).

91 Ich setze hier eine Lesart von Röm 9-11 voraus, wie sie *Marquardt* vertritt. Vgl. Lehrhaus (Anm. 1), 227-252.

Geschichte zeigt!) eine dialogische Haltung und Gestimmtheit zu Ausdruck, realisieren aber noch nicht oder nicht hinreichend eine erkenntnistheologische Verbindlichkeit, wie sie dem erreichten Glaubensbewusstsein entspräche. Denn der Zweck der Fragen, die an diesen *locus* herangetragen werden, bleibt weithin selbstbestimmt, auf Eigenes gerichtet, ohne sich von der Widerständigkeit des Anderen irritieren oder ablenken oder sich womöglich von seiner »doxa« und etwaigen Schönheit berühren zu lassen. Dann aber bleibt die Gefahr, dass ein Talmud und mit ihm seine »Träger«, die geschichtlichen wie aktuellen Kommentatoren und Kommentatorinnen, – vielleicht ungewollt, doch faktisch – nur Mittel zum christlichen Zweck werden. Fasst man den Talmud aber auf als Ort, an dem sich authentische Erfahrungen der Juden im Gehen und Stehen mit und vor Gott niedergeschlagen haben, ist zu fragen, ob diese Erfahrungen nicht ein ganz Eigenes in sich bergen, oder ob das jüdische Gotteszeugnis gleichsam aus christlichem »ableitbar« oder in diesem »aufhebbar« wäre. Nähme man aber Letzteres an, implizierte man, der Gott, wie ihn die Bibel bezeugt, ergehe sich in seinen Mitteilungen in Redundanz. Da das absurd wäre, ist davon auszugehen, dass im jüdischen Gotteszeugnis ganz Eigenes, nicht Aufhebbares oder Ableitbares begegnet: ein Gotteswissen, auf dessen Befragung christliche Theologie nicht verzichten kann in ihrer Ausarbeitung der Rede von Gott. Der Blick ist also zu richten auf den Talmud als *locus theologicus* im strikten und gehaltvollen Sinn des Begriffs: als Ort, an dem authentische Gotteserfahrung bezeugt, an dem »Gotteswissen« potentiell eruiert werden kann, wie dies aus »eigenen« Quellen *so* nicht möglich ist.

Diesen locus aufsuchend, dürften wir Christen nicht nur in »eine spirituelle Welt« eintreten, die mit großen »Reichtümern« überrascht und beschenkt, wir dürften auch stark strapaziert werden. Denn nicht nur, dass der Talmud entschiedene, auch polemische Äußerungen gegen Jesus enthält.[90] Als Niederschlag der mündlichen Tora, als zweiter Ausgang der Schrift neben dem NT ist der Talmud im Ganzen und als solcher allerdings auch Dokument und Medium eines nachbiblischen Judentums, zu dessen Genese – gewiss vor allem aus christlicher Sicht – das Nein zu Jesus als dem Messias konstitutiv gehört. Den Talmud *dennoch* christlich als *locus theologicus* auffassen bedeutet dann auch, die Probe aufs Exempel zu machen, ob die eigene Theologie und der eigene Glaubenssinn dem göttlichen Ja zu diesem Nein der Juden gewachsen ist, wie es Paulus in Röm 9-11 dramatisch darstellt.[91]

Keine Frage, der Talmud ist der Kirche fremd und kann befremden. Zu den genannten »Fremdheiten«, zu denen die Sprache, seine Struktur und Denkform, aber eben auch die heilsgeschichtliche Widerständigkeit gehören, kommt die Schuldbeladenheit bisheriger christlicher Bezugnahme hinzu. Wenn christliche Theologie diesen Ort betritt, kann dies kaum anders als belastet, befangen und im Zustand innerer »Entfremdung« geschehen. Seinen Lesern wird auch Brandgeruch in die Nase wehen; wir begegnen dabei auch den Zensurbalken, wenn sich die eigene Lektüre denn nicht in ein geschichtliches Vakuum hineinprojiziert. Diese durchaus unterschiedlichen, doch keinesfalls zusammenhanglosen Fremdheiten drängen geradezu, den Talmud in Anlehnung an die Canosche Locilehre als locus *alienus* aufzufassen.[92] Cano unterscheidet diese von den konstituierenden und interpretierenden loci *proprii.* Am Status des Talmud als *locus alienus* ist festzuhalten, um nicht nur denkbare philosemitische Umarmungen bzw. ungebetene Fraternisierungen vom Ansatz her zu vermeiden. Derart hermeneutisch unkritisch-naive Bezugnahmen dürften unversehens auf Kolonisierungen hinauslaufen. Dabei tröstete es wenig, wenn dies heute in vermeintlich freundlicherer Absicht geschähe, als es der Gebrauch mittelalterlicher Disputanten war, die ihn zwecks einer demonstratio christiana zu nutzen versuchten. Angesichts des Talmud (wie jedes *locus iudaicus*) bleibt die Canosche Kategorie des *locus alienus* allerdings zu differenzieren. Diese *loci alieni* wie die natürliche Vernunft, Philosophie und Geschichte galten auch ihm schon als durchaus notwendig für die Ausarbeitung christlicher Theologie, machen aber nicht ihren nucleus aus. In dieser Hinsicht aber dürfte der Talmud ganz anders das christliche Credo und seine Artikulation betreffen. Um zur Geltung zu bringen, dass im Aufsuchen dieses *locus* nichts Geringerem als Gottes Ja zum jüdischen Nein, einem heilsgeschichtlichen Drama sondergleichen, dem Ausdruck von Lebens- und Denkform des jüdischen Volkes und darin auch der Treue Gottes begegnet wird, schlage ich vor, von »*heißer*« wie »*kalter*« »Fremdheit« der loci zu sprechen. In Anlehnung an das Verständnis der Vokabel »*kalt*« und »*heiß*« in kultur- und erinnungsdiskursivem Zusammenhang[93] lässt sich die »heiße« »Fremdheit« eines locus verstehen als eine, die dem christlichen Glauben konstitutiv eingeschrieben ist. Auf diesen locus sich zu beziehen ist nicht nur naheliegend, empfehlenswert, oder hilfreich, sondern notwendig, weil hier in Erfahrung gebracht werden kann, was aus Eigenem nicht ableitbar oder durch Eigenes nicht substituierbar ist. Die Begehungen dieses Ortes sind dann nicht Freizeitausflügen Einzelner vergleichbar, die speziell diese Region reizvoll finden, sondern gebotene Suchgänge. Sie mögen vielleicht als umwegig empfunden werden, und könnten doch gerade so bewusst machen, dass der eigene Weg »in Christo« nicht einer triumphalen Prachtstraße entspricht, die eigene Wahrheit nicht einfach evident, dass der bekannte Messias ein weithin verborgener ist und seine geschichtlich-empirische Verfizierung noch aussteht; ja, dass auch seine Bestreitung zu ihm gehört. Mit Bonhoeffer zu sprechen: Die Juden halten »die Christusfrage offen«[94], und das ist unbequem, doch geschlossen wäre sie verfälscht und verloren.

Das »Heiße« dieses *locus alienus* ergibt sich aus einer spezifischen Nähe zum »Innersten« des christlichen Credo und seiner Virulenz für dieses. Es ist gleichsam eine Fremdheit, die in »offensive« Nähe umschlägt; eine, die sich im Innersten des Christlichen eigensinnig meldet. Der *locus alienus* Talmud besitzt so eben auch den Charakter eines *locus proprius*.[95] Auch das bleibt theologisch festzuhalten, wenn nicht, worauf Lévinas aufmerksam machte, vom nur fremd bleibenden Talmud aus auch seine Träger als Fremde deklariert und ausgeschlossen werden sollen, als »Talmudjuden« gleichsam. Von einem *locus proprius* aber lässt sich hier *nur* sprechen, *wenn* dieses *proprius* aller denkbaren possessiven Züge entkleidet ist, wenn es unverfügbare Nähe im Sinn eines Angegangenseins meint.

Die von Cano ererbten Kategorien seiner Loci-Lehre, die hier für eine anfanghafte Artikulation der christlichen Bedeutung des Talmud genutzt wurden, werden schon in diesem propädeutischen Gang *coram iudaeis* gründlich aufgerieben. Die Matrix christlicher Erkenntnis erfährt Provokationen, die sie verändern. Ist es als ein Vorzeichen zu nehmen für die weithin noch ausstehende Begegnung mit dem *opus magnum* des rabbinischen Judentums?

92 Zur Grundlegung jüdischer »Orte« als *loci theologici* vgl. *Paul Petzel*, Was uns an Gott fehlt, wenn uns die Juden fehlen, Mainz 1994, 65-136.
93 Vgl. *Jan Assmann*, Das kulturelle Gedächtnis, München 1997, 66-86.
94 Vgl. *Dietrich Bonhoeffer*, Ethik, München [8]1975, 95.
95 Vgl. a. *Peter Hünermann*, Dogmatische Prinzipienlehre, Münster 2003, der von einem locus »semi-proprius« (237) bzw. einem »*locus theologicus proprius* in einem eingeschränkten Sinn« (241), spricht. Er bezieht diese Rede allerdings allgemein auf *loci theologici iudaici*, während der Talmud nicht eigens als solcher reflektiert wird. (vgl. 243, wo er unter den »intern« jüdischen loci genannt, aber nicht in seinem spezifischen *pro nobis* bedacht wird.) Unter den Charakter des *locus alienus* wird auch nicht die schuldhafte Geschichte des christlichen Umgangs mit den *loci iudaici* subsumiert, obwohl die Shoah als Datum des Umdenkens anerkannt wird. Mir scheint, dieses Datum mit seinen Implikationen bleibt in noch weitergehender Weise in die methodologische resp. epistemologische Neukonzeption der Theologie aufzunehmen.

Zusammenfassung

Mit und nach Nostra aetate 4 ist eine kirchliche Geringschätzung des Judentums zugunsten einer konstruktiven Theologie des Judentums überwunden worden. Einem heute erreichten theologischen Erkenntnisstand wie kirchlichem Glaubenssinn – so die These – sollte es entsprechen, den *Talmud* als *locus theologicus* christlicher Theologie anzuerkennen. Nach einer Vergewisserung eines allermeist diffamierenden, wenn nicht zerstörerischen Umgangs mit diesem *opus magnum* des Judentums wird die große Bedeutung des Talmud anhand von Äußerungen jüdischer Gelehrter unserer Epoche (Wiesel, Steiner, Lévinas) skizziert. Dies macht ansatzweise deutlich, *was* christlicher Theologie bisher als Referenz weithin fehlt. Im Anschluss wird das Profil eines solchen *locus* im Spannungsfeld von *locus alienus* und *proprius* umrissen.

Abstract

With Nostra aetete no. 4 and subsequent to it, any contempt for Judaism on the part of the church has been overcome in favor of a constructive theology of Judaism. According to the thesis presented here, the state of theological knowledge as well as the ecclesial sensus fidei which have been achieved today should result is an acknowledgment of the Talmud as a locus theologicus of Christian theology. After confirming a mostly defamatory, if not destructive approach to this opus magnum of Judaism, the article sketches the great significance of the Talmud with the aid of comments made by Jewish scholars of our era (Wiesel, Steiner, Lévinas). To some extent this clarifies what has largely been missing in Christian theology as a reference up to now. Following this, the profile of such a locus is outlined between the poles of a locus alienus and locus proprius.

Zur Theologie des Gebets Ein christlich – islamisches Gespräch

von Felix Körner

Erste Gespräche mit Hans Waldenfels durfte ich 1999 in Bamberg führen, wo er damals eine Gastprofessur wahrnahm. Es ging uns auch um eine mögliche Theologie des Gebets. Ausgangspunkt war meine Frage, ob Zen-Meditation Beten ist. Waldenfels' Veröffentlichungen haben hierzu einschlägig Wichtiges beigetragen.[1] *Er verwies mich in Bamberg aber eindrucksvoller Weise gar nicht auf seine eigenen Schriften, sondern nannte mir einen Artikel von Klaus Riesenhuber.*[2] *Nach dem Vorbild dieser beiden Mitbrüder, aber ohne den Anspruch, es ihnen gleichtun zu können, sei hier versucht, christliche Theologie in Auseinandersetzung mit nichtchristlicher Religiosität zu treiben.*

Im Gespräch mit Menschen anderen Glaubens über das Beten kann sich eine neue Theologie des Gebets entwickeln.[3] Der in Tokyo tätige Theologe Klaus Riesenhuber betrachtet das Beten des Menschen in der Tradition theologischer Anthropologie. Gebet bestimmt er als thematischen Vollzug der menschlichen Offenheit auf ihr Ziel hin, auf das göttliche Geheimnis (S. 327). Hier bleibt geschichtsbezogene Theologie bewusst (S. 319) ausklammert. So kommt bei Riesenhuber nur in den Blick, was Menschen von sich her tun, wenn sie beten. In Anlehnung an Riesenhubers »Offenheit auf ihr Ziel hin« könnte man vom Hin-Beten der Menschen sprechen. Hin-Beten enthält auch Ausdrücke, die dem göttlichen Geheimnis noch nicht angemessen sind, verzeichnende Gottesbilder und Sehnsüchte, die sich vergaloppiert haben. Hin-Beten hat etwas Vorläufiges, das im andauernden Gebet verwandelt werden kann. Wenn man nun die Geschichte nicht ausblendet, sondern das in der Heiligen Schrift Bezeugte

1 Z. B.: *Hans Waldenfels*, Der Dialog mit dem Zen-Buddhismus – eine Herausforderung für die europäischen Christen, in: *ders.* (Hg.), Begegnung mit dem Zen-Buddhismus (Schriften der Katholischen Akademie in Bayern 96), Düsseldorf 1980, 62-85.

2 *Klaus Riesenhuber*, Gebet als menschlicher Grundakt, in: *Günter Stachel* (Hg.), Munen musô – Ungegenständliche Meditation. Festschrift für Pater Hugo M. Enomiya-Lassalle SJ zum 80. Geburtstag, Mainz 1978, 317-339. Seitenangaben im nächsten Abschnitt oben beziehen sich auf diesen Beitrag Riesenhubers.

3 Vgl. auch *Jürg Wüst-Lückl*, Theologie des Gebetes. Forschungsbericht und systematisch-theologischer Ausblick, Freiburg i. Ü. 2007; sowie *Gerd Haeffner*, Die Philosophie vor dem Phänomen des Gebets, in: Theologie und Philosophie 57 (1982) 526-549.

in die Gebetsreflexion einbezieht, zeigt sich, dass Beten hier nicht nur als Hin-Beten gefasst ist. Es kann vielmehr bis zu dem Anspruch vordringen, Teilnahme an der göttlichen Wirklichkeit zu sein (Johannes 17,21). Nennen wir dies: In-Beten. Ob der Anspruch gerechtfertigt ist, lässt sich erst im Nachhinein sagen. In-Beten behält also eine Vorwegnahme; und In-Beten behält das Hin-Beten als stets zu gehenden Anweg. Auch Jesus betet vorläufig: »Nimm diesen Kelch von mir« (Markus 14,36); aber dabei bleibt er nicht.

Der vorliegende Artikel will zur Theologie des Gebets einen Gesichtspunkt beisteuern. Weiterzufragen ist hier an dem Punkt, wo die in den *Stimmen der Zeit* erschienenen »Lösungsvorschläge in Kernfragen«[4] bei Andeutungen geblieben waren. Die dort vorgetragenen Thesen lassen sich so zusammenfassen:

1 Auch in der kontroversen Theologie geht es um das »Unterscheiden«, im Sinne eines spirituellen Klärens.[5]

2 Christlicherseits ist mit Gregor VII. und Benedikt XVI. Muslimen zu sagen: »Wir glauben und bekennen einen Gott, wenn auch in verschiedener Weise.«[6]

3 Die Verschiedenheit dieser »Weise« lässt sich benennen als *confrontatio Gottes* (islamisches Gottesbekenntnis) gegenüber der *communio Gottes* (christliches Gottesbekenntnis).[7]

Hierzu ist dreierlei anzumerken.

Ad 3: Das christliche Bekenntnis schließt ein Bekennen der eigenen Unfähigkeit, sich angemessen zu Gott in Beziehung zu setzen, ein.

Ad 2: Das theologisches Potential der Rede von der unterschiedlichen Weise ist noch nicht entfaltet.

Ad 1: Eine Gebetstheologie muss sich in Auseinandersetzung mit den islamischen und christlichen Grundintuitionen entwickeln, ohne die beiden gegeneinander auszuspielen oder miteinander gleichzusetzen, also weder in Homogenisierung noch in Polarisierung.

4 *Felix Körner*, Kirchliches Lehramt, katholische Theologie, heutiger Islam. Lösungsvorschläge in Kernfragen, in: Stimmen der Zeit 228 (2010) 169-181.

5 Damit ist *Christian W. Trolls* Devise »unterscheiden, um zu klären« aufgegriffen (so sein Buchtitel: Unterscheiden, um zu klären. Orientierungen im islamisch-christlichen Dialog, Freiburg 2007). Vgl. die Rezension von *Felix Körner* in: Stimmen der Zeit 226 (2008) 69-71, wo »unterscheiden« als vielschichtiger Vorgang beschrieben wird: discretio, distinctio, differentia (vgl. auch Felix Körner, »Andersgläubige oder andere Gläubige?«, in: Frankfurter Allgemeine Zeitung, 15. Juni 2010, 8.)

6 »As an illustration of the fraternal respect with which Christians and Muslims can work together, I would like to quote some words addressed by Pope Gregory VII in 1076 to a Muslim prince in North Africa who had acted with great benevolence towards the Christians under his jurisdiction. Pope Gregory spoke of the particular charity that Christians and Muslims owe to one another ›because we believe in one God, albeit in a different manner, and because we praise him and worship him every day as the Creator and Ruler of the world.‹« *Papst Benedikt XVI.* in seiner Ansprache am 28. November 2006 im türkischen Präsidium für Religionsangelegenheiten, zitiert (www.vatican.va/holy_father/benedict_xvi/speeches/2006/november/documents/hf_ben-xvi_spe_20061128_pres-religious-affairs_en.html). Das Gregorzitat von 1076 findet sich in der Patrologia Latina, Band 148, Sp. 451; Nostra Aetate 3 verweist darauf in der dortigen Fußnote 5.

A Zur Methode

Fünf methodische Vorbemerkungen sind für ein solches theologisch noch ungewohntes Projekt angebracht.[8] Eine bezieht sich auf den Titel »Theologie des Gebets«, die zweite auf Möglichkeiten, andere Gebetstheologien zur Kenntnis zu nehmen, die dritte problematisiert eine Benennung des Wesens einer anderen Religion; die vierte fragt nach dem Sinn einer kontroversen Theologie, und die letzte bedenkt die theologische Sprache, die zu finden ist, wenn angemessen vom Beten gesprochen werden soll.

1 Wie jeder sinnvoll angelegte theologische Traktat ist eine echte Theologie des Gebets eine Gesamtsicht auf die Wirklichkeit und eine vollständige Theologie. Grundsätzliche Fragen des Weltbezugs, wie Freiheit, Zeit und Sinn, müssen zur Sprache kommen, wie bei einer reflektierenden Christologie oder Eschatologie, Soziallehre oder Verkündigungstheologie. Damit zeigt sich, dass Traktate, wenn sie wirklich theologisch verstanden werden, nicht Themenbereiche sind, sondern jeweils eine Form benennen, wie Theologie getrieben werden muss: im Christus-Logos, als Blick auf die Vollendung der Geschichte, als Teilnahme an der Weltverwandlung, als Zeugnis – und eben: als Gebet. Es genügt daher nicht, Gebetstexte und -gesten zu betrachten. Wir müssen versuchen, das gesamte Gottesverhältnis einer Religion zu betrachten, nicht nur das in den Gebeten Implizierte. Damit kommt eine Religion insgesamt als Gebetsweise in den Blick.

2 Wir müssen uns mit islamischen Gebetsweisen und -texten[9], aber auch mit eigenständigen Gebetsreflexionen auseinandersetzen. Wie lässt sich ein neuer Einblick in muslimisch-theologisches Nachdenken über das Beten eröffnen? In dem 1994 erschienenen neunten Band der *Türkiye Diyanet Vakfı İslam Ansiklopedisi* findet sich ein 30-spaltiger Artikel zum Thema »Gebet« (*duʿāʾ*, türkisch: dua). Die Enzyklopädie entsteht derzeit in aufwendiger Zusammen-

7 »Das christliche Gottesbekenntnis sagt [...] nicht, daß es Gott gibt, sondern daß er sich gibt und wir uns ihm geben. Es ist nicht Benennen der Existenz Gottes, sondern Bekennen der Geschichte Gottes; selbst wer nur »Gott«, »Herr« oder »Vater« sagt, faßt mit dem einen Wort die ganze Bibel zusammen, weil er als Christ spricht und deshalb mit Christus. Der Christ bekennt schon in der Nennung Gottes, daß er nicht selbst in die Gemeinschaft mit dem Schöpfer und Richter eintreten könnte.« *Körner*, Lösungsvorschläge (Anm. 4), 179.

8 Es handelt sich hier nicht in einem terminologischen Sinne um komparative Theologie, da diese sich bewusst »mikrologisch« ausrichtet, d. h. in ihren Untersuchungen bewusst Einzelfragen herauspräpariert. *Klaus von Stosch*, Komparative Theologie der Religionen als Herausforderung für die Theologie des 21. Jahrhunderts, in: Zeitschrift für katholische Theologie 130 (2008) 401-422, 406 spricht vom »mikrologischen« Vorgehen. Der erste im Text oben auszuführende Methodenpunkt schlägt ein geradezu entgegengesetztes Verfahren vor, sozusagen ein realenzyklopädisches. Alle Einzelaussagen einer Religion sind erst in deren Gesamtentwurf zu verstehen.

9 Materialreich ist hier der Klassiker von *Constance Padwick*, Muslim Devotions. A Study of Prayer-Manuals in Common Use, London 1961. Es gibt inzwischen auch religionspsychologische Forschungen von Muslimen zum Beten, sie sind aber theologisch weniger ergiebig.

arbeit des dafür gegründeten Zentrums İSAM und seiner akademischen Mitarbeiterschaft mit den an türkisch-staatlichen Universitäten tätigen muslimischen Theologen.[10] Da der Eintrag einen der eingehendsten zeitgenössischen Versuche islamisch-theologischer Gebetsreflexion darstellt und noch von keinem westlichen Forscher öffentlich zur Kenntnis genommen wurde, sei der theologisch ergiebigste Teil daraus hier vollständig übersetzt.

3 In der vorzutragenden Gebetstheologie werden gelegentlich allgemeinere Behauptungen darüber folgen, »wie es im Islam ist«. Es wird stets versucht, das Gesagte als koranisch zu erweisen; aber Zitate belegen nicht alles, denn es bleibt ja fraglich, wie Muslime das Zitierte lesen und leben. Dennoch ist der Versuch nicht schlechthin verfehlt, Religionen auf einen Begriff zu bringen – und zwar unter einer Bedingung: dass die Verbegrifflichung aus dem Dialog kommt und als Vorschlag wieder neu in das interreligiöse Gespräch eingebracht wird. Wenn denkende Menschen einander begegnen und so ihre bisherigen Eindrücke und Ausdrücke überprüfen, wird sich zeigen, wo diese angebracht sind und wo nicht; und es wird sich zeigen, dass Formulierungen selbst dann eine gute Wirkung haben können, wenn sie nicht als letztgültig akzeptiert werden.

4 Warum ist es nicht besser zu sagen, dass doch im Grunde alle Religionen, oder zumindest Islam und Christentum dasselbe wollen? Ist es nicht für das Zusammenleben hilfreicher, einander diese Grundgemeinsamkeit zuzugestehen? Sollte man nicht eine pluralistische Religionstheologie entwerfen, die dann auch von Staaten vertreten werden könnte? Die Schwierigkeit ist hierbei nicht, dass so die Eigenheiten der einzelnen Sichtweisen zu wenig zur Geltung kommen; sondern die Frage ist, ob ich nur mit Menschen gut zusammenleben kann, deren Weltsicht der meinen ähnelt. Was ist dann mit Menschen, die gar nicht religiös sein wollen? Gefährlich wird es, wenn ich wünsche, dass mein Gemeinwesen, mein Staat meine Theologie der Religionen übernimmt. Der Staat darf sich keine bestimmte Theologie aneignen, sondern muss den Raum freihalten, in dem verschiedene Menschen auch mit sich ausschließenden

10 Zu Intention und Konzeption der Enzyklopädie vgl. *Felix Körner*, Revisionist Koran Hermeneutics in Contemporary Turkish University Theology. Rethinking Islam, Würzburg 2005, 56.

11 So *Augustinus* mit Bezugnahme auf Paulus, 2 Korinther 3,18 (»wir aber schauen [speculantes/κατοπτριζόμενοι] mit unverhülltem Angesicht die Herrlichkeit des Herrn wie in einem Spiegel und werden dadurch in sein Bild verwandelt von Herrlichkeit zu Herrlichkeit, wie es vom Geist des Herrn gegeben wird«), De trinitate XV, 8, 14. CCSL 50 A,479, zit. nach: Historisches Wörterbuch der Philosophie, Band 9, Spalte 1356 und 1369.

12 Professor *Çağrıcı* stand in seiner Funktion als Mufti von Istanbul neben Papst Benedikt XVI. beim päpstlichen Besuch und Gebet in der Sultanahmet-Moschee am 30. November 2006.

13 Auch das christliche Beten kommt im vorangestellten religionswissenschaftlichen Teil zur Sprache. Davon heißt es in der türkischen Enzyklopädie, dass Jesus keine bestimmte Form vorgegeben hat; dann wird offenbar vom Vater Unser gesprochen; allerdings erklärt der Eintrag nicht, was mit dem traditionellen Namen dieses Gebetes gemeint ist, wenn es heißt: »Das ›Gebet des Herrn‹ bildet den Höhepunkt christlichen Gemeinschaftsgebets. In der katholischen Kirche finden sich täglich sieben verschiedene Gebetsstunden« (S. 530). Gemeint sind sicherlich die monastischen Horen.

Theologien fruchtbar zusammenleben können. Sonst gibt es zwei Arten von Bürgern, diejenigen, die die religionstheologische Staatsdoktrin teilen – und die Abweichler.

5 Die Sprache, die wir hier zu finden versuchen, darf keine distanzfähige Objektivität suggerieren, sondern muss eigene Erfahrungen freisetzen. Es ist hier also nicht definitiv-definitorisch zu sprechen, sondern kreativ-spekulativ. Damit sei hier nicht versucht, wildes Spekulieren zu rechtfertigen. Vielmehr soll an jene Form vernünftiger Rede erinnert werden, die erkennende und erkannte Wirklichkeit zugleich anzusprechen versucht, die also nicht von einer Warte aus (specula) beobachten zu können behauptet, sondern wie durch einen Spiegel (speculum) wahrzunehmen weiß.[11] Die hierbei verwendeten Begriffe sind dann auch Anregung, eigene bisherige Erfahrungen zu verstehen und neue zu machen: die zu verwendenden Sprachformen müssen also suggestiv sein.

B Islamische Gebetsreflexionen

Im Arabischen unterscheiden Muslime (nicht aber arabischsprachige Christen) geradezu terminologisch zwischen Ritualgebet (*ṣalāt*) und freiem Beten, *duʿāʾ*; daraus das türkische Wort »dua«. Wie angekündigt, wird hier der theologisch einschlägige Abschnitt aus dem Artikel *Dua* eines der großen von Muslimen mit dem Ziel der Glaubens-Reflexion verfassten Lexika ins Deutsche übersetzt. Einleitend sollte der Aufbau des Gesamt-Eintrags in Blick genommen werden. Wie stets in dieser breit angelegten Enzyklopädie beginnt die Behandlung des Lemmas mit einer Titeldefinition. Sie lautet hier: »Gebet. Religiöser Terminus, der das an den Schöpfer gerichtete Wollen und Wünschen in ganz-personaler Hinwendung des Menschen zu ihm bezeichnet sowie die mit diesem Ziel ausgeführte gottesdienstliche Form.«

Dann folgt ein etymologischer und religionswissenschaftlicher Abschnitt (von Osman Cilâcı) sowie anschließend: »Gebet im Islam«, »Wichtigkeit des Gebets«, »Wirkung des Gebets«, »Gebetsinhalte« (konu) und »Gebetsregeln« (aus der Feder Selâhattin Parladırs), abschließend noch Süleyman Uludağs »Sufisches Gebetsverständnis« und Mustafa Çağrıcıs[12] »[Gebet in der religiösen] Literatur«.[13]

Es ist erhellend, zum Vergleich den gebetstheologischen Artikel der vierten Auflage des protestantischen »Handwörterbuchs« *Religion in Geschichte und Gegenwart* heranzuziehen. Band 3 (2000) der Enzyklopädie enthält eine fünfundzwanzig-spaltige pluridisziplinäre Abhandlung zu »Gebet«. An die üblichen Gesichtspunkte von religionswissenschaftlich bis praktisch-theologisch schließen sich Abschnitte zu »Orthodoxie«, »Judentum« und »Islam« an. Da Religionswissenschaft schon am Artikelbeginn geboten wurde und das gesamte Christentum einschließlich Dogmatik längst behandelt ist, bis

Judentum und Islam nachklappen dürfen, stellt sich ein Verdacht ein. Nachbiblisches Judentum und Islam will man als eine Art Wirkungsgeschichte des Christentums lieber nicht unter Religionswissenschaft mitbehandeln. Was man zum islamischen Beten erfährt, wird aber genauso wenig wie das zuvor unter »religionswissenschaftlich« Vorgetragene zur Anregung für eine theologische Auseinandersetzung. Denn hier wird Kultrechtliches referiert, ohne systematisch weiterzufragen.

Auch der türkische Artikel von 1994 kontrastiert nicht das Gebetsverständnis verschiedener Religionen; die islamische Enzyklopädie bekundet bereits – auch hierin in gewissem Maße der *RGG* vergleichbar – durch die Voranstellung des Referats andersreligiöser Gebetsphänomene, dass man die eigene Religion als Erfüllung der Religionsgeschichte versteht; bei Cilâcı heißt denn auch alles nichtislamische Gebet »vorislamisch«, sogar das schintoistische und präkolumbianische. Was hier in seiner Ergiebigkeit noch nicht erkannt scheint, ist interreligiöse theologische Begegnung – Auseinandersetzung über die Glaubensgrundlagen in ihrer Verschiedenheit. Daher soll die Vorstellung des muslimischen Autors anschließend in eine kontrastive Theologie überführt werden.

Selâhattin Parladır, »Wirkungen des Gebets« *(Diyanet Vakfı İslam Ansiklopedisi*, Band 9, Istanbul 1994, 532-534)[14]

[1] Es ist breit dokumentiert, dass Gottesgedenken und Bittgebet nicht nur göttliches Wohlgefallen erwirken; vielmehr sind sie auch Ursache für eine ganze Reihe von sofortigem oder späterem Nutzen und Lohn, was sich auf Seiten des Menschen als erfahrene Gottesnähe auswirkt. Dem Koran zufolge vergilt Gott dem, der betet (40:60[15]); und Gott gedenkt dessen, der Seiner gedenkt (2:152). Da die Gebetswünsche in den Grundtexten hauptsächlich Lebens- und Persönlichkeitsschutz erbitten, ist der Glaube vorausgesetzt, dass Beten grundsätzlich nützt. Darüber hinaus gibt es nach den Erläuterungen des Propheten ([Hadith-Sammlung] Musnad [des Ibn Hanbal] Buch 3,18) [S. 532|S. 533] bei der Gebetserhörung eine Reihe von Möglichkeiten. Das Erbetene wird dem Betenden entweder sogleich hier auf Erden zuteil, oder es wird für das Jenseits aufgespart, oder aber dem Bittenden geschieht statt des erbetenen Guten ebenso viel Übel.

[2] Ob man sich nun wegen seines Bedarfs oder seiner Fehler an Gott wendet oder Seiner gedenkt wegen Seiner Gnadenerweise: Beten ermöglicht moralische Reinigung und Erhebung, etwa, psychologisch betrachtet, das Eintreten von Ruhe, innerem Frieden und einer Glücksempfindung (13:28[16]; 87:15[17]); es übernimmt auch eine konstruktive Funktion, indem es Übermut und Abweichungen, wie sie in den Entwicklungsphasen auftreten, verhindert und die Persönlichkeit vollendet (Muḥammad al-Gazzālī, *Iḥyāʾ*, Buch 1,297 und 302).

Einem wörtlich offenbarten Hadith (*ḥadīṯ qudsī*) zufolge führt die in Gebet und Gottesdienst entstehende Annäherung an Gott zur Empfindung Seiner Liebe, diese Liebe wiederum zu einem feinfühligen Gewissen und gesundem Menschenverstand ([Hadith-Sammlung des] Buḫārī, Buch *Riqāq*, 38). Der Prophet bringt die Gebetswirkung, das Einsehen begangener Fehler und Sünden und seelische Reinigung, in folgendem Hadith zum Ausdruck: »Mein Gott, reinige meine Fehler mit Schnee und Wasserströmen; wasche mein Herz von Sünden, wie ein weißes Gewand vom Schmutz« ([Hadithsammlung des] Ibn Māǧa, Buch *Duʿāʾ*, 3). Darüber hinaus beschäftig sich die [islamische] Religion jedoch vor allem mit den jenseitigen Wirkungen von guten Werken, Gebet und Gottesdienst. Das sind insbesondere Lohn und Seligkeit im ewigen Leben. Betrachtet man aber die jenseitigen Folgen des Verhaltens eines Muslim, so sind natürlich zugleich auch die zu erwartenden diesseitigen guten Folgen seines Verhaltens zu nennen. Nach den Worten eines Gebets, das der Koran lehrt, sollen wir von unserem Herrn Gutes und Schönes erbitten sowohl für diese wie für die kommende Welt (2:201[18]; 16:122[19]).

[3] In der göttlichen Aufnahme (kabul) von Gebeten zeigt sich die Bedeutung der beim Gebet erlebten religiösen Bewusstseinsintensivierung. In einem solchen Zustand wird Gott zum einzigen Gegenstand (konu) des menschlichen Bewusstseins; alle übrigen Interessen und Intentionen verlöschen, die emotionale Gespanntheit reinigt das menschliche Gewissen und versetzt es in einen Zustand der Offenheit zu Gott. Diesen Zustand fasst der Koran als »die Religion Gott allein zuwenden« (z. B. 40:14.65[20]). Ein Hadith bestimmt jenes Gebet, das der Mensch mit der Erwartung verrichtet, unbe-

14 Der Religionspsychologe *Selâhattin Parladır* ist emeritierter Theologieprofessor und war Dekan der muslimisch-theologischen Fakultät der Dokuz-Eylül-Universität zu Izmir. Der hier übersetzte Lexikonartikel hat im Original keine Anmerkungen. Alles hier in Fußnoten Angefügte stammt vom Übersetzer. Er hat auch gelegentlich türkische Wörter aus der Vorlage in Klammern übernommen oder deren arabisches Ausgangswort (dann in kursiver Umschrift).

15 Wo die Vorlage auf den Koran verweist, ohne den entsprechenden Text selbst zu zitieren, wird er im Folgenden stets in der Übersetzung von *Rudi Paret* geboten. »Und euer Herr hat gesagt: ›Betet zu mir, dann werde ich euch erhören! Diejenigen, die zu hochmütig dazu sind, mir zu dienen, werden (dereinst) demütig (und unterwürfig) in die Hölle eingehen.‹« »Mir zu dienen« ist sicher in der Bedeutung »mich anzubeten« gemeint.

16 13:28f.: »Diejenigen, die glauben und deren Herz im Gedenken Gottes Ruhe findet – im Gedenken Gottes findet ja das Herz Ruhe –, diejenigen, die glauben und tun, was recht ist, sind selig zu preisen. Und eine schöne Einkehr haben sie (dereinst) zu erwarten.«

17 87:14f.: »Selig ist, wer sich rein hält (oder: Selig ist, wer sich (von seinem bisherigen sündigen Leben) reinigt; *wörtlich:* wohl ergeht es dem, der sich rein hält bzw. sich reinigt), des Namens seines Herrn gedenkt (oder: den Namen seines Herrn ausspricht) und das Gebet verrichtet.«

18 »Es gibt unter [den Menschen] (aber) auch welche, die sagen: ›Herr, gib uns im Diesseits Gutes, und ebenso im Jenseits, und bewahre uns vor der Strafe des Höllenfeuers!‹«

19 »Und wir [d. i. Gott] haben ihm [d. i. Abraham] im Diesseits Gutes gegeben. Und im Jenseits gehört er zu den Rechtschaffenen.«

20 »Betet nun zu Gott, indem ihr euch in eurem Glauben ganz auf ihn einstellt, auch wenn es den Ungläubigen zuwider ist! Er ist der Lebendige. Es gibt keinen Gott außer ihm. Betet zu ihm, indem ihr euch in eurem Glauben ganz auf ihn einstellt! Lob sei Gott, dem Herrn der Menschen in aller Welt!«

dingt seinen Lohn (karşılık) zu empfangen, als Gebet eines unbedachten Herzens, das der göttlichen Aufnahme gerade nicht nahe ist ([Sammlung des] at-Tirmiḏī, Buch *Daʿawāt*, 66). Allen, die angeben, sie ließen ihren Gebeten göttliche Aufnahme zuteilwerden, ist eines gemeinsam: Ihr Bewusstsein ist religiös übertüncht. In den Hadithen heißt es: Einem Mensch in auswegloser Gefahr oder Bedrängnis wird das Gebet, das er, um die leiblichen Begierden zu bremsen, mit Fasten verrichtet, nicht abgewiesen, wenn sein Herz voll reiner Liebe zu Mutter und Vater, dem wohltätigen Menschen, dem gemeinschafts- und gerechtigkeits-sinningen Oberhaupt und zu Gott ist ([Hadithsammlung des] Buḫārī, Buch *Ǧihād*, 180; Ibn Māǧa, *Duʿāʾ*, 11; [Hadithsammlung des] Abū Dawūd, Buch *Ṣalāt*, 364; at-Tirmiḏī, *Daʿawāt*, 129). Außerdem ist notwendige Bedingung [wahren] Gebets, dass es nicht auf eine Sünde oder die Spaltung von Familienbeziehungen gerichtet ist und dass man nicht auf schnelle Erhörung drängen darf (at-Tirmiḏī, *Daʿawāt*, 9 und 12).

[4] Al-Ġazzālī begründet (*Iḥyāʾ*, Buch 1, 328f.), dass Beten vor Bedrängnis und Verderben schützt und Gottes Barmherzigkeit erwirkt, mit dem Gedanken, dass jedes Ereignis – dass beispielsweise ein Schild vor Pfeilen schützt oder Pflanzen vom Wasser genährt werden – von einer bestimmten Einzelursache abhängt. Dennoch geschieht die als Folge des Betens eintretende Veränderung nach al-Ġazzālīs Erklärung wiederum in einem natürlichen Ursache–Folge-Zusammenhang. Wer, wenn Gott sagt »Trefft die zum Krieg notwendigen Vorbereitungen« (4:71), nicht die Waffen anlegt; oder wer seine Aussaat anschließend nicht wässert mit der Begründung, die Saat gehe ohnehin nur auf, wenn Gott es vorherbestimmt hat, und nun einmal nicht aufgehe, wenn er es nicht vorherbestimmt hat, der füge sich gerade nicht in Gottes Vorherbestimmung (*taqdīr*). Demzufolge ist, etwas zu wünschen[21], kein hinreichender Grund für Gott, das Ergebnis hervorzubringen. Einem Hadith zufolge (at-Tirmiḏī, Buch *Qiyāma*, 60) soll man sein Kamel erst einmal anbinden und dann ganz auf Gott vertrauen (*tawakkul*). Eine wunderhafte Heilung, Befreiung oder Erleuchtung wird dem zuteil, der sein Mögliches getan hat und sich nun, auch in auswegloser Lage, ganz auf Gott ausrichtet. Bekanntlich ließ sich nämlich mitunter die Heilung bringende Wirkung des Gebets bei unheilbaren Krankheiten beobachten (Dr. Alexis Carrel, *La prière*, Paris 1944, übers. von Nahid Tendar, Istanbul 1947, 12f). Ein Koranvers rät, in Bedrängnis zugleich geduldig auszuharren und im rituellen und freien Gebet Gottes Hilfe zu erbitten (2:45.153[22]).

21 Istemek bedeutet wollen und erbitten.
22 2:45: »Und suchet Hilfe in der Geduld und im Gebet! Es ist zwar schwer (was man von euch verlangt), aber nicht für die Demütigen.« – 2:153: »Ihr Gläubigen! Sucht Hilfe in der Geduld und im Gebet! Gott ist mit denen, die geduldig sind.«
23 13:28 preist selig »diejenigen, die glauben und deren Herz im Gedenken Gottes Ruhe findet – im Gedenken Gottes findet ja das Herz Ruhe.«
24 In der islamischen philosophisch-theologischen Diskussion des göttlichen Waltens bedeutet *sunna* »die Gewohnheit Gottes«.

Denn nach einem anderen Koranvers (13:28) verleihen Gebet und Gottesgedenken psychische Gelassenheit, Kraft und Zuversicht.[23] In einer Hadith-Formulierung (Ibn Māǧa, Buch *Adab*, 53) umgibt Gott diejenigen, die seiner gedenken, mit Engeln und schenkt ihnen seine Barmherzigkeit und Gegenwart (*sakīna*).

[5] Göttliche Aufnahme des Gebets lässt sich nicht im Blick auf jenseitige Folgen erläutern. Zwar werden Tätigkeiten wie Gebet, Gottgedenken und Rosenkrank-Rezitationen (tespih) etwa mit jenseitigen Genüssen, Sündenvergebung, verschiedenen Paradiesesfreuden und mit Befreiung aus der Straf-Qual belohnt (at-Tirmiḏī, *Daʿawāt*, 60; al-Ġazzālī, Buch 1, 297-301). Da man aber bei den diesseitigen Folgen des Betens besonders darauf schaut, ob Bittgebete Ergebnisse bewirken, gerät man zwangsläufig in die Prädestinationsdiskussion (*qadr*). Von Naturvorgängen lässt sich problemlos sagen, sie geschehen dem [partikulären] Gotteswillen oder der ewigen Prädestination – *sunna*[24] – gemäß. Zweifellos stehen die menschlichen Tätigkeiten andererseits in einem bestimmten Ursache–Folge-Zusammenhang. Hier stellen sich nun einige das Gebet betreffende Fragen. a) Besteht eine Abhängigkeit, ein Wirkungszusammenhang zwischen Gottes Wissen und Willen einerseits und dem menschlichen Wollen andererseits? b) Wie wirkt das Gebet? Zielt das Gebet auf ein außerhalb von Gottes einzelner oder allgemeiner Vorherbestimmung (*qadr, sunna*) liegendes Ergebnis? Oder erbittet man von Gott, dass der Ursache–Folge-Zusammenhang ein gutes Ergebnis hervorbringen soll; d.h. ist Beten als gewöhnliche Ursache zu fassen, um in einem Anliegen ein Ergebnis hervorzubringen? Die einschlägigen Quellen geben der Auseinandersetzung hierüber breiten Raum.

[6] Faḫraddīn ar-Rāzī zufolge meinen einige Menschen, Beten sei zwecklos. Sie behaupten: Wenn Gott weiß, dass der im Gebet erbetene Zustand eintreten wird, ist es überflüssig, dafür zu beten; er werde ja ohnehin eintreten. Weiß aber Gott, dass er nicht eintreten wird, sei es zwecklos, dafür zu beten; denn das Erbetene könne unmöglich eintreten. Es ist ja nicht möglich, etwas zu verhindern, was Gott von Ewigkeit her verfügt hat, oder zu bewirken, was nicht vorherbestimmt ist. Demnach ändert das Gebet die Vorherbestimmung nicht. Da Gott allwissend ist, stehe es dem Menschen nicht zu, Gott an unsere Bedürfnisse in einem Anliegen zu erinnern. Die auf den religiös höchsten Rang gelangten Menschen – *ṣiddīq* – sind dorthin gelangt, indem sie in die Vorherbestimmung Gottes einwilligten (rızâ). Beten sei auch nicht: ‚dem göttlich Gewollten das eigensinnig Gewollte vorziehen'; vielmehr sei ein derartiges Gebetsverständnis schlicht ungehörig.

[7] Die Mehrheit der islamischen Religionsgelehrten lehnt diese Behauptungen ab. Statt Beten wegen der Vorherbestimmung für sinnlos zu erklären, erscheint es ihnen angemessener, das Gebet selbst als Teil der Vorherbestimmung zu betrachten. Ereignisse, die von Ewigkeit her als ge-

betsabhängig vorherbestimmt sind, treten nun eben mit dem Gebet ein. Wie die Vorherbestimmung den Ereignissen vorausliegt, hat auch Gott Vorrang vor der Vorherbestimmung. Das Gegenteil anzunehmen [nämlich, dass sich Gott nach den Ereignissen richtet] würde ja zu der Erklärung führen, dass Gott der Vorherbestimmung untersteht. Weiterhin ist die Intention von Beten nicht [S. 533|S. 534], Gott an etwas zu erinnern, was ihm entfallen war. Vielmehr will der Beter zum Ausdruck bringen, dass er ein Gottesknecht ist; er bringt seine Schwäche und Bedürftigkeit vor Gott. Beten ist also ein wichtiger Standpunkt [auf dem geistlichen Weg: *maqām*] der Gottesknechtschaft. Neben diesen verstandesmäßigen Hinweisen bekunden zahlreiche Koranverse und Hadithe ganz klar, dass Beten notwendig, nützlich und wirksam ist (Faḫraddīn ar-Rāzī, *Mafātiḥ al-ġayb*, Buch 5, 97-101; Elmalılı Muhammed Hamdi Yazır, *Hak Dini Kur'an Dili*, 664-667). al-Ġazzālī beantwortet die Frage ›Was nützt beten, wenn Gottes Vorherbestimmung unabänderlich ist?‹ wie folgt: Die Ereignisse stehen bereits zuvor in einem Ursache–Wirkungs-Zusammenhang. Sie treten dann aber erst ein, wenn die Ursache die Wirkung hervorbringt. Für alles, was als Ereignis vorherbestimmt ist, sei es gut oder schlimm, ist auch eine Ursache vorherbestimmt. Gebet ist eine solche Ursache dafür, dass etwas Schlimmes nicht geschieht oder etwas Gutes eintritt. Ein weiterer Nutzen des Betens ist, dass es den Gottesglauben im Herzen verwurzelt: durchaus auch ein Ziel des Gottesdienstes (al-Ġazzālī, *Iḥyāʾ*, Buch 1, 328f).

[8] In sufischen Werken zeigen zahlreiche Beispiele, dass Beten diesseitige Leiden und Nöte beseitigt. Allerdings ist es dem Sufi gleichgültig, ob sein Gebet ihm für sein Begehren und seine Bedürfnisse nützt. Entscheidend ist ihm vielmehr, dass das Gebet seine Gottes-Sehnsucht ausdrückt und ihn in unmittelbare Kommunikation mit Gott bringt (O'nunla doğrudan haberleşmenin bir vasıtası). Einigen sufischen Meistern zufolge ist die angemessenste Haltung, vor dem Fluss der göttlichen Beschlüsse und Bestimmungen zu schweigen, ohne irgendeinen Wunsch zu äußern (al-Qušayrī, *ar-Risāla fī ʿIlm at-Tasawwuf*, übers. von Süleyman Uludağ, Istanbul 1979, 373-380).

[9] Einigen Philosophen zufolge geschieht alles von Gott her, und daher besteht ein Determinismus von oben nach unten; Beten bedeutet dann, den Menschen in Verbindung mit den Himmelssphären zu bringen. Für Avicenna wirkt das Gebet, indem irdische Anlagen und himmlische Ursachen zusammenarbeiten. Bittgebet gilt als geistiger (ruhî) Einfluss auf die Himmelssphären, der physische Wirkungen nach den makrokosmischen Gesetzen hat, vergleichbar der Kraft der Phantasie des Menschen, die sich auf seinen eigenen Körper auswirkt. Es sind eben diese Himmelssphären, die den Menschen zum Beten anregen; und dieses Anregen steht in der universalen Ursachenverkettung (Louis Gardet, »DUʿĀʾ« in: *Encyclopédie de l'Islam*, Band 2, Leiden ²1965, 632-634, 634).

C Eine christliche Theologie des Gebets im Gespräch mit dem Islam

Anhand der Auseinandersetzung mit islamischen Vorstellungen kann sich eine christlich inspirierte Theologie des Gebets möglicherweise treffender formulieren als ohne den Blick auf Alternativmodelle. Die Begegnung kann mit einer einfachen These einsetzen:

Muslimisch lässt sich Beten als islām fassen;
christlich gesehen ist Beten das Leben der Trinität.

Thesenförmig Behauptetes wird erst in der Ausführung sinnvoll. Entfalten lässt sich die These anhand von fünf Kategorien, die in beiden Religionen erschließende Kraft haben. Es handelt sich einerseits um die Frage nach der Ermöglichung von Gottesbeziehung; kurz, die Kategorie der Gnade. Zweitens ist sowohl islamisches als auch christliches Beten unter der Rücksicht seines Bezugs zur Gemeinde, des impliziten Gesellschaftsverständnisses und der Zuordnung von Individuum und Gruppe zu befragen; kurz, mit der Kategorie Gemeinschaft. Sodann ist ein Maßstab anzulegen, der das Verhältnis von Geschichte, Gottesgegenwart und praktizierten Riten fasst; hierfür eignet sich die in beiden Religionen ausdrücklich wichtige, aber bisher noch nicht miteinander verhandelte Kategorie des Gedenkens (*ḏikr* – ἀνάμνησις). Weiterhin müssen islamische und christliche Vorstellungen von Beten danach befragt werden, was ihnen zufolge beim Beten geschieht. Schließlich ist die jeweils unterschiedliche Fassung göttlicher Erkennbarkeit und Unerkennbarkeit, der transzendenten Entzogenheit Gottes und geistlichen Bezogenheit des Menschen zumindest typisierend darzulegen; hierfür eignet sich die Kategorie Geheimnis. Jede dieser fünf Kategorien lässt sich sowohl islamisch als auch christlich mit einem traditionellen Begriff füllen, der die Kategorie in ihrer islamischen beziehungsweise christlichen Eigenprägung erschließt. Alle fünf Kategorien lassen sich in doppelter Weise mit dem Gebet in Verbindung bringen, nämlich in eine Entsprechungs- und eine Wirkungsbeziehung. Beten lässt sich als Gnade verstehen und als gnadengewirkt; es lässt sich als Gemeinschaft verstehen oder als gemeinschaftsstiftend; es ist Gedenken und beruht auf Gedenken, ist Geschehen und bewirkt ein Geschehen, antwortet auf die Geheimnishaftigkeit Gottes und ist selbst Geheimnis. Jeder der fünf Befragungskategorien lässt sich nun wie gesagt islamischer- und kirchlicherseits je ein Begriff zuordnen, der ihren Gehalt in einem der jeweiligen Religion eigenen Charakter benennt.

		Islam	Kirche
1	Gnade:	Geschaffensein	Geist
2	Gemeinschaft:	Gesellschaft	Leib
3	Gedenken:	Gegenwart	Geschichte
4	Geschehen:	Gewinn	Opfer
5	Geheimnis:	Geduld	Sakrament

1 Gnade

Nach der Bedeutung von Gnade gefragt, könnten Muslime das Stichwort Geschaffensein einführen; und Christen: Geist.

Islam: Gnade als Geschaffensein

a Gut geschaffen. Für Muslime ist es nicht anstößig, wenn Christen Korantexte als Gebet lesen; und oftmals freut man sich geradezu, wenn ein Nichtmuslim das Ritualgebet mitverrichtet. Man bekundet damit, dass man *islām* vollzieht, sich dem einen und einzigen Gott unterwirft, ohne irgend etwas anderes als Gott anzuerkennen. Und das kann islamischer Anthropologie zufolge jeder Mensch. Denn einen Grundgedanken islamischer Religionstheologie benennt das berühmte Hadith: »Jeder Mensch wird als Muslim geboren; seine Eltern sind es, die ihn zum Christen, Juden oder Zoroastrier machen.«[25] Koranisch ist Islam die natürliche und auch die einzig richtige Religion (30:30[26]). Derselbe Gedanke kommt darin zum Ausdruck, dass der erste Mensch auch als erster Prophet gilt – Adam (im Anschluss an 3:33). Alle Menschen können wissen, was der Gotteswille ist, und sie können ihn erfüllen. Sie haben, weil sie als Menschen geschaffen sind, Gottes gnadenhafte Ausstattung (*fiṭra*) mitbekommen. Wozu braucht es dann überhaupt noch einzelne Propheten? Propheten haben nur die Aufgabe der Vereindeutigung. Sie haben menschliche Entstellungen des Gotteswillens zu beheben; denn gefährdet ist der Mensch sehr wohl (70:19: als kleinmütiger geschaffen), und Gottes Sprache ist nicht eindeutig: er setzt *āyāt*, Zeichen für die, die nachdenken (z. B. 2:219). Propheten bringen Klärung in die Mehrdeutigkeit der »Zeichen«. Sie bestätigen (*taṣdīq*) die unentstellte Form früherer Prophetie und liefern neue motivierend-drastische Einschärfungen des überall ursprünglich Inhaltsgleichen. So ist Offenbarung Rechtleitung (*hudā*, 2:2).

b Geschaffene Unmittelbarkeit. Deshalb können die Menschen auch die Unmittelbarkeit zu Gott selbst herstellen. Wir haben die Ausstattung von Gott allesamt geschenkt bekommen, müssen sie nur aktualisieren. Gnade (*luṭf*,

25 Vgl. z. B. die Ḥadīṯ-Sammlung des *Buḫārī*, Buch Ǧanā'iz, 79, 80, 93 und die Ḥadīṯ-Sammlung des *Muslim*, Buch Qadr, 22-25, zit. nach Türkiye Diyanet Vakfı İslam Ansiklopedisi, Band 13, Istanbul 1996, S. 47.

26 Bei *Paret* lautet der Vers: »Richte nun dein Antlitz auf die (einzig wahre) Religion! (Verhalte dich so) als Ḥanīf [als Monotheist wie Abraham]! (Das (d. h. ein solches religiöses Verhalten) ist) die natürliche Art, in der Gott die Menschen erschaffen hat. Die Art undWeise, in der Gott (die Menschen) geschaffen hat, kann (oder: darf?) man nicht abändern (*wörtlich* (gegen etwas anderes) austauschen). Das ist die richtige Religion. Aber die meisten Menschen wissen nicht Bescheid.«

27 Auch *Parladırs* Abschnitt [3] besagt ebendies.

28 Der anglikanische Bischof *Cragg* wirbt bei seinen christlichen Lesern um Verständnis der Intuition, derentwegen Muslime Stellvertretungsdenken ablehnen wollen: »Sorge um Gottes Macht und Souveränität«. Gleichzeitig wirbt er bei ihnen um Verständnis für den biblischen Stellvertretungsgedanken: *Kenneth Cragg*, Mit Muslimen über das Gebet nachdenken. Theologie als Vorhof der Anbetung, *Hansjörg Schmid/Andreas Renz/Jutta Sperber* (Hg.), »Im Namen Gottes ...«. Theologie und Praxis des Gebets in Christentum und Islam, Regensburg 2006, 21-35, 34. Bedauer-

niʿma) ist keine über ein geschichtliches Ereignis vermittelte Lösung eines Strukturproblems. Die Anfangsgeste islamischen Betens wird von Beobachtern oft missverstanden als Hör-Haltung. Muslime erklären aber, sie werfen alles hinter sich, was zwischen sie und Gott treten könnte: Ablenkungen, Triebe, Mittlerfiguren. Der Betende kann sich selbst auf Gott ausrichten (40:14). Auch Vermittlungen wären Störungen; Unmittelbarkeit ist herstellbar.[27]

c Dienst des Geschöpfs. Gott hat die Menschen geschaffen, damit sie ihn preisen. (»Und ich habe die Ǧinn und Menschen nur dazu geschaffen, dass sie mir dienen.« 51:56) Dieses Koranwort spricht vom preisenden Dienen (*ʿ-b-d*), in dem die Bestimmung des Menschen zu seiner Erfüllung kommt; und Gottesdienst ist auch für den Islam ungetrennt Ritus und Ethos. Der Dienst an den Schwachen, Armen, Hilfsbedürftigen gehört organisch zum Gottesdienst (z. B. 70:22-30).

d Geschöpfliche Fürbitte. Ist es islamischerseits vorgesehen, für andere zu bitten? Um den Ernst des Jüngsten Gerichts zu unterstreichen, warnt der Koran, dass wir dann weder Freund noch Fürsprecher vor Gott haben (2:48; 6:51, *šafīʿ*); und es gibt in der koranischen Theologie kein Stellvertretungsdenken.[28] Aber das bittende Beten für andere ist bereits im Koran selbstverständlich (4:85); und sogar für den Propheten Muḥammad bittet der Muslim ständig. Wird sein Name genannt, folgt ja frommerweise stets die sogenannte *taṣliya*, die Eulogie »Gott segne ihn und gebe ihm Frieden«. Die Menschen sollen füreinander dasein. Das spiegelt sich eindrücklich in der ersten Frage beim Jüngsten Gericht: »Warum leistet ihr einander keinen Beistand?« (37:25).

Kirche: Gnade als Geist Gottes

a Geist der Heiligung. Christen gehen davon aus, dass wir nicht wissen, wie wir in rechter Weise beten sollen (Römer 8,26);[29] ja, dass uns Erleuchtung und Befähigung zum wahren Menschsein fehlen, bis wir uns auf das Leben Christi verlassen. Geistempfang zur Heiligung ist also etwas, das uns über eine geschichtlich einmalige Ereignisreihe, in die alle Menschen eintreten können,

licherweise vertieft er die oben im Text als entscheidend hervorgehobene Frage nach der menschlichen Unmöglichkeit, sich selbst zu Gott in rechte Beziehung zu setzen, also die Sünden- und Erlösungsproblematik nicht, ja er meint, sie »würde uns weit wegführen von unserem unmittelbaren Anliegen, dem Gebet« (ebd., 30).

29 Denkwürdig ist die Antwort *Karl Rahners* auf die Frage: »Beten Sie?« – »Ich hoffe, dass ich bete.« Darüber berichtet *Karl-Heinz Weger* in seinem Artikel Ich glaube, weil ich bete, in: Geist und Leben 57 (1984) 48-52, hier 51; gefallen ist die Aussage in einem Gespräch, das Weger 1979 mit Rahner im ORF führte, veröffentlich in: *Paul Imhof/Hubert Biallowons* (Hg.), Karl Rahner im Gespräch, Band 2, 1978-1982, München 1983, 79-86, hier 82; ebenfalls in *Karl Rahner*, Sämtliche Werke, Band 31, Im Gespräch über Kirche und Gesellschaft. Interviews und Stellungnahmen. Bearbeitet von *Albert Raffelt*, Freiburg 2007, 207-212, hier 209. Dank an P. *Andreas Batlogg* SJ für diese bibliographischen Hinweise. Er betont die Verschränktheit von geistlicher Erfahrung und wissenschaftlicher Theologie, von Beten und Denken bei Karl Rahner in: *Andreas Batlogg*, Die Mysterien des Lebens Jesu bei Karl Rahner. Zugänge zum Christusglauben, Innsbruck 2001, 14.

erst vermittelt werden muss. Man kann auch, paulinisch, sagen: Meinem Glaubenkönnen, meinem rechten Beten, meinem wahren Menschsein geht ein göttlicher Akt der Erwählung voraus (1 Thessalonicher 1,4); das heißt für unseren Zusammenhang: man hat es nicht schon qua Mensch. Bei einem Vergleich islamischer und biblischer Gebetstexte, man denke an die erste Sure und die Psalmen, fällt auf: das sind ja geradezu identische Formulierungen. Ist dann nicht jede Kontrastierung künstlich? Genau hier zeigt sich nun die Stärke einer Theologie, die die Grundimplikationen einer Religion stets im Auge zu behalten versucht. Denn die Psalmen sind wie die erste Sure nicht nur Wortfolgen, deren semantischer Gehalt zu vergleichen ist. Vielmehr liegt den Texten eine Sicht auf das Verhältnis zwischen Beter und Gott zugrunde. Die Psalmen Israels setzen die durch Gottes Erwählung zur neuen Existenz als Gottesvolk hergestellte Berechtigung voraus, mit Gott so zu sprechen. Das koranische Gebet dagegen setzt voraus, dass jeder Mensch schon so beten kann, ja soll.

b Geist der Heiligen. 1 Thessalonicher 4,3 benennt Paulus den Sinn des Christseins wie folgt: Τοῦτο γάρ ἐστιν θέλημα τοῦ θεοῦ, ὁ ἁγιασμὸς ὑμῶν – »das ist der Wille Gottes: eure Heiligung«. Christliches Glaubensreden arbeitet oft mit solchen mehrdeutigen Formulierungen. Gott will von uns, dass wir uns heiligen, indem wir ihn uns heiligen lassen und so die Welt geheiligt wird. Entsprechend können die Christen auch die Heiligen genannt werden (Römer 1,7 etc.). Sie erhalten das Attribut, das eigentlich gerade Gott vorbehalten sein sollte. Dies aber ergibt guten Sinn, wenn man bedenkt, dass Heiligkeit die Seinsweise ist, die sich nicht selbst behalten will.[30] Die Heiligen – die am Leben Gottes Beteiligten – sind folglich in Sorge um das Heil der ganzen Welt. Daher beten sie auch für die anderen Menschen. Fürsein äußert sich auch in Fürbitte. Denn Gottes ewiges Handeln und das freie, geschichtliche Handeln der Menschen sind verschränkt. Es wäre zu schematisch-chronologisch gedacht, wenn man formuliert: Gott handelt, nachdem ich ihn darum gebeten habe; aber eine Wirkung bittenden Betens ist in jedem Fall auszusagen. Man muss sagen: Gott will nicht in der Weise der Selbstdurchsetzung handeln, sondern durch das Mittun der Menschen; und die Verbundenheit von göttlichem und menschlichem Tun zeigt und zeitigt sich im Beten. Fürbitte ist damit nicht das Beknien eines eigentlich anderes Wollenden, sondern die geschöpfliche Teilnahme am Heilsvorhaben Gottes, an der Verwandlung von allem in liebendes Füreinander-Dasein.

c Geist und Erkenntnis. Nun ist aber noch ein dritter spezifischer Punkt der Gnade des Betens als Heiligung zu benennen, nach dem Geheiligt-Sein und der verschenkenden Heiligkeit. Was im Beten geschieht, ist ein andauernder Prozess der Umgestaltung. Die ganze Schöpfung wird verwandelt, geheiligt. Was im Beten

30 Vgl. *Wolfhart Pannenberg*, Systematische Theologie, Band 1, Göttingen 1988, 430.

31 Vgl. z. B. *Gerhard von Rad*, Theologie des Alten Testaments, Band 1, München [10]1992, 8.

32 *Wolfhart Pannenberg*, Metaphysik und Gottesgedanke, Göttingen 1988, 66-79.

geschieht, die geistlich verarbeitete geschichtliche Erfahrung des Gottesvolkes, ist daher hochrelevant, um Gott selbst zu verstehen. Es gibt in jeder Generation neue geistliche Erfahrungen, neue geistliche Lebensformen, neue geistliche Korrekturen. Erfahrungen können die Theologie ändern; das geschah schon im Glaubensdenken Israels.[31] Und es geschieht mit den Begriffen der Kirche ebenso. Man kann sich ein neutestamentliches Beispiel vor Augen halten. Petrus hat ein bestimmtes Messiasverständnis. Den Begriff Messias muss er nicht aufgeben; aber er muss ihn angesichts der Jesusgeschichte korrigieren (vgl. Matthäus 16,22). Das gilt von jedem Begriff, den wir gebrauchen. Er ist ein Vorgriff, der anhand der Geschehnisse neu zu verstehen ist.[32] Auch Gott ist nicht der, der unseren erst-intuitiven Definitionen von Gegenüber entspricht. Die Theologie hat demnach keine Terminologie, sondern Verheißungsworte, deren Sinn uns erst aufgeht. Gott ist seinen Verheißungen treu, aber Treue ist etwas Lebendiges, das nicht am Buchstaben klebt, sondern den wahren Geist des Versprechens erst wirklich werden lässt.

2 Gemeinschaft

Schon das Grundgebet der Kirche, das Vater Unser, sowie das islamische Grundgebet, Sure 1, formulieren im »Wir«. Dennoch wird selbst dieses Grundgebet oft von einem einzelnen Menschen gebetet, der augenblicklich nicht in physischer Gemeinschaft mit andern steht. Das Gebetsleben von Islam und Christentum muss sich besser erschließen lassen, indem man es mit der Fragestellung des Gemeinschaftsbezugs beleuchtet. Islamischerseits wäre hier der Begriff der Gesellschaft einzuführen, christlicherseits der des Leibes.

Islam: Gemeinde als Gesellschaft

a Gesellschaft vor Gott. Beten ist etwas Verbindendes. Im Ritualgebet, insbesondere freitagmittags, kommt plastisch zum Ausdruck, dass der Islam eine weltweite Kon-zentration bildet. Aber auch die individuellen Beter bilden faktisch – nur zeitlich über die Welt hinweg versetzte – Kreise um denselben Punkt, die Kaʿba in Mekka. Man steht gemeinsam vor Gott; das relativiert soziale Unterschiede. Die anderen Formen ritualisierter Frömmigkeit, wie Fasten, Almosengeben, insbesondere die Wallfahrten, bei denen ja alle dasselbe Gewand tragen, nämlich Leichentücher, vermitteln ebenfalls ein Gefühl von Vereinigung in Einheitlichkeit.

b Werdende Gesellschaft. Mit der Auswanderung nach Medina (622) und dem dortigen Erfolg Muḥammads als politisches Oberhaupt verwirklicht sich etwas längst mittelbar Angesprochenes. Bereits in der frühen Intuition, alle Propheten hätten dasselbe verkündigt, war nämlich ein gesellschaftliches Vereinigungsprojekt angelegt, auch wenn dies Muḥammad selbst vorerst nicht bewusst war. Der Islam entwirft ein Verständnis von Gott, Mensch und Welt mit der Aussicht,[33] alle Menschen könnten sich darauf einigen. Dieses Verständnis hält der Islam aber keineswegs für einen entfremdenden Oktroy; vielmehr vermittelt er sein Einigungsprojekt als inhaltlich jedermann einsehbar[34] und geschichtlich als Wiederherstellung dessen, was die anderen ohnehin ursprünglich auch glauben und tun wollten oder sollten.[35] So tritt die Umma als Dienerschaft zur Audienz beim König aller Welten[36] an – das ist das Szenario des islamischen Ritualgebets. Nun fungiert Muḥammad aber sehr wohl auch als Richter und Schlichter und wird in diesem Amt koranisch bestätigt;[37] er nimmt auch legislative und kriegerische Tätigkeiten wahr. Die beim gemeinsamen Gebet vom Offenbarungswort angesprochene Gemeinde hört durchaus nicht nur den Zuspruch der Gottesgegenwart; sie erfährt vom Koran auch erbrechtliche Einzelregelungen (z. B. 4:176). Mit derlei im Offenbarungsformat vorgetragenen Verfügungen wird faktisch eine Religion begründet, die sich nicht als Gegenüber zur politischen und gesellschaftlichen Struktur sieht; und, umgekehrt gesagt, wird hier ein Gemeinwesen grundgelegt, das sich nicht als Gesprächspartner von Religionsgemeinschaften sieht. Das Projekt lautet vielmehr faktisch: Religionsgemeinschaft, Gesellschaft und politisches Gemeinwesen sollen ineinsfallen.

c Gesellschaft als Lebensform. Es gibt islamischerseits kaum Sinn dafür, dass verschiedene Menschen derart unterschiedliche Berufungen haben können, dass sie von Gott in unterschiedliche Lebensformen gerufen wären. Zwar gibt es neben der Lebensform des Freien im Koran wie selbstverständlich auch die des Sklaven. Dessen Lebensstand wird aber gerade nicht als dauerhaft göttlich bestimmt gesehen, im Gegenteil; denn es ist verdienstlich, Sklaven zu befreien (vgl. z. B. 2:177). Der Koran sieht als Lebensform verheiratete Männer und Frauen vor, nichts weiter. Die sich im Gebet ihrer Dienstaufgabe neu bewusst werdenden Muslime erfahren sich als Gesellschaft von Gleichen. Der Beter erwartet keine individuelle Berufung zu einer differierenden Lebensform.

33 Sure 110: »Wenn (über kurz oder lang) die Hilfe Gottes kommt und der (von ihm verheißene) Erfolg (sich einstellt), und (wenn) du siehst, dass die Menschen in Scharen der Religion Gottes (d. h. dem Islam) beitreten, dann lobpreise deinen Herrn und bitte ihn um Vergebung! Er ist gnädig (und bereit, dir deine Sünden zu vergeben).«

34 Eine Mahnung in Sure 2 endet z. B. mit *wa-antum taʿlamūn*: dabei wisst ihr es doch: »Ihr Menschen! Dienet eurem Herrn, der euch und diejenigen, die vor euch lebten, geschaffen hat! Vielleicht werdet ihr (euch diese Mahnung zu Herzen nehmen und) gottesfürchtig sein. (Dienet ihm), der euch die Erde zu einem Teppich und den Himmel zu einem Bau gemacht hat, und der vom Himmel Wasser herabkommen ließ und dadurch, euch zum Unterhalt, Früchte hervorbrachte. Darum behauptet nicht, dass Gott (andere Götter) seinesgleichen (neben sich) habe, wo ihr doch wisst (dass er allein alles geschaffen hat)!« (Vers 21f.). – Außerdem ist an die Sätze mit suggestivem *laʿalla* (»vielleicht würdet ihr …«) zu erinnern, die zum Nachdenken aufrufen. Vorausgesetzt ist stets, dass man so, indem man sich Gedanken über die Naturabläufe macht, zur heilsnotwendingen Erkenntnis kommen müsste. Beispiel ist 2:266: »Möchte (wohl) einer von euch einen Garten haben mit Palmen und Weinstöcken, in dessen Niederung (*wörtlich* unter dem) Bäche fließen, und in dem er allerlei Früchte (zu ernten) hat? Nun ist er (inzwischen) hochbetagt geworden, hat aber (noch) kleine Kinder (*wörtlich*: schwache Nachkommen). Da kommt ein glühend heißer Wirbelwind über den Garten (*wörtlich* über ihn), und er verbrennt. So macht Gott euch die Verse (oder: Zeichen) klar. Vielleicht würdet ihr nachdenken.«

Kirche: Gemeinschaft als Leib

a Leib in der Welt. Beten ist Anbruch des göttlichen Lebens. Denn Christen beten stets mit Christus und im Sinne des »Dein Reich komme«. Die sich ganz auf das Kommen der Gottesherrschaft Ausrichtenden dürfen sich aber bereits als Teil des durch Christus eröffneten Reiches wissen (Kolosser 1,13). Das hat entscheidende Folgen für die politische Zuordnung des Einzelnen, der Kirche und der Gesellschaft, in der die Ortskirche lebt. Sie versteht sich als Leib Christi (Epheser 1,22f., vgl. Apostelgeschichte 9,4). Was jeder einzelne vom Geist Christi Erfüllte tut, ist wie das Tun der Gemeinschaft, Handeln Christi,[38] wie er zwischen Pfingsten und Parusie agiert. Christus geht allerdings nicht einfach in der Kirche auf. Die Kirche betet als der eine Leib Christi; sie betet aber Christus nicht als mit der Kirche identisch an; vielmehr heißt Leben in Christus gerade, dass der Mensch sich selbst verlässt (Römer 6,11). Christus ist Haupt und Regent der Kirche (Epheser 1,22); außerdem ist er selbst tätig, er beruft beispielsweise (Römer 1,6). In diesen Vorstellungen bereits der frühen Kirche liegt eine herausfordernde Ontologie der Person; sie bietet nämlich die Möglichkeit, über ein Abtrennen einzelner Personwirklichkeiten hinauszudenken, es gibt hier nicht die Denkweise »entweder Christus oder ich« (vgl. Galater 2,20).

b Leib im Himmel. Gleichzeitig sieht sich die betende Kirche in lebendiger Verbindung mit der Gemeinschaft des Himmels (Epheser 1,3 und vgl. das gesamte Buch der Offenbarung).

c Zeugnis des Leibes. Die Kirche versteht sich selbst als das Sakrament Gottes (*Lumen Gentium* 1; vgl. z. B. Epheser 3,21), als Zeichen und Mittel der angebrochenen Vereinigung aller Menschen in Gott. Ist sie Sakrament der Welt, so lässt sich auch sagen, dass sie im Beten ihre gesellschaftliche Rolle vollzieht. Sie will nicht an die Stelle menschlicher Gesellschaft treten, sondern Ferment des bis zum Ende der Geschichte dauernden Wandlungsprozesses sein, in dem

35 So lautet z. B. der Auftrag an alle möglichen biblischen Figuren, einschließlich Jesus, sie sollten ihre Leute Ritualgebet und Almosensteuer lehren (19:31.54; 21:73). Schließlich heißt es in Sure 98 (Vers 4f.): »Und diejenigen, die die Schrift erhalten haben, teilten sich erst (in verschiedene Gruppen), nachdem der klare Beweis zu ihnen gekommen war. Dabei war ihnen (doch) nichts anderes befohlen worden, als Gott zu dienen, indem sie sich als Ḥanīfen [ursprüngliche Monotheisten] in ihrem Glauben ganz auf ihn einstellen, das Gebet zu verrichten und die Almosensteuer zu geben. Das ist die richtige Religion.«

36 Man denke an die erste und letzte Koransure: 1,2-4: »Lob sei Gott, dem Herrn der Menschen in aller Welt, dem Barmherzigen und Gnädigen, der am Tag des Gerichts regiert (*mālik*!)« und 114,1-3: »Sag: Ich suche Zuflucht beim Herrn der Menschen, dem König (*malik*) der Menschen, dem Gott der Menschen« sowie an 20:114; 23:116; 59:23; und 62:1 (»Der Freitag«) lautet: »(Den einen) Gott preist (alles), was im Himmel und auf der Erde ist, (ihn) den hochheiligen König, den Mächtigen und Weisen.«

37 4:59: »Ihr Gläubigen! Gehorchet Gott und dem Gesandten und denen unter euch, die zu befehlen haben (oder: zuständig sind)! Und wenn ihr über eine Sache streitet (und nicht einig werden könnt), dann bringt sie vor Gott und den Gesandten, wenn (anders) ihr an Gott und den jüngsten Tag glaubt! So ist es am besten (für euch) und nimmt am ehesten einen guten Ausgang.« Vgl. dagegen Lukas 12,14.

38 2 Korinther 5,20a: »Wir sind also Gesandte an Christi statt, und Gott ist es, der durch uns mahnt.«

Gott die Menschheit ihrer Bestimmung, ihrer erfüllten Gemeinschaft in ihm selbst, zuführt. Die Kirche will daher in der Weise der Inspiration, der Prägung gesellschaftsgestaltend wirken. Sie stellt allen Menschen ihr wahres Ziel vor Augen, begeht es in der Feier der Sakramente und spendet so Orientierung und Heilung für die Arbeit auf das Ziel der Erfüllung hin. Daher darf das »Volk Gottes«, die von Gott gegründete und sein Handeln bezeugende Gemeinschaft, nicht in einem von Menschen gestifteten Gemeinwesen aufgehen.

3 Gedenken

Ein dritter Schlüssel zu einer Gebetstheologie ist der Begriff des Gedenkens. Muslimischerseits ließe er sich mit dem Wort der Gegenwart aufschließen, christlicherseits mit dem Wort der Betrachtung.

Islam: Gedenken als Gegenwart

a Gegenwart der Überlegenheit. Gedenken ist eine Grundlage islamischer Frömmigkeit, *ḏikr*.[39] Dem Gläubigen ist aufgetragen, Gottes zu gedenken; es geht nicht um bestimmte Gottestaten. Vielmehr hält man sich Gott selbst in seiner Macht vor Augen. Sie kann bewusst werden als Schöpfungs- und (deshalb) Auferweckungs-Macht Gottes und damit als Gottes am Geschichtsende ausgeübtes Richteramt. Man gewärtigt bereits dem koranischen Impuls zufolge die Gerichtsstunde (17:52). Der Muslim vollzieht das Gedenken meist als Nennung der Gottesnamen; die 99 schönsten Namen sind nicht von seinem Wirken abgeleitet; vielmehr hat Gott selbst sie offenbart und »festgelegt« (*tawqīf*). Es sind spannende Nennungen Gottes, die Gottes Überlegenheit zum Ausdruck bringen. Sie falten das *akbar* – »je größer« – des Gebetsrufes aus; das geschieht nicht nur durch ihren Inhalt und ihre grammatische Form, sondern mitunter auch durch ihre paarweise Zuordnung. Hier finden sich Namen, die sich scheinbar gegenseitig ausschließen: Gott ist der, der Raum gibt, und der, der einschränkt, heißt es beispielsweise.[40] Ziel derartiger Namensrezitationen ist nicht, die Gegensätze aufzulösen; bei der Nennung wird sich der Beter vielmehr der Gottesgegenwart bewusst, er steht vor Gott und kann sich dem Unbegreiflichen gerade deshalb übergeben, weil der es besser weiß (*aʿlam*). Dies ist die Unterwerfung unter Gott. Daher lässt sich sagen, was hier in vielen Begriffen entfaltet wird: islamisches Beten ist Hingabe an Gott, ist *islām*.

39 Beispielsweise heißt es Sure 2:52: »So gedenket meiner, damit (auch) ich euer gedenke, und seid mir dankbar und nicht undankbar!« (*Paret*).
40 Vgl. z. B. *Daniel Gimaret*, Les noms divins en Islam. Exégèse lexicographique et théologique, Paris 1988.

b Gegenwart der Verkündigung. Auch die Rezitation des Koran ist eine Gebetsform, die Gegenwart herstellen soll. Die melodische Koranrezitation wird gelegentlich als die ursprüngliche Form, in der der Koran aus dem Munde Muḥammads erging, verstanden. Zum Zeitpunkt der Rezitation geschieht also wieder die Offenbarung in aller Autorität, Heiligkeit, Überzeugungskraft. Es handelt sich um eine ewig-gleiche Gegenwart.

c Gegenwart des Gerichtes. Noch in einem dritten Sinne ist »Gedenken« als muslimischer Gebetsvollzug zu entfalten. Der große frühe Meister der islamischen Aszese Ḥāriṯ al-Muḥāsibī (st. 857) lehrte, dass man sich den Gerichtsaugenblick jetzt schon lebendig vor Augen halten sollte. Die Abrechnung, die uns bevorsteht, ist jetzt schon zu vollziehen; nur so kann der Mensch sich bessern.

Kirche: Gedenken als Geschichte

Gedenken ist christlich nur über die Betrachtung der Geschichte, ja als Geschichte zu fassen.

a Feier der Geschichte. Das Gedenken der Kirche ist immer dankender Rückblick auf die empfangenen Wohltaten, der den Vorblick und die Vorfreude auf das Kommende ermöglicht. Dies gilt nicht nur in der individuellen Besinnung auf das eigene Leben, sondern vor allem für die Anamnese der Heilstaten Gottes an seinem Volk. Durch die Auferstehung Christi ist dem Glaubenden eine Perspektive eröffnet – das Ziel menschlichen Lebens ist: wie Christus in die unendliche, mich erlösende, aber nicht auflösende Gottesgemeinschaft einzugehen (Römer 6,5). Daraus ergibt sich sowohl eine Werteorientierung auf menschliche Gemeinschaft hin als auch eine Zuversicht, die zur schenkenden, aber nicht entselbsteten Liebe befreit; denn die Liebe wird nun als Vorfeier der Ewigkeit möglich. Die christliche Zuversicht hat also einen tatsächlich geschehenen Grund, die Christusgeschichte. Christliches Beten gründet und bezieht sich stets auf sie. In der Auseinandersetzung mit anderen Verständnissen von Gebet ist dies eine entscheidende Einsicht. Die Frage, ob Gott nicht auch Menschen, die Christus ablehnen, erhört, ist hier nämlich nicht ausschlaggebend. Er lässt es regnen über Böse und Gute. Jedoch wird alles Beten und Leben verwandelt, wenn es angesichts der Oster-Ereignisse geschieht. Es ist dann zum begründeten Vertrauen geworden. Die Zuversicht ist aus der Geschichte erfahrene Gewissheit.

b Betrachtung der Geschichte. Auch eine Gebetsform, die so statisch augenblicksbezogen wirkt wie die Anbetung, ist Betrachtung aufgrund von Geschichte. Das Beten bei der eucharistischen Anbetung kann ohne einen bewussten Gedanken auskommen; es kann die freudige, staunende, auch erschütterte oder schlicht treue gegenseitige Gegenwart ohne jedes bedachte Thema sein. Da die Form der Anwesenheit Christi aber eucharistisch ist, also auf seiner Lebenshingabe beruht, ist auch die stillste Anbetung christlich immer etwas konkret Geschichtsbezogenes. Sie setzt Christi Gekommen-, Gestorben und Auferstandensein voraus und vor die Menschheit hin. – Bei der Lektüre der biblisch bezeugten Heilstaten geschieht eine vielschichtige Wandlung. Die Bibel Israels wird als Altes Testament, das heißt im Lichte Christi gelesen – als Verheißung des Kommens Christi, als Gebet Jesu, als durch Christus erfülltes und heilsam gewordenes Gesetz. Bereits der Hebräerbrief liest die Bibel Israels als heute ergehenden Aufruf (z. B. Hebräer 4,7). Wenn Schriftlesung Gottesruf ist, dann ist jede betende Begegnung mit der Schrift ein geistlicher Bekehrungsvorgang. Der Mensch bringt darin sein Selbstverständnis mit dem Verständnis von allem in Kontakt. Ob bei der liturgischen Lesung oder in der persönlichen lectio divina: das geschehene und in der Schrift bezeugte Ereignis wird Berufung. Denn Gottes Handeln geschieht nicht über das allgemeine Gebot, aus dem mittels methodischer Ableitung das mir heute zufallende Handeln bereits deduzierbar wäre. Das der Kirche anvertraute Gebot ist vielmehr »neu«, und zwar nicht so sehr inhaltlich als formal: Liebt einander, wie ich euch geliebt habe (Johannes 13,34). Hier wird aus dem geschichtlichen Gedenken an die Christusliebe Eintritt in eine gegenwärtige Freundschaft (Johannes 15,14). Entsprechend ist die Betrachtung Christi (κατανοεῖν, Hebräer 3,1) Begegnung mit dem jetzt gegenwärtigen Christus. Daraus aber entsteht auch die Berufung des heutigen Jesusjüngers in einen Beruf und eine Lebensform. Diese waren bereits in der frühen Kirche unterschiedlich und nicht generell beispielsweise aus bestimmten Begabungen ableitbar; die Erwählung durch Gott, wie sie im Beten erkannt werden kann, folgt nicht menschlichen Standards, sondern geschieht in der Freiheit Gottes (1 Korinther 1,26; Matthäus 19,12; 1 Korinther 15,8). Wer sich so herausgerufen erfährt, versteht sich als in der Heilsgeschichte stehend, so dass sein Leben und Beitrag selbst Teil der Heilsgeschichte werden kann.

c Geschichte und Kunst. Betrachtung ist das Gebet nicht nur im besinnenden Erkennen des Gottesrufes; denn es führt über jede bisherige sprachliche Gefasstheit hinaus. Sprachformeln können so aufbrechen und

41 »Gott hat euch doch (seinerzeit) in Badr zum Sieg verholfen, während ihr (eurerseits) ein bescheidener, unscheinbarer Haufe wart. Darum fürchtet Gott! Vielleicht werdet ihr dankbar sein« (3:23). Der Vers bezieht sich auf die Schlacht bei Badr, wo die Muslime 624 gegen den Stamm der Qurayš von Mekka gesiegt hatten.

42 Vgl. 3:139: »Und lasst (in eurem Kampfwillen) nicht nach und seid nicht traurig (wegen der Schlappe, die ihr erlitten habt), wo ihr doch (letzten Endes) die Oberhand haben werdet, wenn (anders) ihr gläubig seid!«

43 3:145b: »Wenn einer diesseitigen Lohn haben möchte, geben wir ihm (etwas) vom Diesseits. Und wenn einer jenseitigen Lohn haben möchte, geben wir ihm (etwas) vom Jenseits. Und wir werden (es) denen vergelten, die (uns) dankbar sind.«

44 Auch *Parladır* spricht unumwunden von Lohn, Entgelt, ja Gegenleistung (karşılık), s. o. §§ [1.2.3.5].

sich von der Christusbegegnung befreien lassen zur Anerkennung der Herrlichkeit Gottes, die unsere Terminologisierung mit Unverhofftem überrascht. Jede Zeit muss ihr Betrachten, ihren Blick auf das Ganze, neu zum Ausdruck bringen. So kann Beten zum Dichten werden (Psalm 104,34); und traditionell kommen Worte im Gottesdienst melodisch zur Geltung. Die in der Kunst zur Geltung kommende Expressivität kann in je neuen Zusammenhängen wieder neue Erfahrung freisetzen. Stücke aus einem Choral Paul Gerhards bekommen in der *Matthäuspassion* Johann Sebastian Bachs einen neuen Sinn. Jetzt sind die Worte nicht mehr Zuspruch für das wankende Gemüt eines Christenmenschen; vielmehr werden sie jetzt zum Trostruf des Volkes an den soeben verurteilten Herrn. Sich selbst, aber hier nun auch Christus singt die Gemeinde ihre Ermutigung zu. Sie benennt die kosmischen Herrschertaten dessen, den sie selbst erst einmal nicht nennt: »Befiehl du deine Wege, / Und was dein Herze kränkt, / Der allertreusten Pflege / Des, der den Himmel lenkt! / Der Wolken, Luft und Winden, / Gibt Wege, Lauf und Bahn, / Der wird auch Wege finden, / Da dein Fuß gehen kann.« – Das Zwiegespräch poetischen Ausdrucks und religiösen Erlebnisses hat in jeder Generation der Christenheit auf beiden Seiten Neuland erschlossen.

4 Geschehen

Eine vierte Kategorie, die sich anlegen lässt, um islamische und christliche Gebetspraxis und -theologie zu erschließen, ist die Frage, was eigentlich geschieht, wenn der Muslim beziehungsweise der Christ betet. Hier lässt sich eine Antwort einerseits über den Begriff des Gewinns, andererseits über das Opfergeschehen skizzieren.

Islam: Geschehen als Gewinn

a Gewinn im Sieg. Der von Gott dem Frommen in Aussicht gestellte Sieg ist handgreiflich. Die gottesfürchtige Gemeinde wird physisch über ihre Feinde obsiegen.[41] Niederlage ist nicht als Weise göttlichen Handelns im Blick.[42] Ausdrücklich wird der diesseitige vom jenseitigen Vorteil unterschieden, ja zur Wahl gestellt.[43]

b Der Fromme gewinnt das Paradies. Der in Aussicht gestellte Lohn[44] für die Rechtschaffenheit ist aber eine Kompensation. Es besteht eine quasi kaufmännische, aber keine inhaltliche Beziehung zwischen der jenseitigen Freude und dem jetzigen Leben; das heißt, das Diesseits bestimmt das Jenseits – nach Leistung und nach Vorstellungsgehalt. Aber dass das Jenseits eine neue, wandelnde Lebensperspektive eröffnete, die erst beleuchten würde, was wahres Leben ist und sein kann, ist kein koranisches Muster.

Das Beten ist hier als belohnte Leistung ausdrücklich im Blick qua Gedenken Gottes – wohl als Sich-Erinnern an die eigene Verantwortung im Gericht – und als Bitte um Vergebung.[45]

c Gott gewinnt den Menschen. Noch ein ganz anderes Gewinnen aber muss behandelt werden, wenn untersucht wird, was nach muslimischer Vorstellung beim wahren Beten geschieht. Wer sich auf Gott verlässt, erfährt »Erleichterung«. Und hierbei handelt es sich nach koranischer Vorstellung selbstverständlich nicht um Einbildung oder einen psycho-mechanischen Vorgang, sondern um eine Tat Gottes.[46] An ein solches Geschehen kann der Koran auch erinnern, um daraus zu folgern: Daher sei zuversichtlich. Aber es handelt sich bei diesem Geschehen wie bei allem, was dem Propheten und seinen Adressaten geschieht, nicht um etwas Einzigartiges. Vielmehr sind Prophetenschicksale und das Ergehen der gehorsamen und ungehorsamen Völker als immer wieder ähnlich gedacht.[47] Im Gebet vollzieht sich *islām*, also die Unterwerfung unter Gott, so dass Gott den Menschen ganz in seinen Dienst nehmen kann.[48]

Kirche: Geschehen als Opfer

a Opfer Christi. Der christliche Beter tritt in ein lebendig bestehendes Wandlungsgeschehen ein. Es handelt sich um keinen in der Weltgeschichte regelmäßig auftretenden Vorgang. Vielmehr wird der Mensch der Kirche außerhalb jedes individuellen Heroismus in eine bereits vollzogene Dynamik aufgenommen: er schließt sich in allem Beten Christus an und vollzieht damit seine Taufe. Beten ist nicht Erbitten von etwas, das noch gar nicht bestünde, sondern Teilnehmen an der Selbstverwirklichung Gottes. Daher ist Beten immer auch Dank (Johannes 11,41, Philipper 4,6); es hat nämlich eine bestimmte Bewegungsrichtung: wie im Himmel schon wirklich, so möge es auch auf Erden geschehen.[49]

b Opfer der Herrlichkeit. Auch in Bezug auf die Sprache wird Beten im Blick auf Christus zum Opfer.[50] Denn man erkennt Gott in Christus immer besser, muss damit bisherige Vorstellungen aufgeben und wird sich klar, dass auch die

45 3:135f.: »Diejenigen, die, wenn sie etwas Abscheuliches getan oder (durch sündigen Lebenswandel) gegen sich selber gefrevelt haben, Gottes gedenken und (ihn) um Vergebung für ihre Schuld bitten – und wer könnte (den Menschen ihre) Schuld vergeben, außer Gott? – und (die) in dem, was sie (an Sünde) getan haben, nicht beharren, wo sie doch wissen (dass es Sünde ist), deren Lohn besteht in Vergebung von ihrem Herrn und in Gärten, in deren Niederungen (*wörtlich:* unter denen) Bäche fließen, und in denen sie (ewig) weilen werden. Welch trefflicher Lohn für die, die (im Guten) tätig sind!«

46 Ein schönes Beispiel ist die gesamte Sure 94, die »Das Weiten« heißt und sich offenbar an Muḥammad selbst richtet: »Haben wir dir nicht deine Brust geweitet (d. h. haben wir dir nicht (wieder) Mut gemacht?), dir deine Last abgenommen, die dir schwer auf dem Rücken lag, und dir dein Ansehen (*wörtlich:* deinen Ruf) erhöht? Wenn man es (einmal) schwer hat, stellt sich gleich auch Erleichterung ein. (Noch einmal:) Wenn man es (einmal) schwer hat, stellt sich gleich auch Erleichterung ein. (Wörtlich: Mit dem Schweren ist (immer auch) Leichtes (verbunden). Wenn du nun (mit etwas) fertig bist, dann (bleib nicht untätig, sondern wende dich einer neuen

letzten von uns gefundenen Sprachformen uns entzogen werden, um von der lebendigen Wahrheit Gottes selbst ihre wirkliche Bedeutung zu bekommen.

c Opfer Gottes. Man muss sich klarmachen, welche Anmaßung Beten eigentlich ist. Es setzt ja voraus, dass Gott Menschen Zugang zu sich ermöglicht, das stets neu unangemessene Aussprechen oder Verschweigen der göttlichen Wirklichkeit duldet, ja Widerstand zulässt. Wenn gleichzeitig behauptet wird, dass Gott menschliches Beten will, wird deutlich, dass in allem Beten schon Gottes Selbstverschenkung, Selbstauslieferung lebt. Sie aber macht unser Gebet dann nicht zu einem göttlichen Herablassungsakt, sondern lässt uns hineingelangen in die dialogische Wirklichkeit Gottes selbst.

d Opfer des Lobes. Das Leben der Dreifaltigkeit verwirklicht sich an jeder Stelle, wo ein Geschöpf beginnt, Gottes Gottheit anzuerkennen. Wo immer also das ἁγιασθήτω (Matthäus 6,9: »geheiligt werde dein Name«) erklingt, nimmt Gottes Herrlichkeit als seine frei anerkannt sein wollende Wirklichkeit zu. Jedes Gebetsgeschehen ist damit Teil des Wachstumsprozesses der Gottesherrschaft (vgl. 2 Korinther 4,15).

5 Geheimnis

Die letzte Kategorie stellt die Frage, wie christliches Denken und islamisches Denken mit der Transzendenz Gottes umgehen und wie sie ihr Beten entsprechend gestalten.

Islam: Geheimnis als Geduld

Geduld als Unterwerfung. Muslime wollen das Geheimnis Gottes nicht erkunden, sie halten denkerisches Erforschen Gottes für eine Bestreitung der Unterwerfung unter Gott, der allein weiß, was das Richtige ist.[51] Gefordert ist Aushaltens des Gotteshandelns, ohne es verstehen zu wollen. Klassisch wird diese Haltung als »Geduld« (*ṣabr*) bezeichnet. Dies malt die Mosesgeschichte

Aufgabe zu und) mühe dich ab (auch wenn du dabei in Schwierigkeiten gerätst. Sie werden nicht unüberwindlich sein, und du wirst es nachher wieder leichter bekommen)(?). Und stell dein Verlangen (ganz) auf deinen Herrn ein!«

47 Das chronologisch erste Beispiel gibt Sure 105; vgl. auch die übrigen sogenannten »Straflegenden« (*Josef Horovitz*, Koranische Untersuchungen, Berlin 1926, 10).

48 Das betont auch *Parladır* § [7], der gerne die traditionelle Redeweise verwendet, bei der man vom »Menschen« spricht, indem man »der Knecht« (kul /*ʿabd*) sagt.

49 *Heinz Schürmann*, Das Gebet des Herrn als Schlüssel zum Verstehen Jesu, Freiburg [4]1981, S. 73.

50 Vgl. *Wolfhart Pannenberg*, Analogie und Doxologie, in: ders., Grundfragen systematischer Theologie, Göttingen 1967, 181-201, 199.

51 Vgl. auch die Darstellung muslimischen Glaubens durch *Kenneth Cragg*: »Faith is not so much an exploration of mystery as an acknowledgement of that which warrants submission.« Art. Shahādah, in: The Encyclopedia of Religion, Band 13, New York 1987, 198-199, 199.

in Sure 18,65-81 aus. Mose soll einen Gottesdiener, wohl einen Engel, begleiten. Dieser warnt aber: »Du wirst nicht fähig sein, mit mir durchzuhalten. Wie willst du denn etwas durchhalten, über das du nicht Bescheid weißt?« Moses antwortet: »Du wirst, so Gott will, finden, dass ich ausdauernd bin, und ich werde mich dir in nichts, was du mir (etwa) befiehlst, widersetzen.« Damit ist das Stichwort gefallen. Das mit »ausdauernd« übersetzte Wort ist *ṣābir* – »geduldig«. Der Diener Gottes gibt zurück: »(Gut!) Aber wenn du mir nun folgst, dann frag mich nach nichts, solange ich dir nicht von mir aus etwas darüber sage!« Nun verübt der Gottesdiener drei Taten, die dem Mose als schweres Unrecht erscheinen müssen. Jedes mal hakt Mose nach, gegen die Abmachung. Am Ende klärt sich alles auf. Was wie Übeltat aussah, hatte stets seinen guten Grund, so der Koran. Uns mögen die Antworten, die Moses erhält, nicht ganz befriedigen. Unter anderem wurde der einzige Sohn einer Familie getötet. Grund: Gott will den Eltern einen besseren schenken. Auszuhalten, dass die Erklärungsversuche nicht ganz befriedigen, gehört zur Logik der Geduld. Gott hat für sein Handeln, auch wenn es uns absurd erscheint, seine Gründe; der Geduldige fragt nicht danach, er unterwirft sich: er vollzieht den *islām*.

Kirche: Geheimnis als Sakrament

Christlicherseits ist eine Gebetstheologie als Reflexion des Geheimnisses zu entwickeln, in der die Sakramentalität aller kirchlichen Vollzüge zur Sprache kommt. »Sacramentum« ist die frühe bibellateinische Übersetzung von μυστήριον,[52] dem griechischen Wort für »Geheimnis«. Die christliche Fassung von Geheimnis zeigt sich im Gegenzug zu einer gnostischen Erlösungsvorstellung, die über die Einsicht des Einzelnen in die Weltstrukturen Heil verspricht.

a Sakrament aus Geschichte. Es gehört zur Besonderheit von Sakramenten im kirchlichen Verständnis, dass sie auf einer bestimmten tatsächlich geschehenen Ereignisreihe basieren und diese anschlussfähig machen. So geschieht alles christliche Beten im Geist des Danksagens für die geschehende Heilsgeschichte. Die Orationen der römischen Liturgie bringen immer erst eine Erinnerung an Geschehenes, um von dort zur Bitte überzugehen. Und wo

52 Historisches Wörterbuch der Philosophie, Band 8, Spalte 1129.

53 »Wir wurden mit ihm begraben durch die Taufe auf den Tod; und wie Christus durch die Herrlichkeit des Vaters von den Toten auferweckt wurde, so sollen auch wir als neue Menschen leben.«

54 Der Auferstandene beauftragt seine Jünger: »Wem ihr die Sünden vergebt, dem sind sie vergeben; wem ihr die Vergebung verweigert, dem ist sie verweigert.«

55 *Günter Bornkamm*, »Homologia. Zur Geschichte eines politischen Begriffs«, in: *ders.*, Gesammelte Aufsätze, Band 3, München 1968, 140-156.

56 *Angelus A. Häußling*, »Pascha-Mysterium«, in: Archiv für Liturgiewissenschaft 41 (1999) 157-165.

57 So wird etwa Abraham mit dem Attribut *muslim* versehen (3:67).

immer die Kirche ein Sakrament feiert, eröffnet sie damit die Möglichkeit, am Leben Christi teilzunehmen, das heißt an seinem Tod und seiner Auferstehung (vgl. Römer 6,4[53]).

b Sakrament der Gemeinschaft. Nicht Entschluss oder Einsicht des Einzelnen, sondern die Gemeinschaft des Leibes Christi, dem sich der Einzelne anvertraut, ist für das Christentum der erlösende Faktor. Die von der Bibel bezeugte Heilsgeschichte ist die Geschichte Gottes, der sich an einen ganz bestimmten corpus gebunden hat, an sein Volk Israel, seinen Sohn, seine ἐκκλησία. Nur wo Menschen anerkennen, dass sie die Erlösung nicht aus sich selbst vollziehen können, sondern sich auf die göttlich eingesetzte Vermittlungsgestalt verlassen, geschieht nach christlichem Glauben Erlösung (vgl. Johannes 20,23[54]).

c Sakrament in Gebrochenheit. Das betende Handeln der Kirche arbeitet nicht in eindeutigen Formeln, sondern in zeichenhaften Formen, in Gesten und verdichteten Worten. Durch ihre nicht nur verbale, logische Form sprechen Sakramente verschiedene Bewusstseinsebenen des Menschen an. Es besteht die Möglichkeit zum rationalen Nachvollzug des Ereignisses, zur staunend anbetenden Betrachtung, ja zum sinnlichen Erleben. Das Tradierte lässt sich daher auch immer neu entdecken. So wird die Offenbarungsgeschichte Gottes, wie sie die Kirche bezeugt, zur Selbstübergabe Gottes, der sich zeigt, bindet, zur Verfügung stellt, und zugleich in einem neuen Sinne eine Bezeugung der Entzogenheit Gottes: Gott zeigt sich als lebendig und frei; er entspricht nicht unseren ersten Begriffen von Macht oder Transzendenz, will seine Macht vielmehr in der Liebe verwirklichen, in die die Geschöpfe einstimmen. Ausgangspunkt des kirchlichen Zeugnisses ist die Erfahrung der Auferstehung Christi. Sie ist ein Ereignis, das in der gesamten Geschichte nichts wirklich Vergleichbares hat; daher lässt sie sich auch nicht mit unseren gewohnten Kategorien definieren. Wir müssen sie staunend bekennen und im Bekenntnis[55] auch eingestehen, wie unangemessen wir selbst uns nur zu dem Ereignis der angebrochenen Geschichtserfüllung stellen. Dass Gott Geheimnis im Sinne des überwältigend Unerwarteten wie des heimholenden Bergens ist, zeigt sich in einer Theologie, die das Mysterium als Sakrament fasst und so zeigt, wie Gott nicht mehr Geheimnis ist qua unzugänglich, sondern begehbar, erkennbar, nachvollziehbar.[56]

Fazit

Die These, dass muslimischerseits rechtes Beten als *islām*, im Lichte christlicher Theologie aber als das Leben der Dreifaltigkeit hervortritt, ist nun möglicherweise besser zu verstehen. *Islām* bezeichnet ja bereits im Koran nicht nur die durch Muḥammads Verkündigung begründete Religion; *islām* benennt vielmehr auch rechte Religiosität.[57] Die Aufgabe des Menschen ist demgemäß, sich dem Willen Gottes zu unterwerfen, ohne Sicherheit zu haben, dass dieser Wille in einem nachvollziehbaren, zugänglichen Sinne gut für mich ist. Diese Unterwerfung spiegelt sich in zahlreichen Weisen islamischen Lebens, in den Ehrfurchtsgesten des Ritualgebets[58], in den Wortformen der Anerkennung göttlicher Überlegenheit, in der mystischen Praxis des *tawakkul* – des selbstlosen Gottvertrauens – oder in der theologischen Haltung der Nichteinsehbarkeit des göttlichen Planes. Als treffendste christliche Bestimmung des Gebetes wurde vorgeschlagen: Beten ist das Leben der Dreifaltigkeit. Dies kann nun dreifach expliziert werden. a. Beten ist das Leben der Dreifaltigkeit, weil es an der gegenseitigen Verherrlichung und Übereignung der göttlichen Personen teilnimmt; es vollzieht also die *Dynamik* Gottes selbst mit. b. Beten ist das Leben der Dreifaltigkeit, weil Menschen sich von sich aus gar nicht in einem Sinne zu Gott in Beziehung setzen können, der Gemeinschafts- und Erfüllungscharakter hätte; weil wir jedoch aus der Christusgeschichte heraus mit dem Geist, der uns zu Gotteskindern macht, erfüllt sind, können wir Jesu Abba-Haltung mitleben; dies aber ist kein indiskretes Eindringen in eine intime Liebensbeziehung. Das Leben der göttlichen Dreifaltigkeit ist vielmehr gerade qua trinitarisch darauf aus, die Geschöpfe in das göttliche Leben hineinzunehmen. So findet Beten in der Trinität seinen *Grund*. c. Schließlich handelt es sich beim Beten deshalb um »Leben der Dreifaltigkeit«, weil der Betende die Dreifaltigkeit erlebt; er erkennt, weil er betet, Christus tiefer, und betet, weil er Christus tiefer erkennt. In der Kenntnis der Christusgeschichte aber zeigt sich dem Betenden der Vater Jesu Christi, dem er sich deshalb in Gehorsam und Vertrauen übergeben kann und der den Betenden mit seinem Geist in die göttliche Wirklichkeit hineinverwandelt. Die Trinität ist also zugleich *Subjekt und Objekt* rechten Betens.

Wenn Beten mehr denn Hinreden ins Transzendente sein will, wenn es vielmehr Aussicht auf Erfüllung haben will, dann muss es sich auch dafür interessieren, ob es Erfüllung des Gotteswillens ist. Hier besagt nun das christliche Zeugnis, dass eine Gemeinschaft mit Gott nur dann möglich ist, wenn man anerkennt, dass man sie nicht selbst herstellen kann (vgl. Römer 5,1; 8,26; 12,1). Beten ist etwas, das erst durch den Gottesgeist selbst bewirkt wird; für alles Beten Israels – so wird die christliche Theologie sagen – ist die gebetsermöglichende Gottesgemeinschaft in der Erwählung des Gottesvolkes geschenkt. Für alle Menschen, die nicht zum alttestamentlichen Bundesvolk gehören, ist diese Gemeinschaft ermöglicht, indem jedem der Eintritt in die Christusgeschichte eröffnet ist. Aus der Sicht christlicher Anthropologie ist echtes Glauben und Bekennen nicht ohne Annahme der Christuswirklichkeit möglich. »Wir glauben und bekennen einen Gott, wenn auch in verschiedener

58 »Moschee« ist aus dem arabischen *masǧid* gebildet: »Ort der Niederwerfung«.

Weise.« Die von Benedikt XVI. im Zitat Gregors VII. angesprochene Weise, Gott zu glauben und zu bekennen, ist nicht Weise im Sinne einer Spielart, ist kein Stil unter verschiedenen möglichen. Die kirchliche Weise enthält vielmehr das Bekenntnis, dass rechtes Glauben und Bekennen Gottes, die Unmittelbarkeit zu Gott, dem Menschen nicht schon qua Geschöpf zur Verfügung steht. Der Mensch braucht einen besseren Grund, sich in der Gemeinschaft Gottes wissen zu dürfen, als nur die Behauptung, dass man beten darf, ja soll; und dieser Grund ist einzig die biblisch bezeugte Heilsgeschichte. Die »Weise« des Glaubens und Bekennens kann man selbst als »Geist« bezeichnen (Galater 4,6; Römer 8,15).

Das hier Entwickelte soll abschließend in drei fachtheologischen Grundsätzen verdichtet werden.

a Auch Gotteslehre kann man nur treiben, wenn man die Soteriologie mitdenkt.

b Beten und Bekennen als geistliches Geschehen ist Geschehen des göttlichen Geistes und daher selbst Teil der göttlichen Wirklichkeit.

c Der geschichtliche Grund der sonst anmaßenden Zuversicht, die alles Beten impliziert, liegt in den biblisch bezeugten Heilstaten Gottes.

Zusammenfassung

In der Auseinandersetzung mit heutiger islamischer Reflexion wird versucht, eine Gebetstheologie zu skizzieren, in der muslimische und christliche Bestimmungen sich gegenseitig profilieren und voneinander lernen. Ein türkischer Enzyklopädie-Eintrag wird übersetzt; anschließend wird eine eigene Gebetstheologie entworfen. Dies geschieht anhand der fünf Fragen, wie sich in einem koranischen und einem biblischen Rahmen Beten verhält zu den Begriffen von Gnade, Gemeinschaft, Gedenken, Geschehen und Geheimnis. Beten lässt sich islamischerseits als Vollzug der Grundhaltung islām (Ergebung) verstehen, christlicherseits als Leben der Trinität.

Abstract

In the debate with present-day Islamic reflection the article tries to sketch a theology of prayer in which Muslim and Christian determinations become mutually distinctive and learn from one another. An entry in the Turkish Encyclopedia of Islam is translated; the formulation of the author's own theology of prayer follows. This is done on the basis of five questions concerning how prayer relates to the concepts of grace, community, remembrance, event or occurrence, and mystery in a Koranic and a biblical framework. For Islam prayer can be understood as the performance of the basic attitude of islām (surrender), for Christianity as life of the Trinity.

Die Pforte des Paradieses durchschreiten

Islamische Paradiesvorstellungen als eine adventliche Gabe für die christlich-islamische Begegnung

von Günter Riße

1 Leben und Tod liegen in Gottes Hand

Was auch immer im Leben des Menschen geschieht, nichts geschieht ohne den absoluten und uneingeschränkten Willen Gottes. Er ist nicht nur der souveräne Schöpfer allen Seins, sondern er begleitet sie unablässig mit seiner Vorsehung. Alles Werden und Vergehen, das Geschick von Welt und Menschen, Heil und Unheil, Glück und Unglück, Gesundheit und Krankheit, Freude und Schmerz, Leben und Tod sind in seinem Willen beschlossen: Alles also liegt in Gottes Hand. Was er will, führt er in je neuer, freier Entscheidung und in eigener Souveränität aus: Gott ist der »*Herr aller Welt*« (Koransure 1,2)[1], »*der Herr des Ostens und des Westens*« (Sure 73,9). Wenn er »*eine Sache beschließt, dann sagt er zu ihr nur: ›Sei‹, und da ist sie*« (Sure 2,117).

In diesem Sinne ist Gott nicht nur der Schöpfer von Welt und Mensch, ihr Erhalter und Garant, sondern immer auch der »*Herrscher am Tag des Gerichtes*« (Sure 1,4).

Die Ankündigung des Tages des Gerichts ist eine der frühesten und wichtigsten Koranverkündigungen. Sie gehört zum Themenbereich der Auferstehung, der in der Heiligen Schrift der Muslime, dem Koran, breiten Raum eingeräumt ist. Gott wird am Jüngsten Tag alle Menschen, ohne Ausnahme, zur Rechenschaft ziehen und ihnen nach ihren Taten vergelten, d. h. sie zu belohnen oder sie zu bestrafen.[2]

Ausführlich ist in unzähligen Versen des Koran von der Auferstehung und dem Endgericht die Rede, vom Schicksal der Erwählten und vom Los der Verdammten, von den Freuden des Paradieses und den Qualen der Hölle. Auch die islamischen Hadith-Sammlungen legen in zahlreichen Vorstellungen und bildhaften Ausmalungen Zeugnis ab vom Endgericht und von der endzeitlichen Vergeltung.

1 Wir zitieren den Koran nach der Übersetzung von *Hans Zirker*, Darmstadt 2003.

2 Vgl. zum Themenbereich Tod, Auferstehung, Hölle und Paradies: www.religion-online.info/islam; *Johann Figl*, Tod und Auferstehung, Gerichts- und Paradiesesvorstellungen im Islam, in: *ders.* (Hg.), Handbuch Religionswissenschaft, Innsbruck/Göttingen 2003, 641-645; *Josef Horovitz*, Das koranische Paradies, in: *Rudi Paret* (Hg.), Der Koran (Reihe: WdF CCCXXVI), Darmstadt 1975, 61-73; *ders.*, Die paradiesischen Jungfrauen, in: ebd., 74; *Michael Klöcker/Udo Tworuschka* (Hg.), Ethik der Weltreligionen. Ein Handbuch, Darmstadt 2005.

2 Das Gute tun und das Böse unterlassen

Weil das eschatologische Gericht alle Menschen erwartet und auf alle zukommt, sind sie aufgerufen, sich in ihrem diesseitigen Leben zu bewähren. Jeder einzelne soll in treuer Betrachtung der göttlichen Gebote seinem Leben die gottgewollte Richtung geben. Da Gott den Menschen vor allen anderen Geschöpfen in seinem Schöpfungsakt bevorzugt hat, erwartet Gott von ihm Verlässlichkeit und Gehorsam. Um des Menschen Ergebenheit in Gottes Willen bezeugen zu können, stellt Gott ihn wieder und wieder auf die Probe: »*Wir prüfen und erproben euch mit dem Schlechten und dem Guten. Zu uns werdet ihr zurückgebracht*« (Sure 21,35). Weil aber Gott weiß, dass der Mensch von sich aus schwach ist, hat er ihm durch sein Wort im Koran Erleichterung geschenkt und ihn von drückender Last befreit.

3 Jeder wird den Tod erleiden

Niemand kann dem Tod entrinnen. Jeder Mensch wird einmal sterben. So steht es im Koran geschrieben: »*Wir bestimmen den Tod unter euch. Niemand hindert uns daran*« (Sure 56,60). Der Tod ereilt einen jeden Menschen, wo immer er sich auch gerade aufhalten oder wohin er sich auch gerade zurückziehen mag: »*Wo immer ihr seid, ereilt euch der Tod, selbst wenn ihr in hochgebauten Burgen wärt*« (Sure 4,78), und »*Sag: Der Tod, vor dem ihr flieht, der erreicht euch*« (Sure 62,8).

So ist der Tod der ständige Begleiter des Menschen. Gott selbst, der Herr über Leben und Tod, hat es so bestimmt (vgl. Sure 56,60), um euch zu prüfen und festzustellen, »*wer von euch am besten handelt*« (Sure 67,2). Keiner lebt ewig: »*Jeder kostet den Tod*« (Sure 21,35).

4 Die Deutung des Todes

Nach islamischem Verständnis ist der Tod nicht primär Folge der Sünde, sondern nach der von Gott bestimmten und festgesetzten Zeit Heimkehr zu ihm, der den Menschen auch in die Existenz gerufen hat: »*Dann kehrt ihr zu eurem Herrn zurück*« (Sure 6,164). Der Mensch wird aus dem diesseitigen Leben abberufen, um jenseits des Todes weiterzuleben. Eine besondere Bedeutung kommt dabei dem Todesengel zu. Von ihm heißt es im Koran: »*Sag: Der Todesengel, der mit euch betraut worden ist, beruft euch ab. Dann werdet ihr zu eurem Herrn zurückgebracht*« (Sure 32,11). Der Tod ist also keineswegs das Ende, bedeutet nicht den endgültigen Untergang. Im Gegenteil: Der Tod ist die Rückkehr des Lebens zu seinem Ursprung, ist Heimkehr zu Gott. Deswegen erkennt der Muslim bei allem Schmerz und bei aller Trauer, die der Tod verursacht, im Sterben den Willen Gottes, einen Menschen abzuberufen, wann und wo er will. So stirbt der Mensch im Vertrauen auf seinen Schöpfer, von dem es in Koransure 36,12 heißt: »*Wir schenken den Toten Leben*«.

5 Der Glaube an das Leben nach dem Tod

Was zwischen Tod und Auferstehung geschieht, wird ausführlich in der islamischen Überlieferung geschildert. Danach fällt dem Todesengel die Aufgabe zu, die Seele vom Körper des Verstorbenen zu trennen und sie für das bevorstehende Zwischengericht zum Himmel zu führen. Gehört sie zu den Gerechten, dann erfährt die Seele des Menschen dort, dass Gott sie für das Paradies bestimmt hat. Sie kehrt darauf noch einmal zu ihrem Körper zur Erde zurück. Zählt hingegen die Seele zu den Verdammten, wird sie bereits am untersten Himmelstor abgewiesen und an den Versammlungsort der Verdammten gebracht.

Dem Zwischengericht im Himmel folgt nach der Bestattung des Leichnams eine Befragung im Grab, an die sich die Wartezeit bis zum Endgericht am Jüngsten Tag anschließt. Der Zustand, in dem sich die Seelen während dieser Zeit befinden, kommt dem des trunkenen Schlafes gleich. Wenn schließlich der Jüngste Tag anbricht, scheint es ihnen so, »*als wären sie nur eine Stunde vom Tag verblieben*« (Sure 10,45) oder »*nur einen Abend*« oder »*den nächsten Morgen*« (Sure 79,46).

Die Ankündigung des Jüngsten Tages gehört zu den eindringlichsten und nachdrücklichsten Koranaussagen. »*Am Tag, da Gott sie allesamt auferweckt. Da tut er ihnen kund, was sie getan haben*« (Sure 58,6), wird ein »*Tag der Abrechnung*« (Sure 38,53) für alle Menschen sein. »*Gott ist von allem Zeuge*« (Sure 58,6). In anschaulichen Bildern beschreiben der Koran und die islamische Tradition das furchterregende Drama am Jüngsten Tag, wenn sich das eschatologische Gericht Gottes ankündigt. Eingeleitet wird dieses Gericht durch die sich in gewaltigen kosmischen Erscheinungen manifestierende »*große Unheilswoge*« (Sure 79,34).

Ankündigen wird den Tag des Gerichtes ein Posaunenstoß. Der Posaunenengel, in der Tradition Isrāfīl genannt, wartet in ständiger Bereitschaft auf den göttlichen Befehl. Sobald das Ende der Zeit gekommen ist, bläst er in die Trompete. Die islamische Tradition nennt diesen ersten Posaunenstoß den »Posaunenstoß des Schreckens«, denn ihm folgt die Vernichtung der bestehenden Weltordnung. Mit dem folgenden »Posaunenstoß der Ohnmacht« wird alle lebende Kreatur vernichtet. Der »Posaunenstoß der Auferstehung« schließlich kündigt den Tag der allgemeinen Auferstehung an. Dann wird Gott alle Toten auferwecken: »*Die Trompete wird geblasen und da eilen sie aus den Gräbern zu ihrem Herrn*« (Sure 36,51). Damit schließt sich der Kreislauf des Lebens, der von der Erschaffung des Menschen über seinen Tod zur Auferstehung führt, die nach koranischer Auffassung als Wiederholung der Schöpfung zu verstehen ist: Die erste Schöpfung Gottes, die Existenz im Diesseits, findet ihre Finalität in einer radikal neuen Schöpfung, der Existenz im Jenseits.

Für alle Menschen bricht nun die Stunde des eschatologischen Gerichtes an: »*Die Stunde kommt. An ihr ist kein Zweifel*« (Sure 40,59). Richter ist Gott allein. Er ist der gerechte Richter. Niemandem wird Unrecht getan, denn »*Gott weiß alles*« (Sure 24,64). In dieser Stunde steht jeder Mensch allein vor Gott. Einen Mittler gibt es nicht. Jeder ist für seine Taten allein verantwortlich. Allerdings kann Gott, sofern er will, jemanden die Möglichkeit der Fürsprache zugunsten eines Menschen einräumen. Laut Tradition gewährt Gott Muhammad und Jesus dieses Recht, eine wirksame Fürbitte für die Menschen einzulegen, um ihnen auf diese Weise den Weg ins Paradies zu ebnen.

Um festzustellen, was der Mensch in seinem irdischen Leben an guten und bösen Werken getan hat, kennen Tradition und Koran verschiedene Mittel. Da sind zunächst einmal die Bücher, in denen die Taten des Menschen wahrheitsgetreu aufgezeichnet sind. Daneben wird beim Jüngsten Gericht eine himmlische Waage für Recht und Gerechtigkeit sorgen. Schließlich erhalten die Engel von Gott den Befehl, die Menschen auf den Weg in die Hölle oder ins Paradies zu begleiten. Die islamischen Überlieferungen stellen diesen Weg als eine enge Brücke, als einen extrem schmalen Steg dar, dünner als ein Haar, schärfer als die Schneide eines Schwertes. Diese Brücke führt vom Gerichtsort über die Hölle hinweg zum Tor des Paradieses. Beim Versuch nun, die Brücke zu überqueren, stürzen die Ungläubigen in die Hölle, während die Gläubigen mit unvorstellbarer Geschwindigkeit hinübereilen und so ins Paradies gelangen. Dann folgt das endgültige Urteil. Gott allein fällt es in eigener Souveränität. Er vergibt, wem er will und er bestraft, wen er will. Sein Urteil ist definitiv gültig und unabänderlich: So heißt es in der Koransure 50,29: »*Das Wort wird bei mir nicht geändert und nie tue ich den Dienern Unrecht.*«

Was die Bücher, die Himmelswaage und der Weg über die Hölle hinweg ans Licht gebracht haben, besiegelt Gott durch sein endgültiges Urteil. Die Vergeltung, die das endgültige Urteil nach sich zieht, ist gerecht. Denn Gott ist der gerechte Richter, der jedem den ihm zustehenden Lohn zukommen lässt. Doch ist Gott kein kühler Abrechner, sondern in seiner Art gütig und barmherzig. Unverzeihlich ist nur der Unglaube: »*Denen, die ungläubig sind und von Gottes Weg abhalten, dann gläubig sterben, denen wird Gott nicht vergeben*« (Sure 47,34).

Neben Paradies und Hölle als den Stätten der ewigen Vergeltung erwähnt der Koran noch einen dritten Ort im Jenseits zwischen Paradies und Hölle, der Zwischenort. Dahin kommen jene Menschen, deren gute und böse Taten sich aufheben und ausgleichen. Ihr Aufenthalt dort ist zeitlich begrenzt. schließlich werden sie, sofern sie gläubig gewesen sind, ins Paradies eingehen.

Qualvoller Pein sind die Verdammten in der Hölle ausgesetzt. Als Gründe für die Verdammung nennt der Koran an vielen Stellen den Unglauben der

Menschen und ihre bösen Werke. Doch nicht alle in der Hölle Verweilenden müssen auf ewig in ihr verbleiben. Während die Ungläubigen auf immer den Qualen der Hölle ausgesetzt sein werden, können die Sünder unter den Gläubigen nach einer bestimmten Frist, wenn sie ihre gerechte Strafe verbüßt haben, in das Paradies gelangen. Jeder, der in seinem irdischen Leben das islamische Glaubensbekenntnis, die Shahada, gesprochen hat, wird einmal von der Tortur der Hölle befreit und erlöst werden.

Als Grund für den Lohn im Paradies nennt der Koran den Glauben in Verbindung mit den guten Werken: »*Die aber glauben und gute Werke tun, bekommen die Gärten des Glücks.*« (Sure 31,8). Darüber hinaus deutet der Koran auch die Möglichkeit der Anschauung Gottes an: »*An jenem Tag gibt es strahlende Gesichter, die zu ihrem Herrn schauen*« (Sure 75,22f).

Sowohl im Koran wie in der Tradition wird das Paradies als ein Garten dargestellt, in dem die Auserwählten alles bekommen, wonach sie verlangen: »*Sie bekommen, was sie wollen, bei ihrem Herrn. Das ist der Lohn für die, die das Gute tun*« (Sure 39,34). Die im Koran beschriebenen Details des Paradieses sind in späteren Jahrhunderten grundlegend für die islamische Gartenidee geworden. Wasserläufe, Quellen, Früchte, Blumen und Kräuter prägen das irdische Paradies. Das Paradies bietet, »*was die Seele begehrt und was die Augen genießen*« (Sure 43,71). Das Paradies besteht aus mehreren Gärten (Sure 55,46ff) und wird von Wärtern bewacht (Sure 39,73). In der Tradition wird die unvorstellbare Größe des Paradieses bildhaft beschrieben: »Es gibt einen Baum, in dessen Schatten ein Reiter hundert Jahre lang dahinreiten kann, ohne je den äußeren Rand des Schattens zu erreichen.«[3]

Im Paradies fließen Ströme von Wasser, Milch, Wein und Honig (vgl. Sure 47,15). Sure 56 schildert anschaulich das dortige Leben: »*Auf durchwobenen Polstern strecken sie sich einander gegenüber aus. Ewig junge Männer gehen unter ihnen umher mit Humpen, Kannen und einem Becher voll Quellwasser, von dem sie weder Kopfweh bekommen noch betrunken werden, und mit Früchten ihrer Wahl, Geflügelfleisch nach ihrem Begehr, Huris mit großen Augen gleich verwahrten Perlen*« (Sure 56,15-23). Daneben verheißt der Koran den Gottesfürchtigen Gärten, Glück und die Heirat mit großäugigen Huris (Sure 52,17-24).

6 Eine adventliche Gabe

Die anschaulichen Beschreibungen von Hölle und Paradies kann man wörtlich verstehen und sie werden so auch von manchen wörtlich verstanden. Aber es gibt auch einen anderen Zugang. »Die muslimischen Mystiker, die Sufis, haben es unternommen, hinter dem vordergründigen Sinn den Ausdruck von Ewigkeit, Reinheit und Sicherheit im Schutz des Schöpfers zu ergründen. Sie wollen deshalb die paradiesische Liebe als ekstatische Vereinigung der Gläubigen mit dem eschatologischen Ziel ihres irdischen Strebens verstehen.«[4] Und – ein weiterer Gedankenangang, den es zu beachten gilt: »Für den interreligiösen Dialog ist es ein adventliches Geschenk, zu entdecken, dass sich die dekorativen Sinnbilder des Paradieses, Palme, fließendes Wasser und Jungfrau, in der koranischen Darstellung der Geburt Jesu wiederholen und somit vom Anbruch eines überirdischen Friedens künden.«

Maria ist die einzige Frau, die im Koran namentlich erwähnt wird. Sie gehört zu den am meisten verehrten Frauen im Islam. Im Koran tritt Maria als ein Modell für weibliche Frömmigkeit, Mutterschaft und bedingungslose Unterwerfung unter den Willen Gottes hervor.[5] Zwar werden auch einige andere Frauen vom Koran im Zusammenhang mit Marias Leben zur Sprache gebracht, doch räumt die Heilige Schrift der Muslime keiner Frauengestalt so viel Platz ein wie der Mutter Jesu. Noch deutlicher wird dies, wenn man sich vor Augen hält, dass sogar eine ganze Sure, nämlich die neunzehnte, nach Maria benannt ist. Ihr Name erscheint im Koran häufiger als im Neuen Testament. Dem Koran zufolge wurde Maria noch vor der Geburt von ihrer Mutter Gott geweiht (vgl. Sure 3,35) und nach ihrer Geburt als junges Mädchen in den Tempeldienst gegeben. Unterrichtet wird sie in einer Nische des Tempels. Die meisten Gebetsnischen in den Moscheen tragen deshalb als Inschrift jenen Koranvers, in dem berichtet wird, dass Zakariya (= Zacharias), so oft er die Nische betrat, Maria auf wunderbare Weise mit Essen versorgt fand (vgl. Sure 3,37).

In der Tradition ist es vielfach Josef – im Koran findet er keine Erwähnung –, der im Tempel Maria versorgt. Tabari (gest. 923) bringt in seinem Korankommentar einen wunderschönen, tiefreligiösen Bericht über Josephs Entdeckung der Schwangerschaft Mariens und ihrer Speisung im Tempel. Hier in der Übersetzung nach Jean-Mohammed Ben Abd-el Jalil:

»Zu der Zeit, zu der Maria empfing, lebte ein naher Verwandter bei ihr, Joseph, der Zimmermann, genannt. Sie waren gemeinsam im Tempel, der nahe am Berg Sion lag. Es war einer ihrer größten Tempel. Joseph und Maria dienten dort (man sah den Tempeldienst als etwas sehr Hohes an: es war eine Ehre, dort zu dienen). Sie fegten den Tempel, sie reinigten ihn, sie führten alle notwendigen Verrichtungen zu seiner Erhaltung aus. Und niemand kam ihnen zu ihrer Zeit an Eifer und Frömmigkeit gleich.

3 Vgl. *Sahih Muslim*, 40,6784.

4 *Barbara Huber-Rudolf*, www.kfh-mainz.de/newsletter/2000901/pt_1.htm; das nächste Zitat ebd.

5 Vgl. *Hans Waldenfels*, Maria zwischen Talmud und Koran, in: ZMR 73 (1989) 97-108; *Günter Riße*, Gott demütig ergeben. Maria – Grenzgängerin im Gottes-Glauben von Christen und Muslimen, in: *George Augustin/Klaus Krämer* (Hg.), Gott. Ihn bedenken und bezeugen, FS für Walter Kardinal Kasper. Mit einem Geleitwort von Papst *Benedikt XVI.*, Freiburg 2008, 628-639.

Der erste, der die Schwangerschaft Mariens bemerkte und tief darüber erschrak, war Joseph. Als er ihren Zustand sah, war er darüber entsetzt, entrüstet und bekümmert. Er wußte nicht, wie er sich das erklären sollte. Begann er Maria zu beargwöhnen, so erinnerte er sich ihrer Tugend und ihrer Unschuld und dachte daran, daß sie ihn keinen Augenblick verlassen hatte. Wenn er sich vornahm sein Schuldgefühl zu vertreiben, so wurde er doch wieder von ihm eingefangen durch den Zustand, in dem er Maria sah. Als ihn das schwer bedrückte, sprach er zu ihr:

J. Es ist mir unvermutet etwas an dir aufgefallen, begann er; ich tat mein Möglichstes, um es zu unterdrücken; aber es hat mich übermannt. Es wird mein Herz erleichtern, wenn ich davon spreche.

M. Sprich, sagte sie und halte gute Rede.

J. Ich will nur solches sprechen, antwortet Joseph. Sprießt das Korn ohne Samen?

M. Ja, erwiderte sie.

J. Wachsen die Bäume ohne Regen?

M. Ja, sagte Maria nochmals.

J. Kann es einen Sohn geben ohne Vater?

M. Ja, erwiderte endlich Maria. Weißt Du nicht, daß Gott (Ihm Lob und Preis) das Korn hat sprießen lassen, als er es erschuf, ohne Samen zu benötigen? Das jetzige Saatgut geht nur aus dem Korn hervor, das Gott am Anfang ohne Samen sprießen ließ. Und weißt du nicht, daß Gott durch seine Allmacht die Bäume hat wachsen lassen ohne die Hilfe des Regens? Das geschah durch dieselbe Allmacht, die den Regen befähigt, die Bäume zu beleben. Oder willst du wohl sagen, daß Gott die Bäume nicht hat wachsen lassen können, ohne den Regen zu Hilfe zu nehmen, und daß er, würde dieser fehlen, sie nicht hätte wachsen lassen können?

J. Nein, gab Joseph zur Antwort, das sage ich nicht. Denn ich weiß, daß Gott alles kann, was er will; er sagt zur irgend etwas: ›Sei‹, und es ist.

M. Weißt du nicht, fuhr Maria fort, daß Gott den Adam erschaffen hat und dessen Weib, ohne die Hilfe eines Vaters und einer Mutter?

J. Ja, erwiderte Joseph.

Als sie das gesagt hatte, ward Joseph dessen inne, daß ihr Zustand vom Willen Gottes herrühre, und daß er sie nicht darüber befragen dürfe, da sie ein Geheimnis hütete. Dann verrichtete er den Tempeldienst allein, und er nahm die Arbeit auf sich, die zuvor Maria getan hatte.«[6]

Ausführlich wird im Koran von Marias jungfräulicher Geburt, ihrem Aufenthalt im Tempel sowie von ihrer Kindheit und der Geburt Jesu berichtet. Und wie das Christentum bekennt auch der Koran, dass Jesus geboren ist aus der Jungfrau Maria (vgl. Sure 19,20 u. 3,47). Gott ließ Maria durch Engel mitteilen, er habe sie vor allen Frauen auserwählt und verkünde ihr ein Wort von sich, dessen Name der Messias Isa (Jesus) sei. Er werde schon in der Wiege zu den Leuten sprechen, im Diesseits wie im Jenseits angesehen sein und zu denen gehören, die Gott nahestehen. Sure 66,12 zufolge wurde Maria schwanger, als Gott ihr seinen Geist einblies, während Sure 19,16-33 berichtet, Gottes Geist sei der noch jungfräulichen Maria in Gestalt des Erzengels Gabriel erschienen und habe ihr die Geburt ihres Sohnes verkündet. Das immer wieder beschworene Ereignis in der koranischen Erzählung ist, dass Maria in ihren Wehen den Stamm eines dürren Palmbaums ergriff, der dann süße Datteln über sie schüttete. In besonderer Weise kann an Maria, die wahrhaftig, gerecht und fromm ist (vgl. Sure 5,75), das Handeln Gottes abgelesen werden. Als glaubensbereite Frau wird Maria als Beispiel für die Gläubigen hingestellt, *»die Gott demütig ergeben sind«* (Sure 66,12; 3,43).

7 Begegnung der Religionen: adventhaft

Im Koran ist Jesus einer der größten der Prophetengestalten, in der islamischen Mystik ein Heiliger, ein Sufi, und seine Mutter Maria eine auserwählte heilige Frau.[7] Für den christlich-islamischen Dialog sind Jesus und Maria – im wahrsten Sinn des Wortes – segensreich für ein tieferes Verstehen und Verständnis des Dialogs.[8] In diesem Sinn hat der interreligiöse Dialog etwas Adventhaftes in sich und für sich. Advent hier verstanden als Zeit der Vorläufigkeit, Wartezeit, Zeit des Aushaltens, des schon und noch nicht. Zeit und Raum eines adventlichen Engagements durch welches die Hoffnung wächst, dass der Friede der Religionen der Welt stetig wachse und Gestalt annimmt. Eine Zeit der Vision, so niedergeschrieben in der Vision des Nikolaus von Kues in seiner visionären Schrift *De pace fide*.[9]

Das Christentum ist eine Weltreligion in der Welt der Religionen mit einer langen Geschichte unterschiedlicher Dialogprozesse und Dialogerfahrungen.[10] Einen wesentlichen Baustein in der Begegnung zur Theologie der Kulturen und Religionen hat Hans Waldenfels, für den Theologie treiben ohne grundlegende Kenntnis der Religionen nicht mehr möglich ist, mit seinem wissenschaftlichen Œuvre hinzugefügt. Dialog bzw. Begegnung der Religionen – so der Grund-

6 *J.M. Abd-el-Jalil*, Maria im Islam, Werl 1954, 30-32; vgl. auch *Jürgen Neitzert ofm*, Jean-Mohammed Ben Abd-el Jalil OFM. Wegbereiter des christlich-islamischen Dialogs (Veröffentlichungen der Johannes-Duns-Skotus-Akademie für franziskanische Geistesgeschichte und Spiritualität 28), Mönchengladbach 2009.

7 Vgl. *Annemarie Schimmel*, Jesus und Maria in der islamischen Mystik, München 1996, 141-158; *Wolfgang Klausnitzer*, Jesus und Muhammad. Ihr Leben, ihre Botschaft. Eine Gegenüberstellung, Freiburg 2007.

8 Literatur zum Dialog: Die Reihe Theologisches Forum Christentum – Islam, hg. v. *Hansjörg Schmid/Andreas Renz/Jutta Sperber/Adel Theodor Khoury*, Kommen Muslime in den Himmel? Gelangen Christen ins Paradies? Beiträge zum christlich-islamischen Dialog, Würzburg 2007; *Emilio Platti*, Christen und Muslime: Freunde oder Feinde? Herausforderung an die Moderne (Schriftenreihe der George-Anawati-Stiftung 6), Freiburg 2010; *Jean-Jacques Pérennès*, Georges Anawati (1905-1994). Ein ägyptischer Christ und das Geheimnis des Islam (Schriftenreihe der George-Anawati-Stiftung 7), Freiburg 2007; *Hans Vöcking* (Hg.), Nostra Aetate und die Muslime. Eine Dokumentation (Schriftenreihe der George-Anawati-Stiftung 8), Freiburg 2010.

9 Vgl. *Felix Körner*, Kirche im Angesicht des Islam. Theologie des interreligiösen Zeugnisses, Stuttgart 2008, 129-144.

10 Vgl. *Hans Waldenfels*, Phänomen Christentum. Eine Weltreligion in der Welt der Religionen (Begegnung 10), Bonn/Alfter 2002.

ansatz seiner Dialogarbeiten und Dialogerfahrungen – ist immer zunächst ein Gespräch zwischen Menschen, ein Zwiegespräch zwischen religionskundigen Menschen. Nicht Religionen führen ein Gespräch, sondern die Anhänger der Religionen. Darauf hat Hans Waldenfels immer wieder aufmerksam gemacht, wie auch für ihn Begegnung nur dort stattfinden kann, wo jeder der Gesprächspartner aus Überzeugung und im Bewusstsein seiner Verantwortung und seinem Wahrheitsanspruch seine Religion vertritt. Desweiteren insistiert Hans Waldenfels nachdrücklich darauf, dass in der Zeit der Begegnung ein jeder Dialogpartner sich zu bemühen hat, den anderen so ernst zu nehmen und so zu verstehen, wie jener sich selbst versteht und seine Religiosität lebt und Gestalt gibt.[11]

Die »Goldene Regel« – behandle andere so, wie du von ihnen behandelt werden willst – hat auch in der Begegnung der Religionen ihren angestammten Platz. Anders gesagt, ein jeder der Dialogpartner sollte es wagen, sich in die Lage des anderen zu versetzen, als er sich zum Ziel setzt, von dem anderen so verstanden zu werden, wie er sich in seinem eigenen religiösen Bewusstsein begreift. Das heißt konkret: Offenheit dem Andern gegenüber, Vertrauen schaffen, sich ihm letztlich offenbaren. Unter Berücksichtigung dieser Prämissen gehen wir dann aus einem Religionengespräch anders heraus, als wir hineingegangen sind. Durch den Dialog der Religionen sind und werden wir immer wieder in eine neue Lage versetzt, erlangen wir in unserem je eigenen Glauben ein neues Identitätsbewusstsein. Der Religionendialog führt – in der Offenheit der zu Führenden – zu einer grundlegenden Vertiefung der je eigenen Glaubensidentität.[12] Folkert Doedens geht noch einen Schritt weiter und vertritt in seinen Thesen zum interreligiösen Lernen die Auffassung, dass Identität überhaupt erst im Dialog entsteht: »Identität entsteht im Dialog mit dem Anderen; in der Begegnung mit dem Fremden entwickelt sich Eigenes«.[13]

11 Vgl. dazu von *Hans Waldenfels*, Kontextuelle Fundamentaltheologie, Paderborn ^{4}2005; *ders.* (Hg.), Reihe: Begegnung der Religionen, Bd. 1: Theologische Versuche I (1990); Bd. 6: Gottes Wort in der Fremde. Theologische Versuche II (1997); Bd. 13: Auf den Spuren von Gottes Wort. Theologische Versuche III (2004); *ders.*, Christus und die Religionen, Regensburg 2002; *ders./Heinrich Oberreuter* (Hg), Der Islam – Religion und Politik (Politik- und Kommunikationswissenschatliche Veroffentlichungen der Görres-Gesellschaft 23), Paderborn u. a. 2004.

12 Vgl. *Werner Höbsch*, Die Sprache des Anderen. Überlegungen zu einer Theologie des Dialogs, in: *Peter Hünseler* (Hg.), Im Dienst der Versöhnung. Für einen authentischen Dialog zwischen Christen und Muslimen, FS Christian Troll, Regensburg 2008, 105-113.

13 *Folkert Doedens*, Thesen zum interreligiösen Lernen. Wider den Vorwurf der neutralisierenden Religionenkunde, in: Feuervogel 2 (1996), Heft 1, 7 (nach: www.iwb-hamburg.de).

14 *Johannes Paul II.*, Enzyklika Redemptoris Missio, 7. Dezember 1990, Nr. 56. Vgl. auch: Die offiziellen Dokumente der katholischen Kirche zum Dialog mit dem Islam, hg. v. *CIBEDO e.V.*, zusammengestellt von *Timo Güzelmansur*, mit einer Einleitung von *Christian W. Troll*, Regensburg 2009; *Ernst Fürlinger* (Hg.), Der Dialog muss weitergehen. Ausgewählte vatikanische Dokumente zum interreligiösen Dialog (1964-2008). Mit einem Vorw. v. *Karl Kardinal Lehmann*, Freiburg 2009.

Ein letzter Gedanke. Fruchtbar wird der Dialog der Religionen, wenn er auch die wahre Achtung eines jeden Menschen einschließt, damit dieser dann seine Religion frei ausüben kann. Innewohnend und geprägt ist ein wahrer Dialog der Religionen fundamental vom Dialog des Friedens und der Gerechtigkeit, von einer gemeinsamen Verantwortung für die Welt und die Menschen in dieser einen Welt. Dialog ist und bleibt Friedensaufgabe aller Menschen. Dialog ist – wie zuvor schon gesagt – adventhaft immer Dialog in Vorläufigkeit. Gestalt und ein Angesicht bekommt diese Vorläufigkeit in der Person Johannes des Täufers, Yahya wie der Koran ihn benennt und bezeugt.

Christlich gesprochen ist der Wegbereiter Johannes der Täufer, der mit dieser Festschrift zu Ehrende trägt seinen Namen, der letzte der alttestamentlichen Propheten. Von Gott gesandt bereitet der Täufer als Grenzgänger und »Türschwellensteher« die Wege des Herrn und ebnet die Pfade. Der Dialog mit dem Islam, ein jeder Dialog der Religionen ist und bleibt, vom christlichen Standort her betrachtet, vorläufig, sein Endziel ist, mit den Worten des Kusaners gesprochen, dem kommenden Äon vorbehalten. Zur Notwendigkeit und Legitimität des interreligiösen Dialogs in die Zukunft hinein und zu dem es keine Alternative gibt, steht bleibend das prophetisch-prospektiv, adventhaft gesprochene Wort von Papst Johannes Paul II in seiner Enzyklika *Redemptoris missio* vom 7. Dezember 1990: »Er (der Dialog) kommt aus dem tiefen Respekt vor allem, was der Geist, der weht wo er will, im Menschen bewirkt hat.«[14]

Zusammenfassung

Die anschaulichen Beschreibungen von Hölle und Paradies im Koran kann man wörtlich verstehen, aber auch im übertragenen Sinn. Für den interreligiösen Dialog ist es eine adventliche Gabe, zu ergründen und entdecken, dass sich die Bilder des Paradieses, Palme, fließendes Wasser und Jungfrau, in der koranischen Darstellung der Geburt Jesu wiederholen. In der Begegnung der Religionen gilt es, künftig die adventhafte Dimension des Religionendialogs verstärkt in den Blick zu nehmen.

Abstract

The vivid descriptions of hell and paradise in the Koran can be understood literally, but also figuratively. For interreligious dialogue it is an Advent gift to comprehend and to discover that the images of paradise – palm, flowing water and virgin – are repeated in the Koranic representation of the birth of Jesus. In the encounter of religions it is essential that in the future one take the Advent-like dimension of the dialogue among religions into account to a greater degree.

Das Christentum
in der Religionsgeschichte

II

Mission und Identität

Inkulturation

Kontextuelle Theologien

Interkulturelle Freundschaft im frühneuzeitlichen China Das Beispiel von Matteo Ricci S.J. (1552-1610)

von Michael Sievernich

Für sein erstes in Chinesisch verfasstes Buch wählte der italienische Gelehrte und Missionar Matteo Ricci (1552-1610) mit Bedacht das Thema der »Freundschaft«, das im China der späten Ming-Zeit Konjunktur hatte. Durch Buch und Freundschaft als Medien interkultureller Verständigung wollte er westliches Weisheitswissen in Spruchform mit der zeitgenössischen chinesischen Kultur verknüpfen, in der das im konfuzianischen Denken wurzelnde Freundschaftsmodell in besonderer Blüte stand. Es blieb freilich nicht bei der intellektuellen Herausforderung einer sprachlichen Übersetzung, denn Ricci schloss über das gemeinsame wissenschaftliche Interesse Freundschaften mit Gelehrten des Landes, von denen nicht wenige den »Weg« des westlichen Weisen so überzeugend fanden, dass sie zum Christentum konvertierten.

Die verschiedenen Kulturen und Epochen haben zwar verschiedene sprachliche und kulturelle Ausdrucksformen, um Freundschaft unter Gleichen zu bezeichnen, eine interpersonale Beziehung auf gleicher Augenhöhe, bei der uninteressierte Zuneigung und Tugend ebenso zu den ungeschriebenen Regeln zählen wie geistige Kommunikation und helfendes Füreinander, auch in materiellen Dingen. In der europäischen Kultur haben Philosophen und Weisheitslehrer eine Schatzkammer von Reflexionen hinterlassen, wenn man exemplarisch an antike Autoren wie Aristoteles, Marcus Tullius Cicero und Seneca denkt, oder an die biblischen Quellen und die christliche Rezeption antiken Denkens durch Kirchenväter wie Augustinus oder Hieronymus. Aus diesem Schatz wurde im Lauf der Jahrhunderte immer wieder Neues und Altes hervorgeholt und in neue Kontexte eingepasst. Der frühen Neuzeit, der Epoche, in der Matteo Ricci seine humanistische Ausbildung erhielt und seiner Mission in China nachging, war die literarische Gattung der Anthologie von Sprichwörtern ebenso geläufig wie das Freundschaftsthema, das auch missionarische Bedeutung erlangte.

1 »Freundschaft« in der frühen Neuzeit

Zu den großen Denkern der frühen Neuzeit gehört der Humanist Erasmus von Rotterdam (1465-1536), der in einer immer wieder erweiterten Sammlung von Tausenden von Sprichwörtern *(Adagiorum Chiliades)* an prominenter Stelle über die Freundschaft sprach, um im Sinne der Renaissance die Welten der antiken und der christlichen Weisheit miteinander in Einklang zu bringen. Genau an der Epochenschwelle des Jahres 1500 erschien diese Sammlung von zunächst über 800 sprichwörtlichen Redensarten, Sentenzen, Maximen und Merksprüchen nebst eigenen Kommentaren, deren letzte, noch zu seinen Lebzeiten erschienene Ausgabe über 4000 Sentenzen zählte.

Wie beliebt solche Sammlungen waren, belegen nicht nur die sehr zahlreichen Auflagen der erasmianischen *Adagia*, sondern auch die zahlreichen weiteren Sammlungen der Zeit. So brachte am Druckort Venedig der Humanist Polidoro Virgili (1470-1555) eine lateinische Sammlung unter dem Titel *Proverbiorum libellus* (Venedig 1498) heraus, die auch Erasmus als Anregung diente. Von einem der Reformatoren, Johannes Agricola (1494-1566), erschien eine Sammlung deutscher Sprichwörter: *Drehundert gemener Sprickwörde, der wy Düdschen uns gebruken, unde doch nicht weten worher se kamen* (Magdeburg 1528), die in erweiterter Form ebenfalls mehrere Auflagen erlebte. Eine besondere Rolle sollte das mehrfach aufgelegte lateinische Werk des portugiesischen Humanisten und Dichters André de Resende oder Andreas Eborensis (um 1500-1573), eines Bewunderers des Erasmus spielen: *Sententiae et exempla ex probatissimis quibusque scriptoribus collecta et per locos communes digesta* (Lyon 1557), dessen fünfte Auflage (Paris 1590) wohl Matteo Ricci für sein Werk genutzt hat.

Die lehrhafte und zugleich unterhaltsame Sammlung von Desiderius Erasmus verlangt keine lineare Lektüre, sondern erlaubt dem Leser und der Leserin eine sprunghafte Lektüre, die beim Rezeptionsprozess alle Freiheit lässt. Daher haben Anordnung und Abfolge der Redensarten, Sprüche und Maximen auch keine innere Systematik, wohl aber ein Leitmotiv, das sich in zahlreichen Sentenzen widerspiegelt und den hermeneutischen Schlüssel der *Adagia* bildet. Denn die beiden ersten Sprichwörter sind gewiss nicht zufällig dem Thema der Freundschaft gewidmet, das für Erasmus auch biographisch von besonderer Bedeutung war, wenn man sein Netzwerk betrachtet, zu dem auch sein englischer Kollege Thomas Morus gehörte. Die Sammlung, mit der Erasmus das

1 [*Desiderius Erasmus*], Adagiorum chilias prima (Opera Omnia Desiderii Erasmi Roterdami, tom. II-1), ed. *M. L. van Poll-van de Lisdonk* et alii, Amsterdam 1993, 84 und 86; vgl. *Kathy Eden*, Friends Hold All Things in Common. Tradition, Intellectual Property and the Adages of Erasmus, New Haven/London 2001.

2 *Fray Pedro de Córdoba*, Doctrina cristiana y cartas. Prefacio de *Emilio Rodríguez Demorizi* (Biblioteca de Clásicos Dominicanos 3), Santo Domingo 1988, 28f. (Faksimile der Ausgabe von 1544 und moderne spanische Fassung).

3 Vgl. *Michael Sievernich*, Anfänge prophetischer Theologie. Antonio de Montesinos Predigt (1511) und ihre Folgen, in: *ders.* u. a. (Hg.), Conquista und Evangelisation. Fünfhundert Jahre Orden in Lateinamerika, Mainz 1992, 77-98.

Erbe der antiken Weisheit antreten und christlich anverwandeln wollte, wird eröffnet vom ersten Sprichwort: »Amicorum communia omnia« (*Adagia* I 1,1), welches das griechische Sprichwort »Τὰ τῶν φίλων κοινά« übersetzt, wonach Freunden alle Güter gemeinsam sind. Das zweite Sprichwort heißt: »Amicitia aequalitas. Amicus alter ipse« (*Adagia* I 1,2), wonach die Freundschaft zum Ausdruck bringt, dass Freunde gleich und ebenbürtig sind und dass der Freund ein »anderes Selbst«, ein *alter ego* ist.[1] Die beiden einleitenden Sentenzen verweisen nicht allein auf die hier verhandelte Frage der Freundschaft, sondern bilden auch eine Metapher der Gemeinsamkeit der antiken und christlichen Traditionen, die hier freundschaftlich zusammenfinden.

Fast zeitgleich tauchte das Thema der Freundschaft in einem frühen Katechismus Amerikas auf, verfasst von einem Zeitgenossen des Erasmus, der zur ersten Dominikanerkommunität in der Neuen Welt gehörte. Pedro de Córdoba (1460-1525) gehörte einer Gruppe von Missionaren an, die 1510 auf der Insel Española (heute Dominikanische Republik und Haiti) Aktivitäten entfaltete, darunter die, den eigenen Landsleuten prophetisch ins Gewissen zu reden. Für die Missionstätigkeit erstellten die Dominikaner einen Katechismus, der sich von anderen zeitgenössischen Katechismen unter anderem dadurch unterschied, dass er die katechetischen Stücke in eine heilsgeschichtliche Perspektive rückte. Der Katechismus, eines der ersten Erzeugnisse der Druckerpresse in Mexiko, erschien zunächst unter Pedro de Córdobas Autorenschaft in spanischer Sprache: *Doctrina christiana para instrucción e información de los indios, por manera de hystoria* (1544); wenige Jahre später wurde er unter Autorenschaft der Dominikaner als zweisprachige *Doctrina christiana en lengua Española y Mexicana* (1548) gedruckt. Im Prolog der ersten Ausgabe von 1544 kommt als Leitmotiv das Thema der Freundschaft zur Sprache. Mit dem Hinweis, dass Gott »euch« (Indios) und »uns« (Spanier) gleichermaßen geschaffen habe, betont der Katechismus die Gleichheit des Anfangs, die auch für das Ende gelte. Denn Gott habe alle zu Freunden, die nach dem Tod in seinem Haus, dem Himmel empfangen würden, wenn sie denn Freunde des großen Gottes sein wollten: »welche Freundschaft ihr erlangt, wenn ihr an ihn glaubt, euch taufen lasst und zu Christen werdet« (la cual amistad alcanzareis del si creyerdes en el y os baptizardes y tornaredes cristianos).[2] Auf der Verkündigung dieser Freundschaft und der Schönheit Gottes und seiner Schöpfung beruht die ganze katechetische Unterweisung für die Indios, welche die ersten Dominikanermissionare in der Neuen Welt konzipierten. Prophetischen Charakter erlangte das Freundschaftsthema als Gegenbild dessen, was die Indianer an schlechter Behandlung durch die Europäer erfuhren. Die Rede von der Freundschaft Gottes bildete also die positive Seite jenes Protests gegen die unmenschliche Behandlung der Indianer, die Antonio de Montesinos, der zu selben Dominikanerkommunität wie Pedro de Córdoba gehörte, vor fünfhundert Jahren in seiner Adventspredigt von 1511 wirkungsvoll artikulierte.[3]

2 Riccis Leben und Werk

Am Ende des 16. Jahrhunderts befasste sich auch Matteo Ricci im fernen Reich der Mitte, inspiriert durch seine humanistischen Kenntnisse der antiken Welt und seine durch Erfahrung und Studium erlangte Kenntnis der chinesischen Welt, mit der »Freundschaft« und widmete diesem Thema sein erstes chinesisches Buch. Es war eine Sammlung von zunächst 78 Maximen zur Freundschaft, die später in erweiterter Fassung in mehreren Auflagen gedruckt wurde, auch in Peking (1601). Wie das Thema »Freundschaft« bei Erasmus und Pedro de Córdoba zur interkulturellen Brücke wurde, die einmal diachronisch und einmal synchronisch geschlagen wurde, so bildet es auch bei Ricci eine kategoriale Vermittlungsgestalt, um europäische und chinesische Wertvorstellungen und Beziehungsideale diachronisch und synchronisch miteinander zu verbinden und für eine nicht-christliche Leserschaft eine Brücke zum Christentum zu bauen.

In selben Jahr, in dem Franz Xaver vor der Küste Chinas starb, wurde Matteo Ricci (1552-1610) in der kleinen italienischen, damals zum Kirchenstaat gehörenden Stadt Macerata geboren, erhielt am Jesuitenkolleg seiner Heimatstadt eine humanistische Ausbildung und ging anschließend im Alter von 16 Jahren zum Studium der Jurisprudenz an der Universität *La Sapienza* nach Rom. Doch statt dieser Karriere zu folgen, trat er 1571 in die Gesellschaft Jesu ein und studierte am *Collegio Romano* unter dem berühmten Christophorus Clavius, der in päpstlichem Auftrag den Gregorianischen Kalender reformierte, Mathematik und ihre Anwendungen auf Raum und Zeit, Astronomie und Kartographie. Mit einer Gruppe von künftigen Missionaren, die der Generalobere Eberhard Mercurian in den Fernen Ost entsandt hatte, segelte er 1578 von Lissabon nach Goa, dem Zentrum portugiesischer Aktivitäten in Ostasien, zu denen aufgrund des *Padroado* auch die Missionstätigkeit gehörte. In Goa studierte er Theologie und empfing im südindischen Cochin die Priesterweihe. 1582 entsandte ihn der zuständige Visitator des Ordens, Alessandro Valignano, zum Studium der chinesischen Sprache nach Macao. Nach mehreren misslungenen Versuchen von Missionaren, ins xenophobe China einzureisen, erlangten der ältere Michele Ruggieri und der jüngere Matteo Ricci 1583 die Erlaubnis zur Einreise und gründeten in der Stadt Zhaoqing in der südlichen Provinz Guangdong die erste Niederlassung, wo sich in einer fremdenfeindlichen Umgebung eine kleine Christengemeinde aus Konvertiten bildete. Vom Vizekönig vertrieben, wich Ricci, Ruggieri hatte sich derweil auf Europareise begeben, nach Shaozhou aus, wo er die zweite Niederlassung er-

4 Vgl. *Ronnie Po-Chia Hsia*, A Jesuit in the Forbidden City: Matteo Ricci 1552-1610, New York 2010; zu dem in Nanchang verfassten Werk über die Freunde vgl. 154-157.

richtete. Beim Versuch, im Gefolge eines Mandarins die Hauptstadt zu erreichen, musste er sich jedoch wegen fehlender Erlaubnis nach Nanchang zurückziehen, wo er die dritte Jesuitenresidenz gründete.[4]

In dieser Zeit sollten die ausschlaggebenden Entscheidungen für die Zukunft fallen, nämlich nicht mehr im buddhistischen Bonzengewand, sondern im seidenen Gelehrtengewand aufzutreten, den eigenen Namen in Li Madou (Transliteration von Ricci Matteo) zu sinisieren und sich »Mann des Weges« (daoren) zu nennen sowie chinesische Bücher zu schreiben. Sein erstes Buch in Chinesisch, die Anthologie von Sprüchen über die Freundschaft, entstand in der ersten Version 1595 in Nanchang und sollte Riccis literarischen Erfolg begründen.

Nach einem erneuten erfolglosen Versuch, im Gefolge eines Ministers in der Hauptstadt Fuß zu fassen, gründete er in Nanjing, für ihn die schönste Stadt der Welt, die nunmehr vierte Residenz und veröffentlichte eine weitere Version seiner chinesischen Weltkarte, deren erste Ausgabe schon 1584 erschienen war. Inzwischen zum Oberen der chinesischen Mission ernannt, gelang es Ricci schließlich nach vielen Schwierigkeiten und Rückschlägen bis hin zu Festnahme und Gefangenschaft, sich aufgrund eines kaiserlichen Erlasses in der Hauptstadt Peking niederzulassen. Zahlreiche zum Christentum konvertierte Freunde, darunter Gelehrte wie Li Zhizao und Xu Guangqi, halfen bei Übersetzungsarbeiten westlicher wissenschaftlicher Werke, der Verbesserung der Weltkarte (1603 xylographischer Druck der dritten Version) und der Erstellung seines wohl bekanntesten Werkes, das 1603 unter dem Titel *Die wahre Lehre des Herrn des Himmels (Tianzhu shihi)* erschien. Er nannte es seinen »Catechismus Sinicus«, obgleich er nicht wie ein üblicher Katechismus aufgebaut, sondern als Dialog zwischen einem chinesischen und einem westlichen Gelehrten konzipiert war, in dem philosophische, ethische und religiöse Gegenstände diskutiert werden. Zu seinen weiteren Werken in Chinesisch gehören außer einem Wörterbuch geisteswissenschaftlich, spirituell oder ethisch orientierte Werke, so ein Kompendium der christlichen Lehre *(Tianzhu jiaoyao)*, eine Übersetzung von Epiktets *Encheiridion* und ein Werk über Askese und Tugend sowie Zehn Diskurse eines paradoxen Mannes *(Jiren shipian)*, eine Sammlung von Sentenzen, Exempeln, darunter Äsops Fabeln. Auch ein Werk über die westliche Mnemotechnik *(Xiguo jifa)* und eine Sammlung von Liedern gehört in diese Rubrik. Zu den chinesischen Werken auf dem mathematisch-naturwissenschaftlichen Feld gehören eine Übersetzung der Elemente des Euklid, Werke über die Geometrie, die Arithmetik, die Himmelskonstellationen und das Astrolabium. Nicht zu vergessen die Weltkarten, mit denen er das chinesische Weltbild durch realistische Einbettung in die Erdkugel relativierte und zugleich durch eine spezifische Kartenprojektion China als »Reich der Mitte« bestätigte. Schließlich stammt von ihm ein historisches Werk, die Geschichte des Beginns der christlichen Mission in China, den er selbst mitgestaltet hatte *(Della entrata della Compagnia di Giesù e Christianità in Cina)*.

Die wenigen Hinweise können das enorme wissenschaftliche und humanistische Werk Riccis im Dienst der Mission nicht annähernd beschreiben, zeigen aber den »Meister des Westens« (»Xitai«), so sein Ehrenname, dessen Schriften zum Teil in kanonische Sammlungen des Landes aufgenommen wurde. Nach seinem Tod am 11. Mai 1610 wurde ihm auf kaiserliche Anordnung das Land für eine Grablege zur Verfügung gestellt, eine für Ausländer ungewöhnliche Ehre. Bis heute wird Ricci in China verehrt und sein Andenken zusammen mit dem zahlreicher anderer Missionare auf dem Pekinger Friedhof Zhalan[5] in Ehren gehalten.

3 Entstehung im chinesischen Kontext

Mit der wachsenden Erfahrung, dass gedruckte chinesische Bücher im Reich der Mitte mehr vermöchten als bloße Worte oder Predigten, verfasste Ricci 1595, als er in Nanchang wohnte, neben dem Werk über die Mnemotechnik, in der er meisterhaft war, ein Büchlein, das zunächst in Abschriften zirkulierte. So wenig zufällig die Wahl des Mediums Buch war, so wenig war es das Thema der Freundschaft, das er in Form meist antiker Zitate präsentierte. Zum einen bemühte sich Ricci nach dem Wechsel des äußeren Aussehens vom buddhistischen Mönch zum Gelehrten um weitgehende Akkomodation an die konfuzianisch geprägte Bildungs- und Beamtenelite nach dem Prinzip, das der italienische Visitator des Ordens für Asien, Alessandro Valignano grundgelegt hatte und das Ricci nun in der chinesischen Kultur anwandte. Er bemühte sich, ein Netzwerk von freundschaftlichen Beziehungen zu knüpfen,[6] was ihm nicht nur aufgrund seiner italienischen Flexibilität auch gelang; nicht weniger bedeutsam zum Gewinnen von chinesischen Freunden waren seine hervorragenden Kenntnisse der Wissenschaften, insbesondere der Mathematik, und seine erstaunliche Beherrschung des Chinesischen, bei der ihm sein ausgeprägtes eidetisches Gedächtnis zu Gute kam. In Nanchang, einer seiner Zwischenstationen auf dem Weg nach Peking, gewann er die Freundschaft des lokalen Fürsten von Jian'an Wang, eines entfernten Verwandten des Kaisers, dem er

5 *Edward J. Malatesta/Gao Zhiyu* (Ed.), Departed, yet present. Zhalan, the oldest Christian Cemetery in Beijing, Macau/San Francisco 1995 (Grabstele und Inschrift 130f).

6 Vgl. *Yuet Keung Lo*, My Second Self. Matteo Ricci's Friendship in China, in: Monumenta Serica 54 (2006) 221-241.

7 *Matteo Ricci*, Lettere (1580-1609). Edizione realizzata sotto la direzione di *Piero Corradini*. A cura di *Francisco D'Arelli*, Macerata 2001; wir zitieren die Briefe unter »Lettere« nach laufender Nummer und Seitenangabe des Zitats, hier Lettere Nr. 29, 318.

8 *Matteo Ricci*, Dell'Amicizia. A cura di *Filippo MIgnini*, Macerata 2005; diese Ausgabe enthält den chinesischen Druck von 1601 mit moderner italienischer Übersetzung, die italienische Übersetzung Riccis mit Autograph [British Library Additional Ms. 8803] (hier S. 109) sowie das chinesisch-italienische Vorwort von Qu Taisu der Ausgabe von 1599. In der Regel zitieren wir diese Ausgabe unter dem Sigel »Dell'Amicizia« und der Nummer der Sentenz, um die Vergleichbarkeit der Ausgaben zu gewährleisten.

9 *Ricci*, Lettere (Anm. 7), Brief Nr. 32, 337.

10 *Ricci*, Dell'Amicizia (Anm. 8), hier 98.

1595 die erste Fassung seines Büchleins über die Freundschaft schenkte. Freundschaftliche Einladungen und weisheitliche Gespräche mit fürstlichen Partnern bilden die biographische Erfahrung, aus der heraus Ricci sein *opusculum* konzipierte. Während dieser Zeit schrieb er im Brief vom 4. November 1595 aus Nanchang an den römischen Generaloberen der Gesellschaft Jesu, Claudio Acquaviva, über seine Reaktion auf eine solche Begegnung, nämlich die Verfertigung eines Buchs mit »unseren Sentenzen in den so schönen chinesischen Zeichen« (un altro libro con varie sententie nostre in lettere cina assai belle).[7]

Die Erfahrung einer Freundschaft greift Ricci im Proöm seines Büchleins auf, demzufolge es als Antwort auf die Anfrage des Königs von Chiengan (Jian'an) entstanden sei. Dies erlaubte es Ricci, die Freundschaft eines königlichen Gastgebers zu loben und auf philosophische Diskurse in intellektuellen Freundeskreisen anzuspielen, die in der Ming-Zeit als staatstragende Netzwerke große Bedeutung erlangten. Dann lässt Ricci seinen fiktionalen Dialogpartner sagen: »Il grande regno di Europa è regno di discorsi fondati nelle raggioni: desidero sapere quello che loro sentono della amicitia.«[8] Das wiederum gibt ihm Gelegenheit, sein Buch als »Antwort« zu begründen. Er habe sich in die Stille zurückgezogen, alles gesammelt, was er seit der Kindheit zu diesem Thema gehört habe und dann die folgende Sammlung verfasst.

Wie hoch Ricci sein kleines Werk selbst einschätzte, ergibt sich aus einem Brief vom 13. Oktober 1596 aus Nanchang, den er wiederum an Claudio Acquaviva in Rom richtete: »Im vergangenen Jahr habe ich zur Übung (per esercitio) einige Sprüche über die Freundschaft (De Amicitia) geschrieben, ausgewählt aus den besten unserer Bücher.« Doch so viele Gelehrte hätten ihn gebeten, das Büchlein sehen und abschreiben zu dürfen, dass er keine Kopien mehr zum Vorzeigen gehabt habe. Und einer seiner guten Freunde habe es an sich genommen und ohne seine Zustimmung drucken lassen.[9] Damit beginnt die Serie der verschiedenen Drucke des Werks, das zuerst nur in Abschriften unter dem Titel *You lun (Über Freunde)* kursierte. Vom ersten Druck, den wohl sein Freund Qu Taisu 1599 veranlasst hatte, ist kein Exemplar erhalten, wohl aber von den folgenden Drucken.

Die Pekinger Neuauflage von 1601 erschien mit Zustimmung Riccis, denn das Buch, nun unter erweitertem Titel *Jiaoyou lun (Worte über Freundschaft)*, trägt am Schluss das Siegel der Gesellschaft Jesu.[10] Diese Neuauflage der Sentenzensammlung enthielt nicht bloß die 67 Sprüche der ersten Ausgabe von 1595, sondern wurde auf insgesamt 100 Sprüche und Weisheiten über die Freundschaft erweitert. Zudem schrieb einer der großen Freunde Riccis, der fast gleichaltrige gelehrte Beamte Feng Yingjing ein lobendes Vorwort, das die Freundschaft preist. Denn »Xitai« (Meister des Westens) habe eine weite und schwierige Reise unternommen, um sich in China Freunde zu machen (per farsi degli amici). Sodann erinnert der gelehrte Chinese an die Bedeutung der fünf sozialen Beziehungen, die der konfuzianische Moralphilosoph Mengzi

(Mencius) im Hinblick auf ihr unterscheidendes Kriterium formuliert hatte. Es handelt sich um die Beziehungen Fürst – Untergebener (Rechtschaffenheit), Vater – Sohn (Zuneigung), Gatte – Gattin (Verschiedenheit der Tätigkeit), älterer Bruder – jüngerer Bruder (Abstand des Alters), Freund – Freund (Treue). Bei der fünften Sozialbeziehung der Freundschaft gehe es um Wechselseitigkeit, um gegenseitige Korrektur, Vervollkommnung und Harmonie individueller Unterschiede. Riccis Weisheit habe ihn mehr und mehr davon überzeugt, dass Mentalität und Lehre des Ostens und des Westens zusammenstimmen (che mentalitá e dottrina dell'Oriente e dell'Occidente sono identiche).[11]

Die Bedeutung der Freundschaft im chinesischen Kontext zur Zeit Riccis in der Endphase der Ming-Dynastie ergibt sich aus der alten Lehre des Konfuzius, dessen Namen Kong fuzi (Meister Kong) die Jesuitenmissionare bei ihrer Rezeption und lateinischen Übersetzung der altchinesischen Texte zu »Konfuzius« latinisierten. Dieser in der »Achsenzeit« (Karl Jaspers), eine Generation vor Sokrates lebende und wirkende Philosoph (551-479 vor Chr.) legte mit seiner Spruchweisheit die geistige Grundlage einer der ausgeglichenen philosophischen Schulen des alten China, die sich an Kultur und Moral orientiert, Treue und Gegenseitigkeit (Goldene Regel) lehrt und ihr Zentrum in der Menschlichkeit (ren) und den humanen Pflichten hat. Dieses Denken, das von konfuzianischen Philosophen wie Mengzi weiterentwickelt wurde, prägte über Jahrhunderte jene staatstragende Gelehrtenschicht, die als intellektuelle Beamtenschaft die institutionelle Grundlage für das kaiserliche China bildete, insbesondere in der Ming-Dynastie (1368-1644), aber auch unter der vorangegangenen Song- (960-1279) und der nachfolgenden Qing-Dynastie (1644-1911).[12]

Meister Kong gilt als Autor der Sammlung *Lunyu* (Gesammelte Worte), die zum Kanon der konfuzianischen Schriften gehört und zahlreiche Weisheiten, Sprichwörter und Sentenzen versammelt. Es sind Aussprüche des Konfuzius im Rahmen von Dialogen mit seinen Schülern oder Sprüche über Konfuzius, die von Schülern und späteren Autoren, nicht selten pseudepigraphisch, zusammengestellt wurden. Eine Reihe der unsystematisch gruppierten und in zwanzig Bücher eingeteilten Sentenzen geht auf das Thema der Freundschaft ein. So sollen im Verkehr unter Freunden Aufrichtigkeit, Treue und Solidität gelten, Freunde sollen Freunde einander auf ihre Fehler aufmerksam machen

11 *Ricci*, Dell'Amicizia (Anm. 8), hier Vorwort von Feng Yingjing in der Ausgabe von 1601, 53-61.

12 Zum plastischen Konzept der Freundschaft vom alten China bis zur frühen Neuzeit vgl. *Whalen Lai*, Friendship in Confucian China, in: Friendship East and West. Philosophical Perspectives, ed. by *Oliver Leaman*, Richmond (GB) 1996, 215-250.

13 Die Lehren des Konfuzius. Die vier konfuzianischen Bücher, chinesisch und deutsch. Übersetzt und erläutert von *Richard Wilhelm*, mit einem Vorwort von *Hans van Ess*, Frankfurt 2009, hier I,8 (S. 83) und XV,9 (S. 477).

14 Vgl. *Martin W. Huang*, Male Friendship and *Jiangxue* (Philosophical Debates) in Sixteenth-Century China, in: *ders.* (Ed.), Male Friendship in Ming China, Leiden/Boston 2007, 146-178, hier 146ff.

und sich gegenseitig im Guten fördern. »Mache Treu und Glauben zur Hauptsache. Habe keinen Freund, der dir nicht gleich ist« heißt eine Sentenz (I,8), und eine andere lautet: »Wenn du in einem Lande wohnst, so diene dem Würdigsten unter seinen Großen und mache dir die Besten unter seinen Gelehrten zu Freunden« (XV,9);[13] eine Maxime, die als Überschrift über Riccis Vorgehen im Reich der Mitte stehen könnte.

Außer dieser wirkmächtigen Tradition ist die praktische Bedeutung der Freundschaft in der Ming-Zeit zu berücksichtigen, die nicht auf einem individualisierten modernen Freundschaftsbegriff beruhte, sondern viel weiter gefasst war und Egalität sowie Reziprozität sozialer Verpflichtungen auf verschiedenen Ebenen umfasste. Freundschaftsverhältnisse gab es in Stadt und Land, unter Hochgebildeten und weniger Gebildeten, unter Nachbarn und Schülern. In einem hervorgehobenen Sinn jedoch betraf sie intellektuelle Vereinigungen von Freunden oder freundschaftliche Netzwerke, die aus gemeinsamen Ausbildungs- und Prüfungssituationen auf dem Weg zum höheren Beamtentum erwuchsen und die auf philosophischen Symposien, nicht selten mit Musik, gepflegt wurden.

Die ausklingende Mingzeit, in die Riccis Aufenthalt von einem Vierteljahrhundert in China fiel, war zugleich die Blütezeit einer Freundschaftskultur, in der intellektuelle Vereinigungen entstanden *(Jianghui)*, welche die Selbstkultivierung durch philosophische Debatten pflegten *(Jiangxue)*. Aus der Freundschaftskultur, die sich nur auf männliche Freunde bezog, erwuchsen auch Bestrebungen, die fünf kardinalen Sozialbeziehungen (wulun) der konfuzianischen Tradition neu zu bedenken. Das klassische Konzept ordnet die sozialen Beziehungen bekanntlich den beiden institutionellen Säulen von Staat und Familie zu, während die frei wählbare Beziehung von Freund zu Freund, angesiedelt jenseits der durch Abstammung und Herrschaft vorgegebenen Beziehungen, erst an fünfter und damit letzter Stelle folgt. Im 16. Jahrhundert nun schlugen Gelehrte wie der unkonventionelle He Xinyin eine abweichende Interpretation der konfuzianischen Tradition vor und rückten die frei wählbare Freundschaftsbeziehung an die erste Stelle. Denn die freundschaftliche Interaktion zwischen menschlichen Wesen, welche die strukturellen Grenzen von Staat und Familie überschritten, sei vollkommener und vollende die kosmische Bewegung zwischen Himmel und Erde in der Freundschaft. Diese auf systemische Veränderung zielende Idee verband sich mit zunehmender Wertschätzung der grenzüberschreitenden Mobilität durch Reisen, nicht zuletzt begründet mit der phonetischen Affinität von »Freund« (you) und »Reise« (you), so dass »Freunde machen« (jiaoyou) zugleich auf eine Beziehung der Grenzüberschreitung und Reise verwies.[14] Schon die erste Maxime aus den Gesprächen des Konfuzius vermerkte: »Freunde zu haben, die aus fernen Gegenden kommen, ist das nicht auch Freude?« (I,1) In der Vorrede zu seiner Sammlung von Sprüchen zur Freundschaft schreibt Ricci nun: »Ich, Matteo, fuhr vom fernen Westen über das Meer (navigai il mare) und gelangte nach China, angelockt vom Ruhm (fama) des großen Königreichs, den edlen Tugenden (virtù) seines Königs und den guten Sitten (buoni custumi), die von den alten Kaisern überliefert sind.«[15] Dieser erste Satz der Vorrede, eine Verneigung vor dem Reich der Mitte, ruft mithin wichtige Elemente der konfuzianischen Lehre wie Tugend und gute Sitten auf und verknüpft sie mit seiner weiten Reise aus dem fernen Westen. Diese *captatio benevolentiae* konnte leicht als Allusion auf die Reise aus fernen Gegenden verstanden werden und dürfte einen Modus der Akkomodation an die chinesische Kultur darstellen, wie auch der chinesische Titel von Riccis Werk *Jiaoyou* auf das »Freunde machen« durch weite Reisen anspielt.

In diesen Kontext des populären Freundschaftsthemas in der chinesischen Kultur der späten Mingzeit fügte sich Riccis Büchlein über die Freundschaft passgenau ein, zumal er eine sehr weite Reise unternommen hatte und in einer interkulturellen Synthese westliches und östliches Freundschaftsideal verknüpfte. Dabei sind ihm freundschaftliche Beziehungen mit chinesischen Gelehrten zugute gekommen, von denen einer, der Arzt Wang Kentang ihn wohl bei der chinesischen Ausarbeitung des Büchleins unterstützte.[16]

Die Bedeutung von wahren Freunden war für Ricci angesichts der negativen Erfahrungen des Verdachts und der Ausweisung, die er in den Anfangsjahren im xenophoben China verschiedentlich hatte machen müssen, auch biographisch von hoher Bedeutung. Überdies dürfte Ricci auch seine geistliche Ausbildung durch die ignatianischen Geistlichen Übungen geholfen haben, deren Erfahrung auf dem freundschaftlichen Gespräch mit Jesus Christus beruht. Denn in der »ersten Woche« der Exerzitien, in der es um die Konfrontation mit der Sündhaftigkeit geht, soll der Übende das Gespräch (coloquio) mit dem Gekreuzigten suchen, »so wie ein Freund mit einem Freunde spricht« (así como un amigo habla a otro).[17] Auch wenn Ricci das Exerzitienbuch und seine persönliche Erfahrung in seinem chinesischen Freundschaftsbuch nicht ausdrücklich erwähnt, sondern sich auf (spät)antike Autoren bezieht, dürfte der geistliche Hintergrund ein biographisch tragendes Element gewesen sein, sowohl in unwirtlichen oder feindlichen Kontexten als auch in der menschlich beglückenden Erfahrung von (neuen) Freunden.

15 *Matteo Ricci*, Über die Freundschaft. Dell'Amicizia, hg. von *Filippo Mignini*, Übersetzung von *Nina Jocher*, Macerata 2005, 30f.

16 Vgl. Die hervorragende chinesisch-englische Ausgabe *Matteo Ricci*, On friendship. One Hundred Maxims for a Chinese Prince, translated by *Timothy Billings*, New York 2009.

17 *San Ignacio de Loyola*, Obras completas, edición manual de *Ignacio Iparraguirre*, Madrid 1963 (BAC), darin: Ejercicios espirituales 196-273, hier Nr. 54, 211.

18 *Matteo Ricci*, Della entrata della Compagnia di Giesù e Christianità nella Cina. Edizione realizzata sotto direzione di *Piero Corradini*. Prefazione di *Filippo Mignini*. A cura di *Maddalena Del Gatto*, Macerata 2000, lib. III,12; 253f.

4 *Jiaoyou lun* – das chinesische Büchlein über die Freundschaft

In seinem Geschichtswerk *Della entrata della Compagnia di Giesù e Christianità nella Cina*, dessen Originalmanuskript im römischen Archiv der Gesellschaft Jesu liegt (ARSI) und das Nicolaus Trigault in lateinischer Übersetzung *De Christiana Expeditione apud Sinas suscepta a Societate Jesu ex P. Mattæi Ricci eiusdem Societatis Commentariis libri V* (Augusta Vindelicorum MDCXV) herausbrachte, beschreibt Ricci auch die Szene der freundschaftlichen Begegnung in Nanchang (1595), als er den Fürsten von Jiang'an, Qian Zhai, der ihn mit aller Etikette empfangen hatte, seine Weltkarte sowie seinen in Chinesisch verfassten Traktat *De Amicitia* als Geschenk überreicht habe. Hier gibt er als Grund für die Abfassung den oben erwähnten fiktionalen Dialog (fingendo) mit dem König an, der um ein Buch über das westliche Freundschaftsideal gebeten habe. Dies wiederum habe ihm Gelegenheit gegeben, als Antwort »unsere Philosophen, Heilige und alle alten und modernen Autoren zu sammeln«, welches Werk »das ganze Reich in Erstaunen« (fa stupire a tutto questo regno) versetzt habe. Das Buch sei dann von einem Freund des Paters in Chinesisch gedruckt und an anderen Orten nachgedruckt worden und habe den Beifall aller Gelehrten gefunden (con molto applauso di tutti i letterati). »Dies war das erste Werk, das der Pater in China in dessen Sprache machte, und mit dem er viele Freundschaften machte und vielen bedeutenden Personen bekannt wurde.« (Questa fu la prima opra che il Padre fece nella Cina in sua lettera, con la quale fece molte amicitie e venne a esser conosciuto da molte persone gravi.)[18]

Welche typischen Züge trägt nun dieses Büchlein, das so viel Aufsehen unter den *literati* erregte und Ricci prominent machte? Hier ergeben sich die Fragen nach den zitierten westlichen Autoren sowie nach dem Aufbau und der Abfolge. Welche Themen werden besonders angesprochen und mit chinesischen Vorstellungen verwoben? Bei der folgenden Analyse legen wir die Fassung des Pekinger Drucks von 1601 mit insgesamt 100 Sentenzen und Sprüchen zugrunde, nicht die vorangehenden kleineren Versionen mit nur 67 Sprüchen.

Riccis Sammlung enthält Zitate, Aussprüche, Weisheiten, Sentenzen zur Freundschaft, die von europäischen Autoren der klassischen Antike und der christlichen Spätantike stammen. Die Autoren werden in aller Regel nicht namentlich genannt, nur in seltenen Fällen wird das Sprichwort kommentiert. Unter den klassischen griechischen und lateinischen Autoren dominieren Plutarch, Aristoteles (vor allem *Nikomachische Ethik*), Cicero (vor allem *Laelius De amicitia*) und Seneca (Briefe an Lucilius). Vereinzelt kommen zur Sprache Aulus Gellius, Diogenes Laertius, Horaz, Ovid, Plinius, Quintilian, Terenz. Dazu treten lateinischsprachige christliche Autoren der späten Antike wie die lateinischen Kirchenväter Augustinus, Hieronymus und Ambrosius, Gregor der Große, aber auch Cyprian und Boethius. Auch biblische Zitate aus der Weisheitsliteratur (Kohelet, Sprichwörter) sind aufgenommen. Da die christlichen Autoren oftmals die antiken zitierten, ergibt sich ein intertextuell verwobener Zitatenteppich, an dessen Textur nicht nur ein Autor beteiligt war, sondern mehrere Autoren gleichzeitig zur Sprache kommen. Die Erforschung der Quellen erlaubt Rückschlüsse auf diese intertextuelle Qualität der zitierten Worte, wie an den beiden hervorgehobenen ersten Sprichwörtern deutlich wird. Vordergründig wird ein Text zitiert, in dem Augustinus in den *Confessiones* (IV,6) den Tod eines geliebten Freundes beklagt und dabei von der anderen Hälfte der Seele spricht oder von der einen Seele in zwei Körpern. Damit aber wird eine Stelle aus Horaz (*Carmina* I, 3, 8) aufgerufen, aber auch ähnliche Ideen oder Formulierungen bei Aristoteles, Diogenes Laertius, Porphyrios, Pythagoras, Cicero, Seneca, Ambrosius und Hieronymus. In einem einzigen Wort blickt uns gleichsam die gesamte klassische und christliche Antike an.[19]

Da nun Ricci in China nicht alle Klassikerausgaben zur Verfügung hatte, dürfte er aufgrund seines guten Gedächtnisses eine Reihe von Sentenzen auswendig gekannt haben, doch hat er vor allem auf eine oder mehrere der im 16. Jahrhundert weit verbreiteten Sentenzensammlungen zurückgegriffen, die er oder andere Missionare in ihren Bibliotheken vorfanden. Wie der Ricci-Forscher Pasquale D'Elia herausfand, stützte sich Ricci insbesondere auf das zeitgenössische Werk *Sententiae et exempla ex probatissimis quibusque scriptoribus collecta et per locos communes digesta* (5. Aufl. Paris 1590) des oben erwähnten portugiesischen Humanisten Andreas Eborensis (André de Resende). Dieser sammelte in seinem Werk Sentenzen zu zahlreichen, alphabetisch geordneten Stichworten von »aberratio« bis »zelus«, die dann als »loci communes« systematisch geordnet werden, angefangen bei den Stichworten, die Herrschaft und Reich umspielen (regnum, gubernatio, dominium, tyrannis etc.). Solche »loci communes« sind unter dem Stichwort »amicitia« zu finden (in der oben genannten Ausgabe S. 54-62), aber auch unter anderen Stichworten im sachlichen Umfeld.

Die Orientierung an diesem Werk beeinträchtigt nicht die Originalität von Riccis *opusculum*, denn zum einen hat Ricci eine spezifische, kontextuelle Auswahl getroffen und sie ins Chinesische übertragen. Zum anderen liegt seine Hauptleistung darin, dass er stoische und konfuzianische Tradition so miteinander verband, dass beide moralphilosophischen Traditionen kompatibel erscheinen und einen Weg zum Christentum eröffnen konnten. »The pagan classics, whether greco-roman or Chinese, were acceptable ways of human maturation and Christianization.«[20]

19 Vgl. die Zusammenschau der direkten und entfernteren Quellen zu den einzelnen Sentenzen von *Sofia Mattei*, in: *Ricci*, Dell'Amicizia (Anm. 8), 145-185; Sentenzen Nr. 1 und Nr. 2 vgl. 65 und 147.

20 *Nicolas Standaert*, The transmission of Renaissance culture in seventeenth-century China, in: Renaissance Studies 17 (2003) 367-391, hier 377.

21 *Ricci*, Dell'Amicizia (Anm. 8); vgl. auch die hervorragende Studie von *Pasquale M. D'Elia*, Il Trattato sull' amicizia. Primo Libro scritto in cinese da Matteo Ricci S. I. (1595). Testo cinese. Traduzione antica (Ricci) e moderna (D'Elia). Fonti – Introduzione e Note, in: Studia Missionalia 7 (1952) 425-515; sie bietet eine hilfreiche Synopse des Textes in Riccis Italienisch und in modernem Italienisch sowie eine Zuordnung der Quellen.

Die Abfolge der Sentenzen bei Ricci scheint einer inneren Logik oder Systematik zu entbehren und bildet anscheinend eine eher zufällige Aneinanderreihung von Sprichwörtern und Zitaten. Dies ergibt sich wie schon bei Erasmus aus dem rhetorischen Verfahren, die Aufmerksamkeit für die Belehrung durch Unterhaltung zu wecken, d.h. in diesem Fall die sprunghafte Neugier an der nächsten Weisheit zu wecken, ohne erst konsekutiv linearen Argumenten folgen zu müssen. Wo immer man mit der Lektüre des Büchleins anfängt, ob am Anfang, am Ende oder in der Mitte, immer kommt man auf seine intellektuellen Kosten. Gleichwohl lassen sich deutliche Gewichtungen entdecken, vor allem was die beiden Anfangssprüche angeht.

5 Metaphorik und Prinzipien der Freundschaft

Eine inhaltliche Analyse ergibt, dass sich die Sentenzen bei aller »unterhaltsamen« Beliebigkeit der Anordnung doch in der Auswahl klar unterscheidbaren Kategorien zuordnen lassen. So geht es erstens um eine metaphorische Metaphysik der Freundschaft, zweitens um deren innere und äußere Prinzipien sowie drittens um die Unterscheidung von wahrer und falscher Freundschaft. Diese Kategorien, welche die Maximen in ihrer überwiegenden Mehrzahl abdecken, bilden eine verborgene »Systematik«, welche die besondere thematische Aufmerksamkeit Riccis zeigt.

Die Metaphysik der Freundschaft kommt in der Metaphorik der beiden ersten Maximen zum Ausdruck, die mit der Differenz von Einheit und Zweiheit spielen. »Ein Freund ist nichts anderes als die Hälfte meiner selbst und ein anderes Ich. Deshalb ist es notwendig, einen Freund so zu behandeln wie sich selbst.« (n. 1) und: »Obwohl der Freund und ich zwei Körper haben, schlägt in beiden Körpern nur ein Herz.« (n. 2)[21] Das Wesen der Freundschaft macht Ricci also zum einen am Verständnis des Selbst und seinem Selbstverhältnis fest, wenn er den Freund metaphorisch als »Hälfte meiner selbst« oder »anderes Ich« (altro io) bezeichnet (n. 1); zum anderen hält er sich an die Metaphorik der zwei Körper, die nur ein Herz haben. In dieser dialektischen Bestimmung wird also beim ersten Bild die wesentliche Einheit des Ich in zwei Hälften geteilt – wie beim platonischen Kugelmenschen, während beim zweiten Bild umgekehrt die wesentliche Zweiheit als »herzliche« Einheit bestimmt wird. Zugleich spiegelt diese bildliche, nicht begriffliche Wesensbestimmung der Freundschaft das Verhältnis von Innerlichkeit und Äußerlichkeit wider, die in den folgenden Maximen entfaltet wird.

Die für eine wahre Freundschaft wesentlichen Prinzipien führt Ricci verstreut in zahlreichen Sentenzen auf. Es handelt sich um die inneren Prinzipien wie Tugend, Einklang, Vertrauen, Wahrheit, Liebe und Freude, die das innerliche Verhältnis zwischen Freunden bestimmen, während die äußeren

Prinzipien sich auf das äußerliche Verhalten beziehen wie wechselseitige Unterstützung, Gemeinsamkeit der Güter, Nutzen und Gefallen; dabei gilt das äußere Verhalten als Ausdrucksgestalt des innerlichen Verhältnisses.

Vielfach kommt Ricci auf das Streben nach Tugend zu sprechen. Freunde sind sich im Tugendstreben ähnlich (n. 18), wobei er skeptisch bleibt, für wie viele Freunde die »Tugendliebe« (amor della virtude) die entscheidende Rolle spielt (n. 30). »Dauerhafte Tugend ist die beste Nahrung für ewige Freundschaft.« (n. 90) Durch die Tugend wird ein guter Freund zu einem »lebendigen Gesetz« (legge vivo) (n. 70). Ein weiteres inneres Merkmal ist der Einklang (accordo) und die Eintracht (concordia); »die Essenz der Freundschaft ist die Harmonie [...] und der Einklang der Freunde wie die Musik.« (n. 10). Auch Treue und wechselseitiges Vertrauen gehören wesentlich zu Freundschaft. Freundschaft schließen, ist gut zu bedenken; doch wenn man sie geschlossen hat, »sollte man dem Freund vertrauen« (conviene fidarsi dell'amico) (n. 7). Das Freundschaftsverhältnis muss von Aufrichtigkeit und Wahrheit geprägt und darf nicht fingiert sein (n. 58). Schließlich spielt auch das affektive Verhältnis der Zuneigung und Liebe eine entscheidende Rolle. Freundschaftliche Liebe kennt Zuneigung (affetto) (n. 26) und Gefallen (suavità, piacere), auch wenn diese nicht die Tugend überflügeln dürfen (n. 32). Es ist eine uninteressierte Liebe, »die einen Freund aus reiner Liebe zum Freund« (chi ami l'amico solo per amore dell'amico) bewegt (n. 37). Ohne solche Freundschaft aber gäbe es keine Freude (alegrezza) auf der Erde (n. 57). Wie ein Echo auf die konfuzianische Diskussion um die Stellung der Freundschaft in den Sozialbeziehungen klingt der Hinweis, dass die Bande der Verwandtschaft bleiben, auch wenn Verwandte sich nicht mehr lieben, dies bei der Freundschaft sich aber anders verhalte; »nur darin ist die Freundschaft besser (migliore) als die Verwandtschaft« (n. 50). Wenn diese inneren Parameter stimmen, brauchen sich Freunde nicht übermäßig zu loben und können wechselseitig Kritik üben und auf Fehler aufmerksam machen, ohne dass die Freundschaft leidet. Ein wichtiges Regulativ der innerlichen Beziehung ist die Gerechtigkeit, gegen die ein Freund nicht schwerwiegend verstoßen darf (n. 31).

Außer dieser Innenseite kennt die wahre Freundschaft auch Prinzipien der äußeren Ausgestaltung einer Freundschaft, die in der Auswahl der Sentenzen vielfach zur Sprache kommen. Dazu zählen die wechselseitige Hilfe, Teilen der Güter sowie Nützlichkeit und Gefallen. Schon die dritte Sentenz verweist darauf: »Einander brauchen, einander unterstützen ist das Prinzip der Freundschaft.« (Il ter bisogno l'uno e l'altro, e il soccorersi l'uno al altro è il principio della amicitia.) (n. 3). Negativ gewendet, ist ein Freund, der nichts Gutes tut, wie ein Feind, der nichts Schlechtes tut (n. 23). Der Gedanke der Unterstützung auch in materieller Not findet seinen Ausdruck auch im Teilen des Reichtums, einer Art Gemeinsamkeit der Güter: »Unter Freunden sind alle Dinge Gemeingut.« (Le cose delle amici sono tutte communi) (n. 29). Die Wiederholung der Sentenz an anderer Stelle beleuchtet den ihr zugeschriebenen Rang. Hier wird die Geschichte dessen erzählt, der einmal über zwei Männer, einer sehr reich, der andere sehr arm, bemerkte, sie seien große Freunde, woraufhin der antike Weise Theophrast entgegnet habe: »Wenn es denn so ist, wieso ist dann der eine arm und der andere reich?« Darauf folgt unmittelbar als Erklärung, der Weise habe damit gemeint, »dass unter Freunden alles gemeinsam ist.« (n. 95) An der Wiederholung der Sentenz lässt sich die Bedeutung ablesen, die der Humanismus der materiellen Seite der freundschaftlichen Verbundenheit zugemessen hat, zumal dieselbe Sentenz die große Sammlung der *Adagia* von Erasmus eröffnet. Der *Nikomachischen Ethik* (VIII,9; 1159b) des Aristoteles entlehnt und bei Cicero, Seneca und anderen zu finden, spielt die Sentenz auch auf die Gemeinsamkeit der Güter an, die mit der Einmütigkeit des Herzens verbunden ist und das Gemeinschaftsideal der frühen Christen prägte (vgl. Apg 2,42; 4,32). Das innere Verhältnis zwischen Freunden leidet nicht, wenn sich die nützlichen Züge der Freundschaft zeigen, vorausgesetzt Innerlichkeit und Äußerlichkeit bleiben verbunden. Ohne dass der Nutzen zum Motiv würde, kann doch die Freundschaft sehr nützlich sein. »Quando lascia di esser utile l'amico?«, fragt Ricci, um zu antworten, dass dies für Zeiten des Unglücks und der Freude gelte. »Denn in Zeiten der Traurigkeit mindert er die Traurigkeit (tristezza), in Zeiten der Freude mehrt er die Freude (alegrezza)« (n. 11). Dabei muss der eigene Nutzen (suo utile) immer mit dem Vorteil (comodità) des Freundes verbunden sein, weil es sich sonst nicht um Freunde, sondern um Händler (mercante) handeln würde (n. 28). Wer den Nutzen (l'utilità) der Freundschaft kenne, werde nicht aus dem Haus gehen und wiederkehren wollen, ohne neue Freundschaften geschlossen zu haben (n. 81). Wie umfassend der Nutzen der Freundschaft ist, beleuchtet die Sentenz: »Der Freund ist der Reichtum des Armen, die Kraft des Schwachen, die Arznei des Kranken.« (n. 76) Anhand der Metaphern des Himmels und des Körpers soll der grundlegende Rang deutlich werden, den die Freundschaft nicht nur für individuelle Freunde hat, sondern auch als Institution: »Gäbe es auf der Welt keine Freundschaft, das wäre wie der Himmel ohne Sonne, wie ein Körper ohne Augen.« (n. 79).

Neben den inneren und äußeren Prinzipien lassen sich zahlreiche Sentenzen der Unterscheidung von wahren und falschen Freunden zuordnen, in der sich biographisch die guten und schlechten Erfahrungen Riccis in China widerspiegeln, aber auch die methodische »Unterscheidung der Geister«, deren Regeln Ricci im spirituellen Ausbildungsprogramm der Gesellschaft Jesu kennen- und anzuwenden gelernt hatte. Ein Kriterium, um zwischen wahren und falschen Freunden unterscheiden zu können, sind schwierige Zeiten der Bedrängnis, in denen die »veri amici« näher rücken, die »falsi« hingegen sich entfernen (n. 5), so dass es in sorglosen Zeit schwieriger ist, zwischen wahren und falschen Freunden zu unterscheiden (n. 41). Ein wahrer Freund jedenfalls kommt in guten Tagen auf Einladung, im Unglück auch ohne Einladung (n. 64). Ein anderes Kriterium ist das Geschenk, denn wer Geschenke macht und auf Erwiderung hofft, ist kein Freund, sondern ein Händler auf dem Markt (vgl. n. 9), wie sich auch an der Frage nach Reichtum und Armut sowie dem Verhalten alter und neuer Freunde beim Wechsel von Armut zu Reichtum und umgekehrt die Wahrheit entscheidet (vgl. n. 59). Auch die Schwierigkeit, Freundschaft zu schließen, wird zum Kriterium, da es leichter sei, mit schlechten (cattivi) Menschen Freundschaften zu schließen und zu lösen (n. 62). Ein weiteres Kriterium schließlich ist die »Traurigkeit«, denn bei vulgären Freunden (amici triviali) sei die äußere Freude größer als die innere, und nach dem Auseinandergehen bliebe die Traurigkeit (tristezza), während bei der Zusammenkunft tugendhafter Freunde (amici virtuosi) die innere Freude vorherrsche und beim Auseinandergehen nichts zu bereuen sei (n. 54). Im Hintergrund dieses Kriteriums dürfte die hier auf die Erfahrung der Freundschaft angewandte spirituelle Erfahrung der Differenz von Freude und Traurigkeit stehen, die Ignatius von Loyola biographisch beschrieb[22] und später regelhaft als Unterscheidung der Geister (discreción de espíritus) nach dem Kriterium von Trost und Trostlosigkeit konzipierte.

Riccis Sentenzensammlung über die Freundschaft kann mit Fug und Recht als Ausdruck der Akkomodationsmethode gelten, welche im Kontext der Kulturen Japans und Chinas entwickelt und zur Blüte geführt wurde. Diese Methode beinhaltet die Anpassung an die jeweilige Sprache und Kultur, den Ansatz bei den kulturell und politisch führenden Eliten, den wissenschaftlichen Austausch. Das »Freunde machen« umfasst die genannten Dimensionen, da der wissenschaftliche Austausch auch Freundschaft fördern soll, wie Ricci in seinem großen philosophisch-theologischen Lehrdialog betont. In einer Erläuterung der westlichen Sitten heißt es von den Missionaren, nach früher Vervollkommnung der Tugend und späterem Erwerb des Wissens »do they extend their knowledge to others, forging friendships through scholarship, and discussing matters of faith with sincerity.«[23] Das schließt selbstverständlich nicht die persönliche Note der Freundschaft aus, die zahlreiche Kulturen als frei zu wählende Sozialbeziehung zu einer humanen Gesellungsform ausgestaltet haben. Ricci erlebte den hohen Freundschaftskult der späten Mingzeit und knüpfte genau hier an, aus biographischen Gründen, aber auch um westliches und chinesisches Freundschaftsideal als kompatibel zu erweisen. Da es zum Freundschaftsideal gehört, dass Freunde sich wahrhaftig austauschen, hat Ricci in persönlichen Freundesbeziehungen mit seinen christlichen Glaubensüberzeugungen gewiss nicht hinter dem Berg gehalten, wie die Anzahl seiner zum Christentum kon-

22 *Ignatius von Loyola*, Bericht des Pilgers, hg., übersetzt und eingeleitet von *Michael Sievernich*. Mit Kupferstichen von Peter Paul Rubens und Jean Baptist Barbé, Wiesbaden 2006, Nr. 7, 8; 16f.

23 *Matteo Ricci SJ.*, The True Meaning of the Lord of Heaven (T'ien-chu Shih-i). Translated, with introduction and notes by *Douglas Lancashire* and *Peter Hu Kuo-chen*, S. J. A Chinese-English Edition edited by *Edward J. Malatesta* (Jesuit Primary Sources 6), St. Louis/Taipei 1985 (Variétés Sinologiques Nouvelle Série 72), 411.

vertierten, gelehrten Freunde zeigt; Xu Guangqi und Li Zhizao, die später zu den Säulen der Kirche Chinas zählen werden, sind nur zwei herausragende Gestalten im großen Freundeskreis.

Akkomodation heißt für Ricci aber auch eine zunächst gebotene gewisse Zurückhaltung bei der expliziten Predigt christlicher Inhalte, da erst der Boden für deren Verständnis bereitet werden muss. Der Freundschaftstraktat dokumentiert diese Zurückhaltung, denn er zitiert zwar die biblische Weisheitsliteratur und christliche Schriftsteller der Spätantike, nennt jedoch nur im Ausnahmefall die Autoren beim Namen, wie Megapito in der letzten Sentenz (n. 100). Auch erwähnt Ricci keine weiteren biblischen Aussagen zum Thema, die in den alttestamentlichen Psalmen und bei den neutestamentlichen Synoptikern nahegelegen hätten. Im Johannesevangelium ist sogar davon die Rede, dass er die Seinen »Freunde« und nicht »Knechte« nennt (Joh 15,15). Wohl gibt es Anspielungen auf das Gebot der Nächsten- und Selbstliebe (vgl. Mt 22,39; Röm 13,9), wenn es heißt, man solle die Freunde »wie sich selbst« (come a se stessi) behandeln (n. 43). »Wenn du dir selbst nicht Freund sein kannst, wie kannst du dann für andere ein Freund sein?« (n. 86).

Vom Göttlichen oder von »Gott« (ital. Iddio), zunächst als »Herrscher der Höhe« (shangdi) bezeichnet, später »Herr des Himmels« (tianzhu) genannt, spricht Ricci sehr spärlich, nur in zwei Sentenzen ist davon ausdrücklich die Rede. Doch steigert diese Seltenheit geradezu ihren Aussagewert, da diese beiden Sentenzen auf ihre Weise die Dialektik von Einheit und Zweiheit ins Wort bringen, welche Ricci in seiner metaphorischen Metaphysik der Freundschaft bewusst an den Anfang seiner Anthologie gesetzt hatte (n. 1 und n. 2). Freundschaft erscheint als göttliches Gebot, weil der Einzelne aus sich heraus nicht alles vermag und den anderen braucht, so dass die Differenz der Zweiheit ein Erfordernis für die Identität wird, und die Beziehung der Zweiheit für die Lösung aller Aufgaben erforderlich ist. Durch den Bezug auf eine göttliche Transzendenz erhält diese Botschaft von der Sozialbeziehung des Subjekts zusätzliches Gewicht. »Kein Mensch kann alles aus sich selbst heraus vollbringen: Daher gebot der Herrscher der Höhe (ital. Iddio), dass die Menschen untereinander Freundschaft schließen, damit einer dem anderen helfe. Daher würde die Welt zerfallen und zugrunde gehen, wenn es keine Freundschaft mehr gäbe.« (n. 16). Des weiteren: »Der Herrscher der Höhe (Gott) hat dem Menschen zwei Augen, zwei Ohren, zwei Hände, zwei Füße gegeben. Das will heißen, dass, wenn zwei Menschen sich zusammentun, alle Aufgaben zu einem guten Ende gebracht werden können.« (n. 56).

Riccis Anthologie über die westliche Weisheit zur Thematik der Freundschaft sollte zunächst durch Abschriften, dann durch mehrere von seinen Freunden veranlasste Drucklegungen eine erstaunliche Wirkungsgeschichte entfalten. Darüber berichtet er schon in einem Brief vom 14. August 1599 aus Nanjing an seinen Mitbruder Girolamo Costa in Rom, als er sich im Gefolge des hohen Beamten Wang Zhongming auf dem Weg nach Peking befand. Die Verbindung zu diesem chinesischen Beamten, der ihn schon 1594 in Shaozhu besucht und mit ihm über mathematische und kalendarische Fragen disputiert hatte, verweist auf die Bedeutung persönlicher Beziehungen (guangxi), ohne deren Netz sonst kaum ein Vorankommen war. Im erwähnten Brief schrieb er: »Dieses *De Amicitia* hat mir und unserem Europa mehr Kredit verschafft als alles, was wir sonst getan haben; denn die anderen Dinge haben uns Kredit für mechanische und künstliche Dinge der Hand und Instrumente verschafft; aber dieses gibt uns gleichzeitig Kredit für Literatur, Geist (ingegno) und Tugend; und so wurde es von allen mit großem Beifall gelesen und aufgenommen und schon an zwei Orten gedruckt.«[24]

Wie immer die unterschiedliche Rolle zu bewerten ist, die solche humanistische Literatur im Vergleich zu naturwissenschaftlichen oder mathematischen Werken Riccis und anderer Chinamissionare gespielt hat, so kann kein Zweifel bestehen, dass Riccis Sammlung über die Freundschaft eine bis heute spürbare Wirkungsgeschichte entfaltete. Dass es eine Spruchsammlung war, die eine »sprunghafte« Lektüre erlaubte, und dass es moralphilosophische Lehren waren, dürfte dazu ebenso beigetragen haben wie das Thema der Freundschaft. Weder die literarische Gattung noch der ubiquitäre Inhalt sind obsolet, sondern können in Zeiten der Globalisierung dazu anregen, den Sprichwörterschatz der Kulturen als Orientierungswissen in den interkulturellen Wissenstransfer einzubringen und die interkulturelle Freundschaft zu fördern, die nicht nur interreligiöse Freundschaft einschließt, sondern auch, wie Nächsten- und Selbstliebe, sich der Gottesliebe im doppelten Sinn und damit dem transzendenten Ursprung aller Freundschaftsbeziehungen öffnen kann.

In einem Hirtenbrief von 2009 an seine Diözese beschrieb der Bischof von Shanghai, Aloysius Jin Luxian, das Vorbild Matteo Riccis für die Gegenwart und betonte den starken Glauben und die tiefe Liebe Riccis, aber auch das Wahrnehmen von Gelegenheiten und das Studieren mit Ausdauer. Schließlich verweist er namentlich auf einige der Freunde Riccis und sein Freundschaftsbüchlein, nicht ohne gegenwartskritisch festzustellen: »Alles tritt in einen Marktprozess ein, Freundschaft wird zu einem Geschäft, und was in der Gesellschaft zählt ist nicht Freundschaft, sondern Beziehungen. […] Wir Gläubigen sollten von Matteo Ricci lernen, die Lehrer zu achten und die Freunde zu schätzen. ›[Der Edle] findet durch Bildung Freunde. Mit Freundschaft fördert er die Sittlichkeit‹ [Konfuzius, Lunyu XII, 24] – vergessen wir dieses Prinzip der Freundschaft nicht.«[25]

24 *Ricci*, Lettere (Anm. 7), Brief Nr. 36 an Girolamo Costa vom 14. August 1599 aus Nanjing, 363f.
25 *Aloysius Jin Luxian*, Worin kann uns Matteo Ricci ein Vorbild sein? (Hirtenbrief), in: China heute 29 (2010) 20. Zur Wirkungsgeschichte vgl. die umfassende Bibliographie in: Matteo Ricci. Inculturation through Friendship and Faith, ed. by *Christopher Shelke/Marietta Demichele*, Roma 2010, hier 213-439.

Zusammenfassung

Der Beitrag befasst sich mit Matteo Riccis erstem in Chinesisch verfassten Büchlein (erstmals 1595), einer Sammlung von 100 Sprichwörtern und Sentenzen der (späten) Antike zum Thema der Freundschaft. Nach einem Blick auf Riccis Leben und Werk als Missionar im China der späten Ming-Zeit wird der kulturelle Kontext dargestellt, in dem das konfuzianische Ideal der Freundschaft blühte. Im Sinn der Akkomodation verknüpft Ricci in seiner Sammlung das europäische und das chinesische Idearium der Freundschaft, bei dessen Analyse die metaphorische Metaphysik der Freundschaft, ihre inneren und äußeren Prinzipien und die Unterscheidung von guten und schlechten Freunden zur Sprache kommen.

Abstract

The article deals with Matteo Ricci's first book written in Chinese (first published in 1595), a collection of 100 proverbs and sayings of (late) antiquity on the subject of friendship. After looking at Ricci's life and work as a missionary in China during the late Ming period, the contribution shows the cultural context in which the Confucian ideal of friendship blossomed. In the spirit of accommodation, Ricci linked the European and the Chinese concepts of friendship in his collection. In his analysis the metaphorical metaphysics of friendship, its principles, and the distinction between good and bad friends are discussed.

Mission und Dialog Polarisierung oder Polarität?

von Francis X. D'Sa

1 Mission oder Dialog?

Manche Missionare verstehen nicht, warum man heutzutage in der Kirche so viel Aufhebens über Dialog macht; und manche Dialog-Praktizierende fragen, wozu noch Mission?[1] Einerseits sprechen die offiziellen kirchlichen Dokumente erst seit etwa fünfzig Jahren vom Dialog[2]; andererseits tritt das Thema »Mission« bei den heutigen Christen deutlich zurück. Anscheinend fehlt bei beiden Extremen ein ganzheitlicheres Verstehen von Mission und Dialog. Vorkonziliare Kollegen in Indien werden sich daran erinnern, was Mission damals bedeutete. Es ging einzig und allein darum, die »Heiden« zum christlichen Glauben zu bekehren; und diese schwierige Aufgabe benötigte Einsatz und Gaben. Die Missionstheologie war ganz transparent und unkompliziert. Unsere Religion war die einzig wahre und wir, die Getauften, hatten die Aufgabe, sie zu verbreiten. Mt 28,18-20 wurde dementsprechend ausgelegt.[3] Die Religionen unserer Nachbarn kümmerten uns nicht. Verständlicherweise sprach niemand damals vom Dialog. Mission war alles. Es bestand auch kein Zweifel darüber, dass die anderen Religionen Menschenwerk, wenn nicht Teufelswerk, waren. Von einigen Ausnahmen abgesehen, war dies für uns nicht einmal eine *quaestio disputata*.

1 Das habe ich bei einer Konsultation der evangelischen Kirche, bei der ich eingeladen worden bin, um über Mission und Dialog zu referieren, erlebt.
2 Für eine kurze Darstellung der Entwicklung vom Dialogverständnis in den nachkonziliaren Dokumenten der Kirche siehe *Jacques Dupuis*, Der interreligiöse Dialog als Herausforderung für die christliche Identität, in: ZMR 88 (2004) 3-8.
3 Siehe *George M. Soares-Prabhu*, The Church as Mission. A Reflection on Matthew 5:13-16, in: *Francis X. D'Sa* (Ed.), The Dharma of Jesus, Maryknoll 2003, 259: »For Christians interested in mission, the Gospel of Matthew is significant primarily for its so-called Great Commission (Mt 28:16-20), which is probably the most used and abused mission text in recent times.«
4 Die Enzyklika *Redemptoris missio* (Verlautbarungen des Apostolischen Stuhls 100, hg. vom *Sekretariat der Deutschen Bischofskonferenz*, Bonn 1990), §55 weist auf »Lücken, Unzulänglichkeiten und Irrtümer« in den anderen Religionen hin, als ob diese in den christlichen Traditionen abwesend wären!
5 Siehe *Francis X. D'Sa*, The Dharma of Religion. Towards an Indian Theology of Religion, in: *Kurien Kunnumpuram/Lorenzo Fernando* (Ed.), Quest for an Indian Church. An Exploration of the Possibilities Opened up by Vatican II (Gujarat: Jesuit Theological Forum Reflections 8), Anand 1993, 66-96.

Im Zweiten Vatikanischen Konzil fand eine Wandlung in der offiziellen Einstellung der Kirche zu den Religionen statt – zumindest eine Zeitlang.[4] Man gab die Schwarz-Weiß-Malerei auf, dank der Entdeckung der Zwischenfarben im Regenbogen der Religionen. Diese Veränderung zeigte sich thematisch in den Konzilsdokumenten wie *Nostra aetate* (= NA) §1: Alle Völker sind ja eine einzige Gemeinschaft, sie haben denselben Ursprung, da Gott das ganze Menschengeschlecht auf dem gesamten Erdkreis wohnen ließ; auch haben sie Gott als ein und dasselbe letzte Ziel.

Zum ersten Mal in der Geschichte der Kirche äußerte sich ein offizielles Dokument positiv über Islam, Judentum, Hinduismus, Buddhismus und auch »den übrigen in der ganzen Welt verbreiteten Religionen«.[5] Offensichtlich war das ein Durchbruch nicht nur für die Welt der Religionen, sondern auch und vor allem für diejenigen, die als Minderheit unter Andersgläubigen leben.

Allerdings löste diese positive Einstellung der katholischen Kirche den Religionen gegenüber das Problem der Kompatibilität zwischen Mission und Dialog nicht auf. Im Gegenteil. Ihre Polarität wurde noch krasser. Wohl gibt die Enzyklika *Redemptoris missio* §3 von Johannes Paul II. darauf eine innerkatholische Antwort: »Christus muß allen Völkern verkündet werden.« Und §4: »Allein im Glauben kann die Sendung verstanden werden, auf ihn [Christus] hin ist sie gegründet.« Vielleicht reicht diese Antwort den Christen, aber sicherlich nicht den Andersgläubigen.

Dieser Beitrag will eine Antwort auf einer Stufe suchen, auf der gewisse Grundbewegungen allen Menschen gemeinsam sind. Die Bewegungen im Menschen, die Mission und Dialog zu eigen sind, haben eine Eigendynamik, die in allen religiösen und kulturellen Traditionen vorzukommen scheinen. In den folgenden Überlegungen werden exemplarisch diese Bewegungen in der anthropischen Geschichtsperspektive des Christentums und in der karmischen Geschichtsperspektive der Hindu-Traditionen aufgezeigt. Es wird sich dabei herausstellen, dass die Dynamik von Mission und Dialog auf ihre Polarität und nicht auf ihre Polarisierung zielt.

Die Grundthese ist folgende:

Das-Menschsein-in-der-Welt ist keine Insel, kann keine Insel sein. Sowohl die Eigenschaft »Aus-sich-heraus[-zu-den-Anderen]« der anthropischen Perspektive wie auch die Eigenschaft der karmischen Perspektive »Für-die-Anderen-da-sein« implizieren eine Dynamik, die Mission und Dialog zugrunde liegt. Das ist primär keine theologische Aussage, sondern eine phänomenologische, die auf alle Menschen, egal welcher Kultur sie angehören mögen, zutrifft. Mit anderen Worten: Die »Aus-sich-heraus[-zu-den-Anderen]« zentrifugale Bewegung der Mission und die »Für-die-Anderen-da-sein« zentripetale Bewegung des Dialogs ergänzen sich gegenseitig.

2 Grundbewegungen vom In-der-Welt-sein

Der Lebenskreis des Menschen-in-der-Welt besteht sowohl aus der zentrifugalen Kraft der Mission wie auch aus der zentripetalen Kraft des Dialogs. Ein stabiler Lebenskreis wird unterstützt und begleitet von diesen zwei Kräften. In dieser Perspektive sind Mission und Dialog kein kirchliches Vokabular. Das mag in einem säkularisierten Ambiente etwas befremdlich klingen, da das Vokabular »Mission und Dialog« ursprünglich religiöser bzw. kirchlicher Herkunft ist. Aber der Schein trügt. Die Dynamik von Mission und Dialog ist eigentlich Teil der Eigenart vom In-der-Welt-sein. Einerseits geht, ja muss der Mensch aus sich hinaus zu anderen Menschen gehen und andererseits geht er zu der allen Wesen gemeinsamen Welt hin. Die Missionsdynamik ist der Anfang vom Prozess der Personwerdung. Dialog ist die Fortsetzung dieses Prozesses. Mission setzt den Akzent auf den Menschen und sein Wirklichkeits- und Wahrheitswiderfahrnis, während Dialog Mensch-in-der-Welt voraussetzt. Der Mensch hat auf Welt und Mensch offen zu sein, wenn er Wert auf den Prozess der Personwerdung legt. Der Mensch lebt nicht nur vom Brot. Er braucht auch das Brot der Kultur. Dafür bedarf es einer vielfachen Offenheit. All das ist wichtig für das Personsein des Menschen. Denn der Grad seiner Offenheit bestimmt den Grad seines Personseins.

Die kosmische Dimension ist gleichsam die Anschrift der Wirklichkeit. Auf dieser Ebene finden Grundbewegungen statt, die sowohl für das Bestehen und Gedeihen des Menschenlebens wie auch für das Wohl des Kosmos und der Menschheit notwendig sind. Die Eigenart unseres Körpers besteht zunächst und vor allem für das Wohl von Mensch und Kosmos, besonders für das Wohl des einzelnen Menschen. Und dies verhält sich so nicht primär aus moralischen Gründen, sondern aus der Beschaffenheit des In-der-Welt-seins. Auf dieser Ebene ist die Zusammengehörigkeit von allen Seienden deutlich wahrnehmbar. Es gibt keine Inseln, die ohne Beziehung zu den anderen Seienden sind.[6] In einer solchen Kosmovision steht der Mensch nicht mehr im Zentrum. Er ist einfach Teil der kosmischen Gemeinschaft.[7]

6 Hier ist der Ort der Relevanz der Naturwissenschaften, die uns das Was und das Wie der Zusammengehörigkeit der Seienden erklären können.

7 Es ist daher verständlich, dass in den Hindu-Schriften Ausdrücke wie »alle Wesen, alle Seiende«, nicht »alle Menschen« vorkommen.

8 Auch ist der moderne Mensch Teil einer Gemeinschaft auf der physischen Ebene der Straßen, der Busse, der Züge, der Elektrizität, des Trinkwassers, der vielfältigen Kommunikationsmittel, der Lebensmittel, usw.

9 Die Selbstsucht einzelner Nationen kann zu Unheilshandlungen führen, die im Extremfall Krieg verursachen. Hier ist das Bewusstsein der Einheit aller Menschen zu schwach, egal welcher Region, Religion oder Rasse sie angehören mögen.

10 Dazu die Enzyklika *Redemptoris Missio* §57: »Diejenigen, die sich am Dialog beteiligen, müssen mit den eigenen Überlieferungen und Überzeugungen im Einklang sein; sie müssen sich bereit machen, die anderen zu verstehen ohne Verstellung (pretence) oder Verschlossensein, sondern mit Wahrheit, Demut und Ehrlichkeit, denn Dialog bereichert gegenseitig.«

Der Leib des Menschen stellt den kosmischen Leib dar. In der Tat ist der Menschenleib mit dem kosmischen Leib aufs Engste verbunden. Kosmos-Vergessenheit hat die Umweltkrise herbeigeführt.[8]

Besonders in der Dimension des menschlichen Bewusstseins gibt es eine Gemeinschaft. Das Bewusstsein des einzelnen Menschen hat teil am gemeinsamen Bewusstseinsstrom. Dieser Strom zeigt Unterschiede je nach Kultur und Religion auf. Jede Kultur artikuliert, was für ihre Welt gut ist und was nicht gut ist. Wo es diesbezüglich Differenzen gibt, betreffen die Differenzen weniger das »dass« als das »wie«. Es ist im Interesse der Kulturgemeinschaften, dass überall Einvernehmen zwischen den Kulturen herrscht. Das Streben nach dem Wohl ihrer Welt und Gemeinschaft dient als Fundament für ihr geistiges und spirituelles Wohl.[9]

Menschen, Religionen und Kulturen haben alle gemeinsam den Bereich der Sinnsuche und der Sinnfindung. Wenn in diesem Bereich die spontane Dynamik des Aus-sich-heraus-gehens aktiviert wird, um Zeugnis über sich abzulegen (Mission), führt diese sehr persönliche Dynamik zur Offenheit (Hören und Zuhören) in Bezug auf das Zeugnis der Anderen. Dies setzt eine Bewegung in Gang, die eventuell zum persönlichen Austausch und Dialog führt. Dies ist der Anfang einer Kultur des Dialogs, ein Anfang einer Friedenskultur, anstatt einer Kultur von Misstrauen und Ausgrenzung. Kulturen und Religionen haben es nötig, die vorhandene Dynamik von Mission und Dialog zu pflegen und sie zu vertiefen, jede auf ihre je eigene Art und Weise. Es ist ihre gemeinsame Verantwortung, die Friedenskultur zu fördern.

Jede Kultur stellt ein einzigartiges Wirklichkeits- und Wahrheitswiderfahrnis dar. Zeugnis davon abzulegen ist ihre Mission. Gleichzeitig muss jede Kultur bereit sein, in ein Dialogverhältnis mit anderen Kulturen zu treten, in dem sie hinsichtlich des Zeugnisses vom Wirklichkeitswiderfahrnis der Anderen offen zu sein hat.

Nicht nur wir bezeugen solche Dynamik; auch alle Menschen legen Zeugnis von derselben Dynamik ab, aber offensichtlich nicht auf die gleiche Weise.

Die Dynamik hat auch eine andere Seite: Es geht nicht nur darum, die Not des Leibes anzumelden und für ihn zu sorgen, sondern auch darum, Hilfe und Mitarbeit anzubieten, wo das Wohl der kosmischen bzw. menschlichen Gemeinschaft auf dem Spiel steht. Mensch und Welt können unmöglich getrennt werden. Das entspricht dem Phänomen vom Menschsein-in-der-Welt und unserer Erfahrung vom In-der-Welt-sein. Die neuen weltweiten »säkularen« Bewegungen wie Greenpeace, Amnesty International und Refugees International bestätigen dies.

Diese Dynamik in den Menschen ist zuerst und vor allem eine ontologische Angelegenheit gleichsam eine Seinsbeschaffenheit. Diese Dynamik hat mehrere Ebenen: Die physische Bewegung nach Außen dient zuerst dafür, die leibliche Not zu lindern und das Leben zu ermöglichen. Danach kommt die Ebene der

Person, wo die Sehnsucht nach Wärme und Liebe waltet; und schließlich und endlich die spirituelle Ebene, wo die ersten zwei Aspekte praktiziert werden, aber nun mehr gereinigt durch Engagement und Selbstlosigkeit. Die befreite Person befolgt dieselbe Bewegung, ohne jedoch der Neigung bzw. der Abneigung zum Opfer zu fallen. Alle Möglichkeiten des Personwerdens werden bei einer solchen Person zur Erfüllung gebracht.

Diese Zeilen dürfen nicht den Eindruck erwecken, dass all das ohne Weiteres glatt über die Bühne geht. Die Analyse weist nur auf die positiven Möglichkeiten des Personwerdens hin. Unter den mannigfaltigen positiven Möglichkeiten sind zwei, die von unmittelbarer Relevanz für uns sind: Mission und Dialog. Mission und Dialog sind nicht zwei getrennte Prozesse. Eher sind sie zwei Seiten ein und derselben Medaille.

Die Dynamik der Mission drückt sich im Zeugnisablegen von dem eigenen Wirklichkeits- bzw. Wahrheitswiderfahrnis aus. Anders verhält es sich beim Dialog, wo es um das Wirklichkeits- bzw. Wahrheitswiderfahrnis des Dialogpartners geht. Im Dialog geht es um die Wahrheit und zwar um die Wahrheit, welche Personen bzw. Gemeinschaften erlebt haben. Falls sie zu verschiedenen Religionen bzw. Kulturen gehören, dann müsste man sagen, dass ein Dialog unter solchen Umständen ein wirklicher Dialog der Kulturen ist. Denn die Wahrheit, wie sie jeder Dialogpartner erlebt, wird verschiedentlich ausgedrückt, eben wegen der Kulturverschiedenheit.

Niemand kann sich ganz und gänzlich seiner Kultur entledigen. In allem, was wir tun, wie wir es tun und wie wir das Tun verstehen, in allem was uns widerfährt und wie das Widerfahrnis in unserem Verstehenshorizont eingeordnet wird, ist Kultur am Werk und zwar kontinuierlich, ohne irgendeine

11 Für eine einsichtsvolle Betrachtungsweise von Mission und Dialog, siehe *Raimon Panikkar*, Transforming Christian Mission into Dialogue, in: Interculture 97 (October-December 1987) 19-27.

12 Im David J. Boschs klassischen Missions-Werk Transforming Mission (Maryknoll 1991) ist Dialog [der Religionen und Kulturen] kein Thema. Mission scheint eher ein eigenes selbständiges Thema zu sein. Die Verbindung zum Dialog kommt bei Bosch nicht zur Sprache. Im Vergleich dazu macht die Missionsenzyklika *Redemptoris missio* §55 (1990) von Johannes Paul II. einen gewaltigen Schritt: »Der interreligiöse Dialog ist Teil der Sendung der Kirche zur Verkündigung des Evangeliums.« Mission ist nicht mehr denkbar ohne Dialog der Kulturen und der Religionen.

13 Das Prinzip *gratia supponit naturam* wurde nicht beachtet.

14 In der Kolonialzeit hat man auf Mt 28,18-20 gebaut, als ob das ganze Missionsverständnis daraus allein zu holen wäre. Die Missionsbewegung ist dadurch beeinträchtigt und einseitig geworden.

15 Siehe *Stephen B. Bevans/Roger P. Schroeder* (Ed.), Constants in Context: A Theology of Mission for Today (American Society of Missiology Series), Maryknoll 2004.

16 Siehe mein »Inkulturation und Interkulturation. Versuch einer Begriffserklärung«, in: *Michael Heberling/Gerhard Rott/Horst Sing* (Hg.), Inkulturation als Herausforderung und Chance. Dokumenation des 1. Dialogforums der Partnerdiözesen Poona und Eichstätt. Grundfragen, Pastorale Herausforderungen, Erfahrungen aus Partnerschaften, Aachen 2001, 32-52.

17 Ramon PANIKKAR, Glaube und Bekenntnis. Eine urreligiöse Erfahrung, in: Der neue religiöse Weg. Im Dialog der Religionen leben, München 1990, 50-81.

18 Siehe *Francis X. D'Sa*, Können Kulturen evangelisiert werden? Ein Diskussionsbeitrag aus einer indisch-theologischen Perspektive, in: *Mariano Delgado/Hans Waldenfels* (Hg.), Evangelium und Kultur. Begegnungen und Brüche. Festschrift für Michael Sievernich SJ, Fribourg/Stuttgart 2010, 34-46.

Unterbrechung. Kultur ist wie der Atem, den wir ein- und ausatmen. Es kann sein, dass die diversen Kulturen sich derselben phonetischen Sprache (wie z. B. Englisch) bedienen, aber bei jeder ist das Verstehensereignis ein anderes, weil der Verstehenshorizont ein anderer ist. In solchen Kontexten ist von vornherein ein hermeneutischer Verdacht notwendig.

Mission betont die Bekanntmachung der eigenen Wahrheit, während Dialog Wert auf Verstehen bzw. Erleben der Wahrheit des Dialogpartners legt. Dasselbe Ereignis kann Momente der Mission wie auch Momente des Dialogs aufzeigen.

Der Grund, warum unsere Gespräche selten Früchte tragen, ist darin zu suchen, dass die Intentionalität der Missionsdynamik und die der Dialogdynamik nicht beachtet werden. Missionsdynamik setzt Hören und Zuhören auf das Zeugnis voraus. Die Dynamik des Dialogs setzt Austausch auf einer tieferen Ebene voraus. Wo die Missionsdynamik richtig verstanden und die Missionsstruktur respektiert wird, dort werden auch Offenheit und Zuhören am Werk sein.[10] Und dort, wo die Dynamik des Dialogs verstanden und die Dialogstruktur respektiert wird, wird Offenheit auf das Wahrheitswiderfahrnis des Dialogpartners am Werk sein. Denn solcher Dialog stellt keine akademische Übung dar, sondern er ist eine existentielle Einholung gewisser Seinsmöglichkeiten.[11]

Geschichtlich gesehen hat sich Mission gelegentlich verselbständigt und ist ihren eigenen Weg gegangen, nicht immer aus missionstheologischen Motiven.[12] Da spielten vielleicht dogmatische und hegemoniale Gründe eine Rolle. Mission wurde nicht immer von der phänomenologischen Seite verstanden.[13] Die »Aus-sich-heraus-Bewegung«, eine Grundbewegung des Personseins, ist die Grundlage der Missionsdynamik.[14]

Dialog ist Teil der Mission. Der erste Aspekt der Dynamik der »Aus-sich-heraus-Bewegung« hat selbstverständlich mit Mission zu tun; aber der zweite Aspekt hat mit Dialog, mit Hinhören und Zuhören, zu tun. Mission und Dialog sind nicht zwei Bewegungen; sie stellen eine doppelte Dynamik dar, die Dynamik nämlich (1) des Zeugnisablegens und (2) des Hörens und Zuhörens.

Keine Frage, dass die frühere »Mission« Großes geleistet hat.[15] Gleichzeitig müssen wir gestehen, dass sie aus Unkenntnis der Beschaffenheit anderer Kulturen manches zerstört und manches andere hat nicht wachsen lassen, besonders was Kultur und Religion betrifft. Natürlich fällt es uns heute nachträglich leichter, die eigentliche Beziehung zwischen Religion und Kultur festzustellen. Heute sehen wir ein, dass sich Religion, um sich auszudrücken, der Kosmovision einer Kultur bedient. Langsam werden wir uns im Zeitalter der Inkulturation und Interkulturation[16] bewusst, dass das, was in der Vergangenheit öfters als Glaubenslehre erschien, eigentlich Kulturgut (gewesen) ist. Die Glaubenserfahrung einer Religion ist nicht dasselbe wie ihre Glaubenssätze.[17] Der Glaubensausdruck ist stets kulturell und geschichtlich bedingt. Der Glaube bedient sich der jeweiligen Kultursprache.[18]

3 Dialog als Mission?

Wie es sich mit Mission verhält, so verhält es sich auch mit Dialog. Angesichts des Dialogs sehen manche Dialogverfechter keine Notwendigkeit für Mission. Man will Mission mit Dialog ersetzen.[19] Dialog *ist* Mission! Derartige Einstellungen sind eigentlich Entstellungen; sie basieren auf Missverständnissen, was die Beschaffenheit von Mission und Dialog betrifft.

Dialog ist paradoxerweise zentripetal. Er hat mit Hören, Hinhören, Zuhören zu tun. Für einen richtigen Dialog muss das Gehörte verstanden[20] und angeeignet werden.[21] Im Dialog geht es um das Zeugnis vom Wirklichkeitswiderfahrnis der Beteiligten. Stellen wir uns vor, wir wären stets nur bei unserer Mission stehengeblieben. Früher oder später würde unsere Fähigkeit zuzuhören, atrophieren. In dem Fall wäre die Mission einfach Mission impossible. Dadurch würde unsere Mission eintönig, langweilig und irrelevant. Eintönig, weil wir wegen Mangel an Kontakt mit anderen dasselbe tagein tagaus wiederholen würden. Langweilig, weil uns in einem solchen Fall nichts Neues einfallen würde. Und irrelevant, weil Relevanz Berührung mit der uns umgebenden Welt voraussetzt.

Würden wir Mission mit Dialog ersetzen, kämen wir mit leeren Händen zum Dialog. Wir hätten nichts anzubieten. Der interreligiöse Dialog besteht darin, dass die Beteiligten Zeugnis von ihrem Wirklichkeitswiderfahrnis ablegen.

19 *Redemptoris missio* §11: »Und dennoch fragen sich einige, auch im Hinblick auf die Veränderungen in der modernen Welt und der Verbreitung neuer theologischer Ideen: *Ist die Mission unter den Nicht-Christen noch aktuell?* Wird sie vielleicht durch den Dialog unter den Religionen ersetzt? Ist die Förderung im Bereich des Menschlichen nicht eines ihrer Ziele, das genügt? Schließt nicht die Achtung vor dem Gewissen und vor der Freiheit jeden Bekehrungsversuch aus? Kann man nicht in jeder Religion gerettet werden? *Warum also Mission?*«

20 *Raimon Panikkar*, Verstehen als Überzeugtsein, in: *Hans-Georg Gadamer/Paul Vogler* (Hg.), Neue Anthropologie VII-Philosophische Anthropologie, Stuttgart 1975, 132-167.

21 Das sieht man bei Maria, der Mutter von Jesus. Bei echtem Dialog tut es not, zuerst und vor allem »alle diese Worte im Herzen zu behalten« (Lk 2,51).

22 Siehe *Francis X. D'Sa*, Dialog, Zeugnis und Mission. Erfahrungen und Desiderate im interreligiösen Gespräch, in: Lebendige Seelsorge 57,5 (2006) 325-329.

23 Siehe *Francis X. D'Sa*, „Die verschiedenen Glaubenswelten der Religionen am Beispiel von Christentum und Hinduismus, in: *Bernhard Nitsche* (Hg.), Gottesdenken in interreligiöser Perspektive. Raimon Panikkars Trinitätstheologie in der Diskussion, Frankfurt a. M./Paderborn 2005, 68-77.

24 Das römische Dokument *Dialog und Verkündigung* (Überlegungen und Orientierungen zum Interreligiösen Dialog und zur Verkündigung des Evangeliums Jesu Christi. Päpstlicher Rat für den Interreligiösen Dialog/Kongregation für die Evangelisierung der Völker 19. Mai 1991, hg. v. *Sekretariat der Deutschen Bischofskonferenz*, Verlautbarungen des Apostolischen Stuhls 102, Bonn 1991), 42 spricht von vier Arten des Dialogs: Der Dialog des Lebens, der Dialog der gemeinsamen Anliegen, der Dialog des spirituellen Austausches und der Dialog der Experten.

4 Dialog vis-à-vis Diskussion

Auch wenn man am Anfang des Dialogs ein gewisses Quantum an Information brauchen würde, so darf man dabei nicht übersehen, dass der Kern des Dialogs im Zuhören, Hinhören liegt, nicht in der Diskussion. Leider verwechselt man viel zu oft Dialog mit Diskussion, wo es hauptsächlich um Argument und Gegenargument geht. Die Dynamik des Dialogs ist eine andere im Vergleich zu der Dynamik der Diskussion. Bei der Diskussion liegt das Gewicht auf der Wahrheit einer Aussage, egal ob es die eigene Wahrheit ist oder die des Anderen. Die Wahrheit einer Aussage kann verifiziert bzw. falsifiziert werden. Der Bereich der Verifizierung bzw. der Falsifizierung ist der Bereich der Vernunft par excellence. Es geht hier primär um die Logik der vorgetragenen Argumente.

Nicht so bei der Wahrheit des Dialogs; sie ist anderer Art. Sie hat mit Lebenssinn zu tun. Die Wahrheit des Lebenssinns kann weder verifiziert noch falsifiziert werden. Sie bezeugt ihre Wahrheit in den Wirkungen des Lebens. Schließlich und endlich hat Dialog eben damit zu tun. Also nicht so sehr, was man sagt, sondern ob das Gesagte und Bezeugte stimmt. Denn der Kern des Dialogs hat mit Zeugnis (witness) zu tun.[22] Die Sprache eines Zeugen gehört in die Sphäre des Lebenssinns. Diese Sphäre ist eigenartig; sie ähnelt weder der Sphäre der Bedeutung, wo es um eine Beschreibung bzw. um eine Information geht, noch der Sphäre der Bedeutsamkeit, wo es sich um eine Teiltransformation der Person handelt. Vielmehr geht es beim Lebenssinn um eine ganzheitliche Transformation.[23] Das Merkmal dieser Transformation ist darin zu finden, dass sie wohl erlebt, aber nicht thematisiert werden kann. Der widerfahrene Lebenssinn affiziert alle Bereiche des Lebens. Je nach der Intensität des Widerfahrnisses ist die Intensität seiner Wirkung. Denn Lebenssinn ist weder ein Bereich des Lebens noch ein Vorhaben unseres Bewusstseins. Er bezieht sich auf die Weite und die Tiefe des Lebenshorizonts.

Alles, was mit Lebenssinn zu tun hat, ist Religion. Religion ist die Suche nach Sinn, Lebenssinn. Hingegen ist Offenbarung der Bereich der Sinnfindung! Aus unserem Kontext gesehen finden Sinnsuche und Sinnfindung meistens auf der Ebene des Sinnhorizonts statt. Selten werden sie beide thematisch – es scheint, dass sie stillschweigend geschehen. In jedem Fall begleitet der Sinnhorizont den Verstehenshorizont; er ist auch wesentlich breiter und tiefer als der Verstehenshorizont.

Den Kern des Dialogs zwischen den Religionen bildet die Zeugnisablegung der Gläubigen, die der Sinnfindung in der Offenbarung der jeweiligen Religion entspringt.[24] Die Wahrheit solcher Offenbarung steht in der Unmittelbarkeit des Sinn-widerfahrnisses. Jedoch kann dieses Widerfahrnis von außen weder widerlegt noch verstanden werden. Leben und Lebensstil sind hier die eigentlichen lebenden Zeugen.

5 Anthropische Perspektive von Mission: Aus-sich-heraus [zu-den-Anderen-hin]

Seit eh und je bekennt die Kirche ihren Missionscharakter. Das ist nichts Neues. Aber heute ist es etwas Anderes mit dem Missionsverständnis. Sie muss jetzt Mission mitten unter Religionen verkündigen – und zwar unter Religionen, von denen sie in der Enzyklika (1990) *Redemptoris missio* (= RM) Folgendes behauptet:

»Der Geist zeigt sich in besonderer Weise in der Kirche und in ihren Mitgliedern; jedoch ist seine Gegenwart und sein Handeln allumfassend, ohne Begrenzung durch Raum und Zeit [...]. Die Gegenwart und das Handeln des Geistes berühren nicht nur einzelne Menschen, sondern auch die Gesellschaft und die Geschichte, die Völker, die Kulturen, die Religionen. Der Geist steht ebenso am Ursprung edler Ideale und guter Initiativen der Menschheit auf deren Wege: ›In wunderbarer Vorsehung lenkt er den Weg der Zeiten und erneuert er das Gesicht der Erde‹«. (= RM) §28

»Das Verhältnis der Kirche zu anderen Religionen ist bestimmt von einem doppelten Respekt: ›dem Respekt vor dem Menschen bei seiner Suche nach Antworten auf die tiefsten Fragen des Lebens und vom Respekt vor dem Handeln des Geistes im Menschen‹«. RM §29

»Die anderen Religionen stellen eine positive Herausforderung für die Kirche dar; sie regen sie sowohl dazu an, die Zeichen der Gegenwart Christi und des Wirkens des Geistes zu entdecken und anzuerkennen, als auch dazu, die eigene Identität zu vertiefen und die Gesamtheit der Offenbarung zu bezeugen, dessen Wahrerin sie zum Wohl aller ist.« RM §56

Die Kirche ist sich bewusst, dass sie nicht für sich da ist, d.h., dass sie nicht Selbst-zweck ist. Mission als Wesensmerkmal bedeutet, die Kirche wird gesandt, stets aus sich heraus zu »den Anderen«, besonders zu den Andersgläubigen. Mission als Sendung, so alt wie die Kirche, ist einer der wichtigen Parameter

25 Phil 2,2-6.
26 Daher auch die Nomenklatur »anthropisch«!
27 Rigveda X, 90.
28 *Raimon Panikkar*, The Vedic Experience. Mantramañjarī. An Anthology of the Vedas for Modern Man and Contemporary Celebration. Edited and translated with introductions and notes, London 1977. »This sacrifice is the navel (= centre) of the world.« Rigveda I, 164,35.
29 Siehe *Francis X. D'Sa*, Christian Eucharist and Hindu Yajña, in: *Kurien Kunnumpuram* (Hg.), The Eucharist and Life. Indian Christian Reflections on the Lord's Supper, Mumbai 2007, 55-283.
30 *Bettina Bäumer*, Befreiung zum Sein. Auswahl aus den Upanishaden, Zürich 1986, 9.
31 Für eine relevante Auslegung von Yajña siehe *Panikkar*, The Vedic Experience (Anm. 28), 346-431; 347: »If one had to choose a single word to express the quintessence of the Vedic Revelation, the word *yajña*, sacrifice, would perhaps be the most adequate.« Besonders 348: »At the origin of every being there is a sacrifice that has produced it. The texture of the universe is sacrifice, which is the act par excellence which produces all that is.« Ebd., 352: »Sacrifice is that which preserves the universe in existence, that which gives life and the hope of life [...] Sacrifice is the act that makes the universe.«
32 Z.B. Bhagavad Gītā. Der Gesang des Erhabenen. Aus dem Sanskrit übersetzt und herausgegeben von *Michael von Brück*, Frankfurt/Leipzig 2007, 2:71: »Wenn er alle Begierden aufgibt, lebt der Mensch von Verlangen frei; frei von Besitzstreben, frei vom Ich-Bewußtsein, erlangt er Frieden.«

sowohl von Mission wie auch von Kirche. Dabei steht im Hintergrund das christliche Grundprinzip der Selbst-entäußerung (= kenosis, gr. εκένωσεν)[25], weil das Gegenteil purer Narzissmus wäre.

Übrigens zeichnet sich die Sprache der christlichen Religion in einer personalistischen Kosmovision aus, die auf dem Boden des anthropisch verstandenen Geschichtszugangs zur Wirklichkeit feststeht. Personalistische Kosmovision heißt, die menschliche Person bildet den Mittelpunkt von Gottes-, Menschen- und Geschichtsverständnis. Von diesem Zentrum aus wird alles verstanden und ausgearbeitet.

Die christliche Kosmovision nährt sich nach wie vor wesentlich vom anthropischen Geschichtsverständnis. Dementsprechend werden auch Mission und Dialog aus dieser Perspektive auslegt. Es gilt Geschichtliches festzuhalten, denn es hat hauptsächlich mit dem Schicksal [und mit der Heilsgeschichte] der Menschen zu tun.[26] Offensichtlich ist dies eine anthropische Perspektive.

6 Karmische Perspektive: Für-die-Anderen-da-sein

Als Kontrast führe ich hier einen homologischen Gedanken aus der indischen Geistesgeschichte in die Diskussion ein. Für die Altinder war die Welt ein Yajña[27], kosmisches Opfer, das Zentrum dessen, was wir heutigen Menschen mit Wirklichkeit wiedergeben. Diesen Glaubenssatz hat die vedisch-exegetisch-hermeneutische Schule, die Pūrva-Mīmāmsā, weiterentwickelt.[28] Die verschiedenen Ritual-Opfer waren gleichsam darstellende Bekenntnisse. Kosmisches Opfer bestand darin, dass die Bezugsganzheit ihren Sinn nicht außerhalb des kosmischen Opfers suche, sondern in der Eigenschaft des »Für-die-Anderen[-da-sein]« (=Parāthatatva).[29] Alles entsteht aus Allem und lebt für Alles. »Von dem alle Wesen geboren sind, durch den sie, geboren, leben, worin sie alle am Ende eingehen. Das suche zu verstehen!«[30] (Taititrīrya Upaniṣad III.1)

Yajña[31], das kosmische Opfer, bedeutete, dass etwas *wirklich* war, d.h., wirkend wahr war, wenn es letzten Endes nicht für sich, sondern für andere da war. Die Bäume waren da, aber nicht für sich, ihre Früchte waren da, aber nicht für sich, ihr Schatten war da, aber nicht für sich, die Luft und Atmosphäre waren da, aber nicht für sich, die Sonne war da, aber nicht für sich; die Erde war da, aber nicht für sich, und so weiter. Alles nahm man wahr als vernetzt mit allem. Alles entsteht aus Allem, und, was noch wichtig ist zu betonen: Wenn etwas stirbt, geht es in das Alles zurück. Daraus entstehen wieder andere neue Seienden. Alles lebt aus Allem für das Alles und am Ende kehrt es in das Alles zurück. Nur beim Menschen ist dies nicht der Fall. Im Hintergrund dieser Denkweise steht die »Egolosigkeit« (Selbstlosigkeit, Anhangslosigkeit) der indischen Spiritualität.[32]

In der Kosmovision der Altinder hieß Wirklichkeit alles, was frei von jedwedem Zeichen des Getrenntseins, Inselseins und Individualismus war. In dem Maße, in dem ein Seiendes diese Eigenschaft ablegt, in dem Maße *ist* es wirklich, wirklich wahr. Also hier haben wir einen Maßstab, woran man den Wirklichkeitsgrad der Seienden feststellen kann. Alles, was Teil des kosmischen Opfers, der kosmischen Zusammengehörigkeit ist, ist real, wirklich. Wo »Ich« und »mein« am Werk sind, dort hat der Wirklichkeitsgrad abgenommen. Das totale Fehlen von »Ich« und »mein« ist Zeichen eines hohen Grades von Wirklichkeit. Diesbezüglich klärt die Bhagavadgītā (3.9):

Wenn Handeln nicht für Opferzwecke geschieht,
ist diese Welt durch Handeln karmisch gebunden.
Handle diesem Zweck entsprechend
Frei von Anhaften, Kuntī-Sohn.[33]

Die Bhagavadgītā hat diese Gedanken thematisch, kosmisch und konsistent weiterentwickelt (Bhg 3:9-16). Das Rig-Veda-Symbol vom kosmischen Purusha als Weltopfer liegt diesen Gedanken zugrunde.[34] Konstitutiv für das Weltopfer ist Folgendes: (a) Das Weltopfer ist das Zentrum der Wirklichkeit, ein Zentrum, von dem aus alles zusammenhängt. (b) Das Weltopfer besteht aus gegenseitiger Seinsförderung.

Das ist das Seins-Prinzip (= Milchkuh!), die Quintessenz des Weltopfers.[35] (c) Wer dieses in Gang gesetzte Rad nicht weiterlaufen lässt, lebt vergebens!

33 Ebd.

34 Rigveda X, 90.

35 *Michael von Brück* übersetzt die kausativen Formen des Verbums *bhū/bhavati* in Bhagavadgītā 3,9-16 auf der Seinsebene mit Seinsausdrücken wie Seinskraft, seinsgestärkt, einander Sein geben.

36 *Fridolin Stiers* Übersetzung von εκένωσεν lautet: »Ausgeleert hat er sich selbst« (Phil 2,7); Münchener Neues Testament: »sich selbst entäußerte«.

37 *Raimon Panikkar*, Die Spielregeln der religiösen Begegnung, in: Der neue religiöse Weg. Im Dialog der Religionen leben, München 1990, 92-93: »Als Beispiel für das, was wir in Zukunft brauchen, möge hier der Begriff des Homöomorphismus dienen. Darunter ist mehr zu verstehen als ein bloßes Vergleichen von Gedanken einer Überlieferung mit denen einer anderen. Ich möchte diesen Begriff als Korrelation zwischen Punkten verschiedener Systeme verstanden wissen, so dass einem Punkt im ersten System ein Punkt im zweiten System entspricht [...]. Man kann nicht gleichsam einen Punkt aus dem einen System herausnehmen und in ein anderes verpflanzen, die Methode entdeckt und erschließt nur mögliche homöomorphische Entsprechungen [...] Homöomorphismus meint eher, dass die Begriffe gleichartige, gleichwertige Rollen spielen, dass sie entsprechende Plätze in ihrem jeweiligen System ausfüllen. Homöomorphismus ist, könnte man vielleicht sagen, eine Art existential-funktionaler Analogie.«

38 Siehe *Francis X. D'Sa*, Einheit des Glaubens in der Vielfalt der Bekenntnisse. Eine indischtheologische Perspektive, in: missio konkret für Gemeinde und Schule 2 (2009) 3-5.

39 Der von der christlichen Trinität begeisterte *Keshub Chandra Sen*, Lectures I, 369. Lecture on *India asks: Who is Christ?* (1879): »Wenn ich diese Lehre [der Einheit mit Gott] analysiere, finde ich darin nichts anderes als das philosophische Prinzip, das der volkstümlichen Lehre der Selbst-Negation zugrunde liegt [...] Christus ignorierte und negierte sein Selbst gänzlich [...] Er vernichtete sein Selbst. Und in dem Maße, wie das Selbst abnahm, flutete der Himmel in die Seele. [...] Denn [...] die Natur hasst ein Vakuum; daher, wenn die Seele frei vom Selbst ist, erfüllt die Göttlichkeit diese Lücke. Genauso war es mit Christus. Der Geist Gottes erfüllte ihn und deshalb war alles in ihm göttlich.«

7 Schlussüberlegung

Das menschliche Handeln, um heilsfähig zu sein, d.h. den Zustand der endgültigen Befreiung (Mokṣa) zu erreichen, muss selbstlos (christlich gesprochen) bzw. frei vom Ego (hinduistisch gesprochen) sein. In der christlichen spirituellen Tradition wird Selbstlosigkeit primär kenotisch verstanden. Kenosis, Selbst-Entäußerung, ist ein Wesensmerkmal Christi (Phil 2,6-8)[36]. Dieses Wesensmerkmal Christi ist die funktionale Entsprechung[37] von der Hindu Eigenschaft »Für-die-Anderen-da-sein«. In der personalistischen Kosmovision der Christen hat die Selbst-Entäußerung ihren Platz, genauso wie das »Für-die-Anderen[-da-sein]« in der karmischen Kosmovision der Hindus beheimatet ist.[38]

Dieses Beispiel der funktionalen Entsprechungen von Kenosis und Parāthatatva zeigt den Weg für den Dialog der Kulturen und Religionen. Die funktionalen Entsprechungen stellen den Ort für deren Begegnungen dar.

Fazit: Im Kosmos ist ein Prinzip (Parāthatatva) am Werk, das als funktionale Entsprechung der christlichen Entäußerung gelten kann. Man könnte das kenotische Leben als authentisch christliches Leben bezeichnen. Wo solche Selbstentäußerung vollzogen wird, wird – in der christlichen Sicht – die »Lücke« gleichsam von Christus gefüllt.[39]

Eigenschaften einer Religion wie Mission und Dialog sind primär keine Lehren, sondern Lebensformen. Solche Lebensformen darf die Theologie nicht vernachlässigen, weil daraus die Dynamik der Eigenschaften erkannt werden kann. Wenn der theologische Überbau – z.B. von Mission und Dialog – eigene Wege ohne Rücksicht auf die jeweilige physische Dynamik geht, dann passieren Ungereimtheiten, die die eigentliche Dynamik verdecken. So z.B. fanden immer und immer wieder Missionsinitiativen statt, ohne über genügend Kenntnisse bzgl. der jeweiligen fremden Kulturen und Religionen zu verfügen und ohne die Offenheit von den fremden Kulturen und Religionen lernen zu wollen. Einseitige Missionierung wirkt weder Völker verbindend noch Gemeinschaft bildend. Sie mag einige Erfolge unter den verfolgten, diskriminierten, benachteiligten Menschen verzeichnen. Aber der Mangel an einer Theologie der Religion, die nicht nur aus christlicher Sicht entwickelt worden ist, sondern auch den anderen Religionen Gerechtigkeit widerfahren lässt, hat verheerende Folgen, wie unsere Zeit davon beredtes Zeugnis ablegt.

Mission verrät zentrifugale Kraft, weil sie dahin tendiert, ihr eigenes Wirklichkeitswiderfahrnis zu verkündigen. Die zentripetale Kraft des Dialogs bewegt sich in der umgekehrten Richtung, weil sie Hinhören und Zuhören auf die Wahrheit des Bezeugenden bedeutet, damit das Gehörte angeeignet und einverleibt werden kann. Mission ohne Dialog wird einseitig wegen Bezeugen des Eigenen ohne Hinhören auf andere; und Dialog ohne Mission fällt in die Leere, weil er das Dialogforum mit leeren Händen und Herzen betritt, ohne etwas im Dialogprozess offerieren zu können. Das Unterfangen »Mission und Dialog« ist ein Prozess der Bereicherung durch Ergänzung und Korrektur.

Fazit: Jede Kultur hat ihre ureigene Mission zu entdecken und damit den Dialogprozess mit anderen Kulturen zu beginnen.

Zusammenfassung
Eigenschaften einer Religion wie Mission und Dialog sind primär keine Lehren, sondern Lebensformen. Solche Lebensformen darf die christliche Theologie nicht vernachlässigen, beide, Mission und Dialog, dürfen auch nicht gegenseitig ausgespielt werden: Mission verrät nämlich eine zentrifugale Kraft, weil sie dahin tendiert, ihr eigenes Wirklichkeitswiderfahrnis zu verkündigen. Die zentripetale Kraft des Dialogs bewegt sich dagegen in der umgekehrten Richtung, weil sie Hinhören und Zuhören auf die Wahrheit des Bezeugenden bedeutet, damit das Gehörte angeeignet und einverleibt werden kann. Mission und Dialog sind die zwei Seiten einer Medaille.

Abstract
Characteristics of a religion, as mission and dialogue, are not primarily doctrines, but ways of life. Christian theology must not neglect such ways of life, and these two, mission and dialogue, must not be played off against each other. Mission reveals a centrifugal force since it tends to proclaim its own experience of reality. In contrast, the centripetal force of dialogue moves in the opposite direction because it denotes listening to and hearing the truth of the one witnessing so that what is heard can be adopted and assimilated. Mission and dialogue are the two sides of one coin.

Macht und Autorität
Die Unfehlbarkeit des Papstes – ein Sprachproblem

von Elmar Klinger

Worte sind Schall und Rauch. Aber sie sind auch eine Macht. Denn sie können alles: Vertrauen wecken und Angst verbreiten, Gemüter besänftigen und Streit entfachen, Frieden stiften, aber auch eine Kriegserklärung sein.

Schriftsteller leben mithin gefährlich. In der Tschechoslowakei war eine Schrift mit dem Titel *Zweitausend Worte* ein Grund für den Einmarsch der Russen. Alexander Solschenizyn hat man zu Arbeitslager wegen eines Briefes verurteilt. Und Salman Rushdie wurde mit dem Tode bedroht wegen des Buches *Die satanischen Verse*.

Denn Worte, mit denen jemand sich über jemand ausspricht, sein Verhalten dokumentiert, ihn einer Schuld bezichtigt, oder auch Vertrauen schenkt, wirken durch sich selbst. Sie stehen im Raum. Sie fordern Beteiligte oder auch nicht Beteiligte zur Stellungnahme heraus. Man kann sich auf sie berufen. Sie besitzen Einfluss und sind ohne Zweifel eine Macht.

Kaum ein anderes Buch hat über das Wort und seine Bedeutung, den Eigenwert, den es besitzt, und die Kraft, die es hat, Umfassenderes gesagt als die Bibel. Sie bescheinigt ihm höchste Wirksamkeit. Es ist eine schöpferische Macht. Es bringt Unglaubliches hervor. Niemand kann ihm Einhalt gebieten und über seine Ausbreitung verfügen.

Denn Worte nehmen ihren eigenen Gang. Sie entziehen sich dem Zugriff von wem auch immer. Sie sind unverfügbar. Einmal dem Mund entwichen, kehren sie nie mehr dorthin zurück. Sie entwickeln ein Eigenleben. Sie verlassen ihren Ursprungsort und durchqueren Kontinente. Sie geraten in Vergessenheit. Aber man kann sich an sie jederzeit erinnern. Sie erhalten plötzlich eine ungeahnte Aktualität. Sie überdauern unbeschadet Jahrtausende. Sie sind fruchtbar. Niemand kann ihre Wirkung begrenzen. Die Bibel erörtert mit besonderem Nachdruck ihren unermesslichen Ertrag. Das Wort Gottes bleibt niemals ohne Echo. Es kommt zu Gott mit reicher Ernte beladen zurück. Daher sagt Jesaja: »Wie Regen und Schnee vom Himmel fallen und dorthin nicht zurückkehren, sondern die Erde tränken, dass sie keimt und sprosst, dass sie Samen bringt dem Sämann und Brot als Speise, so ist es auch mit meinem Wort, das von meinem Munde ausgeht: Es kehrt nicht erfolglos zu mir zurück, sondern bewirkt, was ich will, und führt aus, wozu ich es sende«

(Jes 55,10-11). Gleiches gilt vom Wort Jesu: »Es ist eine Saat, die auf die Erde fällt und Frucht bringt für den Himmel« (Mt 13,19).

Die Katholische Kirche und speziell ihr Lehramt haben ein großes Gespür für das Wort und seine Macht. Es gibt am Vatikan eine Kongregation, die sich überhaupt nur mit Worten befasst, die Glaubenskongregation. Sie urteilt über Aussagen, die geäußert werden, an verschiedenen Orten der Kirche im Umlauf sind, und speziell über mündlich und schriftlich geäußerte Worte von Theologen. Sie ist die einzige Kongregation mit Gerichtsbefugnissen und einer eigenen Prozessordnung. Sie selber kann Prozesse führen.

Sie hat mit dem Thema dieses Beitrags direkt zu tun. Denn Hans Küng war vor sie geladen wegen seines Buches *Unfehlbar?*, das 1970 erschienen ist. Er hat sich diesem Verfahren nicht gestellt und seine Lehrerlaubnis 1980 verloren. Die Erklärung der Glaubenskongregation mit Bezug auf ihn zum Thema findet sich in dem Schreiben »Mysterium ecclesiae« aus dem Jahr 1973 bei Denzinger/Hünermann unter der Nummer DH 4531-4540.

Man kann und sollte sich nach meiner Meinung über die Machtverhältnisse, die es in der Kirche gibt, nicht hinwegsetzen; denn sie sind eine Realität. Aber man ist ihnen auch nicht ausgeliefert. Sie erzwingen eine eigene Stellungnahme und können der Grund für die Bildung von Standpunkten sein, die man dann selber vertritt. Machtverhältnisse sind eine produktive Kraft des Dialogs.

Die Unfehlbarkeit ist ein Wort des kirchlichen Sprachgebrauchs. Ich möchte es auf dem Boden und im Rahmen einer Theologie des Wortes behandeln. Es beschränkt sich nicht auf den Papst; es hat auch eine allgemeinste Basis im ganz normalen Sprachgebrauch und muss sich daher nicht in einer bestimmten Problemstellung erschöpfen. Worte sind beliebig, aber auch zielgenau. Sie sind eine Macht und können Macht infrage stellen. Das Problem ist immer, was sie bedeuten und wie man sie versteht.

Daher der Titel des Beitrags: Macht und Autorität. Die Unfehlbarkeit des Papstes – ein Sprachproblem. Er gliedert sich in die Abschnitte 1. Das Sprachproblem, 2. Die Unfehlbarkeit des Papstes auf dem Ersten Vatikanum, 3. Das Zweite Vatikanum und die Auseinandersetzung mit Hans Küng.

1 Das Sprachproblem

Wer das Wort »unfehlbar« in den Mund nimmt, muss die Tatsache beachten, es ist nur ein Wort. Es kann den Anspruch auf Unschuldsvermutung für sich geltend machen. Denn kein Wort entscheidet, wie man es versteht. Keines verfügt über die Bedeutung, die ihm zuwächst und die es irgendwann hat. Keines befindet darüber, in welchem Sinn man es zur Geltung bringt.

Worte verweisen auf Dinge. Aber man darf sie nicht mit Dingen verwechseln. Der Tisch ist ein Wort mit fünf Buchstaben, aber auch die Platte aus Holz mit vier Beinen, die es bezeichnet. Beides kann nicht unterschiedlicher sein. Das eine hat mit dem anderen nichts zu tun, außer dass man über beides spricht.

Worte drücken Gefühle aus, die jemand hat, oder Absichten, die er verfolgt. Man darf sie jedoch weder mit den Gefühlen noch mit den Absichten noch mit dem Betreffenden selbst verwechseln, der sie zur Sprache bringt. Er macht sie zum Gegenstand der Erörterung. Das Subjekt, das er ist, wird dabei ebenso zum Thema, wie das Objekt, das ihn interessiert und mit dem er sich befasst. Beides gehört zum Diskurs, den man mit ihm selber führt.

Worte besitzen daher ihre eigene Existenz. Wilhelm von Humboldt nennt sie einmal das »wahre Individuum in der Sprache«. Denn er sagt, sie wären »die Form, in welcher der Geist das in seine Subjektivität verwandelte Objekt wieder, als solches, aus sich hinausstellt.«[1]

Diese grundsätzlichen Überlegungen sind beim Gebrauch des Wortes »unfehlbar« sehr wichtig und daher immer zu beachten. Denn es zählt zu den umstrittensten, weithin missverstandenen und – man könnte sagen – auch verbrannten Wörtern der Theologie.

Um es falschem Denken nicht zu überlassen oder gar zu opfern, möchte ich bei der Alltagssprache ansetzen und auf dieser Grundlage seinen fachlichen Gebrauch erläutern. Denn es kommt in der Alltagssprache vor und wird in ihr ganz unverdächtig und ohne besondere Ambition verwendet. Man kann etwa ohne Schwierigkeit sagen: Wer auf der Autobahn von Nürnberg nach München fährt, kommt unfehlbar an Ingolstadt vorbei.

Anhand dieser alltagssprachlichen Feststellung, deren Richtigkeit niemand bezweifeln kann, lässt sich alles erklären, was zum fachlichen Gebrauch des Worts unfehlbar gehört; denn:

1 die Definition von Autobahnstrecke und Städtenamen. Denn es muss völlig klar sein, dass es um die in Bayern gelegenen Orte dieses Namens geht, und nicht um Orte gleichen Namens anderswo, die es auf anderen Kontinenten – etwa in Südamerika – tatsächlich gibt. Außerdem ist die kürzeste und direkte Verbindung auf der Autobahn gemeint; denn es gibt ja auch die längere Wegstrecke von Nürnberg nach München auf Nürnberg auf der Autobahn über Regensburg oder Passau. Auf ihr kommt man nicht an Ingolstadt vorbei. Sie ist »per definitionem« ausgeschlossen.

2 Die Verkehrsbehörde. Ihre Kompetenz misst sich an ihrer Auskunftsfähigkeit: Kann sie die Frage, ob man auf der Autobahn von Nürnberg nach München an Ingolstadt vorbeikommt, richtig beantworten? Die Kompetenz, eine richtige Antwort auf die gestellte Frage geben zu können, ist bei ihr gegeben; denn sie gehört zu ihrem Zuständigkeitsbereich. Richtige Antworten einer Behörde bestätigen ihre Kompetenz. Wo sie sie gibt, erfüllt sie

1 Historisches Wörterbuch der Philosophie, Darmstadt 2004, Bd. 12, 1026.

ihre Pflicht. Sie beweist ihre Zuständigkeit und gewinnt Anerkennung durch Qualität ihrer Auskünfte.

3 Ein wahrer Satz ist durch sich selber wahr. Er wird nicht falsch durch Ablehnung oder wahr durch Zustimmung, die ihm jemand gibt.

4 Das Wort »unfehlbar« verleitet zu falscher Generalisierung. Es qualifiziert Aussagen im Einzelfall bei gegebener Kompetenz, aber kann einen pauschalen Anspruch unmöglich für alles geltend machen. Daher sind Unfehlbarkeit und Fehlbarkeit, Fallibilität und Infallibilität kein Widerspruch, sondern zwei Seiten der gleichen Medaille. Man kann genauso unfehlbar Wahres, wie unfehlbar Falsches behaupten.

Ich möchte dieses Problem hier jedoch nicht vertiefen; denn es führt über das vorgegebene Thema und seine Fragestellung hinaus. Die historische Auseinandersetzung dreht sich nämlich nicht um die Frage nach Wahrheit und Unwahrheit, sondern um die Frage nach Wahrheit und Macht. Sie beherrscht das 19. Jahrhundert und wird von den Gegnern der französischen Revolution besonders in Frankreich geführt, den so genannte Traditionalisten. Zu ihren ersten und wichtigsten Vertretern gehört der französische Philosoph und Diplomat Joseph de Maistre mit seinem Buch *Du pape*, das 1819 in Paris erschienen ist. Er stellt die »Unfehlbarkeit« in den Mittelpunkt seiner Ausführungen und macht sie zum Schlagwort europäischer Politik. Sie ist bei ihm jedoch keine Qualität von Aussagen, am wenigsten von Glaubensaussagen, sondern eine Qualität des unzweifelhaften Anspruchs von Macht. Sie charakterisiert Souveränität im Zeitalter der Revolution. Der Papst hat sie aufgrund seiner geistlichen Stellung. Er ist die höchste Instanz in Sachen staatlicher und kirchlicher Ordnung. Wer an ihn glaubt, steht unfehlbar in der Tradition. Wer sie festhält, muss an den Papst glauben. Er besitzt unfehlbare Macht.

Dazu schreibt de Maistre an den Nuntius in Wien: »Selbst wenn ich Atheist wäre, aber Souverän, würde ich die Unfehlbarkeit des Papstes in einem öffentlichen Dekret erklären, um der Festigkeit und Sicherheit des Friedens willen in meinen Staaten«. Der Papst, schreibt er an anderer Stelle, sei »die bedeutendste und zugleich am wenigsten beachtete Person unseres blinden Jahrhunderts.« Berühmt ist seine Behauptung, dass es »keine öffentliche Moral gibt und keine nationale Identität ohne Religion, keine europäische Religion ohne Christentum, kein Christentum ohne Katholizismus, keinen Katholizismus ohne Papst, und keinen Papst ohne die Oberhoheit, die ihm zusteht.« Er und das Christentum wären so dasselbe.[2]

2 Vgl. *Hermann Josef Pottmeyer*, Unfehlbarkeit und Souveränität, Mainz 1975, 62-63.

3 Wichtige Namen sind Melchior Cano und Gregor von Valencia.

4 Daher stellt Cano die Frage nach der Autorität der römischen Kirche, der katholischen Kirche, der Konzilien und überhaupt aller Orte der Theologie. Vgl. dazu *Elmar Klinger*, Ekklesiologie der Neuzeit. Grundlagen bei Melchior Cano bis zum 2. Vatikanischen Konzil, Freiburg 1978.

Diese ganze Kette von Behauptungen lässt sich Punkt für Punkt widerlegen; denn alles, von dem er sagt, das eine wäre nicht ohne das andere, gibt es in der Realität eben doch ohne das andere, etwa einen Katholizismus ohne Papst bei den Orthodoxen, oder ein Christentum ohne Katholizismus bei den Protestanten oder einen Papst ohne das Recht, Konzilien einzuberufen und Bischöfe zu ernennen, im ersten christlichen Jahrtausend. Traditionalisten, wie de Maistre, bedienen sich katholischer Themen, aber stehen direkt im Widerspruch zur katholischen Tradition. Er ist nirgendwo offensichtlicher als in ihrem Sprachgebrauch. Das Wort »unfehlbar«, wie sie es einsetzen, steht in einem direkten Gegensatz zu seiner Bedeutung in der katholischen Tradition, bei deren Hauptvertretern zu diesem Thema, den Jesuiten und Dominikanern.[3]

Denn sie verwenden es zur Qualifizierung von Glaubensaussagen, nicht zur Beschreibung der Unbedingtheit institutionellen Handelns im Sinne der Souveränität. Ob Aussagen wahr oder falsch sind, ist de Maistre vollkommen gleich. Sie könnten reine Märchenerzählungen sein, wenn sie nur zur Herrschaft nützen. Da man in der katholischen Tradition das Wort »unfehlbar« zur Qualifizierung von Glaubensaussagen verwendet und den Anspruch einer Behörde auf Souveränität damit keineswegs unterstreicht, ist einerseits klar, dass es in seiner Geltung auch nicht der obersten Behörde von vornherein eignet, geschweige, dass man es auf sie beschränken kann – es gibt viele Orte der Unfehlbarkeit, vor allem die Kirche insgesamt ist ein solcher Ort –, andererseits hat diese Tradition für die Behörde einen Maßstab, nämlich die Glaubensaussage selbst. Der Papst kann ihm selbstverständlich genügen und dann Gehorsam für sich und sein Lehramt zurecht fordern, aber er kann ihm auch nicht genügen. In diesem Fall ist man auf ihn eben nicht verpflichtet, sondern er verliert sein Amt.

In der katholischen Tradition werden im Unterschied zum Traditionalismus Macht und geistliche Autorität nicht identifiziert, sondern streng unterschieden. Denn Ausübung von Macht steht oft genug in direktem Gegensatz zum geistlichen Anspruch und es gibt diesen Anspruch auch dort, wo jemand gar keine Macht besitzt und sich mit der Macht auseinandersetzen muss.

Die katholische Tradition, die viel älter ist als der Traditionalismus, kennt diesen Tatbestand und bringt ihn mit ihrer Lehre von Macht und Autorität zur Geltung.[4] Das Vorbild dieser Lehre ist die Verfassung aus republikanischer Zeit im antiken Rom. Sie grenzt potestas und auctoritas voneinander ab. Potestas besteht in administrativer Gewalt. Über sie verfügen die Konsuln. Auctoritas hat jemand durch sein Wissen, den Willen, es sich anzueignen und seine Bereitschaft, es nach außen zu vertreten. Er führt auf dieser Grundlage auch Entscheidungen herbei. Beides aber ist institutionell zu unterscheiden. Es gibt neben den Trägern administrativer Gewalt den Senat. Er ist ein Beratungsgremium mit Verfassungsrang. Er hat Autorität.

Die katholische Tradition orientiert sich bei ihrem Gebrauch des Wortes »unfehlbar« an dieser Art Gewaltenteilung. Der Papst hat jurisdiktionelle Macht; Autorität in der Lehre hat er durch Wissens- und Entscheidungskompetenz, die er sich erwerben kann, aber auch besitzen muss. Er kann sie dann jurisdiktionell verankern und ihr dadurch gesetzlichen Nachdruck verleihen. Aber sie wird nicht von der potestas abgeleitet. Sie stützt sich auf die jeweilige Kompetenz.

Das Problem einer möglichen Unvereinbarkeit bleibt daher immer bestehen und dem freien Spiel der Kräfte überlassen.

Macht kann Autorität besitzen, aber sie auch verlieren. Sie wird dann zur Herrschaft der Starken über Schwache, der Vorgesetzten über Untergebene, der Gewalt über das Recht. Sie instrumentalisiert.

Autorität besteht im Ansehen, das jemand hat, in der Zustimmung, die er findet, in der Überzeugung, die er verkörpert. Sie kann zur Macht verhelfen.

Das Erste Vatikanum arbeitet mit dieser Unterscheidung und macht sie in seiner Lehre von der Stellung des Papstes in der Kirche zum Thema. Es verweigert sich damit dem Traditionalismus auf ganzer Linie und kann dadurch eine Basis umfassender Horizonterweiterung des Lebens in der Kirche sein.

2 Die Unfehlbarkeit des Papstes auf dem Ersten Vatikanum

Worte sind unschuldig. Sie befinden nicht darüber, wie sie jemand versteht, zu welchem Zweck er sie gebraucht, und welche Bedeutung sie für ihn besitzen.

Diese Unschuld aber macht sie auch gefährlich. Sie legitimieren zwar das Falsche nicht, aber lassen es zu. Denn aus dem gleichen Mund, heißt es im Neuen Testament in Jak 3,10, »geht Segen und Fluch hervor. Es ist nicht recht, meine Brüder, dass dem so ist«. Jegliche Art von Tieren, heißt es an dieser Stelle, lässt sich zähmen durch die menschliche Natur; »die Zunge aber vermag kein Mensch zu zähmen, das niemals ruhende Übel, voll tödlichen Gifts. Mit ihr loben wir den Herrn und Vater, und mit ihr verfluchen wir die Menschen, die nach dem Ebenbild Gottes geschaffen sind.«

Die gleiche Beobachtung macht auch ein ganz anderer Autor. Václav Havel sagt in seiner Rede zum Friedenspreis des Deutschen Buchhandels in Frankfurt: »Das Wort ist eine geheimnisvolle, vieldeutige, ambivalente, verräterische Erscheinung. Es kann ein Lichtstrahl im Reich der Finsternis sein, [...] doch es kann auch ein todbringender Pfeil sein. Und was das schlimmste ist: Es kann eine Weile dies und eine Weile jenes sein, es kann sogar beides gleichzeitig sein.«[5]

5 *Vaclav Havel*, Friedenspreis des deutschen Buchhandels 1989, Frankfurt 1989.

Vom Wort »unfehlbar« gilt das Selbe. Es kann ein Lichtstrahl sein und todbringend. Es kann entmündigen und befreien. Es wurde vom Traditionalismus zur Stabilisierung und Legitimierung überlieferter Herrschaft erfunden. Es wurde von der kirchlichen Tradition jedoch angewandt, um der Überlieferung Autorität zu bescheinigen.

Das Erste Vatikanum setzt das Wort »unfehlbar« zu diesem Zweck und aus diesem Grunde ein. Es war bis zur Verabschiedung seiner Konstitution »Pastor aeternus« umstritten. Eine starke Minderheit von Teilnehmern hat es auch dann abgelehnt. Sie wollte Missverständnisse und Fehlurteile, die es bis in die Gegenwart ja unablässig noch begleiten, verhindern und ausschließen. Sie hat, weil ihr dies nicht gelang, gar nicht mit abgestimmt und ist, bevor die Verabschiedung stattgefunden hat, abgereist.

Dennoch lässt sich überhaupt nicht bestreiten: Dieses Konzil stellt die Aussagen des Glaubens, d. h. seine Lehre, nicht in den Dienst des Amtes, sondern das Amt mit der Gewalt, über die es verfügt, in den Dienst des Glaubens und seiner Lehre.

Es unterscheidet erstens zwischen Hirtenamt und Lehramt, zwischen Jurisdiktionsprimat, der administrative Kompetenz verkörpert, und Lehrprimat, der sich auf die Bewahrung, Auslegung und Weitergabe der Glaubensinhalte erstreckt.

Zweitens erklärt es, der Papst könne den Lehrprimat von Amts wegen – ex cathedra – in Anspruch nehmen und kraft seiner Autorität in Sachen des Glaubens und der Sitten ausüben. Er besitzt in diesem Fall »jene Unfehlbarkeit, mit der der göttliche Erlöser seine Kirche bei der Definition der Glaubens- und Sittenlehre ausgestattet sehen wollte; und daher sind solche Definitionen des Römischen Bischofs aus sich, nicht aber aufgrund der Zustimmung der Kirche unabänderlich.« (DH 3074)

Dieser Text enthält wichtige Stichworte der lateinischen Tradition. Sie sind heute Fachterminologie und besagen Folgendes:

1 Autorität: Sie besagt, dass jemand Wissen hat, das er festhält und einbringt entsprechend seiner Aufgabe und der jeweiligen Erfordernisse. Sie will es durchsetzen. Sie ist nicht an Macht gebunden, obwohl jemand, der Macht ausübt, sie besitzen kann und soll.

Es gibt sie daher auch ohne Macht. Ein Beispiel wäre die Autorität des Kindes, aber auch von Männern und Frauen überhaupt bei bestimmten Fragen.

2 Definition: Sie legt Themen fest, erklärt den Sinn und die Bedeutung von Behauptungen, die jemand aufstellt, und zeigt, welcher Standpunkt abzulehnen und welchem zuzustimmen ist. Sie macht Aussagen überprüfbar und begründbar. Sie ist die schlechthinnige Voraussetzung einer jeden lehramtlichen Stellungnahme.

Gremien in Ordensgemeinschaften, die eine solche Stellungnahme abgeben, um die Richtung des Lebens und der Lehre für die Mitglieder des Ordens zu bestimmen, nennt man ein Definitorium.

3 Aus sich – ex sese – nicht aufgrund der Zustimmung der Kirche: Dieses berühmte »ex sese« besagt, dass es Aussagen geben kann, die von sich aus richtig sind, daher keiner Zustimmung bedürfen und somit auch dort gelten, wo sie auf Ablehnung stoßen.

Die Summe von 2 und 2 ist 4, auch im Fall, dass alle behaupten, die Summe wäre »fünf«. Man kann die Zustimmung voraussetzen. Aber auch im Fall der Ablehnung bleibt das richtige Ergebnis »vier«.

Dieses Verlangen, dass eine Definition Zustimmung der Kirche erforderlich macht, wurde von der französischen Kirche erhoben – in den sog. gallikanischen Artikeln – und vom Ersten Vatikanum mit dem »ex sese« abgelehnt.

4 Unfehlbarkeit: Sie ist keine Eigenschaft von Personen, sondern von Sätzen und besagt, dass sie von sich aus gültig sind – unter Voraussetzung einer Definition, mit der man Gemeintes von Nichtgemeintem abgrenzt, und so die Bedeutung einer Aussage erklärt

Sie ist grundsätzlich fallbezogen und niemals generalisierend, kann aber exemplarischen Charakter haben.

Unfehlbarkeit ist keine Glaubens-, sondern eine Wissenskategorie und bezieht sich auf den Glauben insofern er Wissen ist und Wissen hat. In dieser Eigenschaft jedoch beschränkt er sich nicht auf das Amt, sondern kommt der Kirche als Kirche zu, deren Verantwortliche – entsprechend deren Kompetenzbereich – sie repräsentieren.

Wegen der falschen Personalisierung dieser Kategorie blieb ihr Wissenscharakter bislang unbeachtet, was zu den absurdesten Fragestellungen führt. Ihn herauszustellen, wäre in philosophischer, theologischer und besonders ökumenischer Hinsicht ein Fortschritt.

5 Von Amts wegen – ex cathedra: Mit dieser Formel bringt sich die Autorität auf jurisdiktioneller Ebene ein und verleiht ihrer Lehre Gesetzeskraft. Diese wird von da ab zu einem Faktor in der Ausübung von Macht.

So schwer es fällt, ihr Verhältnis konträr zu denken, und so sehr der Augenschein zur gegenteiligen Annahme verführt, es gibt für die jurisdiktionellen Maßnahmen des Papstes bei der Wahrnehmung des Hirtenamtes ein höchstes Kriterium – Autorität. Dieses besagt: Seine Lehre ist nicht deshalb richtig, weil er sie verkündet. Das Gegenteil trifft zu. Er verkündet sie, weil sie richtig ist. Er verkündet sie kraft der Richtigkeit, die sie von sich aus – ex sese – besitzt. Der Umstand ihres Eigenwerts macht die Lehre zu einem Kriterium für die Einschätzung des Verhaltens auf der Ebene jurisdiktioneller Macht. Er lässt diese auch dialogfähig werden.

Auf dem Ersten Vatikanum hat das Wort des Glaubens – das heißt in seinem Fall die Lehre – Vorrang in allen Auseinandersetzungen, die es führt. Es verurteilt den Traditionalismus, weil er sie generell missachtet, es verwahrt sich gegen den Gallikanismus, weil er ihren Eigenwert nicht anerkennt, und es überwindet im Ansatz auch den Papalismus, weil es nicht die Unfehlbarkeit der Person, sondern der Lehre zum Gegenstand seiner Glaubensaussage macht.

Diese schließt einen Irrtum der Päpste nicht aus, im Fall, dass sie sich nicht an sie halten. Nicht Person und Institution schützen vor ihm, sondern Autorität.

Ein Fall solcher Art liegt in der Geschichte tatsächlich vor und wurde auf dem Ersten Vatikanum auch verhandelt, nämlich der Fall Honorius I., der im 7. Jahrhundert lebte und auf dem IV. Konzil von Konstantinopel wegen der Häresie des Monotheletismus angeklagt und verurteilt wurde. (DH 550-552)

Das Kriterium der Wahrnehmung des Amtes ist somit die Authentizität der Lehre, nicht die Person, die es bekleidet. Diese muss ihr genügen. Sie hat einen sprachlichen Horizont und eröffnet der Kirche selber neue sprachliche Perspektiven.

3 Das Zweite Vatikanum und die Auseinandersetzung mit Hans Küng

Ist etwas richtig, weil es der Papst sagt, oder sagt er es, weil es richtig ist?

Im Sinn von Unschuldsvermutung, der Annahme eines Informationsvorsprungs, sowie des Amtsbonus generell, kann man davon ausgehen, dass etwas richtig ist, weil es der Papst sagt. Einen Blankoscheck auf Richtigkeit beinhaltet diese vorauseilende Unterstellung jedoch nicht. Denn erst die Richtigkeit dessen, was jemand sagt, – der Aussagewert seines Standpunkts – macht jemand zur Autorität. Diese ist nach dem Ersten Vatikanum und seinen Quellen gefordert, um einer Person in Sachen Lehre Ausnahmecharakter zu bescheinigen.

Die Lehre selber nämlich hat ihren eigenen Stellenwert. Er lässt sich nicht vom Subjekt und seinen Vorstellungen ableiten, sondern macht sie objektiv zum Thema. Sie gibt Dinge und Vorkommnisse auch nicht abbildhaft wieder. Sie greift beides vielmehr im Sinn jeweiliger Fragestellung auf, um es nach Maßgabe von Kriterien eines bestimmten Standpunkts zu beurteilen. Sie kann mit ihrem Urteil definitiven Charakter tragen.

Um einen Begriff Karl Poppers aufzugreifen. Es handelt sich bei ihr um »objektive Erkenntnis«. Er spricht von einer Erkenntnis ohne erkennendes Subjekt. Die Lehre ist kein Tatbestand der ersten Welt mit ihrer natürlichen Beschaffenheit und deren Abläufen, auch kein Tatbestand der zweiten Welt mit ihrer individuellen Ausrichtung und ihrem persönlichen Anliegen, sondern der dritten Welt, einer Welt der Sprache, Kultur, Religion und Wissenschaft, in der man alles, was es gibt, eigenständig zum Thema machen kann.

Diese Auffassung ist hier im einzelnen nicht zu vertiefen. Ich verweise auf sie wegen des Stellenwerts der Lehre auf dem Ersten Vatikanum. Sie hat nichts mit Privatheit und subjektiver Willkür zu tun, sondern besteht aus dem Urteil, das man in der kirchlichen Tradition zu bestimmten Gegebenheiten und Vorkommnissen hat.

Die Objektivität, die ihr zukommt, setzen das Erste und das Zweite Vatikanum voraus.

Denn in der Eröffnungsrede sagt Johannes XXIII. »Das Konzil will die Glaubenslehre rein und unvermindert, ohne Abschwächung und Entstellung weitergeben«. Seine Aufgabe ist es jedoch nicht nur, »diesen kostbaren Schatz zu bewahren, als ob wir uns nur um Altertümer kümmern würden. Sondern wir wollen uns mit Eifer und ohne Furcht der Aufgabe widmen, die unsere Zeit erfordert.« Jene, die sich auf der ganzen Welt zum christlichen, katholischen und apostolischen Glauben bekennen, erwarten »einen Sprung nach vorwärts, der einem vertieften Glaubensverständnis und der Gewissensbildung zugute kommt. Dies soll zu je größerer Übereinstimmung mit dem authentischen Glaubensgut führen, indem es mit wissenschaftlichen Methoden erforscht und mit den sprachlichen Ausdrucksformen des modernen Denkens dargelegt wird. Denn eines ist die Substanz der tradierten Lehre, d. h. des depositum fidei; etwas anderes ist die Formulierung, in der sie dargelegt wird. Darauf ist [...] großes Gewicht zu legen, indem alles im Rahmen und mit den Mitteln eines Lehramtes von vorrangig pastoralem Charakter geprüft wird.«[6]

Der Papst stellt sich der sprachlichen Herausforderung im Umgang mit der Glaubenslehre. Sie bildet ebenso einen obersten Maßstab für ihn wie für alle, an die er sich wendet. Denn sie ist nicht nur Lehre, sondern auch Botschaft. Sie hat einen pastoralen Gehalt. Er gehört zur Substanz der Lehre selber. Niemand wird ihr gerecht, der nicht zeigen kann, dass sie den Menschen, so wie er heute ist, in seiner Freude und Hoffnung, in seiner Trauer und Angst, unfehlbar erreicht. Das Konzil hat somit die Aufgabe, das authentische Glaubensgut rein und unvermindert, ohne Abschwächung und Entstellung weiterzugeben, indem es die Lehre aus der Perspektive ihres Adressaten thematisiert, dadurch seinem Glaubensverständnis zugänglich macht und einen Beitrag zu seiner Gewissensbildung somit leistet.

Die Beschlüsse und Texte des Zweiten Vatikanums entsprechen dieser Anforderung. Mit seinem Begriff der Pastoral, seiner Methode des Sehens, Urteilens und Handelns, sowie seiner Konzeption der Zuordnung von Lehre und Leben löst es die Aufgabe, die ihm gestellt war. Es wird ihr gerecht.

Dies trifft meines Erachtens auf die Frage nach der Unfehlbarkeit des Papstes in besonderer Weise zu. Es macht sie zwar technisch nicht zum Thema und behandelt sie auch nur beiläufig, aber es beantwortet sie real. Technisch kann es sie schon deshalb nicht zum Thema machen, weil es die Machtfrage nicht stellt,

6 In: *Ludwig Kaufmann/Nikolaus Klein*, Johannes XXIII. Prophetie im Vermächtnis, Fribourg 1990, 133-136, Nr. 200-235.

im technischen Sinn keine Definitionen vornimmt und Exkommunikationen abschafft. Es erweitert gleichwohl den Sprachgebrauch mit der Behauptung von einem Charisma der Unfehlbarkeit des Papstes. Denn es erklärt, dass ihm »auf einzigartige Weise die Gnadengabe der Unfehlbarkeit der Kirche selbst innewohnt.« (DH 4149) Sie meint eine innere Begabung, die mit dem Glauben selbst gegeben ist und dazu befähigt, am rechten Ort, zur rechten Zeit das rechte Wort zu finden, ein Wort, das tröstet, das aufbaut, das zurechtweist, das belehrt. Man kann es Amtscharisma nennen. Es gibt der Lehre von der Unfehlbarkeit einen pastoralen Sinn und bindet sie in den Gesamtzusammenhang der Lehre des Zweiten Vatikanum ein. Die Schwierigkeiten, die mit dem Problem von Macht und Autorität gegeben sind, löst es real. Denn ohne Johannes XXIII. wäre es gar nicht zusammengetreten, hätte es keine eigene Linie in der Fragestellung gefunden und hätte es auch keine Gesetzeskraft erhalten. Seine Biographie ist voller Konflikte, aber zeigt gleichzeitig, wie man sich gegenüber jurisdiktioneller Macht behaupten und auch durchsetzen kann. Der Vatikan hat das Konzil weder richtig vorbereitet, noch besonders hoch geschätzt. Jetzt steht er vor der großen Schwierigkeit, es richtig durchzuführen.

Aber es ist Basis und Grundlage, eine Auseinandersetzung mit der Tradition zu führen, in der es steht. Dazu gehören alle vorausgehenden Konzilien, aber besonders das Erste Vatikanum. Anlässlich der Enzyklika »Humanae vitae« zur künstlichen Geburtenregelung entzündete sich ein Konflikt, der bis heute anhält und sich um die Unfehlbarkeit des Papstes dreht.

Hans Küng hat ihn angezettelt mit der Behauptung, das Verbot sei nach seiner Meinung eine unfehlbare Lehre im Sinn der römischen Kriterien und daher auch zugleich der beste Beweis, dass es unfehlbare Lehren gar nicht geben könne, ein Argument für deren Unsinn.

Es ist hier nicht der Ort, Jahrzehnte später noch einmal über »Humanae vitae« zu sprechen. Aber diese Enzyklika wurde unter jurisdiktionellen Gesichtspunkten verfasst. Man hatte ihr Thema dem konziliaren Diskurs ja von vornherein entzogen und macht Lehrkriterien bei seiner Darlegung überhaupt nicht geltend. Die Frage nach einer Definition des Sachverhalts mit den hierfür notwendigen Differenzierungen wird gar nicht gestellt.

Aber niemand sollte mit Steinen werfen, der selbst im Glashaus sitzt. Der Papst ist eine Institution und er hat ohne Zweifel Macht. Aber sie wird von der Lehre nicht nur bestätigt, sondern auch begrenzt. Er ist auf sie verpflichtet und steht in ihrem Dienst. Der Ansatz einer jeden Auseinandersetzung mit dieser Behörde, den sie selber anerkennt, muss daher etwas sein, das Hans Küng in seinen Stellungnahmen nicht nur schwächt, sondern auch übergeht und falsch behandelt, etwas, das konträr zu der Behörde steht, keine Macht hat und sich gerade so vor ihr behauptet: diese Instanz sind wahre Sätze und ihre Autorität.

Es ist bei dieser Auseinandersetzung weder zielführend noch in der Sache überhaupt gerechtfertigt, den Aussagewert von Sätzen zu missachten oder generell infrage zu stellen. Es gibt sie zwar in unterschiedlichster Form und mit unterschiedlichster Reichweite an Geltung, aber zu meinen, sie könnten sich einer Wahrheit immer nur annähern und sie nie wirklich behaupten, ist irreführend und trifft einfach nicht zu. Um Sätze jedoch wahrheitsfähig zu machen – denn sie sind es nicht von vornherein und immer schon – bedarf es bestimmter Maßnahmen. Eine davon ist die Abgrenzung dessen, was gemeint und nicht gemeint, was gewusst und nicht gewusst ist, durch Definition. Diese besteht nicht in einer willkürlichen Vorgabe, sondern legt fest, was man sagen kann und sagen will.

Die katholische Tradition, die sich auf eine solche Vorgehensweise stützt und sie auch praktiziert, wird in den Schriften von Hans Küng zu diesem Thema nicht ein einziges Mal erwähnt. Er kann Autorität und Macht nicht unterscheiden und muss sie daher miteinander verwechseln und identifizieren. Er bescheinigt im direkten Gegensatz zum Ersten Vatikanischen Konzil, das zwischen einer »indefectibilitas« der Kirche – dem in der Wahrheit bleiben – und ihrer »infallibilitas« – den Sätzen, in denen sie Wahrheit zur Sprache bringt – unterscheidet, der Kirche die »indefectibilitas« und meint, über die »infallibiltas« verfüge nur Gott. Diese Auffassung hat weit reichende Folgen bis in seine neuesten Publikationen. Denn Machtverhältnisse sind auch ein Thema im Glaubensbekenntnis selbst.

Darüber jedoch ist hier nicht mehr zu sprechen. Lehramtliche Maßnahmen sind in der Theologie immer gegen wen auch immer zu bedauern. Denn nur was sich auf die Probe stellen lässt und sich der Gefahr einer möglichen Widerlegung aussetzt, kann fruchtbar sein und weiterführen. Auf diese Weiterführung ist man in der Theologie jedoch wirklich angewiesen.

Das Zweite Vatikanum ist ein Entwurf der Lehre des Glaubens in seiner Gesamtheit. Es gibt kein einziges Dogma, zu dem es nicht Stellung nimmt und das es nicht in einem grundsätzlichen Sinn erweitert. Von der Trinitätslehre über die Christologie bis zur Gnadenlehre, von der Ekklesiologie über die Anthropologie – die Berufung jedes Menschen durch Gott – bis zur Soziologie – Person vor Institutionen –, keine Lehre der Tradition bleibt unberührt, keine wird nur wiederholt, jede wird unter ganz neuen Gesichtspunkten erörtert, was zu neuen Lehraussagen führt. Das Zweite Vatikanum ist der klassische Fall und geradezu ein Modell des dogmatischen Fortschritts in der Kirche. Es handelt aber nicht auf eigene Faust, sondern nach einer Vorgabe des Papstes, der ja von ihm keinen historischen Diskurs, sondern einen »Sprung nach vorn« in Gewissensbildung und Glaubensbewusstsein erwartete.

Dieser Erwartung wurde es in vollem Umfang gerecht. Der Unfehlbarkeitsdiskurs jedoch wirft dic Frage nach der dogmatischen Qualität dieses Sprungs nach vorne auf. Ist er vielleicht gar kein Sprung nach vorn, sondern nur die Wiederholung der Tradition mit anderen Mitteln? Oder bricht er mit der

Tradition, auf die man sich dann gar nicht mehr berufen müsste und beziehen könnte? Oder lässt er sich in seinem Eigenwert gar nicht bestimmen, sodass jeder das Konzil wie einen Steinbruch behandelt, es nach Belieben zitiert und weg lässt, was ihm zuwider ist – mit der Begründung, es lehre gar nichts Verbindliches, man sei vielleicht der großen kirchlichen Tradition, aber nicht ihm selbst verpflichtet.

Die Frage nach der dogmatischen Qualität des Sprungs nach vorn in Glaubens- und Gewissensbildung, der auf dem Zweiten Vatikanum vorliegt, ist eine Frage seiner Definition.

Das Konzil selber definiert die Lehre pastoral. Es bedient sich daher keiner deduktiven Methode, sondern erfasst sie abduktiv. Denn es bestimmt ihren Inhalt von den Menschen her, zu denen sie spricht, auf dem Boden der Situation, in der sie sich befinden. Daher die anthropologische Wende und soziologische Ausrichtung seiner Lehre. Diese hat somit eine generelle Bedeutung. Jeder kann ihr zustimmen. Sie ist die dogmatische Basis eines interkonfessionellen, interreligiösen und überhaupt globalen Dialogs.

Angesichts der Auseinandersetzungen, die es um sie in der Kirche gibt, stellt sich die Frage nach dem dogmatischen Stellenwert dieser allgemeinen Definition. Lässt sie sich in einem speziellen Sinn bestimmen? Ist sie definierbar im Sinn des Ersten Vatikanum?

Das Konzil selber lehnt eine Definition seiner Aussagen in diesem speziellen und technischen Sinn des Wortes ab. Es konnte sie auch gar nicht wollen. Es stand vor einem ganz anderen Problem; es sollte die Inhalte des Glaubens in einem pastoralen Sinn, das heißt gesamtheitlich, darstellen und zum Gegenstand machen.

Dennoch ist die Frage einer Definierbarkeit seiner Aussagen ein wichtiges Thema. Es verlangt nach einer Erörterung. Man kann Dogmatisches pastoral definieren – das Zweite Vatikanum ist dafür der Beweis. Aber dann gilt auch umgekehrt: man kann Pastorales dogmatisch definieren; denn es ist die Praxis des Glaubens und seiner Lehre, ihr Vollzug im Leben selbst. Es gibt eine Dogmatik der Pastoral als Pastoral, nämlich Grundsätze des Glaubens, die unverzichtbar sind, um Mensch und Christ in der Welt zu sein und in ihr zu bestehen. Ohne diese Umkehrung lässt sich das Konzil in seinem dogmatischen Sinn weder verstehen noch erklären. Es bleibt dann für sich selber ohne Belang. Man kann es gegenüber dem Traditionalismus auf dem Boden der Lehre selbst weder verteidigen noch einklagen.

Aussagen des Zweiten Vatikanum, die man in einem speziellen Sinn des Wortes definieren kann und auch definitive Bedeutung haben, liegen aber tatsächlich vor. Ein Beispiel, das man hervorheben kann, ist seine Lehre vom Humanismus des Glaubens an Jesus; denn es erklärt: »Wer auch immer Christus, dem vollkommenen Menschen, folgt, wird auch selbst mehr Mensch.« (DH 4341)

Diese Lehre besagt: Christus, der Menschensohn, ist Mensch unter Menschen. Wer ihm folgt, wird solidarisch mit allen Menschen und gewinnt so an Humanität. Jemand, der sich nicht zu ihr bekennt und sie leugnet, verstößt gegen den Glauben an Jesus.

Die Menschensohnchristologie bildet das Fundament der Mission, verleiht ihr Autorität, kann Macht entfalten und fordert jede Macht heraus. Wer an Jesus glaubt und ihm folgt, geht den Weg der Befreiung und Erlösung – eine unfehlbare Wahrheit.

Zusammenfassung

Das Konzept der »Unfehlbarkeit« verweist u. a. darauf, dass ein wahrer Satz durch sich selbst wahr ist und nicht durch bzw. wegen Ablehnung oder Widerspruch. Die Gegner der Französischen Revolution haben ein traditionalistisches Konzept der »Unfehlbarkeit« ausgearbeitet, dass jedoch am I. Vatikanum nicht zum Durchbruch kam, weil auch in ihr die Unterscheidung der lateinischen Tradition von Autorität und Macht Eingang fand; etwas das auch Hans Küng in seinen Schriften nicht unterscheidet, mit weitreichenden Folgen bis in jüngste Veröffentlichungen hinein.

Abstract

Among other things, the concept of »infallibility« refers to the fact that a true statement is true ipso facto and not through or because of a rejection or contradiction. The opponents of the French Revolution formulated a traditionalistic concept of »infallibility« which, however, did not assert itself at the First Vatican Council because the differentiation of the Latin tradition between authority and power also gained acceptance in the understanding of »infallibility«. This is also a distinction that Hans Küng does not make in his writings which has had far-reaching consequences that extend up into his most recent publications.

Toleranz und Identität

Christlicher Glaube in den Differenzen religiöser Lebenswelten

von Claude Ozankom

Im Zuge nachhaltiger Migrationsströme sowie globaler Informations- und Kommunikationsmöglichkeiten ist die sozio-religiöse Landschaft in den westlichen Kulturräumen im Umbruch begriffen. Denn sorgte das Prinzip »cuius regio eius religio« lange Zeit insofern für klare Verhältnisse, als eine bestimmte Konfession oder Religion in einem Land oder Landesteil dominierte, so hat sich die Situation inzwischen grundlegend geändert. So muss das europäische Christentum beispielsweise damit klar kommen, dass der Islam in ehemals katholisch oder evangelisch geprägten Gebieten vorgedrungen ist und dass Minarette zum Erscheinungsbild mancher Städte gehören.

Diese Situation stellt für Kirche und Theologie eine Herausforderung dar und ruft nach adäquaten theologisch fundierten Lösungsansätzen für eine gelingende Konvivenz in den multikulturellen und multireligiösen Gesellschaften der Welt. Wobei zu berücksichtigen ist, dass diese Welt vor unserer Haustür liegt. Der Theologie ist es näherhin aufgegeben, zuallererst der pluralen Verfasstheit heutiger Welt Rechnung zu tragen. Das Markenzeichen der Signatur der Gegenwart sind Differenzen, deren entscheidende Bedeutung den Begriff Toleranz als zentrale Haltung und Umgangsform inmitten religiöser Lebenswelten zunehmend in den Vordergrund gerückt hat. Daraus erwächst zugleich die Frage: Wie können Menschen heute noch ihre christliche Identität artikulieren, ohne dass dies als unzulässige Missachtung anderer religiöser Identitäten und etwaiger Weltanschauungen gebrandmarkt und als Gefährdung des sozialen, politischen und kulturellen Friedens angesehen wird?

Damit ist der Horizont meiner Ausführungen angegeben. Folgende Hauptschritte markieren den Gang der Überlegungen: 1. Pluralität als Signatur der Situation der Gegenwart und die kirchliche Reaktion; 2. Toleranz: Die umstrittene Aktualität eines Begriffs; 3. christliche Identität inmitten religiöser Lebenswelten; 4. Ausblick: Gastfreundschaft als Horizont.

1 Pluralität als Signatur der Situation der Gegenwart und die kirchliche Reaktion

Die faktische Pluralität der Wirklichkeit ist keine Neuerscheinung unseres modernen Zeitalters, sondern gehört grundlegend zur Konstitution der geschaffenen Welt. Dies gilt auch für das Abendland: Das durch die Trias Athen,

Rom und Jerusalem vermittelte Bewusstsein der Einheit wurde aufs Ganze gesehen teuer erkauft und vermochte die grundsätzliche Pluriformität der europäischen Welt in kultureller und religiöser Hinsicht keineswegs zum Schweigen zu bringen. Gleichwohl gewinnt die Pluralität in unserem Verstehenshorizont insofern an Aktualität und Relevanz als die heute unter dem Stichwort »Globalisierung« subsumierte Entwicklung den Menschen den Sinn für Differenzen auf den unterschiedlichsten Feldern wie Kultur, Politik, Wirtschaft, Sport, Freizeit usw. auf eine signifikant neue Weise geschärft hat. Differenzen als Kennzeichen heutiger Welt betreffen selbstverständlich auch jenen Bereich, dessen diskursives Erschließen vornehme und ureigenste Aufgabe der Theologie ist, nämlich das Feld des Religiösen, auf dem konkurrierende religiöse Sinnangebote im Wettstreit miteinander stehen und sich plurale religiöse Lebenswelten nebeneinander etablieren. Diese Situation ruft zum einen nach einer begründeten Einschätzung des religiösen Pluralismus und zum anderen nach einer angemessenen Umgangsform mit ihm.

Gilt der Blick zunächst einmal der ersten Fragerichtung, so kann in einer ersten Annäherung herausgestellt werden, dass das Christentum im Allgemeinen und die Katholische Kirche im Besonderen den schwierigen Weg von einem *Gegen*einander zu einem *Mit*einander der Religionen der Welt in den letzten Jahrzehnten entschieden gegangen ist. Denn galt die Pluralität auf dem religiösen Feld in der Vergangenheit vielfach als Fehlentwicklung oder Mangel, so wird sie heute implizit als positiv bewertet, zumindest aber als »heilsgeschichtliches Muss« er- und anerkannt. Daraus erwächst die Möglichkeit, dieses neue Bewusstsein auch kirchenamtlich zu formulieren. So hält beispielsweise das Römische Dokument »Dialog und Verkündigung« aus dem Jahre 1990 fest: »Die Anhänger anderer Religionen antworten immer dann positiv auf Gottes Einladung und empfangen sein Heil in Jesus Christus, wenn sie in ehrlicher Weise das in ihren religiösen Traditionen enthaltene Gute in die Tat umsetzen und dem Spruch ihres Gewissens folgen. Dies gilt sogar für den Fall, dass sie Jesus Christus nicht als ihren Erlöser erkennen oder anerkennen.«[1] Mit dieser Aussage wird Klarheit über die Position der katholischen Kirche gegenüber anderen Religionen geschaffen. Diese Religionen haben demnach eine »Heilsbedeutsamkeit« *sui generis*. Auf diese Weise rücken die nichtchristlichen Religionen letztlich in die Nähe der Bestimmung der Kirche, insofern als diese Religionen von Gott als Instrumente genutzt werden können, um Menschen, die seinen Sohn nicht kennen, den

1 Dialog und Verkündigung, 29; 68. Vgl. dazu AG 3; 9; 11.
2 Vgl. Nr. 34.
3 Nach Nr. 35 besteht die Aufgabe der Kirche teilweise darin, »zu erkennen, dass dieses Reich auch außerhalb der Grenzen der Kirche, wenn auch unvollständig, verwirklicht sein kann, z. B. in den Herzen der Anhänger anderer religiöser Traditionen.«
4 Nr. 35.
5 Nr. 79.
6 Vgl. GS 22.
7 Nr. 19.
8 Vgl. Nr. 28.

Weg zum Heil zu weisen. Im Hintergrund steht die sakramentale Bestimmung der Kirche des Zweiten Vatikanischen Konzils. Grundlegend ist näherhin das »funktionale« Verständnis der Kirche in Bezug auf das Reich Gottes. Konkret: Die Kirche steht in engem Zusammenhang mit dem Reich Gottes, genauer: Sie ist vom Reich Gottes nicht zu trennen[2], aber die Wirklichkeit des Reiches Gottes ist weiter als die Grenzen der Kirche.[3] An der Wirklichkeit des Reiches Gottes haben die Anhänger anderer Religionen teil, »insofern sie Werte des Evangeliums leben und für das Wirken des Geistes offen sind.«[4] Allerdings handelt es sich sowohl innerhalb wie auch außerhalb der Kirche um eine nur anfängliche Verwirklichung des Reiches, die erst in der zukünftigen Welt zu ihrer vollen Verwirklichung kommen wird. Und solange die Vollendung aussteht, ist nicht alles gut oder göttlich, was religiös ist. Dies gilt nicht nur für die Kirche, sondern auch für die Religionen. Denn die Kirche und die Religionen kennen die negativen Auswirkungen der Sünde. Diese Begrenztheit (durch die Sünde) kann auf zwei Ebenen kenntlich gemacht werden: Die erste Ebene ist die lebenspraktische. Hier erlebt der Mensch, dass er hinter dem zurückbleibt, was ihm durch das Heilsangebot Gottes verheißen ist. Die theoretische Ebene verweist auf die begrenzte Gotteserkenntnis. Beides gilt gleichermaßen für die Kirche und die Religionen der Welt. In erkenntnistheoretischer Hinsicht sind Kirche und Religionen gerade deswegen aneinander gebunden. Für die Begegnung mit den Angehörigen anderer religiöser Traditionen erweist sich die gegenseitige, kritische Herausforderung zwischen Kirche und Religionen als eine Möglichkeit zur Reinigung und zur Vervollkommnung im Hinblick auf das Ziel, der Heilsgeschichte zu dienen: »Indem sie Zeugnis von den Werten des Evangeliums gibt, wirft sie für die(se) Religionen Fragen auf. Genauso mag sich die Kirche, insofern sie selbst den menschlichen Begrenzungen unterliegt, herausgefordert sehen«.[5] Diese Vorstellung gipfelt im Bild einer »gemeinsamen Pilgerschaft« von Kirche und Religionen. Damit wird ein Motiv aus den Richtlinien für den Dialog vom Ökumenischen Rat der Kirchen positiv aufgegriffen, das da lautet: »… der Auftrag der Kirche erstreckt sich auf alle. Auch in Bezug auf die Religionen, denen sie angehören, kann die Kirche im Dialog eine prophetische Rolle erhalten«.

Aus der Anerkenntnis einer »Heilsbedeutung« *sui genereis* nichtchristlicher Religionen erwächst die Aufgabe, den interreligiösen Dialog aus christlicher Sicht zu begründen. Dies erfolgt aufs Ganze gesehen im Horizont heilsgeschichtlicher, gnadentheologischer und ekklesiologischer Erwägungen: Ausgangspunkt ist die Gottesebenbildlichkeit, zu der der Mensch erschaffen wurde, deren Zielursache Jesus Christus ist, dessen Auferstehung als universalgeschichtliches Ereignis die Rettung und die Vollendung *allen* menschliches Lebens verheißt.[6] Daraus folgt: Es gibt nur »eine Heilsgeschichte für die ganze Menschheit.«[7] D. h.: Die ganze Menschheit ist von einem einzigen Heilsplan umfasst, dessen »Mitte« Jesus Christus ist, der sich gleichsam mit jedem Menschen verbunden hat.[8] Somit haben »alle erlösten Menschen, wenngleich in Verschiedenheit, dennoch an dem einen und selben Geheimnis der Erlösung in Jesus Christus durch den Heiligen Geist teil.«[9] Demnach ist die Heilsteilhabe auf je eigene Weise durch die anderen Religionen vermittelt, weil deren Werte »Wirkungen« und »Elemente der Gnade Gottes«, »Spuren der Gnade« sind, »die die Antwort ihrer Anhänger auf Gottes Anruf«[10] unterstützen.

Auf diesem Hintergrund erweist sich Dialog und Zusammenarbeit mit den Anhängern anderer religiöser Traditionen für die Kirche als Notwendigkeit.

Die Grundlage für einen christlich verantwortbaren interreligiösen Dialog ist demnach nicht allein oder in erster Linie anthropologischer Art, sondern von theologischem Charakter. Denn durch den interreligiösen Dialog lässt sich die Kirche in das Handeln Gottes selbst hinein nehmen. Dahinter steht folgender Gedankengang: Gott schenkte und schenkt der Menschheit durch die Jahrhunderte hindurch in einem immer währenden Dialog sein Heil. Im Vertrauen auf dieses Handeln Gottes muss auch die Kirche in den Heilsdialog mit allen Menschen treten. In diesem Heilsdialog sind Christen und Nicht-Christen dazu eingeladen, letztlich ihren religiösen Einsatz zu vertiefen und auf Gottes persönlichen Anruf zu antworten. Die Zielperspektive ist damit nichts Anderes als eine tiefere Bekehrung zu Gott hin.[11] Das bedeutet aber: die Auseinandersetzung mit anderen religiösen Traditionen gehört konstitutiv zur Identität des christlichen Bekenntnisses. Denn da die Menschheitsgeschichte vor Gott eine ist, wird jeder Ort dieser Geschichte zum Ort einer möglichen Gotteserfahrung und Gotteserkenntnis.

2 Toleranz: Die umstrittene Aktualität eines Begriffs

Im Zusammenhang mit diesem positiv konnotierten Diskurs über den Umgang mit den Differenzen heutiger religiöser Lebenswelten tritt der Begriff Toleranz zunehmend in den Vordergrund. Dabei wird Toleranz sogar

9 Nr. 29.
10 Nr. 30.
11 Vgl. Nr. 40-41.
12 Vgl. dazu *Traugott Schöfthalter*, Prinzipien der Toleranz – eine Deklaration der Unesco, in: *Alois Wierlacher* (Hg.), Kulturthema Toleranz, München 1996, 673-682.
13 *Heinrich Schmidinger* (Hg.), Identität und Toleranz, Innsbruck 2003, 7. Vgl. dazu *Rainer Forst*, Toleranz in Konflikt. Geschichte, Gehalt und Gegenwart eines umstrittenen Begriffs, Frankfurt a. M. 2003 (Klapptext): »Der Begriff Toleranz spielt in pluralistischen Gesellschaften eine zentrale Rolle, denn er bezeichnet eine Haltung, die den Widerstreit von Überzeugungen und Praktiken bestehen lässt und zugleich entschärft, indem sie auf Gründen für ein Miteinander *im Konflikt*, im weiterhin bestehenden Dissens, beruht«. Ähnlich hält auch Otfried Höffe die Toleranz sowohl in ihrer institutionellen wie auch in ihrer persönlichen Gestalt als Antwort »auf die Herausforderung des Pluralismus«; *Otfried Höffe*, Toleranz. Zur politischen Legitimation der Moderne, in: *Rainer Forst*, (Hg.), Toleranz. Philosophische Grundlagen und gesellschaftliche Praxis einer umstrittenen Tugend, Frankfurt a. M. 2000, 669.
14 Vgl. *Forst*, Toleranz (Anm. 13), 13: »Sowohl in der Geschichte des Begriffs als auch in der Gegenwart ist die Bedeutung von Toleranz nicht nur unklar, sondern zutiefst umstritten.« Vgl. dazu auch *ders.*, ebd. (Klapptext): »Ein kritischer Blick auf die Geschichte und Gegenwart des Begriffs macht jedoch deutlich, dass dieser nach wie vor in seinem Gehalt und seiner Bewertung zutiefst umstritten ist und somit selbst *im Konflikt* steht: Für die einen war und ist Toleranz ein Ausdruck

zur zentralen Umgangsform für die lebensnotwendige Kohäsion in den pluralistischen Gesellschaften heutiger Welt hochstilisiert, wie dies u.a. 1995 durch das von der UNESCO propagierte Jahr der Toleranz medienwirksam kommuniziert wurde.[12] Heinrich Schmidinger erklärt daher: »Ohne Toleranz könnte keine moderne Gesellschaft, die durch Multikulturalität und Multireligiosität gekennzeichnet ist, existieren. Je kleiner die Welt wird und je mehr die Menschen miteinander kommunizieren, umso wichtiger wird diese Haltung. Durch sie werden Andersdenkende nicht nur geduldet, sondern als Gleichberechtigte anerkannt.«[13]

Angesichts der Hochkonjunktur des Begriffes »Toleranz« ist es aber bemerkenswert: Toleranz ist begrifflich nicht eindeutig bestimmt.[14] So wird beispielsweise ein Erziehungskonzept, nach dem Kinder tun und lassen können, was sie wollen, als tolerant bezeichnet. So wie umgekehrt jemand, der fremde Überzeugungen aus guten Gründen als falsch kritisiert, wird kurzerhand als intolerant abgestempelt wird. Die Liste ähnlicher Beispiele lässt sich problemlos fortführen. Angesichts dieser »Sprachverwirrung« stellt sich nun die Aufgabe, den Begriff Toleranz unter besonderer Berücksichtigung der wissensgeschichtlichen Grundlegung der Toleranzforderung inhaltlich zu präzisieren[15], bevor eine Verhältnisbestimmung von Identität und Toleranz auf die Differenzen heutiger religiöser Lebenswelten hin näher beleuchtet werden kann.

Erkenntnisleitend sind dabei zum einen die Frage nach der Begründung der Forderung nach Toleranz und zum anderen die Frage nach den Grenzen der geforderten Toleranz. Damit ist eine Perspektive gewählt, die den Toleranzgedanken primär im institutionellen Bereich, genauer: im Sinne der Umgangsformen der Machtinstanzen mit den Religionen und Weltanschauungen verortet.[16] Gleichwohl wird die personale Ebene nicht ausgeblendet, sofern es bei der Toleranz immer auch um die je persönliche Haltung gegen Andersdenkende – und glaubende geht.[17]

gegenseitiger Respekt trotz tiefgreifender Unterschiede, für die anderen eine herablassende, potenziell repressive Einstellung und Praxis.«

15 Vgl. hierzu *Hans R. Guggisberg* (Hg.), Religiöse Toleranz. Dokumente zur Geschichte einer Forderung, Stuttgart/Bad Cannstatt 1984.

16 Diese Perspektive hat vornehmlich die politische Praxis im Blick. Dies schließt die Religionen insofern ein, als diese in ihrer Lehre und Praxis Relevanz für die doppelte Frage nach der Begründung und den Grenzen der Toleranz haben können. Konkret: Religionen können die Toleranzforderung eines Staates akzeptieren oder zuwiderlaufen. Ebenso können Religionen im Verhältnis zueinander die staatlicherseits geforderte Toleranz nur soweit zulassen als dies die Interessen und Überzeugungen der eigenen Religionsgemeinschaft nicht gefährdet. Dass letztere zu aggressiv ausgetragenen Konflikten führen kann, zeigt u.a. die Geschichte der Religionskriege in Europa, die den Frieden nicht nur innerhalb eines Staates, sondern auch zwischen den Staaten zerstörte. Von diesem Hintergrund macht es Sinn, »von Toleranz bzw. Intoleranz« einer Religion zu sprechen, nämlich insofern ihre Einstellung und ihr Verhalten gegenüber anderen religiösen und weltanschaulichen Gruppierungen der staatlichen Toleranzmaxime und dem Frieden in und zwischen den Staaten zuwiderläuft oder nicht«. Vgl. *Perry Schmidt-Leukel*, Ist das Christentum notwendig intolerant?, in: *ders.* (Hg.), Berechtigte Hoffnung. Über die Möglichkeit, vernünftig und zugleich Christ zu sein, Paderborn 1995, 249-273; hier 251.

17 Vgl. *Höffe*, Toleranz. Zur politischen Legitimation der Moderne (Anm. 13), 669.

Wie ist das zu denken? Eine systematische Begriffspräzisierung vor dem Hintergrund einer Rekonskruktion der Argumente für die Toleranz und der markanten Praktiken ist aufschlussreich. Tatsächlich zeigt der Blick in die Geschichte, dass das Thema Toleranz, obwohl nachweislich erst in der europäischen Neuzeit (hier besonders im Zusammenhang mit der Aufklärung) diskursiv greifbar geworden, so alt ist wie die Menschheit selbst und keineswegs auf diese oder jene Epoche der Geschichte oder gar auf einen bestimmten Kulturraum beschränkt werden kann.[18] Denn solange es etwa Religion gibt, so lange stellt sich auch schon die Frage nach einer angemessenen Umgangsform mit Andersgläubigen.[19] Es nimmt daher nicht Wunder, dass das Phänomen Toleranz bzw. Intoleranz keine unbekannte Größe für die Antike darstellt, obgleich der Terminus nicht vor Cicero überliefert ist. Das Besondere in diesem Kontext: Toleranz ist eine Tugend, die nicht das Verhältnis zum anderen oder zur Autorität beschreibt, sondern primär auf das Verhältnis des Menschen *zu sich selbst* verstanden wird und zwar als Vorbedingung zu einem würdevollen Verhalten. So gesehen meint Toleranz »ein Ertragenkönnen, ein Aushalten, eine Standfestigkeit, die von innerer Stärke zeugt.«[20]

Vermittelst des durch die Stoa geprägten Verständnisses als Ertragen von Leiden findet der Terminus *tolerantia* Eingang in manche lateinische Übersetzungen der Bibel.[21] Dabei kommt in erster Linie die Geduld der Gläubigen in den Blick, in der Zuversicht das Wort Gottes zu hören und Frucht zu bringen. Zugleich wird Toleranz im Sinne von »innerer Festigkeit und Geduld« auch auf das Verhalten zu den Anderen geöffnet und als »Duldsamkeit« verstanden.[22] Diese doppelte Ausrichtung lässt sich sodann bei den Apologeten beobachten, insofern *tolerantia* hier sowohl die Hinnahme des Unabänderlichen im Vertrauen auf das Reich Gottes wie auch die Duldsamkeit gegenüber Anderen ausgelegt wird.[23] Infolgedessen erhält Toleranz neben einer primär subjektiven Dimension auch einen intersubjektiven Sinn. Letzteres markiert das eigentliche Problem der Toleranz und ruft zugleich nach ihrer Begründung.

18 Vgl. hierzu *Otfried Höffe*, Toleranz in Zeiten interkultureller Konflikte, in: *Christian Augustin/Johannes Wienand/Christiane Winkler* (Hg.), Religiöser Pluralismus und Toleranz in Europa. Wiesbaden 2006, 84-101, 90: »Viele halten die Toleranz für eine Erfindung der Neuzeit. Tatsächlich gibt es nicht bloß die genannten weit älteren, vor allem polytheistischen Beispiele«. Vgl. dazu auch *Wolfgang Speyer*, Toleranz und Intoleranz in der Alten Kirche, in: *Ingo Broer/Richard Schütter* (Hg.), Christentum und Toleranz, Darmstadt 1996, 83-106, hier 85.

19 Vgl. dazu *Albert Hartmann*, Toleranz und christlicher Glaube, Frankfurt a. M. 1955, 9.

20 *Forst*, Toleranz in Konflikt (Anm. 13), 54.

21 Das griechische Wort hierfür ist *hypomone*.

22 Die Fehler der Anderen aus Liebe zu ertragen.

23 Eine bemerkenswerte Veränderung findet hiermit statt: „Das Erdulden von Schmerz und Ungerechtigkeit, das in der Stoa Zeichen von Stärke und Selbstbeherrschung ist, wird nun zum Zeichen der unbedingten Zuversicht und der Stärke des Glaubens. Vgl. *Forst*, Toleranz im Konflikt (Anm. 13), 57.

24 Vgl. u. a. *Schmidt-Leukel*, Ist das Christentum notwendig intolerant? (Anm. 16), 251-255.

25 Thomas tritt für die Duldung der Riten der Heiden und der Juden ein; gegen Häretiker aber verlangt sogar die Todesstrafe! Vgl. Sth IIa–IIae, q. 10 art. 8.

26 Vgl. Dazu das »Decretum Gratiani« (1150).

Die Argumente, die in diesem Zusammenhang wesentlich sind, können auf ein Vierfaches zusammengefasst werden:

Erstens hat die weltliche Macht vor dem Hintergrund der »Zwei-Reiche-Lehre« keine Autorität in Religionsfragen. *Zweitens* ist Zwang in religiösen Angelegenheiten illegitim. *Drittens* ist Zwang nutzlos im Bezug auf Religion. Und *viertens*: Allgemeine Toleranz ist möglich, da sich die Religionen aufgrund ihrer Ausrichtung auf innere Überzeugungen und Kultus, nicht gegenseitig schaden.

Freilich ändert sich die Situation, als das Christentum zur Staatsreligion erhoben wird, womit eine Entwicklung hin zu einer allumfassenden religiöspolitischen Einheit in Gang gesetzt wird, bei der die zuvor formulierte Forderung letztlich aus dem Blick gerät. Die größte Herausforderung der Kirche dieser Zeit stellt wohl die Frage nach dem Umgang mit den Häretikern (und Schismatikern) dar. Ihnen gegenüber wird keine Toleranz geübt, weil durch sie die Wahrheit (und als Korrelat dazu das Heil) in Frage gestellt ist.[24] Eine Kostprobe hierzu gibt einer der wirkungsgeschichtlich repräsentativsten Toleranzdiskurse dieser Zeit, die »Summa theologiae« des Thomas von Aquin. Der Aquinate unterscheidet drei Arten von Unglaube: Den der Heiden, der Juden und der Häretiker. Letzterer stellt nach seiner Einschätzung die schwerste Sünde dar, weil dies »dem Bruch eines gegebenen Versprechens gleichkommt«. Dabei hilft der Rekurs auf das Gewissen wenig. Denn »dem Gewissen darf man nur folgen, wenn es der göttlichen Wahrheit nicht widerstreitet.«[25] Damit erweist sich der Toleranzdiskurs des Mittelalters als zutiefst ambivalent. Zum einen kann es echten Glauben nur als frei gewählten Akt geben. In diesem Sinne werden auch erzwungene Taufen verboten (*Toleranz nach außen*).[26] Zum anderen werden Zwangsmaßnahmen für Häretiker und Schismatiker gefordert und legitimiert (=*im Inneren des Christlichen gibt es keinen Raum für Toleranz*).

Eine signifikante Veränderung der Rahmenbedingungen hinsichtlich des Toleranzdiskurses erfolgt sodann im Zeitalter des Humanismus und der Reformation durch das Infragestellen und Auflösen der mittelalterlichen Ordnung. Kennzeichnend für die Toleranzbegründung des Humanismus ist die Auffassung, wonach Toleranz jene Einheit dokumentiert, die durch Gottes Ratschluss den Menschen vor allen Unterscheidungen zuteil geworden ist. Blickt man nun auf Martin Luther, so erweisen sich die »topoi« Gewissen und Lehre von den zwei Reichen als besonders bedeutsam. Dabei zeigt sich: Das Gewissen ist bei Luther kein Ausdruck des religiösen Subjektivismus, sondern es ist das *Werk* Gottes. Dieses Verständnis des Gewissens führt in Verbindung mit der Zwei-Reiche-Lehre zu einer Begründung der Toleranz, die keineswegs ein Abrücken vom Evangelium bedeutet. Genauer: Gewissensfreiheit wird als Freiheit vom Glaubenszwang gedeutet, schließt aber Kultfreiheit nicht mehr ein.

Die entscheidende, wirkmächtigste Rolle bei der Entwicklung und Begründung dieses Diskurses spielt die europäische Aufklärung. Zentrale Merkmale dieser Auseinandersetzung mit der Toleranz sind aufs Ganze gesehen zum einen die Idee einer natürlichen Religion mit dem Ziel der Überwindung religiös-dogmatischer Intoleranz und zum anderen die Forderung und Durchsetzung der Religionsfreiheit. Dabei wird eine Hermeneutik der Pluralität zugrunde gelegt, die Konfessionen, Kulte und Religionen als historisch und kulturell bedingte Hervorbringungen des Menschen qualifiziert. Die Folge: die Relativierung aller religiösen Wahrheitsansprüche.

Für den Toleranzdiskurs der deutschen Aufklärung gilt Lessings Parabel von den drei Ringen als das berühmteste Beispiel. Bedeutsam für unseren Zusammenhang ist die Lösung, die darin vorgestellt wird. Sie besagt, dass der Wettstreit zwischen den drei Söhnen bestehen bleiben soll, nur soll es ein positiver Wettstreit um die moralisch beste und vernünftigste Religion sein: ein Wettstreit um Toleranz also. So gesehen stellt die Ringparabel einen Versuch dar, die Partikularität von Religion und Glaube mit der Universalität einer gemeinsamen Basis in einem Gott und einer allgemeinen, menschlichen Moral zu verbinden. Aus der fundamentalen Einheit aller Menschen als Kinder Gottes erwächst Toleranz.

Einen besonderen Akzent in den Toleranzdiskurs der Aufklärung bringt der Ansatz Kants. Dabei ist zunächst darauf zu verweisen, dass es keine spezifische »Toleranzschrift« bei Kant gibt. Gleichwohl durchzieht das Thema sein ganzes Werk. Besondere Aufmerksamkeit verdient hierbei sein Ansatz der Rationalisierung der Moral, in dem er den Gedanken einer autonomen Moral entwickelt. Zwar macht der moralphilosophische Rahmen deutlich, dass Kant Toleranz in erster Linie aus moralischen Gründen fordert. Gleichzeitig speist sich diese Forderung aber auch aus dem Grundsatz der Vernunftreligion, die sich auf vernünftigem Wege, d.h. ohne Zwang durchsetzen soll. Kant interpretiert den moralischen Rechtfertigungsgrundsatz bei Lichte besehen politisch. Damit überträgt er den Toleranzdiskurs von der individuellen auf die politische Ebene. Auf diese Weise gilt der Fokus im Toleranzdiskurs nicht länger den religiösen Differenzen, sondern wird auf alle sozio-politischen Realitäten erweitert.

Mit dieser Hervorhebung der politischen Dimension ist die Rekonstruktion der Begründung des Toleranzdiskurses zu einem vorläufigen Ende gebracht. Daraus ergibt sich nun die Aufgabe einer Präzisierung des Toleranzbegriffs hinsichtlich seiner argumentativen Relevanz für die Frage nach dem Ort und der Sprachfähigkeit der christlichen Identität angesichts der Pluralität heutiger religiöser Lebenswelten. Indes ist festzuhalten: Der Begriff Toleranz ist falsch verstanden, wenn damit eine Haltung der Indifferenz bezeichnet wird. Denn: Zum Begriff Toleranz gehört gleichursprünglich so etwas wie eine »Differenzkompetenz«, ohne die es keine Toleranz geben kann. Näherhin geht es bei der

27 Vgl. *Forst*, Toleranz im Konflikt (Anm. 13), 512.
28 Ebd., 513.

Toleranz um einen schwierigen Balanceakt zwischen Ablehnung, Akzeptanz und begründeter Zurückweisung. Damit ist der schmale Grat zwischen Festhalten an eigenen Überzeugungen bei gleichzeitiger Respektierung fremder Auffassungen, zwischen Festhalten an der eigenen Identität und intolerantem Bekämpfen oder Indifferenz gegenüber anderen Identitäten, gemeint.[27] Denn Toleranz ist die Fähigkeit, Wahrheits- und Geltungsansprüche so zu vertreten, dass das Gegenüber weder faktisch noch intentionaliter nicht getilgt wird. So gesehen ist Toleranz nichts Abgeleitetes, sondern stellt einen besonderen Gestus dar, der der Pluralität inhärent ist. Zu ihr gehört daher: *Erstens* Differenz deutlich wahrzunehmen und zu formulieren; *zweitens* dennoch Gründen Rechnung zu tragen, die gegen eine Unterdrückung Andersdenkender sprechen. Auf diese Weise wird die Toleranz zu einem Akt der Freiheit und der inneren Stärke. Zu einer solchen Toleranz bedarf es eines gesunden, sicheren Selbstbewusstseins und Identitätsdenkens sowie der Fähigkeit, kontextgerecht Gründe zu benennen und danach zu handeln. Die Konsequenz: Dort, »wo Gründe für eine Zurückweisung, also für die Grenzen der Toleranz vorliegen, noch tolerant zu sein, wäre eine Toleranz aus Feigheit«.[28] Dies gilt prinzipiell sowohl für den subjektiven wie auch für den institutionellen Bereich. Auf beiden Ebenen reicht die Frage nach der Toleranz selbstverständlich in die Dimension des Religiösen hinein. Vor diesem Hintergrund stellt sich nun die Frage: Wie kann christliche Identität inmitten der Differenzen heutiger religiöser Lebenswelten artikuliert werden? Genauer: Ist christliche Identität angesichts einer auch in religiöser Hinsicht pluraler Welt toleranzfähig?

3 Christliche Identität inmitten religiöser Lebenswelten

So wichtig es ist, die oben formulierte Frage zu stellen, so schwierig ist es auch, sie in angemessener Weise zu beantworten. Zunächst gilt es wahrzunehmen, dass das Christentum im Kontext heutiger pluralistischer Wirklichkeitsauffassung als eine Religion neben anderen begegnet. In diesem Sinne wirkt die christliche Identität nicht nur in die Differenzen religiöser bzw. weltanschaulicher Lebenswelten hinein, sondern sie ist auch aus diesen Diskursen mit-generiert und ist ohne diesen Bezug nicht mehr zu begreifen. Die Antwort auf die damit gestellte Herausforderung bewegt sich theologisch auf zwei miteinander verbundenen Ebenen: Zum einen geht es um klare Bezugspunkte oder Erkennungsmerkmale, die die christliche Identität formulieren. Zum anderen werden zugleich Sensibilität und Offenheit für die Differenz von Eigenem und Fremdem vorausgesetzt, die dazu befähigen, den Sinngehalt des Fremden Verständnisses in das Eigene aufzunehmen. Damit ist zugleich die Not angesprochen, Gott auf verschiedene, auch anonyme Weise zur Sprache zu bringen.

Nun steht christlich gesehen eine historische Gestalt am Anfang und im Zentrum: Jesus von Nazareth, der nach eigenem Selbstverständnis zum Heil der Welt gestorben und auferstanden ist, in seinem Geist in der Gemeinschaft der Gläubigen anwesend und erfahrbar ist und einen unaufgebbaren existentiellen Anspruch erhebt. In diesem Sinne ist das personale Prinzip »das ursprüngliche und das zentrale christliche Identitätsprinzip. Die Zentralität des personalen Prinzips stellt jenen wesentlichen Boden dar[29], vermittels dessen die christliche Identität angesichts drängender Probleme und neuer Kontexte immer wieder buchstabiert worden ist. Erkenntnisleitend bleibt dabei eine Einsicht, die H. Merklein wie folgt formuliert hat: «Jesus als Prinzip und Ereignis ist größer als jede christologische Aussage.»[30] Damit ist ein Ansatzpunkt gefunden, der den Zusammenhang zwischen christlicher Identität und religiösen Differenzen insofern zu markieren vermag, als hier deutlich wird, dass Interpretationsmodelle des Christlichen «gerade in ihren Grenzen und Stärken den Geheimnischarakter aller Gottrede in sich austragen."[31]

Diese Erkenntnis kontrastiert mit dem Befund, dass das denkerische Erschließen der religiös-weltanschaulichen Differenzen in der Zeit vor dem Zweiten Vatikanischen Konzil grundsätzlich unter pluralismus- bzw. modernitätsfeindlichen Vorzeichen erfolgte.[32] Demgegenüber wird das Zweite Vatikanische Konzil aufmerksam auf Pluralität als »Signum« der Gegenwart, erhebt die Pluralitätsfähigkeit zur kirchlich-theologischen Schlüsselkompetenz der Zukunft und entwickelt eine Sensibilität für die Differenz, die »die eigene Identität nicht länger statisch und ungebrochen erscheinen lässt.«[33] Obwohl dieser Verstehenshorizont im Grunde für das gesamte Konzil maßgeblich ist, sind zwei Dokumente für unseren Zusammenhang besonders bedeutsam: Zum einen die Erklärung über das Verhältnis der Kirche zu den nichtchristlichen Religionen »Nostra Aetate« und zum anderen die Erklärung über die Religionsfreiheit »Dignitatis Humanae«.

Beide Texte stellen, zusammen mit den einschlägigen Schuldbekenntnissen Papst Johannes Pauls II. klar, dass sich die katholische Kirche nicht länger zum

29 Dies lässt sich vorzüglich paradigmatisch – nicht legitimatorisch – am Beispiel der Alten Kirche nachzeichnen. Näherhin kann aufgezeigt werden, wie sehr »eine starke Identitätslogik« zu systemischen und doktrinären »Erstarrungen« führt, wobei Kritikpotential übermäßig eingeschränkt und »dialogische Offenheit nach innen wie nach außen an Kraft verliert.« Vgl. *Gregor M. Hoff*, Die prekäre Identität des Christlichen. Die Herausforderung postmodernen Differenzdenkens für eine theologische Hermeneutik, Paderborn 2001, 251.

30 *Helmut Merklein*, Die Auferweckung Jesu und die Anfänge der Christologie (Messias bzw. Sohn Gottes und Menschensohn), in: *ders.*, Studien zu Jesus und Paulus, Tübingen 1987, 221-246; hier 246.

31 *Hoff*, Die prekäre Identität des Christlichen (Anm. 29), 237.

32 In diesem Sinne hält E. Poulat fest: »Es ist allgemein bekannt und ein Gemeinplatz, dass die Kirche die Moderne zumindest bis zum Zweiten Vatikanischen Konzil mit unerbittlicher Härte verdammt und verworfen hat«. Vgl. *Emile Poulat*, Katholizismus und Moderne. Ein Prozeß wechselseitigen Ausschlusses, in: Conc (D) 29 (1992) 460-464; hier 460.

33 *Hoff*, Die prekäre Identität des Christlichen (Anm. 29), 318.

34 Vgl. *Joseph Ratzinger*, Die letzte Sitzungsperiode des Konzils, Köln 1966, 24.

35 Vgl. DH 3.

exklusiven Kriterium von Heil erhebt. Vielmehr macht die Kirche deutlich, dass sie sich ohne Beziehung auf die anderen religiösen Traditionen (und moderne Weltanschauungen) nicht verstehen und ihrem Auftrag in der Welt nicht entsprechend Rechnung tragen kann. Damit betritt die Kirche neues Terrain mit dem Ziel, Sprachbarrieren zu überwinden und einen Dialog mit der modernen Welt zu initiieren. Dies geschieht aufs Ganze gesehen unter folgenden Vorgaben:

- Suche nach Spuren der prima facies verborgenen Anwesenheit Gottes in den anderen Religionen (NA 2);
- Freiheit und Gewissen werden zu theologischen Schlüsselbegriffen erhoben. Vor diesem Hintergrund lässt sich die Kirche auf die Pluralität der religiös-weltanschaulichen Sprachen ein, um in ihnen die Wahrheit tiefer erfassen zu können.
- Wahrnehmen des universellen Heilswillens Gottes in den anderen Religionen, denen »eine gewisse Wahrnehmung jener verborgenen Macht« (NA 1), die letztlich Gott ist, zuerkannt wird.
- Schließlich: Anerkennung der Religionsfreiheit (die nach J. Ratzinger einem epochalen Traditionsbruch gleichkommt[34]).

Auf dieser Grundlage wird es der Kirche möglich, die verschiedenen Wege als von Gott her gewollt und berechtigt anzusehen, die aber in den einen Heilsweg münden, der in Jesus Christus, dem Gekreuzigten und Auferstandenen, gründet. Damit ist eine positive Einstellung zur religiösen Vielfalt der Welt gegeben, in der die Kirche ihren Platz einzunehmen hat. Vor dem Hintergrund der Bereitschaft, die christliche Botschaft im Horizont differenter religiös-weltanschaulicher Erfahrungen zu reflektieren und von ihnen zu lernen[35], wird die Toleranz im Raum der Kirche erneut sprachfähig. Mehr noch: Der Duktus der Texte des Konzils legt nicht nur Toleranz nahe. Vielmehr ereignet sich nun eine Bewegung hin zur Würdigung und Wertschätzung der religiösen Vielfalt, womit eine wirkliche Verwurzelung des christlichen Glaubens in den heute radikalpluralistischen Gesellschaften möglich wird. Mit dieser Hermeneutik der Reflektion der christlichen Botschaft im Zeichen der Differenzen hat das Zweite Vatikanische Konzil den Weg gewiesen, der in der nachkonziliaren Theologie vielfach fortgeführt wurde. Das Bemerkenswerte: Dieses Zugehen auf die anderen Religionen droht zu einem einseitigen Unternehmen zu degenerieren. Konkret: Der vielerorts zu vernehmende Ruf nach Toleranz (und Dialog) scheint nur dem Christentum zu gelten, dem umgekehrt Zeichen konkreter Toleranz oder Wertschätzung vielfach versagt bleiben. Für den Fortgang eines gedeihlichen Miteinanders der Religionsgemeinschaften wird vieles aber auch davon abhängen, wie sehr es den nicht-christlichen Religionen gelingt, auf das Christentum einzugehen. Insofern können andere Religionen durchaus vom Christentum lernen, nämlich den Mut aufzubringen, sich ebenfalls auf den schweren Weg zur Toleranz und Wertschätzung anderen, sprich dem Christentum gegenüber, aufzumachen.

4 Ausblick: Gastfreundschaft als Horizont

Meiner Einschätzung nach kann die Frage: »Wie lässt sich christliche Identität angesichts der Differenzen religiöser Lebenswelten artikulieren« umso mehr an Gesellschaftsrelevanz gewinnen, je mehr es gelingt, eine Kongruenz zwischen Theorie und Praxis herzustellen. Hierzu schlage ich eine Theorie und Praxis christlicher differenzkompetenter Religionstheologie vor, die sich an der Gastfreundschaft orientiert. Erkenntnisleitend ist: Bei der Gastfreundschaft handelt es sich um eine Institution, welche nahezu in allen sozio-religiösen Traditionen der Welt belegt ist. Denn Gastfreundschaft ist zuallererst existentielle Begegnung und kann als solche die Zumutung der Differenz in die Religionstheologie treiben. Ja, Gastfreundschaft transportiert die Erfahrung, dass der Empfänger nie für sich allein, sondern nur in seinem Verhältnis zum Anderen, Fremden begriffen werden kann. So gesehen ist Gastfreundschaft keine Konstitutions- sondern eine Relationskategorie nach zwei Seiten: Gastgeber und Gast werden in ein Relationsverhältnis eingespannt. Eine Relation, in der die Spannung von Identität und Toleranz je wechselseitig aufrecht erhalten bleibt und darin gerade das konstituiert, worin es mit geht: Gastfreundschaft, wo der Eigenladene, der Xenos, gerade als Fremder zu *meinem* Gast wird. Bei näherem Hinsehen zeigt sich: Die Religionen und die meisten Traditionen der Menschheit verleihen der Gastfreundschaft einen religiösen Charakter und erheben sie zu einer zentralen Aufgabe der solidarischen Mitmenschlichkeit vor allem gegenüber Fremden und Ausländern.

Für die christliche Theologie erwächst daraus die Aufgabe einer eingehenden Reflexion über Praxis und Verständnis der Gastfreundschaft. Folgende programmatische Thesen möchte ich hierzu formulieren:

1 Die Gastfreundschaft ist zuallererst ein Instrument zwischenmenschlicher Begegnung. Sie besteht darin, einen anderen Menschen zu empfangen. Dabei findet eine Kommunikation statt, die Aufnahme, Bewirtung und wenn nötig Schutz beinhaltet. Genau genommen ist die Gastfreundschaft eine »existentielle Erfahrung«: Es geht um eine Begegnung, die nicht unbedingt auf Gegenseitigkeit, sondern (nach einem Dictum von Tacitus) auf *humanitas* angelegt ist. Demnach bedeutet »Gastfreundschaft gewähren« soviel wie großzügig Mitmenschlichkeit üben. Dahinter steht die Einsicht, dass Gastfreundschaft in engem Zusammenhang mit der Zugehörigkeit zur Menschheit steht. Konkret: Wie fremd ein Gast auch sein mag, als Mitglied der Menschheitsfamilie steht ihm Gastfreundschaft zu.

2 Unbeschadet dieser Begründung der Gastfreundschaft durch die Mitmenschlichkeit, muss bedacht werden, dass das Verständnis der Menschen und ihr Verhältnis zueinander in vielen Gesellschaften der Welt religiös ausgelegt wird. Demnach kann echte Gastfreundschaft nicht unter Ausblendung der Religionen gelingen. Das Empfangen eines Gastes auch im Bewusstsein seiner fremden religiösen Zugehörigkeit ist daher unverzichtbar und kann

dort, wo dies in einem ausgesprochen spirituellen Rahmen geschieht, zur Bereicherung für das eigene religiöse Leben führen, wie die Teilnehmer an der intermonastischen Begegnung immer wieder bestätigen. Dies geschieht oft mit dem Hinweis, dass Gott uns durch die Angehörigen anderer religiöser Traditionen etwas vermitteln will. Eine solche Begegnung, die nicht primär durch machtpolitische oder andere Interessen, sondern durch religiöse Motive geleitet wird, eröffnet die Chance, den Gast als Fremden oder Ausländer in einer respektvollen Wahrnehmung der Differenz und ohne Assimilationsabsichten zu empfangen. Hier ereignet sich Toleranz, die Identität nicht gefährdet, sondern konstitutiv voraussetzt: nämlich die Identität des Gast-Gebers selbst.

3 In theologiesystematischer Hinsicht hat die Gastfreundschaft insofern Modellcharakter, als sie soviel wie eine »Aufdeckungsleistung« aufweist. Gemeint ist: Gerade am Beispiel der Gastfreundschaft können die Differenzen freigelegt und thematisiert werden, die der Begegnung mit dem Anderen, Fremden inhärent sind. In positiver Hinsicht kann dieses Modell Möglichkeiten eröffnen, von denen her ein anderer Blick auf die eigene Identität, die eigenen Denkmuster gelenkt werden kann.

4 Damit einher geht die Erkenntnis der Unverrechenbarkeit der in der Gastfreundschaft geschenkten Gabe. Konkret: Im Ereignis der Gastfreundschaft wird etwas geschenkt, das nicht auf eine Gegengabe zielt. Letzteres erhofft man sich, wie es der hohe Stellenwert von Mt 25, der Rede vom Weltgericht, in der frühen Christenheit nahe legt, als eschatologisches Gut, als Gnade, die Gott selber in freier Zuwendung erteilen wird. Durch diese Anökonomie der Gnade wird unsere Heilsökonomie insofern gesprengt, als hier deutlich gemacht wird - und das ist religionstheologisch bedeutsam -, dass wir nicht sicher wissen können, wo die Gnade Gottes nicht wirkt. M. a. W.: durch den Fremden, den Gast, wird gerade der Ort, der am Vertrautesten ist, (d. h. das Heim), zu einem »anderen Ort«, zu einem Heterotopos, an dem Gott uns begegnen kann. Toleranz wird so heterotopisch zum Indentitätspol.

5 Indem man einem Gast am eigenen »Ort« Raum gibt, kann aus letzterem ein Diskursort werden, an dem man bereit ist, die eigenen Fragen mit dem Blick des Gastes anzugehen. Und da das »Heim« soviel bedeutet wie »der Ort der eigenen Identität«, verändert man, indem man es für den Gast öffnet, die Beziehung zu sich selbst und die Beziehung zum Anderen zugleich. Zentral bleibt dabei die Erkenntnis: Ich kann nicht vorab sagen welche Erfahrung ich mit dem Gast machen werde. Es kann sein, dass Konflikte und Spannungen entstehen. Kurz: Gastfreundschaft bleibt immer ein ambivalentes Unternehmen, das nicht kostenlos zu haben ist. Von entscheidender Bedeutung ist hierbei das Unsagbare einer solchen Begegnung, die Ereignis ist, und sich in der Praxis ohne Worte vollziehen kann. Damit stoßen wir an die Grenzen des rein begrifflich-abstrakten Theologisierens und es öffnet sich der Weg konkreter, lebendiger und begegnender Glaubenserfahrung.

Zusammenfassung

Zu den zentralen Themen, denen sich die theologische Reflexion am Beginn des 21. Jahrhunderts zu stellen hat, zählt die Frage: Worauf kommt es letztlich an, in all dem Mühen und Streben heutiger Christinnen und Christen in einer – auch in religiöser Hinsicht – pluralistischen und globalen Welt, die sich rasant verändert? Für die Theologie erwächst daraus die Aufgabe eines diskursiven Aufschließens der Tatsache, dass es mehrere mit Kraft auftretende religiöse Sinnangebote gibt. Damit ist für die christliche Theologie insofern eine Chance gegeben, als sich ihr die Möglichkeit bietet, die christliche Identität inmitten gegenwärtiger religiöser »Polyphonie« zu profilieren. Die vorliegenden Überlegungen arbeiten an dieser Fragestellung entlang und konturieren eine toleranzfähige Identität des christlichen Glaubens angesichts der Pluralität heutiger religiöser Lebenswelten.

Abstract

Among the central topics which theological reflection must confront at the beginning of the 21st century is the question: »In the end, what is really important in all the struggling and striving of today's Christians in a world that is pluralistic and global – also in a religious sense – and which is changing at a breathtaking pace?« The task for theology resulting from this question is to provide a discursive elucidation of the fact that there are various religious proposals of meaning appearing on the scene in powerful ways. This gives Christian theology a chance insofar as it is provided with the opportunity to give Christian identity a distinctive image in the midst of the current religious »polyphony«. The reflections presented here progressively work on this question and outline an identity of Christian faith which is capable of being tolerant in the face of the plurality of religious »lebenswelten« or worlds of lived experience.

Offenbarung als Thora?

Plädoyer für eine veränderte Versuchsanordnung

von René Buchholz

1 Nur »Vorgeschichte Jesu«?

»Die anderthalb Jahrtausende der eigentlichen alttestamentlichen Bundesgeschichte mit Mose und den Propheten«, konstatierte Karl Rahner 1976 in seinem *Grundkurs des Glaubens*, »sind bei aller Differenzierung und allem dramatischen Wechsel eben doch nur der kurze Augenblick der allerletzten Vorbereitung der Geschichte auf Christus.«[1] In diesem bei Alttestamentlern berüchtigten Diktum artikuliert Rahner nicht etwa eine auf seine eigene Theologie beschränkte Sicht auf das Alte Testament; er fasst vielmehr pointiert und in extremer Abbreviatur eine Tradition zusammen, deren Voraussetzungen und Geltung erst im späten 20. Jahrhundert problematisiert wurden: Der erste, bei weitem umfangreichere Teil der christlichen Bibel besitzt keinen *eigenen* Wert als Objektivation der Offenbarung Gottes, sondern wird im Sog eines »christologischen Systemzwangs«[2] gelesen als Vorgeschichte Jesu. Rahners Erneuerung des Offenbarungsbegriffs im Vorfeld des Zweiten Vatikanischen Konzils betraf zunächst das Problem der »subjektiven Disposition« (M. Blondel): Die Selbstmitteilung Gottes sollte ihren Adressaten so erreichen, dass sie ihm weder äußerlich bleibt, noch von der zentripetalen Kraft des neuzeitlichen Subjektbegriffs absorbiert wird. Demgegenüber schenkte Rahner den in den biblischen Texten verarbeiteten geschichtlichen Erfahrungen weniger Aufmerksamkeit, während doch erst in der spezifischen Brechung durch menschliche Erfahrung und Reflexion die Selbstoffenbarung Gottes konkrete Bedeutung gewinnt.

Auch die mit dem transzendentaltheologischen Modell Rahners konkurrierende Offenbarungsphänomenologie Hans Urs von Balthasars steht noch in dieser Tradition. Von Balthasar entfaltet in seiner theologischen Ästhetik zwar ein imposantes biblisches Tableau, lässt aber das Alte Testament nicht in einer für unterschiedliche Fortschreibungen offenen Geschichte enden. Gewiss: »Der Alte Bund ist und bleibt die theologische und damit auch epistemologische

1 *Karl Rahner*, Grundkurs des Glaubens. Einführung in den Begriff des Christentums, Freiburg/Basel/Wien 1976, 170.

2 Vgl. *Paul Petzel*, Christ sein im Angesicht der Juden. Zu Fragen einer Theologie nach Auschwitz, Berlin 2008, 101f; *Bernhard Grümme*, Die gegenwärtige Systematische Theologie und das Judentum, in: Freiburger Rundbrief NF 4 (2003) 264-273; kritisch zur Auffassung Rahners vgl. *Herbert Vorgrimler*, Karl Rahner, Gotteserfahrung in Leben und Denken, Darmstadt 2004, 131-133.

Hinführung zum Verständnis des Neuen.« Was aber heißt hier »Hinführung«? Von Balthasar lässt keinen Zweifel daran, dass die fragmentarische Gestalt der alttestamentlichen Offenbarung und ihre eigentliche Mitte erst von der neutestamentlichen her erkannt werden kann. Für sich genommen bleibt der »Alte Bund an seinem Ende ein einziger Ruf nach seiner Erfüllung, unfähig, die Gestalt dieser Erfüllung, die er doch durch seine ganze Anlage postuliert, im geringsten zu umreißen.« Die späten Schriften des AT sind für von Balthasar Dokumente einer Verfallsgeschichte; ihnen eignet etwas Bleiernes, Statisches, denn hier wurde »das lebendige, je aus geschichtlichen Situationen gesprochene Wort zu einem absolut gesetzten, in Geschichtslosigkeit erstarrten ›Gesetz‹«.[3] So harrt das Alte Testament seiner Erfüllung im Neuen, das zugleich den Maßstab seiner Beurteilung abgibt. Das Gesetz wird, wenn nicht abgelöst, so doch überboten von der in Christus offenbar gewordenen Liebe Gottes. Während auf historischer und exegetischer Seite lange Zeit das Alte Testament (und mit ihm auch das Judentum) als religionsgeschichtlich überholt galt, betonte die systematische Theologie eher seine heilsgeschichtliche Verwiesenheit auf den Neuen Bund. Die Botschaft von der Liebe Gottes und den in Christus erfüllten Verheißungen bildet das Kriterium, nach dem die biblischen Schriften gelesen und beurteilt werden.

Nachdem die beide Teile der Bibel verbindende allegorische und typologische Auslegung im Zuge der historischen Kritik seit der Frühaufklärung ihre Plausibilität eingebüßt hatten, stand, wie sich seit Schleiermacher und Harnack zeigte, der christliche Kanon selbst zur Disposition.[4] Die idealistische und romantische Rekonstruktion des Christentums vermochte den Narrativen und Regulativen des Alten Testaments nur wenig abzugewinnen. Gegen die Abwertung und hermeneutische Neutralisierung des ersten Teils der christlichen

3 Zitate: Hans *Urs von Balthasar*, Herrlichkeit. Eine theologische Ästhetik, Bände I-III, Einsiedeln 1961-69, hier Band III/2/2, 29 und Band III/2/1, 346.

4 Vgl. *René Buchholz*, »Zu diesem Kanon darf das AT nicht gestellt werden.« Marginalien zu einer These Harnacks, in: ZKTh 131 (2009) 26-46.

5 Vgl. *Christoph Dohmen/Günter Stemberger*, Hermeneutik der Jüdischen Bibel und des Alten Testaments, Stuttgart 1996, 155f.

6 Hierzu ausführlich *Hans Waldenfels*, Offenbarung. Das Zweite Vatikanische Konzil auf dem Hintergrund der neueren Theologie, München 1969; *ders.*, Kontextuelle Fundamentaltheologie, Paderborn u. a. 42005, 193-202; *ders.*, Einführung in die Theologie der Offenbarung, Darmstadt 1996, 141-143.

7 *Päpstliche Bibelkommission*, Das jüdische Volk und seine Heilige Schrift in der christlichen Bibel (24. Mai 2001), VAP 152, hg. vom Sekretariat der Deutschen Bischofskonferenz, Bonn 2001, 43, Nr. 21 (Hervorhebung: R. B.); vgl. dazu *Christoph Dohmen* (Hg.) In Gottes Volk eingebunden. Jüdisch-christliche Blickpunkte zum Dokument der Päpstlichen Bibelkommission »Das jüdische Volk und seine Heilige Schrift in der christlichen Bibel«, Stuttgart 2003.

8 Vgl. *Erich Zenger*, Der Pentateuch als Tora und Kanon, in: *ders.* (Hg.), Die Tora als Kanon für Juden und Christen (HBS 10), Freiburg/Basel/Wien 1996, 5-34, hier 7.

9 *Christoph Dohmen*, Wenn Texte Texte verändern. Spuren der Kanonisierung der Tora vom Exodusbuch her, in: *Zenger* (Hg.), Die Tora als Kanon (Anm. 8), 35-60, hier 58.

10 *Gerhard von Rad*, Theologie des Alten Testaments, Band I, München 81982, 235. Siehe auch *Micha Brumliks* kritische Anmerkungen zum christlichen Thoraverständnis anlässlich der Erklärung ›Dabru emet‹ in: *Rainer Kampling/Michael Weinrich* (Hg.), Dabru emet – redet Wahrheit. Eine jüdische Herausforderung zum Dialog mit den Christen, Gütersloh 2003, 122-132.

Bibel protestierten im letzten Viertel des 20. Jahrhunderts mit wachsender Vehemenz evangelische und katholische Alttestamentler. Sie konnten darauf verweisen, dass Thora, Nebiim und Teile der Weisheitsliteratur bereits zur normativen Voraussetzung neutestamentlicher Texte gehörten, die keine neue Bibel schreiben wollten, sondern die messianische Erfahrung der frühesten christlichen Gruppen im Licht der heiligen Schriften zu deuten versuchten. Christoph Dohmen hat mit Recht darauf hingewiesen, dass durch die *Präposition* der Bibel Israels auch eine Lese- und Interpretationsrichtung angezeigt wird. Folgt man dieser Leseanweisung, »so liest man zuerst die gesamte Bibel Israels ohne irgendeinen christlichen Bezug«, und erst in einem zweiten Schritt erfolgt die relecture, und zwar angestoßen durch das Neue Testament mit seinen alttestamentlichen Bezügen.[5]

Eine solche Lesart hat auch Konsequenzen für die systematische Theologie und die Ausarbeitung eines Offenbarungsbegriffs. Zwar nehmen alttestamentliche Belege im Rahmen der biblischen Grundlegung einen größeren Raum ein, doch bleibt es oft fraglich, ob ihnen im Fortgang der Argumentation noch eine konstitutive Bedeutung zukommt. Die Fixierung auf »Gottes letztes Wort« lässt das Alte Testament nach wie vor meist nur als Vorwort erscheinen. Auch die in *Dei Verbum* erfolgte Neuorientierung des Offenbarungsbegriffs im Sinne einer personalen Selbstmitteilung Gottes[6] schreibt die tradierte Verhältnisbestimmung von AT und NT fort, wenn es heißt, dass der Heilsplan (oeconomia) des AT darauf ausgerichtet war (disposita erat), die Ankunft Christi und des messianischen Reiches vorzubereiten (praepararet; DV Nr. 15 / DH 4222, ähnlich schon Nr. 3 / DH 4203). Eine vorsichtige Änderung dieser Perspektive bahnte sich erst 2001 im Dokument der Päpstlichen Bibelkommission *Das jüdische Volk und seine Heilige Schrift in der christlichen Bibel* an, demgemäß das AT »*aus sich heraus* einen ungeheuren Wert als Wort Gottes« besitzt.[7] Was aber, wenn man mit Erich Zenger, Dohmens Anregung aufgreifend, die kanonische Reihenfolge ernst nimmt und bei der »Spitzenstellung der Tora« ansetzt?[8] Gerechtfertigt ist ein solches Vorgehen, »insofern *Tora* zum einen Grundstein und Fundament des späteren Kanons ist und zum anderen Fixpunkt für das, was Offenbarung im jüdisch-christlichen Kontext umfaßt«.[9] Damit gerät ein corpus von Texten in das Zentrum der Aufmerksamkeit, dessen Narrative die christliche Theologie zum Zwecke einer heilsgeschichtlichen Beerbung Israels zwar gerne in Anspruch nahm, dessen Regulative sie aber als toter ›Gesetzesbuchstabe‹ dem Evangelium oft scharf kontrastierte. Wie problematisch diese Sicht ist, hatte schon Gerhard von Rad gezeigt; so ist für das Deuteronomium *Thora* »das Ganze der heilsamen Willenszuwendung Jahwes an Israel«.[10] Es liegt in der Konsequenz eines solchen Gedankens, dass *Thora* nicht etwas Vorläufiges meint, das durch eine spätere Offenbarung aufgehoben wird. Über den Bestand des Chumasch hinaus meint der Begriff vielmehr die dynamische Selbstoffenbarung Gottes, die im Leben ihrer Rezipienten Gestalt gewinnt.

Wenn die systematische Theologie auch ihrerseits der kanonischen Stellung der Thora Rechnung trägt, so müsste sie – wenigstens ad experimentum – mit einer *veränderten Versuchsanordnung* arbeiten: Der Akzent verlagerte sich auf die Thora als »Fixpunkt« (Dohmen) jeder weiteren inner- und nachbiblischen Rezeption von Offenbarung. Ihre Dynamik gelangt aber – trotz der christologischen Fokussierung – im Neuen Testament nicht schon an ihr erfüllendes Ziel oder Ende. Denn erstens steht die verheißene Vollendung von Schöpfung und Geschichte noch aus, zweitens kann und will das Neue Testament keineswegs die Themenfülle von Thora und Propheten aufgreifen, drittens gibt es parallel zum Christentum im rabbinischen Judentum eine alternative Fortsetzung der unerschöpflichen Thora.

2 Offenbarung – Sprache – Kommentar

Thora ist Grundstein des späteren Kanons, Willenskundgebung und Selbstoffenbarung Gottes, Lehre, Weisung – aber doch zunächst etwas durchaus Sinnliches: Das gilt nicht nur für die in ihr entfalteten Themen – Schöpfung, Erwählung, Verheißung, Befreiung, Land, Segen, Eros und Nachkommenschaft, Ruhe und Heiligkeit, Milch & Honig –, sondern im Judentum auch für ihre Aufmachung: Eine mit schwarzer Tinte beschriebene Pergamentrolle auf zwei Spulen, königlich bekleidet, mit einem Brustschild geschmückt und gekrönt. Dies sichert dem Text, um den herum sich die jüdische Gemeinde versammelt, eine starke physische Präsenz. Im Gottesdienst folgt die lectio continua der Thora einer feierlichen Dramaturgie, am Fest der Thorafreude bittet die Königin sogar zum Tanz und in Krisenzeiten sicherte sie die kollektive Identität. Ein Text also, wie Esther Benbassa und Jean Christophe Attias es formulieren, »dont l'interminable spirale s'enroule autour du groupe et le protège«.[11] Diese geradezu dingliche Qualität der Thora wird zuweilen angesichts der notwendigen Kommentierung, die erst ihre Aktualität gewährleistet, vergessen. Auf die Buchstaben, deren Berührung »kontaminiert«, kommt es an, entsprechend hoch ist die Sorgfalt, mit der das Pergament beschrieben wird. Die Achtung vor dem Buchstaben steht christlich nicht in hohem Ansehen. Vergessen wird leicht, dass der große

11 *Esther Benbassa/Jean Christophe Attias*, Le Juif et l'Autre, Gordes 2002, 11.

12 Vgl. DH 1501; *Waldenfels*, Kontextuelle Fundamentaltheologie (Anm. 6), 473-501; *Gregor Maria Hoff*, Offenbarungen Gottes? Eine theologische Problemgeschichte, Regensburg 2007, 126-129.

13 *Günter Stemberger*, Zum Verständnis der Tora im rabbinischen Judentum, in: *Zenger* (Hg.), Die Tora als Kanon (Anm. 8), 329-343, hier 329.

14 *Gershom Scholem*, Offenbarung und Tradition als religiöse Kategorien des Judentums, in: *ders.*, Judaica 4, Frankfurt a. M. 1984, 189-228, hier 192; vgl. auch *Moshe Halbertal*, People of the Book. Canon, Meaning, and Authority, Cambridge (MA)/London 1997, 32-40.

15 *Scholem*, Offenbarung und Tradition (Anm.14), 203; vgl. auch *Paul Petzel*, Was uns an Gott fehlt, wenn uns die Juden fehlen. Eine erkenntnistheologische Studie, Mainz 1994, 139-165, *ders.*, Christ sein im Angesicht der Juden (Anm. 2), 201-265.

Respekt vor jedem Detail des Textes wesentlich zur kanonischen Dignität gehört und dem transzendenten Ursprung des Textes auch dann noch gilt, wenn man sich aus guten Gründen vom Modell der Verbalinspiration verabschiedet hat.

Aber schon die berühmte Kanonformel in Dtn 4,2 und 13,1 zielt vor allem auf die Bewahrung der Regulative und ist nicht nur als Anweisung für den Sofer zu verstehen. Die Formel verwischt die lange, komplizierte und oft konfliktreiche Genese des Kanons. Texte und Traditionen wurden bearbeitet, der bisherigen Komposition eingefügt oder ausgeschieden und damit die Aufmerksamkeit der Leser bewusst in eine bestimmte Richtung gelenkt. Insofern ist die historisch-kritische Erforschung der kanonischen (und außerkanonischen) Bücher unerlässlich. Der biblische Kanon ist kristallisierte Traditionsgeschichte, und zwar mit der ganzen Dialektik, welche diesem Phänomen eignet, nicht aber das Andere zur Tradition. Schrift und Tradition bezeichnen weder im katholischen noch im jüdischen Verständnis zwei voneinander unabhängige Quellen der Offenbarung. Sie sind vielmehr durcheinander vermittelt, und erst in der sozialen und historischen Entfaltung dieses Vermittlungsverhältnisses ist Offenbarung überhaupt menschlich rezipierbar.[12] Das gilt natürlich auch für die Thora. »Die Tora ist genau umgrenzt und doch unendlich«, schreibt Günter Stemberger mit Blick auf mAvoth 1,1 treffend.[13] Vor der Petrifizierung bewahrte den kanonischen Text schon in früheren Jahrhunderten seine Verflüssigung im Medium der *Interpretation*, die notwendig wird, wenn der historische Abstand zum Text wächst und sich die Lebensumstände der Menschen ändern. Gershom Scholem verwies zudem auf das für den Prozess der Überlieferung konstitutive »spontane Element der menschlichen Produktivität«: Zwar bleiben Umfang und Wortlaut des Textes bei seiner Kommentierung unangetastet, aber im Zuge der deutenden und so erst aktualisierenden Überlieferung wird der Text auf weitere Bedeutungen hin geöffnet und durchläuft so einen Transformationsprozess.[14] Vormoderne Subjektivität betont nicht das kreative, sondern konservierende Moment, unterstellt sich der Autorität des Textes, den sie aber schon aus lebenspraktischer Notwendigkeit umzugestalten genötigt ist. Dies geschieht im Kommentar, wie ihn die Väterliteratur, die Scholastik aber in besonders ausgebildeter Weise das rabbinische Judentum bietet. Im weiteren Traditionsprozess kommt dieser Literatur – wie Mischnah, Talmudim und Midraschim – wiederum kanonische Geltung zu, so dass der nunmehr fixe Textbestand Objekt neuer Kommentierung in späteren Jahrhunderten wird. Mit einigem Recht konnte Scholem feststellen, dass im Judentum nicht das System, sondern der Kommentar »die legitime Form« ist, »unter der die Wahrheit entwickelt werden kann«[15]. Die fortschreitende Kommentierung provoziert die Frage nach dem, was vor aller Fixierung von Gott mitgeteilt wurde. Gibt es etwa eine Thora »vor« der schriftlichen Thora und was hat man sich darunter vorzustellen? Dass es *schriftliche* Thora ohne die *mündliche*, d.h. ohne deutende Überlieferung nicht gibt, war auch der rabbinischen Literatur bekannt und bezeichnete letztlich ihre Legitimation.[16] Aber auch hinter die mündliche Thora, die ja ebenfalls auf den Sinai zurückreichen soll, kann noch einmal zurückgefragt werden. Was genau hörte Israel am Sinai – die ganze Thora oder nur die Zehn Gebote? Schon nach Dtn 4,12 vernahm Israel nur den »Donner der Worte« (קול דברים), und es war Mose, der nach Maimonides die Worte vermittelte, wie es auch seiner prophetischen Gabe zukam. Maimonides' Verständnis der Prophetie legt den Akzent auf den aktiven Anteil des Rezipienten, der nicht einfach nur ein Diktat entgegennimmt (Moreh II, 33 u. 36).[17] Nach Gershom Scholem verabschiedete sich nicht nur der Rationalismus, sondern auch die Mystik von einem instruktionstheoretischen Offenbarungsverständnis. Der bekannteste, aber keineswegs wichtigste Beleg seiner These ist eine Sentenz Mendels von Rymanów (gest. 1814), dergemäß Israel am Sinai nur das Aleph der Selbstvorstellung Gottes (אנכי) zu Beginn des Dekalogs (Ex 20,2 / Dtn 5,6) vernommen hat.[18] Nach Scholems Auslegung, die möglicherweise stark von seinen eigenen theologischen Überzeugungen bestimmt wurde[19], ist für Rabbi Mendel der komplexe hebräische Text der Thora bereits die deutende Übersetzung des Wortes Gottes in die menschliche Erstsprache (das Hebräische), so dass es, wie er an anderer Stelle konstatiert, »schriftliche Tora im Sinne einer unmittelbaren Offenbarung des göttlichen Wortes als solchem gar nicht gibt«.[20] In seiner absoluten Sinnfülle wäre das göttliche Wort als ein unmittelbar ergehendes für den Menschen nicht vollziehbar. Erst in der komplexer werdenden Überlieferung, in der das spontane, produktive Moment wirkt, gewinnt die Selbstoffenbarung Gottes ihre Konkretion, ohne sich jemals in einem bestimmten Wortlaut zu erschöpfen. Ähnliche Überlegungen dürften auch Franz Rosenzweig in einem Brief an Martin Buber geleitet haben, wenn er schreibt: »So ist

16 Zum Begriff der »mündlichen Thora« vgl. *Stemberger*, Zum Verständnis der Tora (Anm. 13), 330-332.

17 Vgl. *Moses Maimonides*, The Guide of the Perplexed. Translated with an Introduction and Notes by *Shlomo Pines*, Chicago 1963, 364 und 369-373.

18 *Gershom Scholem*, Zur Kabbala und ihrer Symbolik, Zürich 1960, 47f.

19 Vgl. hierzu *Moshe Idel*, Old Worlds, New Mirrors. On Jewish Mysticism and Twentieth-Century Thought, Philadelphia 2010, 119-125, bes. 124f.

20 *Scholem*, Offenbarung und Tradition (Anm. 14), 212. vgl. auch *ders.*, Zur Kabbala und ihrer Symbolik (Anm. 18), 103.

21 *Franz Rosenzweig*, Briefe, hg. von *Edith Rosenzweig*, Berlin 1935, 535 (Brief vom 5. Juni 1925; wa-jered: er stieg herab, Ex 19,20; wa-jedabber: er redete, Ex 20,1). Dass Rosenzweig trotz mancher Reserven kabbalistische Motive rezipierte, zeigte *Idel*, Old Worlds (Anm. 19), 159-167.

22 Vgl. *Rosenzweig*, Briefe (Anm. 21), 536.

23 *Rahner*, Grundkurs des Glaubens (Anm. 1), 56.

24 *Josef Wohlmuth*, Im Geheimnis einander nahe. Aufsätze zum Verhältnis von Judentum und Christentum, Paderborn u. a. 1996, 114; hier allerdings bezogen auf die Differenz zwischen Rahner und Levinas.

25 *Stemberger*, Zum Verständnis der Tora (Anm. 13), 332-339.

26 *David Biale*, Not in the Heavens. The Tradition of Jewish Secular Thought, Princeton NJ 2011, 8. Ob diese Stelle zu den Vorläufern eines modernen säkularen Denkens zählt, diskutiert *Biale*, ebd., 7f und 18.

27 Vgl. *Pauline Bebe*, Qu'est-ce que le judaïsme libéral?, Paris 2006, 26-40; ausführlich *Moshe Zemer*, Evolving Halakhah. A Progressive Approach to Traditional Jewish Law, Woodstock 1998.

28 *Rosenzweig*, Briefe (Anm. 21), 535f. Müssten dann aber nicht auch heterodoxe wie säkulare Traditionen in dieses »Zeugnisrecht« einbezogen werden? Vgl. *Biale*, Not in the Heavens (Anm. 26), 1f; 181-193.

Offenbarung sicher nicht Gesetzgebung; sie ist überhaupt nur – Offenbarung. Sie hat unmittelbar nur sich selbst zum Inhalt, mit וירד ist sie eigentlich schon fertig, schon mit וידבר fängt die Interpretation an, geschweige denn mit אנכי.«[21] Damit ist, wie Rosenzweig gegen Bubers Antinomismus ausdrücklich festhält, Thora im Sinne von »Gesetzgebung« nicht ausgeschlossen; sie gehört aber schon dem Bereich der Deutung an.[22] Auch hier ist Gott nicht, wie bei Rahner, »das letzte Wort vor dem Verstummen«[23]; ihm entspricht »eher das erste Wort aus dem Schweigen«.[24] Gleichwohl kann man sich fragen, ob Rahners Begriff des Geheimnisses, das sich dem menschlichen Adressaten mitteilt, ohne in den Formen seiner sprachlichen und geschichtlichen Vermittlung aufzugehen, den Überlegungen Rosenzweigs nicht doch näher ist als es prima facie den Anschein hat. Was Rahner als »transzendentale Erfahrung« bezeichnet, bleibt doch verwiesen auf die objektivierende Vermittlung und Auslegung; und ohne ein solches »erstes Wort aus dem Schweigen« gibt es auch hier keine kategoriale und näherhin biblische Offenbarungsgeschichte.

3 Unendlicher Text und endliche Praxis

Der Text, in dem die Selbstmitteilung Gottes erst Bedeutung gewinnt, ist in seiner vorliegenden kanonischen Gestalt zwar begrenzt, aber hinsichtlich seines Ursprungs und seiner weiteren Entfaltungsmöglichkeiten unendlich. Für die Rabbinen ist die Thora, wie Günter Stemberger ausführt, »präexistent und doch in der Geschichte gegeben [...], Weltgesetz und doch nur Israel verliehen [...], vom Himmel und doch in menschlicher Sprache«.[25] Die Thora hat ihre Wirklichkeit im Irdischen, das von ihr verwandelt wird, aber auch sie nicht unberührt lässt. Sie ist, wie eine Erzählung aus dem Babylonischen Talmud unter Berufung auf Dtn 30,12 betont, nicht mehr im Himmel, sondern in die Hände der Menschen gelegt – man könnte sagen: »säkularisiert«. Nicht Magie und Wunder oder gar eine Himmelsstimme (בת קול) entscheiden über die Auslegung, sondern die besseren Argumente (vgl. bBM 59b); »the Torah«, so David Biale, »has now become the property of its human interpreters«.[26] Dieser Anspruch wird heute vor allem im Raum des liberalen Judentums ernst genommen und im Programm einer *progressiven Halakhah* fortgeschrieben, denn nichts kann unverwandelt gerettet werden.[27]

»Aber wo hört diese ›Interpretation‹ auf legitim zu sein?« Wann reduziert sie sich auf ein unverbindliches, ja dämonisches Spiel mit der unerschöpflichen Bedeutungsfülle des göttlichen Wortes? Rosenzweig ließ diese Frage offen und verwies auf »das Zeugnisrecht, das positive und negative, der Erfahrung«[28]. Faktisch entfaltete sich jedoch jenes »Aleph« keineswegs in eine indifferente Beliebigkeit, denn das »Material« oder der »Stoff«, an dem das Wort Gottes sich prismatisch bricht und so erst vernehmbar wird, ist die Geschichte. Das

Wort Gottes ist unendlich, nicht aber die menschliche Praxis; sie reagiert, auch wenn sie über das bloße Hier und Jetzt hinausgeht, auf die reale Lebensnot. Wenn die Befreiung von ihr nicht bloß das Privileg weniger sein soll, so reichen technische und ökonomische Fortschritte nicht aus; es kommt entscheidend auf die richtige Einrichtung der Gesellschaft an. Die oft heftigen Konflikte um die richtige Auslegung sind keineswegs rein textimmanente Prozesse, sondern haben ihre materiellen und historisch-politischen Voraussetzungen. Dass die göttliche Offenbarung als *Thora*, die bis in die Details der individuellen und gesellschaftlichen Reproduktion reicht, les- und lebbare Gestalt annimmt, sich in ethischen und kultischen Regulativen konkretisiert, die in die (geschichtlich und nicht kosmisch situierten) fundierenden Erzählungen Israels eingefügt werden, ist also kein Zufall. Darum wird man auch zögern, die religionsgeschichtliche Entwicklung Israels im Sinne fortschreitender Vergeistigung zu interpretieren. Das idealistische Schema verkennt, was den biblischen Autoren durchaus bewusst war: die somatische Konstitution der Adressaten, ihre Vulnerabilität und Bedürftigkeit. Die richtige Deutung steht im Interesse der Praxis endlicher Subjekte, die sich freilich nicht in der gerechten Organisation des gesellschaftlichen und individuellen Lebens erschöpft. Wenn zu Beginn der Paraschat *Qeduschim* in Lev 19,1-18 ethische und kultische Vorschriften vereinigt werden, so ist diese Verbindung nicht bloß äußerlich: Beides gehört zur Heiligung des alltäglichen Lebens, das »entbanalisiert« und als Gottesdienst verstanden wird.

Die angemessene Form, welche das befreite Leben im Land annehmen soll, ist ein wichtiges Thema von Thora und Propheten. In diesem Kontext entwickelte sich auch der biblische Monotheismus; er erhielt sein spezifisches Profil nicht in einem Konflikt um die »wahre« oder »falsche« Religion (Jan Assmann), sondern um das richtige Leben. Er verarbeitet die Katastrophe des Exils ebenso wie die sozialen Asymmetrien der Königszeit und der nachexilischen Gesellschaft. Die Utopie einer freien und egalitären Kontrastgesellschaft zu den altorientalischen Großmächten verbindet keineswegs bruchlos ältere Befreiungstraditionen und Normen, das Bekenntnis zum einzigen Gott, die scharfe Polemik gegen Sieger, Unterdrücker und Ausbeuter und nicht zuletzt die Idee des Landes. Im Kanon der Thora und der Propheten ist die konfliktreiche, dialektische Genese der Texte konserviert wie in einem Bernsteintropfen. Darum

29 *Frank Crüsemann*, Die Tora. Theologie und Sozialgeschichte des alttestamentlichen Gesetzes, Gütersloh ²1997, 424; vgl. *ders.*, Maßstab: Tora. Israels Weisung für christliche Ethik, Gütersloh 2003, bes. 38-48.

30 *Benbassa/Attias*, Le juif et l'Autre (Anm. 11), 90.

31 *Emmanuel Levinas*, Anspruchsvolles Judentum. Talmudische Diskurse, übersetzt von *Frank Miething*, Frankfurt a. M. 2005, 9.

32 *Max Horkheimer/Theodor W. Adorno*, Dialektik der Aufklärung. Philosophische Fragmente (1944/47), in: *Max Horkheimer*, Gesammelte Schriften, Band 5, hg. von *Gunzelin Schmid Noerr*, Frankfurt a. M. 1987, 46.

33 Vgl. *Henri de Lubac*, Auf den Wegen Gottes, übersetzt von *Robert Scherer* und *Cornelia Capol*, Einsiedeln/Freiburg i. Br. 1992, 24f; *Emmanuel Levinas*, Difficile liberté. Essais sur le judaïsme, Paris ³2003, 32f.

bedarf es des distanzierenden historisch-kritischen Zugangs, um die Texte wieder zu verflüssigen, ihrer Entstehungsbedingungen ansichtig zu werden und Missbrauch zu vermeiden. Es wäre unredlich und fahrlässig, sich in Texte – und seien es heilige – vorbehaltlos fallen zu lassen wie in die Hand Gottes.

4 Gegen Normalität

»Die Einheit Gottes«, schreibt Frank Crüsemann, »mußte in einer Durcharbeitung der gesamten Realität in einer Neudefinition jeder Wirklichkeit Gestalt gewinnen.«[29] Die Welt, auf welche sich auch der Polytheismus bezog, wird also nicht abstrakt negiert oder spiritualisiert, sondern – theoretisch wie praktisch – neu geordnet. In der kanonischen Endgestalt, die auch die Aufmerksamkeit der Leser lenkt und die Lesart älterer Traditionen zu bestimmen versucht, liegt ein Gegenmodell zur Normalität vor, das auch von der christlichen Theologie zu entdecken ist. Die Regulative, das »Gesetz«, werden profiliert als »contre-loi«, wie Esther Benbassa und Jean Christophe Attias dies treffend bezeichnen.[30] Jenes Gegen-Gesetz ist gerade kein Antinomismus, sondern eine Absage an jene Regeln, welche die bisherige historische und gesellschaftliche Normalität prägen. *Inmitten* der Geschichte artikuliert sich das Andere zur Geschichte und ihren vermeintlichen Gesetzen; »vor allem die hartnäckige Ablehnung einer politischen und sozialen Ordnung«, die, wie Emmanuel Levinas schreibt, »nach wie vor keine Rücksicht auf die Schwachen nimmt und kein Mitleid mit den Besiegten hat, die sich als unerbittliche Weltgeschichte einer offensichtlich unerlösten Welt abspielt. Ererbtes Dissidententum, Halsstarrigkeit, Hintersinn, Widerstand gegen den reinen Sachzwang, Störfaktor.«[31] Dieses in der Thora Gestalt gewinnende Gegenmodell zur Normalität umfasst sowohl das »Verbot, das Falsche als Gott anzurufen, das Endliche als das Unendliche, die Lüge als Wahrheit«[32] als auch einen alternativen »way of life«.

1 Der Gott, wie er in den nachexilischen Traditionen von Thora und Propheten verstandenwird, ist *einzig* und *einzigartig*. War bereits die Forderung, allein verehrt zu werden, für die Antike höchst ungewöhnlich, so wird dies nochmals gesteigert: Die anderen Götter sind Nichtse, Menschenwerk und können niemandem helfen (Jes 40,19; 44,9-20, Jer 10,1-16; Ps 97,7). Die Gottheiten der besiegten Völker werden meist integriert, ein Akt, der als Toleranz missverstanden wird, in Wahrheit aber der Logik imperialer Einverleibung folgt; Israels Siege hingegen waren überwiegend fiktiv, es musste sich eher mit der Opferrolle begnügen. In einer enormen Anstrengung, die noch in der Polemik der Texte zum Ausdruck kommt, wird die Götterwelt der Sieger negiert[33] und mit ihr später auch die geschichtliche Logik, welche stets neu Sieger und Besiegte produziert. So ist der einzige Gott Israels nicht das Ergebnis kosmotheistischer Verschmelzung eines ursprünglich differenzierten

Pantheon, sondern einer strikten, zuweilen polemischen Unterscheidung; wir haben es also mit einem »Dieu ›distincteur‹« zu tun.[34]

2 Zu diesen feinen Unterschieden gehört auch das mit dem Fremdgötterverbot eng verknüpfte Bilderverbot (Ex 20,4f/Dtn 5,8f), das im Alten Orient keine Parallele hat. Nicht die Idee der Geistigkeit Gottes stand am Anfang, sondern die ursprüngliche Bilderlosigkeit des JHWH-Kultes, an die das Bilderverbot anknüpfen konnte. Bilder und Skulpturen sind ambivalent. »Die Körperlichkeit des dreidimensionalen Bildes (Plastik / Skulptur) lässt das Bild in Raum und Zeit real ›erscheinen‹. Durch das Bild wird eine Art Theophanie assoziiert. Nicht von ungefähr lautet die klassische Formel für den Tempelbesuch bzw. den Kult vor dem Götterbild im Alten Orient ›das Angesichts Gottes schauen‹«.[35] Eine Gestalt hat Israel während der Sinaitheophanie nicht gesehen, wie Dtn 4,12 einschärft, und auch Gottes Offenbarung an Mose in Ex 33 und 34 ist nur ein Vorüberzug; eine unmittelbare Schau Gottes wird ausdrücklich mit dem Hinweis verweigert, dass kein Mensch sein Antlitz sehen und am Leben bleiben kann (Ex 33,20-23). Nur Gottes »Nachher« ist Mose beschieden, Seine *Spur*; Transzendenz ist eine »Entzugserscheinung«.

3 JHWH erweist sich als *anspruchsvoll*. Er stellt neben den Alleinverehrungsanspruch und das Gebot (!) ihn zu lieben (Dtn 6,5 / Mk 12,29f) auch die Forderung nach umfassender Gerechtigkeit. Sie nimmt dem individuellen und politischen Leben der Menschen die Unschuld und sichert die Freiheit von schicksalhaften Mächten. Dieses Projekt der wachsenden Mündigkeit steht quer zur mythischen Verzauberung des Realen, welche »es von Geschichte entleert und mit Natur« füllt.[36] Was wir »Normalität« nennen, entspringt jenem Zauber, und es ist keineswegs bedeutungslos, dass Israel seine fundierenden Erzählungen in der Geschichte ansiedelt und nicht in mythischer Urzeit.

34 Vgl. *Benbassa/Attias*, Le juif et l'Autre (Anm. 11), 75-85.

35 *Christoph Dohmen*, Exodus 19-40 (HThKAT), Freiburg/Basel/Wien 2004, 106-113, hier 111.

36 *Roland Barthes*, Mythen des Alltags. Übersetzt von *Horst Brühmann*, Berlin 2010, 295; vgl. auch *René Buchholz*, Offenbarung als Entmythologisierung? Anstiftung zur theologischen »Sabotage des Schicksals«, in: *Heino Sonnemans/Thomas Fößel* (Hg.), »Faszination Gott«. Hans Waldenfels zum 70. Geburtstag, Paderborn 2002, 79-102.

37 Die jüdische Tradition entwickelte aus Ex 34,6f die Lehre von den 13 Eigenschaften (Middoth) Gottes, in der das Verhältnis von Gnade und Recht eine wichtige Rolle spielt; vgl. *Dohmen*, Exodus (Anm. 35), 357-360; *Maimonides*, The Guide of the Perplexed (Anm. 17), 123-128 (Moreh I, 54).

38 Vgl. *Marie-Theres Wacker*, Monotheismus zwischen Bestreitung und Re-Vision, in: Concilium 45 (2009) 399-410, hier 401-405.

39 Eben darum ist eine – das christlich-jüdisch Verhältnis schwer belastende – Judenmission theologisch nicht begründbar; vgl. zur Thematik auch *Hubert Frankemölle/Josef Wohlmuth* (Hg.), Das Heil der Anderen. Problemfeld »Judenmission« (QD 238), Freiburg/Basel/Wien 2010.

40 Vgl. *Lévinas*, Difficile liberté (Anm. 33), 222; vgl. ferner *Stéphane Mosès*, Eros und Gesetz. Zehn Lektüren der Bibel. Übersetzt von *Susanne Sandherr* und *Birgit Schlachter*, München 2004, 127-133.

41 *Franz Rosenzweig*, Der Stern der Erlösung hg. von *Reinhold Mayer*, Frankfurt a. M. 1988, 333.

42 *Levinas*, Difficile liberté (Anm. 33), 349; vgl. *Benbassa/Attias*, Le Juif et l'Autre (Anm. 11), 15-23.

43 *Levinas*, Difficile liberté (Anm. 33), 350.

4 Gott ist zwar anspruchsvoll, aber weder kleinlich noch rachsüchtig, vielmehr »erbarmend (רחום), gönnend, langmütig, reich an Huld (רב־חסד) und Treue (אמת), bewahrend Huld ins tausendste« (Ex 34,6f; Buber/Rosenzweig). Das Übermaß der Gnade führt freilich nicht dazu, dass Gott das ungeheure Unrecht, das Menschen einander antun, mit unendlicher Liebe auf Kosten der Opfer zudeckt. Er weigert sich offenbar, die Schuldigen »barmherzig« zu entmündigen (Ex 34,7).[37] Liebe, Gnade und Gebot lassen sich nicht gegeneinander ausspielen; ihre stets interpretationsbedürftige Einheit konstituiert vielmehr die Welt der Thora. Wo sie zerbricht, erstarrt das Gebot und die Liebe verflüchtigt sich zu einer berauschenden Idee.

5 Die Thora lässt sich als ein Buch der zerbrochenen Joche und des aufrechten Ganges lesen (Lev 26,13). Die Beendigung der Sklaverei und die Entmythologisierung von Herrschaft tangiert auch das Gottesbild: Ist an manchen Stellen der Bund Gottes mit Israel nach assyrischem Vorbild als Vasallenverhältnis gedacht, obwohl Israel doch aus dem Sklavenhaus geführt wurde und dem Bund *frei* zustimmte (Dtn 26,16-19), so tritt der Monotheismus in den deuterojesajanischen Texten selbstbewusster auf, denn die Götter der Völker sind keine Konkurrenten mehr, sondern machtlose Holzgebilde von Menschenhand (vgl. Jes 45,20-24).[38] Rudolf Ottos archaisches *Mysterium tremendum et fascinosum* verwandelt sich allmählich in einen Gott, der nicht mehr der blinden Naturmacht ähnelt, sondern an Einsicht appelliert. Thora, Bund und Verheißung sind unwiderruflich; sie erweisen sich als belastbar und reichen noch über die Verfehlungen Israels (die nicht nur solche gegen Gott sind) und die Katastrophe des Exils hinaus (Dtn 30,1-14; Ez 11,14-21).[39] Mit diesem Gott kann man sogar verhandeln, wie es von Abraham und Mose erzählt wird. Sie erinnern Gott an seine Gerechtigkeit und die einmal gegebenen Verheißungen (Gen 18,20-33, Ex 32,7-14). Hier kristallisiert sich ein Gottesverhältnis wachsender Mündigkeit aus, das Menschen sogar befähigt, sich Gott als Gläubiger (créancier) zu nahen und nicht immer nur als Schuldner (débiteur).[40]

6 Das Alte Testament setzt zwar eine noch weitgehend agrarische Ökonomie voraus, ihm ist aber die bodenständige Ideologie der Autochthonen durchaus fremd. Israel ist nicht »erdentsprossen«,[41] JHWH kommt aus der Wüste, die Thora wurde außerhalb des Landes verliehen und erweist sich als exiltauglich. Mit Gen 12,1, der Aufforderung an Abraham, seine Heimat zu verlassen, tritt die Thora in die Geschichte ein, beginnt der bis heute nicht beendete Exodus aus der Vorgeschichte, welche die synagogale Leseordnung, als wollte sie Tempo zulegen, auf zwei Paraschijot beschränkt. Die biblischen Texte sind bemüht, das Land nicht mit dem Mythos des Ortes – »l'éternelle séduction du paganisme«[42] – in Verbindung zu bringen. Das Land, welches Israel nicht immer schon besaß, das es nicht aufgrund seiner Tugenden erhält (Dtn 9,6) und das den Ungerechten ausspeit (Lev 18,24-26; Levinas: »vomit«[43]), existiert jenseits der problematischen Alternative von Exil und Verwurzelung: ein zu-

gleich realer und imaginärer Ort, keine bloße Utopie, aber eine Heterotopie, ein Gegen-Raum (»contre-espace«[44]), wie Michel Foucault ihn nennt. Er wird nie *ganz* besessen; nach Dtn 26,1 ist es ein von Gott unter Vorbehalt verliehener Erbbesitz (נחלה), nach Lev 25,23 sind die Israeliten dort sogar Fremde und Halbbürger (גרים ותושבים). Das Land erfüllt aber nur so seine Bestimmung als Ort, in dem Israel menschenwürdig leben kann.

»Die Tora«, so kann man mit Frank Crüsemann zusammenfassen, »gehört damit gerade in ihrer großen thematischen Breite und Vielfalt zur Kontur des biblischen Gottes.«[45] Dieser Umstand ist auch von der systematischen Theologie zu reflektieren, wenn der Begriff einer Selbstmitteilung Gottes keine Leerformel sein, sondern – ohne in ein instruktionstheoretisches Offenbarungsverständnis zurückzufallen – *qualitativ* bestimmt und die geschichtlich determinierte gott-menschliche Relation mit verstehbarem Inhalt gefüllt werden soll.

5 Die beiden »Hauptströmungen« der Thora

Die normalitätskritische Ausrichtung der Thora ist kein für alle Zeiten schlechthin Gegebenes, vielmehr muss jede Generation das Verhältnis von Dissimilation und Assimilation neu bestimmen. Dieser Prozess beginnt bereits innerbiblisch und setzt sich fort sowohl in den unterschiedlichen Strömungen des Frühjudentums als auch in den sich nach 70 herauskristallisierenden »two major trends of Thora«: das rabbinische Judentum und das Christentum, das, wie die neuere Forschung zeigt, nicht aus dem rabbinischen Judentum entstand, sondern parallel zu ihm. Wenn hier in Anspielung auf Gershom Scholem von den beiden Hauptströmungen der Thora gesprochen wird, so ist damit nicht eine bloße Nachgeschichte gemeint, sondern die bleibende Dynamik der in der Thora unthematisch und thematisch rezipierten Selbstoffenbarung Gottes. Dass deren Rezeption in zwei große Richtungen zerfällt, die von rivalisierenden Gruppen sozial getragen wird, gehört zu den geschichtlichen Brechungen der

44 Vgl. *Michel Foucault*, Die Heterotopien/Der utopische Körper. Zwei Radiovorträge; zweisprachige Ausgabe. Übersetzt von *Michael Bischoff*, Frankfurt a. M. 2005, 10f und 40f.
45 *Frank Crüsemann* in: *Kampling/Weinrich* (Hg.), Dabru emet (Anm. 10), 119.
46 Vgl. *Jacob Neusner*, Judaism and Christianity in the Age of Constantine. History, Messiah, Israel, and the Initial Confrontation, Chicago/London 1987, 4-7, 65-80.
47 Vgl. hierzu *Daniel Boyarin*, Border Lines. The Partition of Judeo-Christianity, Philadelphia 2004; *Israel Yuval*, Zwei Völker in deinem Leib. Gegenseitige Wahrnehmung von Juden und Christen in Spätantike und Mittelalter. Übersetzt von *Dafna Mach*, Göttingen 2007; *Peter Schäfer*, Jesus in the Talmud, Princeton/Oxford, 2007; *ders.*, Die Geburt des Judentums aus dem Geist des Christentums, Tübingen 2010.
48 Vgl. *Klaus Wengst*, Das Johannesevangelium (ThKNT 4,1), Stuttgart/Berlin/Köln 2000, 43-51, 61-68.
49 *Jacob Neusner*, Messiah in Context. Israel's History and Destiny in Formative Judaism, Philadelphie 1984, 3.
50 *Jacob Neusner*, Jews and Christians. The Myth of a Common Tradition, (1991) Eugene, Oregon 2003, 1; vgl aber auch *Halbertal*, People of the Book (Anm. 14), 124-128.
51 Vgl., *Zenger*, Der Pentateuch (Anm. 7), 25.

ursprünglichen Offenbarung. Beide (zunächst) innerjüdischen Richtungen setzen Thora und Propheten als normativ voraus, aber es macht einen beachtlichen Unterschied aus, ob man überzeugt ist, dass das entscheidende eschatologische Ereignis mit dem Messias Jesus von Nazareth schon eingetreten sei oder ob die jüdische Gemeinschaft nach der Zerstörung des Kultzentrums und einer tiefen Ernüchterung auf das Überleben in einer noch unerlösten Welt vorbereitet werden soll. Die Fragen nach einer angemessenen Deutung des Pentateuch und der Propheten wurden entsprechend anders beantwortet.

Die Mischnah scheint am Christentum und seiner Literatur noch nicht interessiert zu sein; andere, dringendere Probleme waren nach 70 zu bewältigen. Auch wenn man bezweifelt, ob es in den ersten beiden nachchristlichen Jahrhunderten so etwas gab wie »Judaism without Christianity« (J. Neusner), so wird eine Auseinandersetzung mit dem Christentum erst ab der Konstantinischen Wende in den rabbinischen Texten notwendig und eindeutig greifbar. Das Christentum befand sich nun in einer religionspolitisch günstigeren Position, die es gegen das Judentum theologisch wie politisch ausspielte. Diese Provokation blieb nicht unerwidert, und schon im Talmud Jersushalmi rückten Fragen der Eschatologie und des Messianismus auf jüdischer Seite wieder stärker in den Vordergrund des Interesses.[46] Erst ab diesem Zeitpunkt kann man Judentum und Christentum als verschiedene *Religionen* bezeichnen, wie Daniel Boyarin, Israel Yuval und Peter Schäfer zeigten. Dabei wurde das Judentum in Abwehr und modifizierter Übernahme bestimmter christlicher Traditionen und Motive im Laufe der Jahrhunderte stärker vom Christentum geprägt als bislang angenommen.[47] So konnte etwa dem inkarnierten λόγος (σοφία, הרות) der Christen in Joh 1,14,[48] folgt man hier Jacob Neusner, der Rabbi »as Torah incarnate, avatar of hope, and model of the son of David« gegenübergestellt werden.[49] Zugleich erhielten bislang vertraute Termini im Interesse der Profilierung eigener Identität und mit Seitenblick auf den Anderen unterschiedliche Bedeutungen. Das betrifft etwa das Verständnis des *Messias*, seiner Gestalt und Aufgabe, der *Thora* bzw. des *Gesetzes* und nicht zuletzt des *Glaubens*, der christlich im Zusammenhang der *Rechtfertigungslehre* eine spezifische, vom rabbinischen Judentum differierende Färbung annimmt. »The two faiths«, fasst Jacob Neusner in provokanter Zuspitzung das Ergebnis der mehrere Jahrhunderte beanspruchenden Entwicklung zusammen, »stand for different people talking about different things to different people.«[50] Damit ist nicht notwendig, wie Erich Zenger meinte, »ein Antagonismus zwischen Judentum und Christentum« behauptet.[51] Neusners These lässt sich auch als Aufforderung lesen, den Gehalt scheinbar bekannter Begriffe, die beide Religion verbinden oder trennen, sorgfältig zu analysieren und deren Bedeutungen in ihrer geschichtlichen Entwicklung herauszuarbeiten, anstatt vorschnell eine Juden und Christen gemeinsame Tradition oder Kultur zu unterstellen, von der man noch zu Beginn des 20. Jahrhunderts wenig wissen wollte.

»In other words«, schreibt Neusner, »it is a question of comparision« und hier beginnt die Arbeit einer komparativen Theologie der Religionen.[52] Anstelle einer umfassenden Theologie des Judentums auf christlicher und einer theologischen Einordnung des Christentums auf jüdischer Seite tritt eine vergleichende diachrone und synchrone Analyse der Traditionen, Begriffe, Geltungsansprüche und Kontexte. Die gemeinsame Herkunft beider *major trends* von den ersten fünf Büchern der Bibel, in denen die unendliche Fülle des göttlichen Wortes eine fassbare Bedeutung erhielt, kann die intra- und interreligiösen Differenzen nicht verdecken, so wenig sie für alle Zukunft festgeschrieben werden dürfen. Auch für das spekulative Interesse ist der historische Befund kein bloßes Vehikel, von dem man getrost abstrahieren kann. Vielmehr liefert die profane Geschichte das Material, an dem die theologische Reflexion sich abarbeitet. Denn im scheinbar Säkularen ist die verblassende Spur Gottes aufzusuchen, und hier auch muss die Offenbarung sich bewahrheiten.

Zusammenfassung

Was wird anders, wenn auch die systematische Theologe, der kanonischen Präposition von Altem Testament und Thora folgt, wie Erich Zenger und Christoph Dohmen es fordern? Durch diese »veränderte Versuchsanordnung« hört die alttestamentliche Offenbarung auf, bloße Vorgeschichte Christi zu sein. In der thematischen Fülle des kanonischen Textes und seiner notwendigen Interpretation konkretisiert sich die unerschöpfliche Selbstoffenbarung Gottes. So erst entsteht die normative Basis für die beiden »Hauptströmungen« der Thora: Christentum und rabbinisches Judentum.

Abstract

What would be different if systematic theology also followed the canonical preposition of the Old Testament and the Torah as is called for by Erich Zenger and Christoph Dohmen? Through this »changed experimental set-up« the revelation of the Old Testament ceases to be a mere prehistory of Christ. God's inexhaustible self-revelation becomes concrete in the thematic richness of the canonical text and its necessary interpretation. Only in this way does the normative base for the two »main currents« of the Torah emerge: Christianity and rabbinical Judaism.

52 *Neusner*, Jews and Christians (Anm. 50), 1; vgl. *Klaus von Stosch*, Offenbarung (Grundwissen Theologie), Paderborn u. a. 2010, 82-95; *Reinhold Bernhardt/Klaus von Stosch* (Hg.), Komparative Theologie: Interreligiöse Vergleiche als Weg der Religionstheologie, Zürich 2009, bes. 15-33 (*von Stosch*).

Jesus Christus, die Offenbarung und die Religionen

Im Dialog mit der Theologie von Hans Waldenfels

von Vincenzo Di Pilato[1]

In Bezug auf das Thema der christlichen Offenbarung in ihrem Verhältnis zur religiösen Erfahrung und zu den verschiedenen Religionen war für mich die Begegnung mit Hans Waldenfels von entscheidender Bedeutung. Die Richtung, in der sich meine Forschungen entwickelten – und die in dem Buch *All'incontro con Dio. In dialogo con la teologia di Hans Waldenfels*[2] gesammelt vorliegen –, ergab sich aus der Lektüre eines Artikels von Karl Rahner: *Zur »Offenbarungsgeschichte« nach dem II. Vatikanum.* Darin wird ein Abschnitt aus *Dei Verbum*, Nr. 3, untersucht, wo von zwei Weisen der Kundgebung Gottes gesprochen wird: einer natürlichen (oder kosmischen) (*per Verbum … in rebus creatis*), die in der Schöpfung geboten wird; und der weiteren übernatürlichen (*via salutis supernae*), die in der Erlösung sichtbar wird. Die Worte über die Uroffenbarung an die Stammeltern, auf die da angespielt wird, werden nicht auf einer streng historischen Ebene gelesen, sondern auf einer deduktiven, ätiologischen Ebene, als »Rückschluss«, um die Terminologie von Rahner zu gebrauchen. Dieser Rückschluss geht aus von der Heilserfahrung, die das Volk Israel nach der Befreiung aus der Sklaverei Ägyptens gemacht hat, und führt dann zurück bis zur *Genesis.* Das Zweite Vatikanische Konzil hat sich so die Frage nach der Bedeutung der verschiedenen Religionen im Rahmen des göttlichen Heilsplans für die Menschheit nicht gestellt. In ihm scheint die pastorale Sorge zu überwiegen, die Grenzen des Heilswerks, die sich bis an die Enden der Erde erstrecken, im Gewissen eines jeden Menschen »guten Willens«, wie man sich in jenen Jahren ausdrückte, festzusetzen. Das Problem des Zusammenhangs jener »Heils«-Erfahrungen, die in alle Völker ausgestreut sind, wurde jedoch nicht direkt angegangen. In dieser Situation stellten sich zahlreiche Fragen verschiedenen Grades: In welchem Verhältnis stehen sie zum Beispiel zur einzigartigen und endgültigen christologischen Offenbarung? Wenn man die

1 Dozent der Fundamentaltheologie an der Facoltà Teologica Pugliese, am Istituto Teologico »Regina Apuliae« (Molfetta, Bari) und am Istituto Superiore di Scienze Religiose »S. Nicola il Pellegrino« in Trani, wo er außerdem Trinitarische Theologie lehrt.

2 *Vincenzo Di Pilato*, All'incontro con Dio. In dialogo con la teologia di Hans Waldenfels, Rom 2006.

Offenbarung an die Nachkommen Abrahams als Referenzpunkt nimmt, kann man dann daran festhalten, dass es eine wirkliche Geschichte der Offenbarung gegeben hat? Wie soll sie gedacht werden? Hat eine einfache Weitergabe der Uroffenbarung stattgefunden? Gab es den Beginn einer neuen Offenbarungsgeschichte? Oder eher eine Heilsgeschichte übernatürlicher Art ohne Offenbarung? Rahners Kritik geht dahin, »dass, wenn die Verfasser des Textes [DV 3] diese Frage deutlich gesehen und einkalkuliert hätten als heute sich notwendig aufdrängende Fragen, sie diesen Text anders redigiert hätten und vermutlich die ganze Darstellung der vorchristlichen Offenbarungsgeschichte nicht einfach in einer für uns eigentlich nicht greifbaren *zeitlichen* Reihenfolge konzipiert hätten, sondern rückschauend von *dem* Punkt aus hätten unternehmen sollen, von dem aus uns das Offenbarungsereignis nur wirklich greifbar wird, von Jesus Christus aus«.[3]

Die Konstitution *Dei Verbum* bleibt Rahner zufolge, der als Theologe aktiv beim Konzil mitgewirkt hat, in dieser Hinsicht zurück hinter den Dokumenten *Lumen gentium*, *Ad gentes* und *Gaudium et spes*, die das Heil auch für die Angehörigen anderer Religionen, allgemein und implizit in den »Nicht-Christen«, voraussetzen und so darunter einen offenbarungsgeschichtlichen Prozess verstehen lassen. Die These der »anonymen Christen«, wonach die Heilsgnade, die uns von der Offenbarung Gottes in Christus gegeben ist, jeden mehr oder weniger bewussten Menschen erreicht, setzt sich dem Einwand aus, den Nishitani Keiji betreffs der inversen Definition des »anonymen Zen-Buddhisten« an Rahner richtet. Demnach ist in der systematischen und exegetischen Untersuchung eine Sicht abzulehnen, wonach alles »quasi einseitig« auf die Erkenntnis des einzigen Gottes finalisiert ist und die Bedeutsamkeit »verschiedener Schritte« und von Stillstand der Heilsgeschichte nicht gekannt wird. Von wo soll dann eine solche Reflexion ihren Ausgang nehmen?

3 *Karl Rahner*, Zur »Offenbarungsgeschichte« nach dem II. Vatikanum, in: Schriften zur Theologie XII. Theologie aus Erfahrung des Geistes, Einsiedeln 1975, 241-250, 249.
4 Vgl. *ders.*, Jesus Christus in den nichtchristlichen Religionen, in: Schriften zur Theologie XII (Anm. 3), 370-383.
5 *Piero Coda*, Il Logos e il nulla. Trinità religioni mistica, Rom 2003, 54.
6 Ebd.
7 *G. Lorizio*, Teologia fondamentale, in: La Teologia del XX secolo, un bilancio. 1. Prospettive storiche, hg. von *Giacomo Canobbio/Piero Coda*, Rom 2003, 485.
8 Vgl. *Hans Waldenfels*, Offenbarung, in: Lexikon der Religionen. Phänomene – Geschichte – Ideen, hg. von *Hans Waldenfels*, Freiburg/Basel/Wien 1987, 475.
9 Vgl. *Yves M.-J. Congar*, La tradition et les traditions. Essai Historique, Bd. I, Paris 1960; in der italien. Übersetzung: La tradizione e le tradizioni. Saggio storico, Rom 1961, 244-245.
10 *G. Ruggieri*, Rivelazione, in: Nuovo Dizionario di Teologia, Cinisello Balsamo (Mi) 1988, 1322.
11 Vgl. *Hans Waldenfels*, Einführung in die Theologie der Offenbarung, Darmstadt 1996, 83-92: Offenbarung in kritischer Auseinandersetzung: 3.1. Frakturen; *ders.*, Phänomen Christentum. Eine Weltreligion in der Welt der Religionen, Freiburg i. Br./Basel/Wien 1994, Bonn 2002, 31-40.
12 Vgl. *ders.*, Kontextuelle Fundamentaltheologie, Paderborn 1985, 42005, 187-190: Offenbarung und Aufklärung.

Die Position Rahners, die die Entwicklung einer »theologischen Deduktion« eher als den Gedanken einer »geschichtlichen Darstellung«[4] der Offenbarung empfiehlt, schien nicht »völlig gerechtfertigt«[5]. Da erfasste ich mit größerer Klarheit die Methodologie, der ich folgen könnte: »Das retrospektive Kriterium der Auffindung, Klärung und Unterscheidung der Offenbarung ist gewiss mit Jesus Christus gegeben, aber das erfordert auch und zugleich eine geschichtlich-phänomenologische Lektüre der verschiedenen Offenbarungserfahrungen, wie sie uns dank der verschiedenen Wissenschaften der Religion zugänglich werden.«[6]

Der Verweis auf die – mit Hilfe der Religionswissenschaften erforschte – geschichtlich-kulturelle Prozessualität jeder religiösen Erfahrung steht also in Beziehung zur theologischen Gegebenheit, ohne dass sie damit identifiziert werden kann. Ich lernte bei der Gelegenheit, dass die Fundamentaltheologie sich ohne die Angst, die eigene Identität preiszugeben, eine Methode der Integration aneignen konnte, die ihr auf der einen Seite den *auditus fidei* und auf der anderen den *auditus temporis* erlaubte,[7] eine Option also, die verhindert, den Theologen von dem Feld abzuziehen, wo unsere Geschichte auf dem Spiel steht, die zweifellos unter der Spannung zwischen dem »Schon« und dem »Noch nicht« stattfindet, in der aber Gott, als der Ewig-Gegenwärtige, sich freimütig offenbart. Dank der Ergebnisse, zu denen die Geschichts- und Bibelwissenschaften gekommen sind, ist es offensichtlich, dass die in der Anfangszeit der Kirche sehr lebhafte eschatologische Spannung sich im Lauf der Zeit zugunsten des »Schon« abgeschwächt hat. Man begann, die Offenbarung nicht mehr als ein zu erwartendes Ereignis zu betrachten und auch nicht als ein Ereignis, das immer neu in der Gegenwart wahrzunehmen ist. Sie verkürzte sich schrittweise auf den Erkenntnisbereich und verwandelte sich in eine ausgesprochen »geoffenbarte Lehre« im Gegenüber zur »natürlichen« Gotteserkenntnis, die der Mensch dank der Tätigkeit seiner Vernunft erreicht.[8] Bis zur gregorianischen Reform[9] und darüber hinaus wurden Termini wie *revelare, inspirare, illuminare* »im weiten und umfassenden Sinn gebraucht, nicht nur für die Schrift, sondern auch für die Väter, die Konzilien, die Canones, bis hin zu Akten der weltlichen Autoritäten«.[10]

Die kanonistisch fixierte statische Auffassung der Offenbarung und die rechtliche Auffassung der kirchlichen Vermittlung führten in der Neuzeit zu »Brüchen und Frakturen« im inneren Gleichgewicht des gläubigen Subjekts.[11] Der metaphysische Horizont, der Jahrhunderte für jede Reflexion die Orientierung vorgab, endete mit der Implosion im Inneren des Menschen. Er gelangte auf diese Weise zur Selbstbegründung mittels der Ausübung der Vernunft, die auch die Bedeutung und damit die (gnoseologische) Grenze der Offenbarung ausdrücken wollte. Die kulturellen Strömungen, die dieses Ergebnis dann betonen, sind die Aufklärung[12] und der Idealismus. Dieses doppelte Resultat, zu dem die europäische Kultur gelangt ist, ergibt sich klar aus der Synopse der beiden letzten Konzilien. »Während das I. Vaticanum im Grunde nur die Identität/Transzendenz der Offenbarung gegenüber dem rationalistischen Reduktionismus verteidigt hat, ohne den Beitrag wahrzunehmen, der ihr aus dem deutschen Idealismus zukommen könnte, konnte das II. Vaticanum, nach einer Epoche der Sedimentation und unter Nutzung der theologischen Vermittlung von Autoren wie den Hauptvertretern der Tübinger Schule, der theologischen Ausarbeitung von Rosmini und Newman, einen besser begründeten und vollständigeren Begriff der Offenbarung vorlegen.«[13] Es wird also verständlich, dass die Kritik[14] der Offenbarung nicht nur negative Ergebnisse, sondern auch eine positive Wende zeitigte, insofern sie dazu angeregt hat, die Möglichkeitsbedingungen der Offenbarung zu ermitteln, ihre Geschichtlichkeit und ihre Bedeutung in Bezug auf die Erkenntnis von und das Verhältnis zu Gott gemäß der Dynamik der Freiheit zu erfassen.

1 Die beiden »loci theologici«

Ausgehend von diesen Überlegungen, die der hermeneutischen Wende des vergangenen Jahrhunderts zugrunde liegen, habe ich mich auf die Suche nach Autoren begeben, die das Thema behandelt und gegebenenfalls neue Wege in dieser Richtung gebahnt haben. So kam es, dass ich mit Hans Waldenfels in einen Dialog zu treten begann, der in akademischen Kreisen durch seine *Kontextuelle Fundamentaltheologie* bekannt war, ein Werk, das versucht – der Einladung von *Gaudium et spes* 4 folgend –, methodologisch zwei »loci theologici« (wie zwei Brennpunkte einer Ellipse) in Beziehung zu setzen: Evangelium und menschliche Geschichte, *Text* der Offenbarung und *Kontext*, dort die »Zeichen der Zeit« wahrzunehmen und darunter – worauf Johannes XXIII. bei der Indiktion des Konzils verwiesen hat – insbesondere jenen »Prozess, der einzelne Menschen, verschiedene Vereinigungen von Bürgern und selbst Nationen immer mehr anspornt, freundschaftlich zusammenzuarbeiten und sich durch gegenseitige Unterstützung zu ergänzen und zu vervollkommnen«.[15] Es handelt sich um eine moderne, verlockende Methode, tief verwurzelt in der Tradition, die zur Erforschung des Handelns des Geistes Christi auch außerhalb der sichtbaren Grenzen Seiner Kirche anspornt, dort, wo jeder Mensch, gegen jeglichen geschichtlichen Determinismus und jede

13 *Piero Coda*, Critica illuministica ed ermeneutica romantica della Rivelazione. Dalla »Kritik aller Offenbarung« di Fichte (1792) alla »Philosophie der Offenbarung« di Schelling (1841-1842), in: Lateranum 61 (1995) 81.

14 Vgl. *Waldenfels*, Einführung (Anm. 11), 95-104: Offenbarungskritik.

15 *Johannes XXIII.*, Apostolische Konstitution Humanae salutis, 25. Dez. 1961, in: AAS 54 (1962), 5-13, 7: »rerum cursus singulos homines, varios civium ordines ac vel ipsas Nationes magis magisque impellit, ut inter se amice conspirent et sese mutua adiutrice opera compleant atque perficiant«.

16 Vgl. *Karl Rahner*, Frömmigkeit früher und heute, in: Schriften zur Theologie VII. Zur Theologie des geistlichen Lebens, Einsiedeln 1966, 11-31, 22.

17 *Vito Di Chio*, Bisogno di maestri. Una proposta formativa, Rom 2010, 343.

theoretische Erstarrung Seines lebendigen Wortes, mit gutem Gewissen das Gute, die Wahrheit, die Gerechtigkeit, den Frieden sucht.

Die *Kontextualität* im theologischen Sinn, das Nachdenken über das Wort Gottes, die Wirklichkeit Gottes, die Erfahrung Gottes im heutigen Kontext – und vor allem im Kontext der Religionen und der »Weltanschauungen« – ist allerdings nicht einfach eine theologische Methode. Sie scheint mehr ein Sich-Versetzen in die Perspektive der Lektüre des Werkes Gottes *aus dem Inneren* unseres Selbstverständnisses von Ihm heraus zu sein, das uns von jenem Wort her kommt und von der Gnade, es erfahren zu haben. Sie liegt dieser Auffassung der Kontextualität zugrunde und könnte auf eine *mystische* Erfahrung bezogen werden – natürlich im allgemeineren, aber nicht weniger realen Sinn –, wie Rahner sie verstanden hat.[16] Wie Vito Di Chio mit der ihm wesenseigenen Feinsinnigkeit betont hat: »Es ist die Erfahrung, dass in Gott alles mit einem Liebesband der Einheit verbunden ist – alles, was im Weltall und in der Geschichte sich zerstreut und zerteilt zeigt. In Ihm erahnen wir den wirklichen Kontext, der alles vereint, die seltsamsten Ereignisse, die unmöglichsten Gedanken, die undenkbarsten Entwicklungen von Ereignissen, Lehren usw. Dante Alighieri hat diese Erfahrung mit der wunderbaren Terzine in *Paradiso* XXXIII, 85-87 so beschrieben: ›Nel suo profondo vidi che s'interna / Legato con amore in un volume, / ciò che per l'universo si squaderna‹ – ›In seiner Tiefe sah ich, dass zusammen / In einem Band mit Liebe eingebunden / all das, was sonst im Weltall sich entfaltet‹. In Gott also, in seinem Wesen, in seinem Sein, in seiner Natur ist alles mit Liebe in einem Band eingebunden – ›legato con amore in un volume‹.«[17]

Diese Perspektive zerreißt den Schleier der gegenwärtigen Wirklichkeit aus einem Übermaß von Bruchstückhaftigkeit und Unbeständigkeit und spornt den Theologen an, nicht in aufdringlicher Weise immer nach neuen Kontexten Ausschau zu halten, sondern dazu, in der persönlichen und gemeinschaftlichen Geschichte eines Volkes das Handeln Gottes zu entdecken. Der Evangelist Lukas erkennt diese Unterscheidungsfähigkeit Maria von Nazaret zu, wenn er von ihr schreibt: »Maria aber bewahrte alle diese Worte, sie erwägend (*symbállousa*) in ihrem Herzen« (Lk 2,19). In diesem Sinn »bewegt sie« sie in ihrem Herzen oder setzt in Beziehung, *stellt in den Kontext*: Sie bringt nicht durcheinander (*dia-ballo*), sondern »setzt zusammen«, ko-ordiniert die Worte, die Dinge in ihrem Herzen, spürt den Kontext der Liebe auf, in dem alle diese Worte und Vorgänge ihre Bedeutung erhalten, weil sie von Gott gewollt sind, der die Liebe ist. Thomas von Aquin schreibt in Bezug auf die Grundlage dieser Einheits-Perspektive, die aller Vielfalt, die wir im Leben erfahren, zugrunde liegt, Folgendes: »*Et sic quae sunt diversa et opposita in seipsis, in Deo praeexistunt ut unum, absque detrimento simplicitatis ipsius* (Was also in sich verschieden und entgegengesetzt ist, ist in Gott eins und es ist in ihm unbeschadet seiner Einfachheit)« (S. Th. I 4, 2).

2 Erfahrungsbegriff und Reflexionsbegriff der Offenbarung

Die Auseinandersetzung mit diesem theologischen Ansatz erweist sich als hilfreich, wenn man den Trockenheiten einer veralteten, selbstreferentiellen Apologie und der maßlosen Verteidigung der eigenen voreingenommenen Ansichten nach dem Modell einer fast a-historischen *theologia perennis* entkommen will, um zu den Quellen des christlichen Glaubens zu gelangen, die die Konstitution *Dei Verbum* unter Aufgabe des instruktionstheoretischen Modells der Offenbarung und im Rückgriff auf eine bibelgemäßere Terminologie wunderbar ins Licht gerückt hat: Die Offenbarung ist das Ereignis der totalen und freien Selbstmitteilung Gottes in Jesus Christus, die sich eschatologisch in der Geschichte vollzieht.

In jenen Konzilsjahren gab es gegen diesen neuen Begriff der Offenbarung im evangelischen Bereich – trotz der *Thesen* von Pannenberg in dem Sammelband *Offenbarung als Geschichte* – mit der so genannten »Theologie des Wortes Gottes« Widerspruch. Im Laufe der Jahrhunderte hat nämlich die reformierte Sicht, die das Wort als fundamentales Mittel der Selbstmitteilung Gottes privilegierte, zu seinem Zusammenfall mit dem Wort der Heiligen Schrift geführt. »Mit dieser [...] Blickverengung hängt es zusammen, dass a) die Frage nach der Offenbarung lange Zeit mit der Frage nach der Heiligen Schrift und ihrer Inspiration zusammenfiel und b) auch im katholischen Denken bei der Bestimmung des Offenbarungsbegriffes eine Verengung auf die ›locutio Dei attestans‹ erfolgte. Erst wo auf einer späteren Reflexionsstufe die Hermeneutik der Heiligen Schrift a) auf die in ihr vermittelte Jesusgestalt, b) auf den in der Heiligen Schrift ausgesagten Vorgang des ›Sprechens Gottes‹ hin sowie c) auf das Geschehen der Vermittlung des im ›Sprechen Gottes‹ durch Propheten, durch Jesus von Nazaret, schließlich im geschriebenen Wort Gottes den Menschen treffenden und ihn betreffenden Inhalts hin weitergeführt und

18 *Hans Waldenfels*, Die Offenbarung. Von der Reformation bis zur Gegenwart, in: *Michael Schmaus/Alois Grillmeier/Leo Scheffczyk/Michael Seybold*, Handbuch der Dogmengeschichte, I/1b, Freiburg/Basel/Wien 1977, 3-4.

19 R. Latourelle, zum Beispiel, sagt: »Der Begriff ›Wort Gottes‹ wird vor allem auf die Offenbarung angewandt, das heißt auf die ursprüngliche Intervention, mit der Gott aus seinem Geheimnis hervortritt, sich an die Menschheit wendet und ihr seinen Heilsplan mitteilt. [...] Diese Theologie der Offenbarung oder des Wortes Gottes bietet zur Zeit den Anblick einer großen Baustelle« (Théologie de la Révélation, Brouges/Paris 1966, 12). Waldenfels weist darauf hin, dass diese begrenzte Sicht des Begriffs der Offenbarung sich im Licht des II. Vaticanum auf ein »Offenbarungsverständnis« öffnen muss, »nach dem die Offenbarung sich in einer Dialektik von Wort und Geschehen in der Geschichte ihren Ort schafft« (*Waldenfels*, Die Offenbarung [Anm. 18], 4, Anm. 18).

20 *Max Seckler*, Der Begriff der Offenbarung, in: *Walter Kern/Hermann Joseph Pottmeyer/Max Seckler* (Hg.), Handbuch der Fundamentaltheologie, Bd. 2. Traktat Offenbarung, Tübingen/Basel [2]2000, 42.

21 Vgl. *Di Pilato*, All'incontro (Anm. 2), 122-227.

somit auch der Traditionsprozess in seinem theoretisch-praktischen Aspekt in die hermeneutische Diskussion einbezogen wurde, geriet auch das Offenbarungsverständnis erneut in Bewegung.«[18]

Diese Erneuerung wurde vom II. Vaticanum dargelegt, aber – Waldenfels zufolge[19] – von der zeitgenössischen Theologie nicht voll aufgenommen. In der Konstitution *Dei Verbum* kamen nämlich in Bezug auf die Offenbarung verschiedene Dimensionen zum Ausdruck: die christozentrische zusammen mit der weiter bestehenden theozentrischen Dimension; die geschichtliche Dimension (auch wenn es nicht nur darum geht, nach der Bedeutung Jesu Christi in der Geschichte zu fragen, sondern nach seiner *Stellung* in ihr); die objektive und personale Dimension der Selbstmitteilung Gottes; der Charakter von »Anruf« und »Antwort« der Offenbarung; die Übersetzung in Wort und Tat. Im katholischen theologischen Bereich gab es denn auch, dank der heilsgeschichtlichen Auffassung, die klar aus *Dei Verbum* hervorging, viele Beiträge in dieser Richtung, unter denen gewiss der von Hans Waldenfels zu nennen ist.

Nach Waldenfels muss man sich die Unterscheidung zwischen Offenbarung als »Erfahrungsbegriff« und als »Reflexionsbegriff« gegenwärtig halten. »Offenbarungserfahrung, Offenbarungsdenken und Offenbarungsbegriff sind« – wie Max Seckler sagt – »weder sachlich identisch noch geschichtlich deckungsgleich, aber sie gehören zusammen.«[20] Aus historischer Sicht sind sie tatsächlich elaborierte interpretative und begriffliche Modelle gewesen, die ihrerseits die konkrete Erfahrung beeinflusst haben. Die theologische Forschung, die mich in jenen Jahren geleitet hat, geht also aus von diesem Bewusstsein der Nicht-Identifikation von Erfahrung-Ausarbeitung-Begriff der Offenbarung und gelangt zu ihrem spezifischen Thema, der Neuinterpretation des Begriffs der Offenbarung (tendenziell beschränkt auf die jüdisch-christliche religiöse Erfahrung, um die eschatologische Einzigartigkeit Christi zu wahren) im Kontext des religiösen Pluralismus. Durch Rückgang auf den Reichtum der *Gestalt*, in der die Herrlichkeit Gottes in Jesus Christus sich offenbart und »ein für allemal« geoffenbart hat, arbeitet Waldenfels einen *ästhetischen* Begriff der Offenbarung aus, in dem das Thema der Erfahrung konvergiert, ein Begriff, der sich auf die Mystik erstreckt, auf die Apophasie und auf deren Konsequenzen sowohl was den Gottesbegriff selbst als auch die Elaboration der Sprache betrifft.[21] Es ist allerdings nötig, mit Waldenfels zu bekräftigen, dass in der Analyse der Zeit, der »Zeichen der Zeit«, die absolute Priorität dem Evangelium zukommt, dem *Licht* des Evangeliums, und es keine wechselseitige Beleuchtung gibt. Die Normativität der eschatologischen Zentralität der Offenbarung in Jesus Christus steht nämlich nicht zur Debatte. Der entscheidende Ausgangspunkt bleibt – für die Theologie – vorbehaltlos die Auseinandersetzung mit deren Subjekt und deren *méth-odos*: d. h. mit Jesus Christus als Vollendung und Fülle (schon / aber noch mehr) der dem Menschen zugedachten Selbstmitteilung Gottes. Der ständige Bezug auf die *Fülle* der Offenbarung, glossiert Waldenfels, darf aber nicht den bleibend-aktuellen Bezug zwischen Gott und dem Menschen übersehen lassen, wie auch das Verhältnis von Wort und Tat, Sprache und Geschehen zwar gesehen, in seiner Konsequenz aber doch »nur in geringem Maß« weiterverfolgt wird.[22]

3 Erfahrungsbegriff und Glaubensreflexion

Dass während der ersten Konzilsperiode des II. Vaticanum das Schema *De Fontibus Revelationis* durch *De Divina Revelatione* ersetzt wurde, zeigte definitiv an, dass man gewillt war, so gut wie möglich die selbstverständliche Verbindung und die grundlegende Unterscheidung darzulegen, die, wie wir vorhin gesehen haben, zwischen dem »Ereignis« der Offenbarung Gottes in Jesus Christus und dessen schriftlichem und überliefertem Zeugnis besteht, zwischen der Erfahrung der Offenbarung und ihrer Ausarbeitung und begrifflichen Fassung.

Das Konzil musste eine weitere Anstrengung unternehmen, um diese Dynamik der Offenbarung mit dem Begriff des Glaubens in Übereinstimmung zu bringen. Die historische Rekonstruktion der Ereignisse, die zur Redaktion von *Dei Verbum*, Nr. 5, führten, zeugt von diesem Versuch der Angleichung von Seiten der verschiedenen von den Bischöfen eingerichteten Kommissionen. Die Einführung des Terminus »*oboeditio*« war sicher der erste Schritt in dieser Richtung. Am Anfang wurde dieser paulinische Ausdruck identifiziert mit dem »*plenum obsequium intellectus et voluntatis*« des I. Vaticanum bzw. der Erkenntnis der Wahrhaftigkeit dessen, dem oder was man glaubt, denn – wie Augustinus sagt – »der Glaube ist, wenn er nicht gedacht wird, kein Glaube – *quoniam fides si non cogitetur, nulla est*« (*De praedestinatione sanctorum* 2,5: PL 44, 962). In der Folge versuchte man aber dieses »Wissen« des Glaubens anthropologisch in die weitere transzendentale Dimension, in die Freiheit des Glaubensaktes

22 *Hans Waldenfels*, Christliche Offenbarung in der Begegnung der Religionen, in: Erfahrung des Absoluten – absolute Erfahrung? Beiträge zum Christlichen Offenbarungsverständnis: Josef Schmitz zum 65. Geburtstag, hg. von *Bernd J. Hilberath*, Düsseldorf 1990, 91.

23 Die Begriffsbestimmung »qua homo se totum Deo committit« erscheint zum ersten Mal – wie die Acta Synodalia Sacrosancti Concilii Oecumenici Vaticani Secundi, Volumen III, Pars III, p. 146, bestätigen – in der Intervention von Julius Kardinal Döpfner von München-Freising in der Aula am 30. September 1964. Sein Vorschlag wurde dann ohne Ausnahmen von der Prima Sezione der Unterkommission, die sich unter dem Vorsitz von Ermenegildo Florit, Erzbischof von Florenz, mit dem Prooemium und dem 1. Kapitel von Dei Verbum befasste, aufgenommen. Die Hinzufügung des Adverbs »libere« in der von Döpfner vorgeschlagenen Begriffsbestimmung war Werk dieser Unterkommission, die es in der Relatio aber fälschlich dem Kardinal zuschrieb. Aufgrund der Möglichkeit, die verschiedenen Fondi betreffend das II. Vaticanum in der Bereitstellung durch die Fondazione per le Scienze Religiose Giovanni XXIII in Bologna konsultieren zu können, konnte diese Einfügung, die auf das Lehramt von Papst Paul VI. verweist, auf eine plausible Hypothese zurückverfolgt werden. Für eine detaillierte geschichtliche und systematische Begründung verweise ich auf meine Ausführungen: *Vincenzo Di Pilato*, Consegnati a Dio. Un percorso storico sulla fede, Rom 2010.

einzuordnen. Die Zustimmung zum geoffenbarten Wort, das *in primis* das Christusereignis ist, muss sich unausweichlich auf der Ebene des Lebens bewegen, sie ist nicht der logische Schluss einer Argumentation. Das alles wurde in sieben lateinischen Wörtern verdichtet: »*qua homo se totum libere Deo committit* (wodurch [durch den Gehorsam des Glaubens] der Mensch sich ganz Gott frei anvertraut)«[23]. In dem Maß, in dem der Mensch in seiner »Ganzheit« (Vernunft und Freiheit) sich Gott übergibt, gewinnt die konstitutive Synergie zwischen der Gnade Gottes und dem Tun des Menschen wieder ihre angemessene Bedeutung im Licht der Inkarnation, ohne dass in dieser Richtung die folgende Zustimmung zum »Inhalt« der Wahrheit, die zu glauben ist, ausgeschlossen wird. Der Glaube entsteht und entfaltet sich also in einem geschichtlichen interpersonalen Bezug, innerhalb dessen man die Erfahrung macht, dass die Erfassung Gottes proportional zur konkreten Liebe zu Ihm und zum Nächsten wächst. Es ist die »bis zum Ende« gelebte Hingabe des Selbst des gekreuzigten Christus, die die menschlich-göttliche Identität »rettet«, indem sie »sie verliert« (vgl. Mk 8,35), das heißt, indem er *sich ganz und frei* dem Vater *übergibt*. Freiheit und Wahrheit sind so unlösbar verbunden im Glaubensakt, den jeder Jünger zu vollziehen gerufen ist dank der Taufgnade, welche Gnade den Menschen in das Geheimnis von Tod und Auferstehung einführt.

Im Bedenken einer solchen geistlichen Haltung der *Ganzhingabe* in die Hände des Vaters wird im Apostolischen Schreiben *Novo millenio ineunte* in Nr. 25-27 auf die Worte von Psalm 31 [30],6 Bezug genommen, die sich Jesus am Kreuz zu eigen gemacht hat: »*Pater, in manus tuas commendo spiritum meum*« (Lk 23,46), Worte, die nach dem Schrei zum scheinbar leeren Himmel: »*Eloï, Eloï, lema sabachtani?*, Mein Gott, mein Gott, warum hast du mich verlassen?« (Mk 15,34) den Akt des Vertrauens bedeuten, den der Sohn damit ausdrückt. Der gekreuzigte und »verlassene« Jesus offenbart sich also als der Mensch, der exemplarisch »*Se totum libere Deo [Patri] committit*«.

Der christliche Glaube besteht also, im Unterschied zu dem, was man im spezifischen Sinn als »Religion« versteht, nicht darin, im Leben ein in den Konturen und in den Ausdrücken oft ungewisses Streben nach dem Transzendenten zu entdecken, sondern ist vielmehr ein Gewahrwerden einer Person in der eigenen Existenz, mit der es möglich ist zu kommunizieren, sich in Worten zu verstehen, sich anzuvertrauen, sich auszuliefern und so in der wechselseitigen Erkenntnis zu wachsen. Das ist nicht möglich mit der kosmischen Energie (von der einige synkretistische religiöse Bewegungen sich inspirieren lassen), gegenüber der jedwede Hingabe auch auf moralischer Ebene unbeteiligt lässt. Wie man das Wort nicht an ein Gasmolekül, ein Atom richtet, so richtet man keine Bitte an etwas, was kein zu einer Antwort fähiges personales Antlitz hat. Von diesen Grundelementen der Wirklichkeit, die irrtümlich mit der aristotelischen *ousia/substantia* verwechselt werden, ist nur die zufällige Bewegung festzustellen, woraus für ein über dem gleichgültigen Nichts ausgespanntes

Los Angst und Schrecken entstehen kann. Die Beziehung zwischen Personen erfordert hingegen jene Freiheitsübung – liegt vielleicht hier der authentische Ursprung der Neuzeit? –, die der notwendige Raum ist, in dem man in der respektvollen Hingabe seiner selbst an den Anderen zur vollen Realisierung der eigenen menschlich-christlichen Identität gelangt. Diese Dimension der *fides qua* ist fundamental, weil sie die erneuernde Quelle jener authentisch menschlichen Erfahrung bildet, die sich der Offenbarung Gottes öffnet. Die Unterscheidung zwischen *fides qua* und *fides quae* ist deshalb in dem Maße verständlich, wie vermieden wird, dass der allgemeine Diskurs des Glaubens, wie es vor allem in der Neuzeit der Fall war, in den Horizont des Wissens gerückt wird. Das II. Vaticanum hat hingegen »den Glauben erneut als eine den Menschen als ganzen in Anspruch nehmende Lebenseinstellung vorgestellt und aus der Einseitigkeit eines rein intellektualistischen Vorgangs befreit«.[24]

Das Heilswerk Christi, das sich dort vollzieht, wo diese Begegnung der Gnade geschieht, aktualisiert sich nicht retrospektiv im Blick zurück, anders gesagt, auf ein vergangenes Ereignis gerichtet, sondern es lebt aus der eschatologischen Spannung, die verwehrt, auf autonome, ideologische Weise über das Evangelium verfügen zu können. »Die Rede vom ›Evangelium‹ enthält also als unübersehbare Konstante Gottes eschatologisches Handeln in Jesus von Nazaret. Diese stellt den bleibenden ›Anspruch‹ des Christentums dar.«[25]

»Gerade weil Gottes eschatologisches Handeln ein in der Raumzeitlichkeit der Geschichte ausgelegtes Geschehen an der Welt auf ihre Vollendung in Gott hin ist, besteht die vom Menschen geforderte Treue nicht zunächst in der ›Wieder-holung‹ des Vergangenen, sondern in der Offenheit für die Gegenwart, in deren Erfahrungen der Mensch die Offenbarheit Gottes lernen muss.«[26]

Die Mitteilung des Glaubens, die daraus folgt, darf daher nicht ausschließlich informativ, inhaltlich, lehrhaft sein, sie muss vielmehr *performativer* Art sein; sie muss, in anderen Worten, die Botschaft durch das gelebte Leben dessen, der sie fördert, zu übermitteln wissen. Es ist also nötig, in einen Raum vorzudringen, der »jenseits« dessen liegt, was man »schon« weiß, aber zugleich die Erfordernisse der Gegenwart und das aus der Überlieferung kommende Gut nicht außer Acht lässt. Alle kirchliche Praxis lebt nämlich in diesem Schnittpunkt zwischen Vergangenheit und Gegenwart, ist aber ständig offen für das Handeln Gottes, die »absolute Zukunft« jeder menschlichen Existenz, der das letzte Wort über die Geschichte und die Welt »vorbehalten« ist.

24 *Waldenfels*, Kontextuelle Fundamentaltheologie (Anm. 12), 447.
25 Ebd., 446.
26 Ebd., 447.
27 *Hans Waldenfels*, Einführung in die Theologie der Offenbarung, Darmstadt 1996, 178.
28 *Waldenfels*, Kontextuelle Fundamentaltheologie (Anm. 12), 448.

»Der eschatologische Vorbehalt macht aber dann klar: Wir leben in einer befristeten Zeit, die zugleich eine geschenkte Zeit ist. […] Der eschatologische Horizont versetzt aber die ganze Welt und ihre Geschichte in eine befristete Zeit, so dass erst das Ende der Welt ihren Sinn kundtut. Von hier aus ist auch zu sagen, dass die volle Gestalt der Offenbarung am Ende der offenbarenden Geschichte erscheint.«[27]

»Abrüsten«, zulassen, dass Jemand sich offenbart und die Worte, die ein für allemal gesagt sind, erklärt, damit man zur »ganzen Wahrheit« gelangt: Das hat der Mensch von heute und aller Zeiten nötig; nicht das Auffrischen von altem Wissen oder alter Lehren. Das führt zur Reformulierung eines neuen Denkens, tief einheitlich um den Menschen und nicht monolithisch; reich an verschiedenen Ausdrucksweisen, wie es in der *Bibel* enthalten ist, mit der Verschiedenheit ihrer Autoren. Eine kirchliche Praxis, die abgeneigt ist, die »Zeichen der Zeit« (man denke zum Beispiel an die vier Dialog-Kreise der Enzyklika *Ecclesiam suam*) zu erkennen, ist demnach Indikator eines eschatologischen »Mangels«, einer »Objektivierung« des Glaubensbezugs an »den, der kommt« in der Geschichte, in der es dem Christen nicht zukommt, den »Absolutheitsanspruch« seiner Erfahrung geltend zu machen, sondern Gott es ist, der seinen »Anspruch« erhebt und seine »Einladung« ausspricht, »im jeweiligen Hier und Heute die befreiende Botschaft Jesu von der in ihm bereits verwirklichten Gottesherrschaft zu vernehmen und zu leben«.[28]

4 Die Herausforderung des religiösen Pluralismus

Dank seiner vieljährigen Dialogerfahrung im Fernen Osten zählte Hans Waldenfels im Bereich der Theologie zu den ersten, die die mit dem Ende des Zweiten Weltkriegs sich ergebende Zäsur wahrnahmen, die das Ende des Kolonialismus und die Entstehung neuer Staaten mit einer anderen Haltung gegenüber den Religionen bedeutete und ebenso die Entstehung eines anderen Typus von Pluralismus, der vor allem dank der Einflüsse der Technik globale Verbreitung finden sollte. In den 1960er Jahren war seine Neuauslegung des Offenbarungsbegriffs im Verhältnis zum zeitgenössischen Pluralismus tatsächlich seiner Zeit voraus. Der Pluralismus wurde damals in seiner aktuellen Bedeutung nicht einmal von Heinrich Fries erkannt (der seine Forschungen auf den Bereich der Ökumene beschränkte), mit dem Waldenfels dann in Deutschland zusammenarbeitete und in dessen Reihe sein Werk über die *Offenbarung* erschien (*Offenbarung. Das Zweite Vatikanische Konzil auf dem Hintergrund der neueren Theologie*, 1969). Waldenfels vertritt hier die Position, dass die Theologie neu von einer analytisch-historischen Christologie ausgehen muss, die Fragen stellt und das Mysterium gleichsam »von unten her« bedenkt, die also an das zentrale Thema des Verhältnisses vom Christus des Glaubens und *der*

Geschichte zum Christus *in* der Geschichte herangeht. »Nach ›Dei Verbum‹ [kommt es nämlich] im Grunde nicht auf die Reflexion allein an, sondern vor allem auf die ständig neue Begegnung mit dem sich in Christus offenbarenden Gott in der Vielfalt der Lebensbezüge heute. Es geht immer schon um beides: Wahrheit-sagen und Wahrheit-tun, Reflexion und Verwirklichung, Lehre und Tat.«[29] Diese Rückkehr zur Geschichte ist entscheidend dafür, dass das eigene Tun eine christozentrische Form annimmt, die neue christliche Lebenserfahrungen möglich und praktikabel macht. Zur »Radikalität« des heutigen christlichen Verständnisses der Offenbarung, vertritt Waldenfels kühn, kommt ihre »Relativität« hinzu.

»Die im Sinne der modernen christlichen Theologie als radikale Selbstmitteilung Gottes verstandene Offenbarung [ist dabei] in ihrer zweifachen Relativität zu sehen: Das heutige Offenbarungs-Verständnis bleibt bezogen a) auf die Vergangenheit, insofern als es sich auch in der Abhebung von früheren und andersartigen christlichen wie außerchristlichen Offenbarungs-Verständnissen immer noch auf dieses bezieht und erst in der Unterscheidung von solchen gewonnen worden ist, b) auf die im Heute sich eröffnende Zukunft, insofern als das Eigentümlich-Christliche in den Bereich heutiger Wahrnehmung und Erfahrung eingeführt werden und sich in ihm bewähren muss.«[30]

Das bringt mit sich: Christliche Theologie »muss eine Logik der existentiellen, personalen Tat des Menschen entwickeln«, und sie muss den Anstoß geben zu einer »Wahrnehmungslehre«,[31] die die Christen herausfordert, die Vielfalt von Gottesbegegnungen auch außerhalb der Kirche und des Christentums zu entdecken, und sie anregt, im Nächsten, der nicht glaubt und doch auf seine Weise auf der Suche nach dem Göttlichen in seiner schlichten Alltagswirklichkeit ist, jene unmittelbare »Nähe« zu suchen, die Jesus verkörpert und auf die er als Epitome der Tora verwiesen hat. Der Anspruch auf Offenbarung, sowohl innerhalb wie außerhalb des Christentums, führt in der Perspektive einer Theologie der Religionen zur doppelten Frage nach der Wahrnehmung der Offenbarung in unserer Zeit und entsprechend nach einer adäquaten Ästhetik und nach den Regeln der korrekten Unterscheidung: Themen, die noch vertieft werden müssten.

Bei der Entwicklung eines Forschungsprojekts mit dem Ziel, auf das Problem des religiösen Pluralismus eine theologisch-sapientiale Lektüre anzubieten, besteht der erste Schritt also darin, den *Reflexionsbegriff* der Offenbarung, der

29 *Ders.*, Offenbarung. Das Zweite Vatikanische Konzil auf dem Hintergrund der neueren Theologie (Beiträge zur Ökumenischen Theologie 3), München 1969, 317.

30 *Waldenfels*, Offenbarung (Anm. 8), 478.

31 *Ders.*, Offenbarung. Das Zweite Vatikanische Konzil (Anm. 2), 318.

32 *Waldenfels*, Christliche Offenbarung (Anm. 22), 89.

33 Vgl. Ebd., 94-95. Vgl. auch *Coda*, Il Logos (Anm. 5), 54.

sich aus der Konstitution *Dei Verbum* ergibt und der inzwischen in der Theologie fundamentale Bedeutung gewonnen hat, zu übernehmen und ihn mit dem heutigen pluralistischen Kontext zu konfrontieren, um so die Zeichen der Zeit wahrzunehmen. Dabei ergeben sich dann viele Fragen, wie zum Beispiel: Deckt sich der christliche Begriff der Offenbarung mit dem der anderen Offenbarungsreligionen? Oder besser: Kann man in den anderen Religionen von Offenbarung sprechen? Bestehen die offensichtlichen Unterschiede nur im Inhalt (man denke an die Heiligen Schriften), oder ist der Begriff selbst ein anderer? Welche Rolle spielt und welche Bedeutung hat die Rede von Offenbarung im Hinblick auf die Geschichte der Religionen und somit für den Dialog der Religionen? Es stimmt, dass »die in Jesus von Nazaret erfolgte Selbstmitteilung Gottes […] als Höhepunkt der Geschichte Gottes mit der Menschheit« gesehen wird, Waldenfels zufolge muss aber auch gesagt werden, dass diese Geschichte weiterzugehen scheint: »Denn die Geschichte der Religionen ist mit dem Auftreten des Christentums keineswegs zu Ende.«[32]

Nach der – inzwischen beigelegten – Polemik in den 1970er Jahren, in der Waldenfels und Pannenberg bezüglich einer Pluralität von »Offenbarungen« im Widerstreit standen, führt eine vertiefte Behandlung des Themas heute zur Überzeugung, dass die Geschichte aus einer Vielfalt von Geschichten der Völker und der Religionen besteht, die zum Teil in entsprechender Konkurrenz zueinander stehen und die Geschichte der nachchristlichen Welt prägen. Der epistemologische Kernpunkt liegt demnach in der Betrachtung des Ortes und der Bedeutung der christlichen Offenbarung im Kontext der aktuellen Geschichte der Religionen. Diese Reflexion hat zwei Aspekte: Einerseits bleibt die Pluralität der Religionen in der herkömmlichen Theologie praktisch deutungslos, insofern die einzelne Religion gar nicht in den Blick kommt; andererseits können wir von der Vergangenheit keinen Beitrag dazu erwarten, wie in einer nachchristlichen Offenbarungsgeschichte die eigene christliche Identität gegenüber einer fremden Identität gewahrt werden kann.[33] Es geht also darum, den Blick auf das christliche »*proprium*« gerichtet zu halten, aber mit dem Bestreben, die Berührungspunkte zu finden. Die Anerkennung der Wirklichkeit/Wahrheit (und sei es nur anfänglich und partiell) der anderen religiösen Erfahrungen impliziert nicht zuletzt einen Neugewinn hinsichtlich der eigentlichen und ursprünglichen Bedeutung der christologischen Offenbarung.

5 *Kenosis*: Zugangsweg zur Trinität

Das Christentum stellt sich auf der Grundlage des Glaubens an den gekreuzigten und auferstandenen Christus Jesus als Höhepunkt der Selbstoffenbarung Gottes dar, in einem paradoxen Geschehen der Selbst-Identifikation (als Gott und als Mensch, in der Identität seiner personalen Einheit) und der gleichzeitigen agapischen Relation zum A/anderen (als Gott und als Mensch) in Form der *Kenosis*, das heißt der Selbst-Entäußerung.[34] Die Kenosis Christi stellt also die Perspektive dar, mittels derer einige offene Fragen in der Christologie in der Gegenüberstellung zum religiösen Pluralismus angegangen werden können. Die Entwicklungsperspektiven des theologischen Vorschlags von Waldenfels sind meines Erachtens im kenotischen Moment als hermeneutischem Schlüssel der Erfahrung Gottes und des Dialogs mit den Religionen und mit den einzelnen Personen ausfindig zu machen.[35] In diesem Licht stellt die Praxis des Zeugnisses als *Martyria* nicht nur ein »apologetisches« Moment dar, sondern einen *locus theologicus*. Die christologische Struktur der kontextuellen Theologie nach Waldenfels, ausgedrückt im Primat der Offenbarung über den Kontext, bringt in die Dynamik der agapisch-kenotischen Relation, mit der Gott sich offenbart, die Öffnung auf die Religionen ein und lässt gemäß einer spezifischen theologischen Kriteriologie deren »Sein-Müssen« in der Heilsgeschichte verstehen. Der gekreuzigt-auferstandene Christus drängt, in der Kraft des Geistes, jede religiöse Überlieferung – wie der damalige Kardinal Ratzinger sagte – zu einer »Selbstüberschreitung«[36], »zu einem gemeinsamen *Jenseits*« – fährt Coda fort –, »das zugleich rekapitulierend und authentisch plural ist […], in dem, besser gesagt, jede religiöse Erfahrung sich in Christus in der Einheit mit den Anderen wiederfindet, die ihrerseits insofern jenseits liegt, als sie vom einen Christus umfangen ist«.[37] Wenn das schon in sakramentaler Form in der Kirche, dem Leib Christi, geschieht, dann muss sie also in jeder religiösen Erfahrung das Antlitz des Gekreuzigten erkennen, dem sie entgegen geht, damit sie voll und bewusst übergeht in den Geist der Einheit des einen Christus und vom Licht der Auferstehung in der Kraft des Geistes verwandelt wird.[38]

In der dynamischen Bedeutung von »Begegnung« (Schlüsselwort der Theologie von Waldenfels) betrifft die Offenbarung demnach ständig den Menschen in seiner konkreten Existenz und ruft ihn auf, in derselben Dynamik »*gestis verbisque*« zu »antworten«. Die Theologie muss daher die Dichotomie zwischen spekulativer Reflexion, geistlicher Erfahrung und Praxis überwinden und der mystischen Dimension der »Erfahrung« des Glaubens größere Aufmerksamkeit zuwenden, die als Antwort auf die Offenbarung Gottes sich folglich nur in *Wort und Tat* ausdrücken kann. Dazu ist die Vertiefung der Lehre von den »geistlichen Sinnen«, einer Theorie der »ästhetischen Wahrnehmung«, und eine neue »Dramatik« als Initiation in die Praxis notwendig, denn die Offenbarung kommt nicht im Wissen zum Abschluss, sondern zielt im Vollzug der Hingabe seiner selbst an die Anderen auf die *sequela Christi*.

Daraus ergeben sich zahlreiche Konsequenzen auf ekklesiologischer Ebene hinsichtlich der dialogischen Identität der *missio ad gentes*. Sie dürfen aber nicht den Blick des Gläubigen vom unantastbaren Wert des »eschatologischen Vorbehalts« ablenken, der jedem menschlichen Unternehmen eigen ist. Nur so wird die Kirche, und in ihr der Theologe, Gott – wie Waldenfels gerne sagt – »das letzte Wort« lassen können, das dort erklingt, wo unser »Zentrum der Ruhe vom Schweigen umfangen« ist. Dag Hammarskjöld (1953-1961), Generalsekretär der UNO, dem postum der Friedensnobelpreis verliehen wurde, hat mit Bezug auf den für die Meditation im Hauptgebäude der UNO eingerichteten »Raum der Stille«, wie man heute noch in der *Public Hall* des Gebäudes der Generalversammlung sehen kann, Folgendes gesagt: »Ein altes Sprichwort sagt, dass der Sinn eines Gefäßes nicht in seiner Umwandung liegt, sondern in der Leere. So ist es auch mit diesem Raum. Es liegt an denen, die hierher kommen, die Leere mit dem zu füllen, was sie im Zentrum ihrer Stille finden.«[39] Für die Christen ist es hier, dass *jeder Mensch* das Wort hören kann, das Eine Liebes-Wort, das im Laufe der Jahrhunderte in »unzähligen Tönen« gesprochen wurde und das im Schoß des Vaters in Ewigkeit ertönt. Ist ihr Konvergieren in einem *sichtbaren, zwischenmenschlichen, kirchlichen Zentrum* das, was das Gebet in Wirklichkeit umsetzt, das Christus an Seinen und »unseren« Vater gerichtet hat: »*ut omnes unum sint*«? Die Christen, die »gehört haben, mit ihren Augen gesehen haben, betrachtet haben, deren Hände betastet haben *was von Anfang an war*, nämlich das Wort des Lebens, müssen die Verantwortung spüren, das all denen zu verkündigen, die im Geist zur Gemeinschaft mit dem Vater und seinem Sohn Jesus Christus gerufen sind« (vgl. 1 Joh 1,1-3).

Aus dem Italienischen übersetzt von Karl Pichler

34 Vgl. *Coda*, Il Logos (Anm. 5), 62-72.
35 Vgl. *Alexander Hoffmann*, Kenosis im Werk Hans Urs von Balthasars und in der japanischen Kyoto-Schule. Ein Beitrag zum Dialog der Religionen, Bonn 2008.
36 *Joseph Ratzinger*, Glaube – Wahrheit – Toleranz. Das Christentum und die Weltreligionen, Freiburg i. Br. ³2004, 161.
37 *Coda*, Il Logos (Anm. 5), 63.
38 Vgl. *Di Pilato*, All'incontro (Anm. 2), 270-287.
39 *Dag Hammarskjöld*, Servant of Peace. A Selection of the Speeches and Statements of Dag Hammarskjöld, hg. von *T. S. Settel*, New York 1966, 160-161: »There is an ancient saying that the sense of a vessel is not in its shell but in the void. So it is with this room. It is for those who come here to fill the void with what they find in their center of stillness.«

Zusammenfassung
Christliche Theologie muss dazu anregen, die Vielfalt der Gottesbegegnungen auch außerhalb der Kirche und des Christentums zu entdecken, und dazu, im Nächsten, der nicht glaubt und doch auf seine Weise auf der Suche nach dem Göttlichen ist, jene unmittelbare »Nähe« zu suchen, die Jesus verkörpert. Anhand eines sich mit dem II. Vatikanum veränderten Offenbarungs- und Erfahrungsbegriffes sowie einer Theologie, die das kenotische Element wahrnimmt, wird das in diesem Artikel entfaltet, denn Gott hat das »letzte Wort«.

Abstract
Christian theology must encourage one to discover the diversity of the encounters with God, also those outside the church and apart from Christianity, and to seek in the neighbor who does not believe, but is still searching in his or her way for the divine that immediate »closeness« which Jesus embodies. On the basis of concepts of revelation and experience that changed with the Second Vatican Council and by means of a theology which is sensitive to the kenotic element, these ideas are developed in this article – because God has the »final say.«

Die säkularisierte Apokalyptik

Die Welt des Harry Potter und die Ängste der Gegenwart

von Joachim G. Piepke

1 Der beispiellose Erfolg eines Jugendbuches

Die Harry-Potter-Serie von Joanne K. Rowling[1] besteht aus sieben umfangreichen Bänden, die in den Jahren 1997 bis 2007 sukzessiv zuerst in Großbritannien erschienen und bis heute in 67 Sprachen übersetzt sind. Die ersten beiden Bücher verkauften sich zwar gut, doch erst der dritte Band der Reihe brachte den großen Durchbruch. Harry Potter war mit den 3 Bänden oben auf der Bestsellerliste der *New York Times* und hielt sich fast 10 Jahre lang auf den Bestsellerlisten. Das vierte Buch der Harry-Potter-Saga wurde im Jahr 2000 mit einer Startauflage von 1 Million Exemplaren in Großbritannien und einer Startauflage von 3,8 Millionen Exemplaren in den USA veröffentlicht. Im selben Jahr vergab die Autorin alle Vermarktungsrechte sowie die Filmrechte aller sieben Bände an die Film-Produktionsfirma Time Warner, die in den folgenden Jahren die Marke Harry Potter zu einem der erfolgreichsten Markenzeichen aller Zeiten ausbaute. Allein in den USA wurden über 150 Millionen Exemplare der sieben Bände gedruckt. In Deutschland sind über 30 Millionen Exemplare in deutscher Übersetzung verkauft worden. Weltweit spricht man von einem Verkauf von mehr als 500 Millionen Exemplaren, der die Autorin zur reichsten Frau Großbritanniens machte. Ihr Vermögen wird laut dem Wirtschaftsmagazin *Forbes* auf 1 Milliarde US-Dollar geschätzt.[2]

1 Joanne K[athleen] Rowling, geb. 1965 in Yate, Gloucestershire, studiert 1983-1987 Französisch und Altphilologie an der Universität Exeter, arbeitet kurz als Sekretärin in Manchester und geht 1991 als Englischlehrerin nach Portugal, wo sie die ersten Kapitel von »Harry Potter« ausarbeitet. Nach einer gescheiterten Ehe mit einem portugiesischen Journalisten kehrt sie 1993 mit ihrer kleinen Tochter Jessica nach Großbritannien zurück, wo sie in Edinburgh als Französischlehrerin Fuß fasst. 1996 vollendet sie das Buch und findet als Verleger Bloomsbury. 1997 erhält sie von dem Scottish Arts Council ein Stipendium für Kinderbuchautoren, im selben Jahr erscheint der 1. Band »Harry Potter and the Philosopher's Stone« in Großbritannien. 1998 erwirbt Warner Bros. die Vermarktungsrechte. Die Universität von Exeter verleiht ihr 2000 die Ehrendoktorwürde, 2001 folgt eine Einladung der Queen in den Buckingham Palast und der Kinostart des ersten Films. Im Dezember 2001 heiratet sie den schottischen Arzt Neil Murray. Mit ihm zusammen bekommt sie zwei weitere Kinder, den Sohn David Gordon (2003) und die Tochter Mackenzie Jean (2005). 2007 erscheint der 7. und letzte Band »Harry Potter and the Deathly Hallows«. (Vgl. dazu http://www.harrypotter-xperts.de/jkrowling/biography?sid=a75529caccb08907968040cb9c4c435b).

2 Vgl. dazu http://de.wikipedia.org/wiki/Harry_Potter; http://www.buecher-wiki.de/index.php/BuecherWiki/RowlingJoanneK.

Unter schriftstellerischen Aspekten werden die Bücher sehr unterschiedlich beurteilt. Generell wird das Opus in die Kinder- und Jugendliteratur eingeordnet, obwohl laut Auskunft des Buchhandels Zwei-Drittel der Leser Erwachsene sind, die die Bücher für sich selber erstanden haben. Stilelemente der Fantasy- und Kriminalliteratur sind miteinander verwoben, Pädagogen sprechen auch von der Gattung »Entwicklungsroman«, der Teil einer in Großbritannien weit verbreiteten Internatsliteratur ist. Englische Zeitungen wie die *Mail on Sunday* und *Sunday Times* stellten Joanne K. Rowling auf die literarische Stufe von Roald Dahl und C. S. Lewis, Stephen King sprach von »großer Einbildungskraft«.[3] Wilhelm Ruprecht Frieling bezeichnet die Serie in seiner Besprechung in der *Literaturzeitschrift* als ein Juwel der Abenteuer- und Unterhaltungsliteratur: »Es gibt in der Literaturgeschichte nur sehr wenige Autoren, die wie Joanne K. Rowling in der Lage waren, eine Heptalogie, so wird ein siebenteiliges Gesamtkunstwerk genannt, zu schaffen. [...] Rowlings Geschichte um Harry Potter führt vom elften zum siebzehnten Lebensjahr des Zauberschülers und nutzt dabei das Schuljahr als Zeitmaß. Es handelt sich um eine sorgfältig konstruierte Entwicklungsgeschichte in sieben Teilen, die von der ersten bis zur letzten Zeile knisternde Spannung garantiert. Hunderte handelnde Figuren sind sorgfältig ausgemalt und kunstvoll zueinander in Beziehung gesetzt. Bei vielen Charakteren wird erst in den allerletzten Augenblicken deutlich, auf welcher Seite sie tatsächlich stehen und aus welchen Motiven sie agieren. Bezüge zu Ereignissen in den verschiedenen Bänden werden sorgfältig hergestellt. Das Gesamtwerk ist eine Ode an den Zusammenhalt und die Freundschaft, und es macht auch dem Schwachen Mut, zu Grundsätzen zu stehen und das Böse abzuwehren. Schon unter diesem

3 Vgl. dazu http://de.wikipedia.org/wiki/Herry_Potter.

4 *Wilhelm Ruprecht Frieling*, Harry Potter total (Band I–VII) in drei magischen Minuten, in: http://www.literaturzeitschrift.de/rezension/lesen.php5?search_subcategories=yes&page=detail&id=277.

5 *Markwart Herzog*, Tod in Hogwarts? Thanatologische Bemerkungen zum Harry-Potter-Universum, in: Rheinisches Jahrbuch für Volkskunde 34 (2001/2002) 213-214.

6 http://de.wikipedia.org/wiki/Harry_Potter.

7 Der Titel der amerikanischen Ausgabe lautet nicht wie in Großbritannien »Harry Potter and the Philosopher's Stone«, sondern »Harry Potter and the Sorcerer's Stone«.

8 *Harold Bloom*, Dumbing down American readers, in: The Boston Globe 9/24/2003, hier: http://www.boston.com/news/globe/editorial_opinion/oped/articles/2003/09/24/dumbing_down_american_readers.

9 *Michael Ostling*, Harry Potter and the Disenchantment of the World, in: Journal of Contemporary Religion 18 (2003) 3-23 spricht von einer »Entzauberung« der Welt im Sinne von Max Weber, wenn Rowling das »Jenseits«, das »Magische«, das »unfassbare Böse« auf die Dimension des technisch Machbaren und Verstehbaren herunterholt. Ich halte dagegen, dass es nicht nur eine Entzauberung ist, sondern sich um eine, im religiösen Kontext gesprochen, Säkularisierung der Apokalyptik handelt.

10 Der Name *Voldemort* ist ein so genanntes Portmanteau-Wort (wörtl. Handkoffer-Wort), eine Zusammensetzung aus zwei oder mehreren Wörtern zu einem Neologismus. Die Interpretationen von *Voldemort* sind sehr verschieden: aus »vallée de la mort« (Tal des Todes), »vol de la mort« (Diebstahl des Todes) oder auch »volo mortem« (ich will den Tod). Am wahrscheinlichsten erscheint mir die Deutung von »vol de la mort«. Vgl. auch *Monika Hauf*, Die Marke »Harry Potter«. Eine Auslegung im Sinne von C. G. Jung – Ein Erfolg der Archetypen, Leipzig 2006, 14-17.

11 Vgl. auch die Inhaltsangabe in *Frieling*, Harry Potter total (Anm. 4).

Aspekt ist die siebenbändige Reihe um den Zauberschüler mit der Blitznarbe uneingeschränkt empfehlenswert. Hexenmeisterin Joanne K. Rowling, die das siebenköpfige Werk in ihrem heimischen Kessel gebraut hat, schuf ein Juwel der Abenteuer- und Unterhaltungsliteratur, das erhaben auf weiter Flur steht und weithin leuchtet. Jetzt endlich ist es möglich, die Heptalogie in einem einzigen, gewaltigen Rutsch zu lesen. Millionen Leser in aller Welt freuen sich darauf!«[4]

Man ordnet die Serie unter die bedeutende schriftstellerische Kunst ein, verleiht ihr den Titel »Manifestation des Absoluten« oder auch »Kunstreligion« oder sogar den Anspruch, den Beweis des Daseins Gottes aus der Populärkultur zu führen. Als Bestandteil der globalen Popkultur gehört Harry Potter gemeinsam mit Pokémon und den Teletubbies zu den »three hottest children's crazes in the United States«.[5]

Andererseits gibt es harsche Kritik am literarischen Stil und Inhalt der Potter-Serie. Der Filmkritiker Charles Tayler attestiert J. K. Rowling die Weltsicht eines Teenagers und bezeichnet das Werk als »Pop Trash, weit entfernt von der Komplexität der Kunst«. Antonia S. Byatt von der *New York Times* klassifiziert die Potter-Welt als »eine zweitklassige Patchwork-Welt, intelligent aus Motiven aller möglicher Kinderliteratur zusammengeschustert, geschrieben für Leute, der Vorstellungskraft sich aus Zeichentrickserien, Soaps, Reality-TV und VIP-Schwachsinn speist«.[6] Harold Bloom, Literaturkritiker und Professor an der Yale University, schrieb in der *Los Angeles Times*: »What's happening is part of a phenomenon I wrote about a couple of years ago when I was asked to comment on Rowling. I went to the Yale University bookstore and bought and read a copy of ›Harry Potter and the Sorcerer's Stone‹.[7] I suffered a great deal in the process. The writing was dreadful; the book was terrible. As I read, I noticed that every time a character went for a walk, the author wrote instead that the character ›stretched his legs‹. I began marking on the back of an envelope every time that phrase was repeated. I stopped only after I had marked the envelope several dozen times. I was incredulous. Rowling's mind is so governed by clichés and dead metaphors that she has no other style of writing.«[8]

2 Die Heptalogie

Um die Kernpunkte meiner Argumentation zu verstehen, dass es sich bei diesem literarischen Werk um eine säkularisierte Apokalyptik[9] oder eine Inkulturation religiöser Überlieferungen in einen säkularen Kontext handelt, muss man einen kurzen Überblick über den Inhalt der sieben Bände gewinnen. Die sieben Bände schildern die Ereignisse der sieben Schuljahre Harry Potters auf dem Zauberer-Internat Hogwarts in Schottland, wobei das letzte Jahr außerhalb der Schule auf der Flucht vor der Verhaftung durch das Zauberei-Ministerium und gleichzeitig auf der Suche nach den geheimnisvollen Spuren des großen Widersachers Lord Voldemort[10] abläuft.[11]

2.1 Harry Potter und der Stein der Weisen (Harry Potter and the Philosopher's Stone)

Harry Potter wird als einjähriges Waisenkind seiner Tante Petunia Dursley von Albus Dumbledore, dem Rektor der Zauberschule Hogwarts, und seinen Getreuen des Nachts auf die Türschwelle zusammen mit einem erklärenden Brief gelegt. Er soll in der bürgerlich-spießigen Familie in Little Whinging, Surrey, bis zu seinem elften Geburtstag aufwachsen. An diesem Tag erfährt er, dass er der Sohn eines Zaubererehepaars ist (seine Mutter Lily war die Schwester Petunias) und jetzt in die Schule der Zauberer aufgenommen werden soll. Die Dursleys hatten ihm seine Herkunft verschwiegen und versuchen mit allen Mitteln, ihm seine magische Zukunft zu verwehren.

Hagrid, Wildhüter und Schlüsselwart von Hogwarts, hilft Harry, in die Welt der Zauberei einzutauchen. Der Halbriese führt ihn in die Winkelgasse mitten in London, eine geheimnisvolle Einkaufsmeile für Magier, um Zauberstab, Zauberkessel und Schulbücher zu kaufen. Das Zauber-Internat Hogwarts erreicht Harry Potter mit einem geheimnisvollen Expresszug vom Gleis 9 ¾ des Londoner Bahnhofs Kings Cross, der auf magische Weise zwischen den Gleisen 9 und 10 zu erreichen ist. Normale Menschen, von den Zauberern Muggels[12] genannt, können diesen Zug nicht sehen und wissen auch nichts von der omnipräsenten Dimension der Zauberer.

Der Erstklässler wird von einem sprechenden Hut einem der vier Schulhäuser (Gryffindor, Hufflepuff, Ravenclaw und Slytherin) zugeteilt. Fasziniert macht er Bekanntschaft mit der geheimnisvollen Welt der Schule, seinen neuen Schulkameraden und mit Schulleiter Albus Dumbledore, einem der größten Zaubermeister. Er wird in verschiedenen Disziplinen der Zauberkunst unterrichtet und entwickelt sich zum Meister im »Quidditch«, einem magischen Ballspiel, das auf fliegenden Hexenbesen gespielt wird. Erstmals erfährt er, dass der schwarze Magier Lord Voldemort seine Eltern Lily und James ermordete, aber eigentlich ihn töten wollte. Zurück blieb eine blitzförmige Narbe auf seiner Stirn.

Harry und seine engsten Freunde aus dem Hause Gryffindor, Ron Weasley und Hermine Granger, verdächtigen den Professor für Zaubertränke, Severus Snape, den Stein der Weisen für Voldemort stehlen zu wollen. Dabei handelt es sich um einen Stein der Alchemie, dessen Elixier Reichtum und ewiges Leben spendet. Der Stein wird auf Anordnung des Schulleiters in einem geheimen Verließ von einem großen, dreiköpfigen Hund Fluffy bewacht.

Mit Hilfe eines einzigartigen Tarnumhangs, den Harry als Erbstück seines ermordeten Vaters erhält, gelingt es den drei Schülern, unbeschadet an Fluffy

12 Zusammengesetzt aus »mug« (Dummkopf) und »ugly« (hässlich). Vgl. *Hauf*, Die Marke »Harry Potter« (Anm. 10), 15.

vorbei zu kommen und verschiedene Rätsel zu lösen. Am Ziel trifft Harry allein auf Lord Voldemort, der sich als sein Todfeind entpuppt und im Körper des Lehrers Quirrell versteckt hält. Es beginnt ein Kampf auf Leben und Tod, wobei Harry überlebt und den Stein der Weisen vor Voldemort rettet. Voldemort, der keinen Körper besitzt und als Geistwesen existiert, muss unverrichteter Dinge das Feld räumen. Ohnmächtig auf Grund der Kraftanstrengung wird Harry von Dumbledore gerettet, der den Stein der Weisen zerstört.

2.2 Harry Potter und die Kammer des Schreckens (Harry Potter and the Chamber of Secrets)

Am Ende der Ferien bei den Dursleys erscheint der Hauself Dobby und versucht alles, um Harry Potter davon abzuhalten, rechtzeitig nach den Ferien wieder zum zweiten Schuljahr nach Hogwarts zu kommen, weil diesem dort Unheil drohe. Harry schafft es dennoch mit Hilfe von Ron und seinen Brüdern Fred und George, die ihm in einem fliegenden Auto zur Flucht aus dem Hause der Dursleys verhelfen, zu seiner geliebten Schule zu gelangen.

In Hogwarts vernimmt Harry plötzlich eine seltsam zischende Sprache: die Schlangensprache Parsel. Außerdem erfährt er von dem Gerücht, eine sagenumwobene »Kammer des Schreckens« sei geöffnet worden und ein grauenhaftes Etwas treibe sein Unwesen in den Gemäuern der ehrwürdigen Schule.

Bald kommt es zu plötzlichen Versteinerungen von Schülern. Sie erleben, dass Harry die Schlangensprache versteht und halten ihn deshalb für den Erben des Bösen, der die Kammer geöffnet hat und Unheil über Hogwarts bringen will. Die Schulleitung erwägt, das Institut zu schließen, um die Kinder in Sicherheit zu bringen. In einem von Hermine entdeckten Buch findet Harry einen Bericht über einen »Basilisk«. Dieser »König der Schlangen« verfügt über einen tödlichen Blick. Die versteinerten Schüler hatten das Glück, seinem Blick nur im Spiegel zu begegnen, weshalb sie nur versteinerten und später mit Heilkräutern wieder zu Leben erweckt werden.

Mit Hilfe der Schlangensprache gelingt es Harry, einen geheimen Gang zu öffnen, der tief unter das Schloss von Hogwarts führt. In einem tempelartigen Gewölbe erwartet ihn der Geist von Tom Vorlost Riddle, ein Anagramm von »Ist Lord Voldemort«, ein außerordentlich begabter früherer Zauberschüler von Hogwarts. Er gibt sich als Sohn einer Zauberin und eines Muggel-Menschen zu erkennen. Weil sein Vater die Mutter noch vor seiner Geburt verließ, hasst er die Muggel-Menschen und will alle Mischlinge aus der Zauberwelt ausrotten. Er ist der Mörder von Harrys Eltern. Der Anschlag auf das Leben Harrys als Kleinkind verursachte den Verlust seiner Körperlichkeit. Da seine bisherigen Mordanschläge auf den ebenfalls Muggel stämmigen Harry Potter misslangen, erkennt Voldemort in ihm seinen gefährlichsten Widersacher.

Tom Riddle alias Voldemort materialisiert währenddessen zusehends seinen Körper mit Hilfe der Lebenskraft, die er aus dem schwindenden Leben Ginny Weasleys saugt, die leblos auf dem Boden der Kammer liegt. Ginny war durch Zufall ein mit schwarzer Magie geladenes Tagebuch Tom Riddles in die Hände gefallen, in das sie ihre eigenen Eintragungen tätigte und somit unbewusst der magischen Macht Voldemorts verfiel. Er lockte sie in die Kammer des Schreckens, um sich mit ihrer Hilfe zu einem neuen Körper zu verhelfen.

Mit Hilfe der Schlangensprache ruft der Dunkle Lord den Basilisk zur Hilfe, um Harry zu erledigen. Plötzlich erscheint Dumbledores Phönix Fawkes, welcher der Bestie die Augen aushackt. Fawkes hat den Sprechenden Hut mitgebracht, aus dem Harry das Gryffindor-Schwert zieht, mit dem er den Basilisk erschlägt. Das magische Tagebuch Tom Riddles, das einen Teil seiner Seele enthält, wird von Harry durch den ausgebrochenen Giftzahn des Basilisken durchbohrt. Im selben Augenblick verliert Voldemort seine materielle Erscheinungsform und löst sich in einem Schmerzensschrei in Luft auf. Ginny erwacht aus ihrer Leblosigkeit und kehrt zum Leben zurück.

2.3 Harry Potter und der Gefangene von Askaban (Harry Potter and the Prisoner of Azkaban)

Aus dem von Dementoren[13] bewachten Zaubereigefängnis Askaban, ist der angeblich höchst gefährliche schwarze Magier Sirius Black ausgebrochen. Das Zaubereiministerium hält es für möglich, dass Black, der beschuldigt wird, Harrys Eltern an Lord Voldemort verraten zu haben, auch Harry töten will und verschärft die Sicherheitsvorkehrungen durch so genannte Dementoren rund um Hogwarts, wo Harry sein drittes Schuljahr antreten soll.

Sirius trifft auf Harry und öffnet ihm die Augen, dass er unberechtigt in Askaban eingekerkert war. Tatsächlich ist er Harrys Pate und beschützt ihn seit dem Tod seiner Eltern. Eingekerkert auf Hogwarts, verhelfen Harry und Hermine dem Häftling auf Hagrids Hippogreif[14] Seidenschnabel zur Flucht.

2.4 Harry Potter und der Feuerkelch (Harry Potter and the Goblet of Fire)

Das vierte Schuljahr beginnt für Harry sportlich: Er wird zu den internationalen Quidditch-Meisterschaften eingeladen, bei denen sich Zauberschüler aus verschiedenen Ländern messen. Nach dem Spiel erscheint des Nachts am Himmel das »Dunkle Mal«, ein Totenkopf aus leuchtenden Smaragden und einem Mund, aus dem sich eine Schlange herauswindet, das Mal des Dunklen Lord Voldemorts. Seine Anhänger, die »Todesser« machen Jagd auf Zaubermischlinge, so genannte »Schlammblüter« (mudbloods) und bringen sie um.

In Hogwarts findet das Trimagische Turnier statt, ein Wettstreit zwischen drei internationalen Zauberschulen, für die je ein volljähriger Champion antreten darf. Die Auswahl trifft der Feuerkelch, der zu guter Letzt auch Harry gegen die Regeln als Vierten auswählt, obwohl er mit 14 Jahren noch zu jung dafür ist. Die erste Prüfung besteht darin, ein goldenes Ei aus dem Nest eines echten Drachens zu stehlen. In der zweiten Aufgabe müssen die Kandidaten stundenlang im See tauchen, um dabei eine lieb gewordene Person zu retten. Schließlich werden in der dritten Aufgabe die Zauberlehrlinge in einen verwunschenen Irrgarten geführt, in dessen Mitte sie den trimagischen Pokal an sich nehmen müssen.

Dieser Pokal erweist sich indes als verzauberter Portschlüssel (portkey)[15], der die beiden Jungen von Hogwarts, die ihn als erste erreichen, auf einen düsteren Friedhof entführt. Cedric, Harrys Teamfreund, wird sofort von Voldemorts Assistenten Wurmschwanz getötet. Harry wird an das Grab des Vaters Riddle gefesselt und erlebt die Wiederauferstehung von Lord Voldemort im Kreis seiner getreuen Todesser: Mit Hilfe von Harrys Blut, einem Arm von Wurmschwanz und Knochen des toten Vaters ersteht in einem Kessel ein Gebräu, aus dem der Dunkle Lord mit einem neuen Körper hervorgeht. Vor den versammelten Todessern fordert Voldemort Harry zum Duell mit den Zauberstäben heraus, das unerwarteter Weise mit dem Sieg Harrys endet, der den Pokal zusammen mit der Leiche Cedrics zu fassen bekommt und damit zurück zum Schulgelände gelangt. Der Zaubereiminister Fudge hält Harry für einen Schwindler, Dumbledore jedoch glaubt dem Bericht Harrys von der Rückkehr Voldemorts und trifft Maßnahmen zum Schutz der Schule.

2.5 Harry Potter und der Orden des Phönix (Harry Potter and the Order of the Phoenix)

Harry lernt ein für normale Menschen unsichtbares Haus seines Paten Sirius Black kennen, in dem sich die im Orden des Phönix organisierten Gegner Voldemorts treffen. In Hogwarts wird Dolores Umbridge, eine getreue Anhängerin Voldemorts, Lehrerin für die Verteidigung gegen die schwarze Magie und Großinquisitorin im Auftrag des Ministeriums, das allmählich von Voldemorts Todessern unterwandert wird. Eine Gruppe von Schülern unter Leitung von Hermine gründet als Gegenmaßnahme die geheime »Armee

13 Dementoren sind Geistwesen im Dienst des Ministeriums, die Wächter des Gefängnisses sind und die Seele von durch das Gesetz Verfolgten aussaugen können, sodass eine Körperhülle ohne Personalität, Empfindungen und Erinnerungen zurück bleibt.

14 Ein magisches Tier, zusammengesetzt aus einem Pferdekörper und Greifflügeln.

15 Ein Portschlüssel kann jeder Gegenstand oder Ort sein, der auf magische Weise zum Anfang einer unsichtbaren Reise durch die Lüfte wird. Auf diese Weise (das so genannte Apparieren oder Desapparieren) können die Zauberer sich blitzschnell von einem Ort zu einem anderen bewegen.

Dumbledores«. Voldemorts Bewusstsein offenbart sich immer häufiger in Harrys Bewusstsein, sodass Harry Voldemorts Vorgehen zur Machtergreifung in Träumen und Visionen hautnah miterlebt. Dumbledore wird als Schulleiter durch Umbridge ersetzt und muss fliehen. Harry und seine Freunde locken Umbridge in den verbotenen Wald, wo sie von Zentauren verschleppt wird.

Harry glaubt Sirius im Verwahrsam des Ministeriums und dringt mit seinen Freunden dort ein. Es stellt sich als eine Falle heraus, in die sie die Todesser gelockt haben, um mit Hilfe von Harry an die im Archiv des Ministeriums aufbewahrte Prophezeiung über Voldemort in die Hände zu bekommen. Bei dem entstehenden Kampf zerbricht die Flasche mit der Prophezeiung, die Prophezeiung geht verloren und Sirius findet den Tod.

2.6 Harry Potter und der Halbblutprinz (Harry Potter and the Half-Blood Prince)

Das Zaubereiministerium informiert den britischen Premierminister über die sich durch die Rückkehr Voldemorts zuspitzende Lage des Landes. Es finden Massenausbrüche von Todessern aus Askaban statt, Muggel-Menschen werden massenweise ermordet. Die Muggel-Öffentlichkeit schreibt diese schrecklichen Ereignisse Naturkatastrophen zu. Professor Snape offenbart sich als Todesser des engeren Kreises um Voldemort und ist zusammen mit Draco Malfoy, einem Mitschüler Harrys, am Mordplan an Dumbledore durch einen Todesschwur kompromittiert. Die Sicherheitsvorkehrungen in Hogwarts werden verstärkt, da man einen direkten Angriff Voldemorts befürchtet. Harry entdeckt in einem geheimnisvollen Zauberbuch, das einem ominösen Halbblutprinzen, der sich später als Snape in seinen Schuljahren entpuppt, gehörte, Rezepte für Zaubertränke, die sein Wissen enorm erweitern.

Voldemort hat seine Getreuen nach Hogwarts eingeschleust. Harry verdächtigt Draco Malfoy und den unheimlichen Professor Snape, für Voldemort tätig zu sein, doch keiner will seinen Beobachtungen Glauben schenken. Durch konservierte Erinnerungen im Denkarium[16] Dumbledores erfährt Harry von der Vergangenheit der Familie und Jugend Voldemorts, der sich als Tom Riddle danach sehnte, an Hogwarts zu unterrichten, aber zweimal von der Schulleitung abgelehnt wurde.

16 Das Denkarium im Zimmer Dumbledores ist ein Becken, in das eine silbrige Flüssigkeit eingefüllt werden kann, in der das Gedächtnis verschiedener Personen gespeichert ist. Der Benutzer taucht seinen Kopf in die Flüssigkeit und erlebt die vergangenen Ereignisse wie in einem Film vor sich ablaufen.

17 Der Snitch ist der Spielball beim Quidditch-Spiel. Durch einen besonderen Zauber kann er geöffnet werden und seinen Inhalt preisgeben. Harry findet zunächst keinen Weg, den Snitch zu öffnen, bis er kurz vor seinem Todesgang das dunkle Rätsel lösen kann und mit Hilfe des Steins seine Eltern, Sirius Black und Remus Lupin aus dem Tod zurückholt und diese ihn beschützend zu Voldemort begleiten.

Harry erfährt den Wortlaut der Prophezeiung Sibyll Trelawneys, in der geweissagt wird, dass beide, er und Voldemort, durch die Hand des anderen sterben müssen. Er beginnt auch zu verstehen, worauf Voldemorts Unsterblichkeit gründet: der Dunkle Lord hat durch Morde seine Seele in sieben Teile gespalten und diese als Horkruxe an verborgenen Orten deponiert. Ein Horkrux teilt er ungewollt mit der Seele Harrys, ein zweites war das Tagebuch Tom Riddles, das Harry in der Kammer des Schreckens vernichtet hat. Ein drittes war im Ring von Riddles Großvater Vorlost Gaunt verborgen, ein Erbstück von Salazar Slytherin. Dumbledore zerbrach den Ring, wobei er sich einen Todesfluch zuzog. Das vierte steckt in einem verlorenen Medaillon, das fünfte ist der verschwundene Siegespokal von Hufflepuff und das sechste Voldemorts Schlange Nagini. Das siebte stellt sich später als das Diadem der Schulgründerin Rowena Ravenclaw heraus. Gemeinsam mit Dumbledore findet Harry das Medaillon, das sich aber als Fälschung herausstellt. Auf der Rückkehr nach Hogwarts sehen beide das Dunkle Mal Voldemorts über dem Schloss schweben, das Zeichen dafür, dass die Endscheidungsschlacht zwischen dem Orden des Phönix und den Todessern bereits begonnen hat. Dumbledore, bereits durch den Gifttrank Voldemorts geschwächt, wird von Professor Snape getötet. Zwar trägt der Orden des Phönix noch einmal den Sieg davon, Snape und Draco Malfoy jedoch können entkommen.

2.7 Harry Potter und die Heiligtümer des Todes (Harry Potter and the Deathly Hallows)

Harry feiert seinen 17. Geburtstag und wird volljährig. Damit ist er vor den Verfolgungen seiner Feinde, die von Lord Voldemort beauftragt wurden, ihn lebend zu fangen, nicht mehr sicher. Harry, Ron und Hermine kehren nicht zum letzten Schuljahr nach Hogwarts zurück, denn sie stehen auf der Liste der am meist Gesuchten durch das Ministerium, das inzwischen ganz von Voldemorts Getreuen beherrscht wird. Stattdessen machen sich die Drei auf die Suche nach den verbliebenen Horkruxen, um Voldemort endgültig zu töten. Aus dem Erbe Dumbledores erhalten sie drei magische Gegenstände, die ihnen zunächst mehr Rätsel aufgeben als Fingerzeige zur Lösung bereitstellen.

Hermine gelingt es, auf die Spur der »Heiligtümer des Todes« (gemeint sind die drei legendären heiligen Werkzeuge des Todes) zu kommen: Es handelt sich um Harrys Tarnumhang, den Stein der Auferstehung, der im durch Dumbledore vererbten Snitch[17] verborgen ist und den mächtigsten Zauberstab der Welt aus Holunderholz, der verloren gegangen scheint. Auf der sich nun entwickelnden abenteuerlichen Hetzjagd kommt es mehrfach zu tödlichen Begegnungen zwischen den verfeindeten Parteien. Harry verliert mehr als ein Dutzend seiner treuesten Freunde und Begleiter, kann aber das echte Medaillon und den Hufflepuff-Pokal an sich bringen und vernichten. Voldemort erkennt, dass Dumbledores Zauberstab der gesuchte magische Stab aller Zeiten war, öffnet sein Grab und bemächtigt sich des unschlagbaren Instruments.

Da Harry das letzte verborgene Horkrux in Hogwarts vermutet, kehren die Drei heimlich in die Schule zurück, die inzwischen von Todessern des Ministeriums geleitet wird. Es gelingt ihm, das Horkrux als das Diadem Ravenclaws zu identifizieren und zu zerstören. Inzwischen hat Voldemort Kenntnis von der Anwesenheit Harrys auf Hogwarts erhalten und beginnt die Belagerung des Schlosses, um Harry töten zu können. Bei der Übermacht der Todesser wird die Unterlegenheit der Phönix-Kämpfer immer ersichtlicher. Voldemort bietet einen Waffenstillstand an mit dem Ultimatum, Harry bis Mitternacht auszuliefern. Harry sieht keinen anderen Ausweg, als sich selbst dem Tod auszuliefern, und macht sich unter seinem Tarnumhang auf den Weg in den verbotenen Wald, um Voldemort zu treffen. Beim Aufeinandertreffen der beiden lässt Harry sich vom Zauberstab Voldemorts überwältigen und fällt scheintot zu Boden. In der Phase der Bewusstlosigkeit trifft er im Jenseits auf Dumbledore, der ihm die letzten verborgenen Zusammenhänge von Voldemort und seinem Streben nach Unsterblichkeit erhellt. Zurück in dieser Welt, wird Harry von Voldemort für tot gehalten und nach Hogwarts gebracht, wo sein scheinbar lebloser Körper für Entsetzen sorgt. Seinem Schulfreund Neville Longbottom gelingt es, im Angesicht Voldemorts Nagini den Kopf mit dem Gryffindor-Schwert abzuschlagen, wodurch das letzte Horkrux zerstört ist. Harry gibt sich als lebendig zu erkennen und steht Voldemort gegenüber. Voldemorts Todesfluch gegen Harry fällt auf ihn selber zurück und tötet den Dunklen Lord für immer.

Das Ende der Heptalogie schildert 11 Jahre später die Abreise der Kinder Harrys und Ginnys sowie Rons und Hermines von Gleis 9 ¾ nach Hogwarts. Die Welt ist durch die Liebe vor ihrem Untergang gerettet.

3 Das Weltbild der Apokalyptik[18]

Die Harry-Potter-Bücher durchziehen apokalyptische Motive und Elemente, die mythologisch-religiösen Ursprungs sind. Seit Menschengedenken beschäftigen sich die Völker der Welt mit dem Phänomen des Bösen, das nicht die Oberhand gewinnen darf, selbst wenn es den Anschein hat, es übersteige die Macht des Menschen, seiner Herr zu werden. So wird es in eine jenseitige Welt projiziert, in der es, den Göttern ähnlich, die Macht der guten Götter herausfordert. Der Kampf gegen das Böse wird damit zu einer transzendenten und transhistorischen Machtprobe, die schließlich von der guten Seite entschieden wird.

3.1 Die apokalyptische Literatur

Die Anfänge des apokalyptischen Denkens liegen im antiken Vorderen Orient und beschreiben den Endkampf, in dem ein guter Gott die Mächte des Chaos besiegt. Oftmals damit verbunden ist die Erschaffung der Welt wie im babylonischen *Enuma Elisch*, in dem der Schöpfergott Marduk das Urmonster Tiamat besiegt und tötet, oder in der kanaanitischen Tradition, in der der Fruchtbarkeitsgott Baal das Seeungeheuer Yamm besiegt. Persien erweist sich als das Zentrum apokalyptischen Denkens, wo im Zoroastrismus die Grundzüge der späteren jüdischen Apokalyptik gelegt sind. Dem universalen und transzendenten Schöpfergott Mazda steht die Antithese des Chaos gegenüber, die Falschheit und Unordnung bedeutet. Der Konflikt zwischen den beiden schließt das ganze kosmische Geschehen ein. Am Ende der Zeiten wird Mazda über das Böse, personalisiert in Ahriman, siegen und der ganze Kosmos wird sich in der Figur des Heilbringers Sōšans erneuern, sodass selbst die Toten auferstehen und sich mit Mazda vereinigen. Die Geschichte ist eingeteilt in neun verschiedene Äonen, die in drei mal drei tausend Jahren aufeinander folgen.[19]

Der Beginn der klassischen jüdischen Apokalyptik findet sich im Buch Daniel 7-12 (2. Jh. v. Chr.). Der Prophet vertritt eine gesellschaftliche Minderheit, die von der Tempelpartei und den Kollaborateuren mit ausländischen Mächten unterdrückt wird. Die messianischen Verheißungen Jahwes können in dieser bestehenden Weltordnung nicht mehr verwirklicht werden. Man erwartet passiv das Eingreifen Jahwes. Typologisch wird in Kapitel 7 die Struktur des apokalyptischen Weltbilds dargelegt: (1) Gottes Heilsplan gerät durch vier feindliche Wesen in Gefahr, (2) Gott der Hochbetagte in weißem Gewand und mit Haaren wie Wolle, Feuer speiend, sitzt auf feurigem Thron und vernichtet seine Feinde in einem Feuerstrom, (3) der Menschensohn siegt wie Baal auf den Wolken kommend und errichtet die Herrschaft und das Königtum Gottes, (4) der heilige Rest der Gläubigen erhält das Königtum auf ewig. Die Beziehung zur weltlichen Realität wird in Anlehnung an die weit verbreitete Vorstellung von verschiedenen, aufeinander folgenden Weltreichen hergestellt. In Dan 10-12 werden die vier feindlichen Wesen mit vier geschichtlichen Weltreichen identifiziert: Babylon, Medien, Persien und Griechenland. Sie dienen als Zeichen für die Gläubigen, den Zeitpunkt für Gottes Eingreifen zu offenbaren, denn nicht der Machtkampf

18 Vgl. dazu *Paul D. Hanson*, Alttestamentliche Apokalyptik in neuer Sicht, in: *Klaus Koch/Johann Michael Schmidt* (Hg.), Apokalyptik, Darmstadt 1971, 440-470; *Anton Vögtle*, Das Buch mit den sieben Siegeln. Die Offenbarung des Johannes in Auswahl gedeutet, Freiburg 1981.

19 Vgl. *John J. Collins*, Apocalypse, in: *Lindsay Jones* (Ed.), Encyclopedia of Religion, Vol. 1, Detroit ²2005, 411.

der irdischen Reiche ist für den Endsieg Gottes entscheidend, sondern der der transzendenten, kosmischen Mächte. Der Kampf entscheidet sich also nicht in der irdischen Realität, sondern in der jenseitigen, dem Menschen nicht wahrnehmbaren Ebene des Überirdischen. Die Turbulenzen in der irdischen Welt sind nur Abbilder der eigentlichen Entscheidungsschlacht in der jenseitigen Welt.

Im *vaticinium ex eventu* (Weissagung eines Ereignisses, nachdem es bereits geschehen ist) werden die vier Tiere als die bereits untergegangenen Reiche Babylon und Medien sowie der Niedergang der Königreiche Antiochos III. und Antiochos Epiphanes als endzeitliche Ereignisse gedeutet. Denn jetzt übernimmt der Erzengel Michael den Kampf auf der kosmischen Ebene, um Gottes Heilsplan zum endgültigen Sieg zu verhelfen. Die der mythologischen Weltanschauung typische Machtlosigkeit des Menschen gegenüber dem unveränderlichen kosmischen Gesetz des Kampfes zwischen Gut und Böse hat auch in dieser biblischen Schrift Einzug gehalten. So kann Hanson sagen: »Diese Welt-Müdigkeit ist das Kennzeichen noch jeder apokalyptischen Bewegung gewesen.«[20]

Die neutestamentliche Offenbarung des Johannes übernimmt die apokalyptischen Mythologeme der Zeit und wendet sie auf die geschichtliche Situation der christlichen Gemeinde an: Das Buch mit den sieben Siegeln offenbart sieben Plagen (Kriege, Hungersnot, Erdbeben); der kleine Rest (144.000) und eine große Schar aus allen Nationen werden gerettet; es folgen sieben Posaunen mit weiteren sieben Plagen; der Prophet kämpft gegen das Tier; die schwangere Frau wird von einem siebenköpfigen Drachen verfolgt, der ihr Kind töten will; der Drache gibt seine Macht an das Tier mit sieben Häuptern und zehn Hörnern weiter, sein Name wird durch die Zahl 666 angedeutet (man darf den Namen nicht aussprechen, ohne sich in Lebensgefahr zu begeben); das Gericht mit dem Menschensohn auf einer weißen Wolke wird angekündigt; weitere sieben Plagen in den sieben Schalen des Zornes Gottes folgen; zuletzt fällt die Hure Babylon (= Rom); es folgen der Endsieg des weißen Reiters über das Tier, der Endsieg über Satan und das Gericht über alle Toten; am Ende steht das Neue Jerusalem, der Neue Himmel und die Neue Erde.[21]

20 *Hanson*, Alttestamentliche Apokalyptik (Anm. 18), 469. Im Einzelnen wird diese Thematik in außerbiblischen Werken behandelt: Äthiopischer Henoch (um 150 v. Chr.), bekannt durch seinen Mythos von der Entstehung des Bösen durch die Begierde der gefallenen Engel zu den Menschentöchtern und der so genannten ehnwochenapokalypse; Slawischer Henoch (um 70 n. Chr.) und Hebräischer Henoch (100-300 n. Chr.); Das Jubiläenbuch (um 150 v. Chr.), benannt nach der Einteilung der geschichtlichen Äonen von 49/50 Jahren in Anlehnung an die Periode der Jubeljahre in Lev 25,8-31, dessen Autor ein allmähliches Kommen des messianischen Reiches bis zur Erreichung des Menschenalters von 1.000 Jahren erwartet; Die Testamente der Zwölf Patriarchen (Qumran-Zeit mit christlichen Einschüben); Ermahnung der Zwölf Söhne Jakobs (1. Jh. v. Chr.) an ihre Kinder, in denen besonders die Gestalt Beliars oder Belials an Bedeutung gewinnt als Widersacher des Messias (starker Einfluss des persischen Dualismus); Die Zwölf Bücher der Sibyllinen (150 v. Chr.-150 n. Chr.), die nach einem alles vernichtenden Krieg die Errichtung des messianischen Reiches in Jerusalem voraussagen; Die Psalmen Salomos (um 50 n. Chr.), deren 17. Psalm ein national-messianisches Reich erwartet; Die Damaskusschrift oder das Buch Sadoks (um 150 v. Chr.), das ein messianisches Reich mit einem Vorläufer von 40 Jahren erwartet; Die Schriften von Qumran (170-120 v. Chr.), in denen

3.2 Sinngehalt der apokalyptischen Literatur

Sitz im Leben der Apokalyptik ist die Situation des Zusammenbruchs eines traditionell gefestigten Weltbildes und Wertekanons, in der die überlieferten Normen keinen Halt und keine Heilszusage mehr garantieren. Die Weltanschauung tendiert zu einem grundsätzlichen Pessimismus hinsichtlich der Fähigkeiten des Menschen, seine Welt heil zu gestalten, und lässt übernatürliche Mächte an seine Stelle treten, die mit kosmischer Macht die Unheilsgeschichte der Menschheit zu einem guten Ende bringen. »Prophetische Eschatologie wird zu Apokalyptik, sobald die Aufgabe, die kosmische Vision in die Kategorien irdischer Realität zu übersetzen, nicht mehr wahrgenommen wird.«[22] Das gilt für die jüdische Apokalyptik der ersten zweihundert Jahre vor Christus bis Philo von Alexandrien und die folgenden Jahrhunderte bis zur Gegenwart. Die jüdische Apokalyptik greift auf mythische Überlieferungen des Vorderen Orients zurück, die das göttliche Handeln in der Welt in den ewigen Zyklen des Kosmos ansiedeln und diese lebenserhaltenden Zyklen im Kulthandeln des Menschen symbolisch nachvollziehen, um sie als Leben stabilisierende Elemente zu erhalten.

3.2.1 Zwei Welten im Kosmos

Die Apokalyptik geht von einer Zweiteilung der kosmischen Realität aus: Auf der einen Seite gibt es die für den Menschen erfahrbare Welt, die aus sich heraus nicht heilsfähig ist; auf der anderen Seite steht die transzendente Welt mit einem Gott des Guten und einem Geist des Bösen, in der Heil und Unheil beider Welten entschieden wird. Die Geschichte der Welt wird in vier, sieben, zehn oder zwölf Epochen eingeteilt, je nach dem Geschichtsbild, das der Autor entwickelt. Die Menschen können sich in dieser Geschichte so weit von Gott und seinem Heilsplan entfernen wie sie wollen, das Ende ist dennoch von Gott festgesetzt. Die Zunahme der Bedrängnis auf Erden und die Zahl der Gräuel ist ein Indiz für die Nähe des Endes. Je mehr sich die Menschheit von Gott ent-

der Lehrer der Gerechtigkeit das messianische Reich mit 40 Jahren Karenz ankündigt. Die apokalyptische Literatur im 1. Jh. n. Chr. beeinflusste maßgebend auch das Neue Testament: Die Himmelfahrt des Mose, in der ein überirdisches Reich Gottes in der jetzt anbrechenden Endzeit verkündet wird; Das Leben Adam und Evas, das den Anbruch eines Goldenen Zeitalters verheißt; Das 4. Buch Esra, das in sieben Visionen die Vorzeichen / Gräuel des Endes, die Versiegelung der vergehenden Welt, das Öffnen des Gerichtsbuches, das Erschallen der Posaune, das Erscheinen des Neuen Jerusalems, das Kommen des Menschensohns, die um das zerstörte Jerusalem trauernde Frau und ihre Verwandlung in eine strahlende Frau schildert; Die Apokalypse des Baruch (mit vielen Parallelen zu 4 Esra); Die Himmelfahrt des Jesaia, die das Kommen Christi und den Sieg der christlichen Gemeinde Jesaia in den Mund legt, während Beliar in der Gestalt Neros verkörpert auftritt; Die Apokalypse Abrahams, die in der Vision Abrahams die Zerstörung Jerusalems, das kommende Gericht und das Anbrechen des Zeitalters der Gerechtigkeit sieht; Das Testament Abrahams, das eine individuelle Eschatologie entwickelt.

21 Man darf auch nicht die gnostischen Einflüsse auf die Johannes-Offenbarung außer Acht lassen. Vgl. dazu *Collins*, Apocalypse (Anm. 19), 412.

22 *Hanson*, Alttestamentliche Apokalyptik, 440 (Anm. 17).

fernt, umso schneller beschleunigt sie das Kommen des Endes. Das Geschichtsbild ist nicht im menschlichen Handeln teleologisch auf das Kommen des Heils oder des Gottesreiches bezogen, sondern überlässt grundsätzlich die Welt und ihre Geschichte der Herrschaft Satans oder des Antichristen.

3.2.2 Das Böse ist transhistorisch

Das Böse, das in der Welt herrscht, übersteigt die Kapazität eines einzelnen Menschen, einer Gruppe von Menschen oder einer Geschichtsepoche. Es ist immer gegenwärtig, wirksam und übermächtig, daher transhistorisch und transzendent. Das Böse erhält einen konkreten Namen wie Beliar, Satan, Mastema, Azazel, Diabolos oder Teufel, böse Geistwesen, die Gott fast ebenbürtig sind und ihn auf der Ebene der Transzendenz herausfordern können. Der endgültige Sturz dieser Persönlichkeiten wird auch das absolute Ende des Bösen in der Welt sein. Und wie das Böse transhistorisch ist, so ist auch das Leid und die Gewalt gegen den Gerechten in dieser Welt transhistorisch, d.h. sie durchziehen immer gegenwärtig die Geschichte und werden erst am Ende der Geschichte in Auferstehung verwandelt.

3.2.3 Der Endsieg Gottes ist nahe, aber kommt nicht

Die Naherwartung, die aller Apokalyptik eigen ist, hat sich geschichtlich noch niemals erfüllt. Spätere Epochen haben immer wieder versucht, die Prophezeiungen früherer Zeiten in ihre eigene Zeit umzudeuten, sodass die Gestalt des Antichristen alle Geschichtsepochen von Nero bis hin zu Hitler, Stalin, dem Kommunismus oder dem Islamismus beherrscht.

3.2.4 Der kleine Rest der Gläubigen muss sich bewähren

Die Apokalyptik verfolgt ein paränetisches Ziel. Sie ermuntert in der Zeit der Bedrängnis zu Glauben und Treue. Das irdische Leben als Kampfarena zielt nicht auf eine Verbesserung der Menschen oder eine Heimholung der Welt zu Gott ab, sondern wird als eine Situation der Bewährung in der Bedrängnis gesehen. Der verheißene Lohn dafür ist der Neue Himmel und die Neue Erde.

3.2.5 Am Ende steht Gottes Gericht

Das Ende der Geschichte ist gleichzeitig ihr Gerichtstag. Der Mensch wird Rechenschaft über sein irdisches Leben geben müssen. Gott erscheint nicht als der barmherzige und verzeihende Vater, sondern als der Gott der Rechtsprechung, der jeden nach seinen Taten richtet. Wie die Getreuen mit Zuversicht auf ihren ewigen Lohn, das ewige Leben hoffen können, so sicher werden die Bösen für immer aus dem Leben getilgt.

4 Die in doppeltem Sinn säkularisierte Apokalyptik in Harry Potters Welt

Vielleicht scheint es auf den ersten Blick etwas abwegig, Apokalyptik mit Säkularisierung in Verbindung zu setzen. In J. K. Rowlings Welt jedoch scheinen alle apokalyptischen Mythologeme in einer Welt auf, in der Gott nicht vorkommt. Es gibt auf Hogwarts keine Kirche, keine Gebetsstätten, keine sakralen Handlungen, keine religiösen Unterweisungen oder Fingerzeige. Weihnachten, Ostern und Halloween besitzen nicht den leisesten Hinweis auf einen religiösen Hintergrund. Nur in der Welt der Muggel-Menschen, der rückständigen und ahnungslosen Masse der der Zauberwelt Ausgelieferten, gibt es eine Kirche und eine Weihnachtsliturgie, die Harry und Hermine als Außenseiter dieser religiösen Betätigung beiläufig zur Kenntnis nehmen, weil hinter der Kirche der Friedhof liegt, auf dem sie die Eltern Harrys suchen: »Verschiedene Läden, eine Post, ein Pub und eine kleine Kirche gab es hier, deren bunte Glasfenster hell wie Edelsteine quer über den Platz leuchteten. [...] Sie hörten Fetzen von Gelächter und Popmusik, als die Gasthaustür sich öffnete und schloss; dann hörten sie ein Weihnachtslied in der kleinen Kirche anheben. ›Harry, ich glaube, es ist Heilig Abend!‹ sagte Hermine. ›Wirklich?‹ Er hatte die Zählung der Tage längst verloren; sie hatten für Wochen keine Zeitung gesehen. ›Ich bin sicher, es ist Heilig Abend‹, sagte Hermine, ihre Augen auf die Kirche gerichtet. ›Sie ... sie werden dort drin sein, oder? Deine Mutter und dein Vater? Ich kann den Friedhof dahinter sehen.‹ [...] Der Gesang wurde lauter, als sie sich der Kirche näherten. Es schnürte Harry die Kehle zu, es erinnerte ihn so mächtig an Hogwarts, an Peeves[23] rauhes Grölen von Weihnachtsliedern in einer Ritterrüstung, an die zwölf großen Weihnachtsbäume in der Großen Halle, an Dumbledore mit einer Kappe, die er in einem Knallbonbon gewonnen hatte, an Ron in einem handgestrickten Pullover ... [...] Der Grabstein war nur zwei Reihen hinter Kendras und Arianas Grabstein. Er war aus weißem Marmor, genau wie Dumbledores Grab, und so war es einfach, die Inschrift zu lesen, denn sie schien in der Dunkelheit zu leuchten. Harry musste sich nicht hinknien oder ganz nahe an den Stein rangehen, um die Worte auszumachen, die dort eingemeißelt waren.

James Potter, geboren am 27. März 1960, gestorben am 31. Oktober 1981.
Lily Potter, geboren am 30. Januar 1960, gestorben am 31. Oktober 1981.
Der letzte Feind, der vernichtet wird, ist der Tod.

Harry las die Worte langsam, so als ob er nur eine einzige Chance hätte, ihre Bedeutung in sich aufzunehmen, und er las den letzten Satz laut. ›Der letzte Feind, der vernichtet wird, ist der Tod‹ ... Und ein schrecklicher Gedanke be-

23 *Peeves* ist ein Hausgeist in Hogwarts, der öfters Schabernack treibt.

schlich ihn, mit einer Art von Panik. ›Ist das nicht ein Gedanke der Todesser? Warum steht er hier?‹ ›Es meint nicht, den Tod zu besiegen wie es die Todesser meinen, Harry‹, sagte Hermine mit sanfter Stimme. ›Es meint … du weißt … leben über den Tod hinaus. Leben nach dem Tod.‹ Aber da war kein Leben, dachte Harry: sie waren gegangen. Die leeren Worte konnten nicht die Tatsache verschleiern, dass die vermodernden Überreste seiner Eltern unter Schnee und Stein lagen, indifferent, nichts wissend …«[24]

4.1 Die zwei Welten in Harry Potters Universum

Harry Potters Welt ist zweigeteilt: Es gib die Welt der Muggel-Menschen, das ganz normale alltägliche Treiben auf den Straßen Londons mit allen technischen Errungenschaften der Gegenwart; und es gibt die »transzendente« Welt der Zauberer, das Leben einer kleinen Gruppe von Menschen mit besonderer »magischer« Begabung, das vor den Augen der normalen Menschen verborgen bleibt: »Harry war noch nie in London gewesen. Hagrid schien zwar zu wissen, wo er hinwollte, doch offensichtlich war er es nicht gewohnt, auf normalem Weg dorthin zu gelangen. Er verhedderte sich im Drehkreuz zur Untergrundbahn und beschwerte sich laut, die Sitze seien zu klein und die Züge zu lahm. ›Keine Ahnung, wie die Muggels zurechtkommen ohne Zauberei‹, meinte er, als sie eine kaputte Rolltreppe emporkletterten, die auf eine belebte, mit Läden gesäumte Straße führte. […] ›Hier ist es‹, sagte Hagrid und blieb stehen. ›Zum Tropfenden Kessel. Den Laden kennt jeder.‹ Es war ein kleiner, schmuddelig wirkender Pub. Harry hätte ihn nicht einmal bemerkt, wenn Hagrid nichts gesagt hätte. Die vorbeieilenden Menschen beachteten ihn nicht. Ihre Blicke wanderten von der großen Buchhandlung auf der einen Seite zum Plattenladen auf der anderen Seite, als könnten sie den Tropfenden Kessel überhaupt nicht sehen. Tatsächlich hatte Harry das ganz eigentümliche Gefühl, dass nur er und Hagrid ihn sahen… […] Vampire? Hexen? Harry war leicht schwindelig. Unterdessen zählte Hagrid die Backsteine an der Mauer über dem Mülleimer ab. ›Drei nach oben … zwei zur Seite …‹, murmelte er. ›Gut, einen Schritt zurück, Harry.‹ Mit der Spitze des Schirms klopfte er dreimal gegen die Mauer. Der Stein, auf den er geklopft hatte, erzitterte, wackelte und in der Mitte erschien ein kleiner Spalt. – Der wurde immer breiter und eine Sekunde später standen sie

24 *Joanne K. Rowling*, Harry Potter and the Deathly Hallows, London 2007, 264-269. (Eigene Übersetzung).
25 *Joanne K. Rowling*, Harry Potter und der Stein der Weisen, Hamburg 1998, 76-77 und 80.
26 *Hedwig* ist Harrys weiße Posteule, die Briefe und Pakete verfrachten kann.
27 *Rowling*, Stein der Weisen (Anm. 25), 101-102 und 104.

vor einem Torbogen, der selbst für Hagrid groß genug war. Er führte hinaus auf eine gepflasterte Gasse, die sich in einer engen Biegung verlor. ›Willkommen in der Winkelgasse‹, sagte Hagrid. Harrys verblüffter Blick ließ ihn verschmitzt lächeln. Sie traten durch den Torbogen. Harry blickte rasch über die Schulter und konnte gerade noch sehen, wie sich die Steinmauer wieder schloss …«[25]

»Sie erreichten King's Cross um halb elf. Onkel Vernon packte Harrys Koffer auf einen Gepäckwagen und schob ihn in den Bahnhof. Harry fand dies ungewöhnlich freundlich von ihm, bis Onkel Vernon mit einem hässlichen Grinsen auf dem Gesicht vor den Bahnsteigen Halt machte. ›Nun, das war's, Junge. Gleis neun – Gleis zehn. Dein Gleis sollte irgendwo dazwischen liegen, aber sie haben es wohl noch nicht gebaut, oder?‹ Natürlich hatte er vollkommen Recht. Über dem Bahnsteig hing auf der einen Seite die große Plastikziffer 9, über der anderen die große Plastikziffer 10, und dazwischen war nichts. […] Was um Himmels willen sollte er tun? Schon richteten sich viele erstaunte Blicke auf ihn – wegen Hedwig.[26] Er musste jemanden fragen. Er sprach einen vorbeigehenden Wachmann an, wagte es aber nicht, Gleis neundreiviertel zu erwähnen. Der Wachmann hatte nie von Hogwarts gehört … […] Schon ganz verzweifelt fragte Harry nach dem Zug, der um elf Uhr ging, doch der Wachmann meinte, es gebe keinen. […] ›Entschuldigen Sie‹, sagte Harry zu der rundlichen Frau. ›Hallo, mein Junge‹, sagte sie. ›Das erste Mal nach Hogwarts? Ron ist auch neu.‹ Sie deutete auf den letzten und jüngsten ihrer Söhne. Er war hoch gewachsen, dünn und schlaksig, hatte Sommersprossen, große Hände und Füße und eine kräftige Nase. ›Ja‹, sagte Harry. ›Die Sache ist die … ist nämlich die, ich weiß nicht, wie ich …‹ ›Wie du zum Gleis kommen sollst?‹, sagte sie freundlich, und Harry nickte. ›Keine Sorge‹, sagte sie. ›Du läufst einfach schnurstracks auf die Absperrung vor dem Bahnsteig für die Gleise neun und zehn zu. Halt nicht an und hab keine Angst, du könntest dagegen knallen, das ist sehr wichtig. Wenn du nervös bist, dann renn lieber ein bisschen. Nun geh, noch vor Ron.‹ […] Er lehnte sich, auf den Wagen gestützt, nach vorn und stürzte nun schwer atmend los – die Absperrung kam immer näher – anhalten konnte er nun nicht mehr – der Gepäckkarren war außer Kontrolle – noch ein halber Meter – er schloss die Augen, bereit zum Aufprall – Nichts geschah … Harry rannte weiter … er öffnete die Augen. Eine scharlachrote Dampflok stand an einem Bahnsteig bereit, die Waggons voller Menschen. Auf einem Schild über der Lok stand *Hogwarts-Express, 11 Uhr*. Harry warf einen Blick über die Schulter und sah an der Stelle, wo der Fahrkartenschalter gestanden hatte, ein schmiedeeisernes Tor und darauf die Worte *Gleis neundreiviertel*. Er hatte es geschafft …«[27]

Die immanente und die transzendente Welt sind ineinander verschränkt, aber so, dass die immanenten Muggel-Bürger keine Kenntnis der transzendenten Welt haben. Nur die kleine Gruppe der Zauberer, d.h. der Auserwählten, hat Zutritt zu dieser jenseitigen Realität. Die Transzendenz aber ist radikal säkularisiert. In ihr gibt es keinen Gott oder einen Satan, es gibt keine Übernatur oder überirdische Kräfte, es gibt nur Zauberer-Menschen mit denselben Stärken und Schwächen, Fehlern und Lastern, Glücksgefühlen und Liebesbedürfnissen wie in der Muggel-Welt. Die Zauberer-Menschen besitzen besondere magische Begabungen, die sie systematisch durch Unterricht, Lehrbücher und Training entfalten müssen.

4.2 Die guten und die bösen Zauberer

In der Welt der Zauberer tobt der Kampf zwischen den Zauberern des Guten und den Zauberern des Bösen, der wiederum entscheidend für das Überleben beider Welten sein wird. Ein ehemaliger, äußerst begabter Schüler von Hogwarts aus dem Haus Slytherin verfällt der Versuchung, seine Zauberkünste zur vollständigen Machtergreifung über die Zauberer- und Muggel-Welt einzusetzen, koste es, was es wolle. Sein Name Tom Vorlost Riddle wird als Anagramm gelesen zu seinem Markennamen »Ist Lord Voldemort«,[28] der nicht ausgesprochen werden darf, da er ansonsten Unheil und Tod über den Frevler bringen wird. Zur Umschreibung des Namens werden gebraucht »Du-weißt-schon-wer«, »Er, dessen Name nicht genannt werden darf« oder »Der Dunkle Lord.«[29] Er sammelt Anhänger um sich, die »Todesser« (deatheater), um die Welt der Zauberer zu erobern. Seine Ziele sind die Ausrottung aller Nicht-Reinblütigen, d.h. der Mischling-Zauberer wie auch der Muggel, und das Erlangen der Unsterblichkeit.

Gegen ihn organisiert sich der Orden des Phönix unter der Leitung von Albus Dumbledore, eine Gruppe gut gesinnter Zauberer, die auf die Macht der Liebe bauen. Albus Dumbledore erscheint als der »Hochbetagte«, mit silbernem Bart und Haar, für die Schüler von Hogwarts eine unnahbare Gestalt, abgesondert in Hogwarts durch einen magischen Eingang zu seinem Zimmer. Er durchschaut die Pläne Voldemorts von Anfang an und sucht nach Wegen, Voldemort unschädlich zu machen.

Beide Führungsgestalten haben verschiedenste magische Fabelwesen für sich gewonnen, die als Hilfskräfte in der Durchsetzung ihrer Ziele dienen.

28 In der englischen Originalversion heißt das Anagramm: Tom Marvolo Riddle = I am Lord Voldemort.

29 In der englischen Originalversion: You know who, He who must not be named, The Dark Lord.

30 *Rowling*, Stein der Weisen (Anm. 25), 324.

31 *Gellert Grindelwald* war ein Jugendfreund Dumbledores, der sich der schwarzen Magie verschrieben hatte. Beide glaubten mit Hilfe der drei Heiligtümer des Todes ein universales Reich der Zauberer errichten und alle Muggel-Menschen versklaven zu können. Nach dem Tod Arianas verschwand Grindelwald und übersiedelte auf den Kontinent. Es gelang ihm, den Holunderstab in die Hände zu bekommen, mit dem er viel Unheil anrichtete, bis Dumbledore Grindelwald in einem Duell besiegte und den Holunderstab an sich nahm. Grindelwald wurde lebenslang im europäischen Zauberer-Gefängnis Numengard eingekerkert, wo ihn später Voldemort auf der Suche nach dem Zauberstab ermordete.

Gott und sein Widersacher Satan sind auch hier konsequent säkularisiert. Der Schulleiter Dumbledore ist der Phänotyp des allmächtigen hochbetagten Hochgottes, der um die inneren Zusammenhänge der Dinge und des Bösen weiß, sie aber nicht offenbaren kann, weil die Anderen nicht fähig sind, sie physisch und psychisch zu ertragen: »›Die Wahrheit.‹ Dumbledore seufzte. ›Das ist etwas Schönes und Schreckliches und sollte daher mit großer Umsicht behandelt werden. Allerdings werde ich deine Fragen beantworten, außer wenn ich einen sehr guten Grund habe, der dagegen spricht, und in diesem Falle bitte ich dich um Nachsicht. Ich werde natürlich nicht lügen.‹ ›Gut … Voldemort sagte, er hätte meine Mutter nur getötet, weil sie ihn daran hindern wollte, mich zu töten. Aber warum wollte er mich überhaupt töten?‹ Dumbledore seufzte diesmal sehr tief. ›Herrje, gleich das Erste, was du mich fragst, kann ich dir nicht sagen. Nicht heute. Nicht jetzt. Eines Tages wirst du es erfahren … schlag es dir erst einmal aus dem Kopf, Harry. Wenn du älter bist … Ich weiß, das hörst du gar nicht gern … wenn du bereit bist, wirst du es erfahren.‹ Und Harry wusste, dass es keinen Zweck hatte zu streiten.[30]«

Dumbledore aber ist nicht der Vollkommene, der Allmächtige, der Allwissende, der Ewige. Hier zeigt sich die zweite Dimension des säkularen Vorgehens Rowlings: Der größte Zauberer der guten Seite hat seine Schattenseiten wie jeder andere Mensch. Er erlag in seiner Jugendzeit der Versuchung nach Allmacht und Unsterblichkeit, indem er die drei Heiligen Gegenstände des Todes in seinen Besitz bekommen wollte. Die Pflege seiner kranken Schwester Ariana hinderte ihn daran. Beim Streit mit seinem Freund und seinem Bruder darüber starb seine eigene Schwester, vom Zauberstab eines der Dreien tödlich getroffen, und wurde in aller Heimlichkeit begraben. Er selbst zog sich den Todesfluch zu, als er später den Ring mit dem Stein der Auferstehung fand und anlegte, sodass ihm nur noch die Frist eines Lebensjahres gegeben war: »›Ich war begabt. Ich war brillant. Ich wollte fliehen. Ich wollte leuchten. Ich wollte Ruhm. Versteh mich nicht falsch‹, sagte er, und Schmerz überzog sein Gesicht, sodass er wieder alt aussah. ›Ich habe sie geliebt. Ich liebte meine Eltern, ich habe meinen Bruder und meine Schwester geliebt, aber ich war egoistisch, Harry, egoistischer als du, der du ein bemerkenswerter selbstloser Mensch bist, dir wahrscheinlich vorstellen kannst. […] Und dann … du weißt, was geschah. Die Realität kehrte zurück in der Person meines ungehobelten, ungebildeten und unendlich bewundernswerteren Bruders. Ich wollte die Wahrheiten nicht hören, die er mir an den Kopf warf. Ich wollte nicht hören, dass ich meine Suche nach den Heiligtümern mit meiner schwachen und labilen Schwester im Schlepptau nicht fortführen dürfe. Aus dem Wortgefecht wurde ein Kampf. Grindelwald[31] verlor die Kontrolle. Was ich immer bei ihm gefühlt hatte, obwohl ich mich weigerte, es einzugestehen, wurde grausame Wirklichkeit. Und Ariana … nach all meiner Mutter Pflege und Vorsicht … lag tot auf dem Boden. Nun, Grindelwald floh … […] Er lief davon, während ich zurückblieb, meine Schwester zu beerdigen und mit meiner Schuld zu leben, und mit meinem schrecklichen Schmerz, den Preis für meine Schande. [...] Es war die Wahrheit, die ich fürchtete. Siehst du, ich habe niemals erfahren, wer von uns in diesem letzten schrecklichen Kampf den Fluch ausgesandt hat, der meine Schwester tötete. Du wirst mich für einen Feigling halten, zu Recht. Vor allem hatte ich vor der Tatsache Angst, dass ich es gewesen war, der ihr den Tod gebracht hatte, nicht einfach durch meine Arroganz und Torheit, sondern dass ich wirklich den Schlag ausführte, der ihr Leben auslöschte.‹«[32]

Voldemort ist ebenso wenig transzendenter Natur oder überirdisches Geistwesen. Er ist ein durch Macht und Ehrgeiz getriebener Zauberer, der sich bewusst für die schwarze Magie und das Töten Schuldiger wie Unschuldiger entscheidet. Seine Hybris kommt zum Höhepunkt, in dem er auf der Suche nach Unsterblichkeit seine Seele in sieben Teile aufteilt und in magischen Gegenständen verbirgt. Seine größte Angst ist die Angst vor dem Tod, die ihn immer wieder von einer Grausamkeit in die andere treibt. Nach dem Verlust seines Körpers durch seinen eigenen Todesfluch gegen Harry gelingt es ihm, durch magische Rituale eine Körperlichkeit zurück zu gewinnen, die jedoch eher einem Schlangenkörper als einem menschlichen Aussehen ähnlich ist. Was er nicht kennt – und das ist sein eigentlicher Fehler und die Ursache seines letztendlichen Scheiterns und Sterbens –, ist die Liebe, wie Dumbledore erklärt: »Und sein [Voldemorts] Wissen blieb jämmerlich stückhaft, Harry! Was Voldemort nicht schätzt, macht er sich keine Mühe, es zu verstehen. Von Hauselfen und Kindererzählungen, von Liebe, Treue und Unschuld kennt er und versteht er nichts. *Einfach nichts.* Dass sie alle eine Macht besitzen, die über ihre eigene hinausgeht, eine Macht, die von keiner Magie eingeholt werden kann, ist eine Wahrheit, die er nie begriffen hat.«[33]

4.3 Der sibyllinische Spruch

Der Ausgang des Kampfes zwischen dem Guten und dem Bösen in der Zauberwelt ist durch eine Prophezeiung festgelegt. Das ewige Gesetz der Transzendenz muss sich erfüllen. Es sind die Akteure, die in der sibyllinischen Aussage ihr eigenes Schicksal herausfordern und ihren Weg zur Entscheidung festlegen. Voldemort erfährt durch Verrat einen Teil der Prophezeiung und entscheidet sich für den Mordversuch an Harry Potter. Seine Entscheidung wird ihm selber zum tödlichen Schicksal. Harry Potter gelangt zur vollen Kenntnis der Prophezeiung, die in ihm die Überzeugung heranwachsen lässt, dass er sein Leben

32 *Rowling*, Deathly Hallows (Anm. 24), 573-575 (eigene Übersetzung).
33 *Rowling*, Deathly Hallows (Anm. 24), 568 (eigene Übersetzung).
34 *Joanne K. Rowling*, Harry Potter und der Orden des Phönix, Hamburg 2003, 987-989.
35 *Joanne K. Rowling*, Harry Potter and the Half-Blood Prince, London 2005, 476-478 (eigene Übersetzung).

opfern muss, um Voldemorts Tod zu provozieren und somit das Leben des Ordens des Phönix und der Menschheit zu retten. Die Deutungen beider Akteure sind falsch und führen zum vermeintlich tragischen Ende Harrys, das sich durch seine Fähigkeit zu lieben in Leben verwandelt und den Tod Voldemorts durch seine eigene Hand provoziert. Der Wahrsagerin Sibyll Trelawneys Worte im Trancezustand waren: »›Der Eine mit der Macht, den Dunklen Lord zu besiegen, naht heran … jenen geboren, die ihm drei Mal die Stirn geboten haben, geboren, wenn der siebte Monat stirbt … und der Dunkle Lord wird Ihn als sich Ebenbürtigen kennzeichnen, aber Er wird eine Macht besitzen, die der Dunkle Lord nicht kennt … und der Eine muss von der Hand des Anderen sterben, denn keiner kann leben, während der Andere überlebt … der Eine mit der Macht, den Dunklen Lord zu besiegen, wird geboren werden, wenn der siebte Monat stirbt …‹ […] ›Es bedeutet‹, sagte Dumbledore, ›dass der Mensch, der allein die Chance hat, Lord Voldemort für immer zu besiegen, gegen Ende Juli geboren wurde, vor fast sechzehn Jahren. Dieser Junge sollte Eltern geboren werden, die Voldemort bereits drei Mal die Stirn geboten hatten.‹ Harry war zumute, als ob etwas ihn einkreiste. Das Atmen schien ihm wieder schwer zu fallen. ›Damit – bin ich gemeint?‹ Dumbledore holte tief Luft. […] ›Aber Sie sagten – Neville sei auch Ende Juli geboren – und seine Mum und sein Dad –‹, ›Du vergisst den nächsten Teil der Prophezeiung, das letzte entscheidende Merkmal des Jungen, der Voldemort besiegen könnte … Voldemort selbst würde ihn *als sich Ebenbürtigen kennzeichnen*. Und das hat er getan, Harry. Er hat dich gewählt, nicht Neville. Er hat dir die Narbe hinterlassen, die sich als Segen und Fluch erwiesen hat.‹«[34]

»›Aber‹, sagte Harry, verwirrt, ›aber letztes Jahr sagten Sie, dass einer von uns den anderen töten muss –‹ ›Harry, Harry, nur weil Voldemort einen großen Irrtum beging und auf Professor Trelawneys Worte hin in Aktion trat! Wenn Voldemort deinen Vater nicht ermordet hätte, hätte er dir das wilde Verlangen nach Rache eingepflanzt? Natürlich nicht! Wenn er deine Mutter nicht gezwungen hätte, für dich zu sterben, hätte er dir den magischen Schutz gegeben, den er nicht durchdringen kann? Natürlich nicht! Harry, siehst du nicht? Voldemort selbst hat sich seinen ärgsten Feind geschaffen, wie es eben Tyrannen überall tun. […] Er hörte die Prophezeiung und trat in Aktion, mit dem Ergebnis, dass er nicht nur den Mann ausgewählt hat, der ihn am wahrscheinlichsten zur Strecke bringen wird, er hat ihm einzigartige tödliche Waffen übergeben!‹ ›Aber –‹ ›Du bist beschützt, kurzum, durch deine Fähigkeit zu lieben!‹, sagte Dumbledore laut. ›Der einzige Schutz, der wahrscheinlich etwas gegen den Machtwahn wie Voldemorts ausrichten kann! Trotz aller Versuchungen, die du durchmachen musstest, all der Leiden, ist dein Herz rein geblieben, so rein wie es im Alter von elf Jahren war, als du in den Spiegel schautest, der deinen Herzenswunsch wiedergab und dir den einzigen Weg zeigte, wie man Lord Voldemorts Pläne durchkreuzen kann, und nicht Unsterblichkeit oder Reichtum.‹«[35]

Auch hier zeigt sich die radikale säkularisierte Apokalyptik. Voldemort ist nicht der von jeher bestimmte Widersacher des Guten, sondern er selber hat durch sein kurzsichtiges Handeln sein Schicksal bestimmt. Selbst »Satan« ist mit Fehlern behaftet und gräbt sich durch Eitelkeit und Machtwahn sein eigenes Grab.

4.4 Die messianische Rettergestalt

Harry wächst allmählich in die Gestalt des Retters der Zauber- und Muggel-Welt hinein. Am Anfang steht das hilflose, aber außerordentliche Kind, das vor den Nachstellungen des bösen Feindes beschützt werden muss. Erst mit elf Jahren wird ihm offenbart, dass er einer anderen Welt als der ihm bekannten Welt seiner Tante angehört und sich einer neuen Dimension des Lebens stellen muss. Bis zur Volljährigkeit mit siebzehn Jahren beschützt ihn das Muggel-Blut seiner Mutter in der Person seiner Tante, danach muss er soweit in die Welt der Zauberer initiiert sein, dass er sich selbst verteidigen kann. Die Zauberwelt aber weiß von Anfang an, dass er der erwartete Messias ist, der sie von der Macht Voldemorts endgültig befreien wird: »›Was sie sagen‹, drängte sie [Professor McGonagall] weiter, ›ist nämlich, dass Voldemort letzte Nacht in Godric's Hollow auftauchte. Er war auf der Suche nach den Potters. Dem Gerücht zufolge sind Lily und James Potter – sie sind – tot.‹ [...] Professor McGonagall fuhr mit zitternder Stimme fort: ›Das ist nicht alles. Es heißt, er habe versucht, Potters Sohn Harry zu töten. Aber – er konnte es nicht. Er konnte diesen kleinen Jungen nicht töten. Keiner weiß, warum, oder wie, aber es heißt, als er Harry Potter nicht töten konnte, fiel Voldemorts Macht in sich zusammen – und deshalb ist er verschwunden.‹ [...] ›Wirklich, Dumbledore, glauben Sie, dass Sie all das in einem Brief erklären können? Diese Leute [die Dursleys] werden ihn nie verstehen! Er wird berühmt werden – eine Legende –, es würde mich nicht wundern, wenn der heutige Tag in Zukunft Harry-Potter-Tag heißt – ganze Bücher wird man über Harry schreiben – jedes Kind auf der Welt wird seinen Namen kennen!‹«[36]

»›Ah, wenn Harry Potter nur wüsste!‹, stöhnte Dobby, und noch mehr Tränen tropften auf seinen schmuddeligen Kissenbezug. ›Wenn er nur wüsste, was er uns bedeutet, den Niederen, den Versklavten, dem Abschaum der Zauberwelt! Dobby erinnert sich noch wie es war, als Jener, dessen Namen nicht genannt werden darf, auf der Höhe seiner Macht war, Sir! Wir Hauselfen wurden wie Ungeziefer behandelt, Sir! Natürlich wird Dobby immer noch so behandelt, Sir‹, gab er zu und trocknete sich das Gesicht am Kissenbezug. ›Aber

36 *Rowling*, Stein der Weisen (Anm. 25), 17 und 19.

37 *Joanne K. Rowling*, Harry Potter und die Kammer des Schreckens, Hamburg 1999, 185-186.

38 Dumbledore zu Harry: *Rowling*, Stein der Weisen (Anm. 25), 324.

39 *Rowling*, Orden des Phönix (Anm. 33), 990-991.

insgesamt, Sir, hat sich das Leben für unsereins verbessert, seit Sie über Jenen, dessen Namen nicht genannt werden darf, triumphiert haben. Harry Potter hat überlebt, und die Macht des Dunklen Lords wurde gebrochen und ein neuer Morgen brach an, und Harry Potter strahlte wie ein Leuchtturm der Hoffnung für jene von uns, die dachten, die dunklen Tage würden nie enden, Sir!‹«[37]

Die Rettergestalt besitzt eine andere Macht als die des Dunklen Lords. Beherrschen, unterdrücken, versklaven, töten oder ewig leben wollen sind die Ziele, die Voldemort mit Hilfe des mächtigsten Zauberstabs erreichen will. Er versagt aber am Ende in der entscheidenden Situation über Leben und Tod. Paradoxer Weise erweisen sich die Liebe und das Opfer für die Anderen als stärkere Waffen, die Harry im Laufe seines Reifeprozesses erkennen muss: »Deine Mutter ist gestorben, um dich zu retten. Wenn es etwas gibt, was Voldemort nicht versteht, dann ist es Liebe. Er wusste nicht, dass eine Liebe, die so mächtig ist wie die deiner Mutter zu dir, ihren Stempel hinterlässt. Keine Narbe, kein sichtbares Zeichen … so tief geliebt worden zu sein, selbst wenn der Mensch, der uns geliebt hat, nicht mehr da ist, wird uns immer ein wenig schützen. Es ist deine bloße Haut, die dich schützt. Quirrell, voll Hass, Gier und Ehrgeiz, der seine Seele mit der Voldemorts teilt, konnte dich aus diesem Grunde nicht anrühren. Für ihn war es eine tödliche Qual, jemanden zu berühren, dem etwas so Wunderbares widerfahren ist.«[38]

»›Also wusste Voldemort einfach nicht, dass es gefährlich sein könnte, dich anzugreifen, dass es womöglich klug wäre, zu warten und mehr zu erfahren. Er wusste nicht, dass du eine Macht besitzen würdest, die der Dunkle Lord nicht kennt –‹ ›Aber die habe ich nicht!‹, sagte Harry mit erstickter Stimme. ›Ich habe keine Macht, die er nicht besitzt, ich könnte nicht auf die Weise kämpfen wie er heute Nacht, ich kann nicht von Menschen Besitz ergreifen oder – oder sie töten –‹ ›Es gibt einen Raum in der Mysteriumsabteilung‹, unterbrach ihn Dumbledore, ›der allzeit verschlossen ist. Er enthält eine Kraft, die wunderbarer und schrecklicher ist als der Tod, als die menschliche Intelligenz, als die Kräfte der Natur. Es handelt sich wohl auch um das geheimnisvollste unter den vielen Themen, die dort zu studieren sind. Es ist diese Macht, die in diesem Raum aufbewahrt wird, die du in beträchtlichen Mengen besitzt und Voldemort überhaupt nicht. Diese Macht hat dich heute Nacht zu Sirius' Rettung gebracht. Diese Macht hat dich auch davor bewahrt, dass Voldemort von dir Besitz ergriff, weil er es nicht ertragen konnte, in einem Körper zu wohnen, der so erfüllt ist mit der Kraft, die er verachtet. Am Ende spielte es keine Rolle, dass du deinen Geist nicht verschließen konntest. Es war dein Herz, das dich gerettet hat.‹«[39]

Auch hier ist zu vermerken, dass die rettende Kraft, die Liebe, die es vermag sogar den Tod zu besiegen, in irgendeiner Weise einen überirdischen Charakter hat. Harry hat die Liebe von seiner Mutter empfangen, wie jede andere Mutter dieser Welt ihre Liebe ausdrücken würde, und ist daher von dieser Liebe selber durchdrungen und beseelt, obwohl er gar nicht weiß oder einordnen kann, was

Liebe eigentlich bedeutet. Erst allmählich wird ihm bewusst, dass wahre Liebe auch das Opfer des eigenen Lebens bedeuten kann.

Und nach dem endgültigen Untergang Voldemorts durch seine eigene Hand, wird Harry gefeiert: »Die Sonne stieg ständig höher über Hogwarts, und die Große Halle glühte vor Leben und Licht. Harry war ein unbestreitbarer Teil der sich vermischenden Freuden- und Trauerschreie, von Schmerz und Feierstimmung. Sie wollten ihn dort bei sich haben, ihren Führer und ihr Symbol, ihren Retter und ihre Wegmarke, und dass er nicht geschlafen hatte, dass er sich nur nach der Gemeinschaft von einigen Wenigen von ihnen sehnte, schien niemandem in den Sinn zu kommen. Er musste zu den Trauernden sprechen, ihre Hände schütteln, ihre Tränen mit ansehen, ihren Dank entgegennehmen, die Neuigkeiten anhören, die von allen Seiten herein zu sickern schienen, als der Morgen voranschritt, dass die vom Imperiusfluch Getroffenen im ganzen Land wieder zu sich kamen, dass die Todesser auf der Flucht oder schon gefangen waren, dass die Unschuldigen von Askaban in diesem Augenblick auf freien Fuß gesetzt wurden, und dass Kingsley Shacklebolt vorläufig zum Minister für Magie ernannt worden war … […] Irgendwo von ferne konnten sie Peeves hören, wie er durch die Korridore sauste und ein selbst gedichtetes Siegeslied sang: *Wir haben es geschafft, wir haben sie geschlagen, klein Potter ist der Größte, und Voldy ist vermodert, nun lasst uns fröhlich feiern!*[40]

4.5 Die Entscheidungsschlacht

Die apokalyptische Entscheidungsschlacht beginnt mit dem ersten Erscheinen des Dunklen Mals am nächtlichen Himmel und dem gleichzeitigen mörderischen Überfall der Todesser auf das Zeltlager der Besucher der Quidditch-Weltmeisterschaft. Lucius Malfoy, ein treuer Anhänger Voldemorts, mobilisiert die Todesser zum finalen Angriff auf die Zauberwelt, um sie von allem »Schlammblut« (mudblood) zu reinigen. Nur »Reinblüter« dürfen überleben, denn das neue Reich des Dunklen Lord soll blutmäßig gesäubert sein.[41] Dumbledore durchschaut hier bereits die Gefährlichkeit der Situation, schweigt aber darüber vor den Anderen, um keine Panik aufkommen zu lassen. Harry ist von den Vorkommnissen vollkommen verwirrt und kann sie noch nicht einordnen.

Voldemort gewinnt weiter an Boden, zumal die offiziellen Stellen die Existenz des Dunklen Lords hartnäckig leugnen. Den nächsten Etappensieg kann er durch

40 *Rowling*, Deathly Hallows, 596-597 (Anm. 239) (eigene Übersetzung).

41 Hier macht Rowling eine Anspielung auf Hitlers Drittes Reich und seine Blut-und-Boden Ideologie.

42 *Joanne K. Rowling*, Harry Potter und der Feuerkelch, Hamburg 2001, 672.

43 *Expelliarmus* (lat. expellere = wegstoßen, beseitigen; arma = Waffe) entwaffnet Gegner: Zauberern und Hexen reißt er den Zauberstab weg; *Avada Kedavra* (aram. avra = verschwinden, ke = wie, davar = diese Sache) tötet den Gegner sofort, der Todesfluch ist unter schwerster Strafe verboten.

die Rückgewinnung seiner Körperlichkeit verbuchen, selbst wenn sein sichtbares Äußeres mehr einer Schlange als einem Menschen gleicht. Harry wird zusammen mit seinem Mitschüler Cedric durch den trimagischen Pokal auf einen Friedhof entführt, auf dem sich das Grab des Vaters von Tom Riddle gleichen Namens befindet. Wurmschwanz, der Diener Voldemorts, tötet sofort Cedric durch einen Todesfluch und fesselt Harry an den Grabstein Riddles. Dann bereitet er in einem großen Kessel ein Gebräu, in das er die Gestalt eines zusammengekauerten menschlichen Kindes wirft, ohne Haare mit geschuppter, schrundiger, rotschwarzer Haut, dünnen Armen und Beinen, einem flachen, schlangenartigen Gesicht mit rot schimmernden Augen. Es ist die Ungestalt, die Voldemort nach der Attacke auf Harry vor vierzehn Jahren verblieben war. Dazu wirft Wurmschwanz einen Knochen aus Riddles Grab, schneidet sich selbst eine Hand ab, die er ebenfalls dazugibt, und entnimmt schließlich dem gefesselten Harry Blut aus der Armbeuge, das zischend in den Kessel fällt: »Und dann, ganz plötzlich, erlosch das Funkengestiebe über dem Kessel. Weißer Dampf quoll in dicken Schwaden aus dem Kessel und tauchte alles vor Harry in weißes Nichts, sodass er weder Wurmschwanz noch Cedric noch sonst etwas sehen konnte, nur den Dampf, der in der Luft hing … es ist fehlgeschlagen, dachte er … es ist ertrunken … bitte … bitte, lass es tot sein … Doch dann – und eine eisige Woge des Grauens überkam ihn –, dann sah er durch den Nebel hindurch, wie der dunkle Umriss eines Mannes, groß und dürr wie ein Skelett, langsam aus dem Innern des Kessels aufstieg. ›Meinen Umhang‹, sagte die hohe, kalte Stimme hinter der Nebelwand, und Wurmschwanz, schluchzend und wimmernd, den verstümmelten Arm noch immer schützend an den Leib gepresst, stolperte hinüber und griff nach dem schwarzen Umhang auf der Erde, richtete sich auf, streckte seine verbliebene Hand aus und zog den Umhang über die Schultern seines Gebieters. Der dürre Mann stieg langsam aus dem Kessel und starrte Harry an … und Harry starrte zurück in dieses Gesicht, das ihn drei Jahre lang in seinen Alpträumen verfolgt hatte. Weißer als ein Schädel, mit weiten, scharlachrot lodernden Augen und einer Nase, die so platt war wie die einer Schlange, mit Schlitzen als Nüstern … Lord Voldemort war wieder erstanden.«[42]

Der Dunkle Lord versammelt seine Todesser um sich, um vor ihren Augen Harry im Duell zu töten. Alle Vorteile sind auf der Seite Voldemorts, Harry steht ungeschützt auf einem fremden Friedhof, der übermächtigen Bosheit ausgeliefert. Man bindet ihn los, er erhält seinen Zauberstab zurück, damit er Mann gegen Mann Voldemort entgegentreten kann. Als Zauberschüler kennt Harry nur den den Gegner entwaffnenden Fluch *Expelliarmus*, während Voldemort den todbringenden Fluch *Avada Kedavra* anzuwenden weiß.[43] Beim gleichzeitigen Sprechen der Flüche geschieht aber nicht das von allen Anwesenden Erwartete, sondern es bildet sich ein Lichtbogen zwischen den Zauberstäben, der sich zu einem Lichtkäfig ausweitet, in dem die beiden Kontrahenten gefangen sind. Aus dem Zauberstab Voldemorts treten Lichtperlen aus, die sich langsam auf Harrys

Stab zubewegen und die Harry mit großer Anstrengung zurückschicken kann. Als sie auf den Stab Voldemorts treffen, verwandelt sich jede Lichtperle in eine von Voldemorts Stab getötete Person, unter ihnen Harrys Mitschüler Cedric, seine Mutter und schließlich sein Vater. Sie schirmen Harry von Voldemort ab, sodass dieser den Lichtbogen abreißen lassen kann, die Leiche Cedrics ergreift und mit dem Pokal zurück nach Hogwarts fliehen kann. Dumbledore zieht das Fazit: »›Ich muss es noch einmal wiederholen‹, sagte Dumbledore, während der Phönix in die Luft stieg und sich wieder auf der Stange neben der Tür niederließ. ›Du hast heute mehr Tapferkeit bewiesen, als ich je von dir hätte erwarten können, Harry. Du hast die gleiche Tapferkeit bewiesen wie jene, die im Kampf gegen Voldemort auf dem Höhepunkt seiner Macht gestorben sind. Du hast die Last eines erwachsenen Zauberers geschultert und bewiesen, dass du sie tragen kannst – und nun hast du uns auch alles gegeben, was wir zu Recht von dir erwarten konnten.‹«[44]

Nach dem abermals gescheiterten Mordversuch an Harry geht Voldemort zum frontalen Angriff über. Das Zaubereiministerium informiert den britischen Premierminister über die bevorstehende Bedrohung und kritische Situation. Bei der Rückkehr von der Suche nach dem Horkrux Voldemorts im Medaillon sehen der bereits tödlich verletzte Dumbledore und Harry schon von Weitem das Dunkle Mal über Hogwarts leuchten. Die Todesser haben die Schule angegriffen. Dumbledore wird von Snape ermordet – wie sich später für Harry herausstellt, auf Befehl Dumbledores, der nicht durch Feindes Hand sterben wollte. Der Angriff der Todesser kann noch einmal zurückgeschlagen werden, wenn auch unter Verlusten. Dennoch übernehmen die Todesser die Schulleitung in Hogwarts. Harry, Ron und Hermine müssen das siebte Jahr außerhalb der Schule verbringen. Am Ende bahnt sich die letzte Schlacht um Hogwarts an: Die drei Freunde sind verborgener Weise in die Schule eingedrungen, um das letzte Horkrux zu finden. Sie werden dabei entdeckt, die Schule wird von Voldemort und seinen Todessern eingekreist und beschossen. Viele Schüler und Professoren verlieren ihr Leben im scheinbar aussichtslosen Kampf gegen die Übermacht des Dunklen Lords. Harry stiehlt sich alleine und unbemerkt aus dem Schloss und macht sich des Nachts auf den Weg in den Verbotenen Wald, um sich Voldemort zu stellen: »›Ich dachte, er würde kommen‹, sagte Voldemort mit seiner hohen, klaren Stimme, seine Augen auf die lodernden Flammen gerichtet. ›Ich erwartete von ihm, dass er kommen würde.‹ Niemand sprach. […] ›Ich hatte, es scheint … mich geirrt‹, sagte Voldemort. ›Sie haben es nicht.‹ Harry sagte es so laut wie er konnte, mit aller Kraft, die er aufbieten konnte. Der Stein der Auferstehung entglitt seinen

44 *Rowling*, Feuerkelch (Anm. 41), 730.
45 *Rowling*, Deathly Hallows (Anm. 24), 563-564 (eigene Übersetzung).
46 *Rowling*, Deathly Hallows (Anm. 24), 595-596 (eigene Übersetzung).

starren Fingern und in seinen Augenwinkeln sah er seine Eltern, Sirius und Lupin verschwinden, als er vorwärts ins Feuerlicht trat. In diesem Augenblick fühlte er, dass nur Voldemort zählte. Es ging nur um sie beide. [...] Harry fühlte seinen Zauberstab an seiner Brust, aber machte keinen Versuch, ihn zu ziehen. Er wusste, dass die Schlange zu gut beschützt war, er wusste, dass, wenn er es fertig brächte, den Zauberstab auf Nagini zu richten, fünfzig Flüche ihn zuerst treffen würden. Und immer noch schauten Voldemort und Harry sich unverwandt an, und nun neigte Voldemort seinen Kopf etwas zur Seite, betrachtete den Jungen, der vor ihm stand, und ein eigenartig trauriges Lächeln kräuselte seinen lippenlosen Mund. ›Harry Potter‹, sagte er, sehr sanft. Seine Stimme hätte ein Teil des zischenden Feuers sein können. ›Der Junge, der überlebte.‹ Keiner der Todesser rührte sich. [...] Voldemort hatte seinen Zauberstab erhoben. Sein Kopf war noch zu einer Seite geneigt, wie ein neugieriges Kind, das sich fragt, was wohl passieren würde, wenn es weitermacht. Harry begegnete dem Blick der roten Augen und wollte, dass es jetzt passieren sollte, schnell, solange er noch stehen konnte, bevor er die Kontrolle verlieren würde, bevor er seine Angst verraten würde – Er sah, wie der Mund sich bewegte und einen Blitz aus grünem Licht, und alles war vorbei.«[45]

Der scheinbare Tod Harrys entpuppt sich als Sieg der Liebe und des Opfers. Irrtümlich als Leichnam im Triumphzug nach Hogwarts gebracht, gelingt es Harry, Voldemort vor den Augen der Todesser und des Ordens des Phönix zum letzten Duell zu stellen: »Ein rot-goldener Glanz brach sich plötzlich über ihnen Bahn quer durch den verzauberten Himmel, als eine Kante der strahlenden Sonne über dem Sims des nächsten Fensters erschien. Das Licht traf das Gesicht beider zur selben Zeit, sodass Voldemorts Gesicht plötzlich ein flammender Nebelfleck war. Harry hörte die hohe Stimme schreien, als auch er seinen besten Hoffnungsschrei zu den Himmeln schickte und mit Dracos Zauberstab zielte: ›Avada Kedavra!‹ ›Expelliarmus!‹ Der Knall war wie Kanonendonner und die goldenen Flammen, die zwischen ihnen aufblitzten, markierten den Punkt, wo die Flüche aufeinander prallten. Harry sah Voldemorts grünen Strahl seinen eigenen Fluch treffen, sah den Holunderstab hoch in die Luft fliegen, dunkel gegen die aufgehende Sonne, wirbelnd quer über die verzauberte Hallendecke wie den Kopf Naginis, wirbelnd durch die Luft zum Meister, den er nicht töten würde, der schließlich in seinen rechtmäßigen Besitz gekommen war. Und Harry, mit der unfehlbaren Sicherheit des Suchers, fing den Stab mit seiner freien Hand, als Voldemort rücklings zu Boden fiel, die Arme ausgebreitet, die schmalen Pupillen der scharlachroten Augen nach oben verdreht. Tom Riddle krachte auf den Boden mit irdischer Endgültigkeit, sein Körper schwach und geschrumpft, die weißen Hände leer, das schlangenhafte Gesicht ausdruckslos und nichts wissend. Voldemort war tot, getötet durch seinen eigenen zurückschlagenden Fluch, und Harry stand da mit zwei Zauberstäben in der Hand und schaute hinab auf das Gerippe seines Feindes.«[46]

Die apokalyptische Entscheidungsschlacht endet mit dem Sieg des Guten, in der Gestalt Harry Potters, der im Auftrag von Albus Dumbledore die Welt der Zauberer und der Muggel-Menschen gerettet hat. Auch das Ende der Apokalypse ist säkularisiert. Es gibt keine Neue Welt, in der »alle Tränen getrocknet« sind, sondern das Leben der beiden alten Welten geht seinen gewohnten Lauf. Leben, Liebe und Tod verbleiben, was sie sind. Die apokalyptischen Heldengestalten treten in denselben Lebenszyklus ihrer Eltern und Vorgänger – mit dem einzigen Unterschied, dass die tödliche Bedrohung durch einen übermächtigen, von Machtwahn besessenen »Dunklen Lord« aus der Welt geschaffen ist. Auch die »Heiligtümer des Todes«, d. h. die (für Legende gehaltenen) heiligen Werkzeuge des Todes (der Tarnumhang, der Stein der Auferstehung und der mächtige Zauberstab aus Holunder) sind neutralisiert. Der Stein der Auferstehung ist für immer verlorengegangen, der Umhang und der Zauberstab sind bei seinem rechtmäßigen Besitzer Harry Potter, bei dem ein Missbrauch ausgeschlossen ist.

5 Die archetypischen Bilder von Leben und Tod

Wo aber liegen die Gründe für den Welterfolg eines (Jugend-)Buches, das in seiner literarischen Qualität umstritten ist, eine fantasievolle, aber dennoch klischeehafte Handlung erzählt, ein Sammelsurium aller möglichen Märchen, Mythen, Sagen, Legenden und Philosophien ist? Die christlich-fundamentalistische Seite hat sich weit und breit mit Harry Potter beschäftigt und dahinter den Teufel mit seinen Verführungskünsten ausgemacht. Der Teufel hat eben ein cleveres Marketing.[47] Die religionspädagogische Seite hat sich darum bemüht, christliche Ansatzpunkte und Parallelen in der Heptalogie zu finden, die in der Arbeit mit der Jugend ausgewertet und christlich aufgearbeitet, weitergeführt und korrigiert werden

47 Im deutschen Sprachraum sind vor allem die Veröffentlichungen von Gabriele Kuby bekannt geworden: *Gabriele Kuby*, Harry Potter – gut oder böse, Kißlegg 2003; *Gabriele Kuby*, Harry Potter – der globale Schub in okkultes Heidentum, Kißlegg 2002. Auf die Übersendung dieses Buchs an Kardinal Ratzinger 2003 antwortete der Kardinal: »Vielen Dank für Ihren freundlichen Brief vom 20. Februar und für das lehrreiche Buch, das Sie beigelegt haben. Es ist gut, dass Sie in Sachen Harry Potter aufklären, denn dies sind subtile Verführungen, die unmerklich und gerade dadurch tief wirken und das Christentum in der Seele zersetzen, ehe es überhaupt recht wachsen konnte.« (zit. in http://www.gabriele-kuby.de/buecher/harry-potter). Auch hier gilt der alte Satz: Je weniger man von der Sache versteht, desto klarer kann man darüber urteilen.

48 Siehe dazu: *Heide Lexe* (Hg.), »Alohomora«. Ergebnisse des ersten Wiener Harry-Potter-Symposions, Wien 2002; *Detlev Dormeyer/Friedhelm Munzel* (Hg.), Faszination »Harry Potter«: Was steckt dahinter?, Münster 2005; *Christoph Drexler/Nikolaus Wandinger* (Hg.), Leben, Tod und Zauberstab. Auf theologischer Spurensuche in *Harry Potter*, Münster 2004; *Corinna Cornelius*, Harry Potter – geretteter Retter im Kampf gegen dunkle Mächte?, Münster 2003; *Thomas Schärtl*, Messias auf dem Quidditch-Feld?, in: IKZ Communio 37 (2008) 459-474.

49 Vgl. *Carl Gustav Jung*, Die Archetypen und das kollektive Unbewusste, Olten 1996.

50 *Carl Gustav Jung*, Zugang zum Unbewussten, in: *ders.* u. a., Der Mensch und seine Symbole, Olten [9]1986, 69-70.

können.[48] Beiden Seiten fällt es nicht schwer, Ansatzpunkte für ihre Thesen zu finden, denn Rowlings Werk basiert auf archetypischen Bildern und Motiven, die auch im Christentum zu finden sind. Aber nicht nur dort, sondern in den vorchristlichen Überlieferungen der Völker, in denen sich die dem Menschen innewohnenden Archetypen[49] im Laufe von Jahrhunderten zu kollektiven Bildern in Mythen, Sagen und Heiligen Schriften kristallisiert haben. Weder der Teufel noch das Christentum stehen Pate bei Harry Potter, sondern grundlegende psychische Bilder, die der menschlichen Seele seit Urbeginn mitgegeben sind.

Unheil und Heil, Tod und Leben scheinen der menschlichen Natur und ihrer inneren Erfahrung eingeschrieben zu sein. Sie manifestieren sich in »kollektiven Bildern«, Symbolen, die ihrer Struktur nach universal und vererbt sind. Sie brauchen nicht erlernt zu werden. Selbst höhere Säugetiere scheinen derartige archetypische Bilder zu besitzen, von denen aus der Lebensvollzug mitgesteuert wird. Die Bedrohung des Lebens, die immer Unheil bedeutet, wird im Unbewussten spontan und früh erkannt. Ebenso stellt die Wiedererlangung des Lebens ein Faktum in der Erfahrung des Unbewussten dar. Daraus kann man schließen, dass die Mythen, Heiligen Schriften und Heilsrituale der Menschheit im kollektiven Unbewussten des Menschen wurzeln und von hier aus reale Erfahrung von Heil und Unheil widerspiegeln. Diese Erfahrungen von Heil und Unheil, Leben und Tod sind Grunderfahrungen, die nicht erlernt werden müssen. Sie können in einer Gesellschaft oder Geschichtsepoche zeitweise überdeckt oder explizit geleugnet werden, kommen aber immer von neuem an entscheidender Stelle ans Tageslicht – sei es als religiöse Erlebnisse, säkulare Bewegungen oder psychopathologische Manifestationen. Diese Grunderfahrung des Menschen lässt darauf schließen, dass der Mensch und mit ihm der ganze Kosmos auf Heil und Überleben ausgerichtet sind. C. G. Jung schildert einen Fall, der diese These in lebendiger Weise illustriert:[50] Ein ihm bekannter Psychiater zeigte ihm ein Büchlein, das er zu Weihnachten von seiner zehnjährigen Tochter geschenkt bekommen hatte. Darin hatte sie als Achtjährige eine Reihe von Träumen aufgezeichnet, die dem Vater völlig unbegreiflich waren.

Die Motive und Bilder, die in diesen Träumen auftauchten, standen alle in Verbindung mit Tod und Leben. Es erschienen ein »böses Tier«, ein schlangenartiges Ungeheuer mit Hörnern, das andere tötete; vier Götter, die aus vier Ecken kamen und den Toten das Leben wiedergaben; eine Himmelfahrt und eine Höllenfahrt; kleine Tiere verschlangen das Mädchen; ein Wassertropfen, in dem sich ein grüner Zweig befand; eine betrunkene Frau, die ertrank und nüchtern aus dem Wasser herausstieg; Ameisen, die Menschen angriffen, sodass das Mädchen in panischer Angst in einen Fluss fiel; das Mädchen, das auf der Mondwüste bis in die Hölle hinab sank; das Mädchen, das einen leuchtenden Ball berührte, von dem Dämpfe aufstiegen, und dann starb; Vögel, die aus ihrer Haut kamen und sie vollständig bedeckten; Mückenschwärme, die die Sonne, den Mond und alle Sterne verdunkelten – bis auf einen, der auf die Träumerin fiel und sie tötete.

Die Träume sind außerordentlich merkwürdig. Sie handeln von Zerstörung und Wiederherstellung, von Tod und Rückkehr zum Leben. Spezifisch christliche Elemente sind nicht erkennbar, mythologische Elemente überwiegen. Der Kontakt des Mädchens mit christlichem Gedankengut oder mythologischen Erzählungen kann als minimal angesehen werden, da das Elternhaus nur oberflächlich religiös war. Bilder des Retters und Lebensbringers, der Quaternität, der gehörnten Schlange, von Himmel und Hölle, von Sterben und Auferstehen sind kollektive Bilder der Menschheit, die Eingang bis in die verschiedensten Initiationsriten der Völker gefunden haben. Sie stehen oft im Leben von Personen, die an ihr Lebensende gekommen sind. Das Mädchen stand in beiden Situationen gleichzeitig: Sie näherte sich der Pubertät (= Initiation zur Frau) und ihrem Lebensende. Sie starb ein Jahr nach diesem Weihnachtsfest an einer Infektionskrankheit.

Die Träume waren eine Vorausschau des Unbewussten auf den bevorstehenden Tod und das neue Leben, ohne dass hier ein spezifisch religiöser oder christlicher Einfluss vorhanden gewesen wäre. Der Anlass, die Träume zu offenbaren, war das Fest des Lebens, der Geburt Christi. Der Baum des Lebens und des Lichtes ist ein Archetyp der Leben spendenden Großen Mutter, die den Tod des sterbenden Gottes in ihrem Schoß in Leben verwandelt.

In ähnlicher Weise lebt unsere gegenwärtige (zumindest westliche) Gesellschaft in einer konstanten Situation der Bedrohung durch Faktoren und Akteure, die sie nicht beherrschen kann. Die Lebensbedrohung ist allgegenwärtig. War es bis zur politischen Wende 1989/90 der Kalte Krieg, der sie bedrohte, der aber noch durch abschreckendes Gegenpotential in etwa kalkulierbar war, so sind es heute die unberechenbaren Angriffe des Terrors, der Technik und der Natur. Die Zerstörung der Zwillingstürme in New York am 11. September 2001 durch zivile Flugzeuge hat endgültig gezeigt, dass jedes noch so friedliche Mittel dazu benutzt werden kann, blindlings zu töten. Der ausschlaggebende Faktor ist das Böse im Menschen, das weder durch die Technik, den Wohlstand noch die Politik beherrschbar oder berechenbar ist. Bombenanschläge inmitten des ganz normalen Alltags, ohne Vorwarnung und ohne ersichtlichen Grund, hinterlassen Spuren der Angst, die aus dem Unbewussten emporsteigen. Naturkatastrophen immer größeren Ausmaßes lassen die Hilflosigkeit vor der

51 *Carl Gustav Jung*, Zivilisation im Übergang, zit. b. *Hauf*, Die Marke »Harry Potter« (Anm. 10), 111.

52 Vgl. *Hauf*, Die Marke »Harry Potter« (Anm. 10), 104-119. Im Übrigen analysiert *Monika Hauf* meines Erachtens die Potter-Serie sehr treffend auf dem Hintergrund der archetypischen Erfahrungen C. G. Jungs. Die Frage, in wie weit Rowlings Werk christliche Motive verwendet, ist eher umgekehrt zu stellen: In wie weit erscheinen Rowlings archetypische Motive und Bilder in den biblischen Schriften und sind dort in einen neuen Offenbarungskontext gestellt, denn Rowlings Bilderwelt schöpft aus dem Urgrund der menschlichen Seele, der seit dem Beginn des Menschseins gegenwärtig ist (vgl. ebd., 120-142).

53 Die Begriffe von *Magie, Zauberern, Hexen* und *Hexern*, wie sie im Werk Rowlings verwendet werden, haben nicht viel gemein mit dem religionsgeschichtlichen (und theologischen) Begriff von *Magie* und *Hexerei (magic, witchcraft)*, der im-

Lebensbedrohung wachsen, zumal die Prognosen für die Zukunft ein immer schlimmeres Szenarium vor Augen halten. Technische Errungenschaften erweisen sich als Zeitbomben, wenn sie nicht mehr beherrschbar werden. Die Zahl der Horrorfilme und apokalyptischen Bildersequenzen hat in den letzten dreißig Jahren rapide zugenommen. Zwar siegen in der Fiktion immer noch zu guter Letzt das Gute und das Überleben, aber es gibt keine Garantie, dass es in der Realität ebenso sein wird. Die Unsicherheit und die Angst sitzen dem Menschen nicht nur im Nacken, sondern sie hausen in seiner Seele, in seinem Innersten.

In dieser Situation entsteht Harry Potter. Rowling macht die Urängste der Zeitgenossen durch Bilder und Handlungen sichtbar – ob bewusst oder unbewusst, sei dahingestellt –, in denen sich Kinder, Jugendliche und Erwachsene wiederfinden, sich mit den Personen und Handlungen identifizieren können, das magische Handeln als erlösende Alternative zur technisierten Welt geradezu herbeisehnen. C. G. Jung bemerkt zu dieser Situation: »Was geschieht dann mit jenen Bildern und Gestalten, jenen Göttern, Dämonen, Zauberern, mit den Boten des Himmels und den Ausgeburten des Abgrunds, wenn wir eingesehen haben, dass es in den Kavernen der Erde keinen serpens mercurii und keinen spiritus vegetativus gibt, im Walde keine Dryaden und im Wasser keine Undinen? Was es früher draußen an spukhaftem Gelichter gab, das hat sich jetzt in die Seele des Menschen gesetzt.«[51]

Harry Potters Welt setzt die Gestalten des Unbewussten wieder frei. Längst Verdrängtes dringt an die Oberfläche und verarbeitet die unterschwelligen Ängste des realen Lebens. Archetypische Bilder von Leben und Tod, Bedrohung und Erlösung, Sterben und Auferstehen manifestieren sich in der magischen Zauberwelt in fantastischen Wesen und Geistern zwischen Leben und Tod. Die Grenzen verschwimmen, weil Traumbilder und reale Wahrnehmung im Bewusstsein nicht mehr unterschieden werden können. Die Welt wird, zumindest vorübergehend, heil, weil der Mensch sich mit seinem Schatten versöhnen kann.[52] Rowlings Heptalogie ist ein lebendiges Spiegelbild der menschlichen Seele, die durch das Zertrennen ihrer religiösen Wurzeln durch eine säkulare Welt nach einem festen Halt in der Selbsterlösung durch die menschliche Liebe sucht. Die mythologisch-religiöse Apokalyptik inkulturiert in einen säkularen Kontext mit Hilfe einer magischen Zauberwelt.[53]

mer in Konnotation mit der Bemächtigung einer transzendenten Macht durch menschliches Handeln steht (vgl. dazu *Anton Quack*, Heiler, Hexen und Schamanen. Die Religion der Stammeskulturen, Darmstadt 2004, 156). Rowling dagegen gebraucht die Begriffe in einem rein »entzauberten«, technisierten Sinn, sodass der Zauberstab nichts anderes als ein potentielles Vielzweckinstrument ist, dessen Effizienz durch Erlernen und Geschick mehr oder weniger virtuos gesteuert werden kann. So dient der Zauberstab zivil als Küchenhilfe, Taschenlampe, Verwandlungsinstrument oder Schabernackspielzeug, kriminell als paralysierende Pistole oder mörderischer Laserpointer. Wer daher glaubt, bei Rowling eine Verführung zur Magie oder einen Rückfall in die Zeit magischer Religiosität zu sehen, hat von Harry Potters Zauberwelt nicht viel verstanden (vgl. *Gabriele Kuby*, 10 Argumente gegen Harry Potter, 09.03.2011, in: http://www.gabriele-kuby.de/buecher/harry-potter/).

Zusammenfassung

Die Harry-Potter-Heptalogie Joanne K. Rowlings ist einer der größten Welterfolge der Gegenwart. Obwohl literarisch umstritten, trifft die Autorin den Nerv der heutigen Zeit, die mehr denn je unter dem Eindruck aktueller und noch bevorstehender Katastrophen steht. Die Macht des Bösen aus einer fiktiven Zauberwelt bedroht die Welt und wird im Mythos vom Kind-Retter erlöst. Rowling benutzt apokalyptische Motive und Bilder, die sie konsequent säkularisiert: Die »jenseitige« Welt des Machtkampfes zwischen Gut und Böse ist eine diesseitige Welt der Zauberer, mit allen irdischen Fehlern und Veranlagungen; der Tod ist allgegenwärtig und nicht aus der Welt zu schaffen; was zählt, ist die selbstlose Liebe, gegen die das Böse letztendlich keine Macht besitzt. Die mythologisch-religiöse Tradition der Apokalyptik ist in einen säkularen Kontext inkulturiert.

Abstract

The Harry-Potter heptalogy of Joanne K. Rowling is one of the greatest worldwide hits of the present age. Although its literary quality might be controversial, the author captures the spirit of our times which, more than ever before, are marked by actual and imminent catastrophes. The power of evil from a fictional magical world threatens the earth and is redeemed in the myth of a child-savior. Rowling uses apocalyptical motives and images which she consistently secularizes: the »otherworldly« struggle for power between Good and Evil becomes a worldly struggle of magicians with all the flaws and predispositions of this world; death is ubiquitous and cannot be eliminated; what counts is selfless love against which evil ultimately has no power. The mythological-religious tradition of the apocalypse has been inculturated into a secular context.

Das Christentum
in der Religionsgeschichte

III

Löscht den Geist nicht aus: Kirche in den Zeichen der Zeit

Eine Theologie des Vermissens

Skizze einer topologischen Erkenntnistheorie

von Gregor Maria Hoff

Kontextuelle Fundamentaltheologie, für deren Programm Hans Waldenfels maßgeblich Pate steht, hat sich in den Zeichen der Zeit zu verantworten.[1] Dabei weist die Raummetapher der Kontextualität, die Texte in einen topographischen Zusammenhang stellt und ihr Neben-, Mit- und Ineinander als Ausgangspunkt eigener Theoriebildung erfasst, auf die topologischen Traditionen der Theologie zurück. Einer der Bonner Vorgänger von Hans Waldenfels, Albert Lang, hat die Fundamentaltheologie über die Argumentationsformen einer Loci-Theologie im Anschluss an Melchor Cano entwickelt. Eine sachliche Verbindung mit einer kontextuellen Fundamentaltheologie zeichnet sich über die konkreten Ortsbestimmungen ab, mit denen die Zeichen der Zeit erst ihre Signifikanz erhalten.

Im Folgenden möchte ich eine erkenntnistheoretische Skizze topologisch argumentierender Fundamentaltheologie entfalten, die sich an einer existentiellen Erfahrung festmacht: am Vermissen. Es wird anthropologisch bestimmt und religiös-theologisch evaluiert – mit spezifischen Ortsbezügen, die sich letztlich in den weiteren Theorierahmen kontextueller Fundamentaltheologie einschreiben.

1 Die »gelegentlichen Abwesenheiten Gottes« – eine literarische Regie des Vermissens

»Ich mein, auf der ganzen Welt ist niemand schrecklicher vermißt worden als dieser alte Mann.«[2] Wir befinden uns an einem merkwürdigen Ort. Colum McCanns Roman, der im Deutschen in den schönen Titel *Der Himmel unter der Stadt* übersetzt wurde, spielt im New York des 20. Jahrhunderts, im Untergrund einer Subway-Station. Er lenkt den Blick auf die obere Welt, die der Autor mit einem anderen Roman verbunden hat, seiner *Großen Welt*. Beides New York-Romane, ergeben sie eine sonderbare Konstellation des Vermissens, die von der brutalen Wirklichkeit des 9. September 2001 bestimmt wird. Ein Seiltänzer

1 Vgl. *Hans Waldenfels,* Kontextuelle Fundamentaltheologie, Paderborn u. a. ⁴2005.
2 *Colum McCann*, Der Himmel unter der Stadt. Roman, Reinbek bei Hamburg ⁴2003, 315f.

erreicht in *Let the Great World Spin* von 2009 den Himmel. Was tatsächlich geschehen ist, der unglaubliche Weg des Philippe Petit am 7. August 1974 zwischen den beiden Türmen des World Trade Center, stanzt sich in der Erinnerung der Romanfiguren zu einer Weltgeschichte des Vermissens. *Oben* der Himmel, *unten* eben nicht die Hölle, sondern der andere Himmel, der »Himmel unter der Stadt«. Die Topographie der Romane Colum McCanns setzt Landmarken entlang den Lebensstationen von Menschen, die verloren gegangen sind.

Das allein wäre nicht bemerkenswert, legen die Literaturen der Welt doch unendlich fortlaufende Erinnerungsspuren unter dem Vorzeichen des Vermissens an. Aber bei McCann geschieht dies auf eine besondere Weise. Er greift in seinen ganz und gar säkularen Erzählungen nicht nur religiöse Chiffren, biblische Namen und Bilder, sondern Gott selbst auf, der zum Akteur im Hintergrund wird. Nicht, dass die Figuren einfach an ihn glaubten – einige tun dies, manche unmittelbar wie der alte Mann vom Anfang, den sein Enkel so vermisst; andere wie der Ordensmann Corrigan haben »die Verbindung mit Gott verloren, er trug die Nöte allein, die Geschichte der Geschichten«[3]; wieder andere haben ihn aufgegeben[4] oder können mit ihm nichts anfangen wie Corrigans Bruder. Aber dieser Gott wird zum Sprachraum, zur Artikulationsmöglichkeit für das, was verloren gegangen ist und *unendlich* fehlt.

Zwischen den beiden erwähnten Himmeln, jeder einzelne höllisch genug, wie sich in den Fiktionen der Romane wie in der realen Geschichte nicht nur von 9/11 erweisen wird, spielen die ganzen Tragödien der Menschheit. Die Verzweiflung der Mütter, die ihre Kinder verloren haben, führen sie in den Ring, »und Gott kriegt jetzt Seine Abreibung. Ich komme, Jazzlyn. Ich bin's. Ich habe einen Schlagring im Strumpf.«[5] Wer Tillie kennengelernt hat, die hier mit ihrer Tochter spricht, beide heroinabhängige Prostituierte, darf sich durchaus Sorgen um Gott machen. Der handfeste Abtausch, der sich durch die Geschichten zieht, schafft dabei beides: das Spiel mit dem aufgegebenen Gott[6] aufrechtzuerhalten, aber auch das Gottvermissen konsequent durchzuführen. Es handelt sich um mehr, als dass nur ein einmal entwickeltes Bild genutzt würde, eine Redensart, ein flüchtiger Bezug. Noch in aller Ironie vertritt dieser Gott stattdessen etwas Unvertretbares: die Sehnsucht nach dem Leben, das sich dem Tod und seinen Alltagsgeschichten widersetzt.

Zum Beispiel Treefrog. Er ist der Enkel von Nathan Walker, der in der Subway ums Leben kommt – überflüssig zu sagen, dass biblische Namen in diesen Romanen immer wieder einen metaphorischen Nennwert reklamieren. Nathan

3 *Ders.*, Die große Welt. Roman, Reinbek bei Hamburg 2009, 73.
4 Ebd., 447.
5 Ebd., 367.
6 Vgl. ebd., 447.
7 *McCann*, Himmel (Anm. 2), 31.
8 Ebd., 29.
9 Ebd., 9f.
10 Ebd., 349.
11 Ebd., 298f.

hat die Untergrundbahn Anfang des 20. Jahrhunderts mitgebaut. Bei einem Unfall weicht Luft aus der Grube. Nathan wird mit zwei Kollegen durch die Decke nach oben gezogen, einmal durch den Schlamm, durch das Wasser, bis ihn der Hudson River in einer Acht-Meter-Fontäne ausspuckt. »Sie sind wie Götter nach oben geblasen worden.«[7]

Und erleben ihre »Himmelfahrt«[8], nachdem sich Nathan schon ganz im Grab des Flussbetts begraben fand. Ihm widerfährt eine reguläre Auferstehung, aber die kann nicht verhindern, dass ihm im folgenden Leben die Menschen wegsterben, die er am meisten liebt: seine Frau, sein Sohn. Auch sein Enkel ist ein lebender Toter, den es dorthin ziehen wird, wo der Großvater herkam. Den treibt Sehnsucht, ein ungestilltes Vermissen in die Subway zurück, als könnte er dort den Toten noch einmal begegnen. Er sucht das alte Leben und findet den Tod, als ihn eine U-Bahn erfasst und mitreißt. Später lebt der Enkel hier, nachdem ihn seine zerrissene Biographie in den Untergrund trieb. Treefrog findet am Anfang des Romans einen Vogel, den der Winter im Eis des Hudson River wie im Flug festgefroren hat. Ein innerer Impuls treibt ihn dazu, den Kadaver frei zu schlagen, und für einen Moment ist es, als käme Bewegung in die Flügel, gleich scheint er davon zu fliegen, bis ihn die Strömung erfasst und verschluckt.[9] Später wird er vor sich hin murmeln: »Unsere Auferstehungen sind nicht mehr das, was sie mal waren.«[10] Aber da hat er schon seine Karten verbrannt, auf denen er alles eingetragen hat. Karten seines Lebensraums, der Höhle des Vermissens, in der er lebt. Er vermisst seine Frau, seine Tochter, die er durch seine Schuld verloren hat. Er kann sich nicht retten, aber vielleicht die junge Frau, um die er sich im Untergrund kümmert. »›Ich könnte eine Karte von dir machen ohne die ganzen Wunden‹, sagt er. ›Wozu machst Du überhaupt Karten, Mann?‹, fragt sie. ›Ich mach von allem Karten. Ich mach sogar Karten von meinem Nest.‹ ›Wieso?‹ ›Falls Gott vorbeikommt.‹ ›Was?‹ ›Damit er die Linien bis hierhin verfolgen kann.‹ ›Bist du 'n Jesus-Freak oder was?‹ ›Nein. Das ist nur, damit Er mich finden kann.‹«[11]

Natürlich ist Treefrog ein Verrückter – aber was ändert das an seiner Leidenschaft, an seiner Sehnsucht? Was er vermisst, hält ihn am Leben, obwohl er oft eher sterben möchte, und er kann es ausdrücken, indem er die Karten zeichnet, auf denen Gott ihn finden kann. Wie der Vogel im Eis setzt er am Ende des Romans zu einem Flug an, aber er landet unsanft. Die Metamorphose misslingt, er schlägt jämmerlich mit den Armen – und in der ganzen Komik des Moments liegt die Tragödie seiner Existenz offen, seiner verdammten Hoffnung. »Doch er dreht sich, und er hüpft, und er weiß, daß es vielleicht nicht wahr ist, und als er auf dem Boden landet, im Tunnel, zwischen den Trümmern seines Lebens, mit gebeugten Knien, mit klopfendem Herzen, läßt er ein Wort auf seiner Zunge ruhen, nur einmal; es ruht dort, etwas Ungleichgewichtiges … Und am Tor lächelt er, wiegt das

Gewicht des Wortes auf seiner Zunge, seine Verheißung, seine Schönheit, seine Hoffnung, ein einziges Wort: Auferstehung.«[12]

Wie der Roman beginnt, endet er, theologisch riskant, aber nicht unvermittelt. Der zerstörte Mensch wird hier nicht zum Plakat Gottes, sondern zu seinem Bild. Es nimmt Gestalt an in den Punktierungen des Vermissens, denn auch Gott ist nicht in den armseligen Besitz des Unterweltmenschen übergegangen. Er bleibt selbst eine unscheinbare, zwielichtige, aber doch notwendige Größe in diesen Geschichten. Corrigan, der Franziskaner aus der »Großen Welt«, der durch einen idotischen, sinnlosen Zufall sterben wird, weil er sich um die Prostituierten in seinem Viertel kümmert, versucht es seinem agnostischen Bruder einmal zu erklären: »›Tja, ich lerne die elementaren Gefühle kennen‹, sagte er. ›Hunger, Durst, die Müdigkeit am Ende des Tages. Ich fange an mich zu fragen, ob Gott da ist, wenn ich mitten in der Nacht aufwache.‹ Er schien zu einem Punkt über meiner Schulter zu sprechen. Er hatte Ringe unter den tief in den Höhlen liegenden Augen. ›Das gefällt mir an Gott. Man lernt ihn durch Seine gelegentlichen Abwesenheiten kennen.‹«[13]

Die Erzählregie hält sich zwischen Nähe und Distanz. Die Perspektiven wechseln, über die Plausibilität der Gedanken wird nichts entschieden, also auch nichts über Gott und seine Wirklichkeit, die im Spiegel der Biographien auftaucht, verschwindet, aber doch die eine Spur hinterlässt: dass sie es ist, mit der diese Leben in ihrem Lebenvermissen, in dieser bedrängenden Unendlichkeit, Gestalt annehmen. *Theologisch* gesprochen, wird Gott zur Offenbarungsform des Menschen, und umgekehrt legen die anthropologischen Muster des Vermissens seine Wirklichkeit *invers* frei. Insofern halten die austauschbar, aber nicht willkürlich entfalteten Motive aus den Romanen Collum McCanns zu einer offenbarungstheologischen Spurensuche an, zum Kartenzeichnen à la Treefrog. Allerdings bedarf es dazu einer erkenntnistheoretischen Orientierung, einer fundamentaltheologischen Topologie.

2 Topologische Grammatik des Vermissens – im Raum der Schrift

Diese Topologie gibt es bereits. Sie entfaltet sich im Raum der Heiligen Schrift und zwingt dazu, diese selbst als den Ort eines medial bewahrten Gottvermissens zu begreifen. Was ist damit gemeint? In der *Form* der Schrift speichert sie Gegenwart.[14] Schrift hält den Gedanken, die Geschichte, die Erinnerung fest. Sie werden abrufbar. Sie werden wiederholbar. Das heißt: Im Zuge fortlaufender Lektüren kann man sie immer wieder herstellen. Es entsteht eine narrative Gleichzeitigkeit mit einer Zeit, die vergangen ist. Wir hören und lesen das Evangelium und werden Akteure in diesem Drama. Es fordert uns heraus, selbst zu handeln. Wir bewegen uns in die Zeit Jesu und übersetzen sie in unsere Gegenwart. Daraus resultiert eine eigenartige Spannung: Die Gegenwart Jesu bleibt nur in der Distanz zu ihr erhalten. Sie aktualisiert sich in der *Imitatio Christi*, in der Nachahmung des nicht mehr gegebenen, des entzogenen Originals.

Man muss die Evangelien vor diesem Hintergrund auch so lesen, dass sie das Vermissen Jesu bearbeiten. Er fehlt, er ist »von ihnen gegangen«, wie es in der Entrückungsszene der Apostelgeschichte heißt (Apg 1,11). In der Form der Schrift können wir daran teilnehmen. Wir rücken an die Stelle der Jünger, wir teilen mit ihnen das Problem, zum Himmel schauen zu müssen und IHN nicht mehr zu sehen. Dieser Himmel ist selbst Raum projektiver Entrückungen, Stellfläche von Sehnsucht und Träumen. Im Sinne des Evangeliums aber ist das matthäische »Reich der Himmel« kein Produkt unserer irregelaufenen Wünsche, sondern die Wirklichkeit des Lebens und Sterbens und eben der Auferstehung Jesu.

Ihre Wirklichkeit begegnet jedoch nur im Zeugnis dieses Lebens, in Schrift und Tradition. Das aber bedeutet: Der synchrone Impuls verschiebt sich. Die entfaltete Gegenwart verschwindet in den Zeichen, die sie bestimmen. Man kann diese Gegenwart nicht festhalten, sondern muss sich jeweils neu auf sie einstellen – in unserer Lebenszeit. Das geschieht in der Lektüre, in der *Wiederholung* der Erinnerung. Das ist einer der Gründe, warum die religiöse Kultur des Opfers unverzichtbar bleibt. Das Opfer aktualisiert ein Geschehen. Es gibt Gott einen Lebensraum, der die Grenze zwischen Leben und Tod, zwischen Immanenz und Transzendenz codiert. In der Eucharistiefeier wird der Gekreuzigte nicht ein weiteres Mal geopfert, aber der *Nachvollzug* des Opfers inszeniert diese Grenzerfahrung, und zwar als Übergang. Das Bild, der Gedanke, die Erinnerung – sie werden im Ablauf der Zeit und im Modus ihrer Wiederholung selbst geopfert, weil sie das Transzendente aktualisieren, aber nicht *behalten* können.

Zugespitzt formuliert: Das Opfer opfert sich als rituelles Gedächtnis und kann sich nur in diesem Übergang, in diesem *Pascha*, authentisch bewahren. Sonst würde es nur auf sich selbst rückverweisen, sich selbst reproduzieren – und wäre nicht mehr der dramatische Raum einer Gottesbegegnung, also einer erfahrenen Gegenwart von *Transzendenz*.

Insofern ist aber ein Moment des *Vermissens* bereits konstitutiv in jeden Kult des anwesenden Gottes eingewoben. Das gilt in besonderer Eindringlichkeit für seine schriftlichen Texturen, weil in ihnen – stärker noch als in jeder Performance, offensichtlicher als im Tanz, in der Geste, die auch in ihren li-

12 Ebd., 349.

13 Ebd., 46.

14 Vgl. zur erkenntnistheologischen Bestimmung der Schriftlichkeit der Heiligen Schrift *Florian Bruckmann*, Die Schrift als Zeuge analoger Gottrede. Studien zu Lyotard, Derrida und Augustinus, Freiburg u. a. 2008.

turgischen Formularen den *Moment* installieren – das Bewahren selbst zum Thema wird. Daher stammt auch die Regieanweisung von Traditionen, die an der Authentizität der Schriftauslegung interessiert sind. Schrift verspricht, den Augenblick zu konservieren, den ursprünglichen Impuls, die wahre Intention. Aber die Wiederholung der Schrift ist bereits Akt der *différance*, wie Jacques Derrida deutlich gemacht hat. Er meint damit die nuancierte Verschiebung in Raum und Zeit, einen zwingenden Abstand von Zeichen und Bezeichnetem. Die Gegenwart ist demnach in der Form der Schrift die reale Präsenz ihrer Abwesenheit. Das wird vielleicht am deutlichsten in den offenbarungstheologischen *Eimi*-Formeln des Johannes-Evangeliums. Das *Ich bin* Jesu greift die Selbstoffenbarung JHWHs in der Dornbusch-Theophanie auf (Ex 3,14). Das *Ich bin* markiert reine Gleichzeitigkeit, es ist die Performanz des Subjekts, das sich setzt, indem es *gerade jetzt* spricht. Die Bedeutung dieses offenbarungstheologischen *Ich bin* kann nur im literarischen und liturgischen Nachvollzug aufgehen. Im Glauben an die Wirklichkeit des Heiligen Geistes, in dem wir Jesus Christus erfahren können, zeigt diese prekäre Zeitkonstruktion an: die Gegenwart des Vergangenen als neue Form von Gleichzeitigkeit. Das hat eine existenzielle Bedeutung. Das Moment des Vermissens treibt unsere Nachfolgegeschichten an. Die starke eschatologische Sehnsucht jener Texte des NT und der frühkirchlichen Literaturen, die von der Naherwartung geprägt sind und mitunter geradezu das Verlangen nach dem Martyrium atmen, gibt dem eine Gestalt.

Schrift lässt sich auf dieser Linie als Ausdruck und Form des Vermissens lesen. Denn alles Vermissen hat einen Ort, einen Index von Gegebenem, ein anfechtbares, aber *wirkliches* Moment von Positivität. Schrift verweist auf das, was da ist, aber nicht als es selbst, sondern in der Form des Zeichens, das auf das Geschehene verweist. Im Sprechakt zählt demgegenüber der »reine« Moment. Wir begegnen uns *jetzt*, wir sprechen *jetzt*. Aber dieser Moment ist im Augenblick des Sprechens unwiderruflich vergangen. Deshalb verlangt die Erfahrung des vermissten Menschen, des vermissten Ortes nach seiner Archivierung. Das geschieht im Gedächtnis, das sich kulturell in der Schrift und ihren medialen Entsprechungen, der Tonaufnahme, dem Foto, dem Video, durchgesetzt hat.

Nun setzt die Schrift auf Dauer, und das verlangt den *Raum* ihrer Konservierung. Aber auch der Raum hat einen Zug zur Leere. »Verwendet man das Wort ohne Zusatz, weckt es vorrangig die Vorstellung eines Himmels oder einer Wüste, der *enge* Raum hingegen ist fast automatisch ein voller Raum.«[15]

15 *Catherine Millet*, Das sexuelle Leben der Catherine M., München 2001, 188.

16 *Tobias Voßhenrich*, AnthropoTheologie. Überlegungen zu einer Theologie, die aus der Zeit ist, Paderborn u. a. 2007, 94. – Das erlaubt dem Christentum, den »Topos von der Erfahrung Gottes in der Dunkelheit, die als Ort der Gotteserkenntnis im Neuplatonismus unbekannt war« (ebd., 148f), erkenntnistheologisch aufzunehmen.

17 Vgl. auch zum Folgenden *Christoph Dohmen*, Art. Paradies II: Biblisch-theologisch, in: LThK³ Bd. 7, 1360-1362.

Der Raum als solcher, nicht näher qualifiziert, ist zunächst einmal leer. Dazu kommt ein zweites: Jeder Ort kann verlassen werden. Auf dieser formalen Zuschreibungsebene ergibt sich ein *double bind* von Anwesenheit und Abwesenheit – und genau das wird zur Grammatik der Gottesbestimmung, die Israel anlegt. Sie ist von beidem durchdrungen: von der Erfahrung der Gegenwart Gottes in Israel und vom schmerzhaften Verlust dieser Gegenwart. Dabei geschieht etwas Aufregendes. In dem historischen Moment, in dem Israel die Erfahrung machen muss, dass sich Gott von seinem Volk zurückgezogen hat, sich radikal von ihm abgewendet zu haben scheint, entsteht eine andere theologische Wissens- und Sprachform. »Der ›Fehl Gottes‹ für die (politische) Integrität und Identität des Volkes Gottes wird kompensiert durch die erhaltene, aber durch die exilische Verlusterfahrung auch transformierte und bewährte Erfahrungswelt des persönlichen Glaubens, die Artikulation und damit Identitätswahrung ermöglichte.«[16]

Im Modus des Vermissens wird die bleibende Gegenwart Gottes erfahrbar – ein Zeichen der *Zeit*. Der Schrei nach Gott steht nicht für sich selbst, sondern in ihm machen die Beterinnen der Psalmen die Erfahrung, dass Gott ansprechbar bleibt. Sie geben ihm Raum, indem sie ihn anrufen.

3 Spuren des vermissten Gottes – biblische Ortsangaben

Dieser Erfahrung und der aus ihr entwickelten Grammatik ist genauer nachzugehen. Aus den verschiedenen biblischen Texturen ragen Orte hervor, die mit einer besonderen Bestimmung der Gegenwart Gottes verbunden sind. Man kann diese Orte aufsuchen wie Jakob, der an dem Ort, an dem Gott mit ihm geredet hatte, einen »Gedenkstein« errichtete (Gen 35,14). Gott selbst hatte ihn dazu aufgefordert. »Dann fuhr Gott von dem Ort, an dem er mit ihm geredet hatte, zum Himmel auf.« (Gen 35,14) Der Entzug Gottes gibt dem Erinnerungsort seiner Gegenwart eine einzigartige Bedeutung. Wer ihn besucht, kann Gott begegnen – aber das geschieht in der Form des Vermissens. Sonst müsste man nicht an diese Orte zurückkehren.

Zwei Orte des Gottvermissens spielen vor diesem Hintergrund eine besondere Rolle: das Paradies und der Tempel. Die Vorstellung vom Paradies scheint dabei auf den ersten Blick *utopischen* Charakter zu haben, also einen Nicht-Ort zu bezeichnen. Das Wort stammt aus dem Altpersischen und meint das *Umzäunte*, näherhin den *Garten*, was zum Bild des Gartens Eden (Gen 2 und 3) überleitet.[17] Als Metapher markiert dieser Garten den Übergang zwischen Natur und Kultur und entspricht insofern dem Hervorgang des Menschen aus seiner natürlichen Disposition zum Kulturwesen. Insofern handelt es sich beim alttestamentlichen Paradies-Narrativ um eine »*Kul-*

turätiologie«[18], um ein Erzählmodell, mit dem eine anthropologische Konstante prototypisch gefasst wird. Zugleich wird damit etwas Anderes grundsätzlich festgehalten: der Bezug des Menschen auf eine »Gegenwelt«[19], in deren Licht die gegebene Wirklichkeit kritisch erfasst und zugleich transzendiert werden kann. Das Paradies muss verlassen werden, mit ihm aber auch jede Illusion über den Menschen. Erst unter dieser Voraussetzung entsteht Kultur. Der Aufbruch des Menschen zu seiner selbstbestimmten Existenz führt dabei auf zwei Wegen zurück zu dem Ursprungsideal – wobei die topographische Anlage des Bildes erneut auffällt. Der eine Weg führt im Befolgen der Thora zu Gott, der den Weg Israels auf diese Weise begleitet. Der andere Weg ist bereits mit der Paradiesgeschichte eschatologisch konnotiert, im Wortsinn also *gerichtet* – und wird im Übrigen mit der Zions-Theologie verbunden: »Denn der Herr hat Erbarmen mit Zion, er hat Erbarmen mit all seinen Ruinen. Seine Wüste macht er wie Eden, seine Öde wie den Garten des Herrn.« (Jes 51,3; vgl. 60,13) Dieser Weg verbindet wiederum das irdische und himmlische Jerusalem miteinander und weist dem Heiligtum, dem Tempel, eine besondere Bedeutung zu.

Beide Wege entstehen auf der Basis der Vertreibung. Der exilische Hintergrund der Paradies-Texte und ihrer Redaktion verzahnt dabei die Vermissenstheologien des Paradieses und des Tempels miteinander. Die Richtung, in die sie weisen, ergibt sich aus dem, was vermisst wird: die Gegenwart Gottes. Der Verlust des Paradieses liefert die topologische Metapher für den Verlust des Tempels. In der Trauer über das Verlorene geht der Glaube an den Gott Israels jedoch nicht verloren, sondern die Vorstellung von Seiner Erfahrbarkeit wird radikalisiert. Das Gottvermissen wird zum Artikulationsraum und zur Grammatik der Gottesbestimmung.

Genau dafür steht der Tempel als konkreter Ort wie als theologischer Topos. Er konzentriert die Gegenwart Gottes in Israel und markiert seine religiöse Identität. Schon metaphorisch ergibt sich eine Nähe zum Bild vom Paradies, das ebenso wie das lateinische Wort *templum* einen abgegrenzten Raum meint. Die Vorstellung vom Gottesberg (Ez 40,2) und seinem Tempel (Ez 40,5) tritt bei Ezechiel neben der von einem »Gottesgarten« auf (Ez 47,1-12).[20] Die Tempelquelle bewässert das ganze Land und bringt immer neue Früchte, die als Speise und Heilmittel dienen (Ez 47,12). Sie sind Ausdruck der heilvollen

18 Ebd., 1360.
19 Ebd., 1361.
20 Vgl. *Johann Maier*, Art. Tempel. II: Biblisch-theologisch, in: LThK³ Bd. 9, 1322-1325.
21 Vgl. *Jonathan Z. Smith*, Map Is Not Territory. Studies in the History of Religions, Chicago/London 1978.
22 *Clemens Thoma*, Das Land Israel in der rabbinischen Tradition, in: *Willehad P. Eckert/Nathan P. Levinson/Martin Stöhr* (Hg.), Jüdisches Volk – gelobtes Land. Die biblischen Landverheißungen als Problem des jüdischen Selbstverständnisses und der christlichen Theologie, München 1970, 37-51, 37f. Zitiert nach: *Hans Gerhard Kippenberg/Kocku v. Stuckrad*, Einführung in die Religionswissenschaft. Gegenstände und Begriffe, München 2003, 115.
23 *Kippenberg/Stuckrad*, Einführung (Anm. 22), 116.
24 Ebd., 117.

Gegenwart Gottes, dessen Herrlichkeit (*kabod*) in den Tempel einzog und sich dort hält. Die Vision, die Ezechiel hier wiedergibt, wendet die Erfahrung des Tempelverlustes und des Exils in die »Wiederherstellung Israels« (Ez 39,23-29).

Diese Erfahrung radikalisiert sich mit der zweiten Tempelzerstörung 70 n. Chr. Der Tempel als Topos der Repräsentanz Gottes lässt zwar die (messianische) Hoffnung auf eine erneute Wiederherstellung des Tempels weiterhin zu, hat aber eine entscheidende Verschiebung zur Folge. Der Religionswissenschaftler Jonathan Z. Smith hat sie als »Utopisierung des Raumes« bezeichnet.[21] Das hängt mit einer spezifischen Form der »Geotheologie«[22] zusammen, also mit einer eigenen *topologischen Erkenntnistheologie* Israels. In der Tempelrolle der Qumrangemeinde findet sich die konsequente Entfaltung dieser Theorie des heiligen Landes. Ausgehend vom Jerusalemer Tempel werden sakrale Räume angelegt, mit denen die Gegenwart Gottes im Land zu bestimmen ist. »Diesem Modell zufolge ordneten die priesterlichen Theologen das ›Land‹ in Abstufungen von Heiligkeit um den Tempel herum an, angefangen mit den religiösen Funktionären über das einfache jüdische Volk (*am ha-aretz*) bis hin zu den Nicht-Juden, die von der kultischen Gegenwart Gottes ausgeschlossen waren. Ebenfalls abgestuft war der Grad an Reinheit, denn mit zunehmender Entfernung vom Allerheiligsten des Tempels gewannen Unreinheit und Unvollkommenheit die Oberhand. ›Heilig‹ war das Land deshalb, weil sich Gott in Jersualem offenbarte und weil im Tempel der Kult in Torahgemäßer Weise ausgeführt wurde.«[23]

Mit der Zerstörung des Tempels entsteht ein neuer Raum. Er ist nicht weniger sakral aufgeladen, wird aber anders codiert. Dieser Raum überschreitet den konkreten Ort des Tempels, ohne seine Bedeutung aufzugeben. Die *Schechinah*, die Gegenwart Gottes, hat den Tempel verlassen. Sie ist nicht ortlos, sondern wird fortan in der Thora erfasst, die in der rabbinischen Tradition schriftlich (Hebräische Bibel) und mündlich (Mischnah und Talmud) vorliegt. Der verlorene Tempel bleibt als Ort des Vermissens erhalten, und zwar in Jerusalem selbst, wofür bis heute die Ruinen der Klagemauer stehen. Zugleich aber behält der Tempel seine Bedeutung auch in der Virtualisierung der Gottesgegenwart. Sie tritt auf, wo des Tempels gedacht wird. Sie bleibt lebendig in der Erinnerung an den zerstörten Tempel und transzendiert ihn zugleich, weil die Erfahrung der Gegenwart Gottes Räume und Zeiten überschreitet. Auf dieser Basis kann auch der konkrete Tempel seine Bedeutung behalten – aber auf Kosten seiner Exklusivität. Der Tempel ist verloren und bleibt auf diese Weise erhalten. Damit wird eine »Leerstelle«[24] in der religiösen Topographie Israels zum Raum seiner theologischen Neubestimmung.

Die erkenntnistheologische Schlussfolgerung ist erregend. Die verlorene Gegenwart Gottes erlaubt Seine Entdeckung unter umgekehrten Vorzeichen. Das geschieht unter den Vorzeichen einer Spiritualisierung Gottes, der im Paradox von Anwesenheit und Abwesenheit, d. h. nicht anders als in der

Spannung beider Erfahrungspole auftritt. Das Gottvermissen kann auf dieser Basis eine eigene Form mystischer Theologie anleiten – und dem bedrängenden Erfahrungsverlust Gottes einen Ort im erkenntnistheoretischen Zusammenhang der Theologie erschließen. Mit anderen Worten: Auch der fehlende Gott, sogar der radikal aus unseren Erfahrungswelten getilgte Gott kann auf diese Weise *invers* bestimmt werden. Systemtheoretisch gesprochen, erfüllt diese Form der Theologie die Luhmannsche Grundforderung an Religion, nämlich die *Beobachtung des Unbeobachtbaren*.[25] Damit ist aber der heiße Kern aktueller theologischer Herausforderungen erreicht.

4 Orte der Post / Moderne – jenseits des Gottvermissens?

Alexa Geisthövel und Habbo Knoch haben 2005 einen Band mit dem Titel *Orte der Moderne* publiziert.[26] In 32 Miniaturen werden »Erfahrungswelten des 19. und 20. Jahrhunderts« porträtiert. Es lohnt sich, dem Prospekt der Orte einmal nachzugehen, die von verschiedenen Leitmotiven eingeführt werden: *bewegen, vernetzen, sich nahe kommen, gestalten, vereinnahmen, verdichten, sich zurückziehen.*

Die Orte, die vorgestellt werden, fordern die Vorstellungskraft heraus: Was gehört wohin? Welche Qualität haben diese Orte?

- Bahnhof, Laboratorium, Auto, Flugzeug, Raumschiff – sie firmieren als »Orte der Erweiterung«.
- Zeitungsredaktion, Telefonzentrale, Arbeitsamt, Parteizentrale, Agrarbetrieb – »Orte der Steuerung«.
- Strand, Grandhotel, Tanzlokal, Stadion – »Orte des Abstands«.
- Stahlwerk, Hochhaus, Stadtrandsiedlung, Staudamm – »Orte der Rationalisierung«.
- Warenhaus, Völkerkundemuseum, Kino, Kraftraum, Stripteaselokal – »Orte des Ausstellens«.
- U-Boot, Front, Bunker, Konzentrationslager – »Orte der Zerstörung«.
- Kleinstadt, Kleingarten, Appartement, Wahlkabine, Couch – »Orte der Befreiung«.

25 Vgl. *Niklas Luhmann*, Die Religion der Gesellschaft, Frankfurt a. M. 2002.
26 *Alexa Geisthövel/Habbo Knoch* (Hg.), Orte der Moderne. Erfahrungswelten des 19. und 20. Jahrhunderts, Frankfurt a. M. 2005. Die folgenden Angaben und Zitate ebd., 5-7.
27 Ebd., 13.
28 Ebd., 9.

Zur »Imagination und Erfahrung von Moderne und Modernität gehört ihr ambivalenter Charakter«.[27] Genau auf diese Weise zeigen die genannten Orte etwas Charakteristisches. Nicht zuletzt in dem, was fehlt. Die *Kirche* wird jedenfalls nicht als ein spezifischer Ort der Moderne aufgefasst. Das sagt etwas über die theoretische Anlage dieses Buchprojekts, mehr aber noch über die Wirklichkeit der Kirche(n) in der Moderne aus. Der katholische Antimodernismus hat hier seine eigene Geschichte geschrieben. Modernitätstheoretisch erscheinen Kirchen nicht als signifikante Räume, sie erschließen keine neuen Erfahrungsformen. Sie werden nicht als innovatorische Größen erlebt, wobei es nicht zuletzt das Pathos des Fortschritts ist, das der Moderne ihr technisch-industrielles Gesicht gegeben hat. Es geht den Kirchen vielmehr so, wie Franz Biberkopf am *Berliner Alexanderplatz*, mit dem die Herausgeber die Schaubühne ihres Buchs betreten: »Er bleibt ein Fremdkörper in der Stadt.«[28] Kirche ist alt, nicht neu. Sie ist nicht modern, sondern stammt aus einer anderen Zeit. Es handelt sich um eine fremde Größe – und das besitzt einen eigenen – nämlich heterotopischen – Nennwert.

Für eine topologische Erkenntnistheorie ist an dieser Stelle festzuhalten, dass die *Kirche* nicht ohne Weiteres als ein Lebensraum des Vermissens in Frage kommt, schon weil sie selbst nicht vermisst wird. Auf diese Weise lässt sich aber auch die topologische Qualität von *Kirche* bestimmen. Weil es sich im Vermissen um eine Form der Grenzüberschreitung handelt, die sich in der Kirche auf eine einzigartige Weise vollzieht, ist Kirche tatsächlich ein spezifisch postmoderner Ort.

Natürlich gab und gibt es Kirchen seit der Konstitution des Christentums als Kirche, und sie haben jeweils ihre eigene Zeit, ihre unverwechselbare Gestalt und Ausstrahlung, ihren Ort in ihrer Lebenswelt. Und genauso selbstverständlich haben sie immer schon etwas mit einer religiösen Semantik und Kultivierung des Vermissens als einer anthropologischen Konstante zu tun. Aber postmodern haben sich deren Bedingungen auf eine besondere Weise verändert.

Was die Postmoderne von der Moderne unterscheidet, ist ihre radikale Pluralisierung, ihre Kultur der Übergänge zwischen vermeintlich fest definierten Sphären. Das betrifft Kunst und Kitsch, Politik und Medienöffentlichkeit und vieles mehr – u. a. die Geschlechtergrenzen. Prägnantes Anschauungsmaterial liefert das genannte Buch *Orte der Moderne*. Hier werden das Stadion, der Kraftraum und die Front als charakteristisch *männliche* Räume beschrieben. Klare Linien trennen die Geschlechter. Postmodern haben sie sich aufgelöst. Frauen besuchen die Fußballarenen ebenso wie die Fitnessstudios. Ebenso selbstverständlich agieren Soldatinnen an den Fronten des 21. Jahrhunderts. Umgekehrt finden sich im Stripteaselokal inzwischen auch Männer als Objekte der Begierde.

Was die Topographie der Postmoderne auszeichnet, ist ihre Pragmatik der Überschreitung von Grenzen, die sich sozio-ökonomisch als Globalisierung und Glokalisierung niederschlägt. Die moderne Logik der Universalisierung, einer letzten Meta-Erzählung, hebt sich nach Jean-Francois Lyotard postmodern in Politiken der Diversifizierung auf. Dem Differenten, Abweichenden kommt ein Eigenrecht zu.

Das führt zum Leitmotiv des *Vermissens* zurück. Die Moderne steht für eine Logik der Identität und ungebrochener Präsenz. Die PostModerne lenkt demgegenüber die Aufmerksamkeit auf die Bruchstellen unserer Wirklichkeit und Existenz. Biographien verfielfältigen sich gerade in den Momenten des Zerbrechens – und sie werden deshalb ansprechbar für die Frage nach dem systematischen Ort jenes Vermissens, in dessen Zeichen *theologisch* Gott und Mensch erkannt werden.

Dieser Gedanke weist auf eine topologische Einsicht zurück, die Michel Foucault mit dem Stichwort der »Heterotopie« eingeführt hat. Es handelt sich wörtlich um »Andersorte«. Die Moderne war an Utopien interessiert. »Utopien sind Orte ohne realen Ort. Es sind Orte, die in einem allgemeinen, direkten oder entgegengesetzten Analogieverhältnis zum realen Raum der Gesellschaft stehen. Sie sind entweder das vervollkommnete Bild oder das Gegenbild der Gesellschaft«.[29]

Als Ideale können sie unser Denken und Handeln anleiten – aber als solche sind sie nicht real und vor allem anfällig für unsere Projektionen und ihre ideologische Verkleidung. Die totalitären Staatsutopien des 20. Jahrhunderts stellen das Anschauungsmaterial bereit. Heterotopien sind demgegenüber reale Orte, die jedoch am Rand unserer Gesellschaften angesiedelt sind. Sie werden ausgeschlossen, weil sie die entlegene und verworfene Möglichkeit unserer Lebensformen anzeigen. Sie bilden den Spiegel der sozialen Wirklichkeit. »Durch den Spiegel entdecke ich, dass ich nicht an dem Ort bin, an dem ich bin, da ich mich dort drüben sehe. Durch diesen Blick, der gleichsam tief aus dem virtuellen Raum hinter dem Spiegel zu mir dringt, kehre ich zu mir selbst zurück, richte meinen Blick wieder auf mich selbst und sehe mich nun wieder dort, wo ich bin. Der Spiegel funktioniert als Heterotopie, weil er den Ort, an dem ich bin, während ich mich im Spiegel betrachte, absolut real in Verbindung mit dem gesamten umgebenden Raum und zugleich absolut irreal wiedergibt, weil dieser Ort nur über den virtuellen Punkt jenseits des Spiegels wahrgenommen wird.«[30]

Mit diesem Bild wird die Bedeutung des Vermissens in Foucaults *Heterotopologie* sichtbar. Das Ich im Spiegel ist nie ganz bei sich. Sein Blick, psychoanalytisch: das Begehren des Ich richtet sich auf das, was es ist, indem es dies

29 *Michel Foucault*, Von anderen Räumen, in: *ders.*, Dits et Ecrits. Schriften Bd. 4, Frankfurt a. M. 2005, 931-942, 935.
30 Ebd., 935f.
31 Vgl. *Dohmen*, Art. Paradies (Anm. 17), 1360.
32 *Foucault*, Von anderen Räumen (Anm. 29), 939.
33 Vgl. ebd., 936-941.

nicht ist, nicht hat, nicht darf. Das Ich im Spiegel findet seine Identität gebrochen vor. Es laboriert an einer unaufhebbaren Selbstentzogenheit, einem *unendlichen Vermissen.*

Diese Erkenntnis vollzieht sich vom *anderen Ort* seiner selbst her, im Gegenlicht jener Orte, die ihm den Spiegel vorhalten. Foucault bezeichnet u. a. den Garten, das Bordell, den Friedhof, das Schiff als solche Heterotopien. Das spontane Interesse richtet sich in unserem Zusammenhang auf den Garten, dessen Bedeutungsgeschichte Foucault skizziert, ohne die altpersische Etymologie zu nutzen, obwohl er an sie erinnert. Dort nämlich tritt jenes *pairidaeza* auf[31], das die Vorstellung vom *Paradies* anleitet. Auch für Foucault ist dieser Garten ein sakraler Ort, die Miniatur der Welt, wie sie sein soll – und insofern handelt es sich um »eine geglückte, universalisierende Heterotopie«.[32] Zum einen fällt auf, dass der Autor den religiösen Hintergrund ausblendet – was in die religiöse Semantik der Moderne zu passen scheint. Zum anderen ermöglicht es seine Topologie, das Paradies als eine Heterotopie aufzufassen. Als Raum möglichen geglückten Lebens bildet das Paradies die Gegenwelt zum Gegebenen. Auf diese Weise öffnet sich die Welt eines unendlichen Vermissens. Dabei hängt nun alles daran, dass dieser Raum real ist und eben keine bloße Utopie. Die Klostergärten als eigene Konfigurationen des Paradieses lassen sich als solche realen Gärten ausweisen. Aber entscheidender ist die Bestimmung des Paradieses im Licht der Reich-Gottes-Botschaft Jesu. Das Reich Gottes ist nicht eine bloß transzendente Größe, sondern seine Transzendenz wird greifbar und erfahren bereits in dieser Welt – in Jesus Christus, in Schrift und Tradition und dann auch konsequent in der Kirche als Lebensraum des Heiligen Geistes, in der er uns begegnet. Dieses Begegnen bleibt an die bereits aufgewiesene Form des Vermissens gebunden. Und so ist die Kirche selbst – ganz im Sinne Foucaults – eine Heterotopie, der Gegenwartsraum von Reich-Gottes-Erfahrung, die sich im Vermissen einen Ausdruck verschafft.

Dass die Kirche eine heterotope Größe darstellt, wird im Übrigen erst im Blick auf die *postmoderne* Verfassung der katholischen Kirche bestimmbar. Die Kirche in der Moderne des 19. und 20. Jahrhunderts besaß anti*moderne* Züge und entwarf ein utopisches Identitätssystem. Als Gegenwelt angelegt, war sie utopisch, weil sie keine Produktivkraft in der Entwicklung der modernen Gesellschaft darstellte. Auch als Korrektiv praktizierte sie nur den Rückzug in das eigene Milieu, sah also gleichsam etwas Außerweltliches als gesellschaftlichen Gegenentwurf vor. Die *postmoderne* Logik der Überschreitung setzt sich demgegenüber in der katholischen Kirche des 2. Vatikanischen Konzils durch, die sich *in ihren grundlegenden Dokumenten* (nicht immer schon in ihren Praktiken) zur Weltkirche entwickelt (globalisiert), die ihren organisatorischen Zentralismus zumindest strukturell aufbricht (synodale Elemente) und sich pluralisiert (im Zueinander von Orts- und Universalkirche). Es sind diese Elemente, die nach Foucault Heterotopien charakterisieren.[33]

5 Heterotopien des Vermissens

Heterotopien zeigen das Andere der Gesellschaft und des Subjekts. Sie geben an, was fehlt. Mit anderen Worten: Sie codieren das Vermissen. Wenden wir uns noch einmal den heterotopischen Modellen zu, die Foucault andeutet. Sie haben – im Sinne Batailles – ein Moment der Ausschließung und der Einschließung. Heterotopische Orte werden von Menschen besetzt, die für die Gesellschaft etwas Irritierendes, Bedrohliches, Prekäres verkörpern. Nicht zufällig verbindet Foucault dies immer wieder mit sexuellen Praktiken. Das hängt mit seiner Aufmerksamkeit für die Disziplinierungen des Sex zusammen, mit denen eigene Wissensformen entstehen. Zugleich legt dies die Vermutung nahe, dass sich gerade im heterotopischen Ansatz die Sensibilität für das Unabgegoltene unserer gesellschaftlichen Lebensformen mit besonderen Formen des Vermissens von Leben – vielleicht sogar einem schier *unendlichen Vermissen* verbindet. Daher könnten dann auch die angesprochenen religiösen Konnotationen im hetero-topologischen Diskurs Foucaults rühren.

In jedem Fall führen die Heterotopien eine neue Ordnung der Dinge und des Lebens ein.

»Eine Heterotopie beginnt erst dann voll zu funktionieren, wenn die Menschen einen absoluten Bruch mit der traditionellen Zeit vollzogen haben. So wird auch deutlich, dass der Friedhof tatsächlich ein hochgradig heterotoper Ort ist, denn er beginnt mit jener seltsamen Heterotopie, die der Verlust des Lebens für den Einzelnen darstellt, und mit jener Scheinewigkeit, in der er sich unablässig auflöst und verschwindet.«[34]

Der Friedhof wird zunehmend aus dem Innenraum, ursprünglich neben der Kirche und also im Zentrum gelegen, an den Rand der Städte verlagert. Niemand kommt heute auf die Idee, ein teures Grundstück in der Stadtmitte für den Neubau eines Friedhofs zu verwenden. Die Ökonomien des Lebens und des Todes werden damit taxiert, und sie weisen auf das herausfordernde heterotopische Moment des Friedhofs hin: Er konfrontiert mit dem Ende des Lebens *im Leben*. Daran entzündet sich einerseits das Bedürfnis nach mehr Leben und andererseits das Vermissen des verlorenen Lebens. Das bezieht sich auf die Toten, aber auch auf das tote Leben im eigenen Leben. Eine eigene Kultur des Vermissens entsteht damit, und sie zeigt sich auch an anderen heterotopischen Orten. Foucaults Modelle:

- Das Feriendorf (ein Vierteljahrhundert nach Foucaults Tod die *Clubanlage*) ist Ort eines *anderen Lebens*, zeitlich begrenzt, aber in seiner Befristung doch real. Es zeigt das Mögliche und das im Alltag Vermisste, z. B. selbstbestimmte Zeit.

34 Ebd., 939.
35 Ebd., 941.
36 Ebd., 942.

- Ähnlich die Kolonie, die den Raum eines neuen und anderen Lebens versprach, um alles einzulösen, was das alte Leben nicht hielt.
- Das Bordell funktioniert als »kompensatorische Heterotopie«[35], die der Ordnung des Sex eine Gegenordnung zuspielt, den Ausbruch der Lüste in ihrem Gebrauch. Hier zeichnet sich das Vermissen so deutlich ab wie auch im Schiff.
- Schiffe sind »Orte ohne Ort, ganz auf sich selbst angewiesen, in sich geschlossen und zugleich dem endlosen Meer ausgeliefert, die von Hafen zu Hafen, von Wache zu Wache, von Freudenhaus zu Freudenhaus bis in die Kolonien fahren, um das Kostbarste zu holen, was die Gärten dort zu bieten haben … Das Schiff ist die Heterotope *par excellence*. In den Zivilisationen, die keine Schiffe haben, versiegen die Träume.«[36]

Heterotopien geben dem Vermissen Raum. Mehr noch: Sie binden es an konkrete Orte. Nur wenn man sich auf sie einlässt, sich von ihrer Realität beeindrucken lässt, wird es möglich, Sprachen für das Vermissen zu entwickeln. Weil sie konkret sind, sind sie körperlich. Foucault entfaltet seine Heterotopien nicht zufällig immer wieder im Zuge zweier Codierungsformen: der religiösen und der erotischen. *Religionshistorisch* sind beide miteinander verbunden, aber auch *systematisch*. Sie machen die transzendente Natur des Menschen scharf, sprich: sein exzessives Moment, den Drang nach Grenzüberschreitung, das Motiv des Unendlichen in unserer endlichen Existenz.

Darin gründet die kulturelle Erfolgsgeschichte des *homo sapiens sapiens*, aber auch seine Gefährdung. Die Idolisierung des Unendlichen greift dabei gerade in den Bearbeitungsformen *unendlichen Vermissens* durch. Ein Beispiel: Die Kunsthistorikerin Catherine Millet hat vor einigen Jahren ein Buch veröffentlicht, in dem sie ihr sexuelles Leben autobiographisch entfaltet. Der Übergang zwischen pornographischer Inszenierung und theoretischer Reflexion macht den Text markant, denn er hält den körperlichen Diskurs des Begehrens offen. Damit aber öffnet sich auch der besondere Raumdiskurs, den Millet führt. Entlang von Räumen archiviert sie ihre sexuellen Praktiken. Diese Räume: das Hotelzimmer, das Auto, der Park – sie werden zu Heterotopien, weil in ihnen das ausgeschlossene Begehren in die Tat umgesetzt wird. Hier geschieht, was gesellschaftlich *unmöglich* ist und deshalb Phantasien besetzt. Eine Gegenwelt entsteht. Millet speichert in ihrem Buch die Bilder auf, die sich in einem schier unendlichen Ablauf zwischen ihren Erinnerungen und den Phantasien des Lesers zu einem Museum des Verlangens entfalten. Es war Millet, die den Zusammenhang von Raum und Leere markiert hat, den ich vorhin zitiert habe. Die Leere des Raums wird in ihrem Text gefüllt durch die Fülle an erotischen Skizzen – aber die damit entfaltete Ästhetik und Existenz des Verlangens läuft selbst leer.

Das ist wiederum charakteristisch für erotische Archive. Michel Foucault hat im Umfeld seiner Arbeit zu *Sexualität und Wahrheit* das Vorwort zu Walters *My Secret Life*, geliefert, einem mehrere tausend Seiten umfassenden Lebensbericht über die sexuellen Ausschweifungen eines viktorianischen Gentlemans.

Für Foucault hängt dies mit dem Interesse an der Archivierung des sexuellen Wissens zusammen, und er führt es letztlich auf die säkularisierte Form der Beichte zurück, die dieses Tagebuch fortsetzt. Die Verdoppelung des Erlebten im nachträglichen Text wird dabei als das Vermissen des Moments verfasst. Der Augenblick der Ekstase soll festgehalten werden, um nicht zu vergehen, aber auch die Schrift kann dies nicht leisten. Daher dieser »schier endlose Gobelin«[37], daher die »unendlichen Beschreibungen«.[38] Foucault selbst führt hier das Motiv des Unendlichen ein. Selbstverständlich ist es nicht religiös aufgefasst, aber es weist eine strukturelle Verwandtschaft auf. Die erotische Diskursivierung des Körpers vollzieht sich nämlich auf der Basis einer unaufhörlichen Jagd nach dem nächsten Höhepunkt und bestätigt sich darin als Form eines unendlichen Vermissens, das sich im Sex absolut setzt. Bei Millet schlägt dies in doppelter Weise um: Irgendwann gibt sie diese Lebensform auf, vor allem aber durchbricht Eifersucht die Selbstverständlichkeit des fortlaufenden Partnertauschs. Der Sex wird zur Politik des sich verzehrenden Begehrens. Gestalt gewinnt es im Moment des Vermissens des Partners. Seine Bedeutung zeigt sich in Millets autobiographischem Ausweis lebenslanger Partnerschaft, des Grundbezugs auf den *einen Lebensmenschen.*

Darin liegt eine ganz besondere Offenbarung: Das unendliche Vermissen zeigt in der gegebenen Fassung seine prekäre Ambivalenz. Es hat etwas Absolutes, ist aber nur vermittelt darstellbar und lebensfähig. Diese Vermittlung geschieht in den genannten Räumen, an den Orten möglicher Erfüllung, die zugleich vom Vermissen besetzt sind. Das *absolute Begehren* erweist sich indes nicht nur als unmöglich, sondern als fehlgeleitet. Das Objekt des Vermissens wird dann zum Platzhalter eines Begehrens – es wird funktionalisiert. Religion, und das ist der Punkt hier, kann zum Ausdruck dieses Begehrens werden und es zugleich domestizieren. Präziser: Religion liefert eine Grammatik für das Vermissen, in dem es dieses orientiert.

6 Theologisches Vermissen – jenseits von Projektionen

Genau dafür steht die Kirche als heterotopische Herausforderung. Das Vermissen wird hier in einer besonderen Grammatik verortet. Das zeigt sich in einem benachbarten Bild, das den gerade diskutierten Zusammenhang berührt: in der Metapher vom Leib als dem Tempel Gottes (1 Kor 3,16f; 1 Kor 9,16). Zum einen verbindet der Leib den konkreten Körper des Gläubigen mit dem Leib der Kirche und dem Corpus Christi, zum anderen wird damit eine Foucault-

37 *Michel Foucault*, Nachbemerkung zu: *Walter*, Mein geheimes Leben. Bd. III, Zürich 1997, 801-803, 801.
38 Ebd., 802.

sche Disziplinierung eingesetzt. Man muss den eigenen Leib reinigen, weil er als Heiligtum, als Besitz Gottes zu verstehen ist. Damit vollzieht sich aber ein entscheidender Übergang. Das Subjekt darf sich selbst als einen Raum des Heiligen begreifen. Die *Utopisierung des Raumes*, die sich mit der Zerstörung des Jerusalemer Tempels vollzieht, hat eine Universalisierung zur Folge. Man kann jeden Raum als Gottesraum erschließen. Die strikte Trennung von Profanität und Sakralität löst sich auf.

Das bedeutet eine Erweiterung des Gottesdiskurses und der Praktiken seiner Verehrung, also auch der Gotteserfahrung. Zugleich verbindet sich damit eine Verschärfung. Die Suche nach Gott wird zum Auftrag jedes und jeder einzelnen. Kirche bildet vor diesem Hintergrund die Heterotopie einer doppelten Codierung von Anwesenheit und Abwesenheit Gottes. Im Raum der Kirche lässt sich die sakramentale Gegenwart des Heiligen erfahren und bestimmen, aber in den Sakramenten als *Zeichen* gibt das Bezeichnete allem seinen Grund. Es ist nicht *gegeben*, sondern wird so erfahren, dass es – im Heiligen Geist – den Vorgang des Bezeichnens selbst durchführt. In Wein und Brot wird die Erinnerungsgegenwart des gekreuzigten Auferstandenen real. Das geschieht im Heiligen Geist Christi, nicht durch magischen Befehl des Priesters. Die Materie verändert sich nicht, wohl aber ihre Bedeutung, die wiederum nicht von der Materie zu trennen ist. Die Gegenwart als solche, die entsteht, ist mehr als bloße Erfahrung, kein reines Rezeptionsgeschehen. Sie ist *strenge Gegenwart* und als solche nicht messbar, fixierbar. Das Entzogene und das Gegebene bestimmen sich hier wechselwirksam. Dabei weist das anamnetische Geschehen der Eucharistie auf den entzogenen Herrn zurück. Anders gesprochen: Im Raum der Kirche entsteht ein neuer Körperdiskurs, der eine Grammatik für die Auffassung und Orientierung des *unendlichen Vermissen* erschließt. In diesem Vermissen selbst wird nämlich dann ein Gotteskontakt erschließbar, wenn es sich nicht absolut setzt. Wenn es nicht leer läuft in immer neuen und letztlich stereotypen Praktiken des unendlichen Vermissens und Begehrens, sondern dem *Augenblick* des Vermissens Bedeutung zuspricht. In diesem Vermissen, das sich als Trauer, Lust, Hass u. v. m. übersetzen kann, wird es nicht ausschließlich von der Abwesenheit des vermissten Objekts bestimmt, sondern auch von seiner Gegenwart. Die Kirche ist der heterotope Raum schlechthin, weil sich in ihr das Paradies nicht nur als verlorene Vergangenheit und ausstehende Zukunft darstellt, sondern in ihr bereits jetzt Reich Gottes-Erfahrungen zu machen sind – in den sakramentalen Zeichenhandlungen. Sie sind materiell und zeigen an, was unendlich vermisst wird, ohne dies noch einmal zu idolisieren. Insofern Jesus Christus als der Topos Gottes in der Geschichte geglaubt wird, als Bild Gottes (»Wer mich gesehen hat, hat den Vater gesehen«: Joh 14,9), werden Idole des Unendlichen ebenso kritisierbar wie der Projektionsverdacht theologisch bestimmbar. Das Reich Gottes ist eben keine *Utopie*, sondern das *heterotopische Moment* der Geschichte in der Geschichte. Sein konkreter Ort:

jeder Raum, in dem sich das Handeln Jesu durchgesetzt hat und dies bis heute tut – im Heiligen Geist. Die entsprechenden Offenbarungserfahrungen, die man machen kann, sind auf die eine Offenbarungsgeschichte Gottes rückverwiesen – und sie tragen in sich das Vermissen aus. Sie aktualisieren Ausstehendes, aber sie wissen es *erlöst*.

Die entwickelte theologische Grammatik des Vermissens hält dazu an, die Heterotopien unserer Lebenswelten zu entdecken. *Heterotopologie* nannte Foucault die entsprechende Wissenschaft. Einen Leitfaden ihrer Bestimmung liefern die ausdrücklichen oder impliziten Praktiken des Vermissens, die auf ihre Verlaufsformen hin zu untersuchen sind. Solche Heterotopien entstehen z. B. in dem Moment, in dem das Fußballstadion in Hannover nach dem Suizid Robert Enkes zu einer Arena der Trauer wird.[39] Im Gegenlicht des Todes offenbaren sich die Strukturen des kommerzialisierten Sports ebenso wie die Disziplinierungstechniken einer erfolgsversessenen Gesellschaft, die das Scheitern nicht zulässt. Demgegenüber wäre das Scheitern und in ihm das Vermissen als ein nicht zwingend *tödlicher*, als *Lebens*raum einer so prekären wie notwendigen Erfahrung der heilenden Gegenwart Gottes zu erschließen.

Eine Heterotopie entsteht im Flugzeug, über dessen Abschuss Politiker und Militärs entscheiden müssen, weil man angesichts eines drohenden Terroraktes Leben gegen Leben abwägen muss. Leben steht gegen Leben und gewinnt im Augenblick seines Ausschlusses seine Bedeutung: als Opfer, als unverrechenbar, als unverlierbar... Wenn das Leben – das des suizidalen Täters (oder genauer: des *Opfers)* und das der Insassen im Flugzeug – verloren ist für immer, verändern sich die Ausgangsbedingungen für die politische Entscheidung über das Leben wie die Kultur des Vermissens, die mit dem Tod dieser Menschen entsteht. Das Vermissen muss alles in seine Macht nehmen, alles bestimmen. Es bleibt *unendlich*, damit aber im strengen Sinn auch die Entscheidung *unmöglich* verantwortbar und die Kultur des Vermissens *aporetisch*, weil sie in sich selbst leer läuft, ausweglos.

Mit der Entdeckung von Heterotopien und ihrer Qualifizierung im Zeichen des Vermissens lässt sich nicht nur ein religionsphilosophischer Ansatz dafür angeben, was es bedeutet, jemand *so schrecklich zu vermissen*, wie der Enkel den Großvater in Colum McCanns *Himmel unter der Stadt*; und was es bedeutet, dass diese und ähnliche Aussagen so oft im Elativ ausgesagt werden. Sondern es steht auch *theologisch* zur Diskussion, die Erfahrbarkeit Gottes in unserer Zeit – jenseits von Utopien und Projektionen – neu zu buchstabieren.

39 Vgl. *Ines Seipel*, Seelenriss. Depression und Leistungsdruck, Stuttgart 2010.

Zusammenfassung

Ausgehend von Colum McCanns Romanen, in denen Gott zum Akteur im Hintergrund wird, und der topologischen Grammatik des Vermissens in der Bibel, wo in den Evangelien das Fehlen bzw. Vermissen Jesu schriftlich behandelt wird, über biblische Ortsangaben als Spuren des vermissten Gottes (anschaulich in Tempel und Paradies) zeigt der Beitrag Orte der Postmoderne auf, die eine Pragmatik der Überschreitung kennzeichnet, um abschliessend Heterotopien des Vermissens anzuzeigen sowie in einem letzten Schritt dem theologischen Vermissen nachzugehen. So ist das Reich Gottes keine Utopie, sondern das heterotopische Moment der Geschichte in der Geschichte, schon da, aber noch nicht vollendet.

Abstract

Starting out from the novels by Colum McCann, in which God becomes a protagonist in the background, as well as from the topological grammar of the act of missing in the Bible, where the Gospels treat the absence or the missing of Jesus in writing, and continuing with biblical place names as traces of the missed God (concrete in the temple and Paradise), the article shows places of a postmodernism which designates a pragmatics of crossing over. This is done in order to indicate, in conclusion, heterotopias of the act of missing as well as to investigate, in a final step, the theological act of missing. The kingdom of God is thus not a utopia, but the heterotopic moment of history in history – already there, but not yet perfected.

Intellectus liberationis

Eine kleine Typologie der Theologie der Befreiung

von Franz Gmainer-Pranzl

Als Karl Rahner am 1. Juni 1962 am Österreichischen Katholikentag seinen berühmten Vortrag »Löscht den Geist nicht aus!« hielt, übte er nicht nur deutliche Kritik an einer Mentalität institutioneller Selbstgefälligkeit und kirchlicher Bequemlichkeit, die keinen »Mut zum *Wagnis*«[1] aufwies, sondern forderte die Kirche auch dazu auf, sich auf konkrete Entscheidungen und Stellungnahmen einzulassen: »Ist der Mut vorhanden, uns wirklich mit den Fragen der Zeit zu befassen, ihnen uns wirklich zu stellen, ihre Last wirklich zu spüren, oder meinen wir nicht zu sehr zu unserer eigenen müden Beruhigung, wir seien schon über alles im klaren, ausgerüstet mit allen Antworten auf alle Fragen, die nur einigermaßen wichtig sind?«[2] Weder Rahner selbst noch seine Zuhörer ahnten wohl, dass schon wenige Jahre nach dieser Rede ein Aufbruch der Kirche erfolgen sollte, der in der Geschichte des Christentums seinesgleichen sucht: zuerst durch das Zweite Vatikanische Konzil, mit dem die Kirche »un balzo innanzi«[3], einen gewaltigen Sprung nach vorne unternahm und in der »Freude und Hoffnung, Trauer und Angst« der Menschen den konkreten Ort ihres Glaubens wiederentdeckte; schließlich durch jenen pastoralen und theologischen Umbruch, der mit der Zweiten Generalver-

1 *Karl Rahner*, Löscht den Geist nicht aus!, in: *ders.*, Schriften zur Theologie. Band VII: Zur Theologie des geistlichen Lebens, Einsiedeln/Zürich/Köln ²1971, 77-90, 85.

2 Ebd., 82.

3 Zitiert nach: *Martin Maier*, Spiritualität der Befreiung, in: *Mariano Delgado/Hans Waldenfels* (Hg.), Evangelium und Kultur. Begegnungen und Brüche. Festschrift für Michael Sievernich (Studien zur christlichen Religions- und Kulturgeschichte 12), Fribourg/Stuttgart 2010, 47-61, 53.

4 Vgl. *Leonardo Boff*, Eine kreative Rezeption des II. Vatikanums aus der Sicht der Armen: Die Theologie der Befreiung, in: *Elmar Klinger/Klaus Wittstadt* (Hg.), Glaube im Prozess. Christsein nach dem II. Vatikanum. Für Karl Rahner, Freiburg i. Br. 1984, 628-654; *José Oscar Beozzo*, Das II. Vatikanum und der kulturelle Wandel in Lateinamerika. Medellín, Puebla, Santo Domingo und die 500-Jahrfeier, in: *Peter Hünermann* (Hg.), Das II. Vatikanum – christlicher Glaube im Horizont globaler Modernisierung. Einleitungsfragen (Programm und Wirkungsgeschichte des II. Vatikanums 1), Paderborn 1998, 165-203.

5 Vgl. *Gustavo Gutiérrez*, Teología de la Liberación. Perspectivas, Salamanca 1972; deutsche Übersetzung: Theologie der Befreiung (Gesellschaft und Theologie. Systematische Beiträge 11), München/Mainz ⁹1986 (¹1973). – Zum Werk von Gutiérrez vgl. *Michael Sievernich*, Von der Utopie zur Ethik (Zur Theologie von Gustavo Gutiérrez), in: *Raúl Fornet-Betancourt* (Hg.), Befreiungstheologie: Kritischer Rückblick und Perspektiven für die Zukunft, Band 2: Kritische Auswertung und neue Herausforderungen, Mainz 1997, 113-125; *Mariano Delgado*, Blutende Hoffnung. Zur »Gottes-Rede« von Gustavo Gutiérrez, in: *Mariano Delgado/Odilo Noti/Hermann-Josef Venetz* (Hg.), Blutende Hoffnung. Gustavo Gutiérrez zu Ehren, Luzern 2000, 35-53; *Christoph Dahling-Sander*, Zur Freiheit befreit. Das theologische Verständnis von Freiheit und Befreiung nach Martin Luther, Huldrych Zwingli, James H. Cone und Gustavo Gutiérrez, Frankfurt 2003, 266-362; *Carlos Luy Montejo*,

sammlung des Lateinamerikanischen Episkopats in Medellín (Kolumbien) im Jahr 1968 als »Theologie der Befreiung« in Erscheinung trat und bis heute zu den herausforderndsten Ansätzen christlicher Glaubensverantwortung in der Weltkirche zählt.[4] Die Theologie der Befreiung hatte – um die Frage Rahners aufzugreifen – den Mut, sich wirklich den Fragen der Zeit zu stellen und Antworten zu suchen, die nicht einer apologetischen und auf sich selbst bezogenen Tradition entsprangen, sondern dem befreienden Anspruch der Reich-Gottes-Botschaft.

Dieser Aufbruch befreiungstheologischen Handelns und Denkens, mit dem die Kirche im 20. Jahrhundert eine markante Schwelle überschritt, soll im Folgenden charakterisiert werden, wobei einige Klärungen und Einschränkungen vorzunehmen sind: Mit »Befreiungstheologie« ist hier jener Ansatz gemeint, der in Lateinamerika seit den 1960er Jahren eine spezifisch gesellschaftlich, sozial, kulturell und politisch orientierte Form christlicher Glaubensverantwortung ausbildete und durch das Werk von Gustavo Gutiérrez[5] seine intellektuelle Identität sowie durch die Bischofsversammlung von Medellín[6] seine lehramtliche Anerkennung fand. Weder soll hier behauptet werden, dass es nur in Lateinamerika eine »Theologie der Befreiung« gäbe,[7] noch soll dieser theologische Ansatz als monolithische Tradition vorgestellt werden. Der französische Jesuit Pierre de Charentenay stellte schon vor vielen Jahren fest: »Die Theologie der Befreiung ist keine einheitliche, festgefügte, klar umrissene und unbewegliche Lehre. Sie gleicht eher einem zuweilen reißenden, immer aber mächtigen Strom, der aus den durchflossenen Gebieten vielerlei mit sich führt. Die Befreiungstheologie gehört zur Geschichte wie das Boot aufs Meer. Sie entwickelt daher ihre Thematik den Epochen ent-

Armut und Spiritualität. Der Beitrag Gustavo Gutiérrez zur Theologie der Evangelisierung (Würzburger Studien zur Fundamentaltheologie 34), Frankfurt 2006; *Franz Gmainer-Pranzl*, Gustavo Gutiérrez, Teología de la liberación. Perspectivas/Theologie der Befreiung, ED Salamanca 1972, in: *Christian Danz* (Hg.), Kanon der Theologie. 45 Schlüsseltexte im Portrait, Darmstadt 2009, 192-197; *Mariano Delgado*, Die Theologie Gustavo Gutiérrez oder Das Recht der Armen auf ihre Gottes-Rede, in: *Gustavo Gutiérrez*, Nachfolge Jesu und Option für die Armen. Beiträge zur Theologie der Befreiung im Zeitalter der Globalisierung, hg. von *Mariano Delgado* (Studien zur christlichen Religions- und Kulturgeschichte 10), Fribourg/Stuttgart 2009, 9-23.

6 Vgl. *Thomas Schreijäck* (Hg.), Stationen eines Exodus. 35 Jahre Theologie der Befreiung in Lateinamerika. Lernprozesse – Herausforderungen – Impulse für die Weltkirche, Ostfildern 2007; *Johannes Meier/Veit Straßner*, Entwicklungslinien im 20. Jahrhundert. Eine Einführung, in: *dies.* (Hg.), Lateinamerika und Karibik (Kirche und Katholizismus seit 1945, hg. von *Erwin Gatz*, Band 6), Paderborn 2009, 1-28; besonders 8-14. – »Viele der teilnehmenden Bischöfe erlebten Medellín nicht nur als einen Positionswechsel von der Allianz mit den Tonangebenden hin zu den Armen, sondern dadurch auch als eine persönliche ›Bekehrung‹« (ebd., 13).

7 Schon bei der Gründungskonferenz von EATWOT 1976 in Daressalam (Tansania) waren afrikanische und asiatische Ansätze der Befreiungstheologie präsent; vgl. den Überblick bei *Theo Witvliet*, Befreiungstheologie in der Dritten Welt. Eine Einführung. Black Power, Karibik, Südamerika, Südafrika und Asien, Hamburg 1986. – Auch in Europa gibt es einen genuin befreiungstheologischen Diskurs; vgl. dazu *Magdalena Holztrattner* (Hg.), Eine vorrangige Option für die Armen im 21. Jahrhundert? (STS 26), Innsbruck 2005.

sprechend. Am Anfang war sie mehr politisch. Jetzt wird sie zunehmend theologisch und spirituell. Und doch bleibt sie ihrer Grundausrichtung treu, dem wachen Bewusstsein von der notwendigen Befreiung der Armen.«[8]

Auch bedeutet der Bezug auf eine spezifische theologische Tradition nicht, dass sich diese in allem und jedem von anderen Ansätzen unterscheide. Befreiungstheologie beansprucht weder ein Deutungsmonopol noch einen exklusiven Besitzanspruch »christlicher Wahrheit«, sondern möchte jene Aspekte des Glaubensverständnisses beleuchten, die in bestimmten geschichtlichen und gesellschaftlichen Lebenskontexten verdeckt oder verdrängt wurden, und das betrifft vor allem den Zusammenhang von religiösem »Heil« und menschlicher »Freiheit«. Es wäre grotesk, einen nostalgischen Kult um die Befreiungstheologie zu entwickeln und in ihr gleichsam Antworten auf alle Fragen zu suchen; sie ist vielmehr – wie *alle* anderen theologischen Ansätze auch – eine kontextuelle und kontingente Form christlicher Glaubensreflexion. Jon Sobrino brachte die Vorläufigkeit befreiungstheologischen Denkens eindrücklich auf den Punkt: »Hoffentlich kommt bald der Tag, an dem die Unterdrückung, die unwürdige und ungerechte Armut, die grausame und massenhafte Repression aufhören. Mit diesem Tag wird die Theologie der Befreiung obsolet, und für diesen Tag arbeiten die Befreiungstheologen, obwohl sie arbeitslos werden.

8 *Pierre de Charentenay*, Befreiung und christliche Revolution in der Dritten Welt, in: Concilium 25 (1989) 88-93, 88.

9 *Jon Sobrino*, Sterben muss, wer an Götzen rührt. Das Zeugnis der ermordeten Jesuiten in San Salvador: Fakten und Überlegungen (Theologie aktuell 10), Fribourg/Brig/Zürich ²1991, 84. – In ähnlicher Weise äußerte sich Gustavo Gutiérrez: »Ich muss bekennen, dass ich weniger um das Interesse oder das Überleben der Theologie der Befreiung besorgt bin als um die Leiden und die Hoffnungen des Volkes, dem ich angehöre, und besonders um die Weitergabe der Erfahrung und der Botschaft von der Rettung in Jesus Christus« (Wo werden die Armen schlafen?, in: *Gustavo Gutiérrez/Gerhard Ludwig Müller*, An der Seite der Armen. Theologie der Befreiung, Augsburg 2004, 111-162, 162).

10 Nicht umsonst heißt es im Te Deum: »Tu *ad liberandum* suscepturus hominem« (»Du bist Mensch geworden, den Menschen zu befreien«).

11 Zur Geschichte der lateinamerikanischen Befreiungstheologie vgl. *Enrique Dussel*, Die Geschichte der Kirche in Lateinamerika, Mainz 1988, 200-404; *ders.*, Chronologische Darstellung der Entstehung und Entwicklung der Theologie der Befreiung in Lateinamerika (1959-1989), in: *Riolando Azzi u. a.*, Theologiegeschichte der Dritten Welt. Lateinamerika (Kaiser Taschenbücher 127), Gütersloh 1993, 263-363; *Rosino Gibellini*, Handbuch der Theologie im 20. Jahrhundert, Regensburg 1995, 336-370; *Raúl Fornet-Betancourt* (Hg.), Befreiungstheologie: Kritischer Rückblick und Perspektiven für die Zukunft, Band 1: Bilanz der letzten 25 Jahre (1968-1993), Mainz 1997; *Roberto Oliveros*, Geschichte der Theologie der Befreiung, in: *Ignacio Ellacuría/Jon Sobrino* (Hg.), Mysterium liberationis. Grundbegriffe der Theologie der Befreiung, Band 1, Luzern 1995, 3-36.

12 Zum christlichen Verständnis von Freiheit vgl. *Joseph Comblin*, Freiheit und Befreiung, theologische Begriffe, in: Concilium 10 (1974) 426-433; *Emerich Coreth*, Vom Sinn der Freiheit, Innsbruck/Wien 1985, 34-42; *Hans Waldenfels*, Zur Freiheit berufen. Überlegungen zu einer theologischen Grundlegung, in: *Thomas Franz/Hanjo Sauer* (Hg.), Glaube in der Welt von heute. Theologie und Kirche nach dem Zweiten Vatikanischen Konzil. Für Elmar Klinger, Band 2: Diskursfelder, Würzburg 2006, 523-540.

13 Die Kirche in der gegenwärtigen Umwandlung Lateinamerikas im Lichte des Konzils, in: Die Kirche Lateinamerikas. Dokumente der II. und III. Generalversammlung des Lateinamerikanischen Episkopates in Medellín und Puebla (Stimmen der Weltkirche 8), Bonn 1979, 14-133, 60.

14 *Ignacio Ellacuría*, Die Kirche der Armen, geschichtliches Befreiungssakrament, in: *Ignacio Ellacuría/Jon Sobrino* (Hg.), Mysterium liberationis. Grundbegriffe der Theologie der Befreiung, Band 2, Luzern 1996, 761-787, 781.

Solange aber die Unterdrückung andauert, und alle Statistiken belegen, dass Lateinamerika immer ärmer wird, ist die Theologie der Befreiung notwendig und dringend. Sie ist die einzige Theologie, die die Armen dieser Welt verteidigt, oder zumindestens die einzige, die dies absolut verbindlich tut. Und erinnern wir uns daran, dass diese Theologie Märtyrer hat, wie Ignatius von Antiochien und Justin in den ersten Jahrhunderten; das zeigt stets, dass es sich wenigstens um eine christliche Theologie handelt.«[9]

In diesem Sinn möchte ich in der folgenden Darstellung »typische« Momente einer befreiungstheologischen Grammatik und Pragmatik hervorheben. Es geht um die Typologie eines Diskurses, der sich als Ausdruck einer zentralen christlichen Überzeugung versteht: *Das Evangelium Jesu Christi ist ein befreiender Anspruch.* Christlicher Glaube heißt, in Beziehung zu Jesus Christus, dem Gekreuzigten und Auferweckten, dem Befreier aus Schuld und Tod, zu leben.[10] Diese Erfahrung im Kontext gesellschaftlicher Ungerechtigkeit und Unterdrückung zur Geltung zu bringen – das ist Befreiungstheologie. In zehn Thesen soll eine solche Typologie der Theologie der Befreiung entworfen werden: weder als ausgefeilte Systematik noch als vollständige historische Darstellung[11], sondern als Netz von Perspektiven und Thesen, in deren Zentrum eine Erfahrung steht, die Paulus mit einer der eindrücklichsten Kurzformeln des Glaubens umschrieben hat: »Zur Freiheit hat uns Christus befreit« (Gal 5,1).[12]

1 Eine fundamentaltheologische These: *Bleibender Ursprung der Befreiungstheologie ist das Geheimnis von Ostern*

Zu den Empfehlungen der Bischofsversammlung von Medellín gehört, »dass sich in Lateinamerika immer leuchtender das Gesicht einer wirklich armen, missionarischen und österlichen Kirche zeige, losgelöst von aller zeitlichen Macht und mutig engagiert in der Befreiung des ganzen Menschen und aller Menschen«.[13] Wie aus dem gesamten Dokument von Medellín und vielen Texten der Befreiungstheologie hervorgeht, geht es hier nicht bloß um die Aufzählung von drei Attributen, sondern um einen inneren Zusammenhang: nur als *österliche* kann die Kirche arm und missionarisch sein. Weil und insofern die Gemeinschaft der Christen aus der Erfahrung österlicher Befreiung lebt, kann sie – wie dies Ignacio Ellacuría ausdrückte – »Sakrament der Befreiung«[14] sein. Wenn es für das Christentum im Allgemeinen und die Befreiungstheologie im Besonderen einen wirklich konstitutiven Ursprungsimpuls gibt, dann ist dies die Erfahrung von Ostern: die Botschaft, dass der Gekreuzigte lebt – und mit ihm alle, die im Schatten des Todes, der Ungerechtigkeit und der Unterdrückung gefangen waren. Gustavo Gutiérrez brachte diese zentrale Überzeugung bereits in seiner *Theologie der Befreiung* zum Ausdruck: »Radikale Befreiung ist das Geschenk, das Christus bringt. Durch seinen Tod und seine Auferstehung erlöst er den Menschen von der Sünde und all ihren Folgen [...]. Deshalb ist christliches Leben Ostern, d.h. ein Hinübergehen von der Sünde zur Gnade, vom Tod zum Leben, von der Ungerechtigkeit zur Gerechtigkeit, vom Untermenschlichen zum Menschlichen.«[15]

Angesichts des Vorwurfs, »Ostern« diene als Vertröstung auf ein (ungewisses) Jenseits, hat die Befreiungstheologie von Anfang an klargemacht, dass die österliche Hoffnung einen zutiefst von Gerechtigkeit, Solidarität und Humanität erfüllten Impuls in sich trägt – eine Überzeugung, die Jon Sobrino immer wieder einmahnte: »Auferstehung heißt also: Gerechtigkeit für ein Opfer. Ihre eigentliche Frohe Botschaft ist also nicht bloß die Ankündigung eines Lebens jenseits des Todes (das erhofften auch die Ägypter und die Griechen), sondern eine qualifizierte Hoffnung: dass der Henker nicht über das Opfer triumphieren möge. Eine Kirche der Armen drückt diese Hoffnung aus und kann auch die Freiheit des Auferstandenen ausdrücken, welche ja nicht eine unverbindliche Freiheit ist, sondern die aus dem Mit-Leiden mit dem Armen entstehende Freiheit, die Freiheit Jesu, die sich, eben weil sie aus dem Mit-Leiden erwächst, durch nichts daran hindern lässt, das Gute zu tun.«[16] Der Impuls, den Ostern freisetzt, ist also nicht »Trost« angesichts des Leids dieser Welt, sondern Hoffnung *gegen* den Tod, die Unterdrückung und die Entfremdung, die Menschen oft erleiden müssen. Eine »österliche Kirche« versteht sich demnach als Repräsentantin einer radikalen Befreiungsbotschaft; ihre eigentliche »Macht« besteht nicht in der Effizienz von Strukturen oder im hehren Nimbus von Traditionen, sondern in der lebensspendenden Kraft des Auferweckten. Die Heilung des Gelähmten am Tempeltor, den Petrus im Namen Jesu aufrichtete, sodass wieder Kraft in seine Beine kam (vgl. Apg 3,1-10), ist gewissermaßen die Urgeste eines österlichen, befreienden Glaubens: in der Macht des Auferstandenen andere aufzurichten und aus ihrer Ohnmacht zu befreien. In diesem Sinn ist die Kirche österlich, sie ist eine »österliche Kirche«, wie Oscar Romero

15 *Gutiérrez*, Theologie der Befreiung (Anm. 5), 170.

16 *Jon Sobrino*, Zurück zur Kirche der Armen. Für Gustavo Gutiérrez, den Christen und Theologen von Medellín, in: *Delgado/Noti/Venetz* (Hg.), Blutende Hoffnung (Anm. 5), 89-99, 97. – Vgl. ebenfalls von *Jon Sobrino*, Angesichts der Auferstehung eines Gekreuzigten. Eine Hoffnung und eine Lebensweise, in: Concilium 42 (2006) 579-589. Die drei Weisen, »wie wir als Auferweckte in der Geschichte leben können«, sind nach Sobrino erstens »ein Leben in Freiheit, das den Egozentrismus besiegt«, zweitens eine »Freude, die die Traurigkeit besiegt« (ebd., 586), und drittens »die Gerechtigkeit und die Liebe, um ›die Gekreuzigten vom Kreuz zu holen‹« (ebd., 587).

17 *Oscar Romero*, Iglesia de la Pascua (Hirtenbrief vom 10. April 1977). – Vgl. *James R. Brockman*, Oscar Romero. Eine Biographie, Fribourg 1990, 40-43. »Die Kirche muss eine österliche Kirche sein. Sie ›ist aus der dunklen Nacht geboren, da der Todesengel umherging (Passah), und lebt als Zeichen und Werkzeug des Passah inmitten der Welt‹. In ihr lebt Jesus seine österliche Sendung weiter« (ebd., 41f).

18 *Dussel*, Geschichte (Anm. 11), 364.

19 *Gutiérrez*, Theologie der Befreiung (Anm. 5), 188.

20 *Claude Geffré*, Der Schock einer prophetischen Theologie, in: Concilium 10 (1974) 381-387, 382.

seinen ersten Hirtenbrief überschrieb,[17] und Befreiungstheologie ist die Zuspitzung dieser österlichen Identität; sie vollzieht gleichsam eine »österliche Wende« der Theologie insgesamt: »Die Befreiungstheologie ist die gesamte traditionelle Theologie, die sich aus der Perspektive der Unterdrückten in eine österliche Bewegung setzt«[18], wie dies Enrique Dussel treffend beschrieb. Wer also Kritik an der Theologie der Befreiung übt, muss sich zumindest der Frage stellen, ob er dem Ereignis von Ostern eine konkrete befreiende Dynamik zuerkennt oder nicht. Die Befreiungstheologie jedenfalls bejaht diese Frage eindeutig.

2 Eine offenbarungstheologische These: *Die historische Wirklichkeit ist der Horizont des Glaubens*

»Glaube« im Sinn der jüdisch-christlichen Tradition versteht sich nicht als Explikation des menschlichen Selbstverständnisses, sondern als Antwort auf einen unverfügbaren Anspruch (»Offenbarung«), der dem Menschen im Geschehen personaler Begegnung (»Selbstmitteilung Gottes«) zuteil wird. Dieser Anspruchscharakter des Glaubens bedeutet jedoch nicht, dass sich die Praxis des Christseins in einer welt- und zeitentrückten Sonderwelt abspielt; es geht – um einen treffenden Titel von Johann Baptist Metz zu zitieren – um *Glaube in Geschichte und Gesellschaft*. Die Realität des geschichtlichen, sozialen, politischen und kulturellen Lebens bildet den Horizont des Glaubens; in dieser konkreten Wirklichkeit begegnet der Mensch dem Anspruch des Evangeliums – diese urchristliche Einsicht ist für die Theologie der Befreiung grundlegend. Gustavo Gutiérrez bringt in diesem Zusammenhang die eindrückliche Formulierung: »Der Tempel Gottes ist die menschliche Geschichte.«[19]

Befreiungstheologisch ist es nicht nur die menschliche Geschichte in einem allgemeinen Sinn, sondern die konkrete Realität einer polarisierten, von Gewalt und Unterdrückung geprägten Gesellschaft, die den Horizont des Glaubens und der Theologie bildet. »Wie kann man noch gläubig sein inmitten der Umwelt eines ausgebeuteten und in Abhängigkeit gehaltenen Kontinents, welcher der Gewalt der etablierten Gesellschaftsordnung unterworfen ist, die unter dem Zeichen der Herrschaft des Kapitalismus steht?«[20] Fragen wie diese stellen sich (nur) einem Glaubensdiskurs, der sich von der historischen Realität herausgefordert erfährt und sich nicht davor immunisiert. Ein befreiungstheologisches Verständnis des Glaubens nimmt die konkrete Wirklichkeit der Gesellschaft ernst, ja lässt sich von ihr in Frage stellen und den Anspruch des Evangeliums neu entdecken. Die Kirche weiß nicht »immer schon«, was sie zu tun hat, sondern lernt dies in der Auseinandersetzung mit den Herausforderungen, die sich in der Realität des sozialen Lebens stellen. Diese Einstellung hat Folgen *erstens* für das Verständnis von Theologie: Sie begreift sich nicht in einem kurzschlüssigen Sinn als unmittelbare »Antwort« auf konkrete Fragen, sondern setzt eine kompetente Analyse der sozialen Wirklichkeit voraus. Clodovis Boff fordert in Ablehnung eines solchen »Theologismus«[21] eine »sozial-analytische Vermittlung«[22], d.h. eine sozialwissenschaftliche Auseinandersetzung mit den Gegebenheiten der Gesellschaft, auf deren Basis erst die »hermeneutische Vermittlung«[23] der Theologie erfolgen kann. Dadurch wird der theologische Diskurs nicht durch Human- und Sozialwissenschaft ersetzt, sondern konkret verortet. Clodovis Boff drückt diesen Zusammenhang so aus: »Die Theologie muss wirklich auf die Wissenschaften des Sozialen hören, aber nur, um schließlich doch ihre eigene Stimme hören zu lassen und zu sagen, was sie zu sagen hat.«[24] Der Befreiungstheologe ist also vor allem ein »Realitätentheologe«[25], weil er seine Glaubensverantwortung in Auseinandersetzung mit der Wirklichkeit entwickelt, in der er steht. Diese Einstellung zeigt sich *zweitens* im Verständnis der Bibellektüre und Schriftauslegung. Biblische Texte werden im Licht der erfahrenen Wirklichkeit gedeutet, wie dies etwa in der Methodik von Carlos Mesters entwickelt wurde: »Der Text der Schrift wird innerhalb des sozialen Kontextes des Lebens (Prätext) und des Glaubens der Gemeinde (Kontext) gelesen.«[26] Die drei Eckpunkte dieser Methodik sind der Bezug zur Wirklichkeit, zur Glaubensgemeinschaft und zum biblischen Text. »Von der Wirklichkeit ausgehen«[27] – mit diesem Ansatz steht und fällt eine befreiungstheologische Schriftauslegung. *Drittens* schließlich impliziert der Bezug zur historischen Realität eine Haltung der Spiritualität, die ein »ehrliches Sehenwollen der Wirklichkeit«[28] voraussetzt. Von daher meint »Spiritualität« nicht ein religiös motiviertes Ausweichen vor der Konkretheit des Lebens, sondern vielmehr den »Geist, mit dem man sich der Realität, der Geschichte, in der

21 *Clodovis Boff*, Theologie und Praxis. Die erkenntnistheoretischen Grundlagen der Theologie der Befreiung (Gesellschaft und Theologie. Fundamentaltheologische Studien 7), München/Mainz ³1986, 68.
22 Ebd., 31.
23 Ebd., 122.
24 Ebd., 109.
25 *Jon Sobrino*, Die Theologie und das »Prinzip Befreiung«. Reflexion aus El Salvador, in: *Fornet-Betancourt* (Hg.), Befreiungstheologie, Band 2 (Anm. 5), 187-213, 190.
26 *João Batista Libâno*, Pastoral in den brasilianischen Metropolen, in: Concilium 38 (2002) 296-305, 304.
27 *Carlos Mesters*, »Hören, was der Geist den Gemeinden sagt«. Die Bibelauslegung des Volkes in Brasilien, in: Concilium 27 (1991) 72-79, 76.
28 *Jon Sobrino*, Geist, der befreit. Anstöße zu einer neuen Spiritualität, Freiburg i. Br. 1989, 28.
29 *Jon Sobrino*, Spiritualität und Nachfolge Jesu, in: *Ellacuría/Sobrino* (Hg.), Mysterium liberationis, Band 2 (Anm. 14), 1087-1114, 1091.
30 Ebd.
31 Vgl. *Martin Maier*, Mystik der »offenen Augen«. Die inneren und äußeren Dimensionen der christlichen Befreiungstheologie, in: Religionen unterwegs 13 (2007), Nr. 2, 18-24.
32 Ein wichtiges Grundlagenwerk diesbezüglich ist die Studie von Ignacio Ellacuría SJ, *Filosofía de la realidad histórica*, die kürzlich auf Deutsch übersetzt wurde: *Ignacio Ellacuría*, Philosophie der geschichtlichen Realität. Eingeleitet und übersetzt von *Raúl Fornet-Ponse* (Concordia Reihe Monographien 50), Aachen 2010. – Ellacuría begreift Intellektualität als Fähigkeit, sich zur geschichtlichen Realität zu verhalten: »Der Mensch ist ein offenes Wesen, intellektiv offen, wollend offen, empfindsam offen; offen für seinen eigenen Realitätscharakter und für den Realitätscharakter alles anderen« (ebd., 175).
33 *Gutiérrez*, Theologie der Befreiung (Anm. 5), 140.
34 Ebd.
35 Ebd., 44.
36 Ebd., 148.
37 Ebd., 161.

wir leben, mit all ihrer Komplexität stellt«.[29] Befreiungstheologisch inspirierte Spiritualität versteht sich nicht – wie dies Karl Marx den Religionen vorhielt – als Narkotikum, das hilft, die »raue Wirklichkeit« zu ertragen, sondern als Haltung der Aufmerksamkeit für genau diese soziale Realität, um »die Realität das sein zu lassen, was sie ist, ohne ihr den eigenen Vorlieben und Interessen entsprechend Gewalt anzutun«.[30] Gegen manche gegenwärtigen Trends vertritt die Theologie der Befreiung eine »Mystik der offenen Augen«[31], die dazu befähigt und ermutigt, die Hoffnung des Glaubens in dieser – oft schmerzlichen und brutalen – Welt zu verwirklichen.[32]

3 Eine geschichtstheologische These: *»Befreiung« und »Erlösung« lassen sich nicht trennen*

Diese These berührt einen Nerv der Auseinandersetzung rund um die Befreiungstheologie, die oft mit dem Schlagwort »Politisierung« geführt wurde. Die Theologie der Befreiung ersetze die religiöse Praxis des Glaubens durch eine politische Praxis der Gesellschaftskritik; statt »Erlösung von der Sünde« werde »Befreiung aus der Unterdrückung« gepredigt – so lautet der bekannte Vorwurf. Gustavo Gutiérrez griff diese Kritik von Anfang an auf und setzte bei der Überzeugung an, »dass es in concreto nicht zwei Geschichten gibt, eine Welt- und eine Heilsgeschichte, die ›parallel zueinander herlaufen‹ oder ›miteinander eng verknüpft sind‹. Nein, das Werden der Menschheit bildet eine Einheit, die Christus als Herr der Geschichte irreversibel angenommen hat.«[33] Grund dafür ist: »Es gibt nur eine Geschichte mit Christus als ihrem Ziel.«[34]

Die inkarnations- und geschichtstheologische Vermittlung von »Befreiung« und »Erlösung« bildet den roten Faden in Gutiérrez Studie: »Welche Beziehung besteht zwischen der Erlösung und dem historischen Prozess der Befreiung des Menschen?«[35], fragt er und verweist auf einen »umfassenden Heilsprozess«[36], in dem es keine Trennung von »weltlichen« und »religiösen« Sphären gibt. Grund dafür ist das Bekenntnis zur Menschwerdung Gottes: »Erlösung umfasst jeden Menschen und den ganzen Menschen. Christus ist Mensch geworden in dieser einen alles umfassenden Geschichte, die eben keine Geschichte am Rande des konkreten menschlichen Lebens ist. Seine befreiende Tat macht das Zentrum der geschichtlichen Entwicklung der Menschheit aus. Deshalb ist der Kampf für eine gerechte Gesellschaft im eigentlichen Sinn Bestandteil der Heilsgeschichte.«[37] Das heißt konkret: Der Einsatz für die Befreiung des Menschen aus Ungerechtigkeit, Entfremdung und Unterdrückung ist ein *inneres* Moment der Hoffnung auf das Reich Gottes, die sich in der konkreten Praxis der Befreiung realisiert, ohne in ihr aufzugehen, weil die vollendete Freiheit des Reiches Gottes jedes historische und politische Projekt der Befreiung transzendiert. Wäre diese zentrale geschichtstheologische Vermittlung, wie sie Gutiérrez scharfsinnig und differenziert aufwies,[38] genau wahrgenommen worden, hätte sich vieles an Polemik und extremen Positionen (sowohl eines spiritualistischen Christentums als auch einer plumpen Identifizierung von Politik und Religion) erübrigt.

Mit dieser Konzeption von Vermittlung und Differenzierung von »Befreiung« und »Erlösung«, von konkreter Gerechtigkeit und eschatologischem Heil führte Gutiérrez – und mit ihm die gesamte befreiungstheologische Bewegung – die Position von *Gaudium et spes* 39 weiter, die klar festhielt: »Obschon der irdische Fortschritt eindeutig vom Wachstum des Reiches Christi zu unterscheiden ist, so hat er doch große Bedeutung für das Reich Gottes, insofern er zu einer besseren Ordnung der menschlichen Gesellschaft beitragen kann.«[39] Diesen Zusammenhang zwischen geschichtlicher Befreiung und eschatologischer Erlösung aufzulösen, hieße tatsächlich, den Ansatz befreiungstheologischen Denkens zu zerstören; es hieße letztlich, die biblische Verheißung des Reiches Gottes in eine religiöse Sphäre zu verbannen, in der sie die reale Lebenswelt nicht »stört« und die Hoffnungen der Menschen auf Gerechtigkeit und Frieden nicht berührt. Der Glaube an die Menschwerdung Gottes aber geht davon aus, »dass es nicht zwei Geschichten gibt: eine Geschichte Gottes und eine Geschichte der Menschen, eine Heilsgeschichte und eine Profangeschichte. Es gibt vielmehr nur eine einzige geschichtliche Wirklichkeit, in der Gott und Mensch handeln [...].«[40] Solange es Befreiungstheologie gibt, wird sie sich gegen die Trennung von »religiösem Heil« und »irdischem Wohl« aussprechen und mit Medellín »die tiefe Einheit bekunden, die zwischen dem in Christus verwirklichten Heilsplan Gottes und den Erwartungen des Menschen besteht, zwischen der Heilsgeschichte und der Menschheitsgeschichte, zwischen der Kirche, dem Volk Gottes und den zeitlichen Gemeinschaften, zwischen der Erlösungstat Gottes und der Erfahrung des Menschen, zwischen den übernatürlichen Gaben und Charismen und den menschlichen Werten.«[41]

38 Die entsprechende Passage lautet: »Irdischer Fortschritt oder – um diesen schwachen Terminus zu vermeiden – Befreiung des Menschen und Wachstum des Gottesreiches sind ausgerichtet auf die vollgültige Gemeinschaft der Menschen mit Gott und der Menschen untereinander. Beide haben ein und dasselbe Ziel. Ihre Wege jedoch verlaufen nicht parallel nebeneinander her noch aufeinander zu. Das Wachsen des Reiches ist ein Prozess, der sich geschichtlich *in* der Befreiung vollzieht, insofern diese eine größere Realisation des Menschen ermöglicht und die Bedingung für eine neue Gesellschaft ausmacht, ohne jenes jedoch auszuschöpfen. Das Reich nimmt Gestalt an in geschichtlichen Befreiungsversuchen, weist auf ihre Grenzen und Doppeldeutigkeiten hin, kündigt ihre letztgültige Vollendung an und treibt sie wirksam bis zur Schaffung der vollen Gemeinschaft. Wir identifizieren nichts. Dennoch wird ohne geschichtliche Befreiungsinitiativen das Gottesreich nicht wachsen können, und der Befreiungsprozess wird die Wurzeln der Unterdrückung und der Ausbeutung des Menschen durch den Menschen erst mit dem Advent des Reiches besiegen, das aber vor allem ein Geschenk bleibt. Mehr noch: Man kann sagen, das politische und geschichtliche Befreiungsgeschehen *sei* Wachstum des Reiches, *sei* Heilsereignis. Jedoch ist es weder das *Kommen* des Reiches selbst noch die *ganze* Erlösung. In ihm realisiert sich historisch das Reich und, weil das so ist, kündigt es auch die Vollendung an [...]« (ebd., 171).

39 Es gehört zu den eindrücklichsten Zeugnissen der lateinamerikanischen Theologie und Kirche, dass Oscar Romero in seiner letzten Predigt, während der er erschossen wurde, diesen Bezug von

4 Eine eschatologische These: *Brenn- und Zielpunkt der Befreiungstheologie ist das »Reich Gottes«*

Zu den bedeutsamen Entwicklungen der jüngeren Theologie gehört die Wiederentdeckung des »Reich Gottes«-Topos als Brennpunkt der Verkündigung Jesu und als Inbegriff christlicher Glaubensverantwortung, wie dies Helmut Merklein zusammenfasst: »Gottesherrschaft und Person Jesu gehören aufs engste und untrennbar zusammen. Jesus ist nicht nur der Verkündiger, sondern der Repräsentant der Gottesherrschaft.«[42] Mit der theologischen Konzentration auf das »Reich Gottes« kommt nicht nur das »Woraufhin« der Sendung Jesu Christi zum Ausdruck, sondern auch die exzentrische Grundfigur der Kirche (die ein wirksames Zeichen des Reiches Gottes ist und kein Selbstzweck) sowie die innere Entelechie christlicher Hoffnung und Glaubensreflexion. Jürgen Moltmann formuliert treffend: »Theologische Begriffe fixieren die Wirklichkeit nicht, sondern sie werden von der Hoffnung expandiert und antizipieren zukünftiges Sein.«[43]

Die Theologie der Befreiung hat den Reich-Gottes-Bezug von Kirche und Theologie deutlich markiert. Die Hoffnung derer, die »hungern und dürsten nach der Gerechtigkeit« (Mt 5,6), ist die treibende Kraft und das entscheidende Kriterium befreiungstheologischen Denkens. Die »Utopie« des Reiches Gottes, das offenkundige Ausstehen vollendeter Gerechtigkeit, Gemeinschaft und Liebe, wird zum Stachel pastoralen Handelns und theologischer Reflexion, der die kirchliche und gesellschaftliche »Normalität« mit der Reich-Gottes-Verheißung beunruhigt und irritiert.[44] Die Anerkennung der Transzendenz des Reiches Gottes, das sich mit keinem innergeschichtlichen Projekt gesellschaftspolitischer oder religiöser Art identifizieren lässt, bedeutet nicht, die Hoffnung auf das kommende »Reich der Gerechtigkeit, der Liebe

Gaudium et spes 39 in Erinnerung rief und betonte: »Dies ist die Hoffnung, die uns Christen erfüllt. Wir wissen, dass alle Anstrengungen, eine Gesellschaft zu verbessern, vor allem, wenn Ungerechtigkeit und Sünde so verbreitet sind, von Gott gesegnet, gewünscht und gefordert werden« (Letzte Ansprache des Erzbischofs, bei der er den Tod fand, in: Repräsentanten der Befreiungstheologie: Oscar Arnulfo Romero, Blutzeuge für das Volk Gottes, Olten 1986, 132-136, 134).

40 *Ignacio Ellacuría*, Geschichtlichkeit des christlichen Heils, in: *Ellacuría/Sobrino* (Hg.), Mysterium liberationis, Band 1 (Anm. 11), 313-360, 317.

41 Die Kirche in der gegenwärtigen Umwandlung (Anm. 13), 74.

42 *Helmut Merklein*, Jesus, Künder des Reiches Gottes, in: *Walter Kern/Hermann J. Pottmeyer/Max Seckler* (Hg.), Handbuch der Fundamentaltheologie, Band 2: Traktat Offenbarung (UTB 8171), Tübingen/Basel ²2000, 115-139, 136.

43 *Jürgen Moltmann*, Theologie der Hoffnung. Untersuchungen zur Begründung und zu den Konsequenzen einer christlichen Eschatologie (Beiträge zur evangelischen Theologie. Theologische Abhandlungen 38), München 1964, 30.

44 Vgl. *Enda McDonagh*, Befreiender Widerstand und die Werte des Gottesreiches, in: Concilium 24 (1988) 54-61. – »Die Verheißung und die vorwegnehmende Verwirklichung des Gottesreiches in Gerechtigkeit, Freiheit und Frieden sind eine Konkretisierung jenes ›antizipatorischen Bewusstseins‹, das der Motor der politischen Kämpfe der Menschheit ist« (ebd., 57).

und des Friedens«[45] auf das Jenseits zu verschieben. Vielmehr geht die Theologie der Befreiung davon aus, »dass der eschatologische Vorbehalt des ›schon und noch nicht‹ nicht nur eine Relativierung, sondern auch eine Kritik der bestehenden Verhältnisse bedeutet«.[46] Das »Reich Gottes« und die Hoffnung, die es freisetzt, sind von daher nicht »*ein* Thema« christlicher Glaubensreflexion oder ein »spezielles Gebiet« politisch orientierter Theologien, sondern das »*ultimum* des Glaubens«[47], das letzte Ziel und die entscheidende Grundlage christlichen Lebens. Vom *ultimum* des Glaubens her ergibt sich der »Primat« der Theologie: die »Befreiung der Armen«[48]. Die Armen sind die ersten Adressaten der Reich-Gottes-Botschaft, ihnen vor allem wird die Verheißung zuteil, aus Unterdrückung, Armut und Ausgrenzung befreit zu werden. Dass ein solcher »Primat« einer von der Reich-Gottes-Hoffnung inspirierten Theologie zu Krisen, Spannungen und Skandalen führt, liegt auf der Hand. In der Befreiungsoption einer Reich-Gottes-Theologie manifestiert sich »eine Verheißung des Lebens in Entgegensetzung zum Antireich«[49] – mit anderen Worten: ein fundamentaler Konflikt zwischen dem »Reich Gottes« und dem »Antireich«. Dieser Antagonismus wird außerhalb der Befreiungstheologie kaum benannt, stellt aber für die Armen eine Frage auf Leben und Tod dar.[50] Jon Sobrino beleuchtet diesen dramatischen Zusammenhang: »Das Reich Gottes ist eine dialektische und antagonistische Wirklichkeit, welche vom

45 Ausschnitt aus der Präfation von Christkönig: »Wenn einst die ganze Schöpfung seiner Herrschaft unterworfen ist, wird er dir, seinem Vater, das ewige, alles umfassende Reich übergeben: das Reich der Wahrheit und des Lebens, das Reich der Heiligkeit und der Gnade, das Reich der Gerechtigkeit, der Liebe und des Friedens.«

46 *Martin Maier*, Die Theologie der Befreiung als Theologie des Reiches Gottes, in: Entschluss 52 (1997), Nr. 11, 31-33, 32.

47 *Jon Sobrino*, Die zentrale Stellung des Reiches Gottes in der Theologie der Befreiung, in: *Ellacuría/Sobrino* (Hg.), Mysterium liberationis, Band 1 (Anm. 11), 461-504, 461.

48 Ebd., 462.

49 Ebd., 493.

50 Vgl. die Analyse von *Franz J. Hinkelammert*, Über den Markt zum Reich Gottes? Von der Verurteilung zur Vereinnahmung der Befreiungstheologie, in: Orientierung 60 (1996) 98-102, 115-120.

51 *Jon Sobrino*, Christologie der Befreiung, Band 1, Mainz 1998, 108.

52 Vgl. *José Ignacio González Faus*, Zeugnis einer Liebe – getötet aus Hass auf die Liebe, in: Concilium 39 (2003) 48-55.

53 Vgl. die kirchengeschichtliche Analyse von *Dussel*, Geschichte (Anm. 11), 122-199, unter dem Titel »Die Agonie der kolonialen Christenheit« (1808-1962). – Dussel charakterisiert diese Epoche so: »Die Kirche, die mehr oder minder mit den konservativen Regierungen kompromittiert war – das System des *Patronats* bestand ja weiter, oder gesellschaftliche Beziehungen banden sie direkt an besagte Minderheiten –, erweckte eine Zeitlang den Eindruck, mit den Interessen des einfachen Volkes: der Indianer, Arbeiter und Armen, nichts zu tun zu haben« (ebd., 127).

54 *Gustavo Gutiérrez*, Theologie von der Rückseite der Geschichte her, in: *ders.*, Die historische Macht der Armen (Fundamentaltheologische Studien 11), München/Mainz 1984, 125-189, 158.

55 Ebd., 168.

56 Ebd., 169.

57 »Das Engagement für die Armen und Unterdrückten und das Entstehen der Basisgemeinschaften haben der Kirche dazu verholfen, das evangelisatorische Potential der Armen zu entdecken, da sie die Kirche ständig vor Fragen stellen, indem sie sie zur Umkehr aufrufen, und da viele von ihnen in ihrem Leben die Werte des Evangeliums verwirklichen, die in der Solidarität, im Dienst, in der Einfachheit und in der Aufnahmebereitschaft für das Geschenk Gottes bestehen« (Die Evangelisierung Lateinamerikas in Gegenwart und Zukunft, in: Die Kirche Lateinamerikas [Anm. 13], 135-355, 329 [Nr. 1147]).

Antireich verhindert wird und diesem entgegensteht. Demnach ist das Reich Gottes nicht harmlos, sondern eine Gegen-Hoffnung [...]. Ihm entspricht eine *aktive Hoffnung*, die gegen das Antireich *kämpft*.«[51] Dass diese aktive Hoffnung ein Ausdruck lebendigen Glaubens ist, der die Botschaft vom anbrechenden Reich Gottes ernst nimmt und sich nicht mit einer Dichotomie von »irdischer Politik« und »eschatologischem Heil« abspeisen lässt, bezeugen nicht zuletzt die vielen Märtyrerinnen und Märtyrer Lateinamerikas, die für die Verheißung des Reiches Gottes bis zur Hingabe ihres eigenen Lebens einstanden.[52] Wer jedenfalls die brennende und ungeduldige Erwartung, dass Gottes Reich *endlich* in seiner Fülle anbrechen möge, nicht im Herzen trägt, wird niemals verstehen, was mit »Befreiungstheologie« gemeint ist.

5 Eine erkenntnistheologische These: *Die Armen werden als Subjekte des Glaubens und der Theologie anerkannt*

In der Auseinandersetzung rund um die Befreiungstheologie ist immer wieder zu hören, die Kirche hätte doch in ihrer Geschichte viel für die Armen getan und sich mit großem Engagement für die Ausgegrenzten und Unterdrückten eingesetzt. Daran ist nicht zu rütteln, auch wenn es in der Geschichte der Kirche immer beide Erfahrungen gab: einerseits einen unglaublichen Einsatz für die Armen, der bis zum Martyrium gehen konnte, anderseits aber auch Allianzen kirchlicher Kräfte mit den Mächtigen, die in ihrer Gesellschaft Menschen unterdrückten und sich dennoch der Unterstützung maßgeblicher Teile der Kirche sicher sein konnten.[53]

Der Ansatz der Befreiungstheologie anerkennt den kirchlichen Einsatz für die Armen durchaus, nimmt allerdings eine Umstellung vor, die Gustavo Gutiérrez als Perspektivenwechsel kennzeichnet; es geht um die Wahrnehmung »der Perspektive derer, die in der Geschichte nirgends vorkommen«.[54] Die Sicht der Armen gehört für Gutiérrez zu den »Grundintuitionen«[55] der Theologie der Befreiung; es ist die Perspektive »ausgebeuteter Klassen, an den Rand gedrängter Rassen und mit Verachtung belegter Kulturen«[56], die nicht bloß Fürsorge erfahren wollen, sondern Gerechtigkeit – und dazu gehört, dass sie als *Subjekte* anerkannt werden. Dies ist eine Kernüberzeugung der Befreiungstheologie: Die Armen sind Subjekte in der Gesellschaft und in der Kirche, handelnde Subjekte der Politik, der Kultur und des Glaubens. Stefan Silber hat mit Blick auf die Thematisierung des »evangelisatorischen Potenzials der Armen« bei der Bischofsversammlung in Puebla[57] hervorgehoben: »Die Armen sind *Subjekte* der Evangelisierung, sie sind auch Subjekte der Option für die Armen [...]. Die Armen sind die Kirche; sie sind nicht einfach nur Empfängerinnen und Empfänger von Hilfsleistungen der kirchlichen Hierarchie oder Nutznießer des Strebens nach Gerechtigkeit, das von engagierten Christinnen und Christen ausgeht. Sie besitzen selbst ›evangelisatorisches Potenzial‹; sie sind Trägerinnen und Träger der Frohen Botschaft.«[58]

Die »Haltung des Hinhorchens«[59], die Gutiérrez für die Theologie der Befreiung als Grundhaltung einfordert, versteht sich demnach nicht bloß als »Geste der Höflichkeit« den Armen gegenüber, sondern als Voraussetzung, um überhaupt Theologie treiben zu können.[60] Die Theologie der Befreiung stellt sich der Herausforderung des »Nichtmenschen«[61], wie dies Gutiérrez drastisch auf den Punkt bringt; sie partizipiert am Leben und Leiden der Armen und verändert auf diese Weise ihre Perspektive.[62] Es macht einen entscheidenden Unterschied, ob *über* die Armen gesprochen wird oder ob sie *selbst* als verantwortliches Subjekt ihres Lebens und Glaubens anerkannt werden. Genau darin liegt nach Gutiérrez auch die Differenz zwischen der »fortschrittlichen Theologie« des Westens und der Befreiungstheologie:[63] Die erste Form bleibt in einer Distanz zu den Armen befangen, während die Theologie der Befreiung die Stimme der Armen zu Gehör bringt[64] und von der Überzeugung geleitet ist, dass ein Perspektivenwechsel, der das Subjektsein der Armen ermöglicht, Theologie und Kirche zu ihrer ureigensten Identität (zurück-)führt.[65]

6 Eine christologische These: *Die Armen sind Sakrament der Gegenwart Christi*

Befreiungstheologie war von Anfang an Befreiungs*christologie*.[66] Die Person und Botschaft Jesu Christi, des Gekreuzigten und Auferweckten, ist *das* Fundament einer Hoffnung auf Befreiung. Zu den zentralen Aspekten einer befreiungstheologischen Christologie gehört die Überzeugung, dass Jesus gemäß dem biblischen Zeugnis von Mt 25,31-46 in den Armen gegenwärtig ist. Er, der die Anwesenheit Gottes im Leben der Unterdrückten und Verachteten verkörpert,[67] ist auch heute bei denen zu finden, die arm, hungrig, dürstend, obdachlos und

58 *Stefan Silber*, Armut: Eine theologische Tatsache? Puebla in der deutschsprachigen Systematischen Theologie, in: *Thomas Schreijäck/Knut Wenzel* (Hg.), Weltkirchliche Grundoptionen. 30 Jahre Puebla. Erinnerung und Impulse für die deutschsprachige Theologie und Glaubenskommunikation (Forum Religionspädagogik interkulturell 17), Berlin 2009, 33-60, 42.

59 *Gustavo Gutiérrez*, Der Befreiungsprozess ist auch unsere Sache, in: *ders.*, Die historische Macht (Anm. 54), 29-42, 31.

60 Vgl. *Bernhard Bleyer*, Subjektwerdung des Armen. Zu einem theologisch-ethischen Argument im Zentrum lateinamerikanischer Befreiungstheologie (ratio fidei. Beiträge zur philosophischen Rechenschaft der Theologie 38), Regensburg 2009.

61 *Gustavo Gutiérrez*, Die historische Macht der Armen, in: *ders.*, Die historische Macht (Anm. 54), 43-79, 63.

62 Vgl. *Raúl Fornet-Betancourt*, »Hören auf das Volk« – Theologische Methode oder ideologisches Programm? Überlegungen zur Denkstruktur der lateinamerikanischen Befreiungstheologie, in: Stimmen der Zeit 204 (1986) 169-184.

63 Vgl. *Gutiérrez*, Die historische Macht der Armen (Anm. 61), 62-64.

64 Ein Buchtitel umschreibt in diesem Sinn treffend das Wirken von Erzbischof Oscar Romero: La voz de los sin voz. La palabra viva de Monseñor Romero. Introducciones, comentarios y selección

fremd sind. Das Abschlussdokument von Puebla hat eine solche »Christologie der Armen« entwickelt, die zu den eindrücklichsten Texten dieser Kirchenversammlung gehört und die Bedeutung Jesu Christi ungleich stärker herausarbeitet, als dies in den »offiziellen« christologischen Abschnitten zur Geltung kommt: „Diese äußerste allgemeine Armut nimmt im täglichen Leben sehr konkrete Züge an, in denen wir das Leidensantlitz Christi, unseres Herrn, erkennen sollten, der uns fragend und fordernd anspricht in

- den Gesichtern der Kinder, die schon vor ihrer Geburt mit Armut geschlagen sind, die in den Möglichkeiten ihrer Selbstverwirklichung durch irreparable geistige und körperliche Schäden behindert werden und die in unseren Städten, oftmals ausgebeutet, als Produkt der Armut und des moralischen Zerfalls der Familie ein Vagabundendasein fristen;
- den Gesichtern der jungen Menschen ohne Orientierung, da sie keinen Platz in der Gesellschaft finden und frustriert sind, insbesondere in ländlichen Gebieten und den Randzonen der Städte, da sie weder Ausbildung noch Beschäftigung finden;
- den Gesichtern der Indios und häufig auch der Afroamerikaner, die am Rand der Gesellschaft in unmenschlichen Situationen leben und somit als die Ärmsten unter den Armen betrachtet werden können;
- den Gesichtern der Landbevölkerung, die als gesellschaftliche Gruppe fast auf dem ganzen Kontinent in der Verbannung lebt, die manchmal des Grund und Bodens beraubt ist, sich in innerer und äußerer Abhängigkeit befindet und Vermarktungssystemen unterworfen ist, die sie ausbeuten;
- den Gesichtern der Arbeiter, die häufig schlecht bezahlt sind und Schwierigkeiten haben, sich zu organisieren und ihre Rechte zu verteidigen;
- den Gesichtern der Unterbeschäftigten und Arbeitslosen, die aufgrund der harten Bedingungen von Wirtschaftskrisen und Entwicklungsmodellen entlassen wurden, welche die Arbeiter und ihre Familien von kaltem wirtschaftlichem Kalkül abhängig machen;

de textos de *Jon Sobrino*, *Ignacio Martín-Baró* y *Rodolfo Cardenal* (Colección: La Iglesia en América Latina 6), San Salvador [6]2001.

65 »Die ausgebeuteten Schichten der Gesellschaft, die mit Verachtung übergangenen Rassen und die verdrängten Kulturen sind das geschichtliche Subjekt eines neuen Glaubensverständnisses. Der Gott der Bibel offenbart sich in den Entrechteten, in ihrer Würde als Menschen und als Volk und bekundet sich durch die, die das Evangelium ›die Armen und Kleinen‹ nennt [...]. Wenn wir den Glauben aus der Welt der ›Verdammten der Erde‹ heraus leben und denken, werden wir Wege zu gehen haben, die die Großen dieser Welt kaum betreten. Auf diesen Wegen jedoch werden wir dem Herrn in den Armen Lateinamerikas und unseres jeweiligen Landes begegnen [...]. Dann werden uns die Augen aufgehen, und wir werden erkennen [...], dass ›Gott Hoffnung, Freude und Mut‹ ist« (*Gutiérrez*, Theologie von der Rückseite [Anm. 54], 188f).

66 Vgl. *Giancarlo Collet* (Hg.), Der Christus der Armen. Das Christuszeugnis der lateinamerikanischen Befreiungstheologen, Freiburg i. Br. 1988; *Hermann Brandt*, Befreiungschristologie als Aufbruch zum Menschen, in: *Hermann Dembowski/ Wolfgang Greive* (Hg.), Der andere Christus. Christologie in Zeugnissen aus aller Welt (Erlanger Taschenbücher 100), Erlangen 1991, 74-86.

67 Vgl. *Pablo Richard*, Die Anwesenheit und Offenbarung Gottes in der Welt der Unterdrückten, in: Concilium 28 (1992) 299-306.

- den Gesichtern der Randgruppen der Gesellschaft und derer, die auf viel zu engem Raum leben, die unter dem doppelten Druck des Mangels an materiellen Gütern und dem sichtbaren Reichtum anderer Gesellschaftsschichten leiden;
- den Gesichtern der Alten, deren Zahl ständig zunimmt und die oft von der Fortschrittsgesellschaft ausgeschlossen werden, da man unproduktive Individuen nicht brauchen kann […].«[68]

Die Theologie der Befreiung versteht die Gegenwart Jesu Christi in den Armen nicht bloß metaphorisch oder moralisch – gleichsam als emotionalberührende Analogie, um »Mildtätigkeit« den Armen gegenüber zu bewirken –, sondern *sakramental*. Die Armen – um mit Ignacio Ellacuría zu sprechen: das gekreuzigte Volk[69] – sind eine Gegenwartsweise Jesu Christi. Bernhard Bleyer hat in einer interessanten Studie aufgezeigt, dass Papst Paul VI. in einer Predigt kurz vor der Eröffnung der Bischofsversammlung von Medellín (1968) zu kolumbianischen Bauern und Landarbeitern sagte: »Ihr seid ein Zeichen, ein Abbild, ein Mysterium der Präsenz Christi. Das Sakrament der Eucharistie bietet uns seine verborgene Gegenwart an, lebendig und real; Ihr seid auch ein Sakrament, d.h. ein heiliges Abbild des Herrn in der Welt, eine Widerspiegelung, die eine Vertretung ist und die nicht sein humanes und göttliches Gesicht verbirgt […]. Die gesamte Tradition der Kirche erkennt in den Armen das Sakrament Christi […]. Ihr seid Christus für uns […].«[70] Mit dieser Aussage griff der Papst älteste kirchliche Überlieferungen auf und zeigte den untrennbaren Zusammenhang von Eucharistie und Diakonie auf. Die Sakramentalität der Kirche lässt sich nicht in eine liturgische und in eine soziale Sphäre trennen: In der Feier des Brotbrechens ist derselbe Herr gegenwärtig, der uns in den Armen begegnet; an dieser unauflöslichen Verbindung hält die Befreiungstheologie fest und betont mit der Fünften Generalversammlung der Lateinamerikanischen Bischöfe in Aparecida (2007): »Jesus Christus in den Armen zu begegnen, gehört zum Kern unseres Glaubens an Jesus Christus.«[71]

68 Die Evangelisierung Lateinamerikas (Anm. 57), 156f (Nr. 31-39).
69 Vgl. *Ignacio Ellacuría*, Das gekreuzigte Volk, in: *Ellacuría/Sobrino*, Mysterium liberationis, Band 2 (Anm. 14), 823-850. – Ellacuría geht es um den Aufweis, »dass dieses gekreuzigte Volk die geschichtliche Fortdauer des Lebens und des Todes Jesu ist« (ebd., 835).
70 Zitiert nach: *Bernhard Bleyer*, Das Sakrament Christi: die Armen. Die Predigt Pauls VI. in San José de Mosquera (23. August 1968), in: *Gunter Prüller-Jagenteufel* u.a. (Hg.), Theologie der Befreiung im Wandel. Revisionen – Ansätze – Zukunftsperspektiven (CRM 51), Aachen 2010, 205-217, 212.
71 Aparecida 2007. Schlussdokument der 5. Generalversammlung des Episkopats von Lateinamerika und der Karibik, 13.-31. Mai 2007 (Stimmen der Weltkirche, 41), Bonn 2007, 149 (Nr. 257).
72 *Gutiérrez*, Theologie von der Rückseite (Anm. 54), 168f.
73 Vgl. *Rogelio García-Mateo*, Die Methode der Theologie der Befreiung. Zur Überwindung des Erfahrungsdefizits in der Theologie, in: Stimmen der Zeit 204 (1986) 386-396.
74 *Gutiérrez*, Theologie der Befreiung (Anm. 5), 73.
75 Ebd., 49.
76 *Sobrino*, Christologie der Befreiung (Anm. 51), 86.
77 Vgl. den Text Die Nachfolge als Erkenntnisquelle von *Jon Sobrino*, Der Glaube an Jesus Christus. Eine Christologie aus der Perspektive der Opfer, hg. von *Knut Wenzel*, Ostfildern 2008, 482f.

7 Eine glaubenstheologische These: *Orthopraxie hat Vorrang vor Orthodoxie*

In einer Zeit, in der viele Menschen Institutionen und Traditionen kritisch gegenüberstehen und oft auch ein kirchlich ausgeprägtes Christentum und dogmatische Ansprüche ablehnen, scheint die These vom Vorrang der Ortho*praxie* gegenüber der Ortho*doxie* auf große Zustimmung zu stoßen. Das ist angesichts einer tatsächlich nicht zu verleugnenden Tendenz zur intellektuellen und institutionellen »Festlegung« des Glaubens durchaus verständlich, kann aber möglicherweise dazu führen, eine entscheidende Differenz zu übersehen. Die Theologie der Befreiung betont nicht deshalb, »dass der erste Akt das Engagement für den Befreiungsprozess ist und dass die Theologie als zweiter Akt erst danach kommt«,[72] weil sie Theologie und »Rechtgläubigkeit« gering schätzen oder gar ablehnen würde, sondern weil sie die Ortho*doxie*, die sich in der Kirchen- und Theologiegeschichte mitunter verselbständigt hat, wieder in der Dynamik der Ortho*praxie* verortet wissen will. Um es mit den Kategorien der klassischen katholischen Soziallehre auszudrücken: Das »Handeln« ist nicht die bloße Anwendung des »Sehens« und »Urteilens«, sondern Moment eines dialektischen Zusammenhangs, der neue Erkenntnis erst in einem bestimmten Handlungskontext ermöglicht. Nur wer sich auf konkretes Tun einlässt, kann auch »sehen« und »urteilen« – darum geht es.[73]

Gustavo Gutiérrez spricht in diesem Zusammenhang davon, dass »das Engagement der Christen in der Geschichte einen wirklichen ›theologischen‹ Ort«[74] darstellt. Nicht distanziert, sondern engagiert wird Erkenntnis generiert: »In der Teilnahme am Befreiungsprozess werden wir Nuancen des Gotteswortes hören, die in anderen Lebenslagen nicht wahrnehmbar sind und ohne die im Augenblick echte und fruchtbringende Treue zum Herrn unmöglich ist.«[75] Damit ist im Kontext eines gesellschaftlichen Konflikts, wie er in Lateinamerika spätestens in den 1960er Jahren offenkundig wurde, eine Grundeinsicht des Christentums zum Ausdruck gebracht: Die Wahrheit des Glaubens erweist sich, indem man sie »tut« (vgl. Joh 3,21; 1 Joh 1,6) – durch das Wagnis des Glaubens; sie realisiert sich in jener Praxis, die im Neuen Testament »Nachfolge« genannt wird. Jon Sobrino, der mehrere bemerkenswerte Texte zur Thematik der Nachfolge Jesu verfasste, betont: »Außerhalb der Nachfolge gibt es keine hinreichende Nähe zum Ziel des Glaubens, so dass man nicht wissen kann, wovon man spricht, wenn man sich zu Christus bekennt.«[76] In der Praxis der Jesus-Nachfolge, die untrennbar verbunden ist mit dem Einsatz für Befreiung, erweist sich die Wahrheit des Glaubens an Jesus, den Christus[77] – das ist der Kern der These vom Vorrang der Orthopraxie vor der Orthodoxie. Die Relevanz dieses Vorrangs zeigt sich, wenn es um das Gegenteil des Glaubens geht: dieses stellt sich nach Sobrino in Lateinamerika nicht als »theoretischer Atheismus« dar, sondern als *Götzen-*

dienst. Nicht diejenigen, die Gott leugnen, sondern diejenigen, die sich dem Leben entgegenstellen, das von Gott kommt, sind die eigentlichen »Atheisten«, weil sie – wie ich das bezeichnen möchte – »Atheopraxie« betreiben: »Dem Reich steht das Antireich entgegen, und dem ›Gott des Lebens‹ widersetzen sich die ›Götzen des Todes‹.«[78] Dem Vorrang der Orthopraxie gegenüber der Orthodoxie im Positiven entspricht somit die Priorität der »Entgötzung« vor der »Entmythologisierung« im Negativen.[79] Denn es ist – um mit Bonhoeffer zu sprechen – neben dem Beten immer noch das »*Tun* des Gerechten«[80] (und nicht die Diskussion über Gerechtigkeit), das Befreiung ermöglicht.

8 Eine topologische These: *Die Armen bilden einen locus theologicus*

Aus befreiungstheologischer Perspektive sind die Armen dieser Welt nicht bloß Betreuungsobjekt einer karitativ tätigen Kirche, sondern Subjekt des Glaubens und Gegenwartsweise Christi. Mit dieser Sicht rückt die Befreiungstheologie vergessene und verdrängte Wahrheiten des christlichen Glaubens wieder ans Licht und verhilft dem biblischen Zeugnis, das die Liebe zu Gott und die Liebe zum Nächsten (besonders zum Armen) untrennbar verknüpft, zu seinem Recht. Aus dieser Rehabilitation des Armen als unabweisbarer Instanz des Glaubens und der Theologie ergibt sich eine weitere wichtige Einsicht: Die Armen repräsentieren ein Erfahrungsfeld, in dem das, was der christliche Glaube in seinem Anspruch bedeutet, besser erkannt werden kann.

Das heißt: Die Armen bilden einen *locus theologicus*, sie stellen eine Erkenntnis- und Bezeugungsinstanz des Glaubens dar. Was in der Geschichte der Kirche eine lange Tradition hat und meistens im Bereich persönlicher Glaubens- und Heiligenbiographien abgehandelt wurde,[81] hat theologisch-systematisch einen wichtigen Stellenwert. Gustavo Gutiérrez formuliert es so: »Wenn wir

78 *Sobrino*, Christologie der Befreiung (Anm. 51), 256.

79 »Die erste Aufgabe einer Aufklärung ist dann nicht die Entmythologisierung, sondern die Entgötzung Gottes […]. Ihn anzuerkennen heißt, das Leben zu ermöglichen« (ebd., 260).

80 »[…] es wird Menschen geben, die beten und das Gerechte tun und auf Gottes Zeit warten« (*Dietrich Bonhoeffer*, Gedanken zum Tauftag von Dietrich Wilhelm Rüdiger Bethge [Mai 1944], in: *Dietrich Bonhoeffer*, Widerstand und Ergebung. Briefe und Aufzeichnungen aus der Haft, hg. von *Christian Gremmels* u. a. [Dietrich Bonhoeffer Werke, Achter Band], Gütersloh 1998, 428-436, 436).

81 Vgl. die vielen Geschichten, die davon erzählen, dass Menschen durch die Begegnung mit Armen verändert wurden.

82 *Gustavo Gutiérrez*, Die theologische Herausforderung der Armut, in: *Schreijäck* (Hg.), Stationen (Anm. 6), 62-70, 65.

83 *Oscar Romero*, Die politische Dimension des Glaubens und die Option für die Armen. Vortrag anlässlich der Verleihung des Ehrendoktors durch die Universität Löwen, 2. Februar 1980, in: Repräsentanten der Befreiungstheologie (Anm. 39), 109-126, 112.

84 Ebd., 121.

die Perspektive der Armen übernehmen, dann werden neue Aspekte der christlichen Offenbarung sichtbar«[82] – eine zweifellos starke Formulierung für einen lange übersehenen Aspekt theologischer Topologie: Menschen, die in Armut leben müssen, »entschlüsseln« und »verifizieren« die Botschaft des Evangeliums. »Die Armen sind es, die uns begreiflich machen, wie die Welt ist und welchen Dienst die Kirche in dieser Welt zu leisten hat«[83], sagte Oscar Romero wenige Wochen vor seinem Tod, und ergänzte: »Die Welt der Armen lehrt uns, wie christliche Liebe zu sein hat [...]. Die reale Welt der Armen lehrt uns auch, was christliche Hoffnung bedeutet.«[84] Mit dem Ausdruck »Hereinbrechen der Armen«[85], den Gustavo Gutiérrez oft gebrauchte, ist nicht nur ein soziologisches Phänomen gemeint, sondern ein Anspruch, der die Theorie und Praxis theologischen Erkennens aufbricht[86] und durch die Wahrnehmung dieses »*locus theologicus*« eine leidenschaftliche Option für Gerechtigkeit, Menschlichkeit und Frieden initiiert. Die Armen als »*locus theologicus*« zu begreifen, heißt zugleich, sich für die Überwindung unmenschlicher Armut einzusetzen.[87]

9 Eine anamnetische These: *Befreiungstheologie ist leidempfindlich*

Als Johann Baptist Metz vor einigen Jahren die »Leidempfindlichkeit« als Grundmerkmal biblischer Theologie in Erinnerung rief und angesichts einer zunehmenden gesellschaftlichen Amnesie die Bedeutung der jüdisch-christlichen Gedächtniskultur einmahnte, brachte er ein Anliegen zur Sprache, das für die westlich geprägte theologische Tradition eine gewisse Herausforderung, für die Befreiungstheologie hingegen eine Selbstverständlichkeit darstellte. Metz' bekanntes Diktum: »Jesu erster Blick galt nicht der Sünde der Anderen, sondern dem Leid der Anderen«[88] könnte als hermeneutischer Schlüssel für die pastorale Arbeit, das kirchliche Leben und die theologische

85 *Gustavo Gutiérrez*, Die Armen und die Grundoption, in: *Ellacuría/Sobrino* (Hg.), Mysterium liberationis, Band 1 (Anm. 11), 293-311, 293.

86 Vgl. die Überlegungen von *Peter Hünermann*, Dogmatische Prinzipienlehre. Glaube – Überlieferung – Theologie als Sprach- und Wahrheitsgeschehen, Münster 2003, 232-234 zur *Gesellschaft* als einem (neuen) »*locus theologicus*«, was auch die Herausforderungen von Armut und Gerechtigkeit einschließt.

87 »Der Skandal besteht darin, dass die Armut als *locus theologicus* im Zeitalter vernetzter Märkte und Informationen nicht etwa weggefallen ist, sondern sich vielmehr ausgebreitet und vertieft hat« (*Josef Estermann*, Einführung. Die Rede von Gott im Kontext der Armut, in: Von Gott reden im Kontext der Armut. Dokumente der Ökumenischen Vereinigung von Dritte-Welt-Theologinnen und -Theologen 1976-1996 [TDW 26], Freiburg i. Br. 1999, 1-13, 1).

88 *Johann Baptist Metz*, Im Eingedenken fremden Leids. Zu einer Basiskategorie christlicher Gottesrede, in: *Johann Baptist Metz/Johann Reikerstorfer/Jürgen Werbick*, Gottesrede (Religion – Geschichte – Gesellschaft. Fundamentaltheologische Studien 1), Münster 1996, 3-20, 11.

Reflexion in der lateinamerikanischen Theologie der Befreiung dienen. Kirchliche Biographien erfuhren einen Bruch,[89] theologische Paradigmen eine grundlegende Transformation, kirchliche Strukturen einen beachtlichen Aufbruch, weil Christinnen und Christen »empfindlich« waren für das Leid, das ihnen begegnete. Ein wesentlicher Impuls für die Entstehung von Befreiungstheologie besteht in der Aufrichtigkeit und Offenheit, wie Gläubige die Not und die Probleme von Menschen als »schmerzhafte[s] Zeichen der Zeit« – und nicht nur als »soziales Problem« – wahrgenommen haben.[90] Was Gutiérrez in seiner Ijob-Auslegung betont, kann als Prinzip befreiungstheologischen Denkens angesehen werden: »Nur wenn wir den Schmerz der Menschheit und das Leid des Unschuldigen ernst nehmen und unter diesen Bedingungen auch das Geheimnis des Kreuzes im Licht von Ostern leben, werden wir verhindern können, dass aus unserer Theologie ›windige Worte‹ ([Ijob] 16,3) werden.«[91] Die »Leidempfindlichkeit« der Theologie wäre in ihrem eigentlichen Sinn noch nicht erfasst, wenn es *neben* dem bestehenden theologischen Diskurs zu einem »Gefühl des Mitleids« mit leidenden Menschen käme; Theologie als Glaubensverantwortung ist vielmehr vom Ansatz her als »Compassion« zu betreiben, als Rede von Gott, die sich durch Teilnahme am Schicksal der Mitmenschen konstituiert und nicht fertige theologische Kategorien auf menschliche Leidsituationen »anwendet«. Das »Mit-Leid« gehört gewissermaßen zur theologischen Grundgrammatik, wie Christina Kreinecker betont: »Die Option für die Armen ist Teil des Formalaspekts christlicher Theologie.«[92] Von daher bildet die »Leidempfindlichkeit« christlicher Glaubensverantwortung keine emotionale Zutat, sondern ein zentrales Erkenntnisprinzip der Befreiungstheologie, das heute wohl nötiger ist als jemals zuvor. Die Theologie ist jedenfalls gut beraten, sich von neuem die biblische Einsicht in Erinnerung zu rufen: »Wenn der Schmerz dieser Welt uns nicht trifft, dann lieben wir weder Gott noch unseren Nächsten.«[93]

89 Das bekannteste Beispiel dafür ist Oscar Romero: »Drei Monate nach seiner Ernennung war Romero ein anderer, ein veränderter Bischof. Viele sprachen im Zusammenhang mit dieser Wandlung vom ›Wunder Romero‹« (*Martin Maier*, Oscar Romero [Herder spektrum, Band 5072], Freiburg i. Br. 2001, 46). – Romero pflegte zu sagen: »Das Volk ist mein Prophet« (ebd., 132).
90 *Gustavo Gutiérrez*, Die Lage und die Aufgaben der Theologie der Befreiung, in: *Gutiérrez/Müller*, An der Seite der Armen (Anm. 9), 53-78, 66.
91 *Gustavo Gutiérrez*, Von Gott sprechen in Unrecht und Leid – Ijob (Fundamentaltheologische Studien 15), München/Mainz 1988, 153f.
92 *Christina M. Kreinecker*, Gerechtigkeit und Mit-Leid: Die Option für die Armen auf der Basis der basileía toũ theoũ als Formaspekt der Theologie, in: *Holztrattner* (Hg.), Eine vorrangige Option (Anm. 7), 103-120, 113.
93 *Beatriz Melano Couch*, Befreiung: eine biblische Vision (1 Sam 1,1-2,11), in: Concilium 33 (1997) 153-159, 159.
94 *Johann Baptist Metz*, Thesen zum theologischen Ort der Befreiungstheologie, in: *ders.* (Hg.), Die Theologie der Befreiung: Hoffnung oder Gefahr für die Kirche? (Schriften der Katholischen Akademie in Bayern 122), Düsseldorf 1986, 147-157, 149.
95 Die Evangelisierung Lateinamerikas (Anm. 57), 222 (Nr. 427).

10 Eine theologisch-politische These: *Theologie ist nur »universal«, wenn sie eine vorrangige Option für die Armen trifft*

Der Vorwurf, der alle kontextuellen Theologien trifft – dass sie nämlich »nicht universal (gültig)« seien – erging oftmals auch an die Befreiungstheologie: Ihre einseitige Ausrichtung an der sozialen Problematik und vor allem ihre »vorrangige Option für die Armen« erweise sie als partikulären Diskurs, der nicht mit dem »universalen« Geltungsanspruch christlicher Theologie vermittelbar sei. Zum einen ist auf diese Kritik zu erwidern, dass es tatsächlich in der vielfältigen Tradition der lateinamerikanischen Befreiungstheologie auch Entwicklungen gab, die sich entweder exklusiv einer bestimmten politischen Überzeugung verschrieben oder anstehende Differenzierungen nicht (mehr) leisten konnten und wollten; Gegner der Befreiungstheologie kehren bekanntlich einzelne Negativbeispiele hervor, um daraus eine generelle Ablehnung dieser Form von Theologie und Pastoral abzuleiten. Zum anderen ist darauf hinzuweisen, dass den Theologinnen und Theologen der Befreiung durchwegs bewusst ist, dass ihre Positionen nicht nur »integrieren«, sondern auch »polarisieren« und zur Stellungnahme herausfordern. Der Grund für diese »Einseitigkeit« liegt allerdings nicht in einer Strategie, Theologie auf möglichst provokante Weise zu positionieren, sondern im kritischen Potential des biblischen Glaubens selbst. Die Befreiungstheologie, darauf legt Johann Baptist Metz großen Wert, »ist nicht dadurch politisch, dass sie die Religion einer fremden politischen Ideologie ausliefert, sondern dadurch, dass sie in der Religion die gefährliche Erinnerung an den messianischen Gott buchstabiert.«[94]

Auch wenn sich die Theologie der Befreiung politischer und soziologischer Kategorien bediente, um die gesellschaftliche Wirklichkeit zu analysieren (was schließlich eine wissenschaftliche Notwendigkeit darstellt), bildete die Orientierung am christlichen Glaubensanspruch die Grundlage des bekannten Dreischritts »Sehen« – »Urteilen« – »Handeln«. Dass die Bezeugung der biblischen Reich-Gottes-Botschaft allerdings keine harmonische Bestätigung der gesellschaftlichen Realität, sondern eine kritische Dynamik auslöst, kann und darf niemanden verwundern, der diese Botschaft ernst nimmt. Die Forderung nach Gerechtigkeit und Freiheit kann im Rahmen einer von den Machthabern kontrollierten »Universalität« nur als »einseitig«, ja als bedrohlich empfunden werden. Diese Problematik wird im Schlussdokument von Puebla deutlich angesprochen, wenn jene Form von »Universalität« in Frage gestellt wird, »die ein Synonym für Nivellierung und Einförmigkeit ist«. Klar wendet sich die Kirche »gegen eine Instrumentalisierung der Universalität, die der Vereinheitlichung der Menschheit durch eine ungerechte und verletzende Beherrschung und Vorherrschaft einiger Völker oder gesellschaftlicher Schichten über andere Völker und Schichten gleichkommt«.[95] Von einem christlichen Standpunkt aus kann es also nicht um eine »nivellierende Universalität« gehen – deren repressive Strukturen verdeckt bleiben –, sondern um eine *qualifizierte Form von Universalität*, in der niemand ausgegrenzt oder assimiliert wird.

Die paradox klingende Antwort der Befreiungstheologie lautet, dass eine solche »Universalität« nur durch eine »vorrangige Option für die Armen« möglich ist. Gustavo Gutiérrez macht klar, dass die »vorrangige Option für die Armen«[96] – bekanntlich ein entscheidender Topos im Schlussdokument von Puebla[97] – nicht als willkürliche Bevorzugung der Armen zu verstehen ist, sondern als »eine theozentrische, eine am Gott Jesu Christi orientierte Option«.[98] Grund für die vorrangige Option für die Armen ist, »dass Gott gut ist«.[99] Wenn und insofern diese von Gott ausgehende Option für die *Armen* ernst genommen wird, vertritt die Kirche eine Option für *alle*, wie Gutiérrez ausführt: »Die Rede von der ›vorrangigen Option‹ ist mit einer zentralen Aussage der christlichen Botschaft verbunden, mit der allzumfassenden Liebe Gottes. Gott liebt jeden, egal ob arm oder nicht arm. Vorrang muss immer in Relation zur Universalität verstanden werden. Als Christ, der an den Gott Jesu Christi glaubt, muss ich den Armen Vorrang einräumen, aber ich kann deshalb nicht sagen, dass die Nicht-Armen für mich ohne Bedeutung sind. Das wäre keine christliche Haltung. Obwohl wir die Universalität berücksichtigen, fordern wir gleichzeitig, dass einige Menschen an erster Stelle stehen. Darin liegt kein Gegensatz, sondern eine Spannung, so wie wir Spannungen zwischen Handeln und Gebet, zwischen Aktion und Kontemplation finden. Es ist nicht möglich, Universalität zu fordern, ohne die Vorrangigkeit angemessen zu berücksichtigen.«[100]

Fazit: Die Theologie der Befreiung ist gerade durch ihre »besondere Option« eine Theologie, die »wahre Universalität« ermöglicht, weil sie zeigt – so José Ignacio González Faus mit Blick auf das Werk Ignacio Ellacurías –, »dass die

96 Vgl. *Alexis J. Bucher* u. a. (Hg.), Die »vorrangige Option für die Armen« der katholischen Kirche in Lateinamerika. Zugänge zu ihrer Begründungsproblematik, Geschichte und Verwirklichung. Band 1: Begründungszusammenhänge, Eichstätt 1994; *Christian Beck* u. a. (Hg.), Die »vorrangige Option für die Armen« der katholischen Kirche in Lateinamerika. Zugänge zu ihrer Begründungsproblematik, Geschichte und Verwirklichung. Band 2: Interventionsbereiche, Strategien und Anschlussfähigkeit (CRM 5/2), Aachen 2000.

97 »Mit erneuerter Hoffnung auf die belebende Kraft des Geistes machen wir uns wieder die Auffassung der 2. Vollversammlung zu eigen, die eine klare und prophetische, vorrangige und solidarische Option für die Armen zum Ausdruck brachte [...]« (Die Evangelisierung Lateinamerikas [Anm. 57], 327 [Nr. 1134]).

98 *Gutiérrez*, Die theologische Herausforderung der Armut (Anm. 82), 67.

99 Ebd.

100 Ebd., 66.

101 *José Ignacio González Faus*, Dankesschuld an Ignacio Ellacuría, in: Orientierung 54 (1990) 217-220, 219.

102 *Jon Sobrino*, Systematische Christologie: Jesus Christus, der absolute Mittler des Reiches Gottes, in: *Ellacuría/Sobrino* (Hg.), Mysterium liberationis, Band 1 (Anm. 11), 567-591, 581.

Rede von der ›Option für die Armen‹ in unserer Welt die einzige Möglichkeit ist, um von der ›Option für alle‹ zu sprechen, und dass jede andere Formulierung nur vorgibt, allumfassend zu sein, denn sie rechtfertigt die Verabsolutierung einer partikulären Realität«.[101]

Theologie der Befreiung bezieht die zentrale Überzeugung des christlichen Glaubens – dass dem Evangelium Jesu Christi eine *befreiende Macht* zukommt – auf konkrete Lebenserfahrungen. In ihrer Reflexion befreiender Praxis kommen ein Hoffnungsimpuls und ein Vernunftanspruch zur Geltung, der sich als »*intellectus liberationis*«[102] artikuliert – und Theologie, Kirche und Gesellschaft auf das kommende Reich Gottes hin offen hält.

Zusammenfassung

Die Theologie der Befreiung vertritt die christliche Grundüberzeugung, dass das Evangelium Jesu Christi eine befreiende Macht darstellt, in konkreten gesellschaftlichen Erfahrungsfeldern, die oft von Unterdrückung und Ungerechtigkeit geprägt sind. Die Quelle der Befreiungstheologie besteht im Geheimnis von Ostern, ihr Horizont ist die historische und soziale Realität, ihr Ziel das »Reich Gottes«. Aus der Perspektive der Befreiungstheologie sind die Armen nicht als Subjekte des Glaubens und der Theologie zu verstehen, sondern als »*locus theologicus*« – als Erkenntnisort und Wahrheitsinstanz christlichen Glaubens. Insofern Theologie eine vorrangige Option für die Armen vertritt, ist sie wirklich »universal«.

Abstract

Liberation theology advocates the fundamental Christian conviction that the gospel of Jesus Christ represents a liberating power in concrete areas of experience in society which are often marked by oppression and injustice. The source of liberation theology lies in the Easter mystery, its horizon is historical and social reality, and its goal is the »Kingdom of God.« From the perspective of liberation theology, the poor are not to be understood as subjects of faith and theology, but as a »locus theologicus« – as a place for acquiring knowledge of the Christian faith and as an authority for the truth of the Christian faith. Insofar as theology advocates a preferential option for the poor, it is really »universal«.

Katechese und Bildung, eine notwendige Einheit

von Gottfried Bitter

1 Problemanzeige: »Bald ist es zu spät«

Wer sich heute umschaut in den katechetischen Landschaften, der sieht viele bunte, blühende Felder. Sakramentenkatechetische Aktivitäten sind in den meisten christlichen Gemeinden längst eine Selbstverständlichkeit und zwar mit hohem persönlichem Einsatz und didaktisch-methodischer Reflexion. Spezielle Arbeitsgruppen und Wochenendseminare bereiten auf den Empfang der Taufe und der Ehe vor; wöchentliche Treffen mit Jugendlichen und Kindern führen auf den Umgang mit den Sakramenten der Eucharistie und der Firmung hin. Manche Gemeinden laden auch einmal im Jahr ihre älteren Mitglieder zur Vorbereitung auf den gemeinsamen Empfang der Krankensalbung ein, auch zu wiederholten Malen. Also: die *sakramentenkatechetische Arbeit* wird flächendeckend besorgt. Was fehlt und zwar schon seit dem Ende der 60er Jahre ist allerdings die *glaubenskatechetische Arbeit* mit Erwachsenen und besonders mit Eltern, mit Kindern und Jugendlichen, mit älteren Menschen. – Wer darum diese blühenden Landschaften etwas näher anschaut, gewinnt ein ganz anderes Bild: der Schein der sakramentvorbereitenden Selbstverständlichkeiten trügt. Denn schon bald ist die auffällige Unfruchtbarkeit dieser organisatorisch durchaus blühenden Felder zu erkennen: zu einem Vertrautwerden mit Jesus Christus oder gar zu einer positiven Beziehung zu dem Gott Jesu Christi, zu den Geschenken seiner Sakramente in der Kirche kommt es in der Regel nicht. Leben aus dem Geist Jesu Christi in einer christlichen Gemeinschaft wird nicht (mehr) als wertvoll, als kostbar, als wünschenswert erkannt. Es bleibt stattdessen beim punktuellen Sakramentenempfang – ohne weitere mittel- oder langfristige Auswirkungen. Die jeweilige Vorbereitung auf das Sakrament und seinen Empfang bleiben eine biographische Episode. Leider muss man darum inzwischen von einer Praxis der *Sakramentalisierung ohne Evangelisierung* sprechen.

1 *Hans Waldenfels*, Bald ist es zu spät! »Löscht den Geist nicht aus!«, in LebZeug 65 (2010) 28-51.

2 Vgl. dazu neuestens: *Arnd Bünker*, Missionarisch Kirche sein in Deutschland, in: ZMR 94 (2010) 243-254, hier 246.

3 Ebenfalls *Bünker*, Missionarisch Kirche (Anm. 2), 245

4 Vgl. *Bünker*, Missionarisch Kirche (Anm. 2), 246.

5 Einen Kurzkommentar bietet hier: *Guido Bausenhart*, Evangelisierung in der Communio aller Getauften, in: ThKVat II, Bd. 5, Freiburg 2006, 277-295.

6 GSyn I, 85-111.

7 GSyn II, 37-102.

Äußeres Zeichen dieser Unfruchtbarkeit der gängigen Sakramentenkatechese ist der weithin allgemeine Verzicht, von Zeit zu Zeit oder gar regelmäßig in einer christlichen Gemeinde zu leben – versammelt um den Altar des Wortes und des Brotes. Und nun das höchst Verwunderliche: alle Beteiligten kennen diese aporetische Praxis, von der Gemeindereferentin bis zum Bischof. Aber die theoretischen Antworten und die praktischen Gegenbewegungen sind sehr verhalten. Es scheint, als läge eine katechetische Depression über den Gemeinden und ihren Leitern. Ratlos, mutlos, tatenlos schauen die Beteiligten drein. Wie lange noch? *Hans Waldenfels*[1] warnt: »Bald ist es zu spät!« Dieser Wächterruf wird hier aufgenommen und zugespitzt zu der Frage:

1 Warum ist diese offensichtliche Vergeblichkeit der katechetischen Prozesse nicht länger hinnehmbar? Aus drei Perspektiven ist eine Umkehr und Neuordnung geboten:

- angesichts der um ihren Christusglauben betrogenen *Kinder und Jugendlichen*, Erwachsenen und Senioren, die offensichtlich zusammen mit ihren Mitchristen nicht mehr die »Wasser des Lebens« finden können;
- angesichts der ausdrücklich ausgesprochenen Einladung an die *Christen und Gemeinden*, alle Menschen in ein Leben aus dem Geist des Evangeliums zu rufen – dargestellt in den Sakramenten (SC 59);
- angesichts einer *spätmodernen Gesellschaft*, die mitten in einer wachsenden religiös geprägten Exkulturation auf kraftvolle Zeugnisse religiös geprägter Lebenspraxen wartet.

2 Aber warum jetzt plötzlich dieser schrille Wächterruf über einen Zustand, der schon seit Jahrzehnten allgemein bekannt ist? Zunächst nur eine knappe Antwort: Auch Krisen haben ihren Kairos, ihre Stunde der Entscheidung zum Umkehren, zum Neuanfangen oder zum Versinken und Untergehen. Dem glaubensaktuellen, glaubenskatechetischen Notstand muss möglichst bald abgeholfen werden, sonst schrumpft und schrumpft die Zahl der möglichen Glaubensvermittler weiter und die Zahl der sakramentalisierten Neuheiden wächst.

3 Spätestens seit dem Zweiten Weltkrieg (1939-1945) und seinen unabsehbaren ethischen und religiösen Folgen für das Glaubensverhalten der Christen werden die Stimmen zur Umkehr der katechetischen Praxis lauter. Schon 1943 fragen *Ivan Daniel* und *Henry Godin*: Ist Frankreich ein Missionsland?[2] *Alfred Delp* SJ fordert 1941 einen »missionarischen Dialog mit der Zeit«[3]. Bestürzt und vielfach ablehnend sind viele Antworten auf die Mainzer Katholikentagsrede 1948 von *Ivo Zeiger* SJ; er sieht die Kirche vor neuartige missionarische Herausforderungen gestellt.[4] Selbstverständlich durchweht das Vaticanum II ein missionarischer Geist (LG 12, 16f; GS 40-45; AG 35f; PO 6 und 22)[5]. Und die *Würzburger Synode* nimmt die vatikanischen Impulse ausdrücklich auf in »Unsere Hoffnung, Ein Bekenntnis zum Glauben in dieser Zeit«[6] und im Arbeitspapier »Das katechetische Wirken der Kirche«[7]. Nach-

denklich wird auf verschiedenen Ebenen der Themenbereich »Glaubensweitergabe« besprochen, denn die gesellschaftlichen und individuellen Veränderungen fordern Fragen nach der Tauglichkeit der bisherigen Formen und Inhalte heraus. Weitreichend und zukunftsgestaltend bis zur Stunde sind die gefundenen Einsichten. So wird unter den neuen bildungs-, schul- und religionspolitischen Bedingungen und den personalen Veränderungen der Schüler und Lehrer der 60er / 70er Jahre der *schulische Religionsunterricht* von seiner bisherigen Aufgabe der ausdrücklichen Glaubensschule und Einübung in sakramentales, kirchliches Leben entbunden. Stattdessen ist es das Ziel des Religionsunterrichts »zu verantwortlichem Denken und Verhalten im Hinblick auf Religion und Glaube zu befähigen«. Das heißt näherhin, der Religionsunterricht kann / darf auch weiterhin zum christlichen Glauben hinführen, aber zuerst macht der Religionsunterricht »vertraut mit der Wirklichkeit des Glaubens und der Botschaft, die ihm zugrunde liegt und hilft, den Glauben denkend zu verantworten; er befähigt zu persönlicher Entscheidung in Auseinandersetzung mit Konfessionen und Religionen, mit Weltanschauungen und Ideologien und fördert Verständnis und Toleranz gegenüber der Entscheidung anderer«.[8] Dieser in seinen Zielen neugefasste Religionsunterricht – ausgerichtet auf »Befähigung zur Glaubensentscheidung und Lebensführung« – soll künftig sein komplementierendes Pendant haben in der *kirchlichen Katechese* – organisiert und verantwortet von den Gemeinden, von den »Gläubigen in ihrer Gesamtheit«[9]. Die Volk-Gottes- und die Communio-Theologie des Vaticanum II wollen hier konkret werden. Darum formuliert die Synode: »das oberste Ziel des katechetischen Wirkens besteht darin, dem Menschen zu helfen, dass sein Leben gelingt, indem er auf den Zuspruch und Anspruch Gottes eingeht«[10]. Dieses anthropologisch und salutologisch bestimmte Ziel der Katechese hat darum logischerweise die Erwachsenen als erste Adressatengruppe im Blick und zwar besonders die Eltern und die älteren Gemeindemitglieder. Auch bei der Katechese mit Kindern und Jugendlichen steht das »Ganze der Menschen« im Vordergrund, ihre »Indivi-

8 GSyn I, 139f

9 GSyn II, 49.

10 GSyn II, 41. Konzeptionelle Vorarbeit hatte hier schon *Adolf Exeler* geleistet, in: Wesen und Aufgabe der Katechese, Eine pastoralgeschichtliche Untersuchung, Freiburg 1966, bes. 104-167.

11 Vgl. dazu GSyn II, 52f, 59-69.

12 GSyn II, 80.

13 Das ursprünglich konzipierte und anfänglich auch realisierte Zusammenspiel von Gemeindekatechese *und* Sakramentenkatechese stellen sehr durchsichtig und praxisbezogen dar: *Dieter Emeis/Karl Heinz Schmitt*, Gemeindekatechese, Freiburg 1977 und *dies.*, Sakramentenkatechese, Freiburg 1980.

14 Vgl. *Enno Schmitz/Hans Tietgens* (Hg.), Erwachsenenbildung (Enzyklopädie Erziehungswissenschaft 11), Stuttgart 1984.

15 Hier zitiert nach *DBK* (Hg.), Texte zu Katechese und Religionsunterricht, Bonn 1998, Nr. 14.

16 Ebenfalls hier zitiert nach *DBK*, Texte (Anm. 15), Nr. 20.

17 Ebd., Nr. 21.

18 Ebd., Nr. 23.

dualität« und ihr »Eingebundensein in die Gesellschaft«.[11] »Es genügt nicht, eine bloße Eingliederung in die kirchliche Gemeinde und die Aneignung bestimmter religiöser Verhaltensnormen anzustreben.«[12]

4 Der heutige Leser dieser synodalen Texte wird überrascht von ihrer gesellschaftlichen Weitsicht und der wertschätzenden Aufmerksamkeit für die Menschen: für die Eltern und Kinder, Senioren und Jugendlichen, für die Fernstehenden und die Außenstehenden. Sakramentendidaktische Intentionen spielen hier nur eine sehr untergeordnete Rolle. Ein Vergleich zwischen den damaligen Zielen und der heutigen Praxis deckt nun den tiefen Graben zwischen Theorie und Praxis auf und legt teilweise auch die Ursachen für den aktuellen katechetischen Tiefstand frei. Deutlich ist zu erkennen: die selektive Engführung der gemeindekatechetischen Konzeption auf punktuelle Vorbereitung auf Sakramentenempfang persifliert die synodale Idee der kirchlichen Katechese.[13]

5 Der gemeindekatechetische Enthusiasmus der 70er/80er Jahre versiegt rasch, gefördert durch drei unterschiedliche Entwicklungen. – Da ist zum einen die allgemeine Bildungsbegeisterung zu nennen: nach der diagnostizierten »Bildungskatastrophe« (*Georg Picht*, 1964) setzt sich ein allgemeiner Bildungswillen auf den verschiedenen gesellschaftlichen Ebenen (Bildungsgesamtplan der Bund-Länder-Komission, 1973) durch, allerdings nur für wenige Jahre.[14] Und zum anderen wirken sich die nachkonziliaren römischen Impulse aus. Das Apostolische Schreiben *Papst Pauls VI.* »Evangelii nuntiandi« (1975) lebt aus dem Glaubensenthusiasmus der Kirchen- und Pastoralkonstitution und sieht im »Evangelisieren die Gnade und die eigentliche Berufung der Kirche, ihre tiefste Identität«[15]. Das Evangelium steht in der Mitte, in seinem Dienst die Gemeinden und Kirchen. Schon 1979 wird im Apostolischen Schreiben von *Papst Johannes Paul II.* »Catechesi tradendae« die Evangelisierung und die Katechese kirchlich domestiziert, näherhin: »Es ist das Ziel der Katechese im Gesamt der Evangelisierung, die Etappe der Unterweisung und Reifung zu sein, das heißt die Zeit, da der Christ bereits im Glauben die Person Jesu Christi als alleinigen Herrn angenommen und durch eine aufrichtige Bekehrung des Herzens sich ihm ganz zu eigen gegeben hat.«[16] Dementsprechend wird ein »systematischer Unterricht« gefordert, der »nach einem Programm dargeboten [...] das Wesentliche behandelt und eine vollständige Einführung ins Christentum«[17] sichert. »In jedem Fall bleibt die Katechese immer auf die Sakramente bezogen.«[18] Diese eindeutige Indienstnahme der Katechese für die Vorbereitung auf den Sakramentenempfang wird gesteuert und gefördert vom Allgemeinen Katechetischen Direktorium (1971 und Neufassung 1997). Die kirchliche Integration ist das Ziel der Katechese und die Evangelisation ist ihr Mittel.

6 Einen vorläufigen Abschluss hat diese römische Katechese-Politik im Erscheinen des »Katechismus der Katholischen Kirche« (München 1993)

gefunden. Nach vielen verschiedenen nationalen, diözesanen und privaten Katechismus-Büchern[19] versteht sich der neue Römische Katechismus als glaubenspositivistisches, systematisiertes Rahmenkonzept, in das sich die verschiedenen nationalen und diözesanen Glaubensbücher einzupassen haben.[20] Der neue Römische Katechismus versteht sich – anders als die vielen anderen Glaubensbücher – nicht als »Grammatik des Glaubens«, als Sprachschule, sondern als Vorlage des zu glaubenden Glaubens. Gegen die Intention des Vaticanum II wächst die katechetische Zentralisierung unübersehbar an – mit antimodernistischem Unterton. Aber nicht nur die nachkonziliaren römischen Katechese-Leitlinien und die speziell deutsche Konzentration der Katechese auf die Sakramentenvorbereitung bremsen die synodalen Katechese-Ziele aus, sondern auch die höchst breiten- und tiefenwirksamen Modernisierungsschübe in den 70er / 80er Jahren. Religions- und Kirchensoziologen sprechen vom »Abbruch religiöser Traditionen«[21]. Die Maxime der Aufklärung »Religion ist Privatsache« wird zur allgemeinen glaubenspraktischen Vorgabe und zwar mit zwei weitreichenden Konsequenzen: bedingt durch die Gemeinde- und Kirchendistanz wird das individuelle Credo zum verbindlichen Maßstab und dazu kommt der fast gänzliche Verzicht auf religiöse Gespräche selbst im Familien- und Freundeskreis. Sprechen über Glauben ist peinlich. Jede und jeder werden so zu religiösen Monaden. Auch Christinnen und Christen »versinglen«. Aber dieses monadische Verhalten wird positiv als praktische Selbstverwirklichung bewertet. Darum kommen religiöse Sozialisation und Erziehung weithin zum Erliegen – scheinbar gerechtfertigt durch die insti-

19 Vgl. Glaubensverkündigung für Erwachsene (Holländischer Katechismus), Nijmegen/Utrecht 1966; Katholischer Erwachsenenkatechismus, hg. von der *DBK*, Kevelaer 1985; Glaube zum Leben, Die christliche Botschaft (Französischer Katechismus), Paris 1984/Freiburg 1986; Unser Glaube, Wie wir ihn bekennen, feiern und leben (Glaubensbuch der belgischen Bischöfe), Brüssel 1987/ Freiburg 1988; Grundriss des Glaubens hg. v. *DKV*, München 1980. Vgl. auch das ökumenisch gestaltete Neue Glaubensbuch, hg. *Johannes Feiner/ Lukas Vischer*, Freiburg 1973 oder auch als Beispiel von vielen persönlichen Glaubensbüchern: *Dieter Emeis*, Anleitung zum Glaubensbekenntnis, Ein kleiner Katechismus, Freiburg 1986.

20 Vgl. dazu das Apostolische Schreiben »Fidei depositum« als päpstliches Vorwort, in: Katechismus der Katholischen Kirche, 34f. Viele kritische Stimmen fragen nach dem Sinn der römischen Katechismus-Ziele, so auch *Marion Wagner*, Sind Katechismen notwendig? Dogmatische Überlegungen zu einer katechetischen Grundsatzfrage, in: StdZ 119 (1994) 465-476. – In dem Zusammenhang der breiten Suche nach neuen Sprachgestalten des Glaubens sind auch die Bemühungen um taugliche »Kurzformeln des Glaubens« zu nennen, vgl. dazu die ausgezeichnete Übersicht von *Mariano Delgado* (Hg.), Das Christentum der Theologen im 20. Jahrhundert, Vom ›Wesen des Christentums‹ zu den ›Kurzformeln des Glaubens‹, Stuttgart 2000.

21 *Franz-Xaver Kaufmann*, Wie überlebt das Christentum? Freiburg 2000, 11 (mit einschlägigen Literaturverweisen). Schon 1987 fragen *Franz-Xaver Kaufmann* und *Johann Baptist Metz* nach der Zukunftsfähigkeit des Christentums angesichts dramatischer Erosionsprozesse: Zukunftsfähigkeit, Suchbewegungen im Christentum, Freiburg 1987. Vgl. zum gesamten Fragebereich knapp und informativ: *Karl Gabriel*, Christentum zwischen Tradition und Postmoderne (QD 141), Freiburg 1992, bes. 27-68, 121-175.

22 Als Textsammlung hg. *Erich Feifel/ Walter Kasper*, Tradierungskrise des Glaubens, München 1987.

23 *Deutsche Bischofskonferenz* (Hg.), Zeit der Aussaat, Missionarisch Kirche sein, Bonn 2000 und *Deutsche Bischofskonferenz*, Katechese in veränderter Zeit, Bonn 2004.

tutionell gesicherte religiöse Versorgung durch Schule (Religionsunterricht) und Gemeinde (Kirchliche Kinder- und Jugendarbeit).

7 Den Niedergang der Glaubensvermittlung im Allgemeinen und der Katechese im Besonderen wird durchaus von vielen umsichtigen Personen und Institutionen wahrgenommen. Die *Deutsche Bischofskonferenz* lockt ausdrücklich 1986 *Erich Feifel* und *Walter Kasper* zusammen mit anderen Experten zu einem Kolloquium »Tradierungskrise des Glaubens« [22]. Aber der erwartete Ruck geht nicht durch die katechetische Praxis. Dringlicher und deutlich näher am Selbstverständnis der Glaubensverkündigung und an der katechetischen Praxis sind zwei kraftvolle Impulstexte »Zeit der Aussaat, Missionarisch Kirche sein« und »Katechese in veränderter Zeit« [23] Beide Texte atmen den weltzugewandten und zugleich glaubensmutigen Geist des Konzils und der Synode; beide Texte erkennen in »Mission« ein »Grundwort des kirchlichen Lebens«; aber auch sie treiben keine erkennbare Hinkehr zur Mission in der Katechese-Praxis an. So ist fast von einer tragischen Erblindung der katechetischen Praxis heute zu sprechen: Obwohl sich die äußeren und inneren Kontexte einer möglichen Einladung und Kontaktaufnahme mit Jesus Christus des Evangeliums und seinem mütterlichen Vater gänzlich verändert haben (Gesellschaft und Milieu, Schule und Familie, Gemeinden und Personen), läuft die katechetische Praxis heute reduziert auf Sakramentenvorbereitung weiter unter den strukturellen und persönlichen Bedingungen der 70er Jahre: trotz offenkundiger »Erfolglosigkeit«. Dieses Fazit verwundert nicht, denn eine Begegnung mit dem Geheimnis »Gott«, mit dem hörbaren, greifbaren Gotteszeugen »Jesus« findet nicht statt, ganz zu schweigen von einer gestuften katechetischen Bildung und einem Heimat-Finden in Gemeinde und Liturgie. Vielleicht – so meine Hypothese – ist in der aktuellen katechetischen Praxis die Einsicht in die notwendige Bildungsdimension und auch in die Bildungsmöglichkeiten innerhalb katechetischer Prozesse im Allgemeinen und der Sakramentenvorbereitung im Besonderen verblasst. Vielleicht sogar verdrängt durch Missverständnisse über die Möglichkeiten und Dringlichkeiten *katechetischer Bildung*, möglicherweise noch verstärkt durch die an sich sinnvolle Einsicht, dass die Kommunikanten und Firmanden ja längst getaufte Christen sind und darum für sie nur spezielle, sakramentenbezogene Kurse notwendig sind. Leider wird in diesen Überlegungen die Dramatik der religiösen, der christlichen Desozialisation falsch eingeschätzt. Darum noch die folgenden Überlegungen.

8 Auch ein Umschauen in die jüngsten Katechese-Praxen hinein bestätigt diese ziemlich düstere Bilanz. Alle freundlich-kritischen Beobachter der aktuellen katechetischen Szene kommen zumindest auf sieben Feldern zu ähnlichen Einsichten:

Müdigkeit und *Ratlosigkeit* breiten sich unter allen Beteiligten angesichts der langfristigen Vergeblichkeit bei hohem und höchstem Einsatz aus: unter den ehrenamtlichen Katechetinnen und Katecheten, unter dem hauptamtlichen

Personal und teilweise auch unter den Eltern der Kinder und Jugendlichen, die zum Empfang der Sakramente, der Eucharistie (und der Beichte einschlussweise) und der Firmung, geführt werden.[24]

Die *isolierte Engführung der Gemeindekatechese auf die Sakramentenvorbereitung*[25] und damit auf episodische Kontakte mit Kindern und Jugendlichen, mit Glauben und Gemeinde schadet dem Ansehen des christlichen Lebens und Glaubens und seiner Sakramente und nagt am Selbstverständnis der »Kerngemeinden«.

Der aktuelle Befund über das Zueinander von schulischem Religionsunterricht und gemeindlicher Katechese zeigt: die beiden Grunddimensionen des christlichen Glaubens, die kognitive und die emotiv-existentielle Dimension (neben der rituellen und ethischen) fallen mehr und mehr auseinander.

Beobachter, die näher hinschauen, stellen eine allgemeine *Krise der Glaubenskommunikation* fest. »Die Fragen, die sich derzeit stellen, betreffen die Struktur, die Gestalt und den Gehalt nicht nur der Katechese, sondern der Glaubenskommunikation der Kirche insgesamt: Es sind Fragen nach der Bedeutung und Gestalt des authentischen Glaubenszeugnisses des Einzelnen und der Glaubensgemeinschaft, Fragen nach der grundsätzlichen Beziehung von Leben und Glauben, Fragen nach einem je neuen Verständnis und einem neuen Verhältnis von Glaubensverkündigung, Glaubensfeier und der zunehmend differenzierten Gestalt von Glaubensgemeinschaft.«[26]

Die vielen unterschiedlichen sakramentenkatechetischen Konzeptionen (mal eher erlebnis- oder liturgieorientiert, mal eher diakonisch oder performativ geprägt) scheinen häufig *didaktisch-methodische Schwächen* zu zeigen, die sich

24 Hier einige, exemplarische Beobachter-Berichte: *Angela Kaupp*, Fehlt der Gemeindekatechese eine Didaktik? Anmerkungen zu unerledigten Aufgaben in der Gemeindekatechese, in: KBl 132 (2007) 364-370, hier bes. 364 und *Hubertus Schönemann*, Die missionarische Dimension der Katechese, in: KBl 136 (2011) 68-71, hier 68. – Einen umfassend informativen Einblick in die jüngste Entwicklungsgeschichte der Katechese bietet: *Peter Scheuchenpflug*, Katechese im Kontext von Modernisierung und Evangelisierung, Pastoralsoziologische und pastoraltheologische Analyse ihres Umbruchs in Deutschland vom Ende des Zweiten Weltkriegs bis zur Gegenwart, Würzburg 2003.

25 Vgl. *Christine Lambrich*, Erstkommunionkurse – quer gelesen, in: KBl 133 (2008) 199-204, passim und *Albert Biesinger*, Katechese in größer werdenden Seelsorgeeinheiten, in: LS 56 (2005) 2-7, hier 5f.

26 *Schönemann*, Dimension (Anm. 24), 69.

27 Exemplarisch dazu: *Kaupp*, Gemeindekatechese (Anm. 24), passim.

28 *Schönemann*, Dimension (Anm. 24), 70.

29 Vgl. *Schönemann*, Dimension (Anm. 24), 70f; vgl. auch *Biesinger*, Katechese (Anm. 25), 5f.

30 Viele Impulse kommen hier auch aus dem Erwachsenenkatechumenat, vgl. *Michael Kötzel*, Unterwegs zur Quelle, München 2007, 194f, und aus den Erfahrungen anderer Ortskirchen, dazu exemplarisch über die Katechesepraxis in den USA: *Bernd Lutz*, Katechese für alle, »Whole Community Catechesis«, in: KBl 133 (2008) 381-385; zur französischen Praxis: *Claudia Hofrichter*, Leben – Bewusstwerden – Deuten – Feiern, Ostfildern 1997. – Hinzuweisen ist hier auch auf ein DFG-Projekt zur Sakramentenkatechese, das von *Albert Biesinger*, Tübingen und *Norbert Mette*, Dortmund, unlängst gestartet wurde.

31 Deutlicher am neutestamentlichen Sprachgebrauch orientiert – kat-echeo – mitteilen, unterrichten, belehren – spricht *Adolf Exeler* lieber von »Katechese als Ankündigung einer Botschaft«, in: CPB 83 (1970) 241-250. – Unsere Katechese-Umschreibung lässt sich deutlich anregen vom »Brief der französischen Bischöfe« »Den Glauben anbieten in der heutigen Gesellschaft«, hg. von der *Deutschen Bischofskonferenz*, Bonn 2000.

leicht aus der jüngsten Geschichte erklären lassen (vgl. oben 1.4f): Katechese als ausdrückliches gemeindliches Komplement zum schulischen Religionsunterricht mit einem eigengesetzlichen Lernort und darum anderen Adressaten und Begleitern, anderen Lernzielen und Lernformen als der Religionsunterricht. Darum wird der katechetischen Praxis ein Blick in den Religionsunterricht empfohlen mit seinen entwicklungs- und lernpsychologischen, mit seinen gruppendynamischen und lerntheoretischen Reflexionen.[27]

Immer entschiedener wird Katechese als *Grunddimension kirchlicher Verkündigung* erkannt und *zwar unter den Bedingungen der Evangelisierung*. Das will heißen: »Katechese fragt nach Räumen und Formaten, in denen christliche Hoffnung und die Erfahrungen der Gottesbegegnung gelebt und sozialisiert, d. h. anderen in Wort und Zeichen mitgeteilt (und mit ihnen geteilt) werden können.«[28]

Darum wird heute endlich die übliche reduktive Praxis der Sakramentenvorbereitung allmählich aufgebrochen zugunsten einer *missionarischen Katechese*[29]; sie stellt wieder die Erwachsenen in den Mittelpunkt und entwickelt mit ihnen neue Gemeindeformen (innerhalb von übergroßen Seelsorgeeinheiten nach den sogenannten Strukturreformen) und neue Entdeckungsformen christlichen Lebens und Glaubens mit Kindern und Jugendlichen.[30]

Offensichtlich wird der Wächterruf von *Hans Waldenfels* endlich gehört, ehe es tatsächlich zu spät ist. Denn neue Einsichten in die Reformbedürftigkeit treten zaghaft hervor und lassen neue Hoffnungen wachsen.

Wenn man so in der gerafften Rückschau die letzten fünf Jahrzehnte Katechese-Praxis vorbeiziehen lässt, dann steigt die Vermutung auf, dass sich vor allem wegen der Trennung von Katechese und Bildung die von Konzil und Synode angedachte Gemeindekatechese zu untauglichen Schnellkursen verformt hat und die Bildungseinsicht und der Bildungswille innerhalb katechetischer Unternehmungen weithin verflogen sind.

2 Diagnostische Versuche

Ehe hier versucht wird, einige diagnostische Aspekte zu prüfen, die das großflächige Verkümmern der kirchlichen Katechese – eingeschrumpft zur Sakramentenvorbereitung – erklären können, gilt es vorneweg zu klären, was hier mit Katechese und mit Bildung gemeint ist und wie im Idealfall Katechese und Bildung zusammenspielen (können).

1 In der Regel wird »Katechese« kurzerhand als »kirchliche Unterweisung« bestimmt; hier dagegen soll *Katechese* umschrieben werden als gestuftes Heranführen an das Leben und Glauben aus dem Geist des Evangeliums durch die Gemeinden, ausgerichtet auf das nahende Reich Gottes in der Kraft des Heiligen Geistes.[31] Und Bildung? *Bildung* können sowohl die lebenslangen

Lernprozesse als auch die Lernergebnisse der lernenden Subjekte im Umgang mit der Welt, mit den Anderen und mit sich selbst genannt werden – angestoßen durch Sozialisation und Erziehung und durch das Wecken und Fördern von Anlagen und Begabungen: durch den Umgang mit Welt. Folglich ist Bildung mehr als eine private Informationssammlung; Bildung wächst vielmehr heran aus dem Sich-ein-Bild-machen-können von dem Anderen und der Welt, von sich selbst und vom Verborgenen. Auch *Religion* als naturgegebene Befähigung zum Ausschauen nach dem Ersten und Letzten, nach Grund und Ziel der Welt, nach Bedingtem und Unbedingtem ist lernbar und lehrbar und integraler Teil der Bildung. Erst bei näherem Hinschauen stellt sich die Frage: Ist auch das Herzstück religiöser Bildung, das *Glauben*, das lebensbestimmende Vertrauen in das Erste und Letzte, in das letztlich Unbedingte – Juden und Christen sprechen hier von Gott-Vertrauen (Gen 15,6; Mk 9,24) – lernbar, lehrbar? Können Christen ernsthaft von der Lernbarkeit / Lehrbarkeit ihres Glaubens sprechen, wenn sie zugleich Glauben als göttliches Gnadengeschenk bezeichnen? Näherhin: wie kann man sich das wechselseitige Zusammenspiel von göttlicher Gnade und menschlicher Leistung,von Katechese und Bildung vorstellen? Noch zugespitzter: Wie viel Bildung braucht Katechese? Wie kann sich Katechese als Schule des Glaubens, als Bildung des Glaubens erweisen?[32]

Hier vorläufig nun einige zusammenfassende Einsichten:

Religion (hier ist vorab die Religion der Christen gemeint und zugleich wird der Katechese unterstellt, dass sie im Dienst der Religion des Evangeliums das Vertraut-Werden mit christlicher Glaubenserkenntnis [fides quae] und Glaubensbereitschaft [fides qua] steht) braucht Bildung, sonst droht ihr der Kontaktverlust zur Vergangenheit (Tradition und die Schätze ihrer Erkenntnisse) und zur Gegenwart (zu diesen Menschen heute, zur Rationalität dieser Tage, zu ihren Chancen und Herausforderungen).

Religion braucht Bildung im Sinne von kritischer Prüfungskraft, um sich nicht in den »Irrungen, Wirrungen« (*Theodor Fontane*) religiös gefärbter Selbstdeutungen zu verfangen.

32 Ausführlich geht diesen Fragen *Rudolf Englert* nach, in: Religionspädagogische Grundfragen, Anstöße zur Urteilsbildung (PrThh 82) 2007, 11-19 und 196-206, hier werden auch neueste Stimmen zu diesen Fragen diskutiert. Vgl. auch *Robert Schelander,* Art. »Lehrbarkeit der Religion«, in: Lex RP II (2001), 1186ff.

33 Vgl. dazu: *Gottfried Bitter*, Katechese, Entwicklungen und Aufgaben in der Glaubensvermittlung, in: PTh 78 (1989) 495-518; *ders.*, Bildung und Religion, ein Verhältnis in Kontakt und Distanz, in: *ders./Martina Blasberg-Kuhnke*, Bildung und Religion, Würzburg 2011 (im Erscheinen). Eine kurz gefasste begriffliche Klärung der korrespondierenden Begriffe »Religion« und »christlich Glauben« bietet *Hans Waldenfels*, Religion und christlicher Glaube – eine alte, eine ewig neue Spannung? Fundamentaltheologische Überlegungen, in: *Hermann Koschanek* (Hg.), Religion und Glaube in der Postmoderne, Nettetal 1996, 77-93.

34 Zum gnadentheologischen Hintergrund: *Karl-Heinz Menke*, Das Kriterium des Christseins, Grundriss der Gnadenlehre, Regensburg 2003, bes. 156-207.

Religion braucht Bildung, um die Rationalität und Intellegibilität ihrer Rede von Gott und sogar ihrer Gottesbeziehung vor Religionsanhängern und Religionsfremden darstellen zu können.

Religion braucht Bildung, um in teilnehmender Gemeinschaft mit Gleichgesinnten leben und denken, hoffen und feiern zu können. – Und wie groß ist die Gefahr, dass Bildung Religion überwuchert, zur gepflegten Nachdenklichkeit horizontalisiert? Sehr gering, wenn Religion tatsächlich auf dem Weg ernsthafter Gottsuche geht.

Bildung kann beim Umgang mit Religion ihre überraschend nahe Verwandtschaft untereinander aufdecken, denn Bildung wie Religion teilen sich ihre Fragen nach dem Ersten und dem Letzten, ihre kommunikative Grundstruktur und ihre immer fragmentarische Gestalt.[33]

Wenn Bildung und Religion ihre innere und äußere Interdependenz über alle Entfremdungsängste hinweg entdecken, anerkennen und auswirken lassen, geschieht dies zum Erfrischen und Erstarken beider. Denn Christen erkennen im wechselseitigen Zusammenspiel von Religion und Bildung ein Aktionsfeld von göttlicher Gnade *und* menschlicher Natur, von menschlicher Freiheit *und* göttlichem Heilshandeln. Hier konkret: Glauben-Wollen, Glauben-Leben ist Gottes-Geschenk, aber zugleich der menschlichen Annahme und Gestaltung übertragen. In einem synergetischen Spiel wirken sie miteinander, aufeinander zu.[34] Ob und wie die Glaubensofferte ergriffen, katechetisch gebildet, übersetzt in eine lebenslange Glaubens-Biographie, ist menschliche Freiheitspraxis, begleitet vom Heiligen Geist. Also ist das Zusammengehen von Bildung und Glauben, gestaltet u. a. durch katechetische Begleitung, nicht nur eine Pflicht, die die Gemeinden den einzelnen Christen schuldet, sondern zugleich auch ein verpflichtendes Angebot der Menschenliebe Gottes, das den Christen anzunehmen, dringend empfohlen ist – angeregt von Neugier oder sogar von Dankbarkeit ihrem Gott gegenüber, der sie in das Entdecken und Teilnehmen an seiner Bundesgeschichte mit ihnen, mit mir, mit allen Menschen einlädt.

2 Wenn sich die geglaubte Bundesgeschichte Gottes mit den Menschen in unserer Weltgeschichte Schritt für Schritt ereignet, wie Juden und Christen erhoffen, dann prägt eben diese Menschengeschichte auch unsere aktuellen Umgangsgeschichten mit Gott und der Welt, eingeschlossen Entdeckungs- und Lerngeschichten möglicher Kontakte mit diesem Gott und umgekehrt Kontaktversuche Gottes mit den Menschen über Menschen und endgültig über die menschgewordene Gottesliebe, Jesus, den Christus (vgl. DV 2-4; GS 25). Kurz: *Katechese ist nur taugliche Katechese als zeitgenössische Katechese.* Darum ist es jetzt sinnvoll, auf der Suche nach diagnostischen Aspekten aus soziologischer und psychologischer Sicht, die sowohl ein wenig die gegenwärtige Lage der Katechese erklären, als auch alternative Intentionen der Katechese orientieren können, je einen Makro-, Meso- und Mikro-Raum anzuschauen, in dem Religion heute zur Sprache kommt, gelebt und erprobt wird.

Als »*Postchristliche Moderne*« charakterisiert *Hans Waldenfels* die gegenwärtige Zeit. Denn es geht dem Fundamentaltheologen Waldenfels darum, mit weitreichenden Folgen den kritisch-konstruktiven Zusammenhang von Text und Kontext in der christlichen Glaubensverkündigung und Glaubenswissenschaft konsequent durchzubuchstabieren. Der *Text*, den Juden und Christen glauben, ereignet sich in der Bundesgeschichte Gottes gestern und heute; die *Kontexte* sind die Personen und Sprachen, die Zeiten und Kulturen, in denen jeweils der Text gelesen, ergriffen und verkündet wird.[35] Text und Kontext stehen in einem organischen Bezug: beide Größen sind eigentlich unabhängig voneinander, aber ein Text ohne Kontext erstarrt, umgekehrt muss sich der Kontext in den Dienst des Textes stellen. So entsteht eine neue Rede von Gott und den Menschen, adressatensensibel und weltoffen, aus dem Hören und Suchen nach dem spezifisch Christlichen heute. Aus diesem offenbarungs- und geschichtstheologischen Grundansatz ist auch die *gegenwärtige Zeit als Gottes Zeit* qualifiziert, keine Zerfalls- und keine Fortschrittszeit, sondern Umbau- und Orientierungszeit. Darum verwendet *Hans Waldenfels* den heute fast gängigen Begriff »postmoderne Christianität« gerade nicht, sondern spricht ausdrücklich von »postchristlicher Moderne«[36]. Damit ist ein Doppeltes gesagt: Wir leben heute weder am »Ende der Neuzeit« (*Romano Guardini*) noch im aufgegebenen »Projekt der Moderne« (*Jürgen Habermas*), gleichsam auf der Flucht vor der Moderne, sondern sehr wohl unter den Bedingungen der späten Moderne. Und »postchristliche Moderne« rechnet nicht mit dem Verschwinden oder Abschaffen des Christentums, »jedoch die Adressatensituation hat sich völlig verändert. Die Bereitschaft zur Akzeptanz ist in Zukunft weder milieuhaft gesichert, noch kann das Christentum – auf Dauer – mit gesellschaftlicher Unterstützung durch gesellschaftliche Privilegien rechnen«[37]. Darum haben die längst bekannten, soziologisch erkundeten Einzelphänomene als relevante Kontexte des Textes »Bundesgeschichte Gottes mit den Menschen« ihre hohe hermeneutische Qualität in der folgenden, knappen diagnostischen Umschau zur aktuellen und künftigen Situation.

35 *Hans Waldenfels*, Kontextuelle Fundamentaltheologie (UTB Große Reihe), Paderborn [1]1985, bes. 50-62.

36 *Waldenfels*, Fundamentaltheologie (Anm. 35), 449f; *ders.*, Phänomen Christentum, Eine Weltreligion in der Welt der Religionen, Bonn 1994, 22f; *ders.*, Zur gebrochenen Identität des abendländischen Christentums, in: *Werner Gephart/Hans Waldenfels* (Hg.), Religion und Identität im Horizont des Pluralismus (stw 1411), Frankfurt a.M. 1999, 105-124, hier 116.

37 *Waldenfels*, Phänomen Christentum (Anm. 36), 22.

38 Vgl. dazu *Waldenfels*, Fundamentaltheologie (Anm. 35), 336 und *Rudolf Englert*, Von der Säkularisierung zur Pluralisierung? Zur Notwendigkeit einer pluralitätsfähigen Religionspädagogik, in: *Friedrich Schweitzer/Rudolf Englert/Ulrich Schwab/Hans-G. Ziebertz* (Hg.), Entwurf einer pluralitätsfähigen Religionspädagogik, Freiburg/Gütersloh 2002, 17-85.

39 Dazu ausführlich: *Franz-Xaver Kaufmann*, Zukunft der Familie im vereinten Deutschland (Fünfter Familienbericht), München 1995; Zum sozialphilosophischen Hintergrund: *Peter Koslowski*, Die postmoderne Kultur, Gesellschaftlich-Kulturelle Konsequenzen der technischen Entwicklung, München 1987, bes. 94-98.

Politischer und kultureller, weltanschaulicher und religiöser *Pluralismus als Signatur der makrosozialen Räume* unserer Tage bedeutet mehr als nur Vielfalt der Ansichten und Einstellungen, der Werte und »Wahrheiten«, er schließt auch ein Neben- und auch ein Gegeneinander mit ein und findet sich somit notgedrungen mit dem Verlust, mit dem Verzicht auf mögliche Einheiten ab. Die offensichtliche Vielfalt und die faktische Gleichrangigkeit der Lebensentwürfe sind zweifellos Chancen neuer Freiheitspraxen, aber sie bringen auch die Ängste einer Fragmentierung einer ehemals geschlossenen Lebenswelt und die Gefahren einer praktischen Überforderung des zur Auswahl verpflichteten Individuums mit sich (vor allem angesichts der versteckten Normativität pluralisierter Lebensformen). Gerade im Entwickeln einer religiösen Urteils- und Wahlfähigkeit auf dem Weg zur Identität ist (katechetische) Anregung und Begleitung unverzichtbar[38] – immer verbunden mit einer Pluralitätsbefähigung.

In den *mesosozialen Räumen* sind die raschen Veränderungen der Lebensformen und Wertvorstellungen in der *Familie* besonders deutlich zu erkennen. Das alte Idealbild der Vierkopf-Normal-Familie klingt ab. Denn nicht mehr Ehe konstituiert Familie, sondern zuerst Elternschaft. Darum werden vielfältige Lebensformen als Familie versucht und anerkannt, die eine dauerhafte Verantwortung für mögliche Kinder übernehmen wollen. Dementsprechend steht nicht mehr das Kind, sein Heranwachsen, sein Erziehen und Begleiten als Familienziel in der Mitte, sondern eher das harmonische Zusammensein in der jeweiligen Familienzeit mit gegenseitiger hoher Zuwendung, geprägt von der ständigen Wechselwirkung der privaten und öffentlichen, der beruflichen und freizeitlichen Sphären. Das allgemeine Schrumpfen der Gesellschaft, bedingt durch dramatische Geburtenrückgänge bestimmt sowohl den Alltag von Lebensgemeinschaften mit gewollter/ungewollter Kinderlosigkeit als auch die Familien mit Kindern. Denn Kinder werden zur Besonderheit; in deutschen Großstädten lebt nur in jedem zehnten Haushalt ein Kind, jeder zweite Haushalt ist ein Single-Haushalt. Unter diesen vorgegebenen Außenfaktoren ist die herkömmliche religiöse Primärsozialisation der Kinder und Jugendlichen deutlich erschwert: die Familienzeit der Eltern ist pro Tag oft auf wenige Stunden eingeschränkt, vor allem bei doppelter Erwerbstätigkeit, und bei Alleinerziehenden (durchschnittlich sind zwei Drittel der Mütter berufstätig), andere Sozialisationsagenturen (KITA, Schule, Peer-Group, Freizeiträume, Medien, PC-Kultur) alternieren und konkurrieren mit familialen Impulsen und alle Familienmitglieder sind ausgerichtet auf größtmögliche Selbständigkeit und Freizügigkeit. Die damit verbundene Ausdifferenzierung des einen Familienlebens in zahlreiche Lebensräume mit ihren unterschiedlichen Eigenlogiken fördert einen funktionalistischen Geist in aktuellen Familienkonzepten und löst nach und nach die personal gesicherte Einheit der familialen Lebenswelt auf[39] – eingeschlossen die ursprünglich angezielte religiöse Prägung und Erziehung. Oder überspitzt gesagt: der Wandel der familialen, sozialen

Beziehungen bringt auch einen Wandel der religiösen Beziehungsformen mit sich, näherhin der religiösen Sozialisation und Erziehung in der Familie.

Nun hat sich seit den 90er Jahren eine neue (durchwegs horizontale und erlebnisgeprägte) Familienreligiosität[40] herausgebildet, die sich allerdings vorab auf das Kleinkindalter konzentriert und so familienspezifisch ist, dass sie sich in der Regel kaum anschlussfähig erweist – in Kindergarten und Schule und Gemeinde. Die große Distanz der Mehrzahl der Familien zu christlich-kirchlichem Leben und Glauben wird außerdem verständlich angesichts der jetzigen Elterngeneration, die schon in einer unsicheren und deutlich individualisierten Religionskultur der 1980er Jahre heranwächst. Darum ist ein Großteil der Kinder und Jugendlichen heute aus christlichen (!) Familien zwar getauft, aber erfährt kaum eine christliche Sozialisation und Erziehung.

Es ist nicht verwunderlich, dass sich die angedeuteten gesellschaftlichen und geistigen Strömungen der makro- und mesosozialen Räume heute ganz ausdrücklich in den mikrosozialen Lebenswelten der *Jugendlichen* niederschlagen – gleichsam als Milieu-Konstanten: die Säkularisierung[41] als gesellschaftlicher Bedeutungsschwund der vormals dominanten Religion und die Pluralisierung, die Individualisierung als Spiegelbild funktionaler Differenzierung (gerade auch in der Familie) der persönlichen Lebensgestaltung durch den Einzelnen und eine Vorliebe für Synkretismen, für das Zusammenfügen von höchst unterschiedlichen, weltanschaulichen und religiösen Elementen[42] aus den üppig angebotenen Sinnofferten, weil die klassische,

40 Dazu einschlägig: *Ulrich Schwab*, Familienreligiosität, Religiöse Traditionen im Prozess der Generationen (PrThh 23), Stuttgart 1995 und grundsätzlich: *Norbert Mette*, Voraussetzungen christlicher Elementarerziehung, Vorbereitende Studien zu einer Religionspädagogik des Kleinkindalters, Düsseldorf 1983; zur aktuellen Praxis religiöser Erziehung in der Familie: *Albert Biesinger* u.a., Brauchen Kinder Religion? Neue Erkenntnisse – praktische Perspektiven, Weinheim/Basel 2005 und zur gegenwärtigen Entwicklung in der Schweiz: *Kurt Schori*, Kinder in Familienritualen, Zur kindlichen Erfahrung von Religion in rituellen Prozessen (PrThh 99), Stuttgart 2009. – Einen mutigen Neuansatz der Katechese in/mit der Familie legt *Jörn Hauf* vor: Familienbiographische Katechese, Unterwegs mit Familien in der Erziehungsphase (Zeitzeichen 17), Ostfildern 2004.

41 Dazu einschlägig: *Detlef Pollack*, Was ist Religion? Probleme der Definition, in: Zeitschrift für Religionswissenschaft 3 (1995) 163-190; hier wird das Zueinander und Gegeneinander der funktionalen und substantiellen Religionsbegriffe im Kontext von Säkularisierung geklärt.

42 Noch immer zwei Klassiker zu diesem Thema: *Friedrich Schweitzer*, Die Suche nach eigenem Glauben, Einführung in die Religionspädagogik des Jugendalters, Gütersloh 1996; *Carsten Wippermann*, Religion, Identität und Lebensführung, Typische Konfigurationen in der fortgeschrittenen Moderne, Mit einer empirischen Analyse zu Jugendlichen und jungen Erwachsenen, Opladen 1998 und neuerdings: *Andreas Prokop*, Religiosität Jugendlicher, Eine qualitativ-empirische Untersuchung auf den Spuren korrelativer Konzeptionen (PrThh 98), Stuttgart 2008, bes. 185-229 und neuestens: *Stefan Altmeyer*, Fremdsprache Religion? Sprachempirische Studien im Kontext religiöser Bildung (PrThh 114), Stuttgart 2011, 189-234.

43 Vgl. dazu ausdrücklich: *Prokop*, Religiosität (Anm. 42), 211-229.

44 Vgl. dazu impulsartig: EN 21-24; dgl. den Brief der französischen Bischöfe »Den Glauben anbieten in der heutigen Gesellschaft«, 27f und 32f (vgl. Anm. 31 oben).

45 Ausführlich dazu: *Wilhelm Breuning*, Die mystische Dimension des Glaubens, in: *Günter Riße* u.a. (Hg.), Wege der Theologie: an der Schwelle zum dritten Jahrtausend (FS Hans Waldenfels), Paderborn 1996, 27-40 und zum Ganzen: *Karl Rahner*, Art. »Glaubenszugang«, in: SM II (1968) 414-420.

46 Dazu AG 22 und *Waldenfels*, Fundamentaltheologie (Anm. 35), 76-80, 397-405.

christliche Semantik und Ästhetik die Jugendlichen kaum erreicht. Nicht zu gering ist unter den Milieukonstanten auch die sanfte Prägung der Jugendlichen durch die »verspiegelte Welt« (*Rüdiger Safranski*) der Medien-Industrie anzusetzen, sie bestimmt die Erlebnis- und Vorstellungswelten der jungen Leute erheblich. So wachsen Jugendliche durchaus nicht ohne eine Rede von Gott auf, aber dieser Gott ist kein Teil ihrer Lebenswirklichkeit; ob Gott ist oder nicht ist, ob wichtig oder wertlos, bleibt offen, bleibt im Dunkel.[43] Darum ist einsames Gottsuchen unter Jugendlichen eher eine Seltenheit – außerhalb einer christlich-kirchlichen Prägung im Kindes- und Jugendalter.

3 Katechetische Bildungsperspektiven

Die vorhergehenden Umschauen haben kritische Bilanzen zu den Lebens- und Gemeindezuständen heute skizziert (1.). Hier sind sowohl deutliche Veränderungen in herkömmlichen Lebensformen zu erkennen und dort erhebliche Schwächen in der Glaubensvermittlung. Außerdem stehen ganz offensichtlich die sozialen, vor allem die familialen Neuorientierungen und die religiösen und katechetischen Veränderungen in einem Verhältnis der Interdependenz, dies zeigen deutlich die diagnostischen Versuche (2.), sie machen damit das Schwinden der glaubensmittlerischen Kräfte teilweise verständlich. Ehe nun – eher tastend als wegweisend – hier einige katechetische Bildungsperspektiven auf drei verschiedenen Feldern (Erwachsenenkatechese, Jugendarbeit, gemeindliche Bibel- und Gebetspraxis) exemplarisch angedeutet werden, muss vorneweg, aus Respekt vor der gängigen katechetischen Praxis gestern und heute und aus Verantwortung für eine neue, fällige Praxis morgen an die wichtige Grundeinsicht erinnert werden: Katechese ist zunächst kein Vermittlungs- oder Kommunikationsunternehmen, sondern ein geistliches Projekt: Christinnen und Christen wollen Nicht-Christen oder ausgewanderten Christen oder jungen Leuten zeigen, ja sogar erfahren lassen, was sich ereignet, wenn der vielleicht aus der Ferne schon oder noch bekannte Gott zur lebendigen Stimme, zur einladenden Hand wird.[44] Oder biblisch gesprochen: Katechese ist im Idealfall Hilfestellung beim »Aufgehen der Augen« für Jesus, für »das Bild des unsichtbaren Gottes« (2 Kor 4,4; Kol 1,15), obwohl Er gar nicht unmittelbar zu sehen ist (vgl. Lk 24,31).[45]

Weil hier Anstöße zur ausdrücklich kontextuellen Reflexion christlichen Lebens und Handelns[46] aufgenommen werden sollen, ist nochmals daran zu erinnern, dass Text und Kontext der Glaubensentdeckungen gestern und heute schon immer in einem konstruktiven Dialog stehen: Lebenswelten und Glaubenswelten erschließen sich gegenseitig und zwar immer, eben nicht nur beim Suchen und Entwickeln von möglichen Glaubensdidaktiken. Überspitzt formuliert: Gott und Welt, wie geht das zusammen? Wohl nur im Spiel der

Gnade und der Freiheit. Näherhin: die Dynamik des Textes heute erwächst aus der Dynamik des Kontextes heute. Und zwar jetzt, sehr konkret – »ehe es zu spät ist« – ganz im paulinischen Geist: »Jetzt ist sie da, die Zeit der Gnade, jetzt ist er da, der Tag der Rettung« (2 Kor 6,2b; vgl. Lk 4,19).

1 *Glauben ist Wissen.* Eine Nachbargemeinde bietet für jüngere und ältere Christen, die eigentlich ausgewandert sind aus dem Leben und Denken christlicher Überlieferungen, schon seit einigen Jahren »Atempausen« in monatlicher Folge an zum gemeinsamen Begegnen und Nachdenken: über Gott und die Welt. Nach einem zähen Start ist inzwischen eine kleine feste Gruppe von gemeindenahen und gemeindefernen Christinnen und Christen entstanden. Den entscheidenden Startimpuls hat der Brief der französischen Bischöfe gegeben: »Den Glauben anbieten in der heutigen Gesellschaft«, näherhin seine Leitlinie: »Vom Erbe zum Angebot«[47]. Dazu kommt noch als entscheidende Einsicht: gerade die Ausgewanderten sind lebendige Kontexte (im Sinne der kontextuellen Theologie), die zum hermeneutischen Schlüssel beim Verstehen-Können des Textes dienen: sie ermöglichen die erkenntnisfördernde und dauernde Doppelbewegung zwischen Text und Kontext, zwischen der geglaubten Bundesgeschichte Gottes mit den Menschen (DV 4,15f; LG 9,16) und den Such- und Lebensgeschichten heute. Darum werden in der »Atempause« zuerst Alltäglichkeiten aus Zeitung und Fernsehen gemeinsam angeschaut und bedacht. So entsteht eine wachsende Vertrautheit miteinander. Über erste politische und ethische Fragestellungen hinaus rücken allmählich auch weltanschauliche und religiöse Themen in den Mittelpunkt – nach zwei / drei Treffen. Von den Beobachtungen lohnt es sich, hier aus dem Blickwinkel »Katechese und Bildung« kurz zu berichten, denn hier sind religionsrelevante Merkmale zu erkennen, die einige aktuelle Kontexte markieren.

Mitten in der üblichen Individualisierung und Pluralisierung im Umgang mit Religion fällt die Neigung zur flinken *Psychologisierung* religiöser oder religionsanaloger Phänomene und Praxen auf, individual- und sozialpsychologisch begründet.

Wenn noch Kontakte mit Religion vorkommen oder wünschenswert sind, dann soll es eine erfahrungsbezogene, eine *gefühlsorientierte Religiosität* sein, mit einer hohen subjektiven Evidenz.

Überraschend ist die auffallende Neigung zur *Flucht ins Irrationale* bei gleichzeitigem durch und durch rationalem Ich- und Weltbild (so zumindest in der Selbstwahrnehmung).

47 Vgl. oben Anm. 31, hier 29.

48 Vgl. hier den ausgezeichneten philosophischen Essay von *Rüdiger Safranski*, Wieviel Wahrheit braucht der Mensch? Über das Denkbare und das Lebbare, München 1990.

49 Zur Hintergrundorientierung sind hier hilfreich: *Béla Weissmahr*, Philosophische Gotteslehre, Stuttgart ²1994; *Hans-Joachim Sander*, Einführung in die Gotteslehre, Darmstadt 2006; *Carlo-Maria Martini / Umberto Eco*, Woran glaubt, wer nicht glaubt? München ²2000.

Eng verbunden mit der Neigung zum Irrationalen ist oft die *Sorge vor ethischen Konsequenzen* bei einer religiösen Option.

Fast eine *Angst vor Entschiedenheit / Verbindlichkeit* bei ansonsten ja frei gewählten Deutungen und Einsichten ist auffällig.

Es ist eine herausfordernde Lernsituation für die gemeindeverbundenen Gruppenteilnehmer, diese meist selbstsicher vorgetragenen Urteile über religionsbezogene Phänomene mit Aufmerksamkeit und Empathie – aber ohne Einrede – anzunehmen. Nur mühsam wächst die Einsicht: in diesen Stimmen sind authentische Kontexte des Textes heute zu vernehmen. Zugleich gibt es große Überraschungen: Obwohl scheinbar ein stiller Konsens in der Gruppe vorherrscht: Ansprüche jedweder Religionsofferten, das Eine und das Ganze, die Gegenwart und die Geschichte, Gott und Mensch deuten zu wollen / zu können, sind abzulehnen, ganz zu schweigen von den Fragen nach der Möglichkeit von Letztbegründung und Wahrheitsanspruch[48], ist eine überraschende unbefangene Neugierde auf letzte Fragen und mögliche Antworten zu spüren. Ablehnungen von Religion (vor allem in sozial institutionalisierten Formen) und Erwartungen an Religion stehen ganz nahe beieinander. Und noch eine Überraschung: mitten in sonst anzutreffender, signifikanter Gottvergessenheit steht bald die ernst gemeinte Frage auf: Welche rationalen Argumente können für den Sinn der Gottesfrage gefunden / benannt werden? Welchen Sinn macht das Fragen nach Gott und welchen Sinn machen die möglichen Antworten? Welche Eigenschaften sind für Gott (wenn Gott hypothetisch als Erstes und Letztes gedacht werden soll) denkbar, angemessen, erwartbar, wünschenswert?

Einrede! Welchen Sinn haben solche Gesprächskreise im Blick auf das Anliegen »Katechetische Bildung«? Zunächst scheinbar einen spärlichen Sinn; die Gespräche ähneln teilweise einem philosophischen Anfänger-Kurs in der Volkshochschule. Zugegeben, aber mitten in einer großflächigen Gottvergessenheit, in einem breiten Verstummen der Gottesfrage – »Gott ist nicht der Rede wert: Gott ist eine rationale und emotionale Banalität« – ist ein neues Aufkeimen der Gottesfrage – als philosophische und als religiöse Frage – ein Signal der Hoffnung und ein präkatechetischer Auftrag an alle christlichen Gemeinden, in diesen propädeutischen Bemühungen fortzufahren.

Man darf unter religions- und glaubensdidaktischer Perspektive nicht vergessen, dass man im Durchschnittskopf und -herzen heute Gott und Vernunft, Glauben und Denken eigentlich für unüberbrückbare Bereiche hält.[49] Ganz erstaunlich ist dann aber das in der Gesprächsgruppe bald erwachende Interesse an der Frage: Wie kann heute die Rede von *Gott als Schöpfer* in einem evolutiven Weltbild ohne Widersprüche und Glaubenshypothesen zur Sprache kommen? Nach und nach werden hier drei Positionen erkennbar:

Naturwissenschaftliche, hier evolutionsorientierte, und religiös geprägte Weltbilder schließen sich gegenseitig aus.

Naturwissenschaftliche und religiöse Weltbilder (in denen es eine Rede von Gott als Schöpfer gibt) richten ihre Aufmerksamkeit auf zwei verschiedene Wirklichkeitsbereiche und zwar mit ganz unterschiedlichem Erkenntnisinteresse (in mythischer versus informativer Sprache).

Naturwissenschaften und Religionen schauen aus unterschiedlichen Perspektiven auf die eine Weltwirklichkeit und entwickeln dabei unterschiedliche, aber nicht grundsätzlich sich widersprechende Weltbilder – hier wie dort in analoger Sprache, die durchaus Differenzen in ihren Aussagen erkennt, aber zugleich Ähnlichkeiten, Übereinstimmungen, ja sogar Einheiten benennt.[50]

Nun entstehen sehr intensive Gespräche, die verschiedenen Teilnehmer (es gibt jetzt einzelne Tischrunden) beginnen sich gegenseitig zu befragen und zu erklären. Scharfe Frontstellungen verschieben sich schrittweise. Am Schluss dieser Gesprächseinheit wird im Einverständnis aller einmal ein *Bhagavatgita-Hymnus*[51] vorgetragen, in dem der Gott Vishnu als universaler Schöpfer besungen wird, in dessen Leib die ganze Welt ihre Heimat hat, und außerdem der alttestamentliche *Schöpfungspsalm 104*.

Selbstverständlich ist nach einer solchen Gesprächseinheit noch kein Fundament für den jüdisch-christlichen Gottesbegriff gelegt. Aber Gott ist wieder der Rede wert. Dabei hat sich der konsequente kontextuelle Ansatz[52] in einer katechetisch orientierten Erwachsenenbildung als höchst tauglich erwiesen. Gängige Vor-Urteile gegen Religion werden frag-würdig:

Überlieferte, naive Gottesbilder – legitimiert durch Familie und kirchliche Vertreter – werden erkannt.

Persönliche Erfahrungen mit verletzenden und repressiven Gottesbildern werden teilweise benannt und als verhängnisvoll bezeichnet, müssen aber neue Erfahrungen nicht dauerhaft behindern.

Auschwitz lässt alle Fragen nach Gott verstummen. Ein Atheismus angesichts von Auschwitz ist berechtigt. Vor allem der Gott Israels und der Gott Jesu Christi ist durch Auschwitz erledigt. Vielleicht, vielleicht gibt es einen Ausweg: die Gottesanrede in Gestalt von Fragen und Klagen.[53]

50 *Jürgen Moltmann*, Gott in der Schöpfung, München ²1985; *Christian Link*, In welchem Sinne sind theologische Aussagen wahr? Zum Streit zwischen Glaube und Wissen, Neukirchen-Vlnyn 2003 und vor allem *Hans Kessler*, Evolution und Schöpfung in neuer Sicht, Kevelaer 2009 und *Carsten Gennerich*, Empirische Dogmatik des Jugendalters, Werte und Einstellung Heranwachsender als Bezugsgrößen für religions-didaktische Reflexionen (PrThh 108), Stuttgart 2010, bes. 325-348.

51 *Bhagavatgita*, Das Lied der Gottheit, hg. *Helmuth von Glasenapp*, Stuttgart 1953, XI, 23f.

52 *Waldenfels*, Fundamentaltheologie (Anm. 35), 123-129; *ders.*, Zwischen Universalismus und Partikularismus, Die Kontextualität als neues theologisches Paradigma, in: *ders.*, Gotteswort in der Fremde, Theologische Versuche II, Bonn 1997, 111-128; *Peter Beer*, Kontextuelle Theologie, Überlegungen zu ihrer systematischen Grundlegung, Paderborn 1995, bs. 49-59. Ähnliche Einsichten gewinnt *Rudolf Englert* in: Religiöse Erwachsenenbildung, Situation – Problem – Handlungsorientierung (PrThh 7), Stuttgart 1992, bes. 319-374.

53 Vgl. dazu besonders eindrücklich: *Jizchak Katzenelson*, Großer Gesang vom ausgerotteten jüdischen Volk, übers. *Wolf Biermann*, Köln 1994.

54 Vgl. oben Anm. 42!

Nach den ersten sechs Treffen zur »Atempause« sind sich alle Teilnehmer/innen einig in zwei Einsichten: Religion kann durchaus vernünftig sein und *Religion braucht Wissen, Religion braucht Bildung.* Das alte Vorurteil »Bildung schadet der Religion« ist längst widerlegt. Ein neuer Kurs will sich das Thema wählen: Schöpfungsmythen/Schöpfungsgeschichten im Gespräch mit Physik und Biologie. Denn ohne Wissen bleibt Religion taub und blind.

2 *Glauben ist Fragen.* Viele Christinnen und Christen erleben schmerzlich das Fehlen der Jugendlichen im Gemeindeleben. Die 12-13-Jährigen wandern eigentlich nicht aus, sie schleichen sich auch nicht still davon, sie bleiben einfach weg. Und das macht eine Gemeinde krank. Ängstliche Fragen sind zu hören: Ist christliches Leben und Glauben für junge Leute unbrauchbar, erledigt – zumindest in ihrem jetzigen Lebensabschnitt? Sind die Sakramentenvorbereitung und der schulische Religionsunterricht wirkungslos? Werden entscheidende Lebensfragen heute eher in den Medien oder jugendkulturellen Räumen bearbeitet? Viele jugend- und religionssoziologische Studien[54] geben auf diese bangen Fragen vorsichtig bejahende Antworten. Und etliche kulturkritische Überlegungen versuchen diese Zustände als Folgeerscheinungen der spätmodernen Lebensformen zu erklären. Aber diese eher fatalistischen Auskünfte müssen nicht das letzte Wort sein. Denn hier wird nun kurz von einem exemplarischen Versuch berichtet, die die Jugendverantwortlichen mehrerer einzelner Gemeinden angestoßen haben und weiter begleiten – und der ein ganz anderes Bild der Jugendlichen andeutet und der schon verschiedene Nachahmungen gefunden hat.

»*Haltestelle*«, so nennt sich die Initiative, findet ausdrücklich nicht in kirchlichen Räumen statt, sondern im ausgebauten Keller eines Sportvereins, für junge Leute ab 16 Jahren. Einmal im Monat treffen sich die Jugendlichen für 2-3 Stunden an einem Freitagabend und diskutieren jugendpolitische Fragen. Ehemalige Gruppenleiter aus der kirchlichen Jugendarbeit und Obermessdiener/innen sind die zuerst Angesprochenen, manchmal bringen sie auch andere mit. Oft sind auch kleine Formationen zu Gast, »die den Ton angeben«, oder einer lässt seine neuesten CD-Erwerbungen hören, denn die Treffen sollen ausdrücklich freizeitlich ausgerichtet sein und Spaß machen. Fester Programmpunkt jedes Treffens ist der »Zeuge«, ein jüngerer oder älterer Erwachsener aus verschiedenen Berufsgruppen (eine Richterin und ein Bademeister, ein Kriminalbeamter und eine Ordensschwester, eine Kassiererin und ein Berufsschullehrer sind die ersten Gäste). Wichtigstes Auswahlkriterium ist eine kommunikative Fähigkeit: Lust auf gemeinsames Sprechen ausstrahlen. Wie das Arzt-Patient-Verhältnis über den Heilerfolg mitentscheidet, so auch hier die vom Gast ausgestrahlte Offenheit und Vertrauenswürdigkeit.

Die ersten Treffen sind recht kümmerlich; gerade mal ein halbes Dutzend junge Leute kommen in den Keller; die Gespräche sind künstlich, angestrengt, sie fließen nicht. Erst das fünfte »Haltestelle«-Treffen bringt einen Durchbruch:

ein fröhliches Trio hat Lust, zu musizieren (Saxophon, Gitarre, Schlagzeug) und zu diskutieren. Jetzt werden die Runden locker und machen neugierig. Dieser lockere Ernst entspannt die Gespräche und vertieft sie zugleich. Erstmals liegt Neugier in der Luft. So kommt es jetzt überraschend häufig zu religiösen Fragen: ob und wie die Zeugen ihre religiöse Position bestimmen können/wollen; ob und wie sie eine lebensgestaltende Kraft durch ihre religiösen Überzeugungen erfahren. Und nicht weniger überraschend ist die Gründlichkeit, die Ernsthaftigkeit, mit der die jungen Leute nachfragen, ja sie lassen sich sogar verlegen lächelnd hin und wieder auf an sie gestellte »Gretchen-Fragen« ein. Und endlich die größte Überraschung: aus dem Kreis der Teilnehmer/innen kommt der Vorschlag, einen Zeugen einzuladen zur Frage: »Christlich Glauben: Was ist das? Wie geht das?« Alle sind sich einig: kein Funktionär, keine Pfarrerin, kein Berufschrist. Ein junger Lehrer wird gefunden, sein ganz natürlicher Charme und die nachdenkliche Frische im Sprechen über zentrale religiöse Fragen überzeugen. Zuerst erzählt der Zeuge von seiner konventionell, religiös-christlich geprägten Kindheit und Jugend in einer nahen Kleinstadt und dann von seiner Studienzeit in Süddeutschland mit den Fächern Mathematik und Physik. Er lässt durchblicken, dass für ihn zunächst naturwissenschaftliche und religiöse Weltbilder zwei ganz und gar getrennte Entwürfe sind: gegensätzlich, unvereinbar. Nach und nach geht ihm auf: beide Weltbildtypen haben die Deutung und Erklärung der *einen* Wirklichkeit zum Ziel und zwar aus zwei unterschiedlichen Sichtweisen: eine relationale und eine kausale Sichtweise. Religion fragt nach dem Verhältnis von Gott und Welt; Naturwissenschaften fragen nach den Entstehungs- und Entwicklungszusammenhängen in der Welt.[55] Folglich können Religion und Naturwissenschaften durchaus in einem kritisch-dialogischen Verhältnis zueinander stehen. Konkret: Ich kann mit gutem Gewissen aufmerksamer Naturwissenschaftler und gläubiger Christ sein.

Eine heftige Diskussion bricht los: offensichtlich sind ganze Bündel von Vorurteilen getroffen. Eine ausdrücklich religiöse Neugier ist angereizt. Eine gewisse Klärung stellt sich erst ein, als der Mathe-Physik-Lehrer zur Darstellung seines *Glaubensbegriffs* kommt. – Zuerst ist Glauben Umschauen, Zuhören in den Alltag hinein. Überlieferte Deutungsstücke von Gott und Welt prüfen. Sinne und Verstand sind unverzichtbare Gefährten auf Glaubenswegen. Ganz zentral ist das Fragen, durchaus respektvoll, aber nicht weniger energisch: die

55 Ausführlich dazu: *Kessler*, Evolution (Anm. 50), 129-143; *Guido Hunze*, Entdeckung der Welt als Schöpfung, Religiöses Lernen in naturwissenschaftlich geprägten Lebenswelten (PrThh 84), Stuttgart 2007.

56 Hilfreich ist hier noch immer: *Klaus Hemmerle*, Glauben – wie geht das? Freiburg 1978.

57 Vgl. dazu die scharfsinnige Analyse von *Konrad Paul Liessmann*, Theorie der Unbildung, Die Irrtümer der Wissensgesellschaft, München ³2009; *Stefan Altmeyer* weist mich dankenswerterweise auf diesen Titel hin.

Evangelien und ihre Überlieferungen, die Psalmen und die prophetischen Texte, Mose und Paulus, ja selbst Jesus als möglicher Christus und sein göttlicher Vater werden befragt und zwar wieder und wieder. Glauben ist so kein Irrtum oder Betrug unterstellendes Fragen, sondern *Glauben ist suchendes Fragen*. In diesem Fragen stellt sich mal hier, und mal da Überraschung, Betroffenheit, Staunen ein. Und häufig ist mitten im Fragen ein Eingeladen-Werden zu hören, vor allem wenn Fragen sich in ein Verstehen verwandelt. Dann wird das bislang unpersönliche, sachliche Fragen zu einem persönlichen, engagierten Fragen, das sich in seinen Antworten schrittweise zum Einverständnis verändert. Und dann kann es nochmals lange dauern, ehe aus dem noch eher theoretischen Einverständnis eine freie, ausdrückliche Entscheidung für diesen fernen, nahen Gegenüber Jesus Christus und seinen verborgenen Gott und Vater wird. Kurz: Glaubenswege sind in der Regel induktive Wege, ehe sie zu auditiven, kommunikativen Wegen werden. Dieses Mittelding zwischen Phänomenologie und Bekenntnis des Glaubens im Sprechen des jungen Lehrers macht zunächst alle stumm. Aber dann keimt eine rege Diskussion auf, in ihrer Mitte steht die Überraschung: Christlich Glauben treibt in so hohem Maß *mein* Denken und Fühlen, *mein* Fragen und Prüfen, *mein* Entscheiden und Mitgehen an; im Glauben bin ich gefragt, im Glauben bringe ich mich vor Gott zu Wort.[56] Viele scheinen getroffen, berührt zu sein von diesem Bild: »Ich frage *und* ich antworte im Glaubensprozess.«

Hier möchte ich den Bericht über das Projekt »Haltestelle« abbrechen. Nur so viel: in leicht veränderter Form geht diese Initiative zur kirchlichen Jugendarbeit weiter, inzwischen auch in naher und weiterer Nachbarschaft. Aus jugendkatechetischer Sicht ist ein Dreifaches zu sagen: (a) Junge Christen brauchen überzeugende erwachsene Mitchristen – im Sinn von Zeugen; (b) junge Christen leiden akut unter einem erheblichen Wissensmangel in Sachen Religion und christlich Glauben; sie sind oftmals Opfer einer religiösen »Unbildung«;[57] die Dimensionen »Rationalität« und »Intelligibilität« des Glaubens sind durchwegs unbekannt; (c) junge Christen brauchen Begleitung, Soziotope, in denen sich Leben und Glauben entwickeln können. – Zugegeben: keine neuen Einsichten, aber sie widerlegen einmal mehr die gängige Ansicht, junge Leute seien religions- und glaubensdesinteressiert; außerdem nehmen diese alten / neuen Einsichten die erwachsenen Christen und die Gemeinden ganz ausdrücklich in die glaubensmittlerische Verantwortung.

3 *Glauben ist Beten*. Die Mehrheit der Christen hat heute wohl ihre ehemals milieu- und traditionsorientierte Glaubenspraxis verlassen und bekennt sich zu einer wahl- und entscheidungsorientierten Glaubenspraxis. Man kann diesen stillen religionspsychologischen Paradigmenwechsel – »Ich glaube, weil ich es will, weil ich Glauben gewählt habe, nicht weil ich glauben soll« – gar nicht hoch genug bewerten in einer zunehmend agnostisch eingestellten Gesellschaft, weil es vieler Entscheidungsschritte gestern und heute bedarf, um

diese Option zu entwickeln, zu stabilisieren, zu verifizieren. Abrahamische Kühnheit (vgl. Gen 12,1-5) und auf Jesus bezogene Nachfolge-Entschiedenheit (vgl. Mk 1,17-20) sind fällig, um den Sinn und die Mitte eben nicht in mir selbst, nicht in der Welt, sondern in Ihm, dem Ersten und Letzten, dem Unverfügbaren und in Seinem Wort (vgl. Joh 1,1-14) zu suchen und zu finden. Insofern ist Glauben in jüdisch-christlichem Verständnis tatsächlich ein Sich-Verlassen und dem Anderen ganz und gar vertrauen. Ein riskantes Unternehmen, lebenslang! Ein Exodus aus dem sonst Üblichen. Da tut wachen, prüfen, urteilen Not, um die aktuelle Gewissheit »Gott trägt« (vgl. Ex 15,2; Ps 118,14; Jes 12,2) zu je neuer Gewissheit führen zu können. Und weil Gewissheit sich in der Regel durch Kontakte und Gespräche einstellt, sucht der Glaubensbereite Kontakte und Gespräche mit Gleichgesinnten und vor allem mit dem fernen-nahen Gottt Jesu Christi: im Gebet. Gerade im Beten erweist sich Schritt für Schritt Glauben als ein Leben in wachsender Beziehung zu dem geheimnisvollen Du, »Gott«. Zunächst gibt der Alltag Thema und Gestalt des alltäglichen Betens vor, aber bald wendet sich das Blatt: das Du Gottes übernimmt die sanfte Führung: Er wird, Er ist jetzt das Thema und Er ist die Gestalt des Betens. – Eigentlich ist alles hier Gesagte über Gebet und Gott nur flüsternd, nur stotternd zu sagen, denn nur allzu oft ist auch von der Schmerzerfahrung zu sprechen: »Wo bist Du, Gott?« (vgl. die Psalmen 22 und 42) und zwar nicht nur in Unrechts- und Leidenssituationen.

Darum erscheint es – aus der Einsicht in die Notwendigkeit katechetischer Bildung heute – dringend geboten, dass aus der Initiative der Gemeinden, dass aus der lebendigen Trias von Martyrie – Diakonie – Liturgie gerade Einführung und Begleitung in private und gemeinsame Gebetspraxen angeboten werden und zwar allen Christinnen und Christen. Die äußeren und inneren Bedingungen des Christwerdens in der späten Moderne dürfen die Gläubigen nicht auf den medial formatierten Markt der Religionen in Selbsthilfegruppen-Mentalität abdriften lassen. Vielmehr sind die Familie und die Gemeinde genuine Orte des Beten-Lernens, sie sind die Erstverantwortlichen der Glaubensweitergabe. Darum hier zwei beispielhafte Hinweise auf gebetskatechetische Versuche, sie können vielleicht die existentielle Dimension des christlichen Lebens und Glaubens deutlich, greifbar und erfahrbar vermitteln.

Ein Familienkreis in K. hat eine Einzelaktion aus der Erstkommunionvorbereitung inzwischen zur Dauereinrichtung ausgebaut unter dem Titel: »Von morgens bis mittags«. Familien mit Kindern von 10-12 Jahren gestalten und feiern gemeinsam alle sechs bis acht Wochen den Sonntagmorgen. Um 9.00 Uhr treffen sich ca. sechs bis acht Familien im Pfarrheim zum reihum gemeinsam vorbereiteten Frühstück. Der anschließende Weg zur Sonntagsmesse ist ganz kurz. Einige aus dem Liturgie- und aus dem Familienkreis bereiten die Liturgie sehr gründlich zusammen mit dem jeweiligen Zelebranten vor. Man gönnt sich von allen Seiten viel Zeit und Aufwand für diese Planung: ausführliche Betrachtung der beiden biblischen Texte; oft verstärken ein Singkreis, ein Instrumentalkreis und die Orgel den Gemeindegesang; kleine Spielszenen mit Kindern und Jugendlichen, Prozessionen durch die Kirche und Schreiten um den Taufbrunnen, um die Osterkerze und um den Altar begleiten die eucharistische Feier. Verschiedene Formen von Dialog-Predigten haben sich eingespielt. Große Sorgfalt gilt den Sprachgestalten der Gebete, der Kyrie-, Fürbitt- und Betrachtungstexte; hier ist – zumindest was das gemeinsame Beten angeht – eine kleine Schule des Mit-Gott-Sprechens entstanden; die Gebetsanreden und die Schlussformeln, die Verständlichkeit und die Wahrhaftigkeit, die deprekativen und doxologischen Grundformen werden ausdrücklich bedacht. So wird eine participatio actuosa ausdrücklich vorbereitet; so kommt es zu einer liturgischen Gebetskatechese im Nebenbei. Manchmal helfen Handzettel mit den biblischen Texten, den Gebeten und Gesängen zum Mitdenken, Mithören, Mitbeten und zum Schweigen. Nach der Heiligen Messe, die meist eine gute Stunde dauert, geht es zurück ins Pfarrheim: mit gemeinsamen Spielen – je nach Wetterlage – drinnen oder draußen auf der großen Wiese. Das anschließende Mittagessen, meist ein deftiger Eintopf, wird von auswärts geliefert. Und dann zerstreut sich die kleine Gottesdienstgemeinde; hin und wieder gibt es noch gemeinsame Nachmittagsunternehmungen. Alle kommen demnächst wieder, weil sie spüren: hier stimmen Werktag und Sonntag, Beten und Leben, Glauben und Feiern überein.

Neben den schon bewährten Formen »Stille Tage im Kloster«, »Familienzelten mit Morgen- und Abendgebet«, »Bibel-Wandern« und »Taizé-Gebetskreise« hat sich in einer kleinstädtischen Nachbargemeinde »Der Freie Dienstagabend« eingebürgert. Einige junge und mittelalterliche Christinnen und Christen finden ihr übliches Beten dürr, leblos. Ein halbes Dutzend tut sich zusammen und fragt in einer kleinen, dreiköpfigen Franziskanerinnen-Zelle nach, ob die jungen Ordensfrauen sie in eine Gebetsschule nehmen wollen. Zunächst zögern die Schwestern, dann aber wird das ihnen aufgetragene Stadtapostolat zum Motiv der Zustimmung. Bald ist ein »Dreiklang« für die zwei Dienstagabendstunden gefunden: gemeinsames Beten der Vesper mit knapper Einführung, gemeinsame Lektüre (eines daheim schon vorgelesenen) gebetshinführenden Textes und Betrachtung eines biblischen Textes nach knapper Einführung mit persönlicher Gebetszeit in Stille; ein gemeinsames Lied beschließt den Abend. – Bald ist die anfängliche Angst vor allzu steiler »Nonnenfrömmigkeit« verflogen. Seit über drei Jahren treffen sich 10-20 Personen, auch jüngere Männer und ältere Frauen, zu diesen zwei Gebetsstunden. Viele sagen von sich: »Hier erfahre ich eine mystagogisch orientierte Gebetskatechese.« Vielleicht hier nur eine einzige Echo-Stimme: »Endlich, mit Ende dreißig geht mir allmählich auf, was Paulus (und mit ihm die ganze christliche Tradition) meint, wenn er den Römern schreibt: «Die Liebe Gottes ist ausgegossen in unsere Herzen durch den Heiligen Geist, der uns gegeben ist» (Röm 5,5). Jetzt endlich habe ich begriffen: bevor ich mich betend an Gott wende, hat Er sich längst an mich gewandt; bevor ich über Gott und mich und meine Familie nachdenke, hat Er mich und die Meinen schon längst im Sinn. Als ich erstmals gemerkt habe, wie glücklich es mich macht, zu Gott um Gottes Willen zu beten anstatt um meinetwillen, da habe ich auch bestätigt gefunden, was Paulus ebenfalls den römischen Christen zuspricht: ›Der Heilige Geist nimmt sich unserer Schwachheit an; denn wir wissen nicht, wie wir in rechter Weise beten sollen‹ (Röm 8,26)«. Spricht's und radelt davon.

4 Mut zum Aufbruch, ehe es zu spät ist

Viele Christen erfahren an sich selbst und an anderen: Leben und Glauben trennen sich heute mehr und mehr zum Schaden von beiden. Sie spüren: »Wir brauchen eine Umkehr, eine Wende hin zu einem neuen Stil des Christwerdens im 21. Jahrhundert nach Christus.« Nun ist das Reden vom Umbruch schon seit Konzil und Synode heute zum Allgemeinplatz geworden.[58] Soziologisch orientierte Autoren fordern seit Jahrzehnten Transformationsprozesse christlichen Lebens und Glaubens.[59] Auch die Pastoraltheologie wagt von Zeit zu Zeit entschiedene Blicke nach vorn,[60] hier fordern viele Umsichtige den Aufbruch.[61] Die Katechetische Theologie (als Theorie der Praxis der Glauben-Lernprozesse) ist noch immer zögerlich – trotz des katechetischen Notstandes. Die Zeit drängt.

58 Vgl. z. B. *Erich Feifel*, Religiöse Erziehung im Umbruch, hg. *Stephan Leimgruber/Michael Langer*, München 1995; Katechese im Umbruch, Positionen und Perspektiven (FS D. Emeis), hg. *Franz-Peter Tebartz-van Elst*, Freiburg 1998 und viele andere Monographien und Sammelbände, aber die Rückblicke und Diagnosen überwiegen meist die Ausblicke und Prognosen.

59 *Franz-Xaver Kaufmann*, Religion und Modernität, Sozialwissenschaftliche Perspektiven, Tübingen 1989; *Karl Gabriel*, Christentum zwischen Tradition und Postmoderne (QD 141), Freiburg 1992; noch immer wichtig aus kulturwissenschaftlicher Sicht: *Jean Delumeau*, Stirbt das Christentum, Olten 1978.

60 Vgl. Sondernummer »Pastoral, quo vadis?« (für Rolf Zerfaß): PThI 26 (2006) Heft 1.

61 *David Seeber* (Hg.), Im Aufbruch gelähmt? Die deutschen Katholiken an der Jahrhundertwende, Franfurt a. M. 2000; *Michael N. Ebertz*, Aufbruch in der Kirche, Anstöße für ein zukunftsfähiges Christentum, Freiburg 2003.

62 Solche Glaubensbildung fordern der Soziologe *Hans Joas*, Die Zukunft des Christentums, in: Stiftung Gottesbeziehung in Familien, Impulse und Perspektiven 3, Tübingen 2008, bes. 11f und der Theologe *Joachim Windolph*, Salz der Erde, Der Geschmack des Christentums in der Gesellschaft von morgen, in: *Peter Boskamp/Heinz Theisen* (Hg.), Krisen und Chancen unserer Gesellschaft, Berlin 2002; und dazu gibt schon der Theologe *Karl Heinz Schmitt* viele ideenreiche Impulse: Erfolgreiche Katechese, Ermutigungen für die Praxis, München 2000.

63 Vgl. *Waldenfels*, Fundamentaltheologie (Anm. 35), 450.

64 Dazu hoffnungsstark: *Elisabeth Moltmann-Wendel/Jürgen Moltmann*, Leidenschaft für Gott, Worauf es ankommt, Freiburg 2006, bes. 123-140.

Es scheint unabweisbar, heute ist angesichts des Wandels kirchlicher Sozialformen religiöse Bildung zum Glauben hin, Bildung auf den Wegen des Glaubens, Bildung aus der Erfahrung des Glaubens dringender denn je geboten.[62] Einige Beispiele sind oben angedeutet (3.1 – 3.3), viele neue Beispiele müssen folgen. Zwei Merkmale – so ist zu wünschen – zeichnen diese heutige und morgige katechetische Bildung aus: Phantasie und Vielstimmigkeit[63] und Liebe zu den Menschen, zum Leben aus der Inspiration des Evangeliums.[64]

Zusammenfassung
Die katechetische Praxis der katholischen Kirche (in Mitteleuropa) ist in eine tiefe Krise geraten: das lebendige Wachsen im Glauben der Erwachsenengeneration ist wenig fruchtbar, darum gelingt kaum noch eine zukunftskräftige Weitergabe des Glaubens an die junge Generation in Familie und Gemeinde. Hier wird zunächst eine Situationsbeschreibung unternommen (1.), die auch nach möglichen Ursachen fragt (2.), ehe alternative Beispiele vorgestellt werden (3.) – inspiriert von der »Kontextuellen Theologie« von Hans Waldenfels.

Abstract
The catechetical practice of the Catholic Church (in Central Europe) has fallen into a profound state of crisis: in the adult generation the fervent growing in faith is not very fertile; for this reason passing on the faith to the younger generation in the family and in the parish in a way that has potential for the future is hardly successful. This article first of all undertakes a description of the situation (1) in which it also inquires about possible causes (2) before alternative examples are introduced (3) – inspired by the »Contextual Theology« of Hans Waldenfels.

Die Wertefrage – Herausforderung für die Kirche in unserer Zeit um der Menschen und der Gesellschaft willen

von Weihbischof Heiner Koch

Die Krise an den Internationalen Finanzmärkten und die in ihrer Folge einhergehende Wirtschaftskrise haben viele Menschen und Nationen zutiefst erschüttert. Die Ursachen für diese Krise sind vielschichtig. Unter ihnen gibt es zweifelsohne eine Vielzahl von strukturellen Defiziten. So trugen die Kreditgeber kein Risiko hinsichtlich der Bedienung eines Kredits durch die komplette Verbriefung von Krediten. Entscheidung und Verantwortung für die getroffene Entscheidung wurden so getrennt. Diese und andere strukturellen Defizite offenbarten, dass offensichtlich die Pole Freiheit und Ordnung aus dem Gleichgewicht geraten waren. In dieser schwierigen Situation wurde immer lauter nach einem die Ordnung stärkenden und durchsetzenden Staat gerufen. Dieser Ruf zeigte, dass es sich bei dieser Finanz- und Wirtschaftskrise im Tiefsten um eine moralische Krise handelte, um ein Auseinanderfallen von Freiheit und Verantwortung. Staatliche Lenkung wird immer dann besonders intensiv eingefordert, wenn die moralische Kraft zum freien, selbstverantwortlichen Handeln erlahmt oder nicht mehr genügend ausgeübt wird. Barack Obama machte deshalb eine »abgrundtiefe Verantwortungslosigkeit« für die Krise verantwortlich. Augenfällig wurde diese Verantwortungslosigkeit etwa in den unrealistischen Renditeerwartungen, im Gewinnstreben um jeden Preis, in der Kurzatmigkeit und der Kurzfristigkeit wirtschaftlichen Handelns, das offensichtlich wurde, in der Orientierung an falschen Leitbildern oder dem Fehlen jedweder Orientierung.

Seit dieser Zeit wird wie schon seit langem nicht mehr intensiv in unserer Gesellschaft die Wertefrage diskutiert. Diese Diskussion ist für die Kirche eine großartige Herausforderung, aus der grundlegenden Bedeutung der christlichen Botschaft für die Wertesuche des Menschen die Wahrheit der christlichen Botschaft und ihre Lebensbedeutsamkeit für den einzelnen Menschen und die Gesellschaft hier und heute einzubringen als Dienst für den Menschen und seine Gemeinschaften. »Freude und Hoffnung, Trauer und Angst der Menschen von heute, besonders der Armen und Bedrängten aller Art, sind auf Freude und Hoffnung, Trauer und Angst der Jünger Christi«, formuliert es die Pastorale Konstitution für die Kirche in der Welt von heute Gaudium et spes 1.

1 Gibt es in unserem Leben und unserer Gesellschaft Wertvolles?

Hinter dieser Frage wird die Unsicherheit offenbar, was denn Werte eigentlich sind, wie sie zustande kommen und inwieweit sie Geltung haben oder sogar verpflichtend eingefordert werden können. Dabei wird deutlich, dass es entsprechend den verschiedenen Lebensbereichen verschiedene Wertetypen gibt: ökonomische, moralische, religiöse, technische, rechtliche, ästhetische Werte. Im persönlichen Leben und im gesellschaftlichen Bereich konkurrieren diese Wertegruppen oftmals. Nicht selten werden zudem die gleichen Werte, etwa der Wert Freiheit, inhaltlich unterschiedlich verstanden und nicht selten folglich aus den selben Grundwerten fast gegenläufige Konsequenzen im Blick auf konkrete Sachentscheidungen getroffen. Man vergleiche nur einmal die Worte *Erziehungsgeld* und *Herdprämie* aus den Verlautbarungen der CDU und der SPD als Konsequenzen aus der Förderung des Wertes der Familie. Man denke auch einmal an die oft gegensätzlichen Konsequenzen, die aus dem Wert des menschlichen Lebens etwa in der Diskussion um die Stammzellenforschung gezogen werden.

Es ist offensichtlich unklar, was im Leben des Einzelnen und im Leben der Gesellschaft wertvoll ist, ja nicht wenigen kommt die Rede von Werten grundsätzlich sehr suspekt vor. Schließlich war Hitler und Stalin von Werten überzeugt ebenso wie die Terroristen, die Hunderte von Menschen zu töten bereit sind. Haben sich nicht deshalb viele angeblich Fortschrittliche damals Marcuses Aufruf angeschlossen, der »repressiven Leistungsgesellschaft«, der »triebfeindlichen autoritären Familie« und den »bürgerlichen Sekundärtugenden« wie Ordnung, Pünktlichkeit und Ehrlichkeit, Fleiß und Leistungswille endlich ein Ende zu bereiten? War da nicht der Verdacht, dass Werte nur gebildet werden, um Machtansprüche durchzusetzen? Ist es von daher nicht konsequent, der Utopie des Banalen zu folgen, die der amerikanische Philosoph Richard Rorty in seinem Ideal einer liberalen Gesellschaft formuliert hat, in der absolute Werte und Maßstäbe nicht mehr existieren? Alles ist relativ; beliebig und veränderlich; den Wert des Guten, des Wahren gibt es nicht. Was gab es in Deutschland für einen Aufschrei, als eine mögliche Leitkultur diskutiert wurde oder als Frau Ministerin von der Leyen ein Bündnis für Erziehung ins Leben rief, um im erzieherischen Bereich Verantwortung für gemeinsame Werte zu fördern und wahrzunehmen. Wie schnell hat sie dieses Bündnis wieder in der untersten Schublade vergraben! Jeder möge sich seine eigenen Werte selber setzen, erst recht wolle man sich weder von der Kirche noch vom Staat vorgesetzten Werten unterwerfen. Wer gegen das für viele geradezu absolute Dogma der Unverbindlichkeit und der Beliebigkeit verstoße, sei ohnehin ein Fundamentalist. Auf dem Hintergrund dieses Relativismus bleiben dann allenfalls formale, rein kommunikative Werte übrig, die natürlich ihren Wert haben, aber wegen ihrer Inhaltslosigkeit eben oberflächliche Werte bleiben: »Jeder Jeck ist anders, egal ob Moslem, Christ, Buddhist, Marxist oder Atheist, egal ob homosexuell, bisexuell, heterosexuell, monogam oder bigam, Hauptsache tolerant, bring bitte auf keinen Fall eine Bewertung ins Spiel, geschweige denn Worte wie gut und böse, das kostet nur Wählerstimmen und den sozialen Frieden und soviel sind uns diese Werte dann doch nicht wert.«

2 Kein Pfifferling wertes Leben gibt es nicht

Trotz all dieser Unsicherheiten steht eindeutig fest: jeder Mensch und jede Gesellschaft lebt wertebezogen. Immer ist dem Menschen und der Gesellschaft etwas wertvoll; immer erscheint dem Menschen irgendetwas erstrebenswert und sei es der Selbstmord, um endlich nicht mehr in dieser Welt da sein zu müssen. Immer steht etwas vor dem Menschen, das ihn bewegt oder verschreckt, motiviert oder verunsichert: etwas, das für ihn einen Wert darstellt. Damit ist aber nicht gesagt, dass die Wertefrage von den Menschen und der Gesellschaft immer bewusst gestellt wird und dass diese eine bewusste Entscheidung für bestimmte Werte, die ihnen Orientierung und Ziel sind, fällen. Vielmehr leben viele Menschen in der Wertefrage seltsam unbewusst und unreflektiert.

Es zeichnet aber die Größe eines Menschen aus, dass er die Werteentscheidung für sich sehr bewusst fällt und nicht einfach die Werte übernimmt, die man ihm vorsetzt. Der verantwortlich lebende Mensch stellt die Frage nach den für ihn gültigen Werten in aller Deutlichkeit. Er fällt verantwortlich seine Entscheidung, welche Werte seinem Leben Orientierung und Maßstab geben, lebt wertebewusst. Der in der Wertefrage wache Mensch lebt zielorientiert und unterscheidet sich damit klar von dem Menschen, der »gelebt wird«, der manipuliert ist von den Menschen an seiner Seite, von der Gesellschaft, von den Medien und den in ihnen vertretenen und durch sie vermittelten Werten. Der selbst entscheidende und wertebewusste Mensch ist ein gebildeter Mensch.

3 In seinen Werteentscheidungen ist jeder Mensch ein gläubiger Mensch

Der wertebewusst lebende Mensch ist der Mensch, der sich seiner Zeit und seiner Zeitlichkeit bewusst ist. Die deutsche Sprache drückt dies hintergründig aus: Das Wort »Werte« hat im Deutschen die gleiche Sprachwurzel, die wir auch in dem Wort »vor-wärts« finden. Werte liegen vor uns und üben auf unser Sein und Handeln eine kraftvolle, anziehende, attraktive Wirkung aus. Der gegenwärtig lebende Mensch weiß, dass er von der Vergangenheit geprägt ist, aber auch dass die Zukunft seine Gegenwart prägt: Was kommt auf mich zu (Zu-kunft), aber auch: wohin will ich gehen? Was ist das Ziel und der Sinn, eben die Ausrichtung meines Lebens? Werte, die vor dem Menschen liegen, geben seinem Leben Sinn und Richtung. Sie sind die Zukunft, auf die er hin unterwegs ist. Die Frage nach den Werten ist damit die Frage nach dem Ziel des Lebens. Der bewusst lebende Mensch stellt sich sehr bewusst diese Frage. Diese Frage zu stellen, macht nach dem Philosophen Martin Heidegger die Größe und Würde des Menschen aus.

Aber welches ist das Ziel des Lebens? Ist es der Tod als das letzte Greifbare und Fassbare im menschlichen Leben? Oder gibt es ein Leben nach dem Tod? Gibt es nur diese Erde und das naturwissenschaftlich Erfassbare? Oder gibt es das Übernatürliche und damit eine mit unseren naturwissenschaftlichen Mitteln nicht erfassbare Wirklichkeit? Gibt es nur die Erde oder gibt es den Himmel? Gibt es nur die irdische Zeit oder die Ewigkeit? In dieser Frage ist jeder Mensch, ausnahmslos jeder Mensch ein gläubiger Mensch. Es gibt keine ungläubigen Menschen. Der Satz, dass ein Mensch ungläubig sei, ist ein Widerspruch in sich selbst. Angesichts der zentralen und alles entscheidenden Frage nach dem Ziel des Lebens muss der Mensch eine Glaubensentscheidung fällen: der eine glaubt eben, dass es Gott gibt, und der andere glaubt, dass es keinen Gott gibt. Der eine glaubt, dass mit dem Tod alles aus ist und der andere glaubt, dass es ein Weiterleben nach dem Tod gibt.

In dieser Frage nach dem Ziel des Lebens, in dieser alles grundlegenden und entscheidenden Glaubensfrage des Menschen kann der Mensch nicht unentschieden bleiben. Theoretisch mag er ja sagen, er wisse nicht, ob es ein Weiterleben nach dem Tod gibt oder nicht. Faktisch aber kann der Mensch nicht unentschieden leben: Entweder lebt er mit Gott oder Gott hat keine Bedeutung für sein Leben. Entweder lebt er nach der Maxime, in seine Lebenszeit möglichst viel hineinzuzwängen und nichts zu verpassen, weil es mehr als dieses Leben auf dieser Erde nicht gäbe, oder er versteht sein Leben als eine von Gott gegebene Zeit, die er einmal wieder in Gottes Hände zurücklegen wird, ihm Rechenschaft ablegend über seine Lebensführung. In dieser grundlegenden Frage der Welt- und Lebensanschauung gibt es nur ein Entweder - Oder. Daher muss der bewusst lebende Mensch in aller Freiheit und Verantwortlichkeit für sich eine Glaubensentscheidung in dieser grundlegenden Frage treffen. Deshalb gehört zum menschlichen Leben auch die intellektuelle Auseinandersetzung mit verschiedenen Sinnantworten, verschiedenen Religionen, auch mit der Religion des Atheismus, der auch eine Weltanschauung ist, die der Mensch im Glauben annehmen oder ablehnen kann. Um zu einer bewussten Glaubensentscheidung in dieser grundlegenden Frage zu kommen, bedarf es des Kennenlernens der verschiedenen Weltanschauungen und Lebensauffassungen. Mittels der Vernunft kann der Mensch ihre Stimmigkeit, ihre innere Logik überprüfen, was allerdings nicht im Geringsten die Glaubensentscheidung der Menschen erübrigt. Der Mensch wird Erfahrungen sammeln und seine Werteerfahrungen reflektieren. Der gebildete Mensch wird schließlich sehr bewusst und verantwortlich seine ureigene Glaubensentscheidung fällen.

4 Werte sind der Rede wert

Bisher haben wir die Wertefindung und die Werteentscheidung des einzelnen Menschen bedacht. Wie aber soll angesichts einer Beliebigkeit von Werten eine gesellschaftliche Wertegemeinschaft entstehen? Wie werden individuell nachvollziehbare Werte Wertüberzeugungen von Gemeinschaften, Gesellschaften, eines Staates und einer Staatengemeinschaft? Ist beispielsweise Europa mehr als ein ökonomischer Werteverbund? Der Bestand an gemeinsamen Werten schrumpft offensichtlich, die Vielfalt an Lebensformen, Überzeugungen und Wertschätzungen hat demgegenüber zugenommen. Was hält dann aber unser Gemeinschaftswesen – erst recht die Weltgemeinschaft – noch zusammen? Die allgemeinen Menschenrechte? Aber der Islam hat einen eigenen, vom Westlichen abweichenden Katalog der Menschenrechte erstellt und China stellt die Frage, ob es sich bei den Menschenrechten nicht um eine typisch amerikanisch-europäische Erfindung handle. Bleiben als gemeinschaftliche Werte also nur die übrig, die die Machthaber mit Gewalt durchsetzen oder die, im Falle einer Demokratie, die Mehrheit eines Volkes beschließt, egal welche Inhalte diese Werte enthalten? Es könnte ja beispielsweise auch die Unterdrückung von Minderheiten beschlossen werden. Demnach gäbe es also keine Werte an sich, sondern nur leicht manipulierbare Mehrheitsmeinungen, die für bestimmte Zeiten Werte setzen. Zu denen, die diesen Standpunkt vertreten, gehört im Evangelium Pilatus (vgl. Joh 18,33-40). Er weiß nicht, ob es eine Wahrheit gibt und was diese Wahrheit sei. Er will auch gar nicht einen Einwand Jesu gegen seine Überzeugung hören, sondern wendet sich sofort an die umstehende Menge und vollzieht, was diese will. Wer nicht weiß, was wahr und gültig ist, überlässt es der Mehrheit, darüber zu entscheiden, welche Werte, und sei es ohne Wahrheitsanspruch, gelten sollen.

Angesichts dieser großen Gefahr einer willkürlichen Wertesetzung ist es notwendig, dass in unserer Gesellschaft eine andauernde Wertediskussion geführt wird, in der um die wahren Werte gerungen wird, auf denen ein gesellschaftlicher Konsens aufgebaut sein soll. In einer wahrhaft humanen Gesellschaft mit ihren verschiedenen Weltanschauungen vom Christentum über den Islam bis zum Relativismus und zum Atheismus gibt es keinen anderen Weg, gemeinsame verbindliche Werte zu finden, als den des intellektuellen Diskurses, in dem die Menschen und ihre Gruppierungen ihre Überlegungen, ihre Glaubensentscheidung, ihre Erinnerungen, ihre Erfahrungen und ihre Prägung in den Dialog mit einbringen. Es ist christliche Lehre vor allem bei Paulus, die Papst Benedikt XVI. immer wieder mit deutlicher Klarheit betont, dass die Wahrheit auch der vernünftigen Erkenntnis und dem vernünftigen Dialog offen steht. »Ich würde demgemäß von einer notwendigen Korrelationalität von Vernunft und Glaube, Vernunft und Religion sprechen, die zu gegenseitiger Reinigung und Heilung berufen sind und die sich gegenseitig brauchen und das gegenseitig anerkennen müssen.« (*Joseph Ratzinger*, Werte in Zeiten des Umbruchs, Freiburg i. Br. 2005, 41). Der christliche Glaube braucht die intellektuelle Auseinandersetzung nicht zu scheuen. Wertebildung heißt, Menschen zu einer vernünftigen Durchdringung ihrer Werteentscheidungen und zu einem in der Vernunft stehenden Dialog mit anderen zu ermutigen und zu befähigen. »In Teilnahme am Licht des göttlichen Geistes urteilt der Mensch richtig, dass er durch seine Vernunft die Dingwelt überragt. [...] Immer suchte und fand er eine tiefere Wahrheit. Die Vernunft ist nämlich nicht auf die bloßen Phänomene eingehängt, sondern vermag geistig-tiefere Strukturen der Wirklichkeit mit wahrer Sicherheit zu erreichen, wenn sie auch in Folge der Sünde zum Teil verdunkelt und geschwächt ist.« (Pastorale Konstitution des II. Vatikanischen Konzils Gaudium et spes, 15).

Ich bin sicher, dass es sich dabei auch zeigen wird, dass es in dem langen geschichtlichen Wertefindungsprozess so etwas wie eine Evidenz bestimmter Grundwerte gibt. Es gibt in sich stehende Werte, die aus dem Wesen des Menschseins folgen und damit für alle Menschen unantastbar sind. Diesen Werten kommt eine kulturübergreifende Evidenz zu. Im Wertefindungsprozess geht es damit auch immer wieder um die Frage, ob und was den Menschen und seinen Setzungen, etwa den staatlichen Gesetzen, vorgegeben ist, was nicht erfunden, sondern gefunden werden kann. Dass es solche Vorgaben gibt, die der Mensch nicht erfindet, sondern die ihm vorgegeben sind, ist nicht nur Gewissheit des christlichen Handelns, sondern auch Grundüberzeugung der Menschenrechtscharta der UNO wie auch des Grundgesetzes der Bundesrepublik Deutschland. In einem Wertefindungsprozess ist deshalb immer wieder auch eine Rückbesinnung auf die gemeinsame Weisheit der großen Kulturen erforderlich, damit die menschliche Gesellschaft ihre Humanität nicht verliert.

5 Preiswerter geht es nicht: Von der Wertekenntnis zur Wertebildung

Die Erkenntnis von Werten aber kann einen Menschen nur dann wertvoll prägen, wenn er weitgehend aus der Selbsterkenntnis heraus zu einer zum wertvollen Handeln fähigen Persönlichkeit gebildet wird und sich bildet. Wertebildung geht dabei nach und im Prozess der Werteerkenntnis und Werteentscheidung folgende Schritte:

1 Wir stehen in der Wertebildung nicht geschichtslos am Punkt Null. Vielmehr stehen wir in der Erinnerung an gelungene und misslungene Versuche von Menschen, das Leben wertvoll zu gestalten. Wertebildung bedeutet

von daher Erinnerung an gelebte Werte in der Konfrontation mit Lebensgeschichten, in denen Menschen für ihre Werte gelebt und gelitten haben und in deren Leben deutlich wurde, dass wertvolles Leben seinen Preis hat und dass Menschen bereit sind, sogar ihr Leben als Preis zu zahlen um der Wahrheit willen. Hier liegt übrigens der bedeutende Wert des Studiums von Heiligengeschichten in unserer kirchlichen Tradition.

2 Ein afrikanisches Sprichwort sagt: »Es braucht ein ganzes Dorf, um ein Kind großzuziehen.« Dies gilt erst recht für die Wertebildung. Viele Personen und Institutionen prägen heute das Wertebewusstsein der Menschen. Für Kinder und Jugendliche sind und bleiben die Eltern, die Familie, Werte prägend, sicherlich aber auch die Erziehungseinrichtungen wie Kindergarten und Schule. Vor allem das Fernsehen und zunehmend auch das Internet sind dabei zu einem Leitmedium und zu einer Moralinstanz geworden. Serien, Gerichtsshows und Daily-Soaps und das so genannte Realitätsfernsehen mit seinen Tabubrüchen prägen das Wertebewusstsein der Menschen sehr tief. In diese Dorfgemeinschaft, von der das afrikanische Sprichwort sprach, die die Menschen in ihren Werten prägt, müssen sich die Kirche und die Christen immer wieder hineinbegeben. Werte werden vor allem in Beziehungen und durch Beispiele vermittelt. Wie aber sollen christlich fundierte Werte den Menschen nahegebracht werden, wenn Christen nicht klar-profiliert und einladend-motivierend leben! Wertebildung geschieht dialogisch. Der Mensch wird nur am Du zum Ich, wie etwa der jüdische Philosoph Martin Buber immer wieder reflektiert hat. Gebildete Menschen, werteorientierte und entschiedene Christen können zur Werteprägung motivieren und zur Werteauseinandersetzung provozieren.

3 Wertebildung braucht Disziplin. Jede Persönlichkeitsprägung, jedes Lernen bedeutet eine Veränderung und stellt damit auch eine Anstrengung dar, ein Angehen gegen das Gesetz der Trägheit, das nicht nur in der Physik Gültigkeit hat. Sich werteorientiert zu entwickeln, bedarf von daher der Disziplin. Ohne Selbstdisziplin und ohne ein Sich-Eingeben in eine gültig vereinbarte Ordnung ist eine Wertebildung nicht möglich.

4 Wertebildung geschieht durch Übertragen von Verantwortung und durch die Reflektion der dabei gemachten Erfahrungen. So lerne ich das Leben als Ant-wort zu sehen, lebe ver-ant-wort-lich gegenüber den Werten, denen ich mich verpflichtet fühle, gegenüber den Menschen, für die ich meinen Werten gemäß Verantwortung übernehme, und gegenüber Gott, gegenüber dessen Wort ich verantwortlich lebe. In solchen Erfahrungen mit von mir übernommener Verantwortung erfahre ich, wie wertvoll diese Werte für mein Leben sind und wie wertvolles Leben gelingen kann. Erfahrungen mit Werten wird nur der gewinnen, der wirklich »los-fährt«, der sich auf den Weg einlässt, mit Werten Erfahrungen zu sammeln.

5 Wertebildung braucht Ermutigung, zu den erkannten Werten zu stehen, auch wenn dieses Festhalten oftmals gegen starke gesellschaftliche Strömungen geschieht. Wertebildung macht von daher auch Mut, gegen alle Banalitäts-

tendenzen unserer Gesellschaft wertvolle Erfahrungen zu sammeln. Sie wird auch die Erfahrungen reflektieren, in Treue zu Werten gegen den Strom zu schwimmen, wenn man nicht mit dem Applaus der Gesellschaft rechnen kann. Es braucht von daher die Stärkung des Selbstbewusstseins, damit Menschen den Mut finden, um eines Wertes willen standhaft zu bleiben.

6 Letztlich wird eine Persönlichkeit vor allem dann wertvoll ihr Leben entfalten können, wenn sie konkret erfährt, dass sie selber wertvoll ist, wenn ihr Wertschätzung entgegengebracht wird und sie in ihrer Würde anerkannt wird, unabhängig von ihrer Leistung und ihrer gesellschaftlichen und wirtschaftlichen Brauchbarkeit. Vielleicht ist die Werteentwicklung unserer Gesellschaft so verkümmert, weil es an solcher Wertschätzung für viele fehlt. Ohne Wertschätzung aber kann sich kein tragendes Wertebewusstsein entwickeln.

Wenn die Kirche sich mit ihrer Botschaft der Wahrheit heute klar-profiliert und dialogisch-einladend in die gesellschaftliche Wertediskussion unserer Tage eingibt, ist dies ein hervorragender Weg der Erfüllung des Sendungsauftrags Jesu Christi an sie, in der Kraft des Geistes Gottes gerade heute in der Zeit der Werteunsicherheit Kirche für die Menschen zu sein.

Zusammenfassung

Wie schon seit langem nicht mehr wird die Wertefrage in unserer Gesellschaft erörtert. Die Erkenntnis von Werten aber kann einen Menschen nur dann wertvoll prägen, wenn er weitgehend aus der Selbsterkenntnis heraus zu einer zum wertvollen Handeln fähigen Persönlichkeit gebildet wird und sich bildet. Diese Wertediskussion und der Weg von der Werteerkenntnis zur Wertebildung ist für die Kirche eine großartige Herausforderung, aus der grundlegenden Bedeutung der christlichen Botschaft für die Wertesuche des Menschen die Wahrheit der christlichen Botschaft und ihre Lebensbedeutsamkeit für den einzelnen Menschen und die Gesellschaft hier und heute einzubringen als Dienst für den Menschen und seine Gemeinschaften.

Abstract

The question of values is being discussed in our society in a way that has not been seen for a long time. The recognition of values can only shape people in a worthwhile way, however, if they are formed and form themselves – to a large extent from their self-knowledge – into characters capable of worthwhile action. This discussion of values and the path from the recognition of values to the formation of values provides the church with a wonderful challenge, namely, by starting from the fundamental meaning of the Christian message for people's search for values, to make the truth of the Christian message and its significance for the life of each person and for the life of society heard, here and now, as a service for people and their communities.

Gebet an den Heiligen Geist

DU

Lieben der
Liebe aus der unfasslichen Höhe
des allmächtigen Vaters
und Du
Mitteilung des heiligen menschgewordenen Sohnes
zur Erde, zu uns, zu mir,
Du Heiliger Geist,
in allem wirkender Beistand
der bodenlos Trauernden
zartmilde tröstend lebendige Stimme
trotz allem,
komm, du rauschende glühende Kraft und
steige herab auch in mein Herz, in meine dunkelste Kammer.
Was dunkel und trostlos und leer darin ist, was in Verzweiflung starrt,
öde wie ein lange verlassenes Haus,
das erfreue mit Deinem Lichtglanz,
Du ewige Gastfreundschaft,
erneuere, richte auf, nähre, befruchte was da und hier modert
und dürr ist im müden Zerfall,
Du Heimsuchung,
mit dem erfrischenden Tau aus ewigem Morgen,
wie wund ist mein-, wie besetzt unser geheimes Innerstes;
Menschentiefen sind ungeheuer
und voller Lasten schleppt sich der Leib,
siechen die Wunden
und krank ist der Mensch, so auch ich

an Leib, Seele und Geist,
o zünde da hin die lindernden, heilenden Pfeile
der Liebe, die verwandelnder nirgendwo brennen
als im einzigen Feuer das brennend niemals
verbrennt, vielmehr Bleibe und Heimat und
Strömen lebendigen Wassers zugleich als
überspanntes weil unendliches Bildwort und Gleichnis ist
und stetig neu wird als Nahrung für Geist und Leib,
die den Hunger nicht kreisend wieder entfacht,
sondern aufrichtende Speise und Trank bleibt für
vierzigtägige, vierzigjährige Wüsten im Leben, in mir,
ungebrochen als Wegezehr, wo Welt, wir und ich vergiftet
im Todeswinkel verengt zu versanden doch drohen.
Du bist mein währender Gott darin,
Dich bete ich an mit dem Vater, dem Sohn,
Du im all-liebenden Dreiklang in eins,
umfassend, gebärend, durchatmend wie mütterlich-weibliche Kraft
Gestalt voller Leben, nimm' Wohnung, nimm' Bleiben in mir.
Gesegnet ist,
wer Dich, Gastgeber und Gast, spürbar aufzunehmen gewürdigt wird,
denn im Geschenk der Annahme Deiner benennbaren Bleibe
in jeder und jedem und in allem, was ist,
nimmt der, der Dich erkennt das Wohnen von Vater und Sohn zugleich
als unzerstörbares, unstillbares liebendes Gottesreich in sich auf.
Ja, komm nun,
komm endlich, unendlich,
Du Tröster aller Verzagten, die stumm nur noch schreien,
in drängenden Nöten, erniedrigt, entwürdigt, geschunden,
komm Kraft der Gebrechlichen, gib Laut den Entrechteten,
verwandle den Alltag aller Verarmten in Fängen und Schlichen,
Systemen von Macht und Gewalt,
Du einzig Gewaltloser, machtvoll als zärtlichste Liebesglut
ohnmächtig sanft-starke wiederherstellende Gegengewalt.
Du richtest, Du richtest auf so, die niedergesunken.

Komm, lehre die Herzen, beginne bei mir,
gib' Helle mir, Demut und zärtliche Wut
in Allem, was arm ist, zernichtet, verstoßen, stolz, kalt und kaputt.
Du atmest für Waise, Du linderst verwitweten Lebens dürftige Kammer,
labst die Matten und bist allen Untergehenden letzte Bucht.
Und so, in alledem bist Du schön und erlesen,
zuletzt in allem Tod - Tod selbst des Todes und so Leben in Fülle
allein und in Gemeinschaft, mit uns, die wir folgen der Spur
heilsgeschichtlicher Wege in allen Zeiten und auch zu allen verquer
den Mächten des Scheins und der tödlichen Blendung.
Komm, Heiliger Geist,
bilde mich zu Dir hin,
neige Dich freundlich zu mir,
Du,
meiner Dürftigkeit reiches Erbarmen,
meiner Schwachheit freundlichstes Auge
durch Jesus, den Bruder, den Freund und Erlöser
den darin so einzigen Herrn,
der im Haus des unfasslich barmherzigen Vaters
Dein Fleisch ist und in uns durch Dich
liebendes Leben
jetzt endlich und
einst
ewiges
Jetzt.

AMEN

Markus Roentgen,
für Hans Waldenfels, meinen Lehrer,
zum 80. Jahr in Dankbarkeit

Anhang

Bibliographie

Hans Waldenfels SJ

Seit 1996 | in Auswahl | chronologisch

Für die Publikationen bis 1996 vgl.
Wege der Theologie:
an der Schwelle zum dritten Jahrtausend.
FS Hans Waldenfels,
hg. von Günter Riße /
Heino Sonnemans / Burkhard Theß
Paderborn 1996, 1081-1105

1 Buchveröffentlichungen
2 Aufsätze in Zeitschriften
3 Beiträge in Sammelwerken
4 Artikel in Lexika

1 Buchveröffentlichungen

H. Waldenfels
Gott.
Auf der Suche nach dem Lebensgrund,
Leipzig: Benno ²1997, 119 S.

H. Waldenfels
Einführung in die
Theologie der Offenbarung.
Darmstadt:
Wiss. Buchgesellschaft 1996, 208 S.

H. Waldenfels
Dios.
El Fundamento de la Vida,
Salamanca: Ediciones Sígueme 1996, 135 p.
(Span. Übers. von:
Gott.
Auf der Such nach dem Lebensgrund)

H. Waldenfels
Odkrywać Boga dzisiaj.
Wydawnictwo
Kraków: WAM Księża Jezuici 1997; 108 p.
(Poln. Übers. von:
Gott)

H. Waldenfels
Lexsykon Religii.
Warszawa: Werbistów: 1997, 593 p.
(Poln. Übers. von: H. Waldenfels, Hg.,
Lexikon der Religionen.
Phänomene - Geschichte - Ideen.
Begründet von Franz König als
Religionswissenschaftliches Wörterbuch
Freiburg: Herder 1987; XIV+ 729 S.; ²1988;
Taschenbuchausgaben: 1992; ²1995; ³1996; ⁴1999)

H. Waldenfels / M. Honecker
Zu Gast beim anderen.
Evangelisch-katholischer Fremdenführer,
(= Bonifatius / Kontur 9918)
Paderborn: Bonifatius 1997, 239 S.
(³2005, Erstauflage 1983)

H. Waldenfels
Gottes Wort in der Fremde.
Theologische Versuche II,
Bonn: Borengässer 1997, 525 S.

H. Waldenfels
Léxico de Religiões.
Petropolis: Ed-Vozes 1998, 622 p.
(Port. Übers. von: H. Waldenfels, Hg.,
Lexikon der Religionen.
Phänomene - Geschichte - Ideen.
Begründet von Franz König als
Religionswissenschaftliches Wörterbuch
Freiburg: Herder 1987, XIV + 729 S.; ²1988;
Taschenbuchausgaben: 1992; ²1995; ³1996; ⁴1999)

H. Waldenfels
Dio.
Alla ricerca del fondamento della vita,
Cinisello Balsamo: Ed. San Paolo 1998, 128 p.
(Ital. Übers. von: **Gott**)

Klaus Borchard / H. Waldenfels (Hg.)
Zukunft nach dem Ende des Fortschrittsglaubens.
(= Grenzfragen Bd. 25)
Freiburg/München: Karl Alber 1998, 260 S.

H. Waldenfels
Rivelazione.
Bibbia, traduzione, teologia
e pluralismo religioso,
Cinisello Balsamo (Milano):
San Paolo 1999, 293 p.
(Ital. Übers. von:
Einführung in die Theologie der Offenbarung)

W. Gephart / H. Waldenfels (Hg,)
Religion und Identität.
Im Horizont des Pluralismus,
(suhrkamp taschenbuch wissenschaft 1411)
Frankfurt: Suhrkamp 1999, 271 S.

H. M. Baumgartner / H. Waldenfels (Hg.)
Die philosophische Gottesfrage am Ende des 20. Jahrhunderts.
Freiburg-München: K. Alber 1999, 143 S.

H. Waldenfels
Fenomén Křesťanství.
Křesťanská Univerzalita v Pluralitě
Vyšehrad/Praha: Náboňenství 1999, 138. p.
(Tschech. Übers. von: H. Waldenfels,
Phänomen Christentum.
Eine Weltreligion in der Welt der Religionen,
Freiburg: Herder 1994, 187 S.)

H. Waldenfels
»Mit zwei Flügeln«.
Kommentar und Anmerkungen zur Enzyklika
»Fides et ratio« Papst Johannes Pauls II.,
Paderborn: Bonifatius 2000, 141 S.

H. Waldenfels
Kontextuelle Fundamentaltheologie.
Paderborn: F. Schöningh ³2000
(= UTB 8025; aktualisierte und durchgesehene Auflage)

H. Waldenfels
Kontextová Fundamentální Teologie.
Vyšserad/Praha 2000, 662. S.
(Tschechische Übers. von:
Kontextuelle Fundamentaltheologie,
Paderborn: F. Schöningh 1985, 552 S.;
²1988, 555 S.;
Nachdruck 1994; ³2000: aktualisierte und
durchgesehene Auflage; 609 S.)

H. Waldenfels
Christus und die Religionen.
(= Topos plus TB 433)
Regensburg: F. Pustet 2002, 135 S.

H. Waldenfels
Phänomen Christentum.
Eine Weltreligion in der Welt der Religionen,
Bonn: Borengässer 2002, IX + 118 S.
(Erstausgabe: Freiburg: Herder 1994)

H. Waldenfels (Hg.)
Religion.
Entstehung - Funktion - Wesen,
(= Grenzfragen 29)
Freiburg / München: K. Alber 2003, 250 S.

H. Waldenfels
Chrystus a religie.
Kraków: WAM 2004, 150 p.
(Poln. Übers. von:
Christus und die Religionen)

H. Waldenfels / H. Oberreuter (Hg.)
Der Islam - Religion und Politik.
(= Politik- und Kommunikationswiss.
Veröffentlichungen der
Görres-Gesellschaft Bd. 23)
Paderborn: F. Schöningh 2004, 116 S.

H. Waldenfels
Auf den Spuren von Gottes Wort.
Theologische Versuche III,
Bonn: Borengässer 2004, XII + 697 S.

H. Waldenfels
Buddhist Challenge to Christianity.
Bangalore:
Dharmaram Publications 2004, 127 p.

H. Jorissen / H. Waldenfels (Hg.)
Dt. Ausgabe von Fiala, Petr / Hanuš, Jiří,
Die Verborgene Kirche.
Felix M. Davídek und
die Gemeinschaft Koinótés,
Paderborn: F. Schöningh 2004, 275 S.

H. Waldenfels / N. Wolf / F. Wolfinger
Die Sache geht weiter ...
(= Missio Pockets Nr. 6)
München: Don Bosco 2005, 53 S.

H. Waldenfels
Kontextuelle Fundamentaltheologie.
Paderborn: F. Schöningh ^{4}2005

H. Waldenfels
Löscht den Geist nicht aus!
Gegen die Geistvergessenheit in Kirche
und Gesellschaft,
Paderborn u. a.: F. Schöningh 2008, 187 S.

G. M. Hoff / H. Waldenfels (Hg.)
Die ethnologische Konstruktion des Christentums.
Fremdperspektiven auf eine bekannte Religion,
(= ReligionsKulturen Bd. 5)
Stuttgart: Kohlhammer 2008, 222 S.

H. Waldenfels
Jesus Christ and the Religions.
An Essay in Theology of Religions,
Milwaukee, WI:
Marquette University Press 2009; 145 p.
(Englische Neufassung von:
Christus und die Religionen)

M. Delgado / H. Waldenfels (Hg.)
Evangelium und Kultur.
Begegnungen und Brüche.
Festschrift für Michael Sievernich,
(= Studien zur Religions- und
Kulturgeschichte Bd. 12)
Fribourg-Stuttgart: Academic Press Fribourg /
Kohlhammer 2010, 638 S.

H. R. Yousefi / H. Waldenfels / W. Gantke (Hg.)
Wege zur Religion.
Aspekte – Grundprobleme –
Ergänzende Perspektiven,
Nordhausen: T. Bautz 2010, 369 S.

2 Aufsätze in Zeitschriften

Unfehlbar.
Überlegungen zur Verbindlichkeit
christlicher Lehre,
StZ 214 (1996) 147-159

Im Schatten von Auschwitz.
Theologie heute,
LebZeug 51 (1/1996) 5-15

Kontextuelle Fundamentaltheologie.
Zum Anspruch eines Programms,
ThGL 86 (2/1996) 146-56

Il concetto die salvezza nelle religioni.
Communio nr. 147 (maggio-giugnio 1996) 34-44
(Ital. Übers. von:
Heilsvorstellungen in den Religionen)

Concepto de salvación en las religiones.
Communio a.18 (marzo-abril 1996) 96-107
(Span. Übers. von:
Heilsvorstellungen in den Religionen)

Kirche in der Krise.
Ein Literaturbericht,
ZMR 80 (3/1996) 229-234

Heilsvorstellungen in den Religionen.
IKaZ 25 (1996) 298-309

Die Kirche in einem sich wandelnden China.
Schweizerische Kirchenzeitung 164
(40/1996) 558-564

Das Uhrwerk am Hals und Gottes Uhrwerk.
Des Menschen Herz,
Spee-Jahrbuch 3 (1996) 157-159

Infallibility.
Theology Digest 43 (2/1996) 120-128
(Gekürzte engl. Fassung von:
Unfehlbar)

St. Remigius im neuen Glanz.
Umfangreiche Restaurierungsarbeiten
abgeschlossen,
Heimat-Jahrbuch Wittlaer 1997, 29-35

Christentum und China.
Überlegungen aus der Sicht
eines westlichen Theologen,
LebZeug 51 (4/1996) 296-307

Theologie als Wissenschaft im Spannungsfeld von Kirche und Gesellschaft.
Bulletin ET 7 (1996) 131-135

»Eckdaten« heutigen Missionsverständnisses.
Verbum SVD 37 (1996) 451-462

Daß alle eins seien.
Zum Gedenken an Carl Klinkhammer,
CiG 49 (5/1997) 37f.

Wie es heute sein könnte ...
Das Papsttum, der Petrusdienst,
der Nachfolger,
CiG 49 (12/1997) 93

Infallible.
Reflexiones sobre la obligatoriedad
de las enseñanzas de la Iglesia,
Selecciones de Teología 36 No. 142 (1997) 131-140
(Span. Übers. von:
Unfehlbar)

Die vielen Gesichter der einen Welt.
Christlicher Glaube an der Wende
zur Postmoderne,
CiG 49 (19/1997) 157

Die Welt bewegen wollen.
Spiritualität - die Herausforderung asiatischer Religionen,
Die Furche (Wien) 53 Nr.20 (15.5.1997) 1

Theologie im Kontext der Zeit.
StZ 215 (10/1997) 691-703

Images of salvation in religion.
Theology Digest 44 (2/1997) 103-109
(Engl. Übers. von:
Heilsvorstellungen in den Religionen)

Mit und in der Kirche leben.
Kontexte 3 (Dezember 1997, Nr. 2) 6-10.15f.

Lekcje religii, zen i rozaniec.
Wiez XLI Luty 1998 (472), 213-222

Des Glaubens liebstes Kind.
Wie Zeichen von Gottes Gegenwart zeugen,
Stadt Gottes 131 (4/1998) 30-33

Lernen vom Buddhismus?
Zum 10. Nagoyaer Symposium,
ZMR 82 (1/1998) 40-48

»Gott in mir«.
Der heilige Tausch,
Erneuerung in Kirche und Gesellschaft
H. 74 (1998) 5

Theologie der Religionen.
Problemstellung und Aufgabe,
StZ 216 (1998) 291-301.

21seiki no tetsugaku to shūkyō.
(= Philosophie und Religion im 21. Jahrhundert)
Ōsaka furitsudaigakukiyō 46 (1998) 23-31

Religion und Religionen im Horizont des Pluralismus von Gesellschaft und Wissenschaft.
Jahres- und Tagungsbericht
der Görres-Gesellschaft 1997, 55-73

Wahrheit zwischen Beliebigkeit und Verbindlichkeit.
LebZeug 53 (3/1998) 228-239

Glaube und Vernunft sind die beiden Flügel des menschlichen Geistes.
KKiZ Nr. 43 (23.10.1998) 14

Zehn Jahre China-Zentrum.
Kirchliche Zusammenarbeit mit China,
China heute XVII (Nr. 4/1998) 100-103

Zur Kyōto-Schule und ihrer Bedeutung im christlich-buddhistischen Dialog.
Internationale Fritz Buri-Gesellschaft für
Denken und Glauben im Welthorizont,
Bulletin 1 (1998) 69-91

Ein Zen-Pionier.
Der Jesuit Hugo Lassalle wurde
vor 100 Jahren geboren,
KNA: Am Wege der Zeit 3/10. November 1998
(= KNA 14187)

Östliche und christliche Meditation.
Wo sind die Grenzen zur Esoterik?
Lebendige Seelsorge 49 (1998, H. 5) 267-272

Jenseitsvorstellungen.
Gauben leben, H. 5 (1999) 147-150

Der Buddhismus.
Faszination und Provokation für Christen,
Informationen für Religionslehrerinnen
und Religionslehrer
(Bistum Limburg) 3/1999, 3-17

Unterwegs zu einer christlichen Theologie des religiösen Pluralismus
Anmerkungen zum »Fall Dupuis«,
StZ 217 (9/1999) 597-610

A vallások teológiája.
Mérleg (Budapest) 3/1999, 263-275
(Ungar. Übers. von:
Theologie der Religionen.
Problemstellung und Aufgabe)

Fubyūsei (Unfehlbarkeit).
Shingaku Daigesuto 87 (1999) 12-23
(Jap. Übers. von:
Unfehlbar)

Glauben verantworten.
Werbicks Fundamentaltheologie
CiG Nr.23 (2000) 186

Buddhismus zwischen Rezeption und Kritik.
StZ 218 (2000) 855-859

Geist der Spiritualität.
Eine geistvolle Einordnung,
Anzeiger für die Seelsorge 110 (1/2001) 16-18

Wallfahrten in den Weltreligionen.
Jb der Diözese Gurk 2001:
Wallfahrten und Pilgerwege,
Hg. Bischöfliches Gurker Ordinariat.
Klagenfurt 2001, 52ff.

Religion. Privatsache oder öffentliche Angelegenheit?
Das Religionsverständnis des
Zweiten Vatikanischen Konzils,
StZ 219 (2001) 75-88

Jacques Dupuis.
Theologie unterwegs
StZ 219 (2001) 217f.

Was verlangt die Petrusnachfolge?
Über biblische Grundlagen
und heutige Gestalt des Papsttums,
CiG 53 (2001) 165f.

Christentum und Religionen.
Der Gott Jesu - Gott - andere Götter,
Edith Stein-Jahrbuch 2001:
Die Weltreligionen, Bd. 2 (2001) 71-81

***Dominus Iesus* i zbawienie.**
Znak 552 (Krakow 5/2001) 56-75

Erinnerung.
Zwischen Vergessen und Bezeugen.
LebZeug 56 (2001) 245-253

Dominus Iesus a spása v nábozenstivich.
Teologické texty 3/2001, 121-126
(Tschechische Übers. von:
***Dominus Iesus* i zbawienie.**)

»Ihr aber, für wen haltet ihr mich?«
Impulse Nr. 60 (4/2001) 4-8

In der Nachfolge Jesu.
Zur Selbstidentität der Kirche,
StZ 220, 23-36

Der Islam.
Religion und Politik,
Geist und Leben 75 (3/2002) 193-206

Die Ausbreitung des Dharma in Ost und West.
Ziele, Mittel und Methoden
der buddhistischen Mission
Religionen unterwegs (Wien) 8 (4/2002) 4-10.

Religion in der modernen Welt wissenschaftlicher Forschung.
Eine Moskauer Vorlesung,
LebZeug 57 (4/2002) 291-302
(Russisch: Religija w sowremeniom
myre naytschnijch isslelodowanij
Religiovedenie, Moskau, 2/2002, 157-165)

Zur Zukunft der asiatischen Kirche.
ZMR 86 (4/2002) 241f.

»Ecclesia in Asia«.
Rückblick und Ausblick,
ZMR 86 (4/2002) 243-259

Neuere Veröffentlichungen zum Buddhismus.
ZMR 86 (4/2002) 286-291

Jesus Christus und das interreligiöse Gespräch.
ThPQ 151 (3/2003) 227-236

Stiftungslehrstuhl in Würzburg.
ZMR 87 (3/2003) 161f.

Shūkyōkantaiwa ni mukete
(= Auf dem Wege zum interreligiösen Dialog).
Deai 54 (Kyoto Okt. 2003) 3-19.

Macht, Gewalt und das Böse aus der Perspektive der Religionen.
Jb der Religionspädagogik 19 (2003) 114-120

Von außen betrachtet.
Zur Christologie von außen,
rhs (6/2003) 326-330

Kirche im Reformstau.
StZ 222 (2004) 20-32

Erleuchtung und Lehre des Erwachten im Siegel buddhistischer Kulturen,
Religionen unterwegs 10 (2/2004),
Teil I: 18-21; (3/2004), Teil II: 16-20

Meditation.
Der Weg der Reinigung, Loslösung und Befreiung,
Anzeiger für die Seelsorge (7/8.2004) 5-8

Von der Hoffnung und Erwartung der Menschen.
Die christliche Botschaft von Heil und Erlösung,
LebZeug 59 (2004) 273-285

Die modernste Kirche Roms.
Ein Besuch am Stadtrand:
Das Gotteshaus »Dio Padre Misericordioso«,
CiG 56 (2004) 77

Jesus ist der Herr.
Betendes Gottes Volk
(Wien) 4/2004, Nr. 220, 8-9

Dogmatik im Kontext der Weltreligionen.
ZMR 88 (2004) 275-279

The Unity of Mystical Understanding from the Christian Point of View.
URAM (Toronto) 27 (2004) 235-242

In memoriam Jacques Dupuis SJ.
ZMR 89 (2005) 58f.

Als Christ im Reich der Mitte.
Neue Entwicklungen in der Volksrepublik China,
CiG 57 (2005) 245f.
(Nachdruck in:
Ilanzer Dominikanerinnen.
Missionskalender 2006, Ilanz 2005, 39-43)

Öffnet sich China?
Eindrücke nach einer Reise,
StZ 223 (2005) 579-587

»Allen Völkern Sein Heil«.
Das Missionsprogramm der deutschen Kirche,
ZMR 89 (2005) 163-180

La Cina si sta aprendo.
La Civiltà Cattolica 156 (15.10.2005) 186-196
(Ital. Übers. von:
Öffnet sich China?)

Dialog und Freiheit.
Die Furche
(Wien) Nr. 43 (21.10.2005) 5

China ändert sich.
Forum Mission.
Jahrbuch (1/2005) 166-180

»Nostra aetate«.
Vierzig Jahre danach,
ZMR 89 (2005) 280-296

Kolloquium zum interreligiösen Dialog in St. Gabriel bei Wien.
ZMR 89 (2005) 313f.

Die Theologie in der Vielfalt ihrer Kontexte.
ZkTh 128 (2006) 81-102.

Die Trinität im interreligiösen Dialog.
Zur Debatte. Themen der Katholischen Akademie München 36 (2/2006) 27-30

The Principle of Religious Liberty and its Impact on Society.
Pro Dialogo (Rome),
Bulletin 121 (2006/1) 98-111

K programu papeže Benedikta XVI.
(= Zum theologischen Programm Papst Benedikts XVI.)
TT (Prag) 2/2006, 92-96

Gottes Sache im heutigen Kontext des Islam.
LebZ 62 (2007) 5-19

Standpunkt und Standpunkte.
Unterwegs zu einer Theologie der Religionen,
ZMR 91 (2007) 5-15

P. Jacques Dupuis SJ **(1923-2004).**
»Auf dem Weg zu einer christlichen Theologie
des religiösen Pluralismus«,
Religionen unterwegs (Wien) 13
(Nr.3 - Sept. 2007) 23-26

Základa rysy teologie Benedikta XVI.
Teologické Texty 18 (2007) 59-63

Boži věc v dnešním kontextu islámu.
Teologické Texty 18 (2007) 126-131

Verlag der Weltreligionen.
StZ 225 (2007) 855f.

Theologen unter römischem Verdacht.
Anthony de Mello SJ - Jacques Dupuis SJ -
Roger Haight SJ - Jon Sobrino SJ,
StZ 226 (2008) 219-231

Die Trinität im interreligiösen Gespräch.
Fallbeispiel: Raimon Panikkar,
Religionen unterwegs 14 (1/2008) 9-15

Josef Neuner SJ **(geb. 1908).**
Religionen unterwegs 14, Nr. 3
(Sept. 2008) 24-27

**La teologia nel dialogo della Chiesa
con un mondo globalizzato.**
Rivista di Scienze Religiose XXII
(2/2008) 297- 318

Walbert Bühlmann OFMCap (1916-2007).
Erinnerungen an die Wegweisungen
eines großen Missiologen,
Collectanea Franciscana 78
(3-4/2008) 607-612

Jenseits der Todeslinie.
Zu den menschlichen Vorstellungen
vom Jenseits,
Anzeiger für die Seelsorge (4/2009) 20-23

**Zerstört Multikulturalität den Kern
der christlichern Botschaft?**
Forum Mission 5/2009
(Luzern), 186-204.

»Mission« - nach wie vor ein Reizwort?
ZMR 93 (2009) 3f.

Kirche im Angesicht des Islam.
StZ 227 (2009) 426-428
(Nachdruck:
Sankt-Georgs-Blatt (Istanbul) 24
(Juni-Juli 2009) 9-11)

**Michael von Brück:
Ewiges Leben oder Wiedergeburt?**
Religion unterwegs 15 (Nr.2/2009) 32f.

Wie inkulturiert sich Glaube heute?
Die Anliegen des amerikanischen
Theologen Roger Haight,
HerKorr 63 (8/2009) 405-410

Toward a theology of religions.
Theology Digest (St. Luis) vol. 53 No. 4.
(Winter 2006) 357-364
(Engl. Fassung von:
Standpunkt und Standpunkte)

Ach, wie lässt sich Wahrheit finden ...
RuhrWort 51/41 (10.10.2009) 3

»Inkarnation« in anderen Religionen.
Ein religionswissenschaftlicher Blick,
Wort und Antwort 50 (4/2009) 166-171

Dialog und Mission - ein Widerspruch?
ZMR 94 (2010) 65-73

Was heißt »bewährt«?
Ein Diskussionsbeitrag zur Frage
der »viri probati«,
HerKorr 65 (6/2011) 321f.

Raimon Panikkar (1918-2010).
Unterwegs zwischen den Religionen,
Religionen unterwegs 17 (2/2011) 25-27.35

3 Beiträge in Sammelwerken

Interkulturelle Religionsphilosophie.
H.-J. Höhn (Hg.), Krise der Immanenz.
Religion an den Grenzen der Moderne,
Frankfurt: Fischer 1996, 304-328

Religion und christlicher Glaube - eine alte, ewig neue Spannung?
Fundamentaltheologische Überlegungen,
H. Kochanek SVD (Hg.),
Religion und Glaube in der Postmoderne
(= Veröffentlichungen des Missionspriesterseminars St. Augustin bei Bonn Nr. 46),
Nettetal: Steyler V. 1996, 77-93

Über das unverwechselbar Christliche.
N. Kutschki (Hg.),
Wenn es das Christentum nicht gäbe,
Würzburg: Echter 1996, 59-68

Quellen der Spiritualität einer Weltgesellschaft.
H. Weber (Hg.), Aufbruch in die Zukunft.
Arbeit an den Fundamenten,
(= Jahresakademie der KAAD 25.-27. April 1996),
Bonn 1996, 109-122

Wahrheit und Normativität im Horizont des Pluralismus.
Missionswissenschaftliches Institut
Missio e.V. (Hg.),
Ein Glaube in vielen Kulturen.
Theologische und soziopastorale Perspektiven für ein neues Miteinander von Kirche und Gesellschaft in der einen Welt,
Frankfurt: IKO 1996, 41-54

Der eine Gott und die vielen Religionen.
E. Klinger (Hg.),
Gott im Spiegel der Weltreligionen.
Christliche Identität und interreligiöser Dialog,
Regensburg: F. Pustet 1997, 76-96

La Rivelazione cristiana e le altre religioni.
R. Fisichella (ed.), La Teologia Fondamentale.
Convergenze per il terzo millennio,
Casale Monferrato: Ed. Piemme: 1997, 225-242

Mit S. N. Bosshard, G. Höver, R. Schulte
Teil C. Menschenwürde und Lebensschutz.
Theologische Aspekte,
G. Rager (Hg.),
Beginn, Personalität und Würde des Menschen,
(= Grenzfragen. Bd. 23)
Freiburg/München: K. Alber 1997, 243-329

Buddhismus.
R. Koltermann (Hg.), Universum Mensch Gott.
Der Mensch vor den Fragen der Zeit
Graz: Styria 1997, 321-329

Immer noch der Papst das Hindernis der Einheit?
W. Beinert / K. Feiereis / H. -J. Röhrig (Hg.),
Unterwegs zum einen Glauben.
FS L. Ullrich,
(= Erfurter Theologische Studien Bd. 74),
Leipzig: Benno 1997, 550-560

Zum Verbindlichkeitsgrad von *Inter insigniores* und *Ordinatio sacerdotalis* und ihren dogmatischen Positionen.
E. Dassmann / W. Fürst / A. Gerhards /
H. Merklein / H. Waldenfels / J. Wohlmuth,
Projekttag Frauenordination,
Bonn: Borengässer 1997, 20-38

Der Mensch auf der Suche nach Gott.
Die Frage der Religionen
G. L. Müller (Hg.),
Aufbruch ins Dritte Jahrtausend.
Theologisches Arbeitsbuch
(= Auf dem Weg zum Heiligen Jahr 2000),
Bonn: Sekretariat der
Dt. Bischofskonferenz 1997, 257-276

Wilhelm Schmidt (1868-1954).
Michaels (Hg.),
Klassiker der Religionswissenschaft.
Von Friedrich Schleiermacher
bis Mircea Eliade,
München: C. H. Beck 1997, 185-197 (^{2}2004)

Wahrheit zwischen Fundament und Fundamentalismus.
B. Köhler (Hg.), Religion und Wahrheit.
Religionsgeschichtliche Studien. FS G. Wießner,
Wiesbaden: Harrassowitz 1998, 21-29

Mystik im Buddhismus.
H. Kochanek (Hg.), Die Botschaft der Mystik in den Religionen der Welt,
München: Kösel 1998, 108-126

Wandlungen in der Beurteilung und Kritik nichtchristlicher Religionen durch das Christentum aus katholischer Sicht.
Heinz Robert Schlette (Hg.),
Religionskritik in interkultureller und interreligiöser Sicht.
Dokumentation des Symposiums des Graduiertenkollegs »Interkulturelle religiöse bzw. religionsgeschichtliche Studien« vom 20.-23.11. 1996 an der Universität Bonn,
Bonn: Borengässer 1998, 27-34

Gott und das Nichts.
Über die Erfahrung der Abwesenheit des Göttlichen in den fernöstlichen Religionen,
Stephan Pauly (Hg.),
Der ferne Gott in unserer Zeit,
Stuttgart: Kohlhammer 1998 ([2]1999), 160-175

Das christliche Erbe Polens und Europa.
A. Dylus (Hg.), Europa. Zadanie Chrzescijanskie (= FS H. Juros)
Warszawa:
Wydawnictwo Fundacji ATK 1998, 103-111

Masao Abe's Intellectual Journey to the West.
A Personal Reflection,
D. W. Mitchell (ed.), Masao Abe.
Zen Life of Dialogue,
Boston/Rutland/Tokyo: Tuttle 1998, 59-62

Der rote Faden - jenseits von 2000.
J. Röser (Hg.), Christsein 2001.
Erwartungen und Hoffnungen an der Schwelle zum neuen Jahrtausend,
Freiburg: Herder 1998, 32-34

Mit und in der Kirche leben.
G. Riße (Hg.), Zeit-Geschehen und Begegnungen.
Festschrift für Bernhard Neumann,
Paderborn: Bonifatius 1998, 360-374

Und Gottes Zukunft ...?
Theologische Erörterungen,
K. Borchard / H. Waldenfels (Hg.),
Zukunft nach dem Ende des Fortschrittsglaubens
(= Grenzfragen Bd. 25),
Freiburg/München: Alber 1998, 211-231
(darin auch: Diskussion, 233-236;
Zusammenfassung der Generaldebatte, 237-258)

Wahrheit und Religion.
B. J. Hilberath (Hg.), Dimensionen der Wahrheit.
Hans Küngs Anfrage im Disput,
Tübingen-Basel: Francke 1999, 33-49

Komento.
(= Kommentar zu M. Odagaki, Christentum und Buddhismus - wo ist ein Dialog möglich?),
Nanzanshūkyōbunkakenkyūsho (ed.),
Kirisutokyōwa Bukkyō kara nani o manaberuka?
(What Does Christanity Have to Learn from Buddhism?),
Kyoto: Hōzōkan 1999, 82-92

Zur gebrochenen Identität des abendländischen Christentums.
W. Gephart / H. Waldenfels (Hg.),
Religion und Identität.
Im Horizont des Pluralismus
(= suhrkamp taschenbuch wissenschaft 1411),
Frankfurt: Suhrkamp: 1999, 105-124.

Gott und Geschichte. Das Verhältnis Gottes zur menschlichen Geschichte.
Die Möglichkeit - Unmöglichkeit, von Gott zu sprechen nach Auschwitz,
H. Bettscheider (Hg.),
Zugang zur Wirklichkeit Gottes.
Die Gottesfrage in der modernen Welt
(= Veröffentlichungen des Missionspriesterseminars St. Augustin b. Bonn Nr. 50),
Nettetal: Steyler V. 1999, 105-119

Einleitung.
G. Höver (Hg.), Verbindlichkeit unter den Bedingungen der Pluralität,
Hamburg: Dr. Kova 1999, 1-3

Nachwort.
H. M. Baumgartner / H. Waldenfels (Hg.),
Die philosophische Gottesfrage am Ende des 20. Jahrhunderts,
Freiburg-München:
K. Alber 1999 ([3]2001), 135-139

Das Christentum im Streit der Religionen.
W. Kern u. a. (Hg.),
Handbuch der Fundamentaltheologie. Bd. 2/2
(verbesserte und aktualisierte Aufl.)
Tübingen-Basel: Francke 1999, 199-219

»Höre!«
J. Röser (Hg.), Mehr Himmel wagen.
Spurensuche in Gesellschaft, Kultur, Kirche,
Freiburg: Herder 1999, 121-124

Zwischen Differenz und Konsens.
R. Hempelmann / U. Dehn (Hg.),
Dialog und Unterscheidung.
Religionen und neue religiöse Bewegungen
im Gespräch.
Festschrift für Reinhard Hummel,
Berlin: EZW 2000, 148-154

Antwort.
R. Fornet-Betancourt (Hg.),
Theologie im III. Millenium - Quo vadis?
Antworten der Theologen.
Dokumentation einer Weltumfrage,
(= Denktraditionen im Dialog: Studien zur
Befreiung und Interkulturalität Bd. 7)
Frankfurt: IKO 2000, 289-293

Der Einfluss der Religionen auf die Weltpolitik
J. Müller / J. Wallacher (Hg.),
Weltordnungspolitik für das 21. Jahrhundert.
Historische Würdigung - Ethische Kriterien -
Handlungsoptionen,
Stuttgart: W. Kohlhammer 2000, 121-140
(darin auch: Diskussion, 141-153)

Mit dem Papst über das Papsttum reden.
H. Schütte (Hg.), Im Dienst der einen Kirche.
Ökumenische Überlegungen zur Reform
des Papsttums,
Paderborn: Bonifatius /
Frankfurt: Lembeck 2000, 111-129

Die politische Bedeutung und Aufgabe der Kirche in einem vereinten Europa.
U. Nothelle-Wildfeuer / N. Glatzel (Hg.),
Christliche Sozialethik im Dialog.
Zur Zukunftsfähigkeit von Wirtschaft, Politik
und Gesellschaft (= FS L. Roos),
Grafschaft: Vektor 2000, 357-369

Gibt es im Buddhismus eine Zukunft?
B. Mensing SVD (Hg.),
Die Weltreligionen zur Zukunft.
Tendenzen und Entwürfe
(= Akademie Völker und Kulturen St. Augustin.
Vortragsreihe 1999/2000. Bd. 23),
Nettetal: Steyler Verlag 2000, 29-42

Christliches Abendland und die Frage nach der Identität Europas.
K. Krämer / A. Paus (Hg.),
Die Weite des Mysteriums.
Christliche Identität im Dialog.
Für Horst Bürkle,
Freiburg: Herder 2000, 626-640

Im Dienste der polnischen Ortskirche und der Weltkirche.
M. Pazdan (Red.), Valeat aequitas.
Ksiega pamiątowa ofiarowana
Księdzu Professorowi Remigiuszowi
Sobańskiemu (= FS R. Sobanski),
Katowice: Wydawnictwo Uniwersytetu
Đlaskiego 2000, 495-506

Interreligiöser Dialog.
Auf der Suche nach gemeinsamen Wegen
in der Vielheit heutiger Menschheitsgeschichte,
Internationales Forum 2000 im Rahmen der
EXPO 2000 in Hannover,
Wipperfürth: Daiseion-ji e.V. / Osaka:
Myōkenkakuji 2000, 139-152

Wén huà xiangyù dè Quánshì.
Jídù Zóngjìao yû zhóngguó sixîang:
Gè òn Yánjíu,
Zhuo Xinping (ed.),
Dialogue and Comparison of Religions,
Vol. 1, Chinese Academy of Social Sciences.
Institute of World Religions
Beijing 2000, 28-50

Ist die Rede vom leidenden Gott theologisch legitim?
P. Koslowski / F. Hermanni (Hg.),
Der leidende Gott.
Eine philosophische und theologische Kritik,
München: W. Fink 2001, 177-191

Religion.
Privatsache oder öffentliche Angelegenheit?
Das Religionsverständnis des Zweiten
Vatikanischen Konzils,
WCRP Informationen Nr. 59 (2001)

In der Nachfolge Jesu.
Zur Selbstidentität der Kirche (= Naśladujac
Jezusa Samoświadomość Kośioła)
M. Rusecki / K. Kaucha / Z. Krzyszowski /
I.S. Ledwoń / J. Mastej (Red.),
Chrześcijaństwo Jutra.
Lublin, 18.-21 Września 2001,
Lublin: Towarzystwo Naukowe Katolickiego
Uniwersyckiego Lubelskiego 2001, 315-353
(deutsche und polnische Fassung)

Am Runden Tisch der Religionen.
S. Dreyer / M. Merz (Hg.), Dialogbuch.
FS Weihbischof Dr. Hans-Joachim Jaschke,
Hamburg 2001, 169-174

Religionskriege im Blickwinkel der Weltreligionen.
K. Garber / J. Held / F. Jürgensmeier / F. Krüger / U. Széll (Hg.),
Erfahrung und Deutung von Krieg und Frieden. Religion - Geschlechter - Natur und Kultur,
München: W. Fink 2001, 83-95

Christi Kreuz und die Leere Gottes.
Das Kreuz und die Religionen der Welt,
B. Hermans / G. Berghaus (Hg.), Kreuzungen. Christliche Existenz im Diskurs.
FS Hubert Luthe,
Mülheim: Edition Werry 2002, 249-261

Mystik in Christentum und Buddhismus.
R. Hempelmann (Hg.), Esoterik und Mystik. Eine Antwort auf den Hunger nach spiritueller Erfahrung?
(=(EZW-Texte 2002 Nr. 165),
Berlin: EZW 2002, 45-61.

Der Dialog zwischen Buddhismus und Christentum.
Herausforderung für die europäischen Christen (1980),
A. Schönfeld (Hg.), Spiritualität im Wandel. Leben aus Gottes Geist,
Würzburg: Echter 2002, 264-280

Dialog und Bekenntnis.
B. Mensen (Hg.): Dialog
(= Akademie Völker und Kulturen St. Augustin Bd. 25),
St. Augustin: Steyler Verlag 2002, 79-92

Die Erfahrung des »*malum*« als Herausforderung an Gott.
Die Antwort des Christentums
H. Kochanek (Hg.),
Wozu das Leid? Wozu das Böse? Die Antwort der Religionen,
Paderborn: Bonifatius 2002, 235-252

Oriente e Occidente.
Teologia cristiana e pensiero asiatico,
R. Gibellini (ed.),
Prospettive teologiche per il XXI secolo,
Brescia: Queriniana 2003, 331-352

Erinnerung im Blick auf Kulturen und Religionen.
P. Petzel / N. Reck (Hg.), Erinnern. Erkundungen zu einer theologischen Basiskategorie,
Darmstadt: Wiss. Buchgesellschaft 2003, 118-132

Weg in die Mitte.
Spiritualität in nichtchristlichen Religionen,
Welt*geistlich.* Dokumentation der Pädagogischen Woche 2002, hg. Hauptabteilung Schule/Hochschule des EB GV Köln 2003, 23-40

»Ecclesia in Asia«.
D. Kendall / G. O'Collins (ed.),
In Many and Diverse Ways.
In Honor of Jacques Dupuis,
Maryknoll N.Y.: Orbis 2003, 194-208

Ost und West – Christliche Theologie und asiatisches Denken.
H. J. Münk / M. Durst (Hg.),
Christliche Theologie und Weltreligionen. Grundlagen, Chancen und Schwierigkeiten des Dialogs heute
(= Theologische Berichte XXVI),
Freiburg Schweiz: Paulus 2003, 91-116

Begegnung mit der Religionswissenschaft.
U. Tworuschka (Hg.), Religion und Bildung als historische Forschungsfelder.
FS Michael Klöckner,
Köln: Böhlau 2004, 435-438

Von der Lehr- zur Lebensautorität.
Andreas R. Batlogg SJ u.a. (Hg.),
Was den Glauben in Bewegung bringt. Fundamentaltheologie in der Spur Jesu Christi
(= FS Karl H. Neufeld SJ),
Freiburg: Herder 2004, 351-365

Unterwegs zu einer interreligiösen Theologie.
G. Bader / U. Eibach / H. Kreß (Hg.),
Im Labyrinth der Ethik.
Glauben - Handeln – Pluralismus
(= FS Martin Honecker),
Rheinbach: cmz 2004, 323-334

Der Islam - Religion und Politik.
Mit H. Oberreuter Hg.,
Der Islam - Religion und Politik
(= Politik- und Kommunikationswiss. Veröffentlichungen der Görres-Gesellschaft, Bd. 23),
Paderborn: F. Schöningh 2004, 9-22

Ende der Toleranz?
H. R. Yousufi / K. Fischer (Hg.),
Interkulturelle Orientierung.
Teil II. Angewandte Interkulturalität,
Nordhausen: T. Bautz 2004, 295-307

L'ermeneutica biblica protestantica.
M. Gronchi (ed.), L'ermeneutica delle fontinelle tradizioni ebraica, islamica, cattolica e riformata.
Roma: Urbaniana University Press 2004, 899-113

»Christ beyond Dogma«?
Some Remarks on Aloysius Pieris' Renewal of Christology,
R. Crusz / M. Fernando / A. Tilakaratne (ed.),
Essays to honour Aloysius Pieris on his 70th Birthday (9th April 2004),
Colombo, Sri Lanka:
Ecumenical Institute for Study and Dialogue /
Aachen: MWI /
Nürnberg Missionsprokur SJ 2004, 209-222

Jan Assmann, Mose der Ägypter.
Die mosaische Unterscheidung
G. M. Hoff (Hg.), Auf Erkundung.
Theologische Lesereisen durch fremde Bücherwelten,
Mainz: Grünewald 2005, 185-203

Misionswissenschaft - kontextuelle Theologien - interkulturelle Theologie.
Zum Stellenwert einer weltkirchlichen Theologie in der Wissenschaft,
H. Waldenfels / N. Wolf / F. Wolfinger,
Die Sache geht weiter ...
(= Missio Pockets Bd.6),
München: Don Bosco 2005, 8-32

Perspektiven des interreligiösen Dialogs aus der Sicht eines europäischen Theologen mit ostasiatischer Verwurzelung.
L. Bertsch / M. Evers / M. Moerschbacher (Hg.),
Viele Wege - ein Ziel.
Herausforderungen im Dialog der Religionen und Kulturen.
Festgabe für Georg Evers zum 70. Geburtstag,
Freiburg: Herder 2006, 79-96

Dialog und Freiheit.
C. Böttigheimer / H. Filser (Hg.),
Kircheneinheit und Weltverantwortung.
FS für Peter Neuner,
Regensburg: F. Pustet 2006, 279-293

Istok i Zapad.
R. Gibellini (ur.),
Teološke perspektive za XXI.stoljeće,
Zagreb: Kršćanska Sadašnost 2006, 337-357

Kirche im interreligiösen Dialog.
R. Göllner / M. Knapp (Hg.),
Kirche der Zukunft - Zukunft der Kirche
(= R. Göllner, Hg., Theologie im Kontext Bd. 14),
Berlin: Lit 2006, 57-74

Zur Freiheit berufen.
Überlegungen zu einer theologischen Grundlegung,
Th. Franz / H. Sauer (Hg.),
Glaube in der Welt von heute.
Theologie und Kirche nach dem Zweiten Vatikanischen Konzil.
Für Elmar Klinger. Bd. 2 Diskursfelder,
Würzburg: Echter 2006, 523-540

Gottes Sache im heutigen Kontext des Islam.
E. Krumpolc / J. Poláková / C.V. Pospíšil (ed.),
Z Plonosti Kristovy (= Aus der Fülle Christi).
Oto Madr zum 90. Geburtstag,
Praha:
Karmelitánske Nakladatelství 2007, 351-367

Point de vue et points de vue.
A la recherche d'une théologie des religions,
M. Delgado / B. T. Viviano (ed.),
Le dialogue interreligieux,
Fribourg: Academic Press 2007, 21-33

Zum Geleit.
Paul-Georg Gutermuth, Der Wein und die Bibel.
Freude ohne Grenzen,
Trier: Paulinus 2007, 7-11

In der Schule des Heiligen Geistes.
Zwischen *Ressourcement* und *aggiornamento*,
I. S. Ledwon et alii (ed.), Scio cui credidi
(= FS M. Rusecki),
Lublin: Wydawniectwo KUL 2007, 473-489

Jezus i Buddha, Dogmat i *Dharma*, Kościól i *Sangha*. Chrystologia kenotyczna.
(= Jesus and Buddha, Dogma and *Dharma*, Church and *Sangha*. Kenotic Christology,
T. Szyszki SVD / A. Wąsa SVD (ed.),
Oblicza Jezusa Chrystusa w kulturach I religiach świata
(= Dialog Kultur I Religii 2),
Warszawa: Verbinum 2007, 55-81

Considerations about Three Notifications: Dupuis – Haight – Sobrino.
Secretariat for Interreligious Dialogue, Curia SJ (ed.), Ecumenis East and West (= The 19th International Congress of Jesuit Ecumenists. Lviv), 2007, 141-147.

Ecclesiology and religious pluralism.
G. Mannion / L. S. Mudge (ed.), The Routledge Companion to the Christian Church, New York / London Routledge 2008, 476-494

Zur Glaubensgewissheit.
Anmerkungen aus dem Blickwinkel zeitgenössischer abendländischer Theologie, G. Oberhammer / M. Schmücker (Hg.), Glaubensgewissheit und Wahrheit in religiöser Tradition (= Beiträge zur Kultur- und Geistesgeschichte Asiens Bd. 60), Wien: OAW 2008, 27-52

Kultur als Grundbegriff.
H. Reza u.a. (Hg.), Wege zur Kultur. Gemeinsamkeiten - Differenzen - Interdisziplinäre Dimensionen, Nordhausen: T. Bautz 2008, 77-96

Aus sicherem Milieu ins Offene.
J. Röser (Hg.), Mein Glaube in Bewegung. Stellungnahmen aus Religion, Kultur und Politik, Freiburg: Herder 2009, 47f.

Unterwegs zu einer Ethnologie des Christentums.
G. M. Hoff / H. Waldenfels (Hg.), Die ethnologische Konstruktion des Christentums. Fremdperspektiven auf eine bekannte Religion (= ReligionsKulturen Bd. 5), Stuttgart: Kohlhammer 2008, 149-166

Natur und ethisches Verhalten.
Im Verständnis asiatischen Denkens, Ch. Böttigheimer / N. Fischer / M. Gerwing (Hg.), Sein und Sollen des Menschen. Zum göttlichfreien Konzept vom Menschen, Münster: Aschendorff 2009, 221-239

Buddhistischer Gleichmut als Ziel.
P. Bsteh / B. Proksch (Hg.), Spiritualität im Gespräch der Religionen (= Spiritualität im Dialog Bd. 1), Münster: Lit 2009, 177-184

Lebenswelt – Religion – Wissenschaft.
J. Courth / M. Klöcker (Hg.), Wege und Welt der Religionen. Forschungen und Vermittlungen (FS Udo Tworuschka), Frankfurt: Lembeck 2009, 663-670

Buddhismus und Christentum.
Kommt das Licht aus dem Fernen Osten? M. Delgado / G. Vergauwen (Hg.), Interkulturalität. Begegnung und Wandel in den Religionen (= Religionsforum Bd. 5), Stuttgart: Kohlhammer 2010, 265-281

Fünfzig Jahre später.
M. Delgado / H. Waldenfels (Hg.), Evangelium und Kultur. Begegnungen und Brüche. Festschrift für Michael Sievernich (= Studien zur Religions- und Kulturgeschichte, Bd. 12), Fribourg: Academic Press / Stuttgart: Kohlhammer 2010, 256-270

Das Christentum.
H. R. Yousefi / H. Waldenfels / W. Gantke (Hg.), Wege zur Religion. Aspekte - Grundprobleme - Ergänzende Perspektiven, Nordhausen: T. Bautz 2010, 237-266

Vorwort.
J. Dupuis, Unterwegs zu einer Religion des religiösen Pluralismus (= Salzburger Theologische Studien interkulturell Bd. 5), Innsbruck: Tyrolia 2010, 11-17

4 Artikel in Lexika

Art. **Leid, Leiden**
IV. Systematisch-theologisch
LThK³ 6, 783f.

Art. **Bewusstsein**
I. Religionswissenschaftlich
RGG⁴ 1, 1397f.

Art. **Nichtchrist**
II. Missionswissenschaftlich
LThK³ 7, 803f.

Art. **Religionen und Bioethik**
1. Allgemeiner Teil
W. Korff u. a. (Hg.), Lexikon der Bioethik
Gütersloh 1998, Bd. 3, 183ff.

Art. **Proprium christianum**
LThK³ 8, 639f.

Art. **Spiritualität**
II. Religionswissenschaftlich
LThK³ 9, 853

Art. **Synkretismus.**
I. Begriff. 1. Die Ableitung des Begriffs
LThK³ 9, 1178
III. Historisch-theologisch
LThK³ 9, 1180f.
IV. Systematisch-theologisch
LThK³ 9, 1181f.

Art. **Unglaube**
I. Anthropologisch
LThK³ 10, 405f.
III. Systematisch-theologisch
LThK³ 10, 407f.

Art. **Universalismus – Partikularismus**
I. Religionswissenschaftlich
LThK³ 10, 418

Art. **Urmensch**
I. Religionsgeschichtlich
LThK³ 10, 477f.

Art. **Weltkirche**
LThK³ 10, 1077

Art. **Willeke, Bernward**
LThK³ 10, 1210.

Art. **Yoga**
II. Y. und Christentum
LThK³ 10, 1351f.

Art. **Zen**
I. Z.-Buddhismus
LThK³ 10, 1420

Art. **Assimilation**
LThK³ 11, 11

Art. **Dumoulin**, Heinrich
LThK³ 11, 64f.

Art. **Religion**
H. Baer u. a. (Hg.)
Lexikon neureligiöser Gruppen,
Szenen und Weltanschauungen.
Orientierungen im religiösen Pluralismus
Freiburg 2005, 1074-1080

Art. **Shintoismus**
Ebd., 1206-1209

Art. **Weltreligionen**
Ebd. 1376-1379

Art. **Buddhismus**
B. Aus christlicher Sicht
P. Eicher (Hg.),
Neues Handbuch Theologischer
Grundbegriffe
München 2005 (Neuausgabe),
Bd. 1, 201-210

Art. **Rechtfertigung** VI
Ebd., Bd. 3, 500ff.

Art. **Religion**
B. Theologische Perspektive
Ebd., Bd. 4, 34-39.

Register Bibelstellen

Altes Testament

Neues Testament

Register Koranstellen

Suren

Register Personen

M

N

O

P

Q

R

Autoren

Verzeichnis der Autoren

Antes, Peter
geb. 1942, Dr. theol. habil., Dr. phil., Prof. em. für Religionswissenschaft am Institut für Theologie und Religionswissenschaft der Leibniz Universität Hannover

Bitter CSSP, Gottfried
geb. 1936, Dr. theol., Prof. em. für Religionspädagogik und Homiletik an der Katholisch-Theologischen Fakultät der Universität Bonn

Buchholz, René
geb. 1958, Dr. theol., apl. Prof. für Fundamentaltheologie an der Katholisch-Theologischen Fakultät der Universität Bonn

Delgado, Mariano
geb. 1955, Dr. theol., Dr. phil., Prof. für Kirchengeschichte und Direktor des Instituts für das Studium der Religionen und den interreligiösen Dialog an der Universität Freiburg Schweiz

D'Sa SJ, Francis Xavier
geb. 1936, M. A. phil, Lic. phil., Lic. theol., Dr. phil., Dr. h. c., em. Prof. für Systematic Theology and Indian Religions, Jñana-Deepa Vidyapeeth (Päpstliches Athenäum), Pune/Indien; Director, Institute for the Study of Religion, Pune

Gantke, Wolfgang
geb. 1951, Dr. phil., Prof. für Religionswissenschaft und Religionstheologie an der Goethe-Universität Frankfurt am Main

Gmainer-Pranzl, Franz
geb. 1966, Dr. theol., Dr. phil., Leiter des Zentrums Theologie interkulturell und Studium der Religionen an der Katholisch-Theologischen Fakultät der Universität Salzburg

Hoff, Gregor Maria
geb. 1964, Dr. theol., Prof. für Fundamentaltheologie und Ökumene an der Universität Salzburg; Obmann der Salzburger Hochschulwochen

Klinger, Elmar
geb. 1938, Dr. theol., Prof. em. für Fundamentaltheologie und vergleichende Religionswissenschaft an der Universität Würzburg

Koch, Heiner
geb. 1954, Dr. theol., Weihbischof von Köln und Titularbischof von Ros Cré/Irland

Körner SJ, Felix
geb. 1963, Dr. phil., Dr. theol., Prof. für Fundamentaltheologie und Dogmatik, Dekan der Missionswissenschaftlichen Fakultät und Leiter des Instituts für Interdisziplinäre Religions- und Kulturwissenschaften (ISIRC) an der Päpstlichen Universität Gregoriana, Rom

Ozankom, Claude
geb. 1958, Dr. theol., Dr. phil., Prof. für Fundamentaltheologie, Religionswissenschaft und Theologie der Religionen und Direktor des Fundamentaltheologischen Seminars an der Universität Bonn

Petzel, Paul
geb. 1957, Dr. theol., Gymnasiallehrer für Katholische Religion und Kunst, Andernach (D)

Piepke SVD, Joachim G.
geb. 1943, Dr. theol., Prof. für Dogmatik und Direktor des Anthropos Instituts in Sankt Augustin, Deutschland

Di Pilato, Vincenzo
geb. 1970, Dr. theol., Prof. für Fundamentaltheologie an der Theologischen Fakultät Apuliens (Facoltà Teologica Pugliese), am Istituto Teologico »Regina Apuliae« (Molfetta, Bari) und am Istituto Superiore di Scienze Religiose »S. Nicola, il Pellegrino« (Trani), wo er außerdem Trinitarische Theologie lehrt; Rektor des »Santuario Madonna delle Grazie« (Corato)

Riße, Günter
geb. 1954, Dr. theol., Prof. für Religionswissenschaft / Fundamentaltheologie an der Philosophisch-Theologischen Hochschule Vallendar; Direktor des Erzbischöflichen Diakoneninstituts, Köln

Roentgen, Markus
geb. 1965, Dipl. Theol., Exerzitienbegleiter und Geistlicher Begleiter (GIS= Gruppe ignatianische Spiritualität), Referent für Geistliches Leben, Exerzitien und Spiritualität in der Hauptabteilung Seelsorge im Erzbistum Köln

Sievernich SJ, Michael
geb. 1945, Dr. theol., em. Prof. für Pastoraltheologie an der Universität Mainz

Yousefi, Hamid Reza
geb. 1967, Dr. phil., PD für Interkulturelle Philosophie und Geschichte der Philosophie an der Universität Koblenz und Initiator sowie Leiter des Instituts zur Förderung der Interkulturalität in Trier

STUDIEN
ZUR
CHRISTLICHEN
RELIGIONS-
UND
KULTUR-
GESCHICHTE

Herausgegeben
von Mariano Delgado
Freiburg | Schweiz
und Volker Leppin
Tübingen

Academic Press
Fribourg
Kohlhammer Verlag
Stuttgart

11

12

Band 1
Mariano Delgado
Klaus Koch
Edgar Marsch | Hg.
Europa, Tausend-jähriges Reich und Neue Welt
Zwei Jahrtausende Geschichte und Utopie in der Rezeption des Danielbuches
2003, 484 S.

Band 2
Mariano Delgado
Gotthard Fuchs | Hg.
Die Kirchenkritik der Mystiker
Prophetie aus Gotteserfahrung
Band 1 | Mittelalter
2004, 328 S.

Band 3
Mariano Delgado
Gotthard Fuchs | Hg.
Die Kirchenkritik der Mystiker
Prophetie aus Gottes-erfahrung
Band 2 | Frühe Neuzeit
2005, 404 S.

Band 4
Mariano Delgado
Gotthard Fuchs | Hg.
Die Kirchenkritik der Mystiker
Prophetie aus Gotteserfahrung
Band 3 | Von der Aufklärung bis zur Gegenwart
2005, 608 S.

Band 5
Bruno Forte
Das Wesen des Christentums
Aus dem Italienischen von Karl Pichler
2006, 144 S.

13

14

15

16

Band 6
John Bauer
Christus kommt nach Afrika
2000 Jahre Christentum auf dem Schwarzen Kontinent
2006, 524 S.

Band 7
Pedro Ciruelo
Verwerfung des Aberglaubens und der Zauberei
Ein Inventar des Volksglaubens in der spanischen Renaissance
hg. von Mariano Delgado
2008, 192 S.

Band 8
David Neuhold
Franz Kardinal König – Religion und Freiheit
2008, 376 S.

Band 9
Dietlind Langner
Marco A. Sorace
Peter Zimmerling | Hg.
Gottesfreundschaft
Christliche Mystik im Zeitgespräch
2008, 392 S.

Band 10
Gustavo Gutiérrez
Nachfolge Jesu und Option für die Armen
Beiträge zur Theologie der Befreiung im Zeitalter der Globalisierung
hg. von Mariano Delgado
2009, 252 S.

Band 11
Michael Bangert
Bild und Glaube
Ästhetik und Spiritualität bei Ignaz Heinrich von Wessenberg (1774-1860)
2009, 412 S.

Band 12
Mariano Delgado
Hans Waldenfels | Hg.
Evangelium und Kultur
Begegnungen und Brüche
Festschrift für Michael Sievernich
2010, 640 S.

Band 13
Mariano Delgado
Markus Ries | Hg.
Karl Borromäus und die katholische Reform
Akten des Freiburger Symposiums zur 400. Wiederkehr der Heiligsprechung des Schutzpatrons der katholischen Schweiz
2010, 432 S.

Band 14
Mariano Delgado
Volker Leppin | Hg.
Der Antichrist
Historische und systematische Zugänge
2011, 416 S.

Band 15
Mariano Delgado
Volker Leppin
David Neuhold | Hg.
Ringen um die Wahrheit
Gewissenskonflikte in der Christentumsgeschichte
2011, 416 S.

Band 16
Mariano Delgado
Gregor Maria Hoff
Günter Riße | Hg.
Das Christentum in der Religionsgeschichte
Festschrift für Hans Waldenfels SJ
2011, 368 S.